CONTABILIDADE GERENCIAL

Silvio Aparecido Crepaldi
Guilherme Simões Crepaldi

CONTABILIDADE GERENCIAL

TEORIA E PRÁTICA

8ª EDIÇÃO

ATUALIZADA DE ACORDO COM AS LEGISLAÇÕES FISCAL E SOCIETÁRIA, IFRS, CPCS E NORMAS BRASILEIRAS DE CONTABILIDADE

CONTEMPLA O PROGRAMA DO EXAME DE SUFICIÊNCIA DO CFC

gen | atlas

Rua Conselheiro Nébias, 1384
Campos Elísios, São Paulo, SP – CEP 01203-904
Tels.: 21-3543-0770/11-5080-0770
faleconosco@grupogen.com.br
www.grupogen.com.br

Designer de capa: Design Monnerat

Editoração Eletrônica: Set-up Time Artes Gráficas

CIP-BRASIL. CATALOGAÇÃO NA PUBLICAÇÃO.
SINDICATO NACIONAL DOS EDITORES DE LIVROS, RJ

Crepaldi, Silvio Aparecido
Contabilidade Gerencial: teoria e prática / Silvio Aparecido Crepaldi; Guilherme Simões Crepaldi. – 8. ed. – [2. Reimpr.]. – São Paulo: Atlas, 2019.

Bibliografia
ISBN 978-85-97-01072-5

1. Contabilidade gerencial I. Título.

98-0338
CDD-658.1511

Índice para catálogo sistemático:

1. Contabilidade gerencial : Empresas : Administração financeira 658.1511

Não se desespere diante das dificuldades.
Colhemos aquilo que plantamos.
Somos escravos do ontem,
mas somos donos de nosso amanhã.
Se construiu um presente doloroso,
fique alerta, para construir um futuro alegre,
saudável, no qual possamos colher
os frutos do amor e da felicidade sem limites.
Faça o bem de todas as formas, para preparar
um futuro melhor.

Aquele que passa o tempo todo
contando suas próprias histórias
sem dar chance aos outros
acaba falando sozinho. Ninguém
deseja para sua companhia uma
pessoa que não sabe escutar.
Quando você estiver triste,
se sentido insignificante, lembre-se:
alguém é feliz somente por amar você.

Aos meus pais, irmãos e amigos.

À minha
família, Solange, Cynthia,
Guilherme e Silvia.

DEDICO.

"Se você não está cometendo erros,
você não está assumindo riscos,
E isso significa que você não está indo a lugar algum."
John W. Holt Jr.

Material Suplementar

Este livro conta com o seguinte material suplementar:

- Exercícios propostos com resolução (.pdf) (restrito a docentes).
- Apresentações para uso em sala de aula (.pdf) (restrito a docentes).

O acesso ao material suplementar é gratuito. Basta que o leitor se cadastre em nosso *site* (www.grupogen.com.br), faça seu *login* e clique em GEN-IO, no menu superior do lado direito.

É rápido e fácil. Caso tenha dificuldade de acesso, entre em contato conosco (sac@grupogen.com.br).

Sumário

Prefácio à 8ª Edição

Um sistema de informações é um conjunto de subsistemas inter-relacionados que funcionam conjuntamente para coletar, processar, armazenar, transformar e distribuir informações para fins de planejamento, tomada de decisões e controle.

Os gestores necessitam de informações de custos e lucratividade de suas linhas de produtos, segmentos do mercado e de cada produto e cliente. Necessitam de um sistema de controle operacional que acentue a melhoria de custos, de qualidade e de redução de tempo de processamento das atividades desenvolvidas por seus funcionários.

O processo da contabilidade gerencial deverá ser obtido por meio do processamento da coleta de dados e informações que serão armazenadas e processadas no sistema de informações da empresa. Com a integração das informações obtidas nos vários departamentos, a contabilidade gerencial proporciona aos seus administradores informações que permitem avaliar o desempenho de atividades, de projetos e de produtos da empresa, bem como a sua situação econômico-financeira pela apresentação de informações claras e objetivas de acordo com a necessidade de cada usuário.

As empresas estão em constantes mudanças; cada vez mais necessitam de controles precisos e de informações oportunas sobre seu negócio para adequar suas operações às novas situações de mercado. Observa-se que durante anos a contabilidade foi vista apenas como um sistema de informações tributárias; na atualidade, ela passa a ser vista também como um instrumento gerencial que se utiliza de um sistema de informações para registrar as operações da organização, para elaborar e interpretar relatórios que mensurem os resultados e forneçam informações necessárias para subsidiar o processo de tomadas de decisões e para o processo de gestão, planejamento, execução e controle.

As empresas de pequeno porte normalmente são administradas pelos próprios sócios, que têm formação técnica ligada ao seu negócio, mas sem a formação administrativa de gestão, como administração, finanças, economia, marketing etc. Isso tem levado a um grande número de falências, recuperações judiciais e encerramento das pequenas empresas nos seus primeiros anos de vida.

A contabilidade gerencial tem por objetivo fornecer instrumentos aos administradores de empresas, auxiliando-os em suas funções gerenciais. A principal diferença entre contabilidade financeira e contabilidade gerencial está ligada ao direcionamento dos resultados.

A concepção dos sistemas tradicionais de contabilidade gerencial leva em consideração a limitação da concorrência aliada à relativa estabilidade e complexidade do ambiente. Diretores financeiros são responsáveis por decisões acerca de como investir os recursos de uma empresa para expandir seus negócios e sobre como obter tais recursos. Investidores são instituições financeiras ou indivíduos que financiam os investimentos feitos pelas empresas e os governos.

Os Autores

Prefácio à 1ª Edição

Todos os setores produtivos têm no momento atual seu desafio crucial para a manutenção de sua existência no mercado, que exige otimização de custos de produção ou operações que resultem necessariamente em ganho de produtividade. Tais setores impelem para o desenvolvimento de novas tecnologias e para a elevação do nível de qualidade de produtos e serviços, a preços finais cada vez menores.

Esses indispensáveis procedimentos estão consubstanciados em uma palavra: *competitividade.*

Os pesquisadores não podem ficar de fora dessa revolução gerencial.

Até agora funcionando com estruturas administrativas independentes, embora com a mesma filosofia de trabalho, esta obra está incorporando as teorias e técnicas consideradas "meio" para as mudanças profundas em suas estruturas.

Unidade nas decisões e agilidade nas ações serão os ganhos imediatos que os empresários poderão obter com a utilização dos sistemas de informações proporcionados pela contabilidade gerencial. A maior eficiência virá acompanhada da redução dos custos.

Quando uma empresa promove mudanças estruturais, reduzindo custos e aumentando a qualidade de seus produtos, os grandes beneficiados são os consumidores. A melhor aplicação dos recursos beneficia os usuários de seus serviços, que terão melhores formas para aumentar a geração de renda e oferta de empregos, e os industriários e suas famílias, que serão mais bem atendidos em saúde, educação e formação profissional. É a renovação gerencial a serviço do desenvolvimento econômico e social.

Os Autores

Agradecimentos

Às nossas famílias, que sempre com amor nos estimularam, compreendendo as longas horas que estivemos ausentes, mesmo quando estávamos no lar.

A realização deste livro contou com o auxílio de várias outras pessoas. Desejamos agradecer especialmente aos nossos alunos de cursos de graduação e pós-graduação, por terem contribuído sobremaneira para o sucesso deste livro.

Não ame esperando algo em troca; espere para que esse sentimento cresça no coração daquele que você ama. E, se isso não acontecer, esteja feliz por esse sentimento estar crescendo em seu coração.

“Um brilhante não é polido sem ser esfregado,
nem um homem fica perfeito sem provações.”

Sabedoria de Israel

“Há homens que lutam um dia e são bons,
há outros que lutam um ano e são melhores,
há os que lutam muitos anos e são muito bons,
mas há os que lutam toda a vida e estes são imprescindíveis.”

Bertolt Brecht

1 Contabilidade: Sistema de Informação Gerencial

Objetivos

» Colocar em discussão a otimização do processo de comunicação como instrumento da contabilidade gerencial.

» Identificar que a utilização da contabilidade gerencial faz com que as pessoas responsáveis por decisões na empresa estejam totalmente munidas de instrumentos gerenciais de controle e demonstrativos de tendências.

» Desenvolver, analisar e implantar sistemas de informação contábil e de controle gerencial, considerando a análise crítico-analítica dos modelos organizacionais.

1.1 Histórico

Os primeiros sinais objetivos da existência da contabilidade, segundo alguns pesquisadores, foram observados por volta do ano 4000 a.C., na civilização sumério-babilonense, e coincidiram com a invenção da escrita. As primeiras anotações eram feitas em termos físicos, pois somente havia trocas, o que fez com que sua evolução fosse bastante lenta. Em 1100 a.C., esse quadro se alterou por ocasião do surgimento da moeda. Há informações de que os primeiros rudimentos de balanço surgiram no ano de 1300 em Florença, Itália.

Entre os séculos XIII e XVII a contabilidade se distinguiu como uma disciplina adulta, justamente pelo fato de que naquele período a atividade mercantil, econômica e cultural era muito importante, ou seja, a evolução da contabilidade sempre está associada ao desenvolvimento da sociedade como um todo. Esse fato tem feito que mais recentemente venha sendo considerada pertencente ao ramo da ciência social.

A evolução da contabilidade ocorreu:

- Pré-história: 8000 a.C. até 1202 d.C. (empirismo, conhecimento superficial): experiências e práticas vividas pelas civilizações do mundo antigo, destacando-se os estudos sumérios, babilônios, egípcios, chineses e romanos.
- Idade Média: 1202 d.C., com a obra *Liber Abaci*, de Leonardo Fibonacci: período de sistematização dos registros.
- Idade Moderna: 1494, com a publicação da obra *Tractatus Particularis de Computis et Scripturis* (Tratado Particular de Conta e Escrituração), do frei e matemático Luca Pacioli, em Veneza, onde este fez o estudo sobre o método das "Partidas Dobradas", tornando-se um marco na evolução contábil.
- Idade Contemporânea: do século XVIII, é o período científico da contabilidade, quando esta deixa de ser mera "arte" para tornar-se "ciência". A partir daí surgiram várias doutrinas contábeis, como: Contista, Controlista, Personalista, Aziendalista e Patrimonialista.

A contabilidade é uma das ciências mais antigas do mundo. Existem diversos registros de que as civilizações antigas já possuíam um esboço de técnicas contábeis. Em termos de registro histórico, é importante destacar a obra *Summa de arithmetica, geometria, proportioni et proportionalita*, do Frei Pacioli, publicada em Veneza em 1494 (pouco depois da invenção da imprensa e um dos primeiros impressos no mundo). Essa obra descreve, num de seus capítulos, um método empregado por mercadores de Veneza no controle de suas operações, posteriormente denominado método das partidas dobradas ou método de Veneza.

Nos séculos seguintes ao livro de Pacioli, a contabilidade expandiu sua utilização para instituições como a Igreja e o Estado, e foi um importante instrumento no desenvolvimento do capitalismo, conforme opinião de importantes estudiosos como o sociólogo Max Weber. No entanto, as técnicas e as informações ficavam restritas ao dono do empreendimento, pois os livros contábeis eram considerados sigilosos. Isso dificultou consideravelmente o desenvolvimento da ciência, uma vez que não existia troca de ideias entre os profissionais.

Mais recentemente, com o desenvolvimento do mercado acionário e o fortalecimento da sociedade anônima como forma de sociedade comercial, a contabilidade passou a ser considerada também um importante instrumento para a sociedade. Diz-se que o usuário das informações contábeis já não é mais somente o proprietário; outros usuários atualmente também têm interesse em saber sobre uma empresa: sindicatos, governo, fisco, investidores, credores etc.

As características qualitativas fundamentais previstas na estrutura conceitual para elaboração e apresentação das demonstrações contábeis são a relevância e a representação fidedigna. No que diz respeito a essas características:

- a informação contábil-financeira é relevante quando capaz de fazer diferença, com valor preditivo e/ou confirmatório, nas decisões;
- a informação pode ser capaz de fazer diferença em uma decisão ainda que alguns usuários decidam não levá-la em consideração;
- para ser representação fidedigna, a realidade retratada deve ser completa e neutra, e estar livre de erro.

Um sistema de informações é um conjunto de subsistemas inter-relacionados que funcionam conjuntamente para coletar, processar, armazenar, transformar e distribuir informações para fins de planejamento, tomada de decisões e controle.

1.2 Objetivos e finalidade da contabilidade gerencial

Os gestores necessitam de informações de custos e lucratividade de suas linhas de produtos, segmentos do mercado e de cada produto e cliente. Necessitam de um sistema de controle operacional que acentue a melhoria de custos, de qualidade e de redução de tempo de processamento das atividades desenvolvidas por seus funcionários.

O processo da contabilidade gerencial deverá ser obtido por meio do processamento da coleta de dados e informações que serão armazenadas e processadas no sistema de informações da empresa. Com a integração das informações obtidas nos vários departamentos, a contabilidade gerencial proporciona aos seus administradores informações que permitem avaliar o desempenho de atividades, de projetos e de produtos da empresa, bem como a sua situação econômico-financeira por meio da apresentação de informações claras e objetivas de acordo com a necessidade de cada usuário.

A ampliação do leque dos usuários potenciais da contabilidade decorre da necessidade de uma empresa evidenciar suas realizações para a sociedade em sua totalidade. Antigamente, a contabilidade tinha por objetivo informar ao dono qual foi o lucro obtido numa empreitada comercial. No capitalismo moderno, isso somente não é suficiente. Os sindicatos precisam saber qual a capacidade de pagamento de salários, o governo demanda a agregação de riqueza à economia e a capacidade de pagamento de impostos, os ambientalistas exigem conhecer a contribuição para o meio ambiente, os credores querem calcular o nível de endividamento e a possibilidade de pagamento das dívidas, os gerentes das empresas precisam de informações para subsidiar o processo decisório e reduzir as incertezas e assim por diante.

Diante desse quadro, pode-se afirmar que o grande objetivo da contabilidade é planejar e colocar em prática um sistema de informação para uma organização, com ou sem fins lucrativos.

As empresas estão em constantes mudanças; cada vez mais necessitam de controles precisos e de informações oportunas sobre seu negócio para adequar suas operações às novas situações de mercado. Observa-se que durante anos a contabilidade foi vista apenas como um sistema de informações tributárias; na atualidade, ela passa a ser vista também como um instrumento gerencial que se utiliza de um sistema de informações para registrar as operações da organização, para elaborar e interpretar relatórios que mensurem os resultados e forneçam informações necessárias para subsidiar o processo de tomadas de decisões e para o processo de gestão, planejamento, execução e controle.

As empresas de pequeno porte normalmente são administradas pelos próprios sócios, que têm formação técnica ligada ao seu negócio, mas sem a formação administrativa de gestão, como administração, finanças, economia, marketing etc. Isso tem levado a um grande número de falências, recuperações judiciais e encerramento das pequenas empresas nos seus primeiros anos de vida.

O contador gerencial, pela própria natureza das funções que lhe são solicitadas a desempenhar, necessitará de formação bem diferente daquela exigida para o profissional que atua na contabilidade financeira, precisando assim de conhecimentos matemáticos e estatísticos, pesquisa operacional e técnicas de planejamento. O primeiro passo para uma contabilidade gerencial é que esta seja atualizada, conciliada e mantida com respeito às técnicas contábeis. Realidade presente na maioria das empresas brasileiras, que ninguém pode negar, é a existência de controles financeiros. Essa prática, bastante comum, visa diminuir os custos tributários envolvidos na operação de um negócio. Sem o conhecimento do mercado, da concorrência, da formação de preços, do controle dos gastos, do controle dos estoques, do fluxo de caixa, do ponto de equilíbrio, de um planejamento tributário, da legislação pertinente ao seu negócio, os empresários tomam decisões incompatíveis com os objetivos das empresas, levando-as ao encerramento de atividades. Nos Estados Unidos, após os escândalos financeiros das empresas Enron, Worldcom e outras, foi promulgada em 30/7/2002 a Lei Sarbanes-Oxley, também denominada Lei Sox, para que as empresas demonstrem eficiência na governança corporativa, isto é, para:

- garantir a efetividade e eficiência nas operações;
- dar confiabilidade aos relatórios financeiros;
- atender às leis e aos regulamentos dos órgãos públicos.

Com isso, tanto as empresas serão incentivadas a não cometerem atos ilícitos como também os investidores que compram as ações estarão seguros. Esse é um exemplo de preocupação de um país que valoriza e protege não só suas empresas e os investimentos da população, mas também a economia como um todo.

Em pesquisas recentes, mostrou-se que são poucas as micro e pequenas empresas que alcançam o sexto ano de vida, trazendo desemprego, perda do investimento do empresário, prejuízo à economia como um todo e frustração pessoal. Tudo isso por falta de um planejamento prévio do negócio, por deficiência e falta de conhecimento da gestão diária do negócio e outros motivos como crédito e incentivo do governo. Mas como ajudar o empresário ou administrador não contador a administrar seu negócio? Poderá seguir algumas orientações básicas, tais como:

- confrontar as compras mensais, por meio dos livros de entradas, com as vendas pelos livros de saídas, e verificar se não há excesso de estoque – isso poderá criar problemas no seu caixa;
- calcular o preço de venda, pois é fundamental embutir no preço todos os impostos, as despesas e o lucro desejado;
- montar o fluxo de caixa em que serão registrados o saldo atual de caixa (bancos), a previsão das entradas pelas duplicatas ou vendas a receber, e/ou previsão de vendas futuras; as saídas, que são os pagamentos já compromissados, e a previsão de gastos, tais como: matérias-primas ou mercadorias, folha de pagamento, encargos, impostos, empréstimos e outras despesas etc.;

- certificar-se mensalmente de que os livros fiscais foram escriturados e os impostos calculados e recolhidos dentro dos prazos especificados pelos órgãos governamentais federal, estadual e municipal, se for o caso;
- calcular mensalmente o volume de compras e o estoque atualizado em quantidades e valor; esse será o seu termômetro para novas compras ou para atender aos pedidos extras;
- informar-se, da mesma forma, do volume de vendas e do estoque em quantidades e valor, que lhe servirão de parâmetro para planejar sua produção, vendas ou serviços;
- analisar mensalmente o balancete contábil, ou uma previsão realística (vendas, menos impostos, menos custo das mercadorias vendidas, menos despesas), para saber o lucro do mês; isso vai lhe dar um parâmetro para verificar se o seu preço de venda foi calculado corretamente ou se suas despesas não estão além do planejado. Começar pelas vendas, observando se foram suficientes para cobrir os gastos do mês ou se há necessidade de incrementá-las; verificar também se não está vendendo somente produtos de baixa lucratividade; talvez necessite forçar a venda de produtos mais rentáveis;
- depois, analisar o custo dos produtos vendidos, se as matérias-primas, as mercadorias ou os serviços não subiram, se a folha de pagamento da fábrica continua estável ou se os gastos gerais de fabricação não se alteraram;
- na sequência, analisar as despesas administrativas e comerciais, iniciando pela folha de pagamento, na qual normalmente há a maior incidência de despesas, tanto para a indústria como para o comércio; as outras despesas administrativas menores também devem ser controladas.

Outro item importante a analisar é o lucro final já abatido do Imposto de Renda e da Contribuição Social; nesse caso, o contador deverá verificar se a opção feita pelo regime tributário do Lucro Presumido ou pelo Lucro Real é a mais apropriada para que se pague menos imposto; se isso não for verificado e corrigido dentro dos prazos permitidos pela legislação, você poderá estar diminuindo o lucro. A contabilidade poderá fornecer informações, além de outros controles necessários, como uma Previsão Orçamentária Anual (Lucros e Perdas), implantação de controles administrativos para melhores decisões, um PCP (Planejamento e Controle de Produção), um Controle de Estoques etc. Utilize a contabilidade como uma fonte de informações para que possa subsidiar a tomada de decisões seguras e coerentes com seu negócio.

O aumento da concorrência e a escassez de recursos disponíveis têm contribuído para as constantes mudanças na gestão dos negócios. Com isso, acentua-se a necessidade de informações que auxiliem os administradores nas tomadas de decisão. A contabilidade gerencial vem preencher essa lacuna produzindo informações objetivas, úteis e relevantes por meio da combinação da contabilidade financeira com várias áreas do conhecimento de negócios. Porém, no processo de comunicação, a codificação e a decodificação dessas informações não obedecem aos mesmos critérios, provocando distorções ou mesmo fazendo com que as informações não sejam utilizadas.

É importante ressaltar que as informações são importantes na medida em que os gestores consigam identificar tanto as oportunidades quanto as ameaças que o ambiente oferece às empresas. O desafio da contabilidade gerencial é contribuir para o aperfeiçoamento da interpretação desse ambiente empresarial. Esse desafio passa pelo processo de coleta de dados, mensuração, interpretação e culmina no processo de informação.

As empresas que utilizam um sistema integrado de contabilidade gerencial possuem diferencial positivo em relação às que não possuem, sendo importante no controle dos processos, de forma que se possa planejar e analisar sobre o futuro, antecipando possíveis problemas que possam acontecer, para aplicação de ações corretivas no alcance de objetivos, com previsões de benefícios que poderão ser oferecidos aos seus clientes.

A contabilidade gerencial tem por objetivo fornecer instrumentos aos administradores de empresas, auxiliando-os em suas funções gerenciais. A principal diferença entre contabilidade financeira e contabilidade gerencial está ligada ao direcionamento dos resultados.

1.3 Contabilidade gerencial

A contabilidade é uma atividade fundamental na vida econômica. Mesmo nas economias mais simples, é necessário manter a documentação dos ativos, das dívidas e das negociações com terceiros. O papel da contabilidade torna-se ainda mais importante nas complexas economias modernas. Uma vez que os recursos são escassos, temos de escolher entre as melhores alternativas, e para identificá-las são necessários os dados contábeis.

Em sentido amplo, a contabilidade trata da coleta, apresentação e interpretação dos fatos econômicos. Usam-se os termos *contabilidade gerencial* para descrever essa atividade dentro da organização e *contabilidade financeira* quando a organização presta informações a terceiros.

A contabilidade financeira é o processo de elaboração de demonstrativos financeiros para propósitos externos: pessoal externo à organização, como acionistas, credores e autoridades governamentais. Esse processo é muito influenciado por autoridades que estabelecem padrões, regulamentadores e fiscais, bem como por exigências de auditoria de contadores independentes.

Contabilidade gerencial é o ramo da contabilidade que tem por objetivo fornecer instrumentos aos administradores de empresas que os auxiliem em suas funções gerenciais. É voltada para a melhor utilização dos recursos econômicos da empresa, por meio de um adequado controle dos insumos efetuado por um sistema de informação gerencial. Corresponde ao somatório das informações demandadas pela administração da empresa com o objetivo de subsidiar o processo decisório, mas sem desconsiderar os procedimentos utilizados pela contabilidade societária.

A contabilidade de custos, cuja função inicial era fornecer elementos para avaliação dos estoques e apuração do resultado, passou, nas últimas décadas, a prestar duas funções muito importantes na contabilidade gerencial: a utilização dos dados de custos para auxílio ao controle e para a tomada de decisões. É hoje, talvez, a área mais valorizada no Brasil e no mundo. Tornou-se muito importante com a redução da taxa de inflação e a abertura econômica aos produtos estrangeiros. Fornece importantes informações na formação de preços das empresas.

No que diz respeito à função administrativa de controle, a função da contabilidade de custos é fornecer informações para o estabelecimento de padrões, orçamentos ou previsões e, a seguir, acompanhar o efetivamente acontecido com os valores previstos. Esse tipo de custeamento é chamado de Custeio-Padrão; tem um papel muito importante no sentido de detectar ineficiências ou desperdícios nas atividades produtivas.

A característica de controle da função financeira é conhecida como contabilidade administrativa. Contabilidade administrativa é o preparo de relatórios usados pela administração para tomada de decisões internas, inclusive custos, preços, orçamentos de capital, avaliação de desempenho, ponto de equilíbrio (vendas necessárias para cobrir os custos), formação de preço de transferência (formação de preços de bens e serviços que são transferidos entre departamentos) e análise da taxa de retorno. A contabilidade administrativa baseia-se fortemente na informação histórica gerada pela contabilidade financeira, mas a diferença entre elas é que a contabilidade administrativa é orientada para o futuro (tomadas de decisão que assegurem o desempenho dos exercícios futuros).

Com relação à utilização dos dados da contabilidade de custos para tomada de decisões, estes podem ser muito úteis para o administrador avaliar as consequências de medidas, tais como:

1. Se a capacidade de produção da fábrica é insuficiente para atender a todos os pedidos dos clientes, qual produto ou linha de produtos deve ser cortado?
2. Como fixar o preço de venda de um produto?
3. Deve-se continuar comprando matérias-primas de terceiros ou interessa fabricá-las na empresa?

O contador gerencial é definido pelo IFAC – *International Federation of Accounting* (Federação Internacional de Contabilidade) – como um profissional que:

> "(...) identifica, mede, acumula, analisa, prepara, interpreta e relata informações (tanto financeiras quanto operacionais) para uso da administração de uma empresa, nas funções de planejamento, avaliação e controle de suas atividades e para assegurar o uso apropriado e a responsabilidade abrangente de seus recursos".

As empresas utilizam as informações para comunicar as atividades em uma parte da organização aos responsáveis pelas decisões em outra parte. Entretanto, as informações fazem mais que simplesmente comunicar. O tipo de informação comunicada provoca ações que determinam o desempenho da empresa.

O contador gerencial deve esforçar-se para assegurar que a administração tome as melhores decisões estratégicas para o longo prazo. O desafio é propiciar informações úteis e relevantes que facilitarão encontrar as respostas certas para as questões fundamentais, em toda a empresa, com um enfoque constante sobre o que deve ser feito de imediato e mais tarde. É necessário que os contadores gerenciais ultrapassem a informação contábil para serem proativos no fornecimento, para suas equipes de administração, de dados pertinentes e oportunos sobre essas questões empresariais mais amplas.

A contabilidade de custos está afundando as empresas. Se quisermos nos manter competitivos, temos que mudar nossos sistemas de custos. A maioria das grandes empresas parece reconhecer que seus sistemas de custos não respondem ao ambiente competitivo de hoje; os métodos que empregam para apropriar custos entre seus muitos produtos são irremediavelmente obsoletos. De modo muito simples, uma informação exata de custos pode proporcionar vantagem competitiva a uma empresa.

Sempre que ocorre uma mudança aguda e descontínua nos termos subjacentes de concorrência, as empresas precisam reconsiderar como as informações provocam ações que dão forma a seu desempenho. Quando são provocadas por informações gerenciais que não mais se ajustam aos termos de concorrência do mercado, as ações provavelmente prejudicam o desempenho da empresa a longo prazo. Ações para contrair os gastos com treinamento podem melhorar o desempenho se o baixo custo for vital para a competitividade, mas poderão prejudicá-lo mais tarde, se a satisfação dos clientes (e, portanto, a flexibilidade) se tornar vital para a competitividade.

Os sistemas de contabilidade gerencial das empresas são inadequados para a realidade atual. Nessa era de rápidas mudanças tecnológicas, de vigorosa competição global e doméstica e uma enorme expansão da capacidade de processamento das informações, os sistemas de contabilidade gerencial estão deixando de fornecer informações úteis, oportunas para as atividades de controle de processos, avaliação do custo dos produtos e avaliação de desempenho dos gerentes.

Com os sistemas de contabilidade gerencial informando custos dos produtos altamente imprecisos e proporcionando metas enganosas de produtividade e eficiência, as grandes corporações descentralizadas tornaram-se vulneráveis aos competidores menores e mais focalizados. Sistemas contábeis ineficazes podem impedir as empresas de alcançar ganhos pela integração vertical e diversificação.

As informações gerenciais contábeis não são relevantes para os atuais termos de concorrência. Na verdade, em meados dos anos 1980 era evidente que, segundo Kaplan,

> "as informações gerenciais contábeis, movidas pelos procedimentos e pelo ciclo do sistema de relatórios financeiros da organização, são demasiado tardias, agregadas e distorcidas para terem relevância para as decisões de planejamento e controle dos gerentes".

As ações provocadas por informações gerenciais contábeis têm prejudicado a competitividade a longo prazo de inúmeras empresas americanas nos últimos anos. Está na hora de as empresas americanas – e, em particular, seus gerentes – começarem a basear suas decisões em informações realmente úteis e deixarem de depender de informações contábeis que as afastam de um curso competitivo. É preciso que avaliemos essas considerações na realidade empresarial brasileira.

As principais características da contabilidade financeira e contabilidade gerencial estão identificadas no Quadro 1.1.

Os relatórios gerados pela contabilidade gerencial são utilizados somente pelos usuários internos. Em termos gerenciais, os relatórios contábeis podem ser elaborados em moeda estrangeira, em função da inflação que mascara o resultado real e pelo fato de diversas empresas estarem vinculadas a grupos internacionais.

Quadro 1.1 *Elementos básicos da contabilidade financeira e contabilidade gerencial*

Itens	Contabilidade Financeira	Contabilidade Gerencial
Usuários das informações	Externo: acionistas, credores e autoridades fiscais.	Interno: funcionários, gerentes e executivos.
Objetivo	Reportar o desempenho passado com finalidades externas; contratos com proprietários e credores.	Informar para tomada de decisões internas feitas por empregados, gestores e executivos: *feedback* e controle do desempenho das operações.
Temporalidade	Histórica; passada.	Corrente; orientada para o futuro.
Diretrizes restritivas	Reguladas: regras direcionadas por princípios de contabilidade e por autoridades governamentais.	Sem regras estabelecidas: sistemas e informações determinados por gerentes para encontro de necessidades estratégicas e operacionais.
Tipo de informação	Medidas financeiras somente.	Financeiras mais medidas operacionais e físicas sobre processos, tecnologias, fornecedores, clientes e competidores.
Natureza da informação	Objetiva, auditável, confiável, consistente, precisa.	Mais subjetiva e de juízos; válidas, relevantes, acuradas.
Escopo	Altamente agregado; relatórios sobre a organização inteira.	Desagregado, de informação a ações e decisões locais.
Unidade de mensuração	Padrão monetário do país.	Qualquer unidade física ou padrão monetário.

1.4 Finanças e contabilidade gerencial

Uma empresa existe, entre outros objetivos, para aumentar a riqueza de seus proprietários. A administração cuida em determinar que produtos e serviços são necessários e em colocá-los nas mãos dos consumidores. A administração financeira lida com decisões sobre planejamento a fim de atingir o objetivo de maximizar a riqueza dos proprietários. Como as finanças estão envolvidas em todos os aspectos operacionais da empresa, os gerentes não financeiros, como os gerentes financeiros, não podem efetivar suas obrigações sem informações financeiras.

O conhecimento financeiro auxilia no planejamento, na solução de problemas e nas tomadas de decisões. As finanças fornecem um mapa com números e análises que ajudam o gerente a desempenhar bem suas funções. Além disso, é preciso conhecer contabilidade e finanças para entender os relatórios financeiros preparados por outros segmentos da organização. É preciso saber o que significam os números, ainda que não tenha como gerá-los.

As finanças fornecem um meio de ligação que facilita a comunicação entre os diferentes departamentos. Por exemplo, o orçamento comunica os objetivos globais aos gerentes de departamento, de modo que eles saibam o que se espera deles; ele também fornece indicações de como cada departamento pode conduzir suas atividades. O mais importante é que você, como gerente de departamento, tem de apresentar fortes justificativas à administração superior, para fazer dotações orçamentárias.

As finanças usam informações contábeis para tomar decisões relativas à receita e ao uso de fundos para atingir os objetivos da empresa. A contabilidade geralmente divide-se em duas categorias: a contabilidade financeira e a contabilidade administrativa. A contabilidade financeira registra a história financeira da empresa e lida com a criação de relatórios para usuários externos, tais como acionistas e credores. A contabilidade administrativa trabalha com informações financeiras úteis para se tomar melhores decisões relativas ao futuro.

1.5 Sistemas de gerenciamento de custos e desempenho

As mudanças ocorridas nos negócios, desencadeadas pela competição global e pelas inovações tecnológicas, provocam inovações impressionantes quanto à utilização de informações financeiras e não financeiras pelas empresas. O novo ambiente demanda informações mais relevantes relacionadas a custos e desempenho de atividades. As principais empresas estão utilizando sistemas de custeio aperfeiçoados para:

- projetar produtos e serviços que correspondam às expectativas dos clientes e possam ser produzidos e oferecidos com lucro;
- sinalizar onde é necessário realizar aprimoramentos contínuos e descontínuos (reengenharia) em qualidade, eficiência e rapidez;
- auxiliar os funcionários ligados à produção nas atividades de aprendizado e aprimoramento contínuo;
- orientar o *mix* de produtos e decidir sobre investimentos;
- escolher fornecedores;
- negociar preços, características dos produtos, qualidade, entrega e serviço com clientes;
- estruturar processos eficientes e eficazes de distribuição e serviços para os mercados e o público-alvo.

Observamos, no entanto, que muitas empresas não estão obtendo essas vantagens competitivas por meio dos sistemas de custeio aprimorados. Isso se deve a falhas na administração, com administradores não preparados para uma era tecnológica complexa, com competição globalizada, em que a rapidez, a qualidade e o desempenho são essenciais para o sucesso da empresa. Esses administradores não dispõem ainda de informações apropriadas e específicas que orientem e/ou influenciem suas decisões estratégicas sobre processos, produtos, serviços e clientes.

Verificamos, portanto, que o administrador é "peça" fundamental em qualquer empresa, e dele, ou seja, de seu conhecimento, depende o sucesso de sua empresa. Outro ponto importante a ser ressaltado é o fato de esse administrador estar sempre em sintonia com o mundo em relação à tecnologia, pesquisas, satisfação dos clientes, enfim, a todos esses pontos que, somente com seu pleno conhecimento, podem ser aliados do administrador.

O fluxo de caixa é a demonstração contábil-financeira que representa o resultado das movimentações provenientes de ingressos e desembolsos de moeda corrente, em determinado período de tempo. A contabilidade de custos proporciona à empresa, principalmente, vantagens competitivas. Os dados que a contabilidade de custos fornece à tomada de decisões administrativas são úteis para o administrador avaliar as consequências de medidas como a capacidade de produção, determinação do preço de venda e origem de matéria-prima.

1.6 Um sistema de custeio não basta

As empresas precisam de sistemas de custeio para realizar três funções principais:

- avaliar estoques e medir os custos dos bens vendidos para a geração de relatórios financeiros;
- estimar despesas operacionais, produtos, serviços e clientes; e
- oferecer *feedback* econômico sobre a eficiência do processo a gerente e operadores.

A primeira função decorre das necessidades de fatores externos à empresa: investidores, credores, reguladores e autoridades tributárias. Os procedimentos para geração de relatórios financeiros externos são regidos por diversas regras e regulamentações definidas por legisladores, órgãos governamentais, órgãos privados e sociedades contábeis públicas. A segunda e a terceira funções surgem das necessidades de compreensão e aperfeiçoamento, por parte dos gerentes internos, dos aspectos econômicos inerentes a suas operações.

Antigamente, notava-se que grande parte das empresas supria essas três funções em um único sistema de custeio. Pelo fato de a economia ser regulamentarmente simples, talvez um único sistema bastasse; hoje se percebe que tal procedimento, em uma economia complexa, é inviável. As empresas precisam de sistemas de custeio para realizar três funções básicas: avaliar estoques, estimar despesas operacionais e oferecer *feedback*.

1.7 Como implementar um sistema de informações gerenciais construindo uma base para decisão e controle

A contabilidade gerencial está sofrendo mudanças importantes para refletir o novo ambiente desafiador que as empresas enfrentam. Informações precisas, oportunas e pertinentes sobre a economia e o desempenho das empresas são cruciais para o sucesso organizacional. Assim, para implementar um Sistema de Informações Gerenciais, deve-se considerar os seguintes pontos:

- que informações seu sistema deverá possuir para controle econômico e financeiro de sua empresa;
- o que levar em consideração na decisão entre comprar pronto e desenvolver um sistema próprio;
- como a controladoria pode ser mais eficaz pela utilização de um sistema de informação contábil abrangente;
- o diálogo com os Sistemas Integrados de Gestão (ERP);
- os requisitos necessários para implantar um sistema de informações contábeis voltado para o usuário.

Diversos aspectos têm contribuído para confirmar o enfoque atual dos sistemas de contabilidade gerencial, nos quais os custos fixos estão assumindo cada vez maior relevância em relação aos custos variáveis, em função das inversões em novas tecnologias.

1.7.1 Apresentação

Para a controladoria convergem todas as informações contábeis necessárias para o adequado controle econômico e financeiro da empresa.

Um sistema de informação contábil adequadamente estruturado irá permitir uma gestão eficaz das informações necessárias para a gestão econômica e financeira da empresa, bem como apresentará um grau máximo de eficácia na relação custo e benefício da geração e comunicação das informações.

O controlador deve decidir por um sistema de informação contábil, que pode ser desenvolvido especificamente para a empresa, ou pode decidir pela compra de um *software* já existente no mercado. Em ambos os casos, há a necessidade do conhecimento de todas as operacionalidades e funcionalidades mínimas necessárias para que os responsáveis por sua administração dentro da empresa consigam efetivá-lo e operá-lo eficazmente, considerando também as integrações necessárias dentro de um sistema integrado de gestão empresarial. Além disso, é necessário que o sistema contábil contemple a abrangência necessária para se constituir no principal sistema de controladoria, operacional e estratégica, de tal forma que seja utilizado por todos os níveis hierárquicos dentro da organização e seja realmente um instrumento para o processo de gestão e avaliação de desempenho dentro da empresa.

O controlador deverá ter condições de avaliar todos os aspectos necessários para o processo de implantação de um sistema de informação contábil e de controladoria para a gestão eficaz dos sistemas da empresa.

1.7.2 Objetivos

1 Apresentar os elementos componentes do sistema de informação contábil e sua integração com os objetivos da empresa.

2 Evidenciar o papel do sistema de informação contábil dentro de um sistema integrado de gestão empresarial (ERP) e do conjunto da tecnologia da informação de apoio aos sistemas gerenciais.

3 Apresentar a abrangência do sistema de informação contábil para estruturar uma controladoria eficaz e o papel do *controller* dentro da empresa.

4 Demonstrar o potencial da ciência contábil dentro de um sistema contábil integrado, por meio do conceito de lançamento multidimensional, objetivando extrair ao máximo as possibilidades de informação de qualquer sistema contábil.

5 Identificar todos os subsistemas componentes do sistema de informação contábil, bem como todas as funcionalidades e operacionalidades necessárias para seu melhor desempenho.

6 Apresentar todas as integrações que devem existir com os demais sistemas operacionais da empresa, objetivando evitar qualquer redundância de dados e maximizar o uso das informações disponíveis em outros sistemas.

7 Apresentar todos os conceitos e requisitos necessários para o processo de decisão de aquisição e implantação de um sistema de informação contábil de maior eficácia.

1.7.3 *Sistema Integrado de Gestão Empresarial* (Enterprise Resource Planning – *ERP)*

- Para que servem os ERPs.
- Abrangência do ERP: até onde pode se contar com o ERP?
- Tecnologias de apoio ao ERP.
- ERP e a concepção de integração.
- Diferenças entre ERP e os antigos sistemas de integração.

1.7.4 *Sistema de informação contábil*

- Descrição dos elementos do sistema de informação contábil.
- Como definir as características da informação contábil.
- A influência do sistema de informação contábil dentro do ERP.
- Procedimentos para a estruturação do sistema de informação contábil.
- Identificação das necessidades de informação dentro da hierarquia da empresa.
- Alimentação, integração e utilização das informações dos sistemas operacionais junto do ERP.

1.7.5 *O sistema de informação contábil e a controladoria*

- Controladoria e sua missão.
- Papel do *controller* junto ao sistema de informação contábil.
- Estrutura da controladoria em função da abrangência do sistema de informação contábil.
- Subsistemas do sistema de informação contábil e da controladoria.

1.7.6 *Subsistemas contábeis e financeiros componentes do sistema de informação contábil*

- Contabilidade financeira.
- Contabilidade gerencial.
- Contabilidade em outras moedas.
- Custos e orçamentos.
- Contabilidade por unidades de negócios.
- Gestão de impostos.

- Análise financeira e de balanço.
- Gestão de Tesouraria.
- Acompanhamento do negócio ou controladoria estratégica.

1.7.7 *Características e administração dos sistemas contábeis*

- Atributos dos sistemas contábeis.
- Funções do administrador dos sistemas.
- Operacionalidades dos sistemas contábeis e financeiros apresentados.
- Integrações necessárias entre os vários sistemas: eliminando o trabalho em duplicidade.
- Informações e relatórios a serem extraídos dos sistemas contábeis.

1.7.8 *Decisão, implantação e operacionalização dos sistemas contábeis*

- Razões que levam a empresa a trocar de sistema.
- Análise da relação custo *versus* benefício entre comprar e construir um sistema próprio.
- Etapas a serem consideradas na decisão de comprar ou construir um sistema.
- *Check list* de itens a serem levados em consideração na hora de implantar um sistema contábil: configurando-o para uma utilização eficiente.
- Administração geral do sistema.

A empresa dos novos tempos não pode nascer sobre os escombros da velha administração. Suas armas são o uso intensivo e inteligente da tecnologia e a mudança radical da maneira de pensar de todos os funcionários. Sabedores que as demonstrações contábeis devem refletir a situação econômico-financeira-patrimonial da empresa, o papel do "contador" dos novos tempos deve ser o de preparar sua empresa para a mudança, viabilizando a absorção das mais modernas ferramentas de gerenciamento: BPR – *Business Process Reengineering Benchmarking,* TQM/TQC, ABC – *Activity Based Costing.*

1.8 A contabilidade gerencial como uma ferramenta decisória

O momento atual caracteriza-se por uma intensidade de mudanças significativas, como o desenvolvimento tecnológico, o aumento da competitividade, a complexidade do ambiente econômico e a globalização, colocando as empresas diante de novos desafios.

A administração com pressões competitivas leva as empresas à obtenção de novas formas de vantagens competitivas, caracterizadas por intensos e contínuos esforços, oferecendo produtos e serviços inovadores com padrão de qualidade, a um custo mais baixo e provocando uma maior satisfação dos clientes.

O ambiente econômico contemporâneo exige excelência dos sistemas corporativos de contabilidade gerencial. Com a tremenda competição global, o rápido progresso na tecnologia de processos e produtos e as violentas flutuações nas taxas de câmbio e preços das matérias-primas, o sistema de contabilidade gerencial de uma organização precisa fornecer informações oportunas e precisas, para facilitar os esforços de controle de custos, para medir e melhorar a produtividade e para a descoberta de melhores processos de produção.

Uma das técnicas utilizadas para auxiliar no avanço competitivo é o uso do sistema de informações, oferecendo às empresas relatórios gerenciais com informações que auxiliem no processo de gestão, criando vantagens competitivas no mercado concorrente.

O ponto fundamental da contabilidade gerencial é o uso da informação contábil como ferramenta para administração. É o processo de produzir informação operacional financeira para funcionários e administradores. Deve ser direcionado pelas necessidades informacionais dos indivíduos internos da empresa e orientar suas decisões operacionais e de investimentos.

O Sistema de Informação Contábil Gerencial só poderá ser executado de forma eficiente por meio de um sistema integrado de informações contábeis que abrangem tanto os recursos humanos quanto os tecnológicos.

Os sistemas de informações classificam-se em sistemas de informação contábil para planejamento de gestão e para controle de operações e controle gerencial. Os Sistemas de Apoio às Operações têm como objetivo auxiliar os departamentos e atividades a executarem suas funções operacionais (compras, estoque, produto, vendas, faturamento, recebimentos, pagamentos, qualidade, manutenção, planejamento e controle de produção etc.).

A contabilidade é, objetivamente, um Sistema de Informação e Avaliação destinado a prover seus usuários com demonstrações e análises de natureza econômica, financeira, física e de produtividade, com relação à entidade objeto de contabilização.

As informações devem ser construídas para atender a esses consumidores e não para atender aos contadores. O contador gerencial deve fazer um estudo básico das necessidades de informação contábil gerencial.

Para que um sistema de informação contábil seja eficiente dentro de uma empresa, é preciso ter apoio da alta administração da companhia. Portanto, a necessidade tem que ser sentida pela administração da empresa, fazendo com que, a partir daí, tenha-se tranquilidade para desenvolver e manter adequadamente o sistema de informação.

O sistema da informação gerencial exige planejamento para a produção dos relatórios, a fim de atender plenamente aos usuários, produzindo informações para atender aos seguintes aspectos: níveis empresariais, ciclo administrativo e nível da estruturação da informação.

Deve ser analisado na relação custo-benefício para a empresa. Com isso, entende-se que qualquer entidade, de microempresa e grandes corporações, tem condições de manter um sistema contábil de informação. Apenas cabe ao contador fazê-lo gerencial. O sistema tem que incorporar todos os dados quantitativos necessários para mensuração e análise da empresa.

A concepção dos sistemas tradicionais de contabilidade gerencial leva em consideração a limitação da concorrência aliada à relativa estabilidade e complexidade do ambiente. Diretores financeiros são responsáveis por decisões acerca de como investir os recursos de uma empresa para expandir seus negócios e sobre como obter tais recursos. Investidores são instituições financeiras ou indivíduos que financiam os investimentos feitos pelas empresas e os governos.

Questões

1. A demonstração contábil-financeira que representa o resultado das movimentações provenientes de ingressos e desembolsos de moeda corrente, em determinado período de tempo, é denominada:
   a. ( ) demonstração das Mutações do Patrimônio Líquido;
   b. ( ) fluxo de Caixa;
   c. ( ) *mark-up*;
   d. ( ) orçamento de Vendas;
   e. ( ) demonstração de Resultado Gerencial.

2. Entre as afirmativas seguintes apenas uma está **incorreta**. Assinale-a.
   a. ( ) a contabilidade gerencial tem por objetivo adaptar os procedimentos de apuração do resultado das empresas comerciais para as empresas industriais;
   b. ( ) a contabilidade de custos presta duas funções dentro da contabilidade gerencial, fornecendo os dados de custos para auxílio ao controle e para a tomada de decisões;

c. ( ) os custos de produção reúnem o custo do material direto, o custo da mão de obra e os demais custos indiretos de fabricação;

d. ( ) o objetivo básico da contabilidade gerencial é fornecer à administração instrumentos que a auxiliem em suas funções gerenciais;

e. ( ) o custo pode ser entendido como o gasto relativo a bem ou serviço utilizado na produção de outros bens ou serviços.

3. Assinale a alternativa correta, considerando os dados a seguir:

Devolução de Vendas	$ 16.000
Custo Mercadorias Vendidas	$ 140.000
Receita Bruta de Vendas	$ 600.000
Impostos sobre Vendas	$ 36.000
Receitas Financeiras	$ 12.000
Despesas com Vendas	$ 70.000
Despesas Administrativas	$ 78.000
Despesas Financeiras	$ 14.000
Despesas Não Operacionais	$ 44.000

a. ( ) a Receita Líquida representa $ 564.000;

b. ( ) o Lucro Bruto é de $ 424.000;

c. ( ) o Lucro Operacional é de $ 258.000;

d. ( ) o Lucro antes do Imposto de Renda é de $ 202.000;

e. ( ) o Lucro depois do Imposto de Renda é de $ 198.000.

4. A concepção dos sistemas tradicionais de contabilidade gerencial levou em consideração:

a. ( ) a centralização dos objetivos na minimização dos custos e na maximização dos lucros;

b. ( ) a limitação da concorrência aliada à relativa estabilidade e complexidade do ambiente;

c. ( ) o direcionamento dos sistemas de informação ao cálculo dos custos, objetivando a avaliação dos estoques;

d. ( ) a centralização de custos;

e. ( ) o direcionamento dos custos, objetivando a avaliação dos estoques.

5. Diversos aspectos têm contribuído para confirmar o enfoque atual dos sistemas de contabilidade gerencial. Assinale a resposta que contém um desses aspectos:

   a. ( ) a mão de obra direta tem aumentado progressivamente sua participação no custo total do produto;

   b. ( ) os custos variáveis estão assumindo cada vez maior relevância em relação aos custos fixos, em função das inversões em novas tecnologias;

   c. ( ) os custos fixos estão assumindo cada vez maior relevância em relação aos custos variáveis, em função das inversões em novas tecnologias;

   d. ( ) o conhecimento da posição competitiva da empresa é um dado de pouca relevância;

   e. ( ) o conhecimento da fórmula de determinar preço de venda.

6. A empresa dos novos tempos está nascendo sobre os escombros da velha administração. Suas armas são o uso intensivo e inteligente da tecnologia e a mudança radical da maneira de pensar de todos os funcionários. Sabedores que as demonstrações contábeis devem refletir a situação econômico-financeira-patrimonial da empresa, o papel do "contador" dos novos tempos deve ser:

   a. ( ) registrar adequadamente os fatos qualitativos e quantitativos que interferem na situação patrimonial da empresa, seguindo os princípios de contabilidade e regime de competência;

   b. ( ) analisar e interpretar as demonstrações contábeis;

   c. ( ) preparar sua empresa para a mudança, viabilizando a absorção das mais modernas ferramentas de gerenciamento: BPR – *Business Process Reengineering Benchmarking*, TQM/TQC, ABC – *Activity Based Costing*;

   d. ( ) aplicar as normas de consolidação de balanços e os FASB 8 e 52, dentro de uma visão mais globalizada da economia, para permitir a conversão dos balanços para moeda estrangeira;

   e. ( ) analisar a adequação da empresa ao sistema econômico.

7. Apesar de já divulgado em nosso país há mais de 20 anos pelos autores de Ciência Contábil, foi a partir de 1996, com a extinção oficial do cálculo da Correção Monetária do Balanço Patrimonial, que os Contadores Gerenciais das empresas passaram a dar maior importância aos resultados econômicos e patrimoniais provocados

pelos ganhos e pelas perdas monetárias dos Ativos e Passivos monetários, que necessitam ser gerenciados mensalmente por eles.

Supondo que o maior volume de Ganhos Monetários do mês de novembro concentrou-se na conta Fornecedores de Estoques de Materiais, e que desejamos aumentá-los, haja vista que os juros cobrados nas compras a prazo são menores que os praticados pela rede bancária, devemos:

a. ( ) aumentar o prazo médio de pagamento das compras a prazo ou aumentar a participação das compras a prazo nas compras totais;

b. ( ) aumentar o prazo médio de pagamento das compras a prazo ou diminuir a participação das compras a prazo nas compras totais;

c. ( ) diminuir o prazo médio de pagamento das compras a prazo ou aumentar a participação das compras a prazo nas compras totais;

d. ( ) diminuir o prazo médio de pagamento das compras a prazo ou diminuir a participação das compras a prazo nas compras totais;

e. ( ) diminuir o prazo médio de pagamento das compras a prazo ou manter a participação das compras a prazo nas compras totais.

8. A contabilidade de custos proporciona à empresa, principalmente:

a. ( ) auxílio em tomada de decisões;

b. ( ) demissão e admissão de funcionários;

c. ( ) vantagens competitivas;

d. ( ) desvantagens competitivas;

e. ( ) aumento nos lucros.

9 "O seu objetivo é planejar e colocar em prática um sistema de informação para organizações com ou sem fins lucrativos." Esse é o objetivo da:

a. ( ) contabilidade;

b. ( ) empresa em geral;

c. ( ) área de marketing;

d. ( ) área de compras;

e. ( ) área de produção.

10. Os dados apresentados pela contabilidade são utilizados:

a. ( ) pela sociedade em geral;

b. ( ) pela fiscalização;

c. ( ) pelos fornecedores;

d. ( ) pelos consumidores;

e. ( ) pelos funcionários/empregados.

11. O conceito: "o contador gerencial identifica, mede, acumula, analisa, prepara, interpreta e relata informações (tanto financeiras quanto operacionais) para o uso da administração de uma empresa, nas funções de planejamento, avaliação e controle de suas atividades e para assegurar o uso apropriado e a responsabilidade abrangente de seus recursos" foi elaborado por quem?

a. ( ) Kaplan;

b. ( ) Crepaldi;

c. ( ) Iudícibus;

d. ( ) IFAC;

e. ( ) Ferronato.

12. Os dados que a contabilidade de custos fornece à tomada de decisões administrativas são úteis para o administrador avaliar as consequências de medidas como:

a. ( ) capacidade de produção, determinação do preço de venda, origem de matéria-prima;

b. ( ) aquisição de capital de terceiros, terceirização, investimentos;

c. ( ) execução de *leasing*, determinação de preços de venda, empréstimos;

d. ( ) capacidade de produção, terceirizações e *leasing*;

e. ( ) origem de matéria-prima, investimentos e determinação de preço de venda.

13. Qual é o ramo da contabilidade que tem por objetivo fornecer instrumentos aos administradores de empresas auxiliando-os em suas funções gerenciais?

a. ( ) contabilidade financeira;

b. ( ) contabilidade administrativa;

c. ( ) contabilidade gerencial;

d. ( ) contabilidade de custos;

e. ( ) *controllers*.

14. A principal diferença entre contabilidade financeira e contabilidade gerencial está ligada:

    a. ( ) ao objetivo empresarial;

    b. ( ) à formação profissional do contador;

    c. ( ) ao direcionamento dos resultados;

    d. ( ) aos métodos utilizados;

    e. ( ) ao ramo de atividade da empresa.

15. As empresas precisam de sistemas de custeio para realizar três funções básicas, são elas:

    a. ( ) compras, armazenamento e vendas;

    b. ( ) produção, marketing e compras;

    c. ( ) avaliação de estoques, estimação de despesas operacionais e *feedback*;

    d. ( ) propaganda, vendas e investimentos;

    e. ( ) compras, *feedback*, pós-venda.

16. Qual dos sistemas abaixo não é um SIG (Sistema de Informação Gerencial):

    a. ( ) ERP;

    b. ( ) MRP I;

    c. ( ) MRP II;

    d. ( ) PERT;

    e. ( ) PMP.

17. Qual das alternativas abaixo não é um dos objetivos de um Sistema de Informação Gerencial:

    a. ( ) demonstrar o potencial da ciência contábil integrado;

    b. ( ) identificar os subsistemas componentes de informação contábil;

    c. ( ) alterar todas as integrações que devem existir com os demais sistemas operacionais de empresa;

    d. ( ) facilitar a apresentação de relatórios;

    e. ( ) obedecer à regulamentação para elaboração dos relatórios.

18. Uma das alternativas abaixo não é subsistema contábil, identifique-a:

    a. ( ) contabilidade por unidades de negócios;

b. ( ) contabilidade financeira;
c. ( ) custos e orçamentos;
d. ( ) gestão de impostos;
e. ( ) pesquisa de marketing.

19. O Sistema de Informação Gerencial, a fim de atender a seus usuários, produz informações para atender aos seguintes aspectos, exceto:
a. ( ) níveis empresariais;
b. ( ) ciclo administrativo;
c. ( ) nível de estruturação de informação;
d. ( ) administração de RH;
e. ( ) externos à empresa.

20. Qual é o significado de ERP – *Enterprise Resource Planning*:
a. ( ) Sistema de Informação Contábil;
b. ( ) Sistema de Informação Administrativa;
c. ( ) Sistema Integrado de Gestão Empresarial;
d. ( ) Sistema de Informação Contábil Gerencial;
e. ( ) Sistema Integrado de Controladoria.

21. São características da Administração dos Sistemas Contábeis, exceto:
a. ( ) atributos dos sistemas contábeis;
b. ( ) operacionalidade das funções contábeis e administrativas apresentadas;
c. ( ) informações e relatórios a serem extraídos dos sistemas contábeis;
d. ( ) integrações necessárias entre vários sistemas: eliminando o trabalho em duplicidade;
e. ( ) funções do administrador dos sistemas.

22. Os relatórios gerados pela contabilidade gerencial geram relatórios que são utilizados:
a. ( ) só pelos usuários externos à empresa;
b. ( ) pelos usuários internos e externos, com destaque para a fiscalização do Imposto de Renda;
c. ( ) só pelos usuários internos;

d. ( ) somente pela auditoria externa das sociedades anônimas;

e. ( ) somente pela auditoria interna ou externa das sociedades de capital aberto.

23. Em relação ao plano de contas utilizado pela contabilidade gerencial, podemos afirmar que:

a. ( ) é o mesmo utilizado pela contabilidade financeira;

b. ( ) deve ser adequado às necessidades gerenciais de cada empresa;

c. ( ) o plano de contas gerencial deve seguir a legislação do Imposto de Renda e as normas da CVM;

d. ( ) o plano de contas a ser utilizado independe da análise gerencial a ser elaborada;

e. ( ) o plano de contas deve ser refeito baseado nos centros de custo efetivamente produtivos, sempre de acordo com as normas da CVM.

24. Em termos gerenciais, os relatórios contábeis podem ser elaborados em moeda estrangeira. Esse fato se deve aos seguintes motivos:

a. ( ) em função da inflação que mascara o resultado real e pelo fato de diversas empresas estarem vinculadas a grupos internacionais;

b. ( ) exigência do Banco Central para empresas denominadas multinacionais;

c. ( ) unicamente para expurgar os reflexos da inflação;

d. ( ) em função dos princípios contábeis internacionais geralmente aceitos;

e. ( ) unicamente por deliberação do *controller* da empresa.

25. Diretores financeiros são responsáveis por decisões acerca de como investir os recursos de uma empresa para expandir seus negócios e sobre como obter tais recursos. Investidores são instituições financeiras ou indivíduos que financiam os investimentos feitos pelas empresas e os governos. Assim, decisões de investimento tomadas por diretores financeiros e investidores são, normalmente, semelhantes.

PORQUE

As decisões de investimento dos diretores financeiros focalizam os ativos financeiros (ações e títulos de dívidas), enquanto as decisões de investimento dos investidores focalizam ativos reais (edificações, máquinas, computadores etc.).

Com base na leitura dessas frases, é correto afirmar que:

a. ( ) a primeira afirmação é falsa, e a segunda é verdadeira;

b. ( ) a primeira afirmação é verdadeira, e a segunda é falsa;

c. ( ) as duas afirmações são falsas;

d. ( ) as duas afirmações são verdadeiras, e a segunda é uma justificativa correta da primeira;

e. ( ) as duas afirmações são verdadeiras, mas a segunda não é uma justificativa correta da primeira.

26. Sistemas de Informação Gerencial (SIG) fornecem as informações necessárias para gerenciar com eficácia as organizações. Nesse sentido, gerenciar o volume de informações produzidas pelas organizações é um dos assuntos mais importantes nas operações de planejamento e controle. Portanto, é importante que todas as informações relevantes que estão dispersas na organização sejam reunidas (OLIVEIRA, 2011).

Considerando as ideias do texto, analise a seguinte situação hipotética.

Uma empresa familiar que produz equipamentos agrícolas está planejando ampliar sua linha de produtos. Hoje, os controles operacionais da empresa são manuais e não há integração entre os departamentos. O proprietário da empresa acredita que a implantação de recursos tecnológicos poderá propiciar sucesso à expansão pretendida. Com base nessas informações, avalie as asserções a seguir e a relação proposta entre elas.

I. A implantação de um programa de ERP (*Enterprise Resource Planning*) por essa empresa tornará as operações mais eficientes e rápidas, facilitando o planejamento, o controle e a tomada de decisão.

II. O programa ERP proporcionará à empresa integração dos departamentos, possibilitando automação e armazenagem de informações de negócios.

A respeito dessas asserções, assinale a opção correta.

a. ( ) as asserções I e II são proposições verdadeiras, e a II é uma justificativa correta da I;

b. ( ) as asserções I e II são proposições verdadeiras, mas a II não é uma justificativa correta da I;

c. ( ) a asserção I é uma proposição verdadeira, e a II é uma proposição falsa;

d. ( ) a asserção I é uma proposição falsa, e a II é uma proposição verdadeira;

e. ( ) as asserções I e II são proposições falsas.

Gabarito

1. (b)	6. (c)	11. (d)	16. (d)	21. (b)	26. (a)
2. (a)	7. (a)	12. (a)	17. (a)	22. (c)	
3. (c)	8. (c)	13. (c)	18. (e)	23. (b)	
4. (b)	9. (a)	14. (c)	19. (d)	24. (a)	
5. (c)	10. (a)	15. (c)	20. (c)	25. (c)	

Resolução da Questão 3

	DRE
Receita Bruta de Vendas	$ 600.000,00
(–) Devolução de Vendas	$ 16.000,00
(–) Impostos sobre Vendas	$ 36.000,00
Receita Líquida	$ 548.000,00
(–) Custo das Mercadorias Vendidas	$ 140.000,00
Lucro Bruto	$ 408.000,00
(–) Despesas com Vendas	$ 70.000,00
(–) Despesas Administrativas	$ 78.000,00
(–) Despesas Financeiras	$ 14.000,00
Receitas Financeiras	$ 12.000,00
Lucro Operacional	$ 258.000,00
(–) Despesas Não Operacionais	$ 44.000,00
Lucro antes do Imposto de Renda	$ 214.000,00

Problema

1. A Cia. Redentor S.A. fabrica e comercializa produtos de segurança para automóveis. Anualmente, durante a fase de Planejamento Estratégico, a diretoria se reúne para uma análise horizontal e vertical do Balanço Patrimonial e da Demonstração de Resultados do Exercício dos dois últimos períodos, a fim de traçar as estratégias para o próximo ano. Em janeiro de 20X2, a diretoria se reuniu para tal finalidade, tendo distribuído entre diretores e gerentes os seguintes demonstrativos:

BALANÇO PATRIMONIAL

ATIVO	20X0	AV %	20X1	AV %	AH%
Caixa	60.000	1,79	75.000	1,62	25,00
Bancos	120.000	3,58	155.000	3,34	29,17
Duplicatas a Receber	260.000	7,76	470.000	10,15	80,77
Estoques	380.000	11,34	650.000	14,03	71,05
Ativo Circulante	820.000	24,47	1.350.000	29,14	64,63
Contas a Receber	72.000	2,15	102.000	2,20	41,67
Bancos Conta Vinculada	57.500	1,72	68.319	1,47	18,82
Realizável a Longo Prazo	129.500	3,87	170.319	3,67	31,52
Investimentos	700.000	20,90	900.000	19,43	28,57
Imobilizado Líquido	1.400.000	41,80	1.800.000	38,86	28,57
Diferido Líquido	300.000	8,96	412.156	8,90	37,38
Ativo Permanente	2.400.000	71,66	3.112.156	67,19	29,67
TOTAL DO ATIVO	3.349.500	100,00	4.632.475	100,00	38,30
PASSIVO	**20X0**	**AV %**	**20X1**	**AV %**	**AH%**
Fornecedores	370.000	11,05	535.000	11,55	44,59
Impostos a Pagar	75.000	2,24	167.500	3,61	23,33
Salários a Pagar	99.500	2,97	222.600	4,81	123,72
Dividendos a Pagar	85.000	2,54	125.500	2,71	47,65
Passivo Circulante	629.500	18,80	1.050.600	22,68	66,89
Empréstimos a Pagar	87.000	2,60	120.000	2,59	37,93
Empréstimos Externos	123.000	3,67	175.000	3,78	42,28
Exigível a Longo Prazo	210.000	6,27	295.000	6,37	40,48
Capital Social	1.200.000	35,83	2.200.000	47,49	83,33
Reserva de Capital	800.000	23,88	300.000	6,48	(62,50)
Reserva Legal	70.000	2,09	95.125	2,05	35,89
Reserva Estatutária	85.000	2,54	135.250	2,92	59,12
Reserva de Contingência	105.000	3,13	95.000	2,05	(9,52)
Lucros Acumulados	250.000	7,46	461.500	9,96	84,60
Patrimônio Líquido	2.510.000	74,93	3.286.875	70,95	30,95
TOTAL DO PASSIVO	3.349.500	100,00	4.632.475	100,00	38,30

DEMONSTRAÇÃO DO RESULTADO DO EXERCÍCIO

CONTAS	20X0	AV %	20X1	AV %	AH%
Receita Bruta (RB)	11.200.000	110,56	16.500.000	110,22	47,32
Impostos sobre RB	(1.070.000)	(10,56)	(1.530.000)	(10,22)	42,99
Receita Líquida	10.130.000	100,00	14.970.000	100,00	47,78
CMV	(6.080.000)	(60,02)	(8.750.000)	(58,45)	43,91
Lucro Bruto	4.050.000	39,98	6.220.000	41,55	53,58
Despesas Operacionais	3.372.000	36,84	5.528.000	36,93	48,12
Despesa com Vendas	(850.000)	(8,39)	(1.400.000)	(9,35)	64,70
Despesas Administrativas	(2.100.000)	(20,73)	(3.000.000)	(20,04)	42,86
Despesas Financeiras	(470.000)	(4,64)	(680.000)	(4,54)	44,68
Despesa de Depreciação	(220.000)	(2,17)	(320.000)	(2,14)	45,45
Despesa de Amortização	(85.000)	(0,84)	(120.000)	(0,80)	41,17
Variação Cambial	(45.000)	(0,44)	(65.000)	(0,43)	44,44
Resultado	38.000	0,37	57.000	0,38	50,00
Lucro Operacional	318.000	3,14	692.000	4,62	117,61
Resultado não Operacional	(18.000)	(0,18)	(22.000)	(0,15)	22,22
LAIR	300.000	2,96	670.000	4,47	123,33
Provisão para IR e CSL	(75.000)	(0,74)	(167.500)	(1,12)	123,33
Lucro Líquido	225.000	2,22	502.500	3,35	123,33

Após muita discussão, os diretores e gerentes presentes à reunião chegaram às seguintes conclusões:

- o endividamento da empresa é baixo;
- o volume de estoques é baixo para o nível atual de vendas;
- a liquidez corrente da empresa é excelente;
- a política de expansão dos investimentos no Permanente deu resultado, pois as vendas cresceram 47% e o lucro, 123%;
- os custos estão controlados, mas houve uma expansão acima do normal nas Despesas Operacionais;
- há uma preocupação, em particular, com a depreciação, visto que algumas máquinas estão tendo deterioração elevada, precisando ser vendidas por valor abaixo do valor contábil.

Em vista do quadro traçado pelos dirigentes da Cia. Redentor e após acalorados debates, determinaram-se as seguintes metas para o exercício de 20X2:

- obter um empréstimo externo de US$ 500.000,00 (dólar a $ 2,50 e taxa de 10% ao ano) para expandir mais o parque fabril, com aquisição de máquinas novas e muito mais produtivas;
- aumentar em 50% o volume de estoques para atender à demanda crescente pelos produtos da empresa;
- aumentar as vendas da empresa em 50%, elevando o prazo de recebimento para 30 dias;
- reduzir as despesas administrativas e de vendas em 10%.

Com base nessas informações e considerando que você foi chamado pelo presidente da empresa para analisar o resultado da reunião dos dirigentes da Cia. Redentor:

a. faça uma análise crítica de cada uma das seis conclusões dos dirigentes da Cia. Redentor, apontando as certas e as erradas e justificando, em ambos os casos, sua opinião;
b. faça uma análise crítica das metas fixadas para o exercício de 20X2, identificando as viáveis e as inviáveis e justificando, em ambos os casos, sua opinião;
c. analise a situação (tendência) da empresa antes de terem sido traçadas as metas e a que passará a ter, caso as metas sejam seguidas e alcançadas.

Solução

a1. O endividamento da empresa é baixo.

R: Essa conclusão é correta, pois o capital de terceiros corresponde a menos da metade do Patrimônio Líquido. O PL representava 74,93% em 20X0 e 70,95% em 20X1. A participação do capital de terceiros em relação ao capital próprio (PL) é um indicador de risco ou dependência a terceiros por parte da empresa. Esse indicador é importante, pois, em média, as empresas que vão à falência apresentam endividamento elevado em relação ao PL.

a2. O valor de estoques é baixo para o nível de vendas.

R: A princípio, essa conclusão é falsa. Primeiro, porque estoque é o maior componente do Ativo Circulante. Como análise sempre envolve comparação, comparando um período com outro, verificamos que os estoques aumentaram de 380.000 em 20X0 para 650.000 em 20X1, e, ainda, que os estoques cresceram mais do que as vendas entre 20X0 e 20X1. Poder-se-á aceitar a resposta de que a conclusão é verdadeira somente se relacionar o valor de estoque (650.000) com o valor de vendas (16.500.000), com o argumento de que a empresa consegue apresentar um valor de vendas 25,38 vezes maior que o volume de estoques.

a3. A liquidez corrente da empresa é excelente.

R: Essa conclusão é falsa porque, isoladamente, não se pode afirmar que um indicador é excelente ou não. Um dos maiores problemas na utilização de índices é que eles representam relações, no caso presente, entre Ativo e Passivo Circulante, e, sem o conhecimento detalhado da composição do numerador e do denominador da fração ou dos prazos de recebimento ou pagamento, não se pode afirmar nada com segurança. Além do mais, teríamos que comparar o indicador da empresa com os indicadores do setor em que ela encontra-se situada, ainda mais considerando que o índice de liquidez corrente decresceu de 20X0 (1,30) para 20X1 (1,28).

a4. A política de expansão dos investimentos no Permanente deu resultado, pois as vendas cresceram 47% e o lucro, 123%.

R: Essa conclusão é verdadeira, pois, com os dados disponíveis, a elevação dos investimentos no Permanente possibilitou uma expansão das vendas e do lucro, apresentando um comportamento do Retorno sobre os Ativos da ordem de 0,07, em 20X0, para 0,11, em 20X1, mostrando que houve aumento de rentabilidade. Embora não se possa afirmar tratar-se de uma relação de causa e efeito, constata-se uma contribuição da política de expansão dos investimentos para o crescimento das vendas e do lucro. A dificuldade de tal análise reside em não se poder explicar a magnitude da contribuição da política de expansão dos investimentos isoladamente, pois expansão de vendas e aumento do lucro decorrem de um conjunto de fatores não totalmente conhecidos.

a5. Os custos estão controlados, mas houve uma expansão acima do normal nas Despesas Operacionais.

R: Parte da conclusão é correta, isto é, os custos estão realmente controlados, pois subiram menos que as vendas. Entretanto, a outra parte é falsa, pois as despesas foram maiores que as receitas líquidas.

a6. Há uma preocupação, em particular, com a depreciação, visto que algumas máquinas estão tendo deterioração elevada, precisando ser vendidas por valor abaixo do valor contábil.

R: A preocupação é procedente com relação à deterioração elevada e não com a depreciação, já que a depreciação das máquinas é função do uso ou de fatores tecnológicos relacionados às máquinas. As vendas de máquinas abaixo do valor contábil podem ser explicadas por uma série de fatores, destacando-se, nos dias atuais, a obsolescência acelerada decorrente da velocidade da inovação tecnológica.

b1. Obter um empréstimo externo de US$ 500.000,00 para expandir mais o parque fabril, com aquisição de máquinas novas e muito mais produtivas.

R: Parece ser uma estratégia viável considerando o baixo endividamento da empresa, sobretudo se for a longo prazo. A viabilidade dessa decisão vai depender das taxas de retorno obtidas com a aplicação desses recursos. Esta é uma questão relacionada ao conceito de alavancagem financeira. O que deve determinar a decisão é o resultado da comparação entre taxa de retorno e custo da dívida.

b2. Aumentar em 50% o volume de estoques para atender à demanda crescente pelos produtos da empresa.

R: A estratégia não é viável por partir de premissa equivocada. A previsão de vendas é que determinará os níveis desejados de estoque, e não o contrário. Qualquer erro na decisão sobre os níveis de estoques pode implicar perda de vendas ou aumento excessivo nos custos de estocagem.

b3. Aumentar as vendas da empresa em 50%, elevando o prazo de recebimento para 30 dias.

R: A meta pode ser considerada viável. Essa é uma decisão que depende do giro de contas a receber. Se a empresa aumentar as vendas por meio da elevação do prazo de recebimento e aumentar a eficiência na cobrança, deverá ser bem-sucedida. Um aumento do prazo de recebimento de 20 para 30 dias pode ser considerado adequado, mantidas as mesmas condições de pagamento aos fornecedores. Portanto, o alcance da meta vai depender do quão a empresa for eficiente na cobrança de contas a receber.

b4. Reduzir as despesas administrativas e de vendas em 10%.

R: Sempre é possível reduzir despesas, principalmente de vendas e administrativas, pois são itens em que o poder de decisão do gestor é mais efetivo. Em vista disso, é uma meta viável.

c1. Antes das metas.

R: A tendência da empresa era a de manter o endividamento baixo, a liquidez em nível satisfatório e ter expansão de vendas, talvez não tão expressiva como ocorreu em 20X1, mas, ainda assim, elevada. Com os custos e as despesas com crescimento controlados, a expectativa era de um lucro razoável. Portanto, as expectativas da empresa eram auspiciosas.

c2. Após as metas.

R: A tendência é de aumento do endividamento visando a aumento de escala de produção e vendas. A liquidez seca deve sofrer queda em virtude do aumento dos estoques. O risco financeiro, de maneira geral, eleva-se. Entretanto, o aumento das vendas, acompanhado do controle de custos e da redução das despesas operacionais, provocará substancial elevação dos lucros. A situação financeira da empresa deverá melhorar.

Questão Discursiva

1. De acordo com dados do Sebrae-SP, existem no Brasil mais de 5 milhões de empresas. Várias publicações, inclusive do DIEESE (2012), comentam a respeito do bom desempenho da economia brasileira na última década, impulsionando a ampliação das micro e pequenas empresas (MPE) no país, confirmando a expressiva participação dessas empresas na estrutura produtiva nacional.

Em 2010, as MPE representavam 99% das empresas do país, proporcionando mais da metade dos empregos formais em estabelecimentos privados não agrícolas. Por outro lado, o tempo de vida de muitas dessas empresas não ultrapassa cinco anos e, em alguns casos, não chega a dois.

Uma parcela das MPE somente utiliza a contabilidade financeira para cumprimento de obrigações legais/fiscais, não dispondo de informações e de relatórios gerenciais.

Disponível em: <http://www.sebraesp.com.br>.
Acesso em: 20 jul. 2012; <http://www.dieese.org.br>.
Acesso em: 20 jul. 2012.

Suponha que o proprietário da MPE Cristal, preocupado com a continuidade dos negócios, buscou consultoria contábil para a implantação de uma contabilidade gerencial. Os consultores explicaram ao proprietário que adequados procedimentos contábeis direcionam para melhores demonstrações contábeis, proporcionando relatórios gerenciais da situação econômica e financeira da empresa, os quais contribuem eficazmente na gestão.

Considerando essas informações e com base na situação hipotética apresentada, na qualidade de consultor da MPE Cristal, explique os procedimentos contábeis para que o proprietário da empresa possa entender os relatórios, abordando, necessariamente, os seguintes aspectos:

a. princípio da continuidade;

b. princípio da competência;

c. depreciação;

d. provisões contábeis para férias e 13º salário.

Resposta

Deve mencionar a existência da relação entre a contabilidade financeira (elaborada com base nos princípios contábeis) e a contabilidade gerencial e seus relatórios. Para tanto, os procedimentos contábeis que devem ser apresentados ao proprietário da empresa são:

a. Princípio da continuidade: A elaboração dos relatórios gerenciais depende dos eventos econômicos registrados adequadamente pela contabilidade financeira como forma de subsidiar a análise prospectiva sobre a continuidade da empresa. Dessa forma, a contabilidade registra, demonstra e analisa as entidades, supondo sempre a continuidade de suas atividades, de forma indefinida, a não ser que surjam fortes evidências em contrário.

b. Princípio da competência dos exercícios: As receitas e despesas são apropriadas/contabilizadas/registradas em função da ocorrência de seus respectivos fatos geradores, independentemente da efetiva entrada ou saída de recursos, incluindo-se, aqui, as apropriações das quotas de depreciação e as provisões contábeis. Dessa forma, deve-se explicar ao proprietário a distinção entre o regime de caixa e o regime de competência, além da relevância deste para refletir a situação econômico-financeira.

c. Depreciação: Corresponde à apropriação contábil/econômica do desgaste dos bens do ativo imobilizado/ativo fixo em uso. A depreciação não envolve desembolso financeiro, porém, aproxima o valor líquido do bem próximo ao valor justo. Está em consonância com o princípio da competência dos exercícios e deve ser registrada (de preferência) mensalmente para apuração do resultado econômico. A depreciação é apropriada em resultado do exercício ou fará parte da composição do custo dos estoques, e sua contrapartida será uma conta redutora do ativo imobilizado intitulada depreciação acumulada.

d. Provisão de 13º salário e provisão de férias: Apropriação mensal de 1/12 da soma do rendimento bruto dos empregados (13º salário), acrescido de 1/3 (férias). O valor da despesa será contabilizado em conta de resultado do exercício ou fará parte da composição dos estoques, e sua contrapartida será uma conta de passivo, em que constam as obrigações a pagar da entidade. É relevante a diferença entre o resultado econômico (lucro ou prejuízo) e o impacto futuro no caixa da empresa.

Controller: Funções e Atribuições

2

- **Objetivos**
  - » Compreender alguns aspectos relativos ao exercício do cargo, tais como funções desempenhadas e habilidades requeridas.
  - » Minimizar os riscos e as incertezas nas decisões dos gestores, propiciando a eles caminhos alternativos, em que poderão visualizar qual deles trará um resultado mais eficaz.
  - » Fornecer informações úteis para o processo de tomada de decisão.

2.1 Introdução

A controladoria pode ser vista como uma integração entre três perspectivas, quanto ao ramo do conhecimento, quanto aos seus aspectos práticos (métodos, técnicas e ferramentas) e quanto a um órgão/departamento organizacional (ROCHA; BORINELLI, 2006). Segundo Rocha e Borinelli (2006), quanto a um ramo do conhecimento a "Controladoria é um conjunto de conhecimentos que se constituem em bases teóricas e conceituais de ordens operacional, econômica, financeira e patrimonial, relativas ao controle do processo de gestão organizacional."

A controladoria é uma atividade e um campo do conhecimento híbrido, que recebe conceitos e conhecimentos da contabilidade e da administração, sendo responsável pelo suprimento de informações aos tomadores de decisão. Devido a esse fato, ela pode ser dividida didaticamente em *controladoria administrativa* e *controladoria contábil*; na prática profissional, no entanto, isso não é muito comum, pois ambas as partes costumam ficar sob a égide de um único gestor (*controller* ou controlador). O encarregado pela área de controladoria em uma empresa é chamado de *controller* ou controlador. Tal área é considerada um órgão de *staff*, ou seja, de assessoria e consultoria, fora da pirâmide hierárquica da organização.

Apoia-se num sistema de informações e numa visão multidisciplinar, sendo responsável pela modelagem, construção e manutenção de sistemas de informações e modelos de gestão das organizações, a fim de suprir de forma adequada as necessidades de informação dos gestores, conduzindo-os durante o processo de gestão a tomarem melhores decisões. Por isso é que se exige dos profissionais da controladoria uma formação sólida e abrangente acerca do processo de gestão organizacional.

Com o aumento da competitividade, o avanço da tecnologia, a crescente exigência dos consumidores, entre outros fatores, houve uma mudança no paradigma das empresas, exigindo delas uma permanente adaptação a esse novo ambiente.

Diante desse desafio, as organizações devem elaborar um adequado planejamento estratégico que atenda às novas necessidades dos *stakeholders* (clientes, fornecedores, acionistas, bancos e órgãos fiscalizadores), podendo trazer contribuições valiosas para que as decisões tomadas no presente apoiem as consequências geradas no futuro. É na gestão dessas situações que está a controladoria, cuja missão é otimizar o processo decisório e garantir informações adequadas aos gestores em busca de uma eficácia gerencial, assegurando a continuidade do negócio da empresa. É importante que o *controller* conheça bem o ramo de atividade da organização, seus objetivos e suas metas, assim como tenha conhecimentos contábeis e administrativos.

As funções do *controller* são: Contabilidade, Fiscal, Financeiro, Custos, Planejamento Tributário, Previsão Orçamentária Anual (*Budget*), Planejamento Estratégico e Relatórios para tomada de decisões. A metodologia da controladoria é baseada no processo de controle, por meio de padrões de qualidade previamente estabelecidos, focados no planejamento e no orçamento traçados pela organização. Porém, todos os membros da organização devem estar envolvidos, desde os níveis mais altos até os operacionais. Dessa forma, a controladoria presta contribuições importantes ao progresso organizacional, possibilitando o equilíbrio da organização diante das dificuldades existentes no seu ambiente operacional.

A controladoria deve definir os padrões de controle e projetar os resultados com enfoque nos objetivos da organização, de modo que não haja excesso, desperdício ou roubo. Dessa forma, o *controller* irá elaborar uma análise comparativa entre os resultados e os padrões de controle estabelecidos, observando os desvios, ou seja, a diferença entre os resultados e os padrões. Após a verificação dos desvios, elabora-se uma análise da relevância, a fim de apurar se os desvios comprometem os objetivos da organização.

Existe uma classificação dos desvios de acordo com sua relevância (baixa, média e alta) e é por meio dessa classificação que a controladoria faz sugestões para possíveis soluções dos problemas identificados, repassando para os gestores devidos pela ocorrência do desvio, sendo estes responsáveis pela tomada de decisão a partir desse momento.

Contudo, a implantação do processo de controle requer uma mudança cultural no processo de gestão organizacional. É preciso que todos se adaptem à nova filosofia para que ela seja bem-sucedida. Nos dias atuais, é imprescindível para uma grande organização um serviço contínuo da controladoria, pois é o setor que detém todas as informações gerenciais da empresa, planejando, organizando, controlando e dirigindo todos os riscos e custos, de forma a maximizar o lucro para garantir o sucesso dela.

2.2 Missão da controladoria

A missão da controladoria é otimizar os resultados econômicos da empresa visando garantir sua continuidade, por meio da integração dos esforços das diversas áreas. A missão de cada área tem de estar atrelada à missão principal da empresa para ter sucesso dentro do seu planejamento estratégico.

Entende-se que a controladoria procura maximizar o resultado individual de cada área por meio da análise comparativa entre elas.

A empresa de pequeno porte pode ser controlada e dirigida por uma mesma pessoa. Nas empresas de médio e de grande portes, impõe-se a divisão de tarefas em áreas distintas. No contexto empresarial, a controladoria serve como órgão de observação e de controle da cúpula administrativa. É ela que fornece os dados e as informações, que planeja e pesquisa, visando sempre mostrar a essa mesma cúpula os pontos estratégicos presentes e futuros que põem em perigo ou reduzem a rentabilidade da empresa.

O controle é função que excede os limites da controladoria, visto que toda cúpula administrativa se dedica a controlar as operações empresariais, abrangendo todos os setores, funções e momentos da organização. Examina as origens mais remotas dos atos da gestão, acompanha e registra toda a evolução e os efeitos, constatando a sua efetiva incorporação aos resultados da empresa. Cabe à controladoria não só pôr em evidência os efeitos, como também participar na busca das causas, colaborando, assim, no perfeito desempenho das atividades de uma entidade.

Manter os gestores informados e atualizados com o sistema de informações é a missão da controladoria, que atua como base sólida, evidenciando e transparecendo a realidade dos relatórios para a gestão da empresa, assegurando continuidade, desempenho e otimizando seus resultados.

É responsabilidade da controladoria a veracidade das informações e garantir os dados em exame que são importantes e imprescindíveis na continuidade da organização, fazendo o melhor uso dos recursos disponíveis, de acordo com os materiais coletados. Não significa que dará a solução perfeita, mas buscará o melhor caminho a seguir para decisão empresarial.

A missão da controladoria é assegurar a otimização do resultado econômico da organização, com a responsabilidade de tornar as informações úteis para breves ou futuras e importantes mudanças no cenário empresarial.

2.3 Objetivo da controladoria

A controladoria deve informar, influenciar e organizar a fim de instruir a administração na consecução de seus objetivos. De acordo com Catelli (2003), os objetivos da controladoria, visando à missão estabelecida, são:

- promover a eficácia organizacional;
- viabilizar a gestão econômica;
- promover integração das áreas de responsabilidade.

Segundo Catelli, atingir esse conjunto de objetivos significa obter resultados econômicos de acordo com as metas e condições estabelecidas, decorrentes de decisões tomadas a respeito de gestão econômica em um enfoque de abordagens sistêmicas.

Portanto, é nosso ponto de congruência, se considerarmos a existência de uma hierarquia de objetivos.

Dessa forma, a controladoria passa a contribuir como área de responsabilidade, ao lado das demais áreas que compõem a empresa para cumprir os objetivos definidos e manter a continuidade da organização.

A controladoria terá como filosofia de atuação:

- coordenar esforços visando à sinergia das ações;
- participar ativamente no processo de planejamento;
- integrar e apoiar as áreas operacionais;
- induzir às melhores decisões para a empresa;
- gerar credibilidade, persuadir e motivar.

2.4 Funções do *controller*

Atualmente, as funções e atribuições da controladoria diferem de empresa para empresa. Dependendo do porte e da estrutura organizacional, a controladoria pode ser encontrada nos mais diversos níveis da administração, assim como pode atuar de diferentes formas.

O *controller* faz parte da cúpula administrativa, participando nos processos de planejamento e controle empresarial, capacitando os gerentes e os administradores a planejarem, executarem e controlarem adequadamente as atividades da empresa, utilizando com eficiência e eficácia os recursos que são colocados à sua disposição com a missão e o objetivo da empresa, conduzindo-a ao sucesso.

EFICIÊNCIA	EFICÁCIA
• Ênfase nos meios.	• Ênfase nos resultados.
• Fazer corretamente as coisas.	• Fazer as coisas certas.
• Resolver problemas.	• Atingir objetivos.
• Salvaguardar recursos.	• Otimizar o uso de recursos.
• Cumprir tarefas e obrigações.	• Obter resultados.
• Treinar os subordinados.	• Dar eficácia aos subordinados.
• Manter as máquinas.	• Máquinas em funcionamento.
• Frequentar a igreja.	• Praticar valores religiosos.
• Rezar.	• Ganhar o céu.
• Jogar futebol com arte.	• Ganhar o jogo.

O *controller* tem uma visão ampla da organização e conhece a fundo todas as informações, por isso sua função é elaborar, analisar e interpretar os relatórios gerenciais de acordo com as necessidades do usuário, que servirão de suporte para a tomada de decisões na empresa.

Basicamente, a controladoria é exercida de duas diferentes formas:

A primeira, e mais comum, é muito semelhante à função de um "contador geral", situando-se na estrutura organizacional como órgão de linha e subordinando-se diretamente ao diretor financeiro.

Suas atribuições básicas são semelhantes à de um "contador geral" ou "gerente de contabilidade", que se responsabiliza pelo conteúdo das informações geradas nos diversos setores que a ele são subordinados. Em muitos casos, o profissional que ocupa esse cargo é um ex-contador que está fazendo carreira na empresa e, na maioria dos casos, continua a assinar o balanço.

Nesse caso, o *controller* seria responsável pelas seguintes áreas, entre outras:

- Contabilidade geral: escrituração, análise de contas e elaboração de relatórios contábeis.
- Contabilidade de custos: apuração dos custos, relatórios gerenciais.
- Contabilidade fiscal: cumprimento de obrigações tributárias e acessórias.
- Controle patrimonial: registro e controle de patrimônio.
- Planejamento: elaboração de orçamentos, acompanhamentos da execução orçamentária, análise de custos, análise de balanços, interpretação das tendências e perspectivas econômicas, sugestão de preços, estudos de mercado, balanços projetados, tabelas estatísticas.
- Finanças: planejamento financeiro, administração do fluxo de caixa, tesouraria, contas a pagar, contas a receber, cobrança, cadastro, contratos, administração dos recursos financeiros.
- CPD: desenvolvimento e implantação de sistemas integrados, específicos, personalizados, multiusuários, implantação de redes de microcomputadores, treinamento e integração dos conjuntos de atividades × funcionários, administração dos dados e a preservação e integridade dos recursos tecnológicos.
- Auditoria interna: desenvolvimento e implantação do plano de auditoria interna. O&M: desenvolvimento, implantação e aperfeiçoamento dos controles internos, planos de formulários, sistemas de comunicação formal, manualização de normas e procedimentos internos.

Geralmente, o *controller* está em âmbito de gerência e reporta-se ao diretor financeiro.

A segunda forma de atuação do *controller*, e mais correta, é como um órgão de *staff*, ligado diretamente à alta administração, funcionando como "filtro" das informações geradas pelos diversos setores da empresa. Sua função básica é garantir que as informações cheguem às pessoas certas no tempo certo, não sendo de sua responsabilidade a elaboração delas, mas sim sua compilação, síntese e análise.

Assim, a função do *controller* poderá ser mais bem visualizada na figura a seguir.

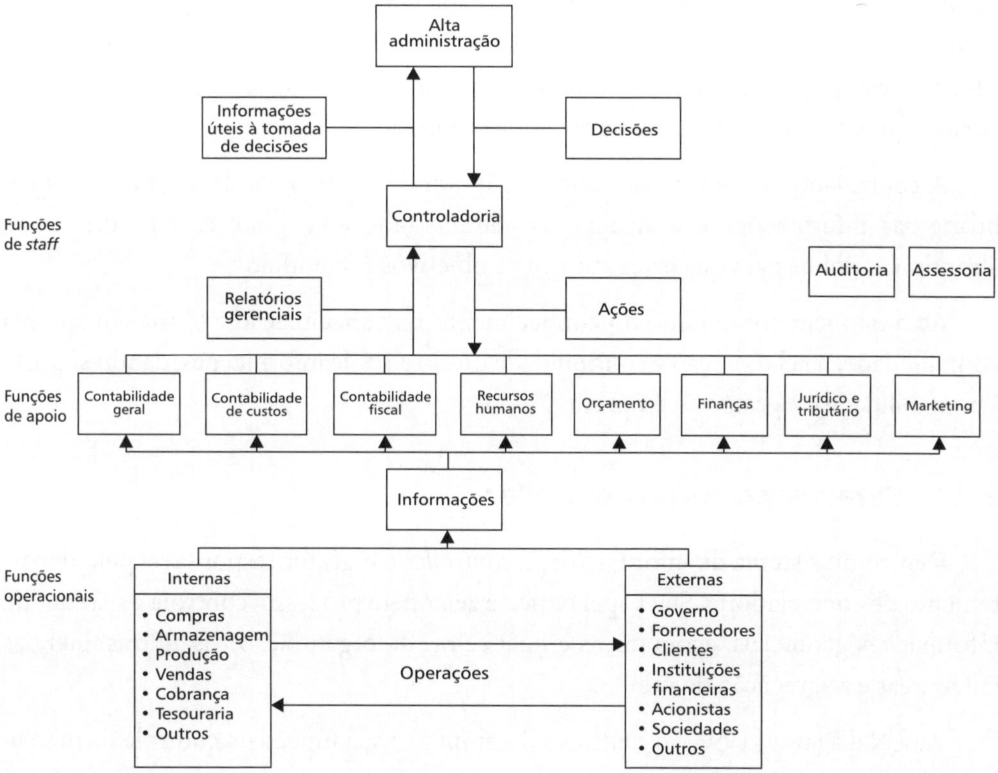

Nesse caso, o *controller* precisa ser um profissional altamente qualificado, que definirá e controlará todo fluxo de informações da empresa, garantindo que as informações corretas cheguem aos interessados dentro de prazos adequados e que a alta administração somente receba informações úteis à tomada de decisões.

As decisões tomadas pela alta administração provocarão ações que, por sua vez, gerarão mais informações.

Nesse contexto, a função básica do *controller* será garantir a perfeita realização do processo:

decisão	→	ação	→	informação	→	controle

Atualmente, diante das grandes inovações do mundo gerencial, a contabilidade não pode ficar alheia a esses avanços; é preciso que ela ocupe um espaço atuante e preciso. Daí a necessidade de se dar um novo enfoque: o de não apenas registrar números, mas de controlar, mostrar caminhos, direções.

A contabilidade como controladoria é, sem dúvida, algo essencial para o gerenciamento da empresa. A controladoria é, na verdade, um departamento que registra fatos ocorridos; sua inovação é no sentido de que, registrando esses fatos, consiga projetar a situação real da empresa, visando sempre aos pontos estratégicos presentes e futuros e auxiliando, assim, na tomada de decisões da empresa.

A controladoria pode atuar como órgão administrativo, vindo a garantir a qualidade das informações e a auxiliar os administradores e gestores em suas áreas, abrindo caminhos para que estes atinjam os objetivos pretendidos.

Atua também como ramo do conhecimento na conceituação e teoria em apoio à contabilidade, na elaboração e continuidade do sistema de informações, dando suporte à contabilidade e à gestão da empresa.

2.4.1 *Características do* controller

Dentro do sistema de informações, o *controller* é o gestor responsável pelo departamento de controladoria. Seu papel básico é zelar pelo processo, controle e sistema de informações gerenciais, econômicas e financeiras da organização, visando às sinergias entre áreas e à agregação de valor.

Para Nakagawa (1993), o *controller* desempenha sua função de controle de maneira muito especial, isto é, ao organizar e reportar dados relevantes, exerce uma força ou influência que induz os gerentes a tomarem decisões lógicas e consistentes com a missão e os objetivos da empresa.

Sua função principal na organização é manter o executivo principal da companhia e os demais usuários informados sobre os rumos que ela (empresa ou área) está tomando e sobre quais os pontos que, porventura, podem estar ou ficarão enfraquecidos, caso não sejam realizadas ações imediatas. O *controller* é o executivo de normas, controles, metas, objetivos, orçamentos, contabilidade, finanças e informática. Sua função principal é obter, gerar e interpretar as informações que possam ser usadas na formulação da política empresarial e principalmente na execução dessa política. Na maioria das organizações, a pessoa responsável pela contabilidade é denominada *controller* – nome que soa como se ela controlasse. Na realidade, o *controller* envolve-se em planejamento, tomada de decisão, desenho de sistemas de informações e de sistemas de incentivos e em várias outras tarefas, além de ajudar gerentes em decisões operacionais. O *controller* ocupa uma posição na equipe que administra a companhia.

Deve ter a capacidade de prever problemas nos diferentes departamentos da empresa, antecipar-se a eles e propiciar os elementos para as devidas soluções.

Fornecer à alta direção as informações na linguagem dos executivos de primeira linha. Tais informações podem variar desde complicadas tabelas estatísticas de vendas e mercados a balanços futuros projetados.

Saber traduzir dados estatísticos em gráficos de tendências projetadas e analisar balanços com tendências e perspectivas futuras.

Deve ter os olhos voltados para o futuro, pois o passado está morto. As perdas do passado já não podem ser controladas. Deve ser capaz de analisar os resultados do passado, sem perder de vista o presente e tirando todas as lições dos erros passados.

Ele é o homem de informações. É capaz de dar informações e elaborar relatórios no momento em que for solicitado.

Ser um executivo estudioso e apaixonado pelo processo científico. Deve insistentemente desenvolver estudos e interpretações de todas as áreas controladas, procurando sempre aprimorar os controles, reduzir a zero as perdas de tempo, insumos e capital.

Deve ser um conselheiro, um formador de discípulos. Como sempre, seus estudos trarão à luz os pontos fracos dos outros setores; deverá sempre ser um ajudador dos outros gerentes; em vez de aparecer criticando, deverá aparecer sugestionando a necessidade de melhoras nos outros departamentos e estar sempre pronto para colaborar, dando seus préstimos em nome da corporação e para o bem dela.

Deverá ser ético e imparcial. Haverá ocasiões em que fará relatórios negativos de outros executivos. É sua função avaliar a *performance* de todos os departamentos da empresa, e nessa tarefa deverá ser sempre imparcial e honesto.

Deve ter a capacidade de vender suas ideias aos demais executivos da empresa e de apresentar métodos de execução e melhorias dos processos. A perfeita relação com seus pares fará o diferencial, que certamente refletirá nos balanços da empresa. O perfil profissional desejado pelas empresas para essa importante função é ter visão preditiva, de futuro, com profundo trabalho no orçamento empresarial e nos elementos intervenientes da maximização dos resultados (produtos, volumes, custos, investimentos).

2.4.2 *Ciclo do controle*

O processo "decisão → ação → informação → controle" pode ser identificado no ciclo do controle, conforme demonstrado a seguir:

CICLO DO CONTROLE

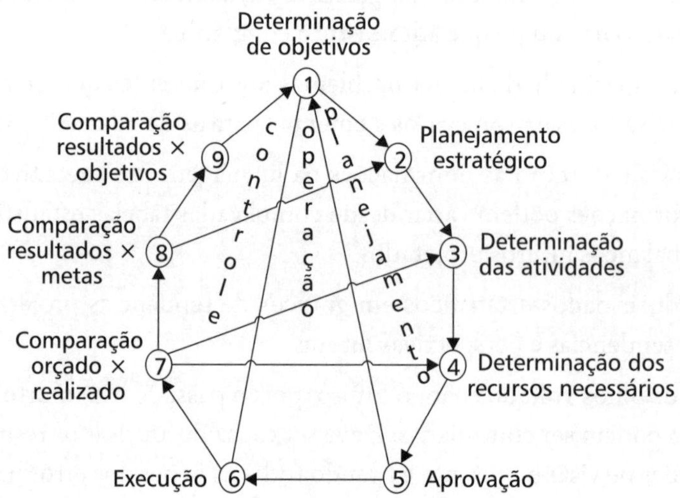

1. DETERMINAÇÃO DE OBJETIVOS. A alta administração determina os objetivos da empresa para um período futuro, normalmente de médio e longo prazos.
2. PLANEJAMENTO ESTRATÉGICO. Conjunto de metas que serão atingidas em curto e médio prazos e que possibilitarão a consecução dos objetivos propostos.
3. DETERMINAÇÃO DAS ATIVIDADES. Definição dos setores envolvidos com as metas e objetivos e atribuição da responsabilidade inerente a cada área.
4. DETERMINAÇÃO DOS RECURSOS NECESSÁRIOS. Elaboração de orçamento e de análise dos projetos que necessitarão ser desenvolvidos.
5. APROVAÇÃO. Análise de orçamento e de demonstrações contábeis projetadas e aprovação ou reformulação das metas e objetivos.
6. EXECUÇÃO. O sucesso obtido na execução do plano dependerá do grau de envolvimento de cada área. Assim sendo, é necessária a divulgação do plano e das metas a serem alcançadas e do comprometimento de todos.
7. COMPARAÇÃO DOS VALORES ORÇADOS E REALIZADOS. Estas funções são atribuições da área de controladoria, que fará o acompanhamento da execução das operações, a comparação do orçado com o realizado, apurará e classificará as variações, identificará as causas das variações e proporá medidas corretivas.

Por meio das comparações entre valores orçados e realizados, é possível extrair variações divididas em variações de desempenho e variações de estimativa. A partir daí, apuram-se as causas das variações, identificam-se os responsáveis e são propostas medidas corretivas.

8. COMPARAÇÃO ENTRE RESULTADOS E METAS. A análise dos resultados previstos em comparação aos realizados permite determinar a necessidade de reformulação das metas ou de um melhor acompanhamento das atividades.
9. COMPARAÇÃO ENTRE RESULTADOS E OBJETIVOS. Periodicamente, os resultados obtidos são analisados com a finalidade de avaliar a consecução dos objetivos propostos.

Nessa oportunidade, é avaliada a necessidade de reformulação dos objetivos propostos, o que desencadeará todo o processo do ciclo do controle.

2.4.3 Ferramentas de trabalho

1. A informática como ferramenta de administração moderna, ambientes gráficos, sistemas integrados, multiusuários, compartilhamento de dados em rede e disponibilização de informações via internet.
2. A reengenharia contábil financeira aplicada para melhor aproveitamento dos recursos e da sinergia interna.
3. Plano de contas personalizado para as atividades da empresa.
4. Orçamento departamental integrado da produção, vendas e administração.
5. Os sistemas de custeio da produção e vendas apurados pelo método de custeio por absorção, na sistemática ABC, aferidos pelo custo-padrão.
6. O planejamento financeiro como ferramenta de alavancagem do desenvolvimento empresarial.
7. Os sistemas de montagens de preços e margens por *mark-up*.
8. Os programas de qualidade e padrões de produção Kaizen, ISO, *Just in Time*, Kanban, TQC etc.
9. Os programas de avaliação internos da *performance* operacional e as avaliações de desenvolvimento dos funcionários.
10. Os planos de formulários internos.
11. O sistema de relatórios gerenciais – o SIG.
12. Os manuais internos de normas e procedimentos, de filosofia empresarial e de estrutura organizacional.

Em resumo:

"Controlar é comparar."

2.5 Uma nova visão das funções do *controller*

A controladoria surgiu em um momento de mudanças, por volta do século XX, durante a Revolução Industrial. Com o passar do tempo, a contabilidade deixou de ser utilizada apenas para regulamentação e registro de fatos passados e passou a ser utilizada também como ferramenta de auxílio à administração das organizações.

A cada dia que passa, o fluxo de informações dentro de uma empresa fica maior e mais complexo, exigindo cada vez mais um número maior de dados para auxiliar a tomada de decisões. E essa complexa malha organizacional exige uma demanda cada vez maior de profissionais que consigam ter uma visão ampla.

A controladoria proporciona ao profissional atuar na área econômica e financeira por meio do desenvolvimento de um sistema de informações gerenciais que proporcione essa visão ampla, como base de dados da contabilidade, que facilite o posicionamento dos executivos numa empresa, desde o aspecto operacional até o estratégico.

Assim, o perfil real do *controller* nunca mudou; as empresas é que não deixam que eles atuem como gostariam e de conformidade com sua preparação; além do conhecimento contábil, eles têm a visão econômica, financeira e estratégica da empresa; são eles que deveriam, junto com os estrategistas da empresa, planejar e coordenar as estratégias a serem traçadas, pois sabem, pelos resultados realizados, qual será a tendência dos resultados futuros. Eles conhecem também a lucratividade de cada produto e a margem de contribuição dele, bem como quais são as despesas fixas, o que lhes permite calcular o ponto de equilíbrio da empresa (*break-even point*), sabendo quanto ela precisa faturar para pagar os seus gastos fixos. É um executivo de normas, controles, metas, objetivos, orçamentos, contabilidade, finanças, informática.

- O *controller* conhece melhor a empresa do que qualquer gerente ou diretor, podendo ajudar muito a alcançar o sucesso.
  - Na área de compras, ele tem o controle e a visão dos estoques e do que poderá ocorrer se continuar a comprar abaixo ou acima do limite.
  - Na área produtiva, conhece a capacidade de produção e a ociosidade, podendo sugerir mudanças para não desperdiçar dinheiro e tempo.
  - Na área comercial, sabe quais produtos estão sendo vendidos com preço abaixo ou acima do mínimo desejável, como também quais as quantidades necessárias para atingir os objetivos da empresa.
  - Na área de recursos humanos, sabe se os salários e os benefícios estão adequados aos objetivos traçados.
  - Na área tributária direta, está atualizado com o regime de apuração e cálculo do Imposto de Renda, da Contribuição Social sobre o Lucro, como também do PIS e da COFINS sobre o faturamento.
  - Na área tributária indireta, ele conhece todos os impostos incidentes, tais como o ICMS, IPI, ISS e outros.
  - Na área de planejamento estratégico, com todos esses números e dados da empresa, transforma-os em informações para tomada de decisões e sugere

alternativas para alavancar ou até mesmo para diversificar seus produtos ou negócios.

Dessa maneira, não se pode mais enxergar a função do *controller* simplesmente como o gerente da controladoria, mas sim como o profissional mais completo em termos de gestão empresarial, um estrategista.

Um *controller* pode aspirar a subir na carreira tornando-se *Chief Financial Officer* (CFO) de sua companhia. Mas, para transformar esse desejo em realidade, provavelmente terá um longo caminho a percorrer, isso porque precisará adquirir habilidades bem diferentes das utilizadas em sua função, como saber negociar e gerenciar pessoas, por exemplo. Essa é uma das razões pelas quais boa parte desses profissionais não está conseguindo hoje galgar o tão sonhado posto em suas empresas.

As funções do *controller* nas empresas são diversas e, além disso, evoluíram ao longo do tempo. Dependem do tipo de organização, do estilo de direção e de outros fatores.

A ferramenta básica para que o *controller* possa desempenhar devidamente sua tarefa é o sistema contábil empregado pela empresa. A fim de que seja considerado adequado, ele deverá refletir funcionalidade, flexibilidade e economia. Por sistema contábil entende-se o conjunto dos três ramos da contabilidade: geral, fiscal e de custos. O bom andamento desse mecanismo depende dos princípios adotados pela empresa.

2.6 Conceitos de organização e empresa

A controladoria, quando organizada de forma departamental, é segmentada em divisões, *staff* e setores, e detém autoridade científica sobre as matérias de organização, administração, contabilidade, orçamentos, planejamentos, custos e finanças.

Organização: a palavra *organização* tem diversos significados em administração, dos quais apenas dois nos interessam neste momento. O primeiro refere-se à organização como sinônimo de empresa, e o segundo, que serve para entender melhor o primeiro, como estrutura funcional. A organização como sinônimo de empresa relaciona-se à ideia do empreendimento criado para alcançar objetivos. Por sua vez, a organização como estrutura funcional tem duas características essenciais:

1. a de ser um conjunto de atividades necessárias para alcançar os objetivos da empresa; e
2. a de atribuir a responsabilidade por cada grupo de atividades correlatas a um indivíduo com a autoridade suficiente para fazer executar as atividades.

***Empresa*:** uma empresa é uma associação de pessoas para a exploração de um negócio que produz e/ou oferece bens e serviços, com vistas, em geral, à obtenção de lucros. Ela pode ser particular, governamental ou de economia mista, além de poder ter diferentes formas jurídicas.

Os dois conceitos introdutórios anteriormente descritos servirão para explicarmos os componentes e os princípios gerais de administração aplicados à organização e as técnicas relacionadas à estruturação funcional, assim como as características de uma empresa, as operações que executa, os recursos que utiliza e as funções e responsabilidades de seus departamentos.

2.7 Componentes de uma organização

Toda organização e, consequentemente, qualquer empresa, possui quatro componentes tangíveis: o trabalho, as pessoas, os órgãos e as relações entre eles.

O trabalho é o componente necessário para produzir bens e serviços. Para fazê-lo de forma eficaz e eficiente, ele é dividido, provocando a especialização das atividades e das funções.

As pessoas executam cada um dos trabalhos, ocupando as funções que surgiram em decorrência das necessidades de especialização da empresa. A adequação das pessoas ao trabalho depende de suas habilidades, interesses e comportamentos.

Órgãos são agrupamentos de pessoas que possuem funções semelhantes. Devemos mencionar aqui a diferença existente entre os denominados órgãos de *linhas* e *staff*:

Órgãos (e as respectivas funções) de linha são aqueles *diretamente* relacionados ao cumprimento dos objetivos, ou seja, aqueles que executam funções que fazem parte do processo operacional da empresa. Em contraposição aos anteriores, os órgãos *staff* são órgãos de assessoria e suporte e, como tal, estão ligados apenas indiretamente ao cumprimento dos objetivos.

Finalmente, as relações entre os órgãos e as pessoas constituem o componente talvez mais importante dentro de organização. Referem-se ao relacionamento existente entre as pessoas e seu trabalho, as pessoas e as funções de um e outro setor, as relações entre superiores e subordinados e qualquer outro tipo de relação existente ou provocada pela organização.

2.8 Princípios gerais de administração aplicados à organização

Antes de estudarmos a organização de uma empresa, torna-se necessário entender alguns princípios gerais de administração aplicados à organização, que apresentamos a seguir:

1. **Princípio de especialização.** A especialização do trabalho ou a simplificação das tarefas é o ponto de partida na busca da eficiência. Esse princípio pode ser subdividido em dois:
   a. especialização horizontal ou departamentalização;
   b. especialização vertical ou a segregação entre supervisão e execução.
2. **Princípio de definição funcional.** As funções de cada órgão devem ser claramente definidas por escrito e conhecidas pelos elementos da organização.
3. **Princípio de paridade entre responsabilidade e autoridade.** Autoridade é o poder para realizar alguma tarefa, e responsabilidade é a obrigação de realizá-la. Esse princípio ressalta a importância de outorgar autoridade compatível com a responsabilidade atribuída.
4. **Princípio das funções de linha e *staff*.** Esse princípio foi explicado no tópico anterior, ao discutirmos os órgãos com elementos tangíveis da organização.
5. **Princípio escalar.** Refere-se ao relacionamento de autoridade de um superior com seu subordinado. Esse princípio estabelece que cada subordinado deve saber quem lhe delega autoridade e a quem deve dirigir-se quando os assuntos tratados fogem de sua alçada de autoridade.

Na controladoria, a autoridade é exercida de forma descentralizada; ao *controller* é delegado o máximo do binômio Autoridade × Responsabilidade na execução das atividades técnicas e de supervisão, reservando para si toda a responsabilidade de coordenação, controles e integração corporativa dos diversos segmentos administrados.

O alvo da empresa é o maior lucro possível, conciliável com seu crescimento a longo prazo e também com o bem-estar da coletividade, mediante o atendimento das suas necessidades. Para atingir esse objetivo, a tarefa da empresa seria a de determinar quais as necessidades ou os desejos dessa mesma coletividade, para depois organizar-se do ponto de vista da produção e da comercialização. Essa tarefa é contínua, pois as necessidades e os desejos dos homens sofrem alterações permanentes.

Para que a empresa consiga alcançar seus objetivos, cada setor de atividade deverá procurar aplicar métodos eficientes a partir de uma análise cuidadosamente elaborada. Para desempenhar convenientemente as funções que lhe são inerentes, a empresa recorrerá à técnica da controladoria, a qual tem métodos de trabalho baseados num conjunto de princípios com flexibilidade de aplicação.

O departamento de controladoria busca a forma eficiente e eficaz do conhecimento dos fatos atuais e da previsão dos acontecimentos futuros, tendo como objetivo prestar informações para a empresa, visando inovações e correção de atitudes indevidas. Gera, assim, o controle que dá suporte à gestão de negócios da empresa, de modo a assegurar que esta atinja seus objetivos na organização, participando das tomadas de decisões, tendo em vista que os objetivos setoriais fazem parte do objetivo global da empresa.

Por meio dos processos de planejamento e execução dos relatórios, a controladoria indica os pontos que apresentam problemas e acompanha o desenvolvimento do processo decisório, observando todos os aspectos favoráveis da organização; acompanha o desenvolvimento dos planos em andamento e aponta soluções que conduzam aos resultados desejados segundo os gestores.

2.9 Técnicas de representação da estrutura funcional e sua atividade

Existem dois tipos de técnicas de representação gráfica muito utilizados em administração para demonstrar a estática e a dinâmica de uma organização:

1. os organogramas, que servem para representar a estrutura formal da empresa e que contêm pelo menos os seguintes dados:
   - estrutura hierárquica;
   - órgãos componentes da estrutura;
   - vias de comunicação entre os órgãos;
   - nomes dos ocupantes dos cargos ou funções deles;
2. os fluxogramas, que demonstram as sequências das operações.

Para entender a empresa e sua estrutura organizacional, interessa-nos apenas o primeiro dos gráficos.

Existem diversos tipos de organogramas, mas um deles, denominado "clássico", é utilizado em quase todas as empresas por apresentar as características mais importantes da estrutura organizacional.

Um exemplo simples de organograma clássico é o apresentado na página seguinte.

Como podemos observar, cada quadro do organograma representa uma função ou um órgão da organização ou empresa; as linhas que os interligam representam sua via de comunicação, de duas maneiras diferentes no gráfico, a saber:

- atividade de linha, representada por uma linha cheia;
- atividade de assessoria, representada por uma linha pontilhada.

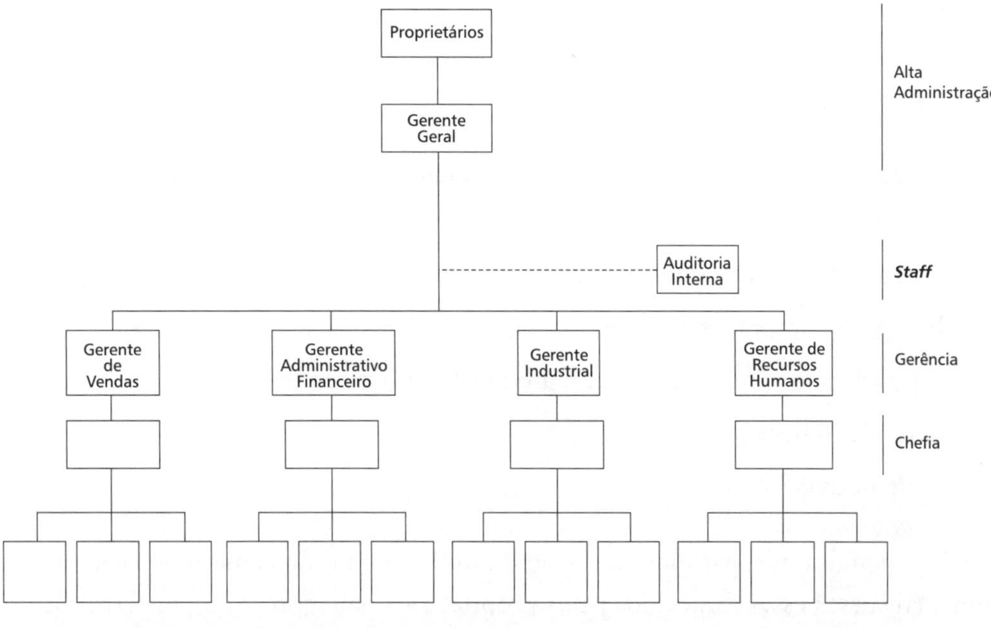

2.10 Características de uma empresa

Em qualquer organização e, como tal, em qualquer empresa, devem existir as seguintes características:

a. um número de pessoas (físicas ou jurídicas) que contribuíram em sua criação;
b. um ou mais objetivos básicos;
c. certas metas que surgem dos objetivos;
d. a execução de atividades que permitam o cumprimento dessas metas e objetivos;
e. recursos com os quais deve contar a organização para alcançar seus objetivos.

2.11 Operações que uma empresa executa

O tipo de atividades que uma empresa executa dependerá do objetivo para o qual foi criada e que, obrigatoriamente, consta em seu contrato social ou estatuto.

Entre os tipos de atividades empresariais mais comuns temos:

- comercial;
- industrial;
- agropecuária;

- mineração;
- construção;
- prestação de serviços.

Se analisarmos uma empresa industrial, poderemos verificar que ela executa as seguintes operações:

a. compra matérias-primas;

b. paga as compras efetuadas;

c. transforma as matérias-primas, produzindo novos bens;

d. vende os bens produzidos;

e. efetua as cobranças.

Isso significa que, partindo dos recursos obtidos antes do começo do ciclo operacional (recursos esses fornecidos pelos proprietários da empresa ou por terceiros), a empresa executará diversas etapas que concluirão normalmente na obtenção de novos recursos.

2.12 Recursos que a empresa utiliza

Para executar suas atividades, uma empresa precisa de elementos que lhe permitam cumprir seu ciclo operacional e que forneçam também uma estrutura básica que facilite o cumprimento de suas atividades.

Esses elementos podem ser bens (tangíveis ou intangíveis) e direitos ou recursos humanos. Os bens e direitos, por sua vez, podem ser de circulação rápida ou de caráter permanente.

Entre os primeiros, podemos mencionar:

a. o dinheiro;

b. os bens objeto das operações normais da empresa (por exemplo, numa empresa comercial, seus estoques de produtos para revenda);

c. os créditos que a empresa tem a receber de terceiros;

d. os investimentos temporários do excedente de dinheiro não utilizado no processo produtivo.

Entre os recursos permanentes, temos:

a. os edifícios e as instalações industriais;

b. os móveis e equipamentos neles instalados;

c. os direitos de utilização de determinados processos industriais (patentes) ou nomes (marcas);

d. os investimentos permanentes feitos para a obtenção de uma renda ou para complementação de sua atividade (participação no capital de outras empresas).

2.13 Organização de uma empresa industrial: funções e responsabilidades de seus departamentos

O desenho organizacional de uma empresa envolve a definição da estrutura básica da empresa e como a tarefa empresarial será dividida e atribuída, entre departamentos, divisões, grupos, posições e cargos. Existem diferentes estratégias empresariais, e o desenho organizacional normalmente acompanha a filosofia dessas estratégias. Assim, entre as diversas formas existentes de desenhos organizacionais, podemos enumerar:

- por produto ou serviço;
- por base territorial;
- por clientela;
- por processo;
- por projeto.

Como exemplo, uma empresa industrial de médio porte poderia ter uma estrutura organizacional como a demonstrada no organograma da página seguinte.

Como podemos observar, a empresa tem um setor que poderíamos denominar *alta administração*, composto pelo Conselho de Administração, o Presidente e a Diretoria; um órgão *staff* ou de assessoria e controle, denominado Auditoria Interna; e as chefias das quatro divisões ou departamentos operacionais, que são Vendas, Produção, Administração e Finanças, todos esses formados por órgãos e funções de linha.

Não há uma definição-padrão da estrutura e das funções departamentais nas empresas. Estas costumam variar de acordo com o estilo gerencial e administrativo da diretoria, bem como com a cultura organizacional da empresa. De forma geral, entretanto, as funções e responsabilidades de cada um dos órgãos de nossa empresa-modelo, descritas a seguir, servem como parâmetro para uma grande variedade de empresas:

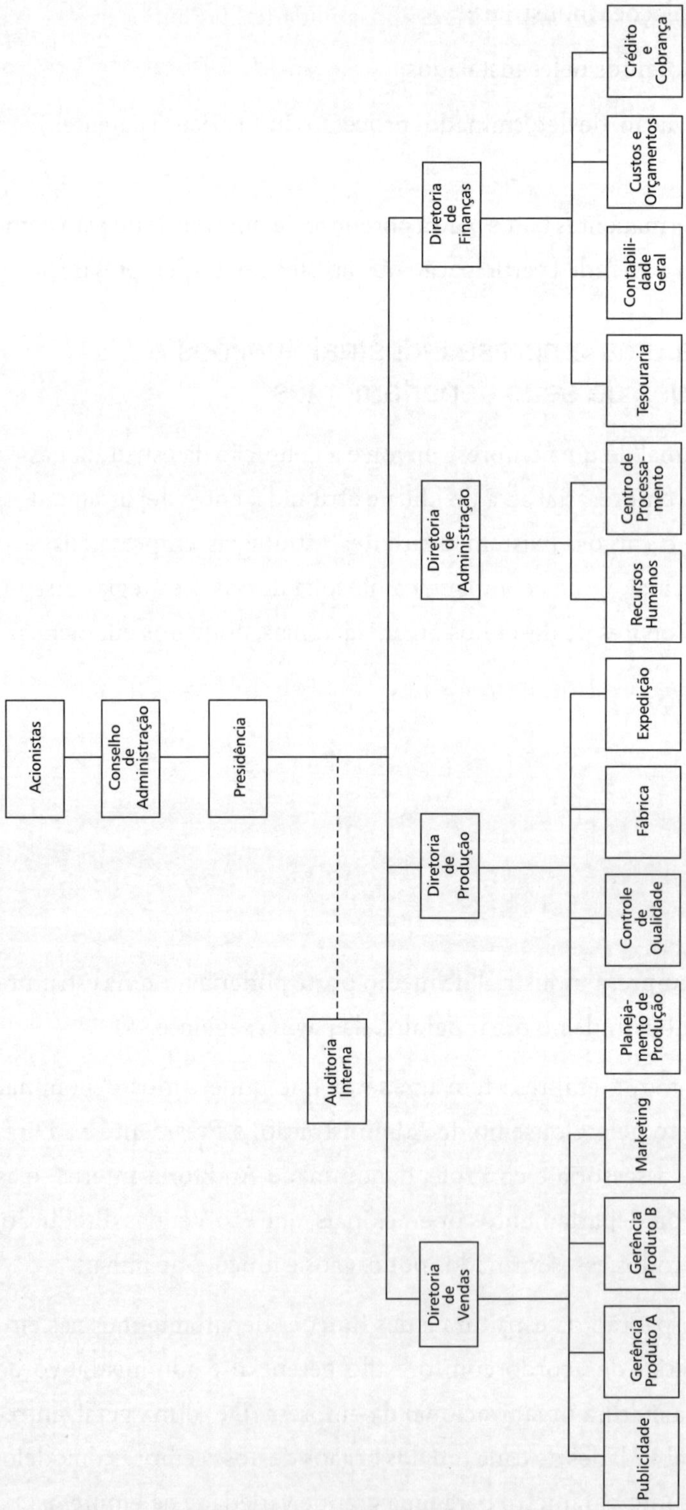
Acionistas
Conselho de Administração
Presidência
Auditoria Interna
Diretoria de Vendas
Diretoria de Produção
Diretoria de Administração
Diretoria de Finanças
Publicidade
Gerência Produto A
Gerência Produto B
Marketing
Planeja-mento de Produção
Controle de Qualidade
Fábrica
Expedição
Recursos Humanos
Centro de Processa-mento
Tesouraria
Contabili-dade Geral
Custos e Orçamentos
Crédito e Cobrança

Conselho de Administração: entre suas responsabilidades, podemos destacar as seguintes:

a. fixação das metas e políticas da empresa, que dão a orientação geral dos negócios dela;
b. eleição dos diretores da empresa, inclusive o presidente, que estarão normalmente encarregados de cada uma das divisões ou departamentos;
c. fixação das atribuições dos diretores, respeitado o disposto nos estatutos ou no contrato social;
d. fiscalização da gestão dos diretores e revisão, a qualquer momento, dos livros e documentos da empresa;
e. escolha de auditores externos.

Presidente e diretores: são os responsáveis, entre outras, pelas seguintes funções:

a. administração da empresa, gerindo os negócios e dando cumprimento ao estatuto ou ao contrato social;
b. determinação de políticas de negócios e estabelecimento de normas e objetivos;
c. compatibilidade das metas individuais das várias divisões ou departamentos operacionais;
d. elaboração e cumprimento do orçamento anual;
e. informar o Conselho de Administração sobre as operações da empresa;
f. representação da empresa perante terceiros ou em juízo;
g. controle de abertura de contas bancárias;
h. autorização de compras de vulto.

Auditoria interna: sua principal função é examinar as operações da empresa, com o intuito de assessorar e informar à alta administração o comportamento delas e a obediência às políticas e normas estabelecidas pelo presidente e sua diretoria.

Vendas: as funções desse departamento são as seguintes:

a. dirigir a aplicação prática das políticas de vendas e dar a orientação geral de caráter comercial;
b. promover as vendas da empresa;
c. estimar o mercado potencial dos produtos da empresa e sua participação e elaborar orçamento de vendas;
d. efetuar pesquisas de mercado para identificar a oportunidade de introduzir novos produtos ou de melhorar a qualidade dos atuais;
e. identificar os melhores canais de distribuição;

f. elaborar e encaminhar aos órgãos superiores relatórios estatísticos e gráficos das vendas;
g. receber os pedidos de clientes e controlar o atendimento deles.

Produção: as funções principais desse departamento são:

a. dirigir a aplicação prática das políticas de produção e dar orientação geral de caráter industrial;
b. planejar a produção, garantindo a existência de suprimentos em quantidade e qualidade suficientes para fazer face aos orçamentos de venda aprovados pela alta administração e aos pedidos reais em poder do departamento de vendas;
c. controlar as qualidades dos produtos acabados e das compras recebidas, a fim de que não sejam enviados à produção materiais ou itens defeituosos ou sejam entregues a clientes produtos em más condições;
d. expedir os estoques vendidos após prévia comprovação de que foram faturados;
e. proceder à manutenção adequada dos equipamentos que fazem parte do processo produtivo;
f. manter a guarda dos estoques em armazéns ou depósitos adequados.

Administração: esse departamento, que, muitas vezes, na prática, compõe um único setor com a área financeira, tem, em nosso modelo, as seguintes funções:

a. dirigir a aplicação prática e orientação geral de caráter administrativo definidas pela alta administração, planejando, organizando, coordenando e controlando as atividades dos órgãos que fazem parte dela;
b. obter e manter recursos humanos da melhor qualidade para alcançar as metas e os objetivos da empresa;
c. tomar medidas para evitar a rotação (*turnover*) excessiva do pessoal;
d. estabelecer políticas de recrutamento e salários adequadas à organização, assim como um plano de desenvolvimento dos recursos humanos da empresa, incluindo sistemas de avaliação de desempenho;
e. fornecer à alta administração e aos departamentos usuários os relatórios emitidos pelo centro de processamento, de acordo com necessidades previamente determinadas;
f. desenvolver os sistemas prioritários e sua implantação e operação em processamento manual, mecânico ou computadorizado;
g. elaborar normas e procedimentos administrativos;
h. elaborar a folha de pagamentos.

Finanças: entre suas responsabilidades principais, podemos destacar:

a. planejar, coordenar e controlar as atividades referentes à geração de informações financeiras necessárias à administração da empresa, tais como contabilização geral das operações, apuração dos custos, controle dos fundos, responsabilizando-se pela emissão de demonstrações financeiras e de análises estatísticas;
b. manter e controlar todos os registros contábeis e fiscais;
c. preparar e atualizar um manual de procedimentos contábeis;
d. manter controle financeiro dos estoques da empresa;
e. apurar os custos dos produtos em processo e acabados;
f. elaborar fluxos de caixa e orçamentos financeiros;
g. controlar os bens patrimoniais.

2.14 Organização detalhada dos departamentos de administração e finanças incluídos em nosso modelo

Esses dois departamentos são os responsáveis pela elaboração da maior parte das análises ou pela emissão dos dados que são mais utilizados em nossos trabalhos de auditoria.

A organização detalhada desses dois departamentos, neste modelo, abrangendo os níveis de alta administração, gerência, chefia e funcionários, seria a seguinte:

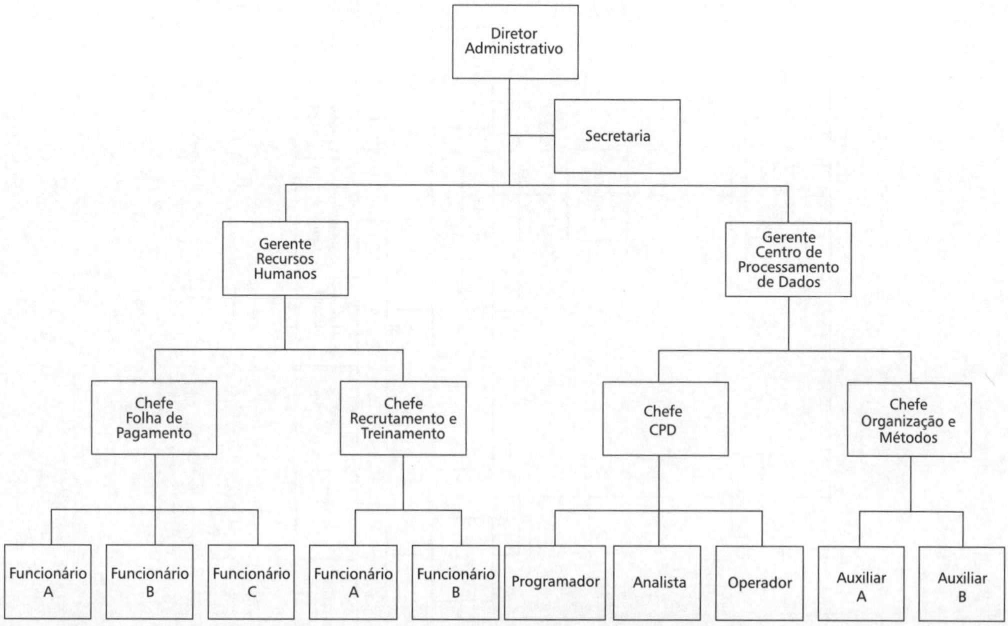

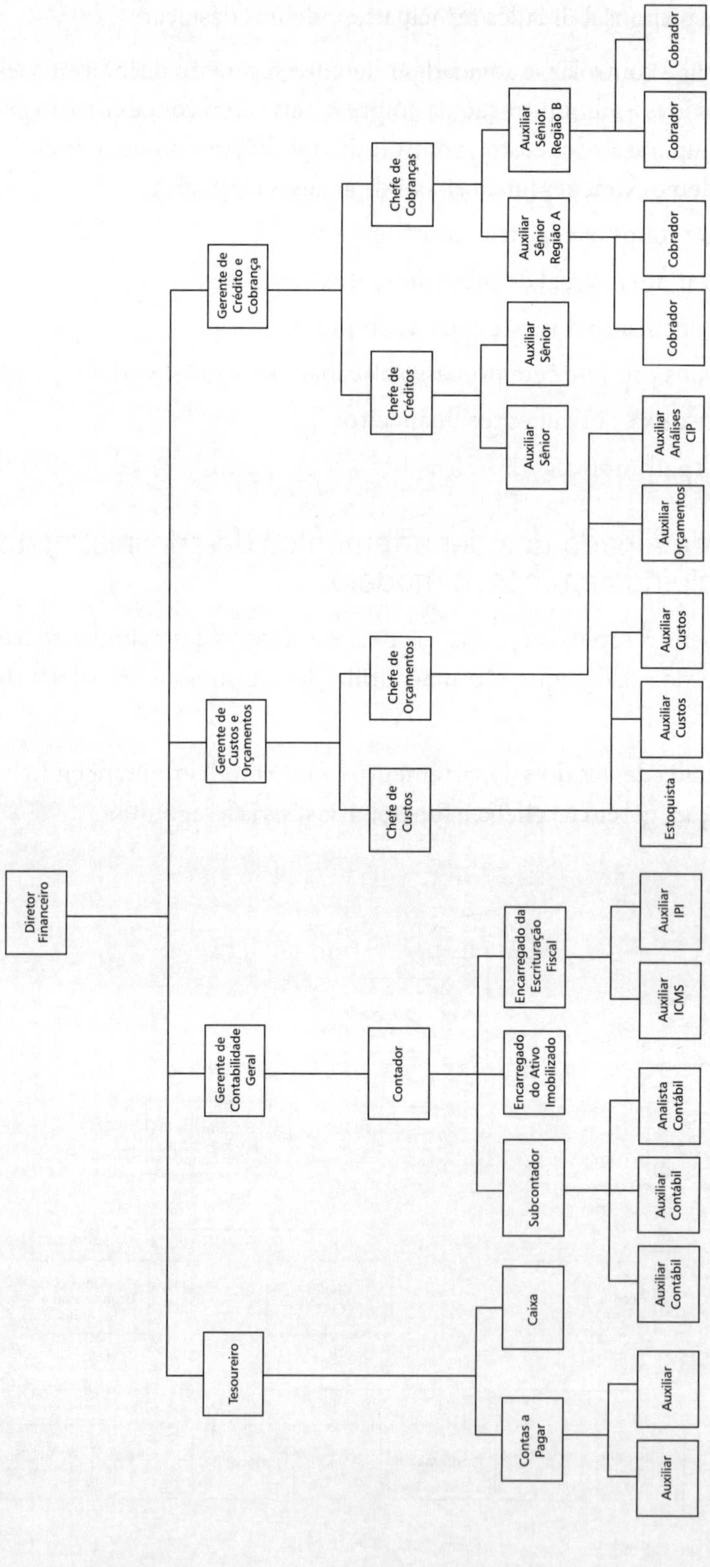
Diretor Financeiro
Tesoureiro
Gerente de Contabilidade Geral
Gerente de Custos e Orçamentos
Gerente de Crédito e Cobrança
Contas a Pagar
Caixa
Contador
Subcontador
Encarregado do Ativo Imobilizado
Encarregado da Escrituração Fiscal
Chefe de Custos
Chefe de Orçamentos
Chefe de Créditos
Chefe de Cobranças
Auxiliar
Auxiliar
Auxiliar Contábil
Auxiliar Contábil
Analista Contábil
Auxiliar ICMS
Auxiliar IPI
Estoquista
Auxiliar Custos
Auxiliar Custos
Auxiliar Orçamentos
Auxiliar Análises CIP
Auxiliar Sênior
Auxiliar Sênior
Auxiliar Sênior Região A
Auxiliar Sênior Região B
Cobrador
Cobrador
Cobrador
Cobrador

2.15 Administrar custos e preços de venda

Um problema que aflige a maioria das empresas brasileiras é a falta de controle de custos, e a dificuldade de identificação de produtos pode dar lucro ou prejuízo. Esse fato acaba fazendo com que essas empresas, principalmente as pequenas e médias, sofram enormes perdas e, muitas vezes, permaneçam mantendo excesso de mercadorias em estoque.

Todos esses fatores, somados às atuais mudanças que estão ocorrendo em decorrência da globalização da economia, acabam fazendo com que as empresas que não possuem bom gerenciamento de custos e não contam em seus quadros com estrutura de profissionais especializados em planejamento econômico e financeiro corram riscos, cada vez maiores, de não sobreviverem no mercado. Ainda mais no atual contexto, já que a expectativa é de que, a partir de agora, as empresas não tenham mais que se preocupar com qualidade, simplesmente porque quem não possuir esse pré-requisito já estará fora do mercado.

O ideal para uma empresa que deseja reverter um quadro negativo e conseguir crescer no mercado é o investimento em instrumentos de gestão e treinamento de pessoal. Essas estratégias auxiliam no estabelecimento de normas e têm como objetivo munir uma empresa de relatórios e informações gerenciais vitais, que são obtidos, por meio desse processo, com maior rapidez e segurança. Um dos principais dificultadores da lucratividade e da competitividade empresarial no Brasil é a falta de um gerenciamento de custos e preços. Uma boa gestão de custos e preços tornou-se, hoje, mais que uma necessidade no dia a dia de uma empresa, peça fundamental para a sobrevivência desta em um mercado competitivo. O conhecimento de fatores como margens de contribuição de cada produto, ponto de equilíbrio econômico e financeiro, taxas de retorno e lucratividade, planejamento de compra e estoques é muito importante para que se estabeleça uma política de preços que seja, ao mesmo tempo, competitiva, segura e lucrativa.

Quando adequado, o eficiente gerenciamento de custos, também conhecido como contabilidade gerencial, é uma forma que as empresas têm de administrar com segurança e objetividade seu futuro. Assim, com a base fornecida pela contabilidade gerencial, a empresa pode deixar de ficar esperando as coisas acontecerem e partir para a adoção de uma postura mais atuante, tendo à disposição seus dados econômicos e financeiros, que são classificados, registrados e transformados em informações gerenciais, indispensáveis no processo, cada vez mais dinâmico, de tomada de decisões.

A contabilidade gerencial utiliza outros instrumentos importantes, como planilhas de custos das linhas de produtos ou dos próprios produtos, formação de preços e demonstrativos de resultados por negócios, para dar respostas imediatas, objetivas e ágeis para vários tipos de questões. Além disso, pelo mecanismo da contabilidade gerencial, é possível determinar os pontos de equilíbrio econômico e financeiro, o planejamento de autorização de dívidas, os locais e as formas e horas de reduzir custos e reinvestir.

Implantar a contabilidade gerencial não é difícil nem oneroso. O grande obstáculo a ser vencido, quase sempre, é o fator humano. Na maior parte das vezes, é por causa de fatores como cultura, comodismo, resistência e falta de conhecimento do assunto por parte do empresário que a maioria das empresas não adota um gerenciamento de custos. As técnicas eficazes para conseguir o sucesso são muitas, mas as mais usadas são os cursos de treinamento para diretores e gerentes, palestras, livros didáticos, escolha de um eficaz agente de mudanças e visitas a empresas que têm o sistema já implantado.

2.16 Usuários, produtos e serviços da controladoria

Os interessados em seus produtos e serviços são todas as pessoas físicas (acionistas, diretores, gerentes e empregados de forma geral) e entidades jurídicas que queiram avaliar a situação da empresa (bancos, governos, sindicatos, fornecedores, clientes).

Normalmente, os acionistas mantêm-se afastados das operações das empresas, por isso necessitam de informações resumidas que forneçam respostas claras e concisas a respeito do andamento dos negócios. Por exemplo: será que a empresa continua a oferecer, no médio e no longo prazos, perspectivas de rentabilidade e segurança para o seu investimento? Essas respostas são dadas pela controladoria com a apuração dos resultados econômicos e financeiros da contabilidade.

Os diretores e gerentes da empresa são responsáveis pelo andamento dos negócios e pelas decisões; assim, o interesse deles por dados e informações contábeis é muito maior que dos demais usuários. Os relatórios gerenciais fornecem aos administradores um fluxo contínuo de informações sobre os mais variados aspectos da gestão financeira e econômica da empresa.

Cabe aos administradores usarem, de forma inteligente, a informação transmitida pela controladoria, pois ela é ferramenta de trabalho que permite a eles tomar decisões com mais segurança e, também, conhecer a situação atual e o andamento dos negócios, além de influenciar nas decisões futuras.

Para os bancos e fornecedores, as informações econômicas e financeiras disponibilizadas no encerramento do exercício são fundamentais para que eles conheçam o negócio e a solidez da empresa. Isso é importante na hora de conceder empréstimos e financiamentos para expansão.

O governo, o mercado e os empregados interessam-se pelas informações econômicas e financeiras porque o governo exerce o poder de tributar e arrecadar impostos, taxas e contribuições, principalmente o Imposto de Renda, que é taxado com base nos resultados (lucros) apurados pelas empresas por meio das demonstrações financeiras.

O mercado analisa as demonstrações financeiras para acompanhar a evolução das cotações das ações, principalmente a Bolsa de Valores, para as empresas de capital aberto.

Para os empregados, a importância e a seriedade das informações da empresa estão ligadas à participação deles nos resultados e na garantia da continuidade do negócio.

2.17 Justificativas da necessidade de controladoria

Para que se possa medir a eficiência organizacional, é necessário que a empresa possua uma estrutura de acompanhamento e controle eficaz, com padrões preestabelecidos e difundidos para toda a organização, para que se possa medir e informar os gestores de todas as áreas sobre o andamento das metas e dos objetivos estabelecidos e sobre se a organização está cumprindo sua missão. Esse papel deve ser feito pela controladoria, porque é o objetivo da área obter as informações das pessoas dentro do processo de gestão empresarial, comparar o que foi planejado com o que foi realizado, nos aspectos econômico e financeiro, de forma a conduzir a eficácia empresarial.

É necessário que os objetivos e as metas da empresa estejam alinhados com o processo de gestão do negócio.

Em um modelo de gestão participativo, todas as áreas recebem metas desmembradas pela alta administração. Essas metas para as áreas estão amarradas com a meta global da empresa, estabelecida pela missão da organização. As informações são disseminadas para todas as áreas, e cada área é responsável pelos seus resultados, tomando decisões dentro do seu campo de atuação e conhecimento.

Cabe ao *controller* ser o elo entre os executivos do *staff* e os de linha na organização, suprindo as áreas com análise de desempenho econômico e financeiro, interagindo quando as áreas estão acima ou abaixo da meta estabelecida. Também cabe a ele fornecer relatórios com análise por setor e da empresa sobre o andamento das metas estabelecidas.

Questões

1. O *controller* da Cia. Calha Norte S.A., ao elaborar a análise das demonstrações contábeis da empresa, percebeu que o índice de composição do endividamento (CE = Passivo Circulante/Capital de Terceiros) alcançava um resultado igual a 0,90.

Em vista disso, concluiu que:

a. ( ) a empresa está comprometendo quase a totalidade de seu capital próprio com obrigações para com terceiros;

b. ( ) a empresa não terá como pagar seus compromissos de curto prazo;

c. ( ) o endividamento da empresa está concentrado no curto prazo;

d. ( ) o risco de insolvência da empresa é altíssimo;

e. ( ) a cada R$ 100,00 de Ativo Circulante correspondem R$ 90,00 de Passivo Circulante.

2. Cada vez mais, deparamo-nos com anúncios de emprego recrutando *controllers*. Entretanto, afinal, qual o perfil profissional desejado pelas empresas para essa importante função?

a. ( ) deve ter a preocupação com os controles internos e a auditoria das operações, para evitar desvios e fraudes;

b. ( ) num ambiente de dificuldade para as empresas, em que se busca a redução de custos, deve-se dar ênfase à análise das causas e efeitos das variações nos resultados (físicas, financeiras, *mix*);

c. ( ) visão preditiva, de futuro, com profundo trabalho no orçamento empresarial e nos elementos intervenientes da maximização dos resultados (produtos, volumes, custos, investimentos);

d. ( ) ótimos conhecimentos da legislação fiscal (IRPJ, IPI, ICMS etc.), societária (Lei das S.A.), trabalhista, contabilidade de custos e conhecimentos de microinformática e do idioma inglês;

e. ( ) capacidade para elaborar cálculos de custos e de formação de preço de venda.

3. Considerando que a política econômica do Governo seja de restrição ao crédito e altas taxas de juros, a Gestão do Capital de Giro deve dar preferência às seguintes atitudes:

a. ( ) maximização de estoques, minimização de prazos de venda e maximização de recursos de terceiros;

b. ( ) maximização de estoques, maximização de prazos de venda e maximização de recursos de terceiros;

c. ( ) minimização de estoques, minimização de prazos de venda e minimização de recursos de terceiros;

d. ( ) minimização de estoques, minimização de prazos de venda e maximização de recursos de terceiros;

e. ( ) minimização de estoques, maximização dos prazos de venda e maximização de recursos de terceiros.

4. O *controller* pode atuar de duas formas nas empresas, identifique-as nas alternativas abaixo:

a. ( ) contador geral e órgão de *staff*;

b. ( ) gerente de contabilidade e gerente financeiro;

c. ( ) gerente contábil financeiro e auditor externo;

d. ( ) auditor interno e controlador;

e. ( ) auditor interno e órgão de *staff*.

5. São responsabilidades do *controller*, **exceto**:

a. ( ) escrituração, análise de contas e elaboração de relatórios contábeis;

b. ( ) apuração de custos dos produtos;

c. ( ) acompanhamento da execução orçamentária, análise de balanços, interpretação das tendências e perspectivas econômicas;

d. ( ) auditoria do ambiente externo da empresa;

e. ( ) registro e controle de todo o patrimônio da empresa.

6. O *controller*, dentre suas duas formas de atuação, servirá como filtro de informações entre a alta administração e as funções de apoio. Essa filtragem de informações acarretará todo um processo. Que processo é esse?

a. ( ) controle – informação – ação – decisão;

b. ( ) ação – informação – decisão – controle;

c. ( ) decisão – informação – controle – ação;

d. ( ) decisão – ação – informação – controle;

e. ( ) informação – controle – ação – decisão.

7. Assinale a opção correta. O *controller* é um executivo de:

a. ( ) normas, recursos humanos, contabilidade, vendas e orçamentos;

b. ( ) normas, controles, metas, objetivos, orçamentos, contabilidade, finanças, informática;

c. ( ) área operacional, marketing, finanças, P & D, contabilidade;
d. ( ) PCP, RH, finanças, cobrança, informática, compras, armazenagem, logística;
e. ( ) direito, controles, informática, recursos humanos e contabilidade.

8. São ferramentas de trabalho para o *controller*:

a. ( ) a informática como ferramenta de administração moderna, ambientes gráficos, sistemas integrados, multiusuários, compartilhamento de dados em rede e disponibilização de informação via internet;
b. ( ) plano de contas personalizado para as atividades da empresa;
c. ( ) orçamento departamental integrado da produção, vendas e administração;
d. ( ) os sistemas de montagens de preços e margens de *mark-up*;
e. ( ) todas as alternativas estão corretas.

9. Nos princípios gerais da administração aplicados à organização, temos o Princípio Escalar. Esse princípio refere-se:

a. ( ) a que as funções de cada órgão devem ser claramente definidas por escrito e conhecidas pelos elementos da organização;
b. ( ) à importância de outorgar autoridade compatível com a responsabilidade atribuída;
c. ( ) ao relacionamento de autoridade e de um subordinado, estabelecendo que cada subordinado deve saber a quem dirigir-se quando fogem de sua alçada de autoridade;
d. ( ) às relações de cumprimento de objetivos dentro da empresa;
e. ( ) ao acompanhamento de tendências e perspectivas orçamentárias.

10. Entre os componentes de uma organização, temos os órgãos, que são agrupamentos de pessoas que possuem funções semelhantes. O que são órgãos de linha?

a. ( ) são aqueles diretamente relacionados ao cumprimento dos objetivos, ou seja, aqueles que executam funções que fazem parte do processo operacional da empresa;
b. ( ) são aqueles indiretamente relacionados ao cumprimento dos objetivos;
c. ( ) executam funções que não fazem parte do processo operacional da empresa;
d. ( ) são órgãos de assessoria e suporte;
e. ( ) são aqueles que executam funções da área de recursos humanos.

11. Quais são as responsabilidades de presidentes e diretores de uma empresa?
    a. ( ) administração da empresa, gerindo os negócios e dando cumprimento ao estatuto e ao contrato social;
    b. ( ) determinação de políticas de negócios e estabelecimento de normas e objetivos;
    c. ( ) compatibilidade de metas individuais das várias divisões de departamentos operacionais;
    d. ( ) elaboração e cumprimento do orçamento anual;
    e. ( ) todas as alternativas estão corretas.

12. Quais as áreas de responsabilidade do *controller*?
    a. ( ) somente a área contábil;
    b. ( ) a área de produção e controle de qualidade;
    c. ( ) contabilidade gerencial, contabilidade fiscal, controle patrimonial, finanças, TI, auditoria interna e OSM;
    d. ( ) somente área de vendas;
    e. ( ) área financeira.

13. De que forma se dá a atuação do *controller* nas empresas?
    a. ( ) sua forma de atuação é como órgão de *staff* ligado diretamente à alta administração, funcionando como filtro de informações;
    b. ( ) sua atuação se dá diretamente na área contábil;
    c. ( ) o *controller* atua por meio de sistemas de planejamento estratégico;
    d. ( ) exerce a função por meio do SIG;
    e. ( ) todas as alternativas estão corretas.

14. Para executar suas tarefas, uma empresa precisa de elementos que lhe permitam cumprir seu ciclo operacional. Quais são esses elementos?
    a. ( ) bens tangíveis e financeiros;
    b. ( ) bens tangíveis e/ou intangíveis;
    c. ( ) bens tangíveis e indiretos;
    d. ( ) bens tangíveis e intangíveis, direitos ou RH;
    e. ( ) bens patrimoniais.

15. Qual o perfil desejado pelas empresas para a importante função de *controller*?
    a. ( ) profissional liberal que apresenta amplo conhecimento em direito comercial;
    b. ( ) profissional altamente qualificado, multifuncional com visão preditiva do futuro;
    c. ( ) profissional formado em contabilidade;
    d. ( ) executivo com amplo conhecimento em planejamento estratégico;
    e. ( ) conhecimento em direito tributário.

16. Controlar é:
    a. ( ) comparar;
    b. ( ) direcionar recursos;
    c. ( ) planejar;
    d. ( ) organizar;
    e. ( ) comandar.

17. Órgão de *staff* são órgãos:
    a. ( ) diretamente relacionados ao cumprimento dos objetivos;
    b. ( ) que executam funções que fazem parte do processo operacional;
    c. ( ) de agrupamentos de pessoas que possuem funções semelhantes;
    d. ( ) de assessoria e suporte, ligados indiretamente ao cumprimento dos objetivos;
    e. ( ) da área de produção e controle de qualidade.

18. O *controller* é o executivo de normas, metas, objetivos, orçamentos, contabilidade, finanças e informática. Sua principal função é:
    a. ( ) obter, gerar e interpretar as informações que possam ser usadas na formulação da política empresarial e principalmente na execução dessa política;
    b. ( ) desenvolver planos de controles externos à empresa;
    c. ( ) maximizar estoques da empresa;
    d. ( ) minimizar estoques de terceiros;
    e. ( ) elaborar e fazer cumprir o orçamento anual.

19. O *controller* é um profissional que deve ter as seguintes características:

    a. ( ) ter formação em Engenharia de Produção, além de formação em Administração de Empresas;

    b. ( ) ter obrigatoriamente formação em Ciências Contábeis;

    c. ( ) ter bons conhecimentos em contabilidade financeira, custos e experiência no controle do fluxo de informações empresariais visando gerar informações sólidas à tomada de decisão;

    d. ( ) ser formado em Ciências Contábeis, uma vez que sua função implica a assinatura do Balanço Patrimonial e demais Demonstrações Contábeis;

    e. ( ) estar registrado no Conselho Regional de Contabilidade e na Comissão de Valores Mobiliários (CVM).

20. A controladoria vista como uma Unidade Administrativa é responsável pela execução das atividades a seguir identificadas, **exceto**:

    a. ( ) desenvolvimento de condições para a realização da gestão econômica;

    b. ( ) apuração do resultado da empresa, apenas para fins de tributação;

    c. ( ) subsídio ao processo de gestão com informações em todas as suas fases;

    d. ( ) gestão dos sistemas de informações econômicas de apoio às decisões;

    e. ( ) apoio à consolidação, avaliação e harmonização dos planos das áreas.

21. Indique a opção que **não** se aplica às funções desempenhadas pela controladoria:

    a. ( ) subsidiar o processo de gestão;

    b. ( ) adquirir recursos para a atividade produtiva;

    c. ( ) apoiar a avaliação de desempenho;

    d. ( ) apoiar a avaliação de resultado;

    e. ( ) gerir os sistemas de informações.

22. A Indústria de Sorvetes Sem Nome avalia o desempenho de seus três negócios (Pecuária, Laticínios e Sorveteria), considerados centros de resultados. Para esse fim, utiliza o Preço de Transferência nas transações internas. Para a determinação do Preço de Transferência, a empresa considera o quanto pagaria no mercado para adquirir prontos seus produtos intermediários.

    Considerando os dados a seguir, o *controller* pretende identificar se todos os negócios da empresa são lucrativos.

DADOS	PECUÁRIA	LATICÍNIOS	SORVETERIA
Produto	Leite	Creme	Sorvete
Custos Variáveis/unidade Matéria-prima Outros	 – $ 1,00	 Leite $ 0,20	 Creme $ 0,50
Custos Fixos/mês	$ 500,00	$ 500,00	$ 1.000,00
Preço Mercado Quantidade	$ 2,00 1.000 unidades	$ 2,50 1.000 unidades	$ 5,00 1.000 unidades

Outras informações:

O produto da Pecuária (leite) não tem matéria-prima.

Os produtos da Pecuária e do Laticínio são, respectivamente, matérias-primas do Laticínio e da Sorveteria.

O produto da Sorveteria é vendido no mercado.

Após analisar os dados, o *controller* conclui que:

a. ( ) a Pecuária e a Sorveteria são negócios lucrativos;

b. ( ) a Pecuária e o Laticínio são negócios lucrativos;

c. ( ) a Pecuária, a Sorveteria e o Laticínio são lucrativos;

d. ( ) a Sorveteria é lucrativa e a Pecuária não é lucrativa;

e. ( ) o Laticínio e a Sorveteria são negócios lucrativos.

23. Além dos Sistemas de Informação e de Acompanhamento, também é função primordial da controladoria a direção e a implantação dos sistemas de:

a. ( ) reciprocidade social; coordenação; avaliação e planejamento;

b. ( ) motivação; coordenação; avaliação e corporação;

c. ( ) motivação; coordenação; absenteísmo e planejamento;

d. ( ) recreação; coordenação; avaliação e planejamento;

e. ( ) motivação; coordenação; avaliação e planejamento.

Gabarito

1. (c)	8. (e)	15. (b)	22. (a)
2. (c)	9. (c)	16. (a)	23. (e)
3. (c)	10. (a)	17. (d)	
4. (a)	11. (e)	18. (a)	
5. (e)	12. (c)	19. (c)	
6. (d)	13. (a)	20. (b)	
7. (b)	14. (d)	21. (b)	

Resolução de Questão Selecionada

22.

Contas	Pecuária	Laticínios	Sorveteria	Total
Receitas	2.000,00	2.500,00	5.000,00	9.500,00
Custos Variáveis	200,00	500,00	500,00	1.200,00
MC	1.800,00	2.000,00	4.500,00	8.300,00
Custos Fixos	500,00	500,00	1.000,00	2.000,00
Resultado	**1.300,00**	**1.500,00**	**3.500,00**	**6.300,00**

Problemas

1. O setor de aviação civil brasileiro vem apresentando, nos últimos anos, sinais de descapitalização em razão de contínuos prejuízos. Os fatos ocorridos em 11 de setembro de 2001 vieram, segundo fontes das empresas, a deteriorar ainda mais as já combalidas condições em que se encontravam. Somou-se a isso a desvalorização do real em face da moeda norte-americana e a elevação do preço dos combustíveis, decorrente dessa desvalorização e do aumento das tensões bélicas no Oriente Médio. Nesse contexto, observou-se a primeira grande baixa do setor em 2002 – a paralisação das atividades da Transbrasil, uma das mais tradicionais companhias aéreas brasileiras. Fontes do governo e a imprensa vêm sugerindo a fusão das duas maiores companhias, Varig e TAM, como solução.

   Os Quadros 1 e 2 apresentam o índice médio setorial de ocupação das aeronaves (em %).

Quadro 1 Mercado doméstico

Companhias do:	1997	1998	1999	2000	2001
Brasil	58,7	59,3	53,8	58,5	56,0
Mundo	68,3	68,2	67,8	69,2	67,9

Quadro 2 Mercado internacional

Companhias do:	1997	1998	1999	2000	2001
Brasil	66,0	64,6	61,3	71,2	67,1
Mundo	70,2	69,6	70,3	74,8	70,1

O Quadro 3 apresenta as Demonstrações de Resultados da Varig e da TAM, comparativamente aos da Delta Airlines, uma das maiores empresas norte-americanas do setor (valores em US$ milhões).

Quadro 3 Demonstração sintética do resultado (em US$ milhões)

	Varig 2000	Varig 2001	TAM 2000	TAM 2001	Delta 2000	Delta 2001
Receita Líquida dos Serviços Prestados	2.663	2.616	1.025	1.280	16,080	13.339
(Custos e Despesas Operacionais)	(2.544)	(2.720)	(879)	(1.232)	(14.443)	(14.941)
Resultado antes de Juros e IR	119	(104)	146	48	1.637	(1.602)
(Despesa Financeira Líquida)	(264)	(269)	(138)	(159)	(257)	(410)
Outras Receitas/Despesas Operacionais	5	(1)	(2)	18	169	148
Resultado Operacional	(140)	(374)	6	(93)	1.549	(1.864)

O Quadro 4 apresenta a análise vertical das Demonstrações de Resultados das três companhias (em %).

Quadro 4 Análise vertical da demonstração sintética do resultado (em %)

	Varig 2000	Varig 2001	TAM 2000	TAM 2001	Delta 2000	Delta 2001
Receita Líquida dos Serviços Prestados	100%	100%	100%	100%	100%	100%
(Custos e Despesas Operacionais)	96%	104%	86%	96%	90%	112%
Resultado antes de Juros e IR	4%	4%	14%	4%	10%	12%
(Despesa Financeira Líquida)	10%	10%	13%	12%	2%	3%
Outras Receitas/Despesas Operacionais	0%	0%	0%	1%	1%	1%
Resultado Operacional	– 5%	– 14%	1%	– 7%	10%	– 14%

Com base nos dados indicados e resultados apresentados pelas empresas, resolva os itens a seguir.

a. Analise os faturamentos de 2001 das empresas aéreas brasileiras, comparando-os com o da Delta, e apresente uma possível causa da situação encontrada.

b. Custos e despesas operacionais das companhias aéreas brasileiras são elevados? Justifique.

c. Qual impacto das elevadas taxas de juros, internas e externas, vigentes no Brasil sobre a competitividade das companhias aéreas brasileiras?

d. Em caso de fusão das empresas, poderá haver aumento do resultado líquido consolidado proveniente de sinergia operacional? Por quê?

e. Apresente duas dificuldades que poderão ocorrer na implantação de um sistema de reservas integrado, caso haja a fusão das companhias aéreas nacionais.

2. A Companhia Desorganizada, cujos proprietários e gerentes gerais são os Srs. João de S. Ordeiro e Joaquim O. R. D'Eiro, dedica-se à fabricação e comercialização de produtos químicos. A companhia, que tem aproximadamente 80 funcionários, cresceu muito nos últimos três anos em virtude da excelente qualidade de seus produtos. Esse crescimento acelerado acarretou uma série de problemas organizacionais, razão pela qual os proprietários da companhia decidiram contratar seus serviços profissionais para apresentar um diagnóstico dos problemas existentes e recomendações para sua melhoria.

Conforme as informações recebidas dos proprietários, a organização atual da empresa é a seguinte:

1. Existem três departamentos, cujas denominações são:
   a. Vendas;
   b. Administração e finanças;
   c. Produção.
2. Os gerentes encarregados de vendas e administração e finanças reportam-se ao gerente geral administrativo; o gerente de produção, ao gerente geral industrial.
3. Cada departamento, por sua vez, está dividido em quatro chefias, a saber:
   a. Vendas:
      - Vendas de produtos ácidos (5 vendedores);
      - Vendas de produtos alcalinos (3 vendedores);
      - Planejamento de produção (1 subchefe e 4 auxiliares);
      - Marketing (2 subchefes, 1 para cada produto, e 3 auxiliares cada um).
   b. Administração e finanças:
      - Contabilidade (1 subcontador e 4 auxiliares);
      - Tesouraria (3 auxiliares);
      - Auditoria interna (2 auditores);
      - Administração de vendas (2 auxiliares).
   c. Produção:
      - Custos e orçamentos (2 auxiliares);
      - Controle de qualidade (5 funcionários);
      - Fábrica (4 supervisores de produção com 6 operários cada um);
      - Expedição (3 funcionários).
4. Os chefes de planejamento de produção e de administração de vendas reportam-se também aos gerentes dos departamentos de produção e vendas, respectivamente.

Sua tarefa consiste em:

a. apresentar o organograma proposto, que contém todas as recomendações que considerar necessárias para corrigir as eventuais falhas existentes na organização;
b. explicar quais dos princípios gerais de administração estudados se encontram presentes no organograma proposto.

Observação:

Ao elaborar os organogramas, as funções de auxiliares, vendedores, operários e funcionários deverão ser representadas apenas por um retângulo com o número de pessoas que cumpre cada uma dessas funções.

Solução

Problema 1

a. Comparando os valores da Receita Líquida de Serviços Prestados de 2000 e 2001 das empresas brasileiras e da Delta, conforme apresentado a seguir, conclui-se que nas empresas brasileiras não ocorreu redução da receita: a receita da Varig permaneceu praticamente a mesma, US$ 2,6 bilhões; a receita da TAM aumentou de US$ 1 bilhão para US$ 1,2 bilhão; enquanto a receita da Delta diminuiu de US$ 16,0 bilhões para US$ 13,3 bilhões. Parece provável que essa situação tenha sido influenciada pelos fatos ocorridos em 11 de setembro de 2001, em New York.

Quadro 1 Demonstração Sintética do Resultado (em US$ milhões)

	VARIG		TAM		DELTA	
	2000	2001	2000	2001	2000	2001
Receita Líquida dos Serviços Prestados	**2.663**	**2.616**	**1.025**	**1.280**	**16.080**	**13.339**

b. Comparando a participação dos custos e despesas das empresas, constantes no Quadro 2, conclui-se que, em 2000, os custos e despesas da Varig foram superiores aos da Delta; os da TAM, inferiores. Já em 2001, os custos e despesas das empresas brasileiras foram inferiores aos da Delta. A possível razão do elevado custo relativo da Delta em 2001 é o fato de ter havido redução da receita sem igual redução de custos e despesas. No caso da Varig, houve menor nível de ocupação das aeronaves brasileiras, e, possivelmente, maior custo de pessoal relativamente à receita.

Quadro 2 Análise Vertical da Demonstração Sintética do Resultado (em %)

	VARIG		TAM		DELTA	
	2000	2001	2000	2001	2000	2001
Receita Líquida dos Serviços Prestados	**100%**	**100%**	**100%**	**100%**	**100%**	**100%**
(Custos e Despesas Operacionais)	96%	104%	86%	96%	90%	112%

c. O impacto está no fato de que, comparando as despesas financeiras líquidas das companhias brasileiras em relação às da Delta, conforme Quadro 2, a participação das despesas financeiras na Receita das empresas brasileiras é bem superior à da Delta. No caso da Varig, 10% em 2000 e 2001; no caso da TAM, 13% em 2000 e 12% em 2001; e, no caso da Delta, 2% em 2000 e 3% em 2001.

Quadro 3 Análise Vertical da Demonstração Sintética do Resultado (em %)

	VARIG		TAM		DELTA	
	2000	2001	2000	2001	2000	2001
Receita Líquida dos Serviços Prestados	**100%**	**100%**	**100%**	**100%**	**100%**	**100%**
(Custos e Despesas Operacionais)	96%	104%	86%	96%	90%	112%
Resultado antes de Juros e IR	4%	–4%	14%	4%	10%	–12%
(Despesa Financeira Líquida)	10%	10%	13%	12%	2%	3%

Obs.:

Em virtude de, na prova, não terem sido colocados os sinais negativos em alguns itens do Quadro 2, serão aceitas também outras respostas, desde que haja coerência na análise apresentada.

d. Sim, em virtude da possibilidade de redução de custos e despesas operacionais quando for possível atuação conjunta, proveniente de maior ocupação das aeronaves (no Brasil, as empresas apresentam taxa de ocupação inferior às empresas internacionais, conforme Quadros 1 e 2), redução de número de rotas, redução de gastos com combustíveis, redução de pessoal de terra e ar, redução de manutenção, dentre outros, exceto financeiros.

e. Devem ser indicadas as seguintes dificuldades:
- retreinamento de pessoal;
- redução do quadro de pessoal das companhias e provável desmotivação do pessoal;
- incompatibilidade de bases de dados e de sistemas;
- compatibilização de *hardware*;
- compatibilização de culturas organizacionais diferentes.

Problema 2

COMPANHIA DESORGANIZADA – ORGANOGRAMA ATUAL

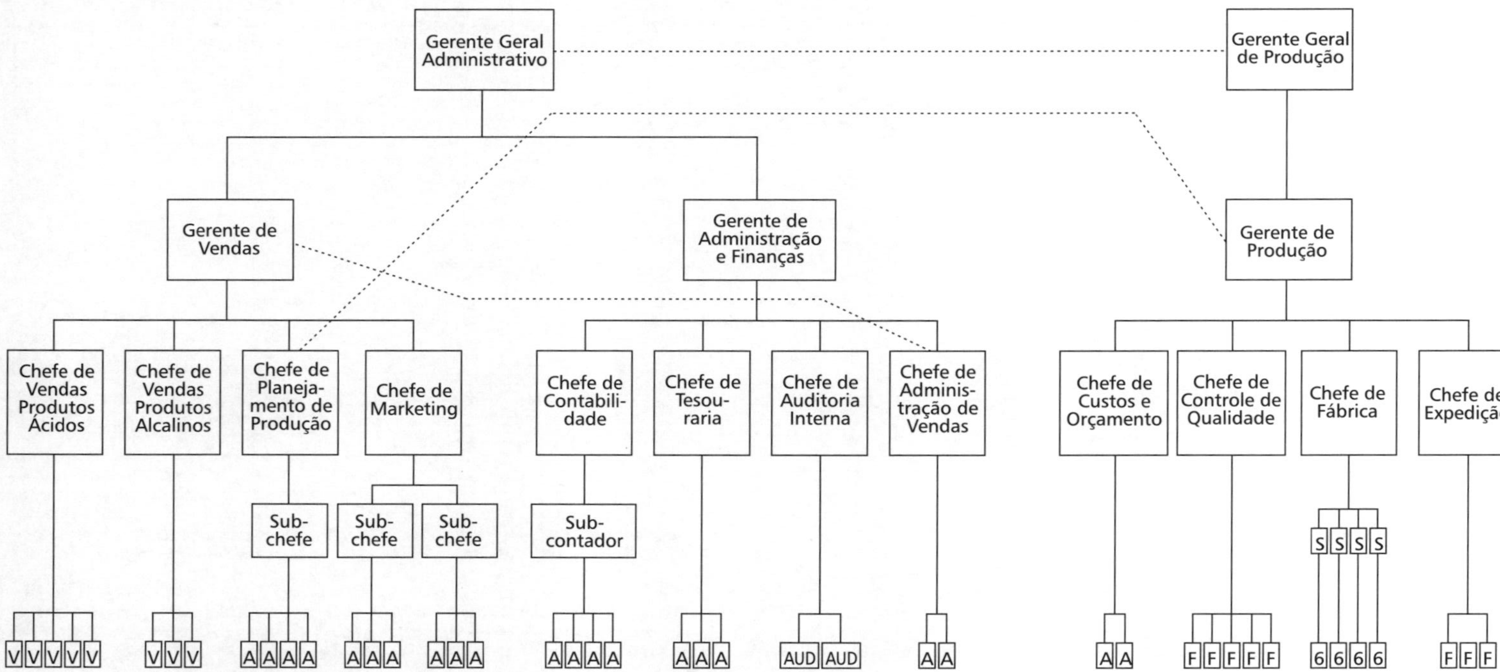

V = Vendedor
A = Auxiliar
AUD = Auditor
S = Supervisores de produção
6 = 6 operários
F = Funcionários

Controle Interno

3

Objetivos

» Justificar a formulação de controles internos como formas de redução e reestruturação de custos e os aspectos estratégicos que determinam condições de minimizá-los.

» Fornecer uma visão geral do controle interno nas empresas.

» Identificar e avaliar os sistemas de controle interno.

» Desenvolver a prática de procedimentos do controle interno por meio de planos de avaliação e questionários.

3.1 Introdução

Nos países mais desenvolvidos é dada uma grande importância aos métodos científicos de administração, pois dessa forma se torna muito mais fácil alcançar os objetivos planejados. É de lá que provêm os termos *Internal Check* e *Internal Control*. Os controles internos podem ser todas as políticas adotadas pelas empresas com o intuito de mitigar riscos e melhorar processos, conforme Crepaldi (2016).

Os problemas de controle interno encontram-se em todas as áreas das empresas modernas. Como exemplo disso podem-se citar: vendas, fabricação, compras, tesouraria etc. Quando exercido adequadamente sobre cada uma das funções acima, o controle assume fundamental importância, objetivando atingir os resultados mais favoráveis com menores desperdícios.

Antes de elaborar o plano, é necessário observar como se encontram os controles da empresa:

- quanto maior o controle, mais segurança para o trabalho;
- quanto menor o controle, mais cuidado será exigido na execução das tarefas.

Atualmente, o conceito da avaliação dos controles internos tem-se alargado além das preocupações com a "confiabilidade" dos dados; acrescentou-se a "qualidade" deles.

O controle interno é o processo que tem por finalidade, entre outras, proporcionar à empresa razoável garantia de promover eficácia em suas operações; é denominado sistema contábil e de controle interno. Um fator relevante que deve ser considerado no estudo e na avaliação dos sistemas contábil e de controle interno é o grau de descentralização de decisão adotado pela administração.

Deficiência de controle interno existe quando, segundo a NBC TA 265 – Comunicação de Deficiências de Controle Interno:

- o controle é planejado, implementado ou operado de tal forma que não consegue prevenir, ou detectar e corrigir tempestivamente, distorções nas demonstrações contábeis; ou
- falta um controle necessário para prevenir ou detectar e corrigir tempestivamente distorções nas demonstrações contábeis.

Deficiência significativa de controle interno é a deficiência ou a combinação de deficiências de controle interno que, no julgamento profissional do auditor, seja de importância suficiente para merecer a atenção dos responsáveis pela governança.

3.2 Conceito

Pode-se definir controle interno como o sistema, de uma empresa, que compreende o plano de organização, os deveres e as responsabilidades e todos os métodos e medidas adotadas com a finalidade de:

- salvaguardar os ativos;
- verificar a exatidão e fidelidade dos dados e relatórios contábeis e de outros dados operacionais;
- desenvolver a eficiência nas operações;
- comunicar e estimular o cumprimento das políticas, normas e procedimentos administrativos adotados.

O Instituto Americano dos Contadores Públicos Certificados define:

> "O Controle Interno compreende o plano de organização e todos os métodos e medidas adotadas na empresa para salvaguardar seus ativos, verificar a exatidão e fidelidade dos dados contábeis, desenvolver a eficiência nas operações e estimular o seguimento das políticas administrativas prescritas."

Quando se examinam os controles internos de uma empresa, está-se analisando a "organização dos controles" e também a "execução" deles.

São todos os instrumentos da organização destinados à vigilância, fiscalização e verificação administrativa, que permitam prever, observar, dirigir ou governar os acontecimentos que se verificam dentro da empresa e que produzam reflexos em seu patrimônio.

O Institut Français des Experts-Comptables assim define:

> "Controle Interno é formado pelo plano de organização e de todos os métodos e procedimentos adotados internamente pela empresa para proteger seus ativos, controlar a validade dos dados fornecidos pela Contabilidade, ampliar a eficácia e assegurar a boa aplicação das instruções da direção."

Na prática, o que se quer conhecer é a eficiência da "vigilância" e da "proteção" aos bens, para saber se o que se investe e o que se obtém de recursos efetivamente oferece lucratividade, economicidade ou adequada colimação dos fins procurados ou programados.

Essa proteção inclui todos os meios de segurança, ou seja, aqueles que oferecem coberturas às ocorrências anteriores, atuais e posteriores de um fenômeno patrimonial.

Pode-se inferir que o controle interno representa em uma organização o conjunto de procedimentos, métodos ou rotinas com o objetivo de proteger os ativos, produzir dados contábeis confiáveis e ajudar a administração na condução ordenada dos negócios da empresa. Na avaliação, deve-se ter em mente cada empresa, cada instituição, como um caso peculiar. O que em uma empresa particular comum pode ocorrer apenas com uma ordem verbal, em outra, ligada ao poder público, pode depender de todo um sistema de normas (como, por exemplo, o regime de compras).

Por ser o conceito de controle interno muito amplo, para compreendê-lo melhor é preciso deter-se em seu real significado. Essa análise, fundamentada nos conceitos da administração, parece plenamente justificável, visto que o referido conceito engloba e enfatiza:

- o plano organizacional (estrutura organizacional);
- os sistemas administrativos;
- as políticas administrativas;
- a eficiência do pessoal da empresa.

O relatório do Comitê de Organizações Patrocinadoras identifica os cinco componentes do controle interno: ambiente de controle; avaliação de risco; atividade de controle; informação e comunicação; monitoração. A atividade de controle identifica as políticas e os procedimentos que permitem assegurar que as diretrizes da administração estejam sendo seguidas.

3.3 Sistema

Todas as empresas são estruturadas para atingir um ou vários objetivos específicos.

Para que esses objetivos sejam atingidos de modo eficiente, as empresas agrupam e organizam de modo lógico todas as funções que têm por finalidade realizar determinada tarefa.

Esse agrupamento consiste em rotinas denominadas "sistema", que, em última análise, representam o modo lógico pelo qual se executa determinada tarefa.

Assim, as empresas desenvolvem sistemas para executar cada trabalho que forma o conjunto de atividades necessárias à sua operação.

Exemplificando, o sistema de compras ou suprimento de mercadoria poderia ter o seguinte perfil e atividades:

- ao sinal de que o estoque chegou ao nível mínimo, o almoxarife emite uma requisição de compra e a envia ao setor de compras;

- o encarregado do setor de compras recebe tal requisição, seleciona em seus arquivos os fornecedores que produzem tais mercadorias e faz uma coleta de preços;
- as respostas são recebidas e abertas, todas em um mesmo momento, por uma comissão encarregada de analisá-las;
- eleito o fornecedor que oferece o melhor elenco de condições, é emitido o pedido, o qual é encaminhado àquele fornecedor, com cópia ao almoxarifado e à recepção da indústria;
- a mercadoria é recebida e conferida pela recepção da indústria com relação ao tipo, à quantidade física e aos preços, em confronto com a nota fiscal e com o solicitado por pedido, e encaminhada ao almoxarifado. A recepção envia a nota fiscal e sua cópia do pedido ao contas a pagar;
- o almoxarifado recebe a mercadoria, confere novamente, envia amostra ao controle de qualidade e encaminha sua cópia do pedido ao contas a pagar.

Esse sistema hipotético tem o objetivo de assegurar à administração da empresa que as compras serão efetuadas com a maior eficiência possível, por meio da aplicação de funções específicas organizadas de modo lógico.

Entretanto, geralmente a administração da empresa não está em posição de verificar se cada função de cada um de seus sistemas está sendo cotidianamente cumprida como foi estabelecido.

Assim, para assegurar-se de que tais funções estão sendo devidamente praticadas, são definidos outros sistemas que têm por finalidade controlar o funcionamento do sistema anterior. Esse novo sistema é denominado *sistema de controles internos.*

É o processo que tem por finalidade, entre outras, proporcionar à empresa razoável garantia de promover eficácia em suas operações; é denominado sistema contábil e de controle interno.

Em resumo, o sistema de controles internos serve para fiscalizar se as rotinas estão sendo corretamente cumpridas por seus funcionários.

3.4 Categorias de controles internos

O controle interno é classificado nas seguintes categorias:

a. operacional – relacionado às ações que propiciam o alcance dos objetivos da entidade;

b. contábil – relacionado à veracidade e à fidedignidade dos registros e das demonstrações contábeis;
c. normativo – relacionado à observância da regulamentação pertinente.

Não existe uma terminologia universal para descrever as categorias de controles internos, entretanto podemos classificá-los segundo suas finalidades; nesse caso, seriam desdobrados em:

a. controles organizacionais, inclusive segregação de funções;
b. controle de sistemas de informação;
c. controle de procedimentos.

A finalidade do controle interno é salvaguardar os ativos, verificar a exatidão e fidelidade dos dados e relatórios contábeis.

3.4.1 Controles organizacionais, inclusive segregação de funções

Ao falar da questão de controles organizacionais, referimo-nos ao controle obtido por meio da maneira de designar responsabilidade e delegar autoridade.

A magnitude de muitas empresas faz com que a gerência se veja impossibilitada de administrar ou supervisionar pessoalmente as operações. Em tais circunstâncias, é imprescindível estabelecer uma estrutura organizacional adequada.

Essa estrutura é um marco em que se realizam as atividades de planejamento, execução e controle das operações, tais como:

- atribuição de responsabilidades e delegação de autoridade claramente definidas;
- segregação de funções incompatíveis para evitar que sejam controladas por qualquer indivíduo ou departamento da organização;
- fornecimento de recursos, inclusive pessoal competente, em quantidade suficiente para o cumprimento das responsabilidades atribuídas;
- existência de sistemas de medição e avaliação do desempenho.

No que tange à organização de funções e delegação de autoridade, é conveniente documentar a definição de linhas e instruções de operação mediante manuais de organização, organogramas e descrições de cargos.

Devido à diversidade de tamanho, tipos de funções etc. entre as empresas, não existe uma estrutura organizacional típica que possa ser utilizada como meio de comparação para determinar os pontos fortes ou fracos de uma estrutura completa. As funções do controle interno é que servem para fiscalizar se as rotinas estão sendo corretamente cumpridas por seus funcionários.

Em virtude de sua importância, falaremos mais extensamente a respeito de segregação de funções e de pessoal.

3.4.1.1 Segregação de funções

Geralmente, considera-se a correta segregação de funções como o elemento mais importante de um sistema eficaz de controle interno. O princípio fundamental é que ninguém deveria controlar todas as etapas de uma transação sem a interferência de outra ou outras, capazes de efetuar uma verificação cruzada.

O controle total das etapas de uma transação por parte de um só indivíduo permitirá a este atuar fraudulentamente, sem ser descoberto. Em geral, é necessário estabelecer departamentos separados e independentes, para funções tais como compras, recebimento, produção, vendas, contabilidade e finanças. Os encarregados levam a cabo suas incumbências. Como já foi dito, os deveres de cada pessoa deveriam ser claramente definidos por meio de organogramas e manuais de procedimentos.

Não se deve supor que todo sistema de segregação de funções, por mais sofisticado que seja, funcionará, na prática, de maneira eficaz. Normalmente, não se consegue criar um sistema à prova de conivência fraudulenta, principalmente por parte dos que ocupam cargos de grande autoridade.

3.4.1.2 Pessoal

A certeza razoável de que estão sendo alcançados os objetivos de controle interno depende do grau de competência e integridade das pessoas, da independência das funções que lhes tenham sido designadas e da compreensão que têm dos procedimentos estabelecidos. A eficácia global do sistema depende, ao mesmo tempo, de contar com um número apropriado de funcionários competentes para realizar o trabalho em cada nível. Não basta ter pessoas competentes sem um sistema de controle interno, ou um sistema de controle sofisticado sem pessoas competentes.

Não é eficaz estabelecer procedimentos de controle que exijam a utilização de critérios que superem a capacidade ou a experiência dos indivíduos encarregados da tarefa ou procedimentos de controle que não possam ser aplicados devido a excesso de volume de trabalho dos funcionários.

Convém que a administração:

- examine os antecedentes de potenciais funcionários;
- determine as habilitações necessárias a cada posto;
- implemente um sistema de treinamento e capacitação permanentes;
- estabeleça política de remunerações e promoções; e
- adote um esquema de avaliação de desempenho.

3.4.2 Controle do sistema de informação

Ao falar de controle sobre o sistema de informação, referimo-nos ao controle obtido mediante a prestação de informação aos níveis adequados da administração.

Em todas as empresas, o planejamento e o controle das operações dependem do conhecimento que a administração tem das atividades e operações passadas, presentes e futuras. E, salvo nas pequenas, esse conhecimento dependerá, em maior ou menor grau, do sistema de informação.

A direção executiva não pode estar presente para observar todas as operações nem se inteirar de todas as decisões tomadas nos diferentes níveis da organização. O sistema de informação equivale aos "olhos e ouvidos" da administração, e uma das características que distinguem as empresas mais bem-sucedidas é, muitas vezes, a qualidade da informação de que dispõem os responsáveis pela tomada de decisões:

- a informação deve ser suficientemente detalhada para permitir a identificação das operações "fora de linha" ou possíveis problemas;
- os relatórios devem conter informação relevante para os usuários;
- a forma de apresentação deve destacar a informação de maior importância;
- a informação deve ser distribuída conforme as responsabilidades atribuídas;
- a informação deve ser usada pelos que tenham competência e tempo necessários para compreender seu significado e adotar medidas corretivas, se necessário.

Com relação a esse último aspecto, é importante ressaltar que o controle não existe mediante o simples fornecimento de informação e, sim, com o uso que a administração faz desta.

3.4.3 Controles de procedimentos

Ao falar de controles de procedimentos, referimo-nos ao controle obtido mediante a observação de políticas e procedimentos dentro da organização.

Elaborar o plano de organização é de importância vital para que o pessoal compreenda claramente suas funções e responsabilidades, sendo conveniente, para tanto, que existam normas de procedimento devidamente documentadas.

Os procedimentos existentes em uma organização são implementados para que se alcance eficiência operacional e se atinjam os objetivos empresariais.

Algumas características desejáveis nos controles de procedimento são:

- que sejam adequados à estrutura organizacional;
- que estejam bem definidos e documentados;
- que se mostrem fáceis de interpretar e aplicar.

Há dois tipos de controles de procedimentos, a saber:

- procedimentos do fluxo de documentação: são os incorporados no sistema de processamento das transações. Exemplos:
  - revisão de cálculos e somas em contratos de financiamentos;
  - endosso restritivo de cheques administrativos;
- procedimentos de controles independentes: são aqueles estabelecidos pela administração, independentemente das rotinas de procedimento de transações. Exemplos:
  - conciliações de saldos bancários (correspondente no exterior);
  - auditoria interna;
  - controle dos saldos segundo os razões subsidiários, para verificar se coincidem com aqueles segundo as contas de controle do razão geral;
  - proteção física.

O grau de descentralização de decisão adotado pela administração é um fator relevante que deve ser considerado no estudo e na avaliação do sistema contábil e de controle interno.

3.5 Limitações inerentes aos sistemas de controle interno

- Na aplicação da maioria dos procedimentos de controle, podem ocorrer falhas resultantes de entendimento precário das instruções, erros de juízo, descuidos ou outros fatores humanos.
- Os procedimentos de controle cuja eficácia depende da divisão de funções podem ser burlados mediante conivência.

- Os procedimentos de controle referentes à execução e ao registro das operações podem mostrar-se ineficazes em face de erros ou irregularidades cometidas pela administração e em face de estimativas e juízos inadequados da administração, na elaboração das demonstrações financeiras, dos orçamentos e fluxos de caixa.
- Em qualquer projeção de uma avaliação atual do controle interno, para períodos futuros, corre-se o risco de os procedimentos ficarem defasados, devido a mudanças de condições e pelo fato de haver-se deteriorado o grau de observância dos procedimentos.
- Espera-se que um sistema de controle interno proporcione razoável certeza da conceituação de seus objetivos. O conceito de certeza razoável leva em conta que o custo do controle interno não deve superar os benefícios esperados dele. Esses benefícios consistem na redução das perdas decorrentes da não consecução dos objetivos gerais implícitos na definição de controle contábil.

3.6 Controles internos e sua avaliação

Controles internos podem ser definidos como todas as políticas adotadas pelas empresas com o intuito de mitigar riscos e melhorar processos. Segundo o Instituto Americano de Contadores Públicos Certificados (AICPA), os principais objetivos dos controles internos são:

- proteger os ativos da empresa;
- obter informações adequadas;
- promover a eficiência operacional da organização;
- estimular a eficiência operacional da organização.

Os controles internos devem assegurar que as várias fases do processo decisório e do fluxo de informações se revistam da necessária confiabilidade.

É possível resumir os controles internos por meio da natureza de seus objetivos, conforme o Quadro 3.1.

A avaliação de controles internos é o meio pelo qual a adequação e a efetividade são analisadas, visando garantir a continuidade de todos os negócios da instituição. Esse mecanismo deve ser sempre repetido como incentivo a constantes melhorias, certificando-se de que cada uma de suas etapas seja devidamente documentada.

Quadro 3.1 Natureza e objetivos dos controles internos

Natureza	Objetivos
Complemento	Assegurar que tudo o que deveria ter sido executado, registrado, decidido, providenciado, informado etc. de fato foi.
Exatidão	Assegurar que tudo foi executado corretamente.
Pontualidade	Assegurar que tudo foi executado no tempo previsto.
Justeza	Assegurar que tudo foi executado de maneira autorizada e condizente com as normas, políticas e estruturas da empresa.
Economia	Assegurar que tudo está economicamente justificado dentro do escopo da finalidade da empresa.

A avaliação de controles internos permite determinar:

- a eficiência dos controles internos;
- a exposição aos riscos;
- a qualidade dos planos de ação para corrigir aspectos falhos e/ou vulneráveis;
- a probabilidade de alcançar as metas do negócio.

A responsabilidade deve ser dividida entre todos os funcionários e a empresa. É necessário estabelecer que a metodologia de avaliação dos controles internos seja nova e apresente-se em crescimento. Seu sucesso está diretamente relacionado ao envolvimento dos participantes.

Entende-se que a avaliação dos controles internos deve ser também considerada uma técnica que adiciona valor às atividades da auditoria interna – esta, por sua vez, deve incluir em seu trabalho o exame e a verificação de evolução dos efeitos do sistema de controles internos, para que sirvam de subsídios à elaboração do relatório de controles internos, bem como à avaliação das atividades dos gestores.

3.7 Importância do controle interno

A administração da empresa é responsável pelo estabelecimento do sistema de controle interno, pela verificação de seu cumprimento pelos funcionários e por sua modificação, visando adaptá-lo às novas circunstâncias.

Pode-se entender a importância do controle interno a partir do momento em que se verifica que é ele que pode garantir a continuidade do fluxo de operações com as quais convivem as empresas. Nesse contexto, a contabilidade dos resultados gerados por tal fluxo assume vital importância para os empresários que se utilizam dela para a tomada de suas decisões. Com isso, pode-se entender que toda empresa possui controles internos, e em algumas eles são adequados, em outras não. A diferenciação entre uma e outra pode ser feita ao analisar a eficiência dos binômios operações/informações × custos/benefícios (CREPALDI, 2016).

O controle interno gira em torno dos aspectos administrativos, que têm influência direta sobre os aspectos contábeis. Por isso precisa-se considerá-los, também conjuntamente, para efeito de determinação de um aspecto adequado do sistema de controle interno.

A função da contabilidade como instrumento de controle administrativo é atualmente reconhecida por todos. Um sistema de contabilidade que não esteja apoiado em eficiente controle interno é, até certo ponto, inútil, uma vez que não é possível confiar nas informações contidas em seus relatórios. Informações contábeis distorcidas podem gerar conclusões erradas e danosas para a empresa. Apesar disso, embora pareça absurdo, existem muitas empresas para as quais o controle interno eficiente é desconhecido. Suas direções pensam que, tendo empregado de confiança, estarão cobertas contra qualquer irregularidade. Confiar nos subordinados não deixa de ser correto. Entretanto, é necessário admitir que confiança exagerada pode dar margem a toda espécie de fraudes. Basta dizer que grande parte das irregularidades nos negócios, segundo se tem verificado, deve-se a empregados nos quais mais se confiava. Além disso, quando não existem procedimentos adequados de controle interno, são frequentes os erros involuntários e os desperdícios (CREPALDI, 2016).

Em relação às estimativas contábeis realizadas pela empresa auditada, o auditor independente deve revisar os julgamentos e decisões feitos pela administração na elaboração dessas estimativas contábeis para identificar se há indicadores de possível tendenciosidade da administração, conforme Crepaldi (2016).

É de fundamental importância a utilização de um controle adequado sobre cada sistema operacional, pois dessa maneira atingem-se os resultados mais favoráveis com menores desperdícios.

Dessa forma, podemos sumarizar a importância do controle interno, considerando os seguintes aspectos:

- o eficiente controle das operações requer relatórios e análises que reflitam a situação da companhia;
- a salvaguarda dos ativos da companhia e a prevenção ou descoberta de erros e fraudes são responsabilidade da administração, o que, para a adequada execução, necessita de um bom sistema de controle interno.

É evidente, nos dias de hoje, a importância das atividades de controle interno nas empresas. No processo de gestão, o controle interno deve fornecer segurança quanto à consecução de objetivos como:

- confiabilidade e rapidez nas informações;
- obediência às leis e aos regulamentos;
- eficácia e eficiência de operações, alguns dos mecanismos mais utilizados pelos gestores para conduzir seus negócios.

Toda ação focada para melhoria da qualidade das empresas, modernização, representa evolução de um Sistema de Controle Interno, tornando possível efetuar uma avaliação da confiabilidade nas informações geradas pela empresa.

O controle interno é definido como o conjunto de normas, rotinas, sistemas, procedimentos, formando o plano organizacional de uma empresa, cujo objetivo maior é salvaguardar e proteger seus ativos, verificar o grau de confiabilidade e exatidão dos registros contábeis, promover a eficiência operacional e proporcionar à administração dados seguros que lhe permitam uma tomada de decisão com menor grau de risco possível.

A importância do controle interno está relacionada à necessidade de normatização de controles que possam garantir o fluxo das operações e informações. A análise da eficiência dos fluxos, a qual transforma dado em informação, é muito relevante, pois a partir dela o gestor, com sua experiência administrativa, garante o resultado da tomada de decisão, idealizando o objetivo da empresa.

A eficiência do sistema de controle interno, como um todo, deve permitir detectar erros, irregularidades e possibilitar a identificação de fraudes. Deve proporcionar a clara identificação das informações de como a empresa funciona.

Com uma visão focada para aumentar a probabilidade de que os objetivos e metas estabelecidos sejam atingidos, as definições de controle interno convergem para o interesse de que todo o negócio deva ser eficiente, eficaz e continuado, e todas as evidências compiladas permitem registrar que existe um forte vínculo entre controle interno, continuidade dos empreendimentos e eficácia da gestão. Sistema contábil e de controle interno é o plano de organização e conjunto integrado de métodos e procedimentos adotados pela entidade para proteger seu patrimônio, promovendo, entre outras características, a eficácia de suas operações.

A existência e o bom funcionamento de um sistema de controle, devidamente auditado, podem evitar à empresa elevados custos com fraudes, erros e omissões, pois um gestor munido de um bom controle interno possui maior probabilidade de acertar continuamente o processo decisório e atingir a eficácia almejada, tornando de fácil percepção o ganho que poderá ter a empresa, com a implantação da normatização dos controles internos, que, além das demais vantagens do regimento, possibilitará finalmente maior confiabilidade em relação aos procedimentos adotados. É de fundamental importância a utilização de um controle adequado sobre cada sistema operacional, pois atingem-se os resultados mais favoráveis com menores desperdícios. Os aspectos que podem sumarizar a importância do controle interno são: o controle das operações requer relatórios e análises, a salvaguarda dos ativos da companhia e a prevenção ou descoberta de erros e fraudes.

3.8 Diferentes centros de controle

Uma organização sem controle é inviável. Cada organização tem sistemas de controle que coordenam o exercício do direito de decisão que está diluído entre certo número de indivíduos. Os sistemas de controle também desempenham outra importante função na organização: eles medem a eficácia com que as decisões são traduzidas em resultados. Essa segunda característica dos sistemas de controle relaciona-se ao alcance das metas da empresa. Nesse aspecto, os sistemas de controle tratam de influenciar o comportamento de indivíduos no interesse da empresa. Ambas as funções estão intimamente ligadas.

Os sistemas de controle consistem em elementos formais e informais. Os elementos formais são as regras e os procedimentos estabelecidos, ao passo que os elementos informais incluem a "tradição", a prática herdada do passado e a cultura da empresa. A criação de sistemas de controle trata principalmente dos elementos formais, enquanto uma abordagem intuitiva identificaria apenas os controles físicos existentes numa empresa (tais como senhas ou o pessoal da segurança) e instruções orais ou escritas, às vezes, mesmo a comunicação não verbal também pertence à esfera dos sistemas de controle. Um dos mais abstratos e poderosos sistemas de controle é a contabilidade que opera na organização, incluindo a maneira de organizar e interpretar os dados numéricos dentro do sistema.

Há vários fatores que explicam o papel vital da contabilidade dentro do conjunto de sistemas de controle. Primeiro, a linguagem contábil é a linguagem comum de toda organização de negócios. É difícil agregar e comparar medidas de desempenho físico, tais como velocidade de entrega, satisfação do cliente etc. Os números contábeis facilmente se coadunam à exigência organizacional de rápida agregação e comparação. Além disso, os dados contábeis são produzidos principalmente para o controle dos resultados, que é o cerne do processo empresarial. Os sistemas de contabilidade medem a eficácia administrativa, não a natureza do comportamento, esforço ou diligência. A forte ênfase desses sistemas nos resultados, em vez de nos insumos, torna-os uma ferramenta para monitorar o desempenho financeiro – desempenho esse que, em última análise, é o que interessa aos acionistas da empresa.

Essa orientação para os resultados cria certos pré-requisitos para uma bem-sucedida implementação de sistema de contabilidade. Primeiro, é preciso certificar-se da forma pela qual a produção é medida e garantir que a tecnologia que traduz a ação em resultados seja estável e regular. Somente se a competência para medir a produção for alta é que um sistema de controle pode ser usado com êxito. Um exemplo típico de produção altamente mensurável são os resultados de vendas. Um exemplo típico do oposto é a produção de um laboratório de pesquisas.

O ambiente externo também pode complicar a mensuração, ao submeter os resultados à flutuação, ao submeter desordenadas mudanças de condições. Nessas circunstâncias, os resultados observados podem ser deturpados pelo ruído externo. Nesse caso, a implementação bem-sucedida de um sistema de contabilidade precisa ser capaz de filtrar os verdadeiros resultados a partir de "ruidosos" dados preliminares.

O controle é sempre exercido de cima para baixo. Ele é essencialmente hierárquico. Isso não significa, entretanto, que todos os direitos de controle têm de ser concedidos a um único tomador de decisões. Normalmente, um conjunto de controles contábeis é implementado mediante "centros de responsabilidade".

Nesses centros, os administradores tomam decisões a respeito de determinados problemas empresariais com base em suas próprias avaliações, sem a interferência do topo da organização. Eles são julgados apenas pelos resultados que obtêm. Essa autonomia requer que a empresa estabeleça critérios de como medir o desempenho e como coordenar a ação, desde que as áreas de responsabilidade não estejam totalmente separadas, como geralmente não estão. Podemos distinguir três tipos de centros de responsabilidade: os centros de custo, os centros de lucro e os centros de investimentos.

3.8.1 Centros de custo

Os centros de custo podem operar de duas formas diferentes. De acordo com o princípio da eficiência, uma decisão com grandes possibilidades de sucesso maximiza a produção a partir de um volume constante de insumos ou minimiza o insumo para alcançar determinada produção. O conceito preferível vai depender da situação empresarial.

Se se considera, por exemplo, um departamento de marketing, este normalmente recebe um orçamento fixo (uma quantia fixa de recursos ou insumos) e com esses resultados ele deve maximizar os resultados ou "produção". Em contraste, outros departamentos de serviços de uma organização frequentemente operam como centros de custos para a minimização dos insumos. Por exemplo, um departamento de limpeza tem a tarefa de manter limpo certo número de escritórios e tem de usar o mínimo possível de recursos. Os departamentos de pessoal e de produção também seguem esse fundamento lógico, sendo organizados como centros de custos.

Em ambos os casos, o sistema de controle permite que os gerentes tomem decisões autônomas sobre como combinar insumos para realizar determinada tarefa, assumindo a responsabilidade pelo cumprimento das metas estabelecidas. Em ambos os casos, não se permite que os gerentes tomem decisões sobre a escala das operações ou os preços a serem cobrados. No exemplo anterior, não se permite que o marketing corte os preços no intuito de o departamento de limpeza reduzir os insumos mediante a redução do número de salas a limpar.

Entretanto, se ambos os tipos de centro de custo têm o mesmo direito de decisão sobre a escolha de insumos, eles também recebem o mesmo tipo de incentivo de um sistema de contabilidade, que simplesmente depende de números financeiros, ou seja, o incentivo para reduzir a qualidade para economizar custos. Isso indica claramente a necessidade de verificar adicional de qualidade, caso seja escolhida uma estrutura de centros de custos. Como medida de desempenho, seria interessante uma comparação entre a produção e o estoque orçado e o efetivo. É necessário precaver-se contra a medida de desempenho de custos médios minimizados, que, se usada em conjunto com certos sistemas de contabilidade, cria um incentivo para aumentar a produção e sobrecarregar os estoques.

3.8.2 Centros de lucro

Ao contrário dos gerentes de centros de custos, os de centros de lucros têm o direito de decisão sobre insumos e produção. O objetivo de um centro de lucros é maximizar os lucros por meio do ajuste de parâmetros do *mix* de insumos, quantidade de produção e preço. Uma vez que os gerentes têm todos os atuais elementos de tomada de decisão sob seu controle direto, eles não se beneficiam com a redução de qualidade. Qualidade inferior não os ajuda a cumprir a meta pela diferença entre o lucro orçado e o efetivo.

Enquanto a implementação dos centros de lucro elimina o incentivo para reduzir a qualidade a fim de baixar os custos, ela pode introduzir dificuldades nos casos de dependência mútua ou de custos fixos entre coligadas. No primeiro caso, a instalação de dois centros de lucro pode levar à subotimização quando colidirem as escolhas do *mix* de insumo-produção.

Um exemplo ilustrativo é o critério de dois centros de "lucro": departamentos de produção de vendas para os quais as vendas interdivisionais constituem as respectivas transações positivas ou negativas.

A produção poderia responder à tarefa de maximização de lucros por meio da escolha de uma estratégia de nível de produção. O departamento de vendas usa pesadas promoções para "empurrar" os produtos. As promoções geram uma demanda que só pode ser atendida se a produção mudar o nível dos processos de fabricação, que, por ser dispendioso, reduz os resultados no centro de lucro da produção. Nesses casos, é aconselhável tratar os departamentos como centros de custo separados e garantir que haja uma posterior hierarquia de tomada de decisão que combine os centros de custos em um centro de lucro.

3.8.3 Centros de investimentos

Embora os centros de lucro eliminem o incentivo para a redução da qualidade, eles não tocam no problema da base de capital. Isso pode levar ao desperdício de recursos pelos departamentos. É útil, portanto, conceder aos centros o direito de tomar suas próprias decisões de investimentos, ou seja, alocar determinados fundos para projetos.

Esses chamados centros de investimentos são avaliados em termos de parâmetros de desempenho, que incluem o uso de capital. Um método comumente usado é o retorno sobre o investimento, para determinar a rentabilidade relativa de um centro de investimentos. O retorno é o lucro dentro de uma unidade de tomada de decisão em relação à sua base (nominal) de ativos.

Essa medida relativa facilita a comparação de uma unidade com outra. Para fornecer resultados comparáveis, as regras da avaliação dos ativos têm de ser uniformes em todos os centros. Entretanto, o caráter relativo camufla a importância da unidade para a empresa. Ela pode também levar à "administração de denominar" – isto é, os executivos optam por reduzir o denominador (a base de ativos), na tentativa de manter ou aumentar os lucros de curto prazo, em vez de se concentrar no numerador (o lucro).

Múltiplas tomadas de decisões dentro da empresa exigem a coordenação dos centros de responsabilidade. Dois sistemas de controle cumprem essa tarefa: o do orçamento e o da política de preços de transferência. Preços de transferência são procedimentos administrativos que imitam, dentro da organização, as funções de preço do mercado. A prestação de serviços por um centro de responsabilidade semiautônomo a outro é cobrada de acordo com algum mecanismo anteriormente combinado entre as partes. Um caso óbvio de preços de transferências é o que ocorre quando as divisões trocam produtos entre si. Um preço de transferência menos óbvio é aquele que se agrega ao custo dos serviços prestados pelos centros de custos a outras partes da organização.

O preço de transferência correto é aquele que induzirá todo mundo dentro da organização a tomar as decisões certas, isto é, as que maximizam o lucro. Uma regra comum para chegar a esse preço de transferência é cobrar o preço de mercado, facultando às divisões comprar de outros fornecedores, fora da empresa. Esse mecanismo mantém o ímpeto competitivo.

Outra sugestão é cobrar o custo integral, supondo que este represente o limite inferior do preço de mercado. Embora essa sugestão seja aceitável em casos normais, ela pode levar, em situações atípicas, à tomada de decisões abaixo das desejadas. Num momento em que os preços do mercado estão deprimidos, os tomadores de decisões poderão optar por comprar de fora da empresa, deixando os custos fixos do fornecedor interno sem cobertura. Quando os preços do mercado estão altos, pode ocorrer o inverso: a divisão fornecedora vende para clientes fora de empresa, deixando ociosa a capacidade de cadeia interna de produção. Procedimentos administrativos adicionais são necessários para controlar tais situações.

3.9 Redução e reestruturação de custos

O processo de auxiliar as empresas que estejam operando com margens reduzidas de custos ou com prejuízo, essenciais num mercado de alta competitividade, divide-se nas seguintes etapas:

1. A primeira etapa procura capacitar diretores, gerentes e demais pessoas diferentes responsáveis pelos resultados da empresa em técnicas, procedimentos e conceitos utilizados na gestão econômica e financeira da organização.
2. Em seguida, parte-se para a elaboração do diagnóstico, com o levantamento de custos e margens, por produto e unidade de negócio; dos aspectos estratégicos, nichos de mercado, investimentos, controles internos, relatórios gerenciais etc.; análise econômica e financeira, com definição do ponto de equilíbrio, lucratividade, rentabilidade, retorno do investimento, rotatividade dos estoques e outros itens necessários à análise.
3. A etapa seguinte é a elaboração do plano de reestruturação, com relatório detalhado do trabalho, sugestões e recomendações de mudanças. No plano de redução e reestruturação de custos, a empresa decide sobre a reestruturação de

sua linha de produtos, preços a serem praticados, nichos de mercado, custos a serem adotados, volumes de produção e venda, despesas com estrutura, com comercialização e distribuição, além de capital de giro e investimentos.

3.10 Limitações do controle interno

As limitações do controle interno têm, principalmente, relação com:

- conluio de funcionários na apropriação de bens da empresa;
- instrução inadequada dos funcionários com relação às normas internas;
- negligência dos funcionários na execução de suas tarefas diárias.

Em virtude dos pontos acima relatados, mesmo no caso de a empresa ter um excelente sistema de controle interno, o auditor deve executar procedimentos mínimos de auditoria.

3.11 Características de um sistema eficiente de controle interno

Sabe-se que o controle interno está dividido em controles contábeis e controles administrativos. Sabe-se também que, além do controle orçamentário, custos-padrão, relatórios operacionais periódicos, análises estatísticas, programas de treinamento de pessoal e, inclusive, auditoria interna, um forte sistema de controle interno pode abranger também estudo de tempos e movimentos e controle de qualidade dos produtos vendidos e serviços prestados, segundo Crepaldi (2016).

As delimitações que indicam se certos planos especiais de organização e determinados métodos e procedimentos podem ser classificados como controles contábeis ou administrativos variam, naturalmente, de acordo com circunstâncias específicas.

As características de um eficiente sistema de controle interno compreendem:

a) Plano de organização que proporcione apropriada segregação de funções e correta divisão das responsabilidades funcionais.

Embora um plano de organização apropriado varie com o tipo de empresa, geralmente um plano satisfatório deve ser simples e flexível, devendo prestar-se ao estabelecimento de linhas claras de autoridade e responsabilidade. Um elemento importante em qualquer plano de organização é a independência estrutural das funções de operação, custódia, contabilidade e auditoria interna. Tal independência requer uma separação de funções, de tal forma que os registros existentes fora de cada departamento sirvam como controles das atividades dentro do departamento.

Apesar de a independência estrutural requerer a separação, o trabalho de todos os departamentos deve ser integrado e coordenado, a fim de possibilitar o fluxo suave de serviço e eficiência total das operações.

Deve-se, com esse plano de organização, estabelecer também níveis distintos de responsabilidades e de autoridades para que tais responsabilidades sejam cumpridas.

A responsabilidade e a correspondente delegação de autoridade devem ser definidas de forma clara e colocadas em organogramas e manuais de procedimentos.

b) Observação de práticas salutares no cumprimento dos deveres e das funções de cada um dos departamentos da organização.

O esmero nas práticas observadas na execução das tarefas e nas funções atribuídas a cada um dos departamentos da empresa determinará a eficiência do controle interno e das contas que dele fazem parte.

As práticas salutares devem prover os meios para assegurar a integridade das autorizações, registros e custódias.

c) Sistema de autorização e procedimentos de escrituração adequados, que proporcionem controle eficiente sobre o ativo, passivo, receitas, custos e despesas.

Tal sistema deve incluir meios de controle sobre:

- operações e transações por meio de métodos de aprovações, de acordo com as responsabilidades e os riscos envolvidos em cada uma de suas partes;
- registros das operações e transações por meio dos documentos originais e segundo o fluxo normal delas; e
- classificação dos documentos dentro de uma estrutura formal de contas (Plano de Contas).

Para que uma operação ou transação concretize-se de maneira eficaz, é necessário que haja aprovação em cada uma das etapas ou nos pontos de equilíbrio, para o cumprimento do programa de administração, segundo as responsabilidades determinadas. Um Plano de Contas bem elaborado facilita a contabilização e o consequente controle contábil das operações.

Os meios de controle extracontábil das operações são criados por intermédio do planejamento lógico do fluxo dos procedimentos relativos à escrituração e das normas de aprovação nos setores nos quais elas ocorrem. Os formulários, as instruções relativas ao fluxo dos procedimentos de escrituração e as normas de aprovação são, frequentemente, incorporados aos Manuais de Procedimentos.

d) Pessoal com adequada qualificação técnica e profissional, para a execução de suas atribuições.

Um sistema de controle interno que funcione corretamente não depende apenas do planejamento efetivo da empresa e da eficiência dos procedimentos e das práticas instituídas. Ele depende também da competência de todo o pessoal envolvido em levar adiante, de forma eficiente e econômica, os procedimentos que devem ser adotados.

3.12 Considerações finais

O controle interno superou seus parâmetros iniciais de servir como ferramenta administrativa para o monitoramento das atividades empresariais e de provedora de informação para a tomada de decisão.

Transformou-se em um elo vital entre a empresa e suas contrapartes, como acionistas, governos, credores, clientes, empregados, sindicatos, sociedade civil e tantos quantos se relacionarem com a atividade, direta ou indiretamente.

Questões

1. O processo que tem por finalidade, entre outras, proporcionar à empresa razoável garantia de promover eficácia em suas operações é denominado:
   a. ( ) auditoria operacional e financeira;
   b. ( ) sistema contábil e de controle interno;
   c. ( ) auditoria das demonstrações contábeis;
   d. ( ) supervisão e controle de qualidade;
   e. ( ) sistema de orçamento e gastos.

2. Assinale a opção que **não** representa um fator a ser considerado pelo contador no estudo e na avaliação do sistema contábil e de controle interno:
   a. ( ) existência de entidades associadas e partes relacionadas;
   b. ( ) grau de envolvimento da auditoria interna, se existente;
   c. ( ) tamanho e complexidade das atividades da entidade;
   d. ( ) grau de descentralização de decisão adotado pela administração;
   e. ( ) áreas de risco de auditoria.

3. No processo de avaliação do sistema contábil e de controles internos, podem-se constatar necessidades de aprimoramentos. Nessa circunstância, o contador:
   a. ( ) não deve fazer sugestões de maneira formal, tão somente verbal;
   b. ( ) pode efetuar sugestões relevantes para o aprimoramento do sistema;
   c. ( ) está impedido de efetuar sugestões de qualquer espécie;
   d. ( ) não pode efetuar sugestões, sob pena de perder a independência;
   e. ( ) deve efetuar sugestões objetivas para tais aprimoramentos.

4. A estrutura organizacional da entidade e os métodos de delegação de autoridade e responsabilidade devem ser considerados na:
   a. ( ) avaliação dos procedimentos de controle;
   b. ( ) avaliação da continuidade operacional;
   c. ( ) avaliação do ambiente de controle;
   d. ( ) verificação das transações com partes relacionadas;
   e. ( ) verificação das contingências trabalhistas.

5. Indique a opção que representa um fator relevante que deve ser considerado no estudo e avaliação do sistema contábil e de controle interno:
   a. ( ) o grau de descentralização de decisão adotado pela administração;
   b. ( ) o índice de liquidez e de rentabilidade da entidade;
   c. ( ) as transações e os eventos subsequentes à data-base do balanço;
   d. ( ) a reavaliação de ativos tangíveis e a aprovação em assembleia;
   e. ( ) os critérios adotados para elaboração do relatório da administração.

6. Plano de organização e conjunto integrado de métodos e procedimentos adotados pela entidade para proteger seu patrimônio, promovendo, entre outras características, a eficácia de suas operações, é a definição de:
   a. ( ) auditoria contábil e fiscal;
   b. ( ) sistema de controle de bens patrimoniais;
   c. ( ) controle de orçamento e gestão de gastos;
   d. ( ) sistema contábil e de controle interno;
   e. ( ) auditoria interna de gestão.

7. São exemplos de controles de natureza contábil:

   a. ( ) análises estatísticas de lucratividade por linha de produtos – segregação de funções – análise das variações entre os valores orçados e os incorridos;

   b. ( ) segregação de funções – sistemas de conferência, aprovação e autorização – análise das variações entre os valores orçados e os incorridos;

   c. ( ) sistemas de conferência, aprovação e autorização – análise das variações entre os valores orçados e os incorridos – controles físicos sobre ativos;

   d. ( ) segregação de funções – sistemas de conferência, aprovação e autorização – controle físico sobre ativos;

   e. ( ) análises estatísticas de lucratividade por linha de produtos – segregação de funções – sistema de conferência, aprovação e autorização.

8. Qual é a finalidade do controle interno?

   a. ( ) salvaguardar os ativos, verificar a exatidão e fidelidade dos dados e relatórios contábeis;

   b. ( ) não desenvolver a eficiência nas operações;

   c. ( ) comunicar e desestimular o cumprimento das políticas, normas e procedimentos administrativos adotados;

   d. ( ) comprar matéria-prima;

   e. ( ) vendas e orçamento.

9. Quais as atribuições do responsável pelo sistema de compras ou suprimento de mercadorias?

   a. ( ) representam origens de recursos quando registradas fora dos resultados de exercício;

   b. ( ) não interferem na composição do fluxo de caixa por não representarem desembolsos;

   c. ( ) encarregado do setor de compras recebe a requisição, seleciona em seus arquivos os fornecedores que produzem tais mercadorias e faz uma coleta de preços;

   d. ( ) atualizar as funções e atribuições da controladoria;

   e. ( ) estimativa do volume de produção no período contábil.

10. Qual o objetivo do sistema de compras ou suprimentos?

a. ( ) atribuir-se responsabilidades e delegações de autoridade claramente definidas;
b. ( ) assegurar à administração da empresa que as compras serão efetuadas com a maior eficiência possível, por meio da aplicação de funções específicas organizadas de modo lógico;
c. ( ) estruturas organizacionais;
d. ( ) avaliar o ambiente de controle;
e. ( ) afetar o fluxo de caixa quando registrado no passivo de longo prazo.

11. Quais as funções do controle interno?
a. ( ) representam um elemento essencial das atividades de contabilidade gerencial;
b. ( ) apropriação de todos os custos à produção do período;
c. ( ) um tipo de custeamento que consiste em considerar como custo de produção do período;
d. ( ) serve para fiscalizar se as rotinas estão sendo corretamente cumpridas por seus funcionários;
e. ( ) ambiente de dificuldade para as empresas, em que busca a redução de custo.

12. Como podemos classificar o controle interno?
a. ( ) controles organizacionais, inclusive segregação de funções; controle de sistema de informação e controle de procedimentos;
b. ( ) controle de sistemas de lucro;
c. ( ) controle de processamento diretivo;
d. ( ) controle de auditoria;
e. ( ) custo e despesa operacional.

13. A estrutura do planejamento, execução e controle das operações objetiva:
a. ( ) venda de produtos alcalinos;
b. ( ) aumentar a produtividade da mão de obra;
c. ( ) aumentar a quantidade real e preço-padrão;
d. ( ) atribuição de responsabilidades e delegação de autoridade claramente definidas;

e. ( ) atribuir custos às atividades de base no consumo de recursos.

14. É correto afirmar que a administração:
    a. ( ) não examine os antecedentes de potenciais funcionários;
    b. ( ) implemente um sistema de treinamento e capacitação permanente;
    c. ( ) não estabeleça política de remunerações e promoções;
    d. ( ) adote um esquema para que não se avalie o desempenho;
    e. ( ) faça um retreinamento de pessoal.

15. Assinale a opção que **não** é considerada uma característica que distingue uma empresa bem-sucedida:
    a. ( ) a informação deve ser suficientemente detalhada para permitir identificação das operações "fora da linha" ou possíveis problemas;
    b. ( ) a forma de apresentação deve destacar a informação de maior importância;
    c. ( ) a informação deve ser distribuída conforme as responsabilidades atribuídas;
    d. ( ) os relatórios não devem conter informações relevantes para os usuários;
    e. ( ) a informação dever ser usada pelos que tenham competência e tempo necessários para compreender seu significado e adotar medidas corretivas, se necessário.

16. Identifique os procedimentos de fluxo de documentação:
    a. ( ) são aqueles estabelecidos pela administração, independentemente das rotinas de procedimentos de transação;
    b. ( ) é uma auditoria interna;
    c. ( ) são os incorporados no sistema de procedimento das transações;
    d. ( ) é o controle dos saldos segundo os Razões subsidiários, para verificar se coincidem com aqueles segundo as contas de controle do Razão Geral;
    e. ( ) departamento de marketing.

17. É de fundamental importância a utilização de um controle adequado sobre cada sistema operacional, pois atingem-se os resultados mais favoráveis com menores desperdícios. Quais os aspectos que podem sumarizar a importância do controle interno?
    a. ( ) o controle das operações requer relatórios e análises, a salvaguarda dos ativos da companhia e a prevenção ou descoberta de erros e fraudes;

b. ( ) os procedimentos do fluxo de documentação são os incorporados no sistema de processamento das transações;

c. ( ) a existência de sistemas de medição e avaliação do desempenho;

d. ( ) elaborar o plano de organização, para que existam normas de procedimentos devidamente documentados;

e. ( ) os procedimentos de controles independentes são aqueles estabelecidos pela administração, independentemente das rotinas de transações.

18. Controle é essencialmente hierárquico. Isso significa que:

a. ( ) todos os direitos de controle têm de ser concedidos a um único tomador de decisões;

b. ( ) os direitos de controle devem ser concedidos a um conjunto de controles contábeis mediante "centros de responsabilidades";

c. ( ) o controle é sempre exercido de baixo para cima;

d. ( ) nos "centros de responsabilidade" os administradores tomam decisões com a interferência do topo da organização;

e. ( ) nos "centros de responsabilidade", os administradores tomam decisões sem analisar as próprias avaliações.

19. Os três tipos de centros de responsabilidade são:

a. ( ) sistema de informação, lucro, investimentos;

b. ( ) investimentos, segregação de funções, custo;

c. ( ) custo, lucro, investimentos;

d. ( ) lucro, pessoal, procedimentos;

e. ( ) custo, lucro, pessoal.

20. Um departamento de limpeza tem a tarefa de manter limpo certo número de escritórios e tem de usar o mínimo possível de recursos. Os departamentos de pessoal e de produção também seguem esse fundamento lógico, sendo organizados como:

a. ( ) centros de lucro;

b. ( ) sistema de informações;

c. ( ) segregação de funções;

d. ( ) centros de custos;

e. ( ) centros de investimentos.

21. Qual o objetivo de um centro de lucros?
    a. ( ) fornecer resultados comparáveis; as regras da avaliação dos ativos devem ser uniformes;
    b. ( ) alocar determinados fundos para projetos;
    c. ( ) minimizar os insumos para alcançar determinada produção;
    d. ( ) maximizar a produção a partir de um volume constante de insumos;
    e. ( ) maximizar os lucros por meio do ajuste de parâmetros do *mix* de insumos, quantidade de produção e preço.

22. As múltiplas tomadas de decisões dentro da empresa exigem a coordenação dos centros de responsabilidade. Quais sistemas de controle cumprem essa tarefa?
    a. ( ) orçamento e centro de custos;
    b. ( ) centro de custos e centros de lucros;
    c. ( ) orçamento e política de preços de transferência;
    d. ( ) investimentos e política de preços de transferência;
    e. ( ) vendas e orçamento.

23. Os objetivos do controle interno são: proteger os ativos, produzir dados contábeis confiáveis e ajudar a equipe gestora na condução organizada dos negócios da empresa.

    Para atingir esses objetivos, torna-se necessária a realização de:
    a. ( ) testes substantivos e de testes de observância;
    b. ( ) controles contábeis e de controles administrativos;
    c. ( ) controles físicos e de controles documentais;
    d. ( ) inspeção física e de análise de contas.

Gabarito

1. (b)	7. (d)	13. (d)	19. (c)
2. (a)	8. (a)	14. (b)	20. (d)
3. (e)	9. (c)	15. (d)	21. (e)
4. (c)	10. (b)	16. (c)	22. (c)
5. (a)	11. (d)	17. (a)	23. (b)
6. (d)	12. (a)	18. (b)	

Sistema de Custeio por Absorção

4

Objetivos

Os objetivos deste capítulo são:

» Ensinar a calcular o custo de um produto ou serviço por meio do sistema de custeio por absorção.

» Justificar os critérios utilizados nesse cálculo, identificando suas vantagens para as empresas. Com isso, você poderá aprimorar os instrumentos de desenvolvimento organizacional.

4.1 Introdução

O custeio representa um elemento essencial das atividades de contabilidade gerencial de uma empresa. O custeio trata de estabelecer as despesas usadas por um produto, um grupo de produtos, uma atividade específica ou um conjunto de atividades da empresa.

O custeio por absorção ou custeio pleno consiste na apropriação de todos os custos (sejam eles fixos ou variáveis) à produção do período. Os gastos não fabris (despesas) são excluídos. O próprio nome do critério é revelador dessa particularidade, ou seja, o procedimento é fazer com que cada produto ou produção (ou serviço) absorva parcela dos custos diretos e indiretos relacionados à fabricação. É o método derivado da aplicação dos princípios de contabilidade e é, no Brasil, adotado pela legislação comercial e pela legislação fiscal. Não é um princípio contábil em si, mas uma metodologia decorrente da aplicação desses princípios. Dessa forma, o método é válido para a apresentação de demonstrações financeiras e para o pagamento do Imposto de Renda.

A distinção principal no custeio por absorção é entre custos e despesas. A separação é importante porque as despesas são jogadas imediatamente contra o resultado do período, enquanto somente os custos relativos aos produtos vendidos terão idêntico tratamento. Os custos relativos aos produtos em elaboração e aos produtos acabados que não tenham sido vendidos estarão ativados nos estoques desses produtos.

Nesse método, todos os custos são alocados aos produtos fabricados. Assim, tanto os custos diretos como os indiretos incorporam-se aos produtos. Os primeiros, pela apropriação direta, e os indiretos, por sua atribuição por meio de critérios de rateio.

4.2 Conceito

O custeio por absorção consiste na apropriação de que todos os custos incorridos no período serão absorvidos pela produção realizada, ou seja, todos os custos serão apropriados aos produtos acabados (e em elaboração, se for o caso), independentemente de serem fixos, variáveis, diretos ou indiretos. A separação entre custo e despesa é essencial, porque nesse caso as despesas vão diretamente contra o resultado do período, enquanto os custos dos produtos não vendidos vão para o estoque. A finalidade desse critério é ter o custo total (direto e indireto) de cada objeto produzido. Não há preocupação em classificar os custos em fixos e variáveis; classifica os custos em diretos e indiretos; os resultados apresentados não sofrem influência direta do volume de produção; é um critério legal e fiscal externo.

Por essas características, seus custos vão para o ativo na forma de produtos e só podem ser considerados despesas ao ocorrer a venda do produto – Princípio da Realização.

É bom deixar claro que uma empresa não deve alterar sua maneira de apropriar os custos constantemente, pois existem diferenças entre eles, e, quase sempre, essas mudanças podem dar uma falsa impressão dos resultados obtidos.

4.3 Esquema básico

Custeio é um processo de três passos. Primeiro, é preciso separar os custos de produto dos custos de período. Segundo, os custos diretos de produto são atribuídos aos produtos específicos, enquanto os custos indiretos são atribuídos a centros de custos. Terceiro, os custos indiretos são distribuídos do centro aos produtos de acordo com seu uso. A soma de custos diretos e custos indiretos distribuídos forma o custo do produto.

O custeio tem forte tradição na manufatura. Por esse motivo, os procedimentos de custeio reconhecem normalmente as despesas de comercialização e de administração geral como custos de período que não são atribuíveis a produtos específicos ou grupos de produtos. Os custos de produto são principalmente despesas de matérias-primas, mão de obra e maquinário (na forma de depreciação). Outros custos de produto podem incluir gastos tão variados como luz, aquecimento, seguro e assim por diante.

Tendo separado os custos de produto dos custos de período, pode-se realizar o segundo passo de custeio, atribuindo custo direto a um produto ou qualquer outro objeto de custo que seja alvo de análise gerencial. Os custos diretos são despesas incorridas unicamente para determinado produto. A natureza direta do custo é bastante óbvia para as faturas de matérias-primas, mas diferenças internacionais já existem no tratamento da mão de obra. Enquanto os sistemas anglo-norte-americanos tratam a mão de obra, excluindo a de supervisão, como custo direto, a prática continental europeia considera frequentemente todos os custos de mão de obra indiretos. Isso se deve às diferentes práticas regulamentadoras, refletindo menor flexibilidade que a legislação trabalhista permite. Restam apenas custos indiretos, que em alguns setores representam a maior parte do custo.

O terceiro passo de custeio – atribuição de custos indiretos – é o mais importante para obter precisão. Todos os custos também são referidos como indiretos de fabricação; são atribuídos inicialmente a centros de custos. Centros de custos podem ser áreas de decisão (centros de responsabilidades), departamentos de serviço ou simples entidades contábeis. Um centro de custo absorve todos os custos que variam conforme certo agente de custo (medida de atividade); e é esse agente de custo que reflete os serviços prestados ao produto.

Por exemplo, suponha que uma máquina é usada para a manufatura de diversos produtos. A depreciação da máquina é primeiro registrada como custo indireto. Esse custo indireto precisa agora ser atribuído com precisão aos vários produtos. Isso é feito mediante (1) a medição de quantos serviços foram prestados a todos os produtos a que custo total, (2) a quantificação dos produtos específicos que usaram esses serviços e (3) a multiplicação da medida de atividades para um produto pelo custo de uma medida de atividade.

Em nosso exemplo, o custo dos serviços prestados é o valor de depreciação. No passo seguinte, constaria que a máquina funcionou 60% do tempo para o produto A e 40% do tempo para o produto B. Normalmente, estudos de atividade ou estimativas de engenharia fornecem esses dados. Dada uma produção diária (ou semanal, mensal ou qualquer outra) de *X* para o produto A e de *Y* para o produto B, pode-se encontrar o percentual de atribuição por minuto, por exemplo, se a máquina funciona por cinco minutos quando uma unidade de produto A é produzida; e por três minutos para uma unidade de produto B. Essa é a medida de atividade (minutos por unidades de produto), que é então multiplicada pelo custo por medida de atividade (depreciação por dia dividida pelo total de horas diárias de máquina). Então, o custo é atribuído ao produto; a soma de todas as despesas indiretas constitui o custo total de produto.

Normalmente, surge controvérsia quanto à questão de que tipo de medida de atividade deve ser usada e, por implicação, quantos centros de custo devem ser criados. No caso mais direto, conviria usar apenas um centro de custo e atribuir o custo indireto do centro com uma medida unitária de atividade como custo direto de mão de obra. Obviamente, esse método sofre de deficiências. Para começar, os custos diretos de mão de obra são um produto de horas gastas e salário-hora. Se os produtos diferem nesses componentes – um usando muita mão de obra barata e o outro uma pequena quantidade de mão de obra cara –, então a representação de serviços prestados pelo centro de custo poderia não ser correta. Além disso, como todas as despesas são derivadas de um centro de custo que inclui gastos tão diversos como depreciação, supervisão, seguro e assim por diante, então não importa que medida de atividade é usada, ela não refletirá a verdadeira natureza de uso. Mais centros de custo serão necessários.

A escolha de quantos centros de custos formar e os agentes de custos deve atingir um equilíbrio entre precisão e conveniência. A escolha de agentes de custo insuficientes deixa de detectar grandes diferenças em demanda de produto por serviços. Isso é especialmente verdade quando uma empresa altera sua linha de produtos ou quando se adota uma estratégia de diferenciação. Além disso, tendências diferentes de demanda de cliente e suas implicações de custo podem ser camufladas. Somente uma avaliação regular das atividades da organização e dos agentes de custo assegurará que a atribuição de custos indiretos ainda reflita a demanda de serviços.

O custeio é um processo de três passos. Primeiro, é preciso separar os custos de produto do custo do período. Segundo, os custos diretos de produto são atribuídos aos produtos específicos, enquanto os custos indiretos são atribuídos a centros de custos. Terceiro, os custos indiretos são distribuídos do centro aos produtos de acordo com seu uso. A soma de custos diretos e custos indiretos distribuídos forma o custo do produto.

Neste tópico, iremos abordar a contabilidade de custos como um mecanismo para a avaliação de estoques e, em consequência, para apuração do custo dos produtos vendidos. Desenvolveremos o assunto por meio de dois exemplos práticos.

Exemplo 1:

Suponhamos que a empresa Astorga tenha tido os seguintes gastos durante determinado período:

Gastos	$ mil
Salários de fábrica	120
Comissão de vendedores	60
Matéria-prima consumida	270
Salários da administração	80
Honorários da diretoria	40
Depreciação	30
Seguros de fábrica	10
Materiais diversos – fábrica	20
Manutenção	30
Despesas de entrega	10
Material de expediente	20
	690

O primeiro passo é a separação dos custos de produção e das despesas do período. Teremos, então, a seguinte distribuição:

Custos	$ mil
Salários de fábrica	120
Matéria-prima consumida	270
Depreciação	30
Seguros de fábrica	10
Materiais diversos – fábrica	20
Manutenção	30
Total	480

Como vemos, o total de custos do período é de $ 480.000,00.

Despesas	$ mil
Comissão de vendedores	60
Salários da administração	80
Honorários da diretoria	40
Material expediente	20
Despesas de entrega	10
Total	210

Devemos observar que os gastos, no valor de $ 690.000,00, ficaram assim distribuídos:

Gastos	$ mil
Custo de produção	480
Despesas do período	210
Total	690

As despesas não integram o custo dos produtos e, como consequência, serão lançadas diretamente contra os resultados do exercício.

Suponhamos que nossa hipotética empresa elabore apenas dois produtos, *A* e *B*. Devemos, então, fazer a apropriação dos custos diretos.

Para o consumo de matérias-primas, a empresa dispõe de um sistema de controle de materiais que lhe possibilita identificar quanto cada produto consumiu de matéria-prima. E, por esse sistema, podemos saber quanto de matéria-prima foi consumido por produto:

Custo Direto	$ mil
Produto *A*	80
Produto *B*	190
	270

Com relação aos salários de fábrica, há a necessidade de separar a mão de obra direta da indireta.

A empresa mantém apontamentos que permitem a apuração das horas gastas em cada produto e as horas de mão de obra indireta.

Custo	$ mil
Mão de obra: *A*	40
B	50
Total de mão de obra direta	90
Mão de obra indireta	30

Dessa forma, os $ 90.000 são apropriados diretamente aos produtos *A* e *B*, enquanto $ 30.000 serão incorporados aos gastos gerais de fabricação para posterior distribuição.

Supondo que os demais custos sejam considerados indiretos, podemos montar o seguinte quadro:

Custos	Diretos		Indiretos	Total
	A	*B*		
Matéria-prima	80.000	190.000		270.000
Mão de obra direta	40.000	50.000		90.000
Depreciação			30.000	30.000
Seguros de fábrica			10.000	10.000
Materiais diversos			20.000	20.000
Mão de obra indireta			30.000	30.000
Manutenção			30.000	30.000
Total	120.000	240.000	120.000	480.000

Do total de custos, $ 360.000 já estão alocados aos produtos *A* e *B*, e os gastos gerais de fabricação, ou custos indiretos de fabricação, no montante de $ 120.000, precisam, por algum critério, ser rateados aos dois produtos.

Vejamos algumas formas de alocação de tais custos indiretos, que totalizam $ 120.000. Uma maneira bastante simples é a distribuição proporcional ao total de custos diretos.

Teríamos, então:

Produto	Diretos	Proporção	Indiretos	Total
A	120.000	1/3	40.000	160.000
B	240.000	2/3	80.000	320.000
Total	360.000	1,0	120.000	480.000

A última coluna indica-nos o custo total de cada produto e a penúltima o montante de custos indiretos de fabricação distribuídos segundo os custos diretos de cada produto.

Outra alternativa de rateio seria de acordo com o gasto de mão de obra direta. Os custos de cada produto seriam:

Produto	Matéria-prima $	Mão de obra direta $	Proporção	Indiretos	Total
A	80.000	40.000	4/9	53.334	173.334
B	190.000	50.000	5/9	66.666	306.666
Total	270.000	90.000	1,0	120.000	480.000

É claro que existem vários outros critérios de rateio, alguns descendo a detalhes como distribuição do aluguel (ou depreciação do prédio, se for próprio), por m^2, materiais auxiliares de acordo com o consumo de matéria-prima, depreciação de máquinas de acordo com horas trabalhadas etc. O nível de detalhamento a ser usado depende da relevância dos valores envolvidos e do bom senso de cada um, visando eliminar as arbitrariedades. É impossível determinar uma regra de rateio.

Recapitulando, o custeio por absorção segue os seguintes passos:

a. separação dos gastos do período em custos e despesas;

b. classificação dos custos em diretos e indiretos;

c. apropriação dos custos diretos aos produtos;

d. apropriação, por rateio, dos custos indiretos de fabricação.

Esquematicamente, o fluxo global de custos e despesas para apuração de resultados no custeio por absorção pode ser assim representado:

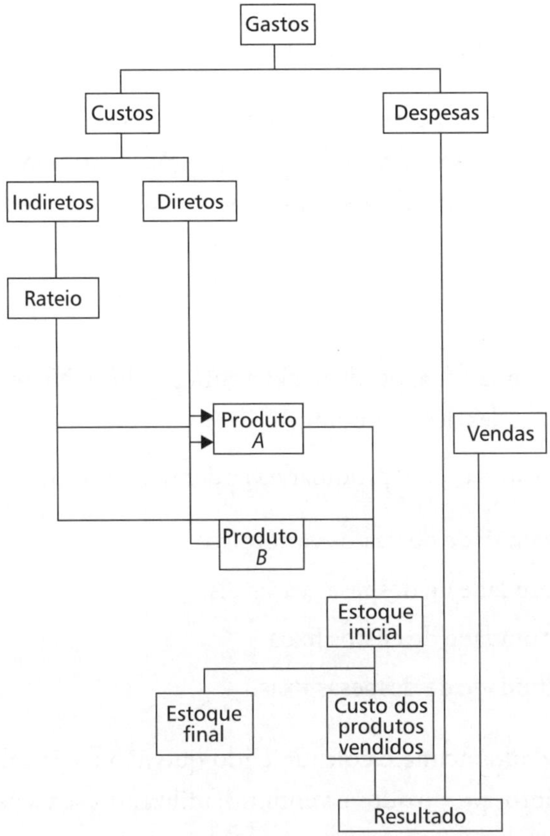

Podemos ver, pelo gráfico, que as despesas todas vão para o resultado do período, enquanto os custos somente são lançados ao resultado na parte correspondente aos produtos vendidos, permanecendo o restante como estoque.

O método de custeio por absorção traz as seguintes informações adicionais:

- melhor valoração dos estoques, que absorvem custos fixos e variáveis;
- apuração do custo de produção somente após o rateio dos custos indiretos;
- os custos fixos totais independem de oscilações do volume fabricado;
- todos os custos são aplicados a todos os produtos, sendo apropriados ao resultado quando da venda dos respectivos produtos;
- para o usuário externo, que observa a demonstração de resultados, sugere a divisão da empresa em duas partes: a fábrica e a atividade comercial;
- atende à legislação fiscal e deve ser usado quando a empresa busca o uso do sistema de custos integrado à contabilidade;

- permite a apuração do custo por centros de custos, visto que sua aplicação exige a organização contábil direcionada a esse sentido.

Nesse método, todos os custos (fixos e variáveis) são absorvidos pelos produtos. Todos os gastos relativos ao esforço de produção são distribuídos para todos os produtos ou serviços feitos. Contudo, os gastos não vinculados à produção ou às despesas são excluídos.

Exemplo 2:

A Indústria Varginha Ltda. produz apenas um produto. No mês de agosto, produziu e vendeu 300 unidades desse produto.

Os custos e as despesas para produzir e vender os produtos foram os seguintes:

- R$ 10,00 por unidade de custos variáveis.
- R$ 8,00 por unidade de despesas variáveis.
- R$ 12,00 por unidade de custos fixos.
- R$ 7,00 por unidade de despesas fixas.

Com base nos dados acima e considerando que não havia saldo inicial, calcule o custo total dos produtos produzidos e vendidos, utilizando-se o custeio por absorção.

Solução:
Custeio por absorção:

Custo Variável Unitário (CVu) = R$ 10,00

Custo Fixo Unitário (CFu) = R$ 12,00

Custo Total Unitário (CTu) = R$ 22,00

Custo Total = Quantidade Produzida × CTu = 300 unidades × R$ 22,00

Custo Total = R$ 6.600,00

4.4 Departamentalização

A departamentalização consiste em dividir a fábrica em segmentos, chamados departamentos, a que são debitados todos os custos de produção neles incorridos. A departamentalização representa um critério eficaz para apropriação de custos indiretos, no qual cada departamento é dividido em um ou mais centros de custos. Muito utilizada em indústrias cujo processo produtivo passa por algumas fases de produção. Como exemplo, pode-se citar uma indústria de café que tem como fases de produção: seleção de grãos, torrefação, moagem e embalagem.

Departamento é a unidade mínima administrativa constituída, na maioria dos casos, por homens e máquinas que desenvolvem atividades homogêneas. Deve haver sempre um responsável pelo departamento. É uma unidade mínima que concentra custos e desenvolve atividades homogêneas.

Os departamentos podem ser divididos em dois grupos: departamentos de produção e departamentos de serviços.

Os departamentos de produção são aqueles que atuam sobre os produtos e têm seus custos apropriados diretamente a estes. São exemplos:

- Corte
- Aplainamento
- Montagem
- Tapeçaria
- Acabamento
- Usinagem
- Moagem
- Pintura
- Perfuração
- Galvanização
- Malharia
- Mistura
- Refinaria
- Engarrafamento

Os departamentos de serviços não atuam diretamente na produção, e sua finalidade é prestar serviços aos departamentos de produção. Seus custos não são apropriados diretamente aos produtos, pois estes não transitam por eles, mas são transferidos para os departamentos de produção, que se beneficiam dos serviços deles. São exemplos:

- Manutenção
- Almoxarifado
- Administração Geral da Fábrica
- Limpeza
- Expedição
- Controle de Qualidade

Na maioria das vezes, departamento é um centro de custos, ou seja, nele são acumulados os custos para posterior alocação aos produtos (departamentos de produção) ou a outros departamentos (departamentos de serviços). Em alguns casos, pode existir mais de um centro de custos num departamento. É o caso em que neste, apesar de desenvolver atividades homogêneas, são usadas máquinas de diversas capacidades produtivas e operadas por pessoal especializado. Nesse caso, seria interessante criar um centro de custos para cada máquina, para fins de melhor controle de custo.

O centro de custos é, portanto, uma unidade mínima de acumulação de custos, embora não seja necessariamente uma unidade administrativa, isso só ocorrendo quando ele coincide com o próprio departamento. É a menor fração de atividade ou área de responsabilidade para a qual é realizada a acumulação de custos.

Doravante, adotar-se-á a hipótese simplificadora de que o departamento coincide com o centro de custos.

Objetivo:

São objetivos da departamentalização dos custos:

1. melhor controle dos custos;
2. determinação mais precisa do custo dos produtos.

O objetivo de melhor controle dos custos é atingido porque a departamentalização propicia a incorrência dos custos de produção no âmbito do departamento de responsabilidade do respectivo chefe ou supervisor.

A determinação mais precisa do custo dos produtos ocorre porque a departamentalização diminui a arbitrariedade dos critérios de rateio. Há basicamente dois motivos para essa maior precisão:

1. Alguns custos, embora sejam indiretos em relação aos produtos, são diretos (ou seja, podem ser diretamente atribuíveis) em relação aos departamentos.

   Exemplos:

   - depreciação das máquinas do departamento;
   - custo Indireto em relação aos vários tipos de produtos fabricados, mas diretamente atribuível ao departamento que possui as máquinas;
   - material Indireto usado no departamento;
   - mão de obra indireta usada no departamento.
2. Nem todos os produtos passam por todos os departamentos e, caso passem, fazem-no em proporções diferentes.

Suponhamos uma fábrica que possua seis departamentos, sendo três de serviços (administração da fábrica, controle de qualidade e almoxarifado) e três produtivos (usinagem, cromeação e montagem).

Os produtos da empresa passam pelos três departamentos de produção e devem carregar os custos indiretos de cada departamento. Todavia, os três departamentos de serviço têm custos que também precisam ser lançados aos produtos segundo algum critério.

O esquema de distribuição dos custos indiretos é o seguinte:

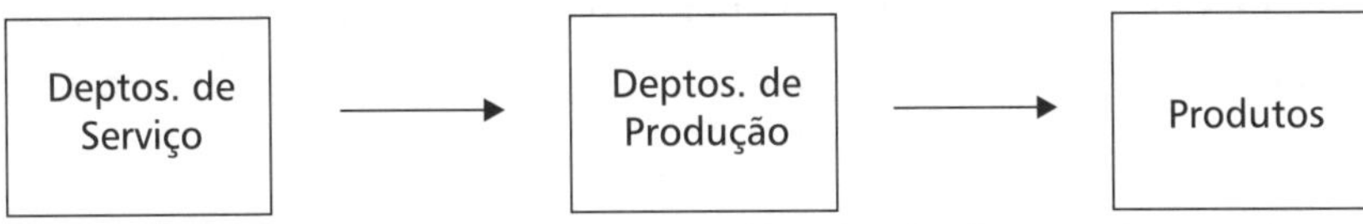

4.5 Critérios de rateio dos CIF pelos departamentos

Para efetuar o rateio dos CIF que são indiretos em relação aos departamentos e dos que representam custos comuns a todos eles, cada empresa deve estudar sua situação específica para escolher critérios adequados que efetivamente reflitam a carga de custos que devam ser descarregados em cada um deles.

Embora cada caso deva ser estudado particularmente, há alguns critérios que são amplamente utilizados na prática e que serão reproduzidos aqui, com fins puramente ilustrativos, sem a pretensão de ser uma lista exaustiva.

CIF Comuns ou Indiretos em relação aos Departamentos	Critérios de Rateio para os Departamentos
Gastos relacionados ao edifício da fábrica, tais como Aluguel, Depreciação, Seguros, Limpeza, Reparos e Imposto Predial	Área Ocupada
Iluminação da Fábrica	Área ocupada, número de lâmpadas ou pontos de luz
Gastos com o escritório da fábrica (inclusive os relativos à Contabilidade de Custos)	Número de empregados, horas-máquinas trabalhadas ou horas trabalhadas/MOD
Material Indireto	Material Direto
Mão de obra Indireta	Número de empregados, horas trabalhadas/MOD
Almoxarifado	Custo dos Materiais
Manutenção das máquinas	Horas-máquinas trabalhadas
Custo de Refeitório, Transportes e Assistência Médica dos empregados	Número de empregados
Energia Elétrica (força)	Quilowatts-hora consumidos

4.6 Predeterminação dos Custos Indiretos de Fabricação (CIF) ou Custos Gerais de Fabricação (CGF)

4.6.1 No que consiste

A predeterminação dos CIF (ou dos CGF) consiste em efetuar uma estimativa de qual será o valor destes em determinado período de produção e utilizar esse gasto pré-estimado para apurar o custo de produção do período, em vez do gasto real.

4.6.2 Previsão dos CIF predeterminados

Para fazer a estimativa dos CIF no período, a empresa deverá efetuar os seguintes passos:

1. estimativa do volume de produção no período (uma vez que o valor dos CIF variáveis depende desse volume);
2. estimativa dos CIF variáveis, com base na previsão do volume de produção;
3. estimativa dos CIF fixos;
4. cálculo de uma taxa predeterminada dos CIF para aplicação à produção.

4.6.3 Razões para uso da taxa predeterminada

Muitas empresas precisam saber os custos incorridos no decorrer do próprio período de produção à medida que os produtos vão sendo transferidos de um departamento de produção para outro ou em que vão sendo acabados. Os custos indiretos efetivos e o próprio volume de produção só são conhecidos no final do período.

4.6.4 Contabilização dos CIF predeterminados e compatibilização com os CIF efetivos

Evidentemente, o valor estimativo dos CIF predeterminados provavelmente não irá coincidir com o dos CIF reais. Para compatibilizar os dois valores, os seguintes passos serão seguidos na contabilização:

a. à medida que os produtos são transferidos de departamento (caso a empresa use departamentalização) ou sendo elaborados, a conta dos "Departamentos" ou dos "Produtos" será debitada pelo valor predeterminado dos CIF, com crédito numa conta de CIF PREDETERMINADOS (ou aplicados);

b. os CIF incorridos serão debitados a uma conta de CIF REAIS, com contrapartida em CONTAS A PAGAR, CAIXA ou BANCOS, DEPRECIAÇÃO ACUMULADA, SEGUROS A VENCER, conforme sua natureza;

c. no final do período, as contas de CIF APLICADOS e CIF REAIS serão encerradas, respectivamente, a crédito e a débito de uma conta denominada VARIAÇÃO DO CIF. Se os CIF aplicados forem maiores que os reais, tal conta terá saldo credor. Se for o inverso, saldo devedor;

d. a conta de VARIAÇÃO DO CIF será encerrada contra PRODUTOS EM ELABORAÇÃO, PRODUTOS ACABADOS e CUSTO DOS PRODUTOS VENDIDOS, conforme a porcentagem da produção de período que esteja semielaborada, acabada e vendida.

Os custos dos departamentos de serviço são distribuídos aos departamentos de produção e, posteriormente, rateados a cada produto individualmente.

Vejamos, por meio de um exemplo, como os custos poderiam ser distribuídos a cada produto.

O levantamento dos custos indiretos por departamento resultou no seguinte quadro:

	$
Administração da fábrica	200
Almoxarifado	100
Controle de qualidade	60
Usinagem	120
Cromeação	160
Montagem	200
Total	840

Rateio dos custos de administração da fábrica

Tendo em vista os vários componentes do total de custos indiretos de fabricação da administração, optamos por fazer um detalhamento maior.

	$
Aluguel	60
Salários	100
Outros	40
	200

O aluguel será rateado aos outros cinco departamentos com base na área utilizada por eles. Resulta:

	$
Almoxarifado	15
Controle de qualidade	10
Usinagem	10
Cromeação	15
Montagem	10
	60

Os salários serão distribuídos de acordo com o número de empregados em cada departamento:

	$
Almoxarifado	12
Controle de qualidade	17
Usinagem	21
Cromeação	20
Montagem	30
	100

Os outros custos indiretos da administração serão distribuídos em partes iguais a cada departamento.

	$
Almoxarifado	8
Controle de qualidade	8
Usinagem	8
Cromeação	8
Montagem	8
	40

Rateio dos custos de almoxarifado

Os custos desse departamento somam agora $ 135.000, isto é, mais $ 35.000 decorrentes da distribuição dos custos da administração, e serão distribuídos em partes iguais aos departamentos produtivos, uma vez que estes são os que efetivamente usam o almoxarifado, e o controle de qualidade praticamente não se utiliza do almoxarifado.

	$
Usinagem	45
Cromeação	45
Montagem	45
	135

Rateio dos custos do controle de qualidade no valor de $ 95.000, ou seja, $ 60.000 mais $ 35.000 decorrentes da distribuição dos custos da administração.

O rateio é feito à base do número de testes feitos para cada departamento.

	$
Usinagem	47.500
Cromeação	15.200
Montagem	32.300
	95.000

Após esses rateios, temos todos os custos indiretos de fabricação atribuídos somente aos três departamentos de produção:

Usinagem	$ 120.000 + $ 131.500	251.500
Cromeação	$ 160.000 + $ 103.200	263.200
Montagem	$ 200.000 + $ 125.300	325.300
	$ 480.000 + $ 360.000	840.000

Nesse ponto, precisamos fazer a transferência dos CIF para cada produto fabricado. Supondo que a empresa tenha produzido no período 1.000 unidades dos produtos *A* e *B* e que tenha feito apontamentos dos gastos de hora-máquina por produto, em cada departamento de produção, temos:

Produto	Usinagem	Cromeação	Montagem
A	300 h/m	250 h/m	100 h/m
B	200 h/m	150 h/m	100 h/m
Total	500 h/m	400 h/m	200 h/m

A apropriação, finalmente, a cada um desses dois produtos seria feita com base nas horas-máquinas consumidas.

O custo indireto por h/m e por departamento:

Usinagem:

Cromeação:

Montagem:

O trabalho, agora, reduz-se à montagem de um quadro final com todos os custos indiretos de fabricação distribuídos aos produtos.

O produto *A* teria seus custos indiretos de fabricação, um total de $ 478.050, apurados como segue:

Usinagem	300 h ×	$ 503 h/m =	$ 150.900
Cromeação	250 h ×	$ 658 h/m =	$ 164.500
Montagem	100 h ×	$ 1.626,5 h/m =	$ 162.650
Total			$ 478.050

Utilizando o mesmo esquema de cálculo, obtemos os custos indiretos de fabricação do produto *B*, ou seja, $ 361.950.

Produto

Usinagem	200 h ×	$ 503 h/m =	$ 100.600
Cromeação	150 h ×	$ 658 h/m =	$ 98.700
Montagem	100 h ×	$ 1.626,5 h/m =	$ 162.650
Total			$ 361.950

Conforme sabemos, a produção do período foi de 1.000 unidades de cada produto, logo os custos unitários de *A* e *B* seriam $ 478,05 e $ 361,95, respectivamente.

Evidentemente, esses custos unitários não incluem os *custos diretos*, representam apenas os custos indiretos de fabricação alocados a cada unidade produzida.

4.7 Vantagens do custeio por absorção

São vantagens:

- pode melhorar a utilização dos recursos, absorvendo todos os custos de produção, permitindo apuração do custo total de cada produto;
- está de acordo com os Princípios de Contabilidade e as leis tributárias;
- não requer a separação dos custos de manufatura nos componentes fixos e variáveis;
- atende efetivamente à fixação de preços de venda mais reais;
- só é considerada custo a parcela dos materiais utilizados na produção.

4.8 Desvantagens do custeio por absorção

São desvantagens:

- os custos, por não se relacionarem com este ou aquele produto ou a esta ou aquela unidade, são quase sempre distribuídos à base de critérios de rateio, quase sempre com grande grau de arbitrariedade;
- o custo fixo por unidade depende ainda do volume de produção; pior de tudo isso, o custo de um produto pode variar em função da alteração de volume de outro produto;
- os custos fixos existem independentemente da fabricação ou não desta ou daquela unidade, e acabam presentes no mesmo montante, mesmo que ocorram oscilações (dentro de certos limites);
- a desvantagem desse método está no aspecto gerencial, já que todos os custos deverão se incorporar aos produtos, inclusive os fixos. Deve-se utilizar algum critério de rateio para alocação desses custos. Assim, mesmo que o critério de rateio seja o mais ideal, haverá certo grau de arbitrariedade na alocação de custos.

Um problema na utilização do método de custeio por absorção está na fixação dos preços sem conhecer a margem real de cada produto vendido e de forma menos eficaz, visando resultado global.

Exercícios propostos

1. Ratear o CIF de $ 400 com base no custo direto.

   Dados do período:

Produtos	Material consumido	MOD
A	$ 200	$ 100
B	$ 300	$ 200
Total	$ 500	$ 300

2. Em uma empresa industrial, o Departamento de Manutenção trabalhou 600 h e teve gastos registrados de $ 510.000.

   Manutenção – Horas trabalhadas para os seguintes departamentos:

   Prensa 200 h

   Usinagem 400 h

   Total 600 h

   Qual o valor que deverá ser rateado aos departamentos produtivos?

3. Em uma empresa industrial, os Custos de Manutenção são rateados para os Centros de Custos de Produção, Almoxarifado e Planejamento e Controle de Produção proporcionalmente às horas trabalhadas para esses centros:

   70 horas Produção

   20 horas Almoxarifado

   30 horas Planejamento e Controle de Produção (PCP)

   O total de Gastos de Manutenção é de $ 6.500.000 no período. Qual o valor rateado para o PCP?

4. Uma empresa industrial tem cinco departamentos, três produtivos e dois de serviços, que apresentam os seguintes custos no período:

Departamentos produtivos

Itens	Montagem	Pintura	Embalagem
Matéria-prima	1.520	470	510
Mão de obra	330	1.620	630
kW/h consumidos	800	1.200	400

Departamentos de serviços

Itens	Manutenção	Controle de Qualidade
Materiais	390	270
Mão de obra	120	390
kW/h consumidos	1.800	800

A energia elétrica é rateada em função dos kW/h consumidos e somou $ 1.250.000.

Os custos dos departamentos de serviços devem ser rateados somente aos departamentos de produção da seguinte forma:

- A manutenção em função dos kW/h consumidos em cada departamento produtivo.
- O controle de qualidade em função do valor da mão de obra direta de cada departamento.

Calcular o Custo Total de cada departamento produtivo.

5. A Sociedade Industrial Simões Crepaldi produz e comercializa dois produtos: Produto *A* e Produto *B*.

Durante o mês de fevereiro, apresentou os seguintes saldos dos Custos Diretos:

Itens	Produto *A*	Produto *B*	Total
Matéria-Prima	R$ 25.000,00	R$ 5.000,00	R$ 30.000,00
Material Consumido	R$ 7.000,00	R$ 11.000,00	R$ 18.000,00
Custos Diretos	R$ 32.000,00	R$ 16.000,00	R$ 48.000,00

Durante o mesmo mês, foram produzidas e acabadas 800 unidades do Produto *A* e 200 unidades do Produto *B*.

No mês, houve os seguintes Custos Indiretos adicionais:

Depreciação do Período	R$ 4.800,00
Energia Elétrica	R$ 19.200,00
Total	R$ 24.000,00

A empresa adota o método de custeio por absorção e faz o rateio dos Custos Indiretos aos produtos com base na quantidade produzida e acabada de cada produto no mês. Com base nos dados apresentados, calcule o Custo Unitário do Produto *A* no mês de fevereiro.

Gabarito

1. Rateio do CIF $= \dfrac{\$ 400}{\$ 800} = 0{,}5$

   Rateio do CIF aos produtos

   Produto *A*: $0{,}5 \times \$ 300 = \$ 150$

   Produto *B*: $0{,}5 \times \$ 500 = \underline{\$ 250}$

   $\$ 400$

   Custos dos produtos após o rateio do CIF

Produto	Material	MOD	CIF	Soma
A	$ 200	$ 100	$ 150	$ 450
B	$ 300	$ 200	$ 250	$ 750
Totais	$ 500	$ 300	$ 400	$ 1.200

2. Rateio $= \dfrac{\$ 510.000}{600\text{ h}} = 850/\text{h}$

   Rateio ao Departamento Produtivo: – Prensa $ 850/h × 200 h = 170.000,00

   – Usinagem $ 850/h × 400 h = 340.000,00

   510.000,00

3. $\dfrac{30\text{ h}}{120\text{ h}} = \dfrac{1}{4} \times \$ 6.500.000 = \$ 1.625.000.$

4. Rateio da energia dos Departamentos

   Rateio $= \dfrac{\$ 1.250.000}{5.000\text{ kW/h}} = \$ 250$ por kW/h

Departamento	Consumo kW/h	Rateio
Montagem	800 x 250 kW/h	$ 200.000
Pintura	1.200 x 250 kW/h	$ 300.000
Embalagem	400 x 250 kW/h	$ 100.000
Manutenção	1.800 x 250 kW/h	$ 450.000
Controle de Qualidade	800 x 250 kW/h	$ 200.000
	5.000 x 250 kW/h	$ 1.250.000

Custos acumulados nos Departamentos de Serviços

	Manutenção	Controle de Qualidade
Material gasto	390.000	270.000
MOI	120.000	390.000
Energia	450.000	200.000
	960.000	860.000

Rateio dos Custos da Manutenção com base nos kW/h consumidos em cada Departamento Produtivo:

$$\text{Rateio} = \frac{\$\ 960.000}{2.400\ \text{kW/h}} \times = \$\ 400\ \text{kW/h}$$

Departamento	kW/h consumidos	Rateio
Montagem	800	320.000
Pintura	1.200	480.000
Embalagem	400	160.000
Total	2.400	960.000

Rateio dos Custos do Controle de Qualidade com base no valor da mão de obra direta de cada Departamento Produtivo:

	Valor	%	Rateio
Montagem	330.000	12,79	109.994
Pintura	1.620.000	62,79	539.994
Embalagem	630.000	24,42	210.012
	2.580.000	100,00	860.000

Custos Acumulados nos Departamentos Produtivos

Custos	Montagem	Pintura	Embalagem
MP	1.520.000	470.000	510.000
MOD	330.000	1.620.000	630.000
Energia Elétrica	200.000	300.000	100.000
Depto. Manutenção	320.000	480.000	160.000
Controle de Qualidade	109.994	539.994	210.012
	2.479.994	3.409.994	1.610.012

5. O critério de rateio a ser utilizado: "com base na quantidade produzida e acabada de cada produto no mês".

   Calculemos a quanto corresponde a produção de cada item em relação ao total produzido.

   Produção:

Itens	Quantidade	Rateio – %
Produto A	800 unidades	80%
Produto B	200 unidades	20%
Total	**1.000 unidades**	**100%**

   Apropriação dos CIFs:

Descrição dos CIF	CIF	Produto A – 80%	Produto B – 20%
Depreciação	R$ 4.800,00	R$ 3.840,00	R$ 960,00
Energia Elétrica	R$ 19.200,00	R$ 15.360,00	R$ 3.840,00
Total dos CIF	**R$ 24.000,00**	**R$ 19.200,00**	**R$ 4.800,00**

   Os custos diretos foram fornecidos.

   Custo do Produto A:

   Custo do Produto A = Custos Diretos + Custos Indiretos
   Custo do Produto A = R$ 32.000,00 + R$ 19.200,00
   Custo do Produto A = R$ 51.200,00

   Custo Unitário do Produto A

   Custo Unitário do Produto A = R$ R$ 51.200,00 dividido por 800 unidades
   Custo Unitário do Produto A = R$ 64,00

Exercícios de fixação

1. Assinale a resposta correta:
   a. O saldo da conta "Variação dos Custos Indiretos de Fabricação" deverá ser encerrado sempre em Resultado – CPV.

b. Se os Custos Indiretos de Fabricação efetivos apresentam um valor maior que os Custos Indiretos de Fabricação aplicados, temos uma superavaliação dos custos de produção.

c. As taxas predeterminadas de Custos Indiretos de Fabricação só podem ser adotadas quando se utiliza o sistema de acumulação de custos por processo contínuo.

d. O uso da taxa predeterminada de aplicação dos Custos Indiretos de Fabricação virá normalizar a distribuição dos Custos sobre a produção do exercício.

Uma empresa apresentava os seguintes custos no mês: matéria-prima, $ 1.300, e mão de obra direta, $ 2.000, sendo que os CIFs são predeterminados à taxa de 80% do valor da MOD. A produção do mês foi de 700 unidades.

Com base nos dados a seguir, responda às questões 2 e 3.

2. Qual o valor do CIF aplicado?

a. ( ) $ 1.500;

b. ( ) $ 1.400;

c. ( ) $ 2.200;

d. ( ) $ 1.600.

3. Se o CIF efetivo ou real fosse de $ 1.700, qual seria a variação de CIF?

a. ( ) $ 200 subaplicado;

b. ( ) $ 250 superaplicado;

c. ( ) $ 100 subaplicado;

d. ( ) $ 100 superaplicado;

e. ( ) $ 200 superaplicado.

4. Os dados a seguir referem-se à folha de pagamento de empresa industrial:

Mão de obra direta	$ 100.000
Mão de obra indireta	$ 45.000
Salários do pessoal de venda	$ 40.000
Salários do pessoal da administração	$ 30.000

Seguro dos trabalhadores da produção:

• mão de obra direta	$ 5.000
• mão de obra indireta	$ 2.500

Contribuição previdenciária a cargo do empregador:

• mão de obra direta	$ 13.000
• mão de obra indireta	$ 6.000
• pessoal de vendas	$ 1.500
• pessoal de administração	$ 1.000
Imposto de Renda Retido na Fonte	$ 35.000
Contribuição previdenciária a cargo dos empregados	$ 7.000

Os Custos Indiretos de Fabricação da empresa, com base nos valores a que se refere a folha de pagamento reproduzida supra, foram de:

a. ( ) $ 45.000;

b. ( ) $ 43.000;

c. ( ) $ 39.000;

d. ( ) $ 8.500;

e. ( ) $ 53.500.

5. Assinale o elemento de custo que não representa um Custo Indireto de Fabricação (CIF):

a. ( ) seguro da fábrica;

b. ( ) reparo nas máquinas;

c. ( ) salário do supervisor na fábrica;

d. ( ) material para produção;

e. ( ) lubrificantes de máquinas.

6. Assinale entre as alternativas a seguir aquela em que os itens do custo não correspondem à sua categoria:

a. ( ) mão de obra direta: salários mais encargos sociais dos empregados que trabalham diretamente no produto;

b. ( ) materiais diretos: matéria-prima e embalagens;

c. ( ) mão de obra indireta: salários mais encargos sociais dos supervisores e chefes de fábrica, vigias, mecânicos de manutenção;

d. ( ) materiais indiretos: lubrificantes, materiais de limpeza, materiais de manutenção;

e. ( ) outros custos indiretos de produção: aluguel da fábrica e do escritório, energia elétrica da fábrica, água da fábrica, depreciação de equipamentos, seguros e impostos da fábrica.

7. Os gastos administrativos da fábrica alocados a um processo produtivo são denominados:

   a. ( ) custos diretos;

   b. ( ) custos gerais;

   c. ( ) custos indiretos;

   d. ( ) despesas diretas;

   e. ( ) despesas indiretas.

8. A seguir são apresentados os saldos das contas do balancete de uma indústria no final do período:

Seguros a vencer da fábrica	$ 6.000
Mão de obra direta	$ 45.000
Encargos sociais sobre a mão de obra direta	$ 28.000
Salários a pagar aos supervisores da fábrica	$ 1.500
Depreciação e amortização dos equipamentos da fábrica	$ 36.000
Depreciação acumulada dos equipamentos da fábrica	$ 126.000
Água e luz da fábrica	$ 4.000
Imposto predial a pagar da fábrica	$ 1.200
Salários do gerente da fábrica	$ 4.000
Estoques de matérias-primas	$ 36.000
Seguros e impostos da fábrica	$ 2.800
Estoques de Embalagens	$ 6.000

   Os Custos Indiretos de Fabricação dessa empresa para o período são:

   a. ( ) $ 46.800;

   b. ( ) $ 45.000;

   c. ( ) $ 47.500;

   d. ( ) $ 46.200;

   e. ( ) $ 48.300.

9. Os Custos Indiretos em uma empresa industrial totalizam $ 3.960.000,00. O rateio para 2 produtos é realizado com base nas horas-máquinas trabalhadas em cada

produto: 1.200 h/m para o produto 1 e 2.400 h/m para o produto 2. Se forem produzidas 1.000 unidades do produto 1 e seu custo direto unitário for $ 2.580, por peça, então o custo unitário total obtido para 1 será de:

a. ( ) $ 3.900;

b. ( ) $ 1.380;

c. ( ) $ 4.120;

d. ( ) $ 2.700;

e. ( ) $ 3.100.

10. Em uma indústria, o custo indireto é:

CIF	
Aluguel	$ 3.000
Material Indireto	$ 2.500
MOI	$ 5.000
Seguros	$ 1.500
Energia elétrica	$ 500
Depreciação máquinas	$ 7.500
	$ 20.000

Outros dados:

Produtos	Volume Produzido	MP	MOD	Horas MOD
A	20.000 L	$ 3.000	$ 3.000	800 h
B	10.000 L	$ 1.000	$ 3.000	700 h
		$ 4.000	$ 6.000	

Qual o valor dos CIFs rateados aos produtos *A* e *B*, usando-se o custo primário como critério de rateio?

a. ( ) $ 10.000 e $ 10.000;

b. ( ) $ 10.666 e $ 9.333;

c. ( ) $ 12.000 e $ 8.000;

d. ( ) $ 13.333 e $ 6.666;

e. ( ) $ 15.000 e $ 5.000.

11. Assinale das alternativas a seguir a que contém departamentos que trabalham diretamente com o produto e departamentos que prestam benefícios a outros departamentos:

a. ( ) de fabricação, de produção;

b. ( ) de fabricação, de vendas e finanças;

c. ( ) de produção, de serviços;

d. ( ) de fabricação, de administração;

e. ( ) de produção, de administração.

12. No final do período, uma indústria apurou os custos indiretos de fabricação no montante de $ 32.000 e os custos de MP e MOD conforme dados a seguir:

Produtos	MPs consumidas $	Mão de obra direta $
Produto 1	16.500	11.340
Produto 2	13.500	6.660
	30.000	18.000

Com base nesses dados, qual o valor dos custos indiretos de fabricação rateados aos produtos sabendo que o custo direto foi usado como base de rateio:

a. ( ) $ 20.000 e $ 12.000;

b. ( ) $ 18.560 e $ 13.440;

c. ( ) $ 17.600 e $ 14.400;

d. ( ) $ 20.160 e $ 11.840;

e. ( ) $ 19.200 e $ 12.800.

13. Na confecção de dois produtos foram apurados os seguintes custos:

Custo	Produto 1	Produto 2
Matéria-prima	100.000	60.000
Mão de obra	50.000	40.000
Soma	150.000	100.000

Os Custos Indiretos de Fabricação, no valor de $ 50.000, foram apurados em dois departamentos, sendo $ 32.000 na Produção e $ 18.000 na Manutenção.

O rateio da produção é feito proporcionalmente à matéria-prima e o da manutenção é proporcional à mão de obra. Qual o custo dos produtos 1 e 2?

a. ( ) $ 170.000 e $ 130.000;

b. ( ) $ 200.000 e $ 100.000;

c. ( ) $ 150.000 e $ 150.000;

d. ( ) $ 150.000 e $ 130.000;

e. ( ) $ 180.000 e $ 120.000.

14. Uma indústria apresenta seus Custos Indiretos de Fabricação do Almoxarifado assim distribuídos:

Tipos de Custos	Departamentos				Totais
	Serviços Produtivos				
	Almoxarifado	Manutenção	Prensa	Usinagem	
Materiais Indiretos	2.000	20.000	5.000	15.000	42.000
Mão de obra Indireta	8.000	6.000	2.000	2.000	18.000
Depreciação	3.000	4.000	32.000	20.000	59.000
Energia Elétrica	2.000	6.000	24.000	44.000	76.000
	15.000	36.000	63.000	81.000	195.000

Critérios de Rateio:

Os CIFs do almoxarifado são rateados proporcionalmente aos materiais indiretos já apropriados nos demais departamentos.

O departamento de manutenção tem seus custos rateados aos departamentos produtivos, proporcionalmente às áreas de ocupação, a saber: Depto. Prensa (1.200 m²) e Depto. Usinagem (800 m²).

Qual o custo total dos Departamentos de Prensa e Usinagem, respectivamente?

a. ( ) $ 90.975 e $ 104.025;

b. ( ) $ 90.000 e $ 104.000;

c. ( ) $ 91.162 e $ 103.837;

d. ( ) $ 78.800 e $ 117.500;

e. ( ) $ 89.732 e $ 105.267.

15. Uma indústria adota a predeterminação do CIF. Durante o período foi aplicado à produção o CIF total de $ 180.000. Ao final do período, verificou-se que o CIF real foi de $ 230.000. Sabe-se que no final do período não havia estoques em processo e nos estoques de produtos acabados havia 20.000 unidades. No período, foram vendidas 80.000 unidades. Qual a parcela da variação do CIF que será atribuída ao resultado do período, sabendo que não havia estoque inicial de produtos acabados?

    a. ( ) $ 50.000;

    b. ( ) $ 230.000;

    c. ( ) $ 40.000;

    d. ( ) $ 10.000;

    e. ( ) $ 180.000.

16. Considere os seguintes dados:

    Quantidade Produzida no período: 100 unidades
    Quantidade Vendida: 60 unidades
    Custo Fixo Total: $ 2.000
    Custo Variável por Unidade: $ 10
    Preço de Venda Unitário: $ 35

    Com base nos dados acima, o Estoque Final e o Resultado com Mercadorias utilizando o custeio por absorção serão, respectivamente:

    a. ( ) $ 1.200 e $ 300;

    b. ( ) $ 600 e ($ 500);

    c. ( ) $ 1.500 e $ 300;

    d. ( ) $ 600 e $ 300;

    e. ( ) $ 500 e $ 600.

17. A Indústria Itamogi S.A. produz apenas um produto e incorreu nos seguintes gastos durante o mês de fevereiro de 2017:

    - Mão de obra direta R$ 99.000,00
    - Salário da supervisão da fábrica R$ 22.500,00
    - Salário da administração geral da empresa R$ 31.500,00
    - Comissões dos vendedores R$ 18.000,00
    - Outros custos de fabricação R$ 36.000,00
    - Compra de matéria-prima (líquida dos tributos recuperáveis) R$ 45.000,00

Saldos em fevereiro de 2017

Estoque Inicial de Produtos em Processo R$ 54.000,00
Estoque Final de Produtos em Processo R$ 9.000,00
Estoque Inicial de Matéria-Prima R$ 13.500,00
Estoque Final de Matéria-Prima R$ 31.500,00

O Custo da Produção Acabada em fevereiro de 2017, pelo método de custeio por absorção, é de:

a. ( ) R$ 184.500,00;

b. ( ) R$ 202.500,00;

c. ( ) R$ 211.500,00;

d. ( ) R$ 229.500,00.

18. A Empresa Aguai Ltda. apresentou os seguintes dados referentes ao ano de 20X0:

- Estoque inicial igual a zero
- Produção anual de 500 unidades com venda de 400 unidades
- Custo Variável unitário de R$ 15,00
- Preço de Venda unitário de R$ 20,00
- Custo Fixo anual de R$ 2.000,00
- Despesas Fixas anuais de R$ 350,00
- Despesa Variável unitária de R$ 1,50 para cada unidade vendida

Sabendo que a empresa utiliza o custeio por absorção, seu Lucro Bruto e o Resultado Líquido em 20X0, são, respectivamente:

a. ( ) lucro bruto de R$ 2.000,00 e lucro líquido de R$ 1.050,00;

b. ( ) lucro bruto de R$ 2.000,00 e prejuízo de R$ 950,00;

c. ( ) lucro bruto de R$ 400,00 e lucro líquido de R$ 50,00;

d. ( ) lucro bruto de R$ 400,00 e prejuízo de R$ 550,00.

19. A Indústria Piranguinho Ltda. iniciou suas atividades em fevereiro e apresentou os seguintes dados, no final do mês de fevereiro:

- Depreciação do Equipamento de Produção R$ 700,00
- Mão de Obra Indireta R$ 9.400,00
- Custos Indiretos Consumidos na Fábrica R$ 12.530,00
- Estoque Final de Matérias-Primas R$ 15.600,00

• Mão de Obra Direta	R$ 18.800,00
• Estoque Final de Produtos Acabados	R$ 25.300,00
• Matérias-Primas Compradas	R$ 37.600,00

Considerando o custeio de absorção e que não havia outros saldos, o valor de matéria-prima consumida no período é de:

a. ( ) R$ 15.600,00;

b. ( ) R$ 22.000,00;

c. ( ) R$ 37.600,00;

d. ( ) R$ 63.430,00.

20. A Indústria Piquete Ltda. produz apenas um produto. No mês de agosto, produziu e vendeu 300 unidades desse produto.

Os custos e as despesas para produzir e vender os produtos foram os seguintes:

- R$ 10,00 por unidade de custos variáveis
- R$ 8,00 por unidade de despesas variáveis
- R$ 12,00 por unidade de custos fixos
- R$ 7,00 por unidade de despesas fixas

Com base nos dados acima e considerando que não havia saldo inicial, o custo total dos produtos produzidos e vendidos, utilizando-se o custeio por absorção, foi de:

a. ( ) R$ 5.700,00.

b. ( ) R$ 6.600,00.

c. ( ) R$ 8.100,00.

d. ( ) R$ 11.100,00.

Gabarito

1. (d)
2. (d)

   0,80 × $ 2.000 = $ 1.600
3. (c)

   $ 1.600 – $ 1.700 = ($ 100)

4. (e)

Gastos Gerais de Fabricação	
Mão de obra indireta	45.000
Seguro dos trabalhadores da produção:	
– Mão de obra indireta	2.500
Contribuição previdenciária:	
– Mão de obra indireta	6.000
	53.500

5. (d)
6. (e)
7. (c)
8. (a)

Depreciação e amortização	36.000
Água e luz	4.000
Salários do gerente da fábrica	4.000
Seguros e Impostos da fábrica	2.800
	46.800

9. (a)

Base de rateio = horas-máquinas = 1.200 horas/máquinas + 2.400 horas/máquinas

Base de rateio = 3.600 horas/máquinas

$$\text{Rateio } \frac{\$\ 39.960.000{,}00}{3.600 \text{ horas/máquinas}} = \$\ 1.100$$

Produto 1: 1.200 horas/máquinas × \$ 1.100 =	\$ 1.320.000
Produto 2: 2.400 horas/máquinas × \$ 1.100 =	\$ 2.640.000
	\$ 3.960.000

Como o exercício pede apenas o Produto 1, então:

Custo direto/unidade = \$ 2.580

$$\text{Custo indireto/unidade} = \frac{\$\ 1.320.000}{1.000} = \$\ 1.320$$

Custo unitário total = \$ 2.580 + \$ 1.320 = \$ 3.900

10. (c)

CIF = $ 20.000 = 2/un.

Base $ 10.000

CIF rateados:

A = 2/u × $ 6.000 = $ 12.000

B = 2/u × $ 4.000 = $ 8.000

11. (c)

12. (b)

MP		MOD	Total	%	CIF
Produto 1	16.500	11.340	27.840	58	18.560
Produto 2	13.500	6.660	20.160	42	13.440
	30.000	18.000	48.000	100	32.000

13. (e)

$$\text{Rateio da produção} = \frac{\$\ 32.000}{\$\ 160.000} = \$\ 0{,}20$$

Produto 1 = $ 0,20 × $ 100.000 = $ 20.000

Produto 2 = $ 0,20 × $ 60.000 = $ 12.000

$$\text{Rateio da manutenção} = \frac{\$\ 18.000}{\$\ 90.000} = \$\ 0{,}20$$

Produto 1 = $ 0,20 × $ 50.000 = $ 10.000

Produto 2 = $ 0,20 × $ 40.000 = $ 8.000

Custo de cada produto:

	Produto 1	**Produto 2**
MP	$ 100.000	$ 60.000
MOD	$ 50.000	$ 40.000
CIF – Produto	$ 20.000	$ 12.000
CIF – Manutenção	$ 10.000	$ 8.000
	$ 180.000	$ 120.000

14. (a)

$$\text{Rateio da almoxarifado} = \frac{\$\ 15.000}{\$\ 20.000 + \$\ 5.000 + \$\ 15.000} = \$\ 0{,}375$$

Manutenção = $ 0,375 × $ 20.000 = $ 7.500

Prensa = $ 0,375 × $ 5.000 = $ 1.875

Usinagem = $ 0,375 × $ 15.000 = $ 5.625

$ 15.000

$$\text{Rateio da manutenção} = \frac{\$\ 36.000 + \$\ 7.500}{1.200\ m^2 + 800\ m^2} = \$\ 21{,}75/m^2$$

Prensa = $ 21,75 × 1.200 m² = $ 26.100

Usinagem = $ 21,75 × 800 m² = $ 17.400

$ 43.500

Custo total dos Departamentos

	Prensa	**Usinagem**
CIF próprio	$ 63.000	$ 81.000
CIF almoxarifado	$ 1.875	$ 5.625
CIF manutenção	$ 26.100	$ 17.400
Total	$ 90.975	$ 104.025

15. (c)

Variação do CIF = $ 180.000 – $ 230.000 = ($ 50.000)

$$\text{Venda} = \frac{80.000}{100.000} = 80\%$$

Produção

$ 50.000 × 0,80 = $ 40.000

16. (a)

Custo Fixo	$ 20,
Custo Variável	$ 10,
Custo Unitário	$ 30,

Estoque = Quantidade Produzida – Quantidade Vendida
Estoque = 40 unidades

Valor do Estoque Final = 40 unidades × $ 30,
Valor do Estoque Final = $ 1.200

Resultado com Mercadorias

Vendas = 60 unidades × $ 35,
Vendas = $ 2.100

CMV = Quantidade × custo unitário
CMV = 60 unidades × $ 30,
CMV = $ 1.800,

Resultado = Vendas = CMV
Resultado = $ 2.100, – $ 1.800,
Resultado = $ 300

17. (d)
18. (d)

Apuração do lucro bruto no custeio por absorção:
LB = Vendas Líquidas (VL) – Custo dos Produtos Vendidos (CPV)
Foi dada a quantidade vendida de 400 unid. a R$ 20,00 a unidade

Logo, as vendas totalizaram R$ 8.000,00.

Foi dado o Custo Variável Unitário (CVu) no valor R$ 15,00.
Foi dado o Custo Fixo (CF) anual de R$ 2.000,00.
CF (anual) = $ 2.000,00 / 500 unidades = $ 4,00 / unidade

Logo, o Custo Total Unitário (CTu) = CFu + CVu = $ 4,00 + $ 15,00 = 19,00

Custo dos Produtos Vendidos (CPV):
CPV = $ 19,00 × 400 unidades = $ 7.600,00

Portanto, Lucro Bruto = Vendas Líquidas – Custo dos Produtos Vendidos.

LB = $ 8.000,00 – $ 7.600,00
LB = $ 400,00

As Despesas Operacionais de 20X0 foram dadas:
Despesas Fixas anuais = R$ 350,00
Despesas Variáveis por unidade vendida = R$ 1,50
Desp. Variável Total = R$ 1,50 × 400 unidades vendidas = R$ 600,00

Logo, o total das despesas é igual a R$ 350,00 + R$ 600,00 = R$ 950,00.

Receita Líquida = Lucro Bruto – Despesas Totais
RL = $ 400,00 – $ 950,00 = ($ 550,00)

Ou seja, o Resultado Líquido foi um Prejuízo de R$ 550,00.

19. (b)

MP (consumida) = EIMP + Compras – EFMP
MP (consumida) = 0,00 + $ 37.600,00 – $ 15.600,00
MP = R$ 22.000,00

20. (b)

Custo Variável	$ 10,00 × 300 unidades	$ 3.000,00
Despesas Variáveis	$ 8,00 × 300 unidades	$ 2.400,00
Custo Fixo	$ 12,00 × 300 unidades	$ 3.600,00
Despesas Fixas	$ 7,00 × 300 unidades	$ 2.100,00
Total		**$ 6.600,00**

Questões

1. Um departamento de produção de uma indústria, no mês de março de 20X2, enviou para a contabilidade os seguintes dados relativos a seus gastos:

Matéria-Prima	$ 3.280,00
Energia Elétrica da Fábrica	$ 230,00
Mão de obra Direta (paga por tarefa)	$ 1.210,00
Custos Indiretos Fixos de Fabricação	$ 460,00

Sabendo que a indústria avalia seus estoques pelo método do custeio por absorção e que a quantidade produzida no período foi de 350 quilos, é *correto* afirmar que o custo de produção unitário no período foi de:

a. ( ) $ 15,10;

b. ( ) $ 15,20;

c. ( ) $ 14,25;

d. ( ) $ 14,80;

e. ( ) $ 15,80.

2. Numa ordem de produção, utilizaram-se $ 120.000,00 de matéria-prima e $ 80.000,00 de mão de obra direta. Sabendo que os custos gerais de produção

foram aplicados, a uma taxa de 0,25, sobre os custos diretos básicos (MP + MOD), o custo da ordem de produção foi de:

a. ( ) \$ 50.000,00;

b. ( ) \$ 100.000,00;

c. ( ) \$ 200.000,00;

d. ( ) \$ 250.000,00;

e. ( ) \$ 150.000,00.

3. A firma Indústria & Comércio de Coisas forneceu ao contador as seguintes informações sobre um de seus processos de fabricação:

Estoque inicial de materiais	\$ 2.000,00
Estoque inicial de produtos em processo	\$ 0,00
Estoque inicial de produtos acabados	\$ 4.500,00
Compras de materiais	\$ 2.000,00
Mão de obra direta	\$ 5.000,00
Custos indiretos de fabricação	70% da mão de obra direta
ICMS sobre compras e vendas	15%
IPI sobre a produção	alíquota zero
Preço unitário de venda	\$ 80,00
Estoque final de materiais	\$ 1.400,00
Estoque inicial de produtos acabados	75 unidades
Produção completada	150 unidades
Produção iniciada	200 unidades
Fase atual de produção	60%
Produção vendida	100 unidades

Fazendo os cálculos corretos atinentes à produção exemplificada, podemos dizer que:

a. ( ) a margem de lucro sobre o preço líquido foi de 10%;

b. ( ) o lucro bruto alcançado sobre as vendas foi de \$ 1.400,00;

c. ( ) o lucro bruto alcançado sobre as vendas foi de \$ 8.000,00;

d. ( ) o custo dos produtos vendidos foi de \$ 6.000,00;

e. ( ) o custo dos produtos vendidos foi de \$ 7.200,00.

4. Na relação de custos a seguir estão incluídos todos os gastos gerais de fabricação do segundo trimestre de 2002, ocorridos na empresa Comércio & Indústria Ltda.

Seguro contra incêndio incorrido	$ 2.100,00
Imposto predial	$ 2.400,00
Iluminação do prédio	$ 2.100,00
Depreciação do edifício	$ 2.400,00
Mão de obra direta	$ 2.400,00
Mão de obra indireta	$ 2.100,00
Encargos sociais do período	$ 0,00

Com base nessas informações, pode-se dizer que o valor dos gastos gerais de fabricação debitado na conta Produtos em Processo foi de:

a. ( ) $ 9.000,00;

b. ( ) $ 9.900,00;

c. ( ) $ 11.100,00;

d. ( ) $ 12.000,00;

e. ( ) $ 13.500,00.

5. A empresa Fabricante 8/A produz os itens Alfa, Beta e Delta. O custo a ratear entre os três produtos totaliza $ 36.000,00. O rateio é baseado nas horas/máquina (h/m) trabalhadas para cada um deles.

Com o consumo de 120, 240 e 360 h/m para cada tipo de produto, respectivamente, foi concluída a produção de 300 unidades, em quantidades rigorosamente iguais de Alfa, Beta e Delta.

O custo direto unitário também foi o mesmo para cada tipo de produto, ou seja, $ 250,00.

Com base nessas informações, pode-se afirmar que

a. ( ) o custo unitário de Delta foi de $ 250,00;

b. ( ) o custo unitário de Alfa foi de $ 310,00;

c. ( ) o custo unitário de cada um dos três produtos foi de $ 370,00;

d. ( ) o custo unitário de Beta foi de $ 430,00;

e. ( ) o custo total do período foi de $ 36.000,00.

6. O custeio por absorção consiste na apropriação de:

a. ( ) todos os custos, sejam eles fixos ou variáveis;

b. ( ) todas as despesas;

c. ( ) custos de produção e depreciação de máquinas;

d. ( ) despesas e custos;

e. ( ) mão de obra e outros custos de produção.

7. Os departamentos podem ser divididos em dois grupos no custeio por absorção. Marque a alternativa certa:

a. ( ) custos e despesas;

b. ( ) produção e serviço;

c. ( ) financeiro e compras;

d. ( ) recursos humanos e tesouraria;

e. ( ) almoxarifado e controle de qualidade.

8. São objetivos da departamentalização de custos:

a. ( ) previsão do CIF predeterminado e variação do CIF;

b. ( ) separação dos gastos e apropriação dos custos diretos de produção;

c. ( ) melhor controle dos custos e determinação mais precisa dos custos dos produtos;

d. ( ) predeterminação dos CIF (custos indiretos fixos) e rateio dos custos;

e. ( ) distribuição dos custos indiretos e depreciação das máquinas do departamento.

9. Em que consiste a predeterminação dos CIF?

a. ( ) em efetuar os rateios do CIF que são indiretos em relação aos departamentos;

b. ( ) na determinação mais precisa dos custos dos produtos;

c. ( ) em efetuar uma estimativa de qual será o valor destes em determinado período de produção e utilizar gastos pré-estimados para apurar o custo de produção do período em vez do gasto real;

d. ( ) em efetuar os rateios dos CIF que são indiretos em relação aos departamentos e dos que representam custos comuns a todos eles;

e. ( ) em dividir a empresa em unidades mínimas administrativas denominadas departamentos.

10. Para fazer a estimativa dos CIF no período, a empresa deverá efetuar alguns passos, identifique-os:

a. ( ) estimativa dos CIF varáveis, estimativa do volume de produção, estimativa dos CIF fixos e cálculo da taxa predeterminada dos CIF para aplicação à produção;

b. ( ) cálculo da taxa predeterminada dos CIF para a aplicação à produção, estimativa dos custos fixos variáveis, estimativa do volume de produção;

c. ( ) estimativa do volume de produção, estimativa dos CIF variáveis, estimativa dos CFI, cálculo da taxa predeterminada dos CIF para aplicação à produção;

d. ( ) cálculo da taxa predeterminada dos CIF para aplicação à produção, estimativa dos CIF fixos, estimativa do volume de produção, estimativa dos CFI variáveis;

e. ( ) estimativa do volume de produção, cálculo da taxa predeterminada dos CIF para aplicação à produção, estimativa dos CIF fixos e estimativa dos CIF variáveis.

11. A principal distinção que é feita no custeio por absorção é:

a. ( ) entre custos e despesas;

b. ( ) entre custos fixos e variáveis;

c. ( ) entre produto acabado e matéria-prima;

d. ( ) entre apropriação de custos e depreciação de máquinas;

e. ( ) entre custos indiretos e centro de custos.

12. O custeio por absorção é um processo que se constitui em três passos. O primeiro passo:

a. ( ) implica quantos centros de custos devem ser criados para aplicar esse método;

b. ( ) é somar custos indiretos que são distribuídos sob a forma de produto;

c. ( ) é separar os custos de produto dos custos do período;

d. ( ) é a apropriação de todos os custos de produção, considerando as características da contabilidade de custos;

e. ( ) é escolher quantos centros de custos são necessários para o controle da operação.

13. Os departamentos de serviços não atuam diretamente na produção, mas sua principal finalidade é:

a. ( ) prestar serviços ao departamento de compras;

b. ( ) dividir a empresa em segmentos;

c. ( ) criar mais de um centro de custos num departamento;

d. ( ) prestar serviços aos departamentos de produção;

e. ( ) separar custos que vão para o ativo (estoque) na forma de produto.

14. O esquema de distribuição dos custos indiretos no custeio por absorção é:

a. ( ) relação de departamentos, departamentos de serviços e produtos acabados;

b. ( ) departamento de serviço, departamentos de produção e produtos;

c. ( ) matéria-prima, mão de obra e produtos;

d. ( ) departamento de produção, centro de custos e produtos;

e. ( ) centro de custos, produtos e departamento de produção.

15. Dentro do sistema de custeio por absorção todos os custos são alocados aos:

a. ( ) produtos vendidos;

b. ( ) produtos em processo;

c. ( ) produtos fabricados;

d. ( ) gastos com matéria-prima;

e. ( ) departamentos.

16. O que é centro de custos?

a. ( ) uma unidade de acumulação de custos;

b. ( ) uma ramificação do departamento de custos;

c. ( ) apenas um segmento de contas;

d. ( ) um método em que todos os custos são alocados aos produtos acabados;

e. ( ) um elemento fundamental da contabilidade.

17. Em que consiste a função do departamento de produção?

a. ( ) em uma unidade mínima de acumulação de custos;

b. ( ) naqueles que atuam sobre os produtos e têm seus custos apropriados diretamente a eles;

c. ( ) na estimativa do volume de produção do período;

d. ( ) no levantamento dos custos indiretos por departamentos;

e. ( ) na determinação de preços dos produtos acabados.

18. Assinale a **incorreta**:

a. ( ) o custeio por absorção consiste na apropriação de todos os custos de produção dos produtos e serviços produzidos;

b. ( ) departamentalização consiste em dividir a fábrica em segmentos a que são debitados todos os custos de produção;

c. ( ) os departamentos podem ser divididos em departamento de produção e de serviços;

d. ( ) são objetivos da departamentalização melhor controle dos custos e determinação mais precisa dos custos dos produtos;

e. ( ) o esquema de distribuição dos custos é departamento de serviços, matéria-prima e produto.

19. Assinale a **correta**:

a. ( ) o departamento de serviços atua diretamente na produção;

b. ( ) o centro de custos é a maior unidade de acumulação de custos;

c. ( ) a departamentalização consiste em reunir a empresa para que se trabalhe em uma só equipe;

d. ( ) para o cálculo de custo pelo sistema de custeio por absorção o primeiro passo é a separação dos custos de produção e das despesas do período;

e. ( ) a principal finalidade do departamento de serviços é prestar serviços à função *staff*, que atua como apoio dentro da empresa.

20. Assinale a **correta**:

a. ( ) os custos dos departamentos de serviços são distribuídos aos departamentos de produção e posteriormente rateados a cada produto individualmente;

b. ( ) o rateio dos custos de administração da fábrica envolve a variação do CIF, entre outros produtos;

c. ( ) a previsão do CIF predeterminado está associada ao rateio dos custos;

d. ( ) a distribuição principal no custeio por absorção é entre custos e ativos;

e. ( ) o rateio por absorção consiste na apropriação de todos os custos fixos ou variáveis.

21. O custeio direto ou variável difere do custeio por absorção em razão do seguinte fato:

a. ( ) no variável, as despesas são rateadas aos produtos;

b. ( ) no direto, as despesas são rateadas aos produtos;

c. ( ) no variável, só são apropriados aos produtos os custos variáveis incorridos no período;

d. ( ) no custeio direto, os gastos são apropriados aos produtos da mesma forma que o sistema RKW;

e. ( ) no custeio por absorção os gastos são tratados de forma idêntica ao sistema RKW.

22. Os métodos de custeio direto e absorção se diferenciam pelo seguinte motivo:

a. ( ) no custeio por absorção, só os custos variáveis são apropriados ao produto;

b. ( ) o custeio por absorção apropria ao produto todos os custos incorridos, sejam eles fixos ou variáveis;

c. ( ) o custeio variável apropria ao produto os custos variáveis mais ou impostos sobre vendas;

d. ( ) o custeio direto apropria aos produtos os custos variáveis e as contribuições sociais;

e. ( ) os dois métodos, apesar da diferença de critérios de apuração, determinam custo unitário idêntico.

23. O custeio por absorção é um dos mecanismos que podem ser utilizados para que sejam determinados os preços dos produtos que incorporam todos os custos incorridos pela empresa. Uma das vantagens desse mecanismo de custeio é:

a. ( ) a agregação das despesas e dos custos no mesmo conceito de custo variável;

b. ( ) que os custos indiretos são absorvidos por período;

c. ( ) que as perdas são consideradas custos de produção;

d. ( ) que os saldos dos estoques, o custo da produção vendida e a situação patrimonial são calculados com mais facilidade;

e. ( ) a eliminação das variações nos resultados decorrentes da quantidade produzida e vendida.

24. A Indústria Hércules S/A apresentou a seguinte movimentação fabril no primeiro quadrimestre de 2009:

Meses	Unidades Produzidas	Unidades Vendidas	Unidades em Estoque
Janeiro	20.000	10.000	10.000
Fevereiro	40.000	35.000	15.000
Março	50.000	60.000	5.000
Abril	40.000	35.000	10.000

Informações complementares:

Preço de Venda unitário: R$ 120,00;
Custo Variável unitário: R$ 50,00;
Despesa Variável unitária: R$ 10,00;
Custo Fixo: R$ 2.000.000,00/ano;
Despesas Fixas: R$ 250.000,00/ano;
Método de Estoque PEPS.

Considerando exclusivamente as informações anteriores e utilizando o critério de custeio por absorção, o CPV do mês de fevereiro, em reais, será:

a. ( ) 1.500.000,00;

b. ( ) 3.450.000,00;

c. ( ) 3.550.000,00;

d. ( ) 4.000.000,00;

e. ( ) 5.000.000,00.

25. A Indústria Metalúrgica Nova Redenção S.A. fabrica 10.000 unidades mensais de determinada peça cujo custo está assim discriminado:

Custos	10.000 peças	Unitário
Materiais	$ 50.000	$ 5
Mão de obra direta	$ 30.000	$ 3
Custos indiretos variáveis	$ 20.000	$ 2
Custos fixos	$ 100.000	$ 10
Custo total	**$ 200.000**	**$ 20**

Essa empresa recebe uma proposta de comprar a peça diretamente de um fornecedor por $ 11 cada; porém, nesse caso, incorreria nos seguintes custos adicionais:

- fretes $ por unidade;
- mão de obra indireta adicional para recepção, inspeção e manuseio das peças de $ 20.000 mensais.

Se parar de fabricar a peça, a empresa não conseguirá eliminar todos os custos atuais relacionados à fabricação do produto, restando, ainda, 40% dos custos fixos.

Caso a empresa deixe de fabricar a peça e passe a comprá-la do fornecedor, seu custo unitário será de:

a. ( ) $ 19,00;

b. ( ) $ 21,00;

c. ( ) $ 23,00;

d. ( ) $ 25,00;

e. ( ) $ 27,00.

26. Uma empresa produziu, no mesmo período, 100 unidades do produto A, 200 unidades do produto B e 300 unidades do produto C. Os custos indiretos totais foram de $ 1.700,00. Os custos diretos unitários de matéria-prima representam, respectivamente, $ 1,50, $ 1,00 e $ 0,50, e os custos diretos unitários de mão de obra, $ 1,00, $ 0,50 e $ 0,50. O critério de rateio dos custos indiretos foi proporcional ao custo direto total de cada produto.

Considerando essas informações, os custos unitários dos produtos A, B e C pelo custeio por absorção são, respectivamente:

a. ( ) $ 11,00; $ 4,05; $ 2,13;

b. ( ) $ 7,50; $ 4,50; $ 3,00;

c. ( ) $ 6,50; $ 4,00; $ 2,50;

d. ( ) $ 5,00; $ 3,00; $ 2,00;

e. ( ) $ 2,50; $ 1,50; $ 1,00.

27. Uma indústria apresentou os seguintes custos de produção no período, referentes aos produtos A e B:

Custos	Produto A	Produto B
Mão de obra direta	R$ 60.000,00	R$ 40.000,00
Matéria-prima	R$ 50.000,00	R$ 50.000,00

Os custos indiretos de produção foram de R$ 80.000,00.

Utilizando o custeio por absorção e o total de custos diretos como critério de rateio, é CORRETO afirmar que:

a. ( ) o custo de produção do produto A é R$ 150.000,00;

b. ( ) o custo de produção do produto A é R$ 154.000,00;

c. ( ) o custo de produção do produto B é R$ 122.000,00;

d. ( ) o custo de produção do produto B é R$ 130.000,00;

e. ( ) o custo de produção do produto A é R$ 160.000,00.

28. Na análise do desempenho empresarial, os indicadores de lucratividade das vendas são utilizados para medir a eficiência de uma empresa em produzir lucros por meio de suas vendas. Por exemplo, uma margem operacional de 20% revela que 80% das receitas de vendas foram utilizadas para cobrir os custos e as despesas operacionais, conforme Assaf Neto (2014).

Considerando o exposto, analise os seguintes dados do resultado operacional da empresa Comercial Poços de Caldas.

Demonstração de Resultados do Exercício – Ano X1

Receita Líquida de Vendas	R$ 50.000,00
Custo da Mercadoria Vendida	R$ 17.000,00
Lucro Bruto	R$ 33.000,00
Despesas com Vendas	R$ 7.000,00
Despesas Financeiras	R$ 1.000,00
Despesas Administrativas	R$ 10.000,00
Lucro Operacional	R$ 15.000,00

A margem operacional obtida pela empresa Poços de Caldas ao final do ano de X1 é de:

a. ( ) 15%;

b. ( ) 20%;

c. ( ) 25%;

d. ( ) 30%;

e. ( ) 40%.

29. A Empresa Simões Crepaldi, que utiliza o método de custeio de absorção para apuração dos custos dos produtos, fabricou, em determinado período, 50.000 unidades de um dos produtos de sua linha, com custo total de produção de R$ 1.000.000,00 e custo unitário variável de R$ 8,00. A empresa estima que, para o próximo período, haverá aumento na produção de 20% do referido período, mantida a estrutura atual de custos, sem necessidade de modificação da capacidade de produção já instalada.

Nessa situação, dado o novo volume de produção, o custo unitário de produção, mantido o método do custeio por absorção, será de:

a. ( ) R$ 8,00;

b. ( ) R$ 9,60;

c. ( ) R$ 18,00;

d. ( ) R$ 20,00;

e. ( ) R$ 21,60.

30. A Indústria Cambuquira Ltda. fabrica dois produtos, denominados "A" e "B", e utiliza o método de custeio por absorção para apuração do custo dos seus produtos.

A Indústria apresentou os seguintes dados de sua produção.

Dados	Produto A	Produto B
Matéria-prima consumida	R$ 12,00 por unidade	R$ 32,00 por unidade
Mão de obra direta	R$ 30,00 por unidade	R$ 60,00 por unidade
Produção acabada no período	1.000 unidades	1.500 unidades
Custo fixo no período	R$ 60.000,00	

- Os custos fixos são apropriados aos produtos na proporção do valor total da matéria-prima consumida.
- Os dados apresentados representam o volume normal de produção.

Considerando apenas as informações apresentadas, o custo unitário de produção do produto "A" é de:

a. ( ) R$ 72,00;

b. ( ) R$ 66,00;

c. ( ) R$ 57,00;

d. ( ) R$ 54,00.

31. Em 1º de julho, a Indústria Caicó Ltda. apresentou os seguintes dados:

- Estoque de 100 unidades de produtos acabados no montante total de R$ 500.000,00.
- Estoque de Matéria-prima no montante de R$ 200.000,00.

Durante o mês de julho, não ocorreu nenhuma venda, e os gastos apresentados pela Indústria foram:

Gastos com matéria-prima	R$ 175.000,00
Gastos com propaganda	R$ 50.000,00
Gastos com mão de obra	R$ 300.000,00
Gastos com depreciação de máquinas	R$ 80.000,00
Gastos com energia elétrica da indústria	R$ 120.000,00

No mês de julho, foram iniciadas 250 unidades e acabadas 50 unidades.

Toda a matéria-prima necessária para a produção das 250 unidades já foi alocada, tanto às unidades acabadas quanto às unidades em elaboração.

Para fins de alocação dos demais custos, o processo de fabricação das 200 unidades em elaboração encontra-se em um estágio de 25% de acabamento.

Considerando que a Indústria adota o custeio por absorção, o saldo final do Estoque de Produtos Acabados, em 31 de julho, é de:

a. ( ) R$ 785.000,00;
b. ( ) R$ 810.000,00;
c. ( ) R$ 675.000,00;
d. ( ) R$ 600.000,00.

32. No mês de agosto, a Indústria Andradas Ltda. produziu 600 unidades de determinado produto e apresentou a seguinte composição do custo de produção:

Itens	Valor – R$
Matéria-prima	84.000,00
Mão de Obra Direta	336.000,00
Custos Fixos	132.000,00

Para apurar o custo de produção, adota-se o custeio por absorção.

No início do mês de setembro, a Indústria recebe uma proposta para adquirir 600 peças semiacabadas da Indústria Bom Despacho Ltda., a um custo de R$ 850,00 por unidade, e mais um frete de R$ 40,00 por unidade.

Para processar e acabar esse lote adquirido da Indústria Bom Despacho, em vez de produzir integralmente o lote de peças internamente, a Indústria Andradas incorreria nos seguintes custos:

Itens	Valor – R$
Matéria-prima	9.000,00
Mão de Obra	6.000,00
Custos Fixos	11.400,00

Diante das informações apresentadas, assinale a alternativa CORRETA.

a. ( ) a Indústria Andradas deve recusar a proposta, pois o custo unitário da peça será de R$ 915,00, que é maior do que o custo atual, no valor de R$ 700,00;

b. ( ) a Indústria Andradas deve aceitar a proposta, pois, com redução dos custos de fabricação, o custo unitário da peça será de R$ 894,00, que é menor que o custo atual, no valor de R$ 920,00;

c. ( ) a Indústria Andradas deve aceitar a proposta, pois o custo unitário de cada peça será de R$ 890,00, que é menor que o custo atual, no valor de R$ 920,00;

d. ( ) a Indústria Andradas deve recusar a proposta, pois o custo unitário da peça será de R$ 934,00, que é maior do que o custo atual, no valor de R$ 920,00.

Gabarito

1. (d)	7. (b)	13. (e)	19. (d)	25. (a)	31. (a)
2. (d)	8. (c)	14. (b)	20. (a)	26. (b)	32. (d)
3. (d)	9. (c)	15. (c)	21. (c)	27. (b)	
4. (c)	10. (c)	16. (a)	22. (b)	28. (d)	
5. (b)	11. (a)	17. (b)	23. (d)	29. (c)	
6. (a)	12. (c)	18. (e)	24. (d)	30. (d)	

5 Sistema de Custeio Variável (Direto), Margem de Contribuição, Análise Custo/Volume/Lucro

Objetivos

- O objetivo deste capítulo é ensinar a calcular o custo de um produto por meio do sistema de custeio variável, identificando a margem de contribuição, o ponto de equilíbrio e a margem de segurança para fins decisórios e gerenciais.
- Ao interpretarmos as relações custo/volume/lucro para a empresa, mostraremos algumas comparações entre o sistema de custeio por absorção e o sistema de custeio variável.

5.1 No que consiste o custeio variável

O custeio variável, conhecido também como custeio direto, é um tipo de custeamento que considera custo de produção de um período apenas os custos variáveis incorridos, desprezando os custos fixos, os quais são tratados como despesas do período. Entenda que o termo "custos" engloba também as despesas variáveis. Nesse método, o custo unitário de produção do período será o total de custo variável dividido pela quantidade produzida, e o custo fixo será apropriado direto ao resultado do exercício, não passa pelo estoque. Fundamenta-se na separação dos gastos em gastos variáveis e gastos fixos, isto é, em gastos que oscilam proporcionalmente ao volume da produção/venda e gastos que se mantêm estáveis perante volumes de produção/venda oscilantes dentro de certos limites. No critério de custeio variável só são apropriados aos produtos os custos variáveis, ficando os custos fixos separados e considerados despesas do período (CREPALDI, 2010).

Partindo do princípio de que os custos da produção são, em geral, apurados mensalmente e de que os gastos imputados aos custos devem ser aqueles efetivamente incorridos e registrados contabilmente, esse sistema de apuração de custos depende de um adequado suporte do sistema contábil, na forma de um plano de contas que separe, já no estágio de registro dos gastos, os custos variáveis e os custos fixos de produção, com adequado rigor. É o método de custeio em que somente os custos claramente identificados com os produtos devem ser apropriados. No processo de seleção e produção no sistema de custeio variável, os fluxos dos componentes dos custos de produção são separados em dois grupos, os custos fixos e os custos variáveis. Os custos variáveis tomam a direção dos estoques, e os fixos são direcionados para o resultado do exercício. Classifica os custos em fixos e variáveis, e não há preocupação em classificar os custos diretos e indiretos; os resultados apresentados sofrem influência direta do volume de vendas; e é um critério administrativo e gerencial interno. No critério de custeio variável, só são apropriados aos produtos os custos variáveis, ficando os custos fixos separados e considerados despesas do período.

5.2 Sistema de custo direto (variável)

Fundamenta-se na separação dos gastos em gastos variáveis e gastos fixos, isto é, em gastos que oscilam proporcionalmente ao volume da produção/venda e gastos que se mantêm estáveis perante volumes de produção/venda oscilantes dentro de certos limites.

Partindo do princípio de que os custos da produção são, em geral, apurados mensalmente e de que os gastos imputados aos custos devem ser aqueles efetivamente incorridos e registrados contabilmente, esse sistema de apuração de custos depende de um adequado suporte do sistema contábil, na forma de um plano de contas que separe, já no estágio de registro dos gastos, os custos variáveis e os custos fixos de produção, com adequado rigor.

A expressão ***gastos variáveis*** designa os custos que, em valor absoluto, são proporcionais ao volume da produção, isto é, oscilam na razão direta dos aumentos ou das reduções das quantidades produzidas. Assim, teríamos:

$ 100.000,00 para produzir 100 unidades, ou $ 200.000,00 para produzir 200 unidades.

Quando convertido em custos por unidade de produto, o valor desses custos torna-se estável ou fixo, pois redunda no mesmo custo unitário de $ 1.000,00.

A expressão ***gastos fixos*** designa os custos que, em valor absoluto, são estáveis, isto é, não sofrem oscilações proporcionais ao volume da produção, dentro de certos limites.

Quando convertido em custos por unidade de produto, o valor desses custos torna-se variável, pois $ 150.000,00 imputados a 100 unidades dão um custo de $ 1.500,00 por unidade, e imputados a 200 unidades dão um custo unitário de $ 750,00.

São custos que sofrem uma diluição tanto maior quanto maiores forem as quantidades produzidas.

A defesa do custeio variável repousa nos seguintes argumentos principais:

Os custos fixos, por sua própria natureza, existem independentemente da fabricação ou não de determinado produto ou do aumento ou redução (dentro de certa faixa) da quantidade produzida. Os custos fixos podem ser encarados como encargos necessários para que a empresa tenha condições de produzir, e não como encargo de um produto específico; por não estarem vinculados a nenhum produto específico ou a uma unidade de produção, eles sempre são distribuídos aos produtos por meio de critérios de rateio, que contêm, em maior ou menor grau, a arbitrariedade.

A maioria dos rateios é feita por meio da utilização de fatores que, na realidade, não vinculam cada custo a cada produto. Em termos de avaliação de estoque, o rateio é mais ou menos lógico. Todavia, para a tomada de decisão, o rateio (por melhores que sejam os critérios) mais atrapalha que ajuda.

Basta verificar que a simples modificação de critérios de rateio pode fazer um produto não rentável passar a ser rentável, e, é claro, isso não está correto; e, finalmente, o valor dos custos fixos a ser distribuído a cada produto depende, além dos critérios de rateio, do volume de produção. Assim, qualquer decisão em base de custo deve levar em conta também o volume de produção. Pior que isso, o custo de um produto pode variar em função da variação de quantidade produzida de outro produto.

Por essas razões e por sua grande utilidade para otimizar decisões, o custeio direto (ou variável) tende a ser cada vez mais utilizado.

Todavia, tendo em vista que esse sistema não atende aos princípios fundamentais de contabilidade e não é aceito pelas autoridades fiscais, sua utilização é limitada à contabilidade para efeitos internos da empresa.

5.3 Exemplo

Para deixar claro o método de custeio direto, vamos montar um exemplo em que os produtos sejam custeados pelo custeio direto e por absorção.

Suponhamos uma empresa que fabrique apenas um único produto e que tenha os seguintes volumes de produção e de vendas:

Período (ano)	Produção	Vendas	Estoque final
1	3.000	2.000	1.000
2	2.500	3.000	500
3	3.500	2.500	1.500
4	2.000	3.500	

A estrutura de seus custos de produção é:

Custos variáveis	$
Matéria-prima	20,00/un.
Materiais auxiliares	8,00/un.
Energia elétrica	4,00/un.
Mão de obra direta	18,00/un.
	50,00/un.

Custos fixos	$
Mão de obra	90.000,00
Depreciação	20.000,00
Manutenção	2.000,00
Outros	8.000,00
	120.000,00/ano

A empresa utiliza o método PEPS para avaliar seus estoques e custos dos produtos vendidos. O custo unitário do produto, pelo custeio por absorção, seria, então, assim apurado:

1º período

Custo de produção:

Custos variáveis (produção do período – 3.000 × custo unitário – $ 50,00)

Itens	$
Custos Variáveis	150.000,00
Custos Fixos	120.000,00
Custos Totais	270.000,00
Custo Unitário	$\frac{\$ 270.000,00}{3.000 \text{ un.}}$ = $ 90,00 un.

CPV (quantidade vendida – 2.000 × custo unitário de produção – 90,00) = $ 180.000,00

Estoque final 1.000 × 90,00 = $ 90.000,00

2º período

O custo da produção é apurado de maneira semelhante ao do primeiro período:

Itens	$
Custos Variáveis (2.500 un. × $ 50,00)	125.000,00
Custos Fixos	120.000,00
Custos Totais	245.000,00
Custo Unitário	$\frac{\$ 245.000,00}{2.500 \text{ un.}}$ = $ 98,00 un.

Estoque inicial: 1.000 un. × $ 90,00 = $ 90.000,00

CPV

Primeiro período: 1.000 un. × $ 90,00 = $ 90.000,00
Segundo período: 2.000 un. × $ 98,00 = $ 196.000,00
CPV Total = $ 286.000,00

Estoque final 500 un. × $ 98,00 = $ 49.000,00

O custo dos produtos vendidos é composto das 1.000 unidades que permaneceram em estoque no final do 1º período, mais 2.000 unidades vendidas durante esse período.

Como a produção do 2º período foi de 2.500 unidades a $ 98,00 cada, o estoque final será de 500 unidades, com valor total de $ 49.000.

Vejamos agora a produção do 3º período. O custo unitário obtido é de $ 84,29.

Itens	$
Custos Variáveis (3.500 un. × $ 50,00)	175.000,00
Custos Fixos	120.000,00
Custos Totais	295.000,00
Custo Unitário	$ 295.000,00 / 3.500 un. = $ 84,29 un.

Estoque inicial: 500 un. × $ 98,00 = $ 49.000,00

CPV

Segundo período: 500 un. × $ 98,00 = $ 49.000,00
Terceiro período: 2.000 un. × $ 84,29 = $ 168.580,00
CPV Total = $ 217.580,00

Estoque final 1.500 un. × $ 84,29 = $ 126.435,00

O CPV é composto por $ 49.000, representados pelas 500 unidades que permaneceram em estoques no final do 2º período, mais 2.000 produzidas durante o período.

O estoque final é o resultado da produção do ano – 3.500 unidades a um custo unitário de $ 84,29 – menos a parte vendida – 2.000 unidades.

Para o 4º período, o custo unitário obtido é de $ 110,00. Observamos que os custos fixos são os mesmos dos períodos anteriores, assim como os custos variáveis unitários.

Itens	$
Custos Variáveis (2.000 un. × $ 50,00)	100.000,00
Custos Fixos	120.000,00
Custos Totais	220.000,00
Custo Unitário	$\frac{\$ 220.000,00}{2.000 \text{ un.}} = \$ 110,00$ un.

Estoque inicial: 1.500 un. × $ 84,29 = $ 126.435,00

CPV

Terceiro período: 1.500 un. × $ 84,29 = $ 126.435,00

Quarto período: 2.000 un. × $ 110,00 = $ 220.000,00

CPV Total = $ 346.435,00

Estoque final = zero

Observe, contudo, que o *custo unitário da produção varia em função da quantidade produzida.*

Durante o período, foram vendidas 3.500 unidades, sendo 1.500 o estoque inicial (com o custo de produção do período anterior) e 2.000 o total produzido durante o quarto período – valorizadas a $ 220.000,00, que é o mesmo valor da produção, apurado no quadro anterior.

Supondo um preço unitário de venda de $ 120,00, as demonstrações de resultados dos períodos considerados seriam as seguintes:

Itens	1º ano	2º ano	3º ano	4º ano	Total $
Vendas	240.000	360.000	300.000	420.000	1.320.000
(–) CPV	180.000	286.000	217.580	346.435	1.030.015
Lucro	60.000	74.000	82.420	73.565	289.985
Estoque Final	90.000	49.000	126.435		

Analisando o quadro, percebemos que na empresa, do 2º para o 3º ano, as vendas sofreram uma redução de 17% (360.000 para 300.000) e o lucro aumentou 10% (74.000 para 82.420). A explicação para esse fato encontra-se na diferença do volume de produção, que aumentou de 2.500 para 3.500 unidades, fazendo o custo unitário sofrer uma grande redução.

No 4º período, há um acréscimo de 40% das vendas, porém, novamente, o lucro reagiu de forma diferente, caindo cerca de 11%. Vendeu-se muito mais que em todos os anos e o lucro foi o 2º menor.

Em suma, os lucros não acompanham, necessariamente, as vendas, sendo muito influenciados pelo volume de produção. O montante de lucro depende das receitas e do volume de produção do período e, ainda, da produção do período anterior.

Vejamos, agora, como seriam os resultados dos quatro períodos apurados pelo custeio direto (ou variável).

Itens	1º ano	2º ano	3º ano	4º ano	Total
Vendas	240.000	360.000	300.000	420.000	1.320.000
(–) CPV Variáveis	100.000	150.000	125.000	175.000	550.000
Margem de Contribuição	140.000	210.000	175.000	245.000	770.000
(–) Custos fixos	120.000	120.000	120.000	120.000	480.000
Lucro	20.000	90.000	55.000	125.000	290.000
Estoque final	50.000	25.000	75.000		

Podemos notar, aqui, que, aumentando as vendas, aumenta o lucro, que é o caso do 2º período; inversamente, reduzindo as vendas, reduz-se o lucro, que é o caso do 3º período.

Uma visualização melhor pode ser alcançada por meio do Gráfico 5.1.

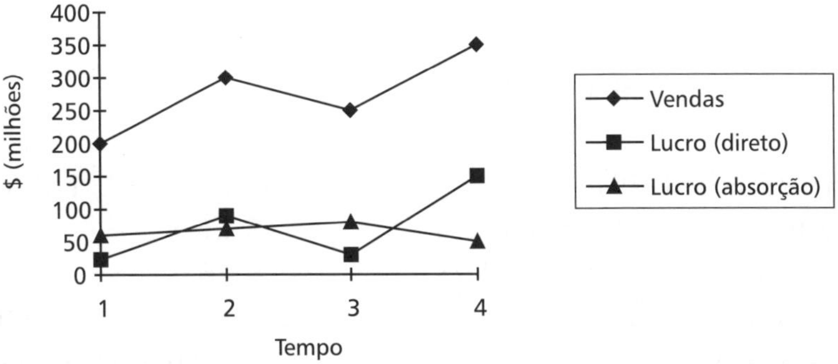

Gráfico 5.1 Comportamento do lucro pelo custeamento direto e pelo custeamento por absorção.

5.4 Caso prático

A Chapéus Bahia S.A. produziu durante o mês de janeiro de XA 35 unidades. Os custos e despesas para o único modelo de chapéu que produz são:

Variáveis	**$ por unidade**
Matéria-prima	75,00
Mão de obra direta	50,00
Despesas de vendas	25,00
TOTAL	150,00
Fixos	**$ por mês**
Depreciação	300,00
Mão de obra indireta	3.000,00
Outros custos fixos	1.250,00
Despesas gerais	1.450,00
TOTAL	6.000,00

O preço de venda é de $ 450/unidade e não havia estoques iniciais. Foram vendidas 25 unidades.

Sua tarefa será calcular:

a. o lucro do mês pelo custeio direto e pelo custeio por absorção;

b. o valor de estoque final pelos dois sistemas;

c. o lucro apurado por ambos os sistemas, supondo que, no mês de fevereiro, a Bahia produza 20 e venda 30 unidades e que os custos variáveis por unidade e as despesas e os custos fixos do mês permaneçam os mesmos.

Solução

a.1. Lucro do mês pelo custeio direto

	$	
Vendas (25 un. × $ 450)		11.250
(–) Custos variáveis (25 un. × $ 125)	$ 3.125	
(–) Despesas variáveis (25 un. × $ 25)	$ 625	3.750
Margem de Contribuição		7.500
(–) Custos fixos	$ 4.550	
(–) Despesas gerais fixas	$ 1.450	6.000
Lucro		1.500

a.2. Lucro pelo custeio por absorção

Cálculo do custo unitário	$	
Custos diretos (MOD e MP)		125
Custo indireto (MOI + DEP + outros)	$ 4.550/35	130
Custo unitário total		255
Vendas (25 un. × $ 450)		11.250
(–) CPV (25 un. × $ 255)		6.375
Lucro bruto		4.875
(–) Despesas de vendas ($ 25 × 25 un.)	$ 625	
(–) Despesas gerais	$ 1.450	2.075
Lucro		2.800

b.1. Estoque Final

Custeio direto:	
10 un. × $ 125	1.250
Custeio por absorção	
10 un. × $ 255	2.550

c.1. Lucro do mês pelo custeio direto

	$	
Vendas (30 un. × $ 450)		13.500
(–) Custos variáveis (30 un. × $ 125)		
(–) Despesas variáveis (30 un. × $ 25)		4.500
Margem de Contribuição		9.000
(–) Custos fixos	$ 4.550	
(–) Despesas fixas	$ 1.450	6.000
Lucro		3.000

c.2. Lucro pelo custeio por absorção

Cálculo do custo unitário		
Custos diretos (MOD e MP)		125
Custos indiretos (MOI + DEP + outros)	$ 4.550/20	227,5
Custo unitário total		352,5
Vendas (30 un. × $ 450)		13.500
CPV (10 un. × $ 255,00 + 20 un. × $ 352,5)		9.600
Lucro Bruto		3.900
Despesas de vendas	$ 750	
Despesas gerais	$ 1.450	2.200
Lucro		1.700

APÊNDICE A

Etapas *A* e *B*

O lucro pelo custeio direto é de $ 1.500 e por absorção o lucro é de $ 2.800: a diferença entre ambos é de $ 1.300, que é exatamente a diferença contida em estoques. Esse montante corresponde aos custos fixos que foram incorporados ao estoque final no custeio por absorção. Isso quer dizer que, se toda a produção for vendida, não haverá diferença no lucro apurado de acordo com ambos os sistemas.

Etapa C

Na solução da última etapa, o lucro no custeio direto é maior que o lucro no custeio por absorção em $ 1.300, que é a mesma diferença do ano anterior. Isto é, como toda a produção dos dois meses foi vendida, a soma do lucro do primeiro com o segundo mês é igual para ambos os sistemas:

Direto	**$**
Lucro de janeiro	1.500
Lucro de fevereiro	3.000
Total (janeiro + fevereiro)	4.500

Absorção	**$**
Lucro de janeiro	2.800
Lucro de fevereiro	1.700
Total (janeiro + fevereiro)	4.500

Observe que, no sistema de custeio direto, os lucros variam no mesmo sentido de vendas. No caso, as vendas aumentaram (25 para 30) e o lucro também aumentou. No custeio por absorção, ocorreu o inverso: as vendas aumentaram (25 para 30) e o lucro diminuiu. Essa diminuição decorre da redução da produção de 35 para 20 unidades.

A conclusão que se pode tirar é que, no custeio direto, o lucro varia diretamente em função do volume vendido, e no custeio por absorção o lucro depende das vendas e do volume de produção.

Se parte da produção iniciada e acabada em determinado período permanecer em estoque, o lucro bruto nesse período será maior pelo custeio variável, pela falta dos custos fixos na composição do custo dos produtos vendidos. O lucro líquido, no entanto, será maior pelo custeio por absorção, uma vez que o custo fixo é deduzido integralmente no sistema de custeio variável, e, no sistema por absorção, a dedução é proporcional.

5.5 Análise de custos

A análise de custos permite à administração fazer um controle apurado dos custos da seguinte maneira:

- as indenizações e os gastos com pessoal de vendas devem ser analisados e comparados com os orçamentos, com a estrutura salarial e com os padrões industriais;
- os custos estimados podem ser feitos para métodos alternativos de venda dos produtos (por exemplo, pode ser feita uma avaliação relativa à distribuição de amostras, sobre o efeito dos custos e a tendência das vendas);
- as informações sobre os custos de vendas em potencial por produto ou área podem ajudar na distribuição dos vendedores;
- as informações sobre custos de propaganda ajudam na escolha dos meios de comunicação. Estruturas especiais de custos podem ser formuladas em testes de mercado para examinar a validade dos custos;
- a análise das despesas de hospedagem pode ser feita por freguês, por vendedor ou por área, com o objetivo de determinar se os gastos são compatíveis com a renda obtida e se os custos por real de venda líquida e por freguês são aceitáveis;
- os seguintes custos também devem ser analisados com o objetivo de controlá-los: custo por pedido, custo por freguês, custo por item, custo por embarque e custo por pedido atendido;
- o custo por mês e o custo por quilometragem de automóvel devem ter sua racionalidade verificada;

- as mudanças nos custos das matérias-primas devem ser avaliadas. Os custos por unidade podem cair em razão de descontos e de mudanças nas condições e nos valores dos fretes dos fornecedores ou podem modificar-se devido à substituição de matérias-primas, troca de fornecedores e diferenças na qualidade dos materiais;
- os custos da mão de obra direta também devem ter suas alterações avaliadas. Os custos por unidade podem declinar devido ao aumento da experiência do trabalhador que estiver executando o serviço. O desperdício de material também pode diminuir à medida que aumenta a maturidade na operação.

5.6 Custeio direto para tomadas de decisões administrativas

O sistema de custeio direto é útil para a tomada de decisões administrativas ligadas a fixação de preços, decisão de compra ou fabricação, determinação do *mix* de produtos e, ainda, para possibilitar a determinação imediata do comportamento dos lucros em face das oscilações de vendas.

Para a utilização desse sistema, necessitamos entender alguns conceitos básicos.

5.6.1 Custos e despesas variáveis

São aqueles que variam diretamente com a produção. Exemplos: mão de obra direta, matéria-prima e comissão de vendas. Têm as seguintes características:

- variam no total em proporção direta ao volume de atividades;
- permanecem constantes do ponto de vista unitário, ainda que varie o volume de produção;
- podem ser apropriados com precisão aos produtos; e
- o controle de seu consumo e incorrência é de responsabilidade dos níveis inferiores da administração.

5.6.2 Custos e despesas fixas

São aqueles que não variam diretamente com o volume de produção. Exemplos: aluguel de fábrica, salários de gerentes, honorários da diretoria etc. Têm as seguintes características:

- o volume total é fixo dentro de certo intervalo de produção;
- diminuem, unitariamente, à medida que aumenta o volume de produção; e
- seu controle depende de níveis superiores da administração.

Na verdade, a separação entre fixos e variáveis deve ser entendida com algumas observações. Os custos variáveis, que são sempre iguais por unidade produzida, podem, a partir de certo volume de produção, aumentar unitariamente. Os fixos também podem ser alterados em seu total quando a empresa se aproxima de sua capacidade máxima de produção. Dessa forma, o comportamento de custos (fixos e variáveis) deve ser analisado dentro de certa "faixa de produção" ou "intervalo de significância".

5.7 Margem de contribuição

A análise da margem de contribuição é outro instrumento que os gerentes usam para tomar decisões. Do ponto de vista da análise da margem de contribuição, as despesas são classificadas como fixas ou variáveis. Os custos variáveis são deduzidos das vendas para obter a margem de contribuição. Os custos fixos são então subtraídos da margem de contribuição para obter a renda líquida. Essa informação ajuda o gerente a (1) decidir se deve diminuir ou expandir uma linha de produção, (2) avaliar alternativas provenientes da produção, de propagandas especiais etc., (3) decidir sobre estratégias de preço, serviços ou produtos e (4) avaliar o desempenho. Por exemplo, a análise da margem de contribuição indica como melhorar a utilização da capacidade da empresa, como formular o preço para uma concorrência e se deve aceitar um pedido mesmo que o preço de venda seja menor do que o preço normal.

Margem de contribuição é um conceito de extrema importância para o custeio variável e para a tomada de decisões gerenciais. Em termos de produto, a margem de contribuição é a diferença entre o preço de venda e a soma dos custos e despesas variáveis.

Suponhamos um produto X cujo preço de venda unitário seja $ 15,00 e cujos custos variáveis sejam $ 3,00 de matéria-prima e $ 4,00 de mão de obra direta. Além desses custos variáveis, a empresa, por ocasião da venda, incorre no pagamento de comissões aos vendedores, à base de 5% do preço de venda, e de impostos, à base de 15% dele.

A margem de contribuição unitária é dada pela fórmula:

$$MC = PV - CV - DV$$

em que: *MC* é a margem de contribuição,

PV é o preço de venda;

CV é a soma dos custos variáveis; e

DV é a soma das despesas variáveis.

Em nosso exemplo, aplicando a fórmula, teríamos a margem de contribuição de $ 5,00.

$MC = 15{,}00 - (3{,}00 + 4{,}00) - (2{,}25 + 0{,}75)$

$\underline{\underline{MC = 5{,}00}}$

Podemos entender margem de contribuição como a parcela do preço de venda que ultrapassa os custos e despesas variáveis e que contribuirá (daí o seu nome) para a absorção dos custos fixos e, ainda, para formar o lucro.

Continuemos com nosso exemplo. Já vimos que a MC (margem de contribuição) unitária é de $ 5,00. Isso quer dizer que cada unidade vendida contribui com $ 5,00 para absorver os custos fixos e gerar lucros.

Se a empresa estiver produzindo e vendendo 300 unidades por período, a margem de contribuição total desse produto será igual a $ 1.500,00 (300 × 5,00). Ou seja, o produto contribui com 1.500,00 para a absorção dos custos fixos e para a formação do lucro.

Exemplo:

A Indústria Três Pontas Ltda. apresenta aos seus analistas de custos as seguintes informações do mês de fevereiro:

Produtos	Quantidade produzida	Quantidade vendida	Custo Variável Total	Preço de Venda Unitário
A	1.200 unidades	1.100 unidades	R$ 20.160,00	R$ 40,00
B	750 unidades	500 unidades	R$ 33.000,00	R$ 70,00
C	5.200 unidades	5.200 unidades	R$ 33.280,00	R$ 13,00

- A empresa adota o Custeio por Absorção.
- Os custos fixos totais são de R$ 21.610,00 e foram rateados aos produtos com base nos custos variáveis totais.
- As despesas variáveis representam 5% do preço de vendas.
- As despesas fixas representam R$ 6.300,00.

Determine a Margem de Contribuição Total dos produtos A, B e C.

Solução:

MC para o produto A

MC = PV – CV (custos + despesas variáveis das mercadorias vendidas)

PV (total) = R$ 40,00 × 1.100 unidades = $ 44.000,00

CV = R$ 20.160,00 / 1.200 unidades × Quantidade vendida

CV = $ 16,80 × 1.100 unidades

CV = R$ 18.480,00

Despesas Variáveis = 5% × R$ 44.000,00 = $ 2.200,00

Logo,

MC = $ 44.000,00 – ($ 18.480,00 + $ 2.200,00) = R$ 23.320,00

MC para o produto B

MC = PV – CV (custos + despesas variáveis das mercadorias vendidas)

PV (total) = R$ 70,00 × 500 unidades = $ 35.000,00

CV = R$ 33.000,00 / 750 unidades × Quantidade vendida

CV = $ 44,00 × 500 unidades

CV = R$ 22.000,00

Despesas Variáveis = 5% × R$ 35.000,00 = $ 1.750,00

Logo,

MC = $ 35.000,00 – ($ 22.000,00 + $ 1.750,00) = R$ 11.250,00

MC para o produto C

MC = PV – CV (custos + despesas variáveis das mercadorias vendidas)

PV (total) = R$ 13,00 × 5.200 unidades = $ 67.600,00

CV = R$ 33.280,00 / 5.200 unidades × Quantidade vendida

CV = $ 6,40 × 5.200unidades

CV = R$ 33.280,00

Despesas Variáveis = 5% × R$ 67.600,00 = $ 3.380,00

Logo,

MC = $ 67.600,00 – ($ 33.280,00 + $ 3.380,00) = R$ 30.940,00

5.8 Ponto de equilíbrio

Antes que seu negócio possa gerar lucro, devemos entender o conceito de equilíbrio. Para alcançar o equilíbrio nas linhas de produção e/ou serviço do departamento, deveremos calcular o volume de vendas necessário para cobrir os custos e como usar essa informação. Devemos também entender como os custos reagem com as mudanças de volume.

Visto, em linhas gerais, o significado desses termos, estudaremos a seguir o ponto de equilíbrio. A expressão *ponto de equilíbrio*, tradução de *break-even point*, refere-se ao nível de venda em que não há lucro nem prejuízo, ou seja, em que os custos totais são iguais às receitas totais.

Para maior facilidade, estudaremos o problema por meio de gráficos cartesianos, em que, na horizontal, teremos as quantidades físicas e, na vertical, as quantias.

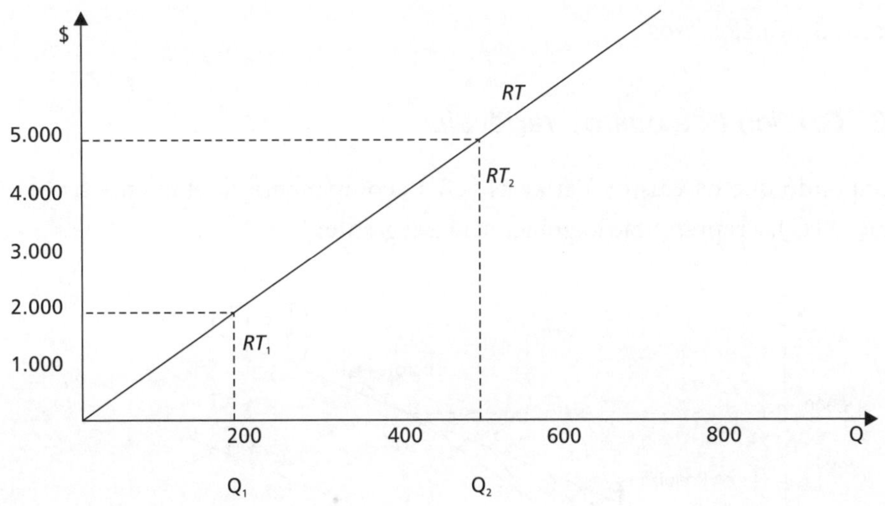

Gráfico 5.2 Receita total.

Supondo Preço de Venda (*PV*) constante para qualquer volume vendido, o comportamento da Receita Total (*RT*) será linear, ou seja, diretamente proporcional à Quantidade (*Q*) vendida.

Receita total = Quantidade × Preço de Venda

Receita total 1 = $ 2.000

Receita total 2 = $ 5.000

5.8.1 *Gráfico do custo fixo*

Pela própria definição, a linha de Custo Fixo (*CF*) será paralela ao eixo horizontal. Observamos que tanto para 200 como para 500 unidades produzidas o custo fixo permanece $ 2.000.

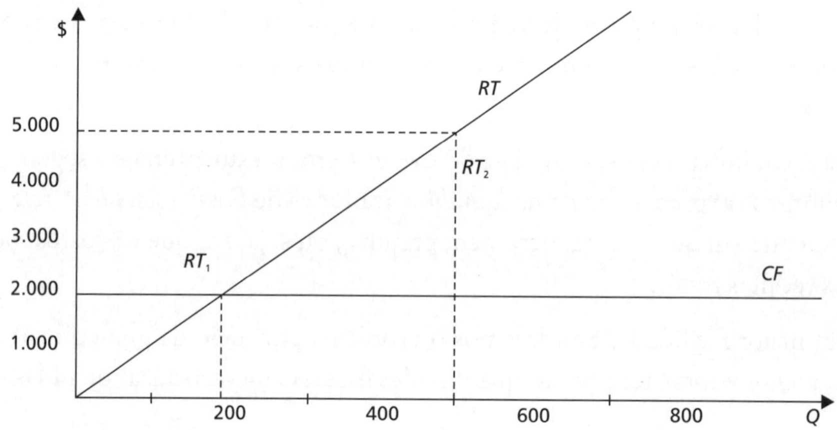

Gráfico 5.3 Custos fixos.

5.8.2 *Gráfico dos custos variáveis*

Supondo que os Custos Variáveis (*CV*) acompanhem diretamente o volume de produção (*Q*), a representação gráfica será a seguinte:

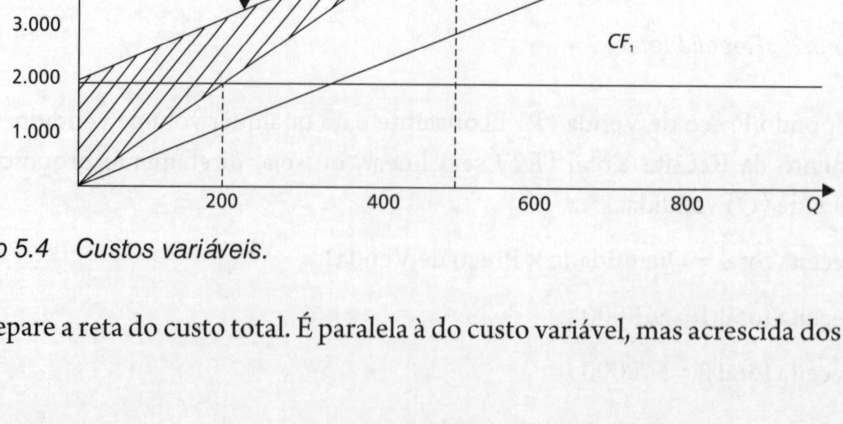

Gráfico 5.4 Custos variáveis.

Repare a reta do custo total. É paralela à do custo variável, mas acrescida dos custos fixos.

O ponto onde a reta da receita total corta a de custo total é o ponto de equilíbrio, ou seja, receita total igual a custo total.

Algebricamente, podemos calcular o PE.

Receita total	= custos totais
Quantidade × preço de venda	= custo fixo total + (custo variável × quantidade)

Ou seja:

Quantidade × (Preço de venda – Custo Variável) = Custo Fixo Total, em que a quantidade no ponto de equilíbrio é igual ao custo fixo total dividido pela diferença entre o preço de venda e o custo variável.

Como Preço de Venda – Custo Variável = Margem de Contribuição (MC), podemos reescrever a fórmula, dizendo que:

A quantidade no ponto de equilíbrio é igual à do custo fixo total dividido pela margem de contribuição (PV – CV).

Podemos interpretar essa fórmula da seguinte maneira: a divisão do CFT pela margem de contribuição unitária dá-nos a quantidade de produtos necessária para cobrir os custos fixos. Isso pode ser mais bem percebido se modificarmos a maneira como a fórmula está escrita.

$$CFT = Qpe \times MC$$

Em nosso exemplo, teríamos:

Preço de venda	= $ 10,00
Custo fixo total	= $ 2.000,00
Custo variável	= $ 6,00
Margem de contribuição	= *PV – CV* = 4,00

consequentemente, a quantidade no ponto de equilíbrio seria $\frac{\$\ 2.000}{4,00} = 500$ un.

Vamos, agora, testar nossa solução. No ponto de equilíbrio, o lucro deve ser nulo:

Receita total (500 un. × $ 10)	$ 5.000
(–) Custo variável (500 un. × $ 6)	($ 3.000)

Margem de contribuição	$ 2.000
(–) Custo fixo total	$ 2.000
Lucro líquido	

5.8.3 *Ponto de Equilíbrio Contábil (PEC)*

É obtido quando a soma das margens de contribuição totalizar o montante suficiente para cobrir todos os custos e despesas fixos. Esse é o ponto em que contabilmente não haveria nem lucro, nem prejuízo. Corresponde à quantidade que equilibra a receita total com a soma dos custos e despesas relativos aos produtos vendidos, cuja fórmula é dada por:

$$Qe = \frac{\text{Custos Fixos (CF)}}{\text{Margem de Contribuição Unitária (MCu)}}$$

Exemplos 1

a) De acordo com o PEC, qual é o valor das vendas e da MC da empresa Varginha, tendo ela um custo variável de R$ 8.000,00 e o custo fixo de R$ 5.000,00?

VENDAS = ?

CUSTO VARIÁVEL = 8.000,00

MARGEM DE CONTRIBUIÇÃO = ?

CUSTO FIXO = 5.000,00

LUCRO LÍQUIDO = ZERO

Se Lucro Líquido + Custo Fixo = MC, então a MC = 5.000,00

Se a MC + Custo Variável = Vendas, então Vendas = 13.000,00

b) A empresa Mello vende 100 unidades de seu produto por R$ 8.000,00, ela tem o custo fixo de R$ 2.000,00. Qual é sua margem de contribuição se ela tem o PEC?

VENDAS = 8.000,00

CUSTO VARIÁVEL = ?

MARGEM DE CONTRIBUIÇÃO = ?

CUSTO FIXO = 2.000,00

LUCRO LÍQUIDO = ZERO

Se Lucro Líquido + Custo Fixo = MC, então a MC = 2.000,00

Se a MC – Vendas = Custo Variável, então Custo Variável = 6.000,00

Exemplo 2

A Sociedade Machadense Ltda. apresentou os seguintes dados, para efeito de planejamento de vendas para o mês de setembro:

Dados	Valor
• Custos e Despesas Variáveis	R$ 300,00 por unidade
• Custos e Despesas Fixos	R$ 600.000,00 ao mês
• Preço de Venda	R$ 700,00 por unidade
• Lucro desejado	R$ 80.000,00 no período

Com base nos dados apresentados, determine o Ponto de Equilíbrio Contábil.

Solução:

MCu = PVu – CVu

MCu = R$ 700,00 – R$ 300,00 = R$ 400,00

Ponto de Equilíbrio Contábil (PEC)

PEC = CF / MCu

PEC = R$ 600.000,00 / R$ 400,00 = 1.500 unidades

5.8.4 Ponto de Equilíbrio Financeiro (PEF)

O Ponto de Equilíbrio Financeiro (QeF ou PEF) corresponde à quantidade que iguala a receita total com a soma dos custos e despesas que representam desembolso financeiro para a empresa.

Dessa forma, tem-se, por exemplo, que os encargos de depreciação são excluídos do cálculo do ponto de equilíbrio financeiro:

$$QeF = \frac{CF - Depreciação}{MCu}$$

É uma variante do PEE, excluindo apenas a depreciação, pois, momentaneamente, ela é uma despesa não desembolsável. É importante em situação de eventuais reduções da capacidade de pagamento da empresa. É o nível de produção e vendas em que o saldo de caixa é igual a zero. Representa a quantidade de vendas necessária para cobrir os gastos desembolsáveis, tanto operacionais quanto não operacionais.

Exemplos

a) Para determinar o PEF, é necessário conciliar o saldo contábil com o resultado contábil, e para isso deve-se montar a Demonstração de baixo para cima, assim como será exemplificado abaixo:

SALDO DE CAIXA ZERO	
GASTOS NÃO DESEMBOLSÁVEIS – DEPRECIAÇÃO	30.000,00
LUCRO LÍQUIDO DO EXERCÍCIO	(30.000,00)
GASTOS NÃO OPERACIONAIS	(3.000,00)
LUCRO OPERACIONAL	(27.000,00)
GASTOS OPERACIONAIS FIXOS NÃO DESEMBOLSÁVEIS	(12.000,00)
GASTOS OPERACIONAIS DESEMBOLSÁVEIS	(18.000,00)
MARGEM DE CONTRIBUIÇÃO ESPERADA	57.000,00

b) Há também o PEF total, que, além de cobrir os gastos desembolsáveis, tanto operacionais quanto não operacionais, gera um saldo de caixa determinado para desembolsos futuros com reposição de imobilizado, novos investimentos, pagamento de dividendos ou de outras obrigações que não transitam pelo resultado.

Exemplo: para determinar o PEF total, também é necessário conciliar o saldo contábil com o resultado contábil, e para isso deve-se montar a Demonstração de baixo para cima, assim como será exemplificado abaixo:

SALDO DE CAIXA	10.000,00
GASTOS NÃO DESEMBOLSÁVEIS – DEPRECIAÇÃO	2.000,00
LUCRO LÍQUIDO DO EXERCÍCIO	8.000,00
GASTOS NÃO OPERACIONAIS	(1.500,00)
LUCRO OPERACIONAL	6.500,00
GASTOS OP. FIXOS NÃO DESEMBOLSÁVEIS	(12.000,00)
GASTOS OPERACIONAIS DESEMBOLSÁVEIS	(18.500,00)
MARGEM DE CONTRIBUIÇÃO ESPERADA	37.000,00

5.8.5 Ponto de Equilíbrio Econômico (PEE)

O Ponto de Equilíbrio Econômico (*QeE ou PEE*) corresponde à quantidade que iguala a receita total com a soma dos custos e despesas acrescidos do Custo de Oportunidade (CO).

$$QeE = \frac{CF + CO}{MCu}$$

O custo de oportunidade representa a remuneração que a empresa obteria se aplicasse seu capital em outro lugar qualquer, em vez de no seu próprio negócio.

É o nível de produção e venda em que o lucro líquido do exercício é predeterminado. Representa a quantidade de vendas necessária para atingir determinado lucro. Geralmente, o lucro líquido predeterminado é o custo de oportunidade, ou seja, a lucratividade mínima esperada pelo investidor.

Exemplos

a) De acordo com o PEE, qual é o valor das vendas e da MC da empresa Varginha, tendo ela um custo variável de R$ 8.000,00, o custo fixo de R$ 5.000,00 e um lucro predeterminado de R$ 3.000,00?

VENDAS = ?
CUSTO VARIÁVEL = 8.000,00
MARGEM DE CONTRIBUIÇÃO = ?
CUSTO FIXO = 5.000,00
LUCRO LÍQUIDO = 3.000,00
Se Lucro Líquido + Custo Fixo = MC, então a MC = 8.000,00
Se a MC + Custo Variável = Vendas, então Vendas = 16.000,00

b) A empresa Machado vende 100 unidades de seu produto por R$ 10.000,00, ela tem o Custo Fixo de R$ 2.000,00 e um lucro predeterminado de R$ 2.500,00. Qual é sua margem de contribuição se ela tem o PEE?

VENDAS = 10.000,00
CUSTO VARIÁVEL = ?
MARGEM DE CONTRIBUIÇÃO = ?
CUSTO FIXO = 2.000,00
LUCRO LÍQUIDO = 2.500,00
Se Lucro Líquido + Custo Fixo = MC, então a MC = 4.500,00
Se a MC – Vendas = Custo Variável, então Custo Variável = 5.500,00

Exemplo

A Sociedade Cambuquira Ltda. produz um produto com preço de venda de R$ 10,00 por unidade. Os custos variáveis são R$ 8,00 por unidade e os custos fixos totalizam R$ 18.000,00 por ano, dos quais R$ 4.000,00 são relativos à depreciação.

O patrimônio líquido da empresa é de R$ 50.000,00 e a sua taxa mínima de atratividade é de 10% ao ano.

Determine os pontos de equilíbrio contábil, econômico e financeiro.

Solução:

Ponto de Equilíbrio Econômico

$$QeE = \frac{CF + CO}{MCu}$$

CO = PL × Taxa Mínima Atratividade = R$ 50.000,00 × 10% = R$ 5.000,00

MCu = PVu – CVu = $ 10,00 – $ 8,00 = R$ 2,00

$$QeE = \frac{\$\ 18.000,00 + \$\ 5.000,00}{\$\ 2,00} = 11.500 \text{ unidades}$$

Ponto de Equilíbrio Contábil

QeC = CF/ MCu

QeC = $ 18.000,00 / $ 2,00 = 9.000 unidades

Ponto de Equilíbrio Financeiro

$$QeF = \frac{CF - Depreciação}{MCu}$$

QeF = $ 18.000,00 – $ 4.000,00 = 7.000 unidades

5.9 Equilíbrio nas vendas

A análise do equilíbrio é o processo de calcular as vendas necessárias para cobrir os custos de forma que os lucros e os prejuízos sejam iguais a zero. O ponto de equilíbrio que se obtém pela análise é importante para o processo de planejamento do lucro. Esse conhecimento permite manter e melhorar os resultados operacionais. Ele também é importante quando se introduz um novo produto ou serviço, moderniza-se um dispositivo, começa-se um novo negócio ou, ainda, nas atividades administrativas.

A análise do equilíbrio pode também ser usada como unidade selecionadora, como primeira tentativa para determinar a viabilidade econômica de uma proposta de investimento. A formação de preços também pode ser facilitada com o conhecimento do ponto de equilíbrio de um produto.

A análise do equilíbrio presume que:

- o preço de venda é constante;
- há somente um produto ou grupo constante de produtos;
- a eficiência da produção é constante;
- os estoques não sofrem mudanças significativas de período a período;
- o custo variável por unidade é constante.

As linhas mestras do equilíbrio são:

- um aumento no preço das vendas diminui o ponto de equilíbrio das vendas;
- um aumento no custo variável aumenta o ponto de equilíbrio das vendas;
- um aumento no custo fixo aumenta o ponto de equilíbrio das vendas.

O objetivo, é claro, não é atingir o equilíbrio, mas obter lucro. Para decidirmos quais produtos devemos produzir mais, manter a produção ou deixar de produzir, o ponto de equilíbrio não é o único fator a ser considerado. As condições econômicas, o fornecimento e a procura, a repercussão a longo prazo e o relacionamento com os fregueses também devem ser considerados.

O equilíbrio das vendas pode ser determinado usando gráficos e equações. Nos gráficos, a receita, o custo total e o custo fixo são indicados no eixo vertical, e o volume, no eixo horizontal. O ponto de equilíbrio ocorre na intersecção da linha da receita com a do custo total. Os lucros aumentam com o aumento de volume.

A equação é a seguinte:

$$V = CV + CF$$

em que:

V = vendas;

CV = Custo Variável; e

CF = Custo Fixo.

Essa equação ajuda a determinar o equilíbrio das vendas ou de qualquer outro elemento desconhecido. Por exemplo, o preço de venda. Se você deseja saber qual é o lucro não tributado, ache o valor de P na seguinte equação:

$$V = CV + CF + P$$

Exemplos

1. Um produto tem custo fixo de $ 270.000 e custo variável de 70% das vendas. O ponto de equilíbrio das vendas pode ser calculado assim:

   $V = CF + CV$
   $1V = \$\,270.000 + 0{,}7V$
   $0{,}3V = \$\,270.000$
   $V = \$\,900.000$

   Se o preço de venda por unidade é de $ 100, o equilíbrio das unidades se encontra em 9.000 ($ 900.000/$ 100). Se o lucro desejado é de $ 40.000, as vendas necessárias para obter esse lucro (L) podem ser calculadas como segue:

   $V = CF + CV + L$
   $1V = \$\,270.000 + 0{,}7V + \$\,40.000$
   $0{,}3V = \$\,310.000$
   $V = \$\,1.033.333$

2. Se o preço de venda por unidade é de $ 30, o custo variável por unidade é $ 20 e o custo fixo é $ 400.000, o equilíbrio da unidade (U) pode ser calculado assim:

   $V = CF + CV$
   $\$\,30U = \$\,400.000 + \$\,20U$
   $\$\,10U = \$\,400.000$
   $U = 40.000$
   O equilíbrio em reais é:
   40.000 unidades × $ 30 = $ 1.200.000

3. Suponha que o volume de vendas seja de 800.000 unidades de um produto. O custo variável é de $ 2,50 por unidade. O total dos custos fixos é $ 750.000. O Preço de Venda (PV) por unidade deve ser de $ 3,44 para atingir o equilíbrio:

   $V = CF + CV$
   $800.000\,PV = \$\,750.000 + (\$\,2{,}50 \times 800.000)$
   $800.000\,PV = \$\,2.750.000$
   $PV = \$\,3{,}44$

4. Suponha que seu preço de venda seja de $ 40. Seu volume de vendas é 20.000 unidades, seu custo variável é de $ 15 por unidade, seu custo fixo é $ 120.000, seu lucro já tributado é de $ 60.000 e sua alíquota do imposto é 40%. Para determinar o quanto deve ter disponível para gastar com Pesquisa (P), considere a equação:

   $V = CV + CF + L + P$

$(\$ 40 \times 20.000) = (\$ 15 \times 20.000) + \$ 120.000 + \$ 100.000 + P$

$\$ 280.000 = P$

Lucro pós-tributação: $\$ 60.000 = 0{,}6 \times$ lucro antes da tributação

= lucro antes da tributação

$\$ 100.000 =$ lucro antes da tributação

5. Suponha que seu preço de venda seja \$ 40, seu custo variável seja \$ 24, seu custo fixo seja \$ 150.000, seu lucro tributado seja \$ 240.000 e sua alíquota seja de 40%. Para determinar quantas unidades você deve vender para ter o lucro após a tributação, considere a seguinte equação:

$V = CF + CV + L$

$\$ 40U = \$ 150.000 + \$ 24U + \$ 400.000$

$\$ 16U = \$ 550.000$

$U = 34{,}375$

$0{,}6 \times$ lucro antes da tributação = lucro pós-tributação

$0{,}6 \times$ lucro antes da tributação = \$ 240.000

$$\text{Lucro antes da tributação} = \frac{\$ 240.000}{0{,}6} = \$ 400.000$$

6. Suponha que seu preço de venda seja \$ 50 por unidade, seu custo variável seja \$ 30 por unidade, seu volume de vendas seja 60.000 unidades, seu custo fixo seja \$ 150.000 e sua alíquota seja 30%. Para determinar o lucro após a tributação, use a seguinte equação:

$V = CF + CV + L$

$(\$ 50 \times 60.000) = 150.000 + (\$ 30 \times 60.000) + L$

$1.050.000 = L$

$\$ 1.050.000 \times 0{,}70 = \$ 735.000$

7. Você planeja produzir um produto que atualmente compra fora por \$ 0,12 por unidade. O custo fixo é \$ 10.000 e o custo variável por unidade é \$ 0,08. Use a equação a seguir para determinar o número de unidades que você deve vender para que o custo anual de sua produção seja igual ao custo de compra externa.

$\$ 0{,}12U = \$ 10.000 + \$ 0{,}08U$

$\$ 0{,}04U = \$ 10.000$

$U = 250.000$

5.10 Margem de segurança

A margem de segurança operacional equivale às unidades produzidas e vendidas acima do ponto de equilíbrio. É um indicador estático do risco econômico de exploração. A margem de segurança indica o quanto as vendas podem cair antes de a empresa entrar em prejuízo.

$$MS(unid.) = Qv - PEC \ ou \ MS(vlr) = MS(unid) \times MCu$$

em que:

MS = Margem de Segurança;

Qv = Quantidade Vendida;

PEC = Quantidade no Ponto de Equilíbrio; e

MCu = Margem de Contribuição Unitária.

A margem de segurança é um indicador de risco que aponta a quantidade que as vendas podem cair antes de se ter prejuízo.

Quanto menor a razão, maior o risco de atingir o ponto de equilíbrio.

Exemplo:

Se as vendas orçamentárias são \$ 40.000 e o equilíbrio das vendas é \$ 34.000, qual é sua margem de segurança?

$$\text{Margem de segurança} = \frac{\$\ 40.000 - \$\ 34.000}{\$\ 40.000} = \$\ 400.000$$

5.11 Análise comparativa dos sistemas de custeio por absorção e variável

5.11.1 Esquema de custeio por absorção

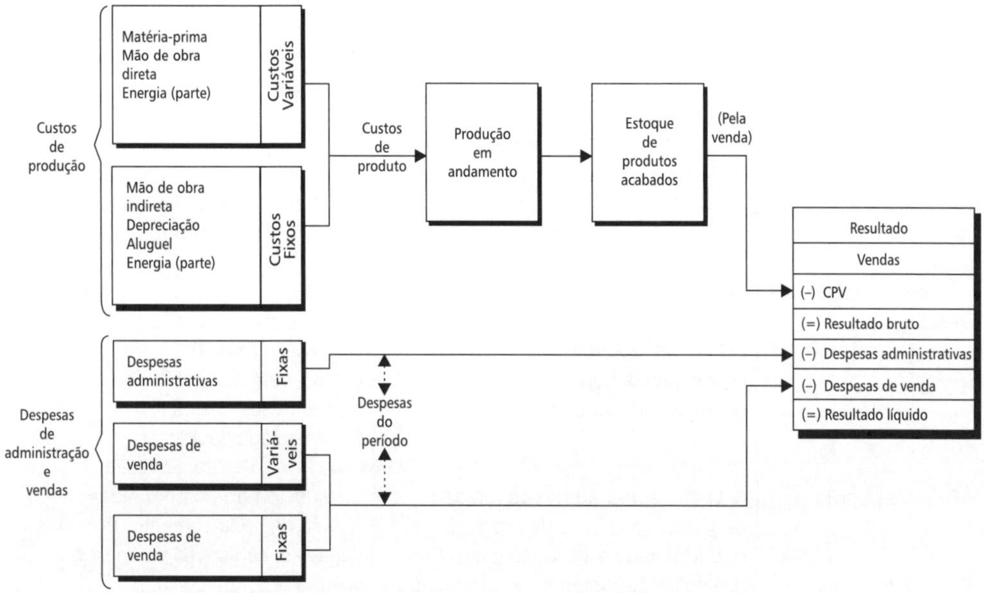

5.11.2 Esquema de custeio variável

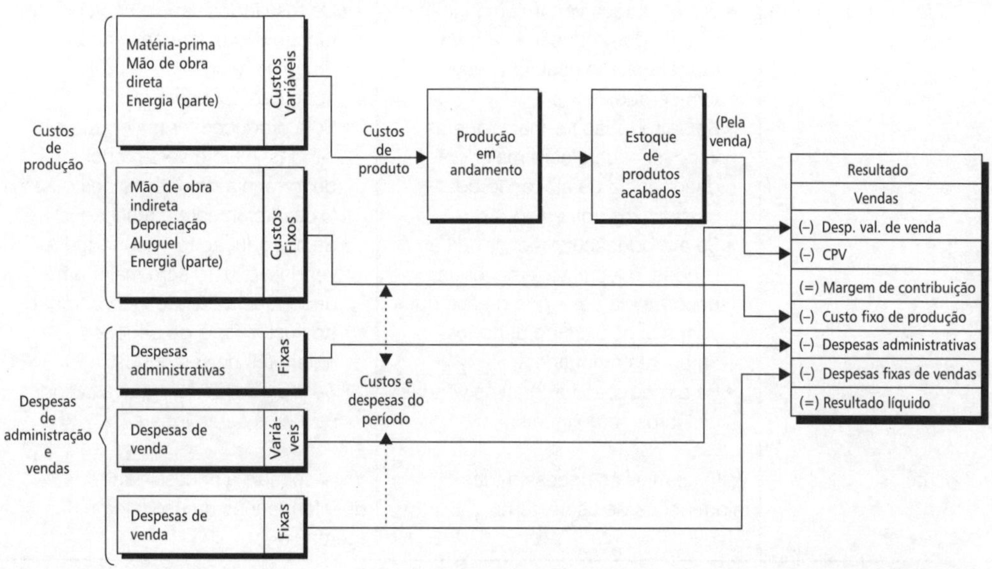

5.12 Síntese das diferenças entre os dois métodos

Itens	Absorção	Variável
1. Ordem de classificação dos custos	1. Por centro de custo. 2. Por item (mão de obra, matéria-prima etc.) direto e indireto.	1. Fixos e variáveis. 2. Por centro de custo. 3. Por item (mão de obra, matéria-prima etc.).
2. Custo do produto e do período	a. CT = Custos Primários, CIF Total. b. Só há despesas de período.	a. CT = Custos primários + CIF Variável. b. Os custos fixos são lançados no período em que ocorrem.
3. Demonstração dos resultados	Vendas (–) CPV (fixos e variáveis) (=) Resultado bruto (–) Despesas gerais (=) Resultado líquido	Vendas (–) Despesas variáveis de venda (–) CPV (variáveis) (=) Margem de contribuição (–) Despesas/custos fixos (=) Resultado líquido
4. Custo-padrão	a. O custo-padrão fixo por unidade depende do volume de produção. b. É analisada a variação relacionada ao uso da capacidade de produção.	a. O custo-padrão por unidade, que se compõe somente de custos variáveis, não sofre influência do volume de produção. b. Não é analisada a variação relacionada com o uso e capacidade de produção.
5. Efeitos nos resultados	• Os resultados variam em função do volume de produção e vendas. • Em relação ao custeio variável, tem-se que: • Se a produção for maior que as vendas, o lucro será maior em decorrência da alocação dos custos fixos nos estoques. • Se a produção for menor que as vendas, o lucro será menor em decorrência da venda de estoques com custos fixos de períodos anteriores embutidos. • Se a produção for igual às vendas, os lucros serão iguais.	• Os resultados variam somente em função do volume de vendas. • Em relação ao custeio por absorção, tem-se que: • Se a produção for maior que as vendas, o lucro será menor em decorrência de débitos dos custos fixos diretamente a resultados. • Se a produção for menor que as vendas, o lucro será maior em decorrência da não incorporação de custos fixos de períodos anteriores nos estoques. • Se a produção for igual às vendas, os lucros serão iguais.
6. Usuários	Volta-se mais às necessidades de informações de uso externo.	Volta-se mais à necessidade de informações de uso interno (gerenciais).

5.13 Críticas e pontos positivos dos dois métodos de custeio

São apresentados neste item as críticas e os pontos positivos atribuídos aos dois métodos de custeio, conforme coletânea de opiniões de diversos autores. Mostram-se também as contestações apresentadas pelos defensores do custeio variável em contraposição às críticas feitas a esse método, com o objetivo de torná-lo universalmente aceito nos meios contábeis.

a. Pontos positivos – Custeio por absorção

- Fixação de preços de venda mais reais, pois engloba todos os custos da empresa nos custos unitários dos produtos.
- Baseia-se nos Princípios Fundamentais de Contabilidade.
- Demonstra índices de liquidez mais reais.
- No Brasil, aceito pelo Fisco.

b. Críticas – Custeio por absorção

- Os custos dos produtos não poderão ser comparados em bases unitárias quando houver alterações no volume de produção.
- A forma de atribuição de custos indiretos é feita por meio de rateios, o que complica e aumenta o trabalho administrativo, além de conferir um grau de subjetividade a essa atribuição.
- Não oferece informações suficientes para a tomada de decisões, já que muitas das decisões se baseiam em análise separada dos custos fixos e variáveis: não permite análise do tipo relação Custo/Volume/Lucro.
- Dificulta o controle orçamentário e a determinação de padrões.

c. Pontos positivos – Custeio variável

- Os custos dos produtos podem ser comparados em bases unitárias, independentemente do volume de produção.
- Facilita o tempo e o trabalho despendidos, tornando mais prática a apuração e a apresentação de informações.
- Melhor controle dos custos fixos, por se apresentarem separadamente nas demonstrações.
- Facilita a elaboração e o controle de orçamentos e a determinação e o controle de padrões.
- Fornece mais instrumentos de controle gerencial.

d. Críticas – Custeio variável

Muitos entendem que, assim como os variáveis, os custos fixos são necessários à elaboração dos produtos e a eles devem ser atribuídos.

Argumenta-se que o custeio variável:

- Fere o princípio contábil da confrontação das receitas com os custos que contribuem para sua obtenção, por exemplo: na demanda sazonal em que são apurados, alternadamente, prejuízos durante a produção sem vendas e lucro por ocasião das vendas.
- Pode prejudicar a análise por parte dos credores no que se refere aos índices de liquidez e capital circulante líquido.
- Não considera os custos fixos na determinação do preço de venda.
- Os custos fixos não são completamente fixos e tampouco os variáveis são completamente variáveis (separação categórica).
- No Brasil, não aceito pelo Fisco.

e. Contestações às críticas feitas ao custeio variável

Em contestação às críticas, os defensores do método de custeio variável argumentam que:

- **Em relação ao fato de que os custos fixos devem fazer parte dos estoques:**

Tais custos não são provocados pelo "ato" de produzir; são considerados necessários para dar à empresa o potencial de produção e incorrerão da mesma forma se a capacidade de produção estiver no nível da capacidade instalada.

- **Em relação aos princípios fundamentais de contabilidade:**

Uma vez que os custos fixos são considerados despesas do período em que incorreram e não correspondem à obtenção de uma receita específica, o método de custeio variável não fere o princípio de confrontação.

- **Em relação à análise das demonstrações contábeis:**

Alguns itens do balanço não refletem valores econômicos (estoques). Portanto, deveria ser restrita sua utilização para efeito de análise. Assim, na análise de crédito a curto prazo, o importante é que os estoques sejam avaliados a valores de mercado, e não a custos históricos. Já na análise de crédito a longo prazo, a ênfase deve ser dada à efetiva potencialidade de lucro.

- **Em relação à inclusão dos custos fixos na determinação dos preços de venda:**

Considerando que ao custeio variável no custo do produto não são incorporados os custos fixos, estes devem receber o mesmo tratamento que as demais despesas do período (administrativas etc.) na determinação do preço de venda.

- **Em relação à segregação dos custos em fixos e variáveis:**

Ainda que falhos e arbitrários, existem vários critérios que permitem essa segregação. Entretanto, os mais recomendáveis são aqueles que requerem o uso de técnicas matemáticas/estatísticas (Mínimos Quadrados, Máximos e Mínimos e Método Gráfico).

- **Em relação à tributação:**

Ainda que os resultados não sejam aceitos para efeito de tributação, eles podem ser ajustados no final do período, de forma a atender às exigências fiscais, além do que a médio e longo prazo os resultados apurados pelo custeio variável tendem a se igualar àqueles obtidos pelo método de custeio por absorção.

5.14 Comparação entre o custeio variável e o custeio por absorção

A Cia. Real Madrid apresentou os seguintes dados contábeis para determinado exercício:

Produção: 1.000 unidades totalmente acabadas
Custos Variáveis: $ 20.000
Custos Fixos: $ 12.000
Despesas Variáveis: $ 4.000
Despesas Fixas: $ 6.000
Não há estoques iniciais e finais de produtos em elaboração
Não há estoques iniciais de produtos acabados
Vendas Líquidas: 800 unidades a $ 60 cada uma: $ 48.000

Caso a empresa utilizasse o custeio por absorção, a demonstração de resultado seria obtida da forma descrita a seguir:

Custo de Produção do Período (CPP)

Custos Fixos	= $ 12.000
Custos Variáveis	= $ 20.000
CPP	= $ 32.000

Custo de Produção Acabada no Período (CPA)

Como não há estoques iniciais e finais de produtos em elaboração,

CPA = CPP = $ 32.000

Custos dos Produtos Vendidos (CPV)

Custo unitário de produção: $ 32.000/1.000 un. = 32

CPV = Unidades Vendidas × Custo unitário

CPV = 800 un. × $ 32 = 25.600

Estoque Final de Produtos Acabados

200 un. × $ 32 = 6.400

Demonstração do Resultado		$
Vendas Líquidas	=	48.000
(–) CPV	=	(25.600)
(=) Resultado Industrial	=	22.400
(–) Despesas Fixas e Variáveis	=	(10.000)
(=) Lucro Líquido	=	12.400

Utilizando o custeio variável, obter-se-ia:

Custo de Produção do Período (CPP)

Como só são computados como custo de produção os custos variáveis, o CPP seria igual ao valor destes ($ 20.000).

CPP = $ 20.000

CPA = CPP = $ 20.000

Por não existirem estoques iniciais e finais de produtos em elaboração,

Custo dos Produtos Vendidos (CPV)

Custo Unitário de Produção: $ 20.000/1.000 un. = 20

CPV = 800 unidades vendidas × $ 20 = $ 16.000

Estoque Final de Produtos Acabados

200 unidades × $ 20 = $ 4.000

Demonstração do Resultado		$
Vendas Líquidas	=	48.000
(–) CPV	=	(16.000)
(–) Despesas Variáveis	=	4.000
(=) Margem de Contribuição	=	28.000
(–) Custos Fixos	=	(12.000)
(–) Despesas Fixas	=	(6.000)
(=) Lucro Líquido	=	10.000

O quadro a seguir resume as diferenças entre os dois tipos de custeamento.

Itens	Custeio por absorção (A)	Custeio variável (B)	Diferença (A) – (B)
Custo de produção do período = custo da produção acabada no período (CPP = CPA)	32.000	20.000	+ 12.000
Custo dos produtos vendidos (CPV)	25.600	16.000	+ 9.600
Estoque final dos produtos acabados	6.400	4.000	+ 2.400
Lucro líquido	12.400	10.000	+ 2.400

O Custo de Produção no Período (CPP), no custeio por absorção, é maior em $ 12.000. Essa diferença corresponde exatamente ao valor dos custos fixos, que, no custeio variável, não são considerados custos, mas despesas do exercício.

O Custo dos Produtos Vendidos (CPV), no custeio por absorção, é maior em $ 9.600. Essa diferença corresponde ao valor dos Custos fixos descarregados nas unidades vendidas. Cada unidade produzida recebeu $ 12 de custos fixos ($ 12.000/1.000 un.); como foram vendidas 800, o total de custos fixos correspondente será 800 un. × $ 12 = $ 9.600. No custeio variável, os custos fixos não são considerados custos de produção e, portanto, não integram o CPV.

O Estoque Final de Produtos Acabados é maior em $ 2.400 no custeio por absorção. Esse valor corresponde aos custos fixos descarregados nas unidades acabadas e não vendidas, ou seja, 200 unidades vezes $ 12 = $ 2.400. No custeio variável, o estoque final só contém custos variáveis e pode assim ser calculado:

Custo Variável Unitário: $ 20.000/1.000 un. = $ 20
Unidades em estoque no fim do período: 200
Valor do Estoque Final: 200 un. × $ 20 = $ 4.000

No custeio por absorção, o estoque final pode assim ser decomposto:

Custo Fixo Unitário: $ 12.000/1.000 un. = $ 12
Custo Variável Unitário: $ 20.000/1.000 un. = $ 20
Custo Unitário Total: $ 12 + $ 20 = $ 32
Unidades em estoque no fim do período: 200 un.
Valor do Estoque Final: 200 un. × $ 32 = $ 6.400

Como o estoque final no custeio por absorção é maior em $ 2.400, o lucro líquido nesse tipo de custeio também será maior em $ 2.400. Outra forma de observar esse mesmo ponto é analisar que, no custeio variável, os $ 12.000 correspondentes ao total dos custos fixos foram diminuídos do Resultado, enquanto no custeio por absorção apenas $ 9.600 correspondentes aos custos fixos foram diminuídos do Resultado, pelo fato de integrarem o CPV. A diferença está em que, no custeio variável, todos os custos fixos são considerados despesas ($ 12.000), enquanto no custeio por absorção somente a parcela de custos fixos correspondente aos produtos vendidos ($ 9.600) é considerada despesa.

5.15 Vantagens e desvantagens do custeio variável

São vantagens:

- Os custos dos produtos são mensuráveis objetivamente, pois não sofrerão processos arbitrários ou subjetivos de distribuição dos custos comuns.
- O lucro líquido não é afetado por mudanças de aumento ou diminuição de inventários.
- Os dados necessários para a análise das relações custo-volume-lucro são rapidamente obtidos do sistema de informação contábil.
- É mais fácil para os gerentes industriais entender o custeamento dos produtos sob o custeio direto, pois os dados são próximos da fábrica e de sua responsabilidade, possibilitando a correta avaliação de desempenho setorial.
- O custeamento direto é totalmente integrado com o custo-padrão e o orçamento flexível, possibilitando o correto controle de custo.
- Impede que aumentos de produção que não correspondam a aumento de vendas distorçam o resultado: como os custos fixos são abatidos diretamente do resultado no custeio variável, o aumento de produção desvinculado do aumento de vendas não provoca alteração no lucro líquido da empresa.
- É uma ferramenta melhor para a tomada de decisões dos administradores.
- O uso do custeio por absorção pode induzir a decisões errôneas sobre a produção.

5.15.1 Vantagens do custeio variável

1. Impede que aumentos de produção que não correspondam a aumentos de vendas distorçam o resultado.

No exemplo da Cia. Real Madrid, suponhamos que seu administrador decida aumentar a produção para 2.000 unidades, mesmo sabendo que o volume de unidades vendidas continuará sendo 800.

Os Custos Fixos (*CF*) não se alteram, permanecendo em $ 12.000. Assumindo que os custos variáveis são diretamente proporcionais à quantidade produzida, eles dobrarão para $ 40.000. Para dramatizarmos nosso exemplo, suponhamos que as Despesas Variáveis de Administração e Vendas estejam correlacionadas tão somente ao volume de vendas e, portanto, permaneçam no valor de $ 4.000, já que estas não se alteraram (essa hipótese, entretanto, pode ser abandonada sem que se modifiquem as conclusões).

Utilizando o custeio por absorção, o resultado seria:

Vendas Líquidas (800 un. × $ 600)	$ 48.000
(–) CPV	
• Custo de Produção: *CF* + *CV* = $ 52.000	
• Custo Unitário: $ 52.000/2.000 un. = $ 26	
• CPV = 800 unidades vendidas × $ 26	$ 20.800
(=) Lucro Bruto	$ 27.200
(–) Despesas	
• Fixas = $ 6.000	
• Variáveis = $ 4.000	($ 10.000)
(=) Lucro Líquido	$ 17.200

Apesar de não ter havido aumento das vendas, o resultado líquido aumentou em $ 4.800. Isso ocorreu porque o aumento da produção diminui os custos fixos unitários incorporados aos produtos vendidos. Quando a produção era de 1.000 unidades, o custo fixo unitário era de $ 12.000/1.000 = $ 12. Com o aumento da produção (embora sem aumento das vendas), o custo fixo unitário cai para $ 12.000/2.000 = $ 6. As unidades vendidas foram 800 e custo fixo a elas correspondente cairá de 800 × $ 12 = 9.600, no 1º caso, para 800 × $ 6 = 4.800 no 2º, e isso dará a diferença de $ 4.800 no lucro.

Se fosse utilizado o custeio variável, o lucro líquido permaneceria o mesmo:

Vendas Líquidas	$ 48.000
(–) CPV	
• Custo Variável de Produção: $ 40.000	
• Custo Unitário: $ 40.000/2.000 un. = $ 20	
• CPV = 800 unidades vendidas × $ 20	($ 16.000)
(–) Despesas Variáveis	($ 4.000)
(=) Margem de Contribuição	$ 28.000
(–) Custos Fixos	($ 12.000)
(–) Despesas Fixas	($ 6.000)
(=) Lucro Líquido	$ 10.000

Como os custos fixos são abatidos diretamente do resultado no custeio variável, o aumento de produção desvinculado do aumento de vendas não provoca nenhuma alteração no lucro líquido da empresa.

2. No custeio por absorção, a subjetividade inerente ao critério de alocação dos Custos Indiretos de Fabricação (CIF) pode distorcer os cálculos dos custos unitários dos diversos produtos elaborados pela empresa, não permitindo uma avaliação precisa da lucratividade de cada um deles.

   Exemplo:

A Cia. Badajoz fabricou, no presente exercício, 1.000 unidades de cada um de seus produtos *A* e *B*. O Custo Primário (Material Direto + Mão de obra Direta) por unidade dos produtos foi de, respectivamente, \$ 190,00 e \$ 200,00. O total dos CIF foi de \$ 180.000,00. Por simplicidade, suporemos que todos são fixos em relação ao volume de produção. Sua composição é a seguinte:

Depreciação dos Equipamentos	\$ 90.000
Seguro da Fábrica	\$ 50.000
Aluguel da Fábrica	\$ 40.000

Para ratear os CIF, o contador da empresa pensou em dois critérios:

I. Como o encargo da depreciação representa 50% do total dos CIF, uma ideia lógica seria dividi-los entre *A* e *B* segundo as horas/máquina (h/m) gastas na produção de cada um. Elas foram, respectivamente, 200 e 400 h/m.

As horas/máquina gastas representariam um indicador do desgaste do equipamento.

Nesse caso, a distribuição dos CIF ficaria assim:

$$\text{CFI} \div \text{n}^{\underline{o}} \text{ de horas/máquina} = \frac{\$\ 180.000}{600} = \$\ 300 \text{ por h/m}$$

Produto *A*: 200 h/m × \$ 300 = \$ 60.000

Produto *B*: 400 h/m × \$ 300 = \$ 120.000

e os CIF unitários seriam, respectivamente, \$ 60 e \$ 120, já que se produziram 1.000 unidades de cada um.

II. Como a soma do seguro com o aluguel da fábrica representa também 50% do total dos CIF, outra ideia seria dividi-los proporcionalmente ao volume produzido, de forma que cada unidade dos produtos acarretasse uma parcela uniforme de tais custos. Como cada produto tem o mesmo volume de produção, cada um receberia metade dos CIF ($ 90.000) e os CIF unitários equivaleriam a $ 90 para cada um.

Fazendo o cálculo dos custos unitários por cada critério de rateio, chegaríamos aos seguintes resultados:

Produtos	Custo direto unitário	CIF unitário		Custo unitário	
		Critério I	Critério II	Critério I	Critério II
A	190	60	90	250	280
B	200	120	90	320	290

Caso os preços de venda fossem:

Produto *A*: $ 300,00
Produto *B*: $ 340,00

teríamos o seguinte quadro de lucratividade:

Produtos	Preços de venda	Lucro bruto por unidade	
		Critério I	Critério II
A	300	50	20
B	340	20	50

e chegaríamos ao seguinte impasse: pelo primeiro critério do rateio dos CIF, o produto *A* é mais lucrativo e sua produção deve ser incentivada pela empresa; pelo segundo critério, o produto *B* é mais lucrativo.

Caso a empresa utilizasse o custeio variável, não haveria dúvida nenhuma em dizer que *B* é mais lucrativo:

Produtos	Preço de venda	Custo variável unitário	Lucro bruto por unidade
A	300	190	110
B	340	200	140

A margem de contribuição unitária do produto B é $ 140; a do produto *A*, $ 110. Cada unidade do Produto *B* fabricada contribuiu com $ 30 a mais para amortizar os custos fixos e dar lucros do que cada uma do produto *A* e, portanto, se algum produto deve ter sua produção incentivada, devemos escolher, sem sombra de dúvida, o produto *B*.

Um outro exemplo. A Cia. São Januário apresentou os seguintes dados referentes a seu último mês de atividade:

Capacidade produtiva:	13.000 unidades
Produção Efetiva = Vendas:	10.000 unidades
Custos Fixos:	$ 18.000,00
Despesas Fixas:	$ 12.000,00
Custos Variáveis:	$ 4.000 por unidade
Despesas Variáveis:	$ 600 por unidade
Preço de Venda (exclusive ICMS):	$ 9.000

A Demonstração de Resultado, pelo custeio por absorção, foi:

Vendas Líquidas		
(10.000 unidades × $ 9.000)		$ 90.000.000
(–) Custo dos Produtos Vendidos		
• Custos Fixos	$ 18.000.000	
• Custos Variáveis (10.000 un. × 4.000)	$ 40.000.000	
(=) Lucro Bruto		$ 32.000.000
(–) Despesas		($ 18.000.000)
• Fixas	$ 12.000.000	
• Variáveis (10.000 un. × 600)	$ 6.000.000	
(=) Lucro Líquido		$ 14.000.000

A empresa recebe uma proposta de exportação de 2.000 unidades de seu produto por $ 5.000 a unidade. Deve aceitar ou rejeitar?

Se a empresa fizer o cálculo do total de custos e despesas por unidade vendida, utilizando o custeio por absorção, chegará ao seguinte resultado:

Custo Fixo Unitário:	= $ 1.800
Custo Variável Unitário:	= $ 4.000
Despesa Fixa Unitária:	= $ 1.200
Despesa Variável Unitária:	= $ 600
Total de Custos e Despesas por unidade	= $ 7.600

o que poderia levar à rejeição da proposta.

Entretanto, poderíamos alegar que houve um erro no cálculo. Os custos e despesas fixas unitários foram calculados com base na produção atual de 10.000 unidades. Considerando que a produção aumentaria para 12.000 unidades:

Custo Fixo Unitário:	= $ 1.500
Despesa Fixa Unitária:	= $ 1.000
Custo + Despesa Variável por unidade: 4.000 + 600	= $ 4.600
Total de Custo + Despesa por Unidade	= $ 7.100

o que continuaria induzindo a não se aceitar a proposta.

Fazendo o cálculo pelo custo variável, teríamos:

Preço de Venda:	$ 5.000
(–) Custo Variável Unitário:	($ 4.000)
(–) Despesa Variável Unitária:	($ 600)
(=) Margem de Contribuição unitária:	$ 400

A empresa deve aceitar a proposta, uma vez que a produção adicional de 2.000 unidades trará uma margem de contribuição total de 2.000 un. × $ 400 = $ 800.000, que ajudará a amortizar os custos fixos e aumentará marginalmente (adicionalmente) o lucro da empresa nessa importância.

De fato, refazendo a Demonstração de Resultado com a incorporação de proposta de exportação:

Vendas Líquidas		$ 100.000.000
• 10.000 unidades × $ 9.000 =	$ 90.000.000	
• 2.000 unidades × $ 5.000 =	$ 10.000.000	
(–) Custo dos Produtos Vendidos		($ 66.000.000)
• Custos fixos	$ 18.000.000	
• Custos Variáveis		
(12.000 un. × $ 4.000)	$ 48.000.000	
(=) Lucro Bruto		$ 34.000.000
(–) Despesas		($ 19.200.000)
• Fixas	$ 12.000.000	
• Variáveis (12.000 un. × $ 600)	$ 7.200.000	
(=) Lucro Líquido		$ 14.800.000

O Lucro Líquido aumentou $ 800.000 em relação à situação original. Por essa razão, o custeio variável também é chamado de CUSTEIO MARGINAL, por ser mais adequado para decisões "na margem" (quando há variações nos níveis de produção e vendas).

5.15.2 Desvantagens do custeio variável

São desvantagens:

- A exclusão dos custos fixos indiretos para valoração dos estoques causa a sua subavaliação, fere os princípios contábeis e altera o resultado do período.
- Na prática, a separação de custo fixos e variáveis não é tão clara como parece, pois existem custos, semivariáveis e semifixos, podendo o custeamento direto incorrer em problemas semelhantes de identificação dos elementos de custeio.
- O custeamento direto é um conceito de custeamento e análise de custos para decisões de curto prazo, mas subestima os custos fixos, que são ligados à capacidade de produção e de planejamento de longo prazo, podendo trazer problemas de continuidade para a empresa.
- No caso de custos mistos (custos que têm uma parcela fixa e outra variável), nem sempre é possível separar objetivamente a parcela fixa da parcela variável. Embora existam técnicas estatísticas para efetuar tal divisão, muitas vezes ela é tão arbitrária quanto o rateio dos CIF no custeio por absorção.
- O custeio variável não é aceito pela Auditoria Externa das empresas que têm capital aberto nem pela Legislação do Imposto de Renda. A razão disso é que o custeio variável fere os princípios de contabilidade, em especial os princípios de realização de receitas, de confrontação e da competência. Esses princípios estabelecem que os custos associados aos produtos só podem ser reconhecidos à medida em que estes são vendidos, já que, somente quando reconhecida a receita (por ocasião da venda) é que devem ser deduzidos todos os sacrifícios necessários à sua obtenção (custos e despesas). Como o custeio variável admite que todos os custos fixos sejam deduzidos do Resultado, mesmo que nem todos os produtos sejam vendidos, ele violaria tais princípios.

5.16 Análise das relações custo/volume/lucro

Esta análise é um instrumento utilizado para projetar o lucro que seria obtido em diversos níveis possíveis de produção e vendas, bem como para analisar o impacto sobre o lucro de modificações no preço de venda, nos custos ou em ambos. Ela é baseada no custeio variável e, por meio dela, podemos estabelecer qual a quantidade mínima que a empresa deverá produzir e vender para que não incorra em prejuízo.

Tomemos o exemplo da Cia. Varginha. Suponhamos que os custos fixos e custos variáveis correspondam, na realidade, a "custos mais despesas fixos" e "custos mais despesas variáveis", respectivamente.

O preço unitário do produto fabricado pela companhia é de \$ 15,00.

Pelo gráfico do Custo Total (CT), cuja expressão algébrica era:

$$CT = 100 + 10\,Q \; (Custo\ Fixo = 100\ e\ Custo\ Variável\ Unitário = 10),$$

temos que:

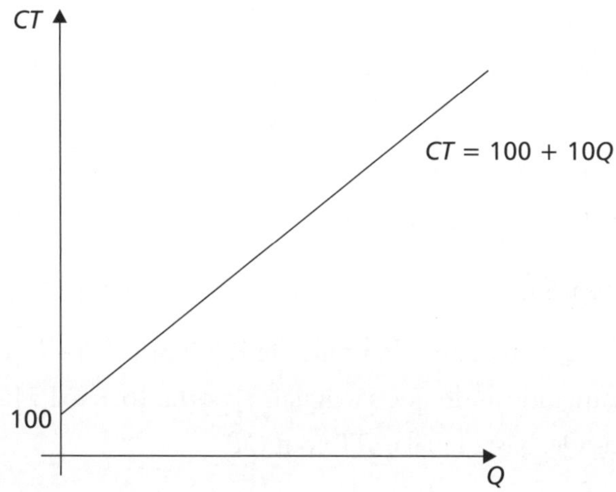

Gráfico 5.5 Custo total.

A Receita Total (RT) terá a seguinte expressão:

$$RT = 15\,Q$$

pois cada unidade vendida tem o preço de \$ 15. Assim, se a companhia vender 10 unidades, $RT = 15 \times 10 = 150$. Colocando essa reta no gráfico, teremos:

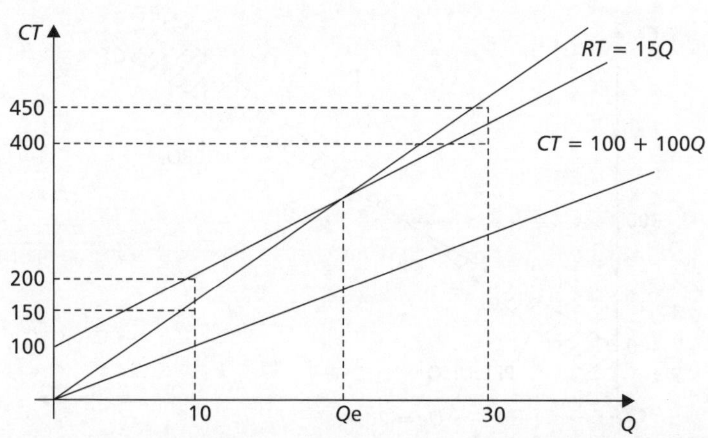

Gráfico 5.6 Custo e receita total.

Até atingir Qe, a reta do Custo Total (CT) está acima da reta da Receita Total (RT). Isso significa que a empresa está tendo prejuízo. Assim, por exemplo, se $Q = 10$ (menor que Qe):

$RT = 10$ un. × \$ 15 = \$ 150

$CT =$ \$ 100 + (10 un. × \$ 10) = \$ 200

e haverá um prejuízo de \$ 50.

Após Qe, a situação se inverte, e RT está acima de CT. Assim, se $Q = 30$ (maior que Qe):

$RT =$ \$ 30 × 15 un. = \$ 450

$CT =$ \$ 100 + (30 un. × \$ 10) = \$ 400

e haverá um lucro de \$ 50.

No ponto Qe, que é chamado de Ponto de Equilíbrio (*Break-even Point*), as retas de CT e RT se cruzam, indicando que são iguais e, portanto, não há lucro nem prejuízo. Para determinarmos Qe, basta igualar RT com CT:

$$\underbrace{15\,Q}_{RT} = \underbrace{100 + 10\,Q}_{CT}$$

$$15\,Q - 10\,Q = 100$$

$$5\,Q = 100$$

$$Q = 100/5 = 20$$

Refazendo o gráfico:

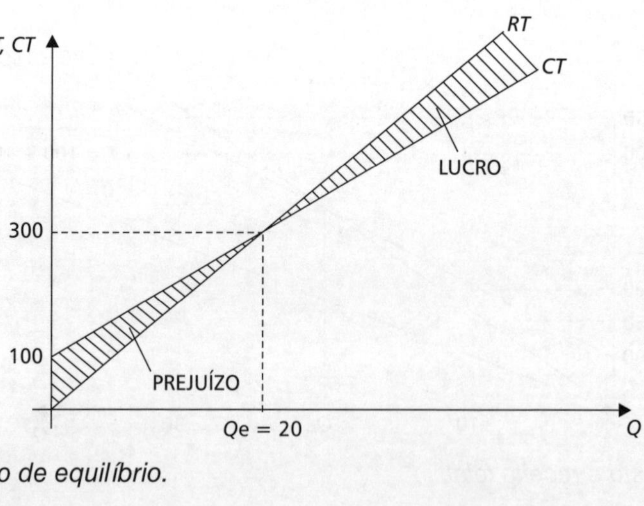

Gráfico 5.7 Ponto de equilíbrio.

O ponto de equilíbrio é a quantidade mínima que a empresa deve produzir para que não tenha prejuízo. Fabricando mais de 20 unidades, a Cia. Varginha terá um lucro que será tanto maior quanto maior o volume de produção e vendas (Q).

5.17 Casos práticos

5.17.1 Margem de contribuição

A Minas Gerais Ltda. fabrica quatro tipos de refrigerador. Sua capacidade instalada de produção prevê uma utilização de 97.000 horas/máquina. Para esse volume de produção, estimam-se os seguintes gastos fixos por ano:

	$
Despesas fixas	500.000
Aluguéis	460.000
Mão de obra indireta	1.480.000
Depreciações	300.000
Outros custos fixos	250.000

Para permitir a abordagem de margem de contribuição, foram identificados os gastos variáveis por unidade, que são apresentados a seguir:

$/un.

Produto	MP	MOD	Outros Custos Variáveis	Despesas Variáveis	Preço
*R*1	805	696	230	168	2.800
*R*2	660	570	170	144	2.400
*R*3	2.100	780	220	245	4.900
*R*4	450	520	130	114	1.900

O departamento comercial prevê vendas de 12.900 unidades, assim distribuídas:

Produto	Unidades
*R*1	4.000
*R*2	2.600
*R*3	3.500
*R*4	2.800

Apresentamos, a seguir, as horas/máquina necessárias para produzir uma unidade de cada refrigerador:

h/máq.

Produto	Por unidade	Total
*R*1	10,0	40.000
*R*2	9,5	24.700
*R*3	12,5	43.750
*R*4	4,2	11.760
		120.210

Considere que a empresa não irá ampliar sua capacidade de produção, e terá que fazer cortes na previsão inicial de vendas.

Pede-se:

Encontre a melhor combinação de modelos de refrigerador, a ser produzida e comercializada, que gere maior lucro para a Minas Gerais.

Solução

a. Inicialmente, vamos calcular a margem de contribuição por unidade de cada modelo.

	R_1	R_2	R_3	R_4
Preço	2.800	2.400	4.900	1.900
Custo e despesas variáveis	1.899	1.544	3.345	1.214
Margem de Contribuição	901	856	1.555	686

Se não houvesse limitação na capacidade de produção (97.000 horas/máquina), a classificação dos produtos seria

Margem de Contribuição

1º lugar R_3

2º lugar R_1

3º lugar R_2

4º lugar R_4

b. Considerando que há limitação de horas/máquina, vamos calcular a margem de contribuição, por modelo, por hora/máquina.

	R_1	R_2	R_3	R_4
Margem de Contribuição unitária	901	856	1.555	686
H/máq. por unidade	10,00	9,5	12,5	4,2
Margem de Contribuição unitária por h/máq.	90,10	90,11	124,40	163,33

Classificação:

1º lugar R_4
2º lugar R_3
3º lugar R_2
4º lugar R_1

c. O próximo passo consiste em utilizar as 97.000 horas/máquina, dando prioridade aos modelos com maior margem de contribuição por hora/máquina, até o limite da previsão de vendas por modelo.

Modelo	Quantidade		h/máq./un.		h/máq./Total	Saldo h/máq.
R_4	2.800 un.	×	4,2	=	11.760	97.000
R_3	3.500 un.	×	12,5	=	43.750	85.240
R_2	2.600 un.	×	9,5	=	24.700	41.490
R_1	1.679 un.	×	10,0	=	16.790	16.790
						–0–

d. Com o *mix* de modelos supra, o lucro da empresa será:

Receitas			$		$	$
R_1	1.679 un.	×	2.800	=	4.701.200	
R_2	2.600 un.	×	2.400	=	6.240.000	
R_3	3.500 un.	×	4.900	=	17.150.000	
R_4	2.800 un.	×	1.900	=	5.320.000	33.411.200
– Custos e despesas variáveis						
R_1	1.679 un.	×	1.899	=	3.188.421	
R_2	2.600 un.	×	1.544	=	4.014.400	
R_3	3.500 un.	×	3.345	=	11.707.500	
R_4	2.800 un.	×	1.214	=	3.399.200	22.309.521

– Margem de Contribuição	11.101.679
– Custos fixos e despesas	2.990.000
– Lucro	8.111.679

e. Se o corte nas quantidades fosse proporcional às quantidades inicialmente previstas, o resultado da empresa seria inferior ao obtido na letra *d*, conforme demonstrado a seguir:

$$\frac{\text{h/máq. disponível}}{\text{h/máq. necessárias}} = \frac{97.000}{120.210} = 80{,}69\%$$

Modelo	Quantidades	Margem de contribuição unitária	Margem de contribuição total
*R*1	(1) 3.228 un.	901	2.908.428
*R*2	2.098 un.	856	1.795.888
*R*3	2.824 un.	1.555	4.391.320
*R*4	2.259 un.	686	1.549.674
			10.645.310
– Custos e despesas fixas			2.990.000
– Lucro Líquido			7.655.310

(1) 4.000 un. × 0,8069 = 3.228 un.

Comentários

Uma política de preços que use a análise da margem de contribuição pode ser útil nas negociações contratuais. Frequentemente, é preferível negociar nos períodos em que a procura é menor, quando pode ser financeiramente benéfico oferecer um negócio extra a um preço competitivo que cubra todos os custos variáveis e faça algumas contribuições para os custos fixos, mais os lucros. É necessário conhecer seus custos fixos e variáveis, para poder fazer uma determinação de preços rigorosa.

5.17.2 *Análise custo/volume/lucro*

Caso Prático

A Cia. Armando Cruz fabrica apenas um tipo de lâmpada, cuja estimativa de custos para 20XB é a seguinte:

	$
Custos e despesas fixas	2.171.750/ano
Custos e despesas variáveis	5,45/unidade

O balanço da companhia, em 31-12-20XA, apresentava os seguintes saldos (sintéticos):

Ativo	$	Passivo	$
Circulante	880.000	Circulante	400.000
Permanente	900.000	Patrimônio Líquido	1.380.000
Total	1.780.000	Total	1.780.000

O preço de venda (médio) estimado é de $ 8,45/unidade.

Pede-se:

a. Determinar o ponto de equilíbrio.

b. Qual deverá ser seu volume de vendas para que obtenha um lucro de 10% sobre o patrimônio líquido, após considerar Imposto de Renda na base de 30%[1] do lucro?

c. Prepare a demonstração do resultado do exercício, considerando a provisão para Imposto de Renda.

Solução

a. $PE = \dfrac{\$\ 2.171.750}{3} = 723.917$ unidades

$\$\ 8{,}45 - \$\ 5{,}45 \rightarrow MC = PV - CV$

ou, em 723.917 unidades × $ 8,45 = $ 6.117.099

b. 1. Lucro líquido desejado = $ 1.380.000 × 0,10 = $ 138.000

2. $\text{LAIR} = \dfrac{\text{Lucro Líquido}}{1 - \%\ \text{IR}}$

$\text{LAIR} = \dfrac{\$\ 138.000}{0{,}70} = \$\ 197.143$

[1] Essa alíquota foi utilizada apenas para efeito ilustrativo, pois a alíquota real depende do ramo de atividade da companhia e está prevista na legislação fiscal.

3. Quantidade a ser vendida: $\dfrac{\$\ 2.368.893}{\$\ 3} = 789.631$ unidades

$ 2.171.750, + $ 197.143, = $ 2.368.893,
Quantidade a ser vendida: 789.631 unidades ou $ 6.672.382

		$
Vendas	789.631 × $ 8,45	6.672.382
Custos Variáveis	789.631 × $ 5,45	4.303.489
Margem de Contribuição	789.631 × $ 3,00	2.368.893
Custos Fixos		2.171.750
Lucro Operacional		197.143
Imposto de Renda	197.143 × 30%	59.143
Lucro Líquido		138.000

Comentários

A análise de custo-volume-lucro mostra a maneira pela qual o lucro e os custos mudam quando há uma mudança no volume. A análise custo-volume-lucro examina o impacto nos ganhos quando há mudanças em fatores como custo variável, custo fixo, preço de venda, volume e *mix* de produtos. As informações geradas pelo custo-volume-lucro ajudam a prever o efeito de qualquer número de ações observadas e a tomar melhores decisões. Mais especificamente, a análise custo-volume-lucro tenta responder às seguintes questões:

1. Que volume de vendas é necessário para atingir o ponto de equilíbrio? Quanto tempo demorará para atingir esse volume de vendas?
2. Que volume de vendas é necessário para obter determinado lucro?
3. Que lucro pode-se esperar de um determinado volume de vendas?
4. Como as alterações no preço de venda, nos custos variáveis e nos custos fixos afetam os lucros?
5. Como pode uma alteração no *mix* de produtos que se vendem afetar o ponto de equilíbrio, o volume desejado e o lucro em potencial?

5.17.3 Empresa Diversificada

A empresa Diversificada produz três produtos (*A, B, C*). Os dados a seguir referem-se ao exercício recém-encerrado:

	Produto *A*	Produto *B*	Produto C
– unidades vendidas	11.000	5.500	27.500
– preço unitário de venda	$ 200	$ 200	$ 400
– custos variáveis por unid.	$ 150	$ 100	$ 240
– custos fixos identificados	$ 500.000	$ 300.000	$ 400.000
– custos fixos comuns aos três produtos	$ 600.000		

Pede-se:

a. Calcule o ponto de equilíbrio para o produto *A*, considerando somente seus custos fixos identificados.

b. Qual o volume de vendas para o produto *B*, considerando somente seus custos fixos identificados, para obter uma margem de lucro de 25% do preço de venda?

c. Qual o volume de vendas para o produto C, considerando somente seus custos fixos identificados, para que ele apresente lucro de $ 300.000?

d. Considerando a totalidade dos custos fixos, calcule o ponto de equilíbrio para a empresa.

e. Considerando a receita do exercício recém-encerrado e a receita no ponto de equilíbrio, calcule a margem de segurança da empresa.

Solução

a. $$\frac{\text{Custos fixos}}{p - cv} = \frac{\$\ 500.000}{\$\ 200 - \$\ 150} = 10.000 \text{ un.}$$

		$
– Vendas	10.000 un. × $ 200	2.000.000
– Custos variáveis	10.000 un. × $ 150	1.500.000
– Margem de contribuição		500.000
– Custos fixos identificados		500.000
– Resultado		–0–

b. $$\frac{\text{Custos fixos}}{p - cv - 0{,}25p} = \frac{\$\ 300.000}{\$\ 200 - \$\ 100 - \$\ 50} = \frac{\$\ 300.000}{\$\ 50} = 6.000 \text{ un.}$$

		$
– Vendas	6.000 un. × $ 200	1.200.000
– Custos variáveis	6.000 un. × $ 100	600.000
– Margem de contribuição		600.000
– Custos fixos identificados		300.000
– Lucro		300.000

$ 1.200.000 × 0,25 = $ 300.000 c.q.d.

c. $\dfrac{CF\ (+)\ \text{Lucro desejado}}{p - cv} = \dfrac{\$\ 400.000 + \$\ 300.000}{\$\ 400 - \$\ 240} = 4.375\ \text{un.}$

		$
– Vendas	4.375 un. × $ 400	1.750.000
– Custos variáveis	4.375 un. × $ 240	1.050.000
– Margem de contribuição		700.000
– Custos fixos identificados		400.000
– Lucro		300.000

d.

Produto	Quantidade vendida	%		Margem de contribuição unitária	Total $
A	11.000	0,250	×	$ 50	$ 12,50
B	5.500	0,125	×	$ 100	$ 12,50
C	27.500	0,625	×	$ 160	$ 100,00
	44.000	1,000			125,00

Margem de contribuição média ponderada

$$PE = \frac{CF}{\text{Margem de Contribuição}} = \frac{\$\ 1.800.000}{\$\ 125} = 14.400\ \text{unidades}$$

14.400 un. × 0,25 = 3.600 un. *A*
14.400 un. × 0,125 = 1.800 un. *B*
14.400 un. × 0,625 = 9.000 un. *C*

Margem de Contribuição

	$
A = 3.600 un. × $ 50 =	180.000
B = 1.800 un. × $ 100 =	180.000
C = 9.000 un. × $ 160 =	1.440.000
– Resultado	–0– c.q.d.

e. $$\text{Margem de Segurança} = \frac{\text{Receita} - \text{Receita ponto equilíbrio}}{\text{Receita}}$$

$$= \frac{\$\ 14.300.000\ (-)\ \$\ 4.680.000}{\$\ 14.300.000} = 67$$

Receita

11.000 × $ 200 =	2.200.000
5.500 × $ 200 =	1.100.000
27.500 × $ 400 =	11.000.000
	$ 14.300.000

Receita no PE

3.600 × $ 200 =	720.000
1.800 × $ 200 =	360.000
9.000 × $ 400 =	3.600.000
	$ 4.680.000

Exercícios propostos

1. Com os dados a seguir, calcular o ponto de equilíbrio em quantidades:

Preço de vendas unitário	$ 1.000
Margem de contribuição unitária	$ 400
Custo fixo total	$ 300.000

2. Com base nos dados da questão anterior, quantas unidades deveriam ser vendidas para que o lucro líquido fosse de $ 160.000?

3. Uma empresa, para fabricar 1.000 unidades mensais de um determinado produto, realiza os seguintes gastos:

Matéria-prima	$ 400.000
Mão de obra direta	$ 300.000
Mão de obra indireta	$ 100.000
Custos fixos	$ 200.000

Se a empresa produzir 1.200 unidades desse produto por mês, com as mesmas instalações e com a mesma mão de obra, qual será o custo por unidade produzida?

4. Calcular o ponto de equilíbrio de uma empresa com as seguintes informações:

Lucro líquido desejado após o IR	$ 350.000

Preço de venda unitário	$ 10/un.
Custos e Despesas variáveis por unidade	$ 4/un.
Custos e Despesas fixas	$ 100.000
Alíquota do IR	30%

5. Calcular o grau de alavancagem operacional da empresa que apresenta os dados a seguir:

	Situação Atual		Situação Proposta
Vendas	$ 125.000	Δ = 20%	$ 150.000
Custos Variáveis	$ 75.000		$ 90.000
Margem de Contribuição	$ 50.000		$ 60.000
Custos fixos	$ 40.000		$ 40.000
Lucro	$ 10.000	Δ = 100%	$ 20.000

6. Calcular a margem de segurança de uma empresa com as seguintes informações:

Vendas	$ 125.000	100%
Custos Variáveis	$ 5.000	60%
Margem de Contribuição	$ 50.000	40%
Custos Fixos	$ 40.000	32%
Lucro	$ 10.000	8%

7. Uma empresa industrial produziu 40.000 televisores, mas conseguiu vender apenas 35.000 unidades ao preço de $ 150 por unidade. Seus custos e despesas são os seguintes:

Custos Fixos	$ 800.000	por ano
Custos Variáveis	$ 90	por unidade
Despesas fixas	$ 350.000	por ano
Despesas comerciais	$ 6	por unidade

Não havia estoques iniciais e todas as unidades foram completadas no período. Determinar o lucro da empresa pelo custeio por absorção e custeio direto.

Gabarito

1. $$PE = \frac{CF}{Mcu}$$

$$PE = \frac{\$\ 300.000}{\$\ 400} = 750 \text{ un.}$$

2. MC = Custo Fixo Total + Lucro desejado

   $MC = 300.000 + 160.000 = 460.000$

   $$PEq = \frac{460.000}{400} = 1.150 \text{ un.}$$

3. Custo total = Fixo + Variável

   $$\text{Custo Variável/unidade} = \frac{400.000}{1.000 \text{ un.}} = \$\ 400/\text{un.}$$

   Para 1.200 unidades, teremos:

   Custo total = 600.000 + (1.200 un. × $ 400/u) = $ 1.080.000

   $$\text{Custo unitário} = \frac{1.080.000}{1.200} = \$\ 900/\text{un.}$$

4. LL = LAIR – 0,25 LAIR

   LL = 0,75 LAIR

   350.000 = 0,75 LAIR

   $$\text{LAIR} = \frac{350.000}{0,75} = 466.666,67$$

   $$PEq = \frac{100.000 + 466.666,67}{(10 - 4)} = 94.444,44 \text{ un.}$$

   Prova:

Receitas = 100.000 × $ 10/un.	$ 1.000.000
(–) Custos e Despesas Variáveis (100.000 × $ 4/un.)	$ 400.000
Margem e Contribuição total	$ 600.000
(–) Custos e Despesas fixos	$ (100.000)
Lucro antes do IR	$ 500.000
(–) IR de 30%	$ 150.000
Lucro após o IR	$ 350.000

5. Um aumento de 20% nas vendas acarreta um aumento de 100% no Lucro. Assim, o GAO será:

   $$\text{GAO} = \frac{100\%}{20\%} = 5$$

6. $\% MS = \dfrac{\% \text{ Margem de Lucro}}{\% \text{ Margem de Contribuição}} = \dfrac{8\%}{40\%} = 0{,}20 = 20\%$

Se as vendas caírem 20%, a empresa chegará no *PE*

$ 125.000 – ($ 125.000 × 0,20) = $ 100.000

Vendas	100.000	100%
Custo variáveis	60.000	60%
Margem de Contribuição	40.000	40%
Custos Fixos	40.000	40%
	0	0%

7. Custeio por Absorção

Receitas de Vendas	(35.000 × 150) =		$ 5.250.000
(–) CPV:			
CV:	(40.000 × 90) =	$ 3.600.000	
CF		$ 800.000	
C. Produção		$ 4.400.000	
(–) EF	(5.000 × 110)	$ 550.000	$ 3.850.000
Lucro Bruto			$ 1.400.000
(–) Despesas Operacionais			
Variáveis	35.000 × 6	$ 210.000	
Fixas		$ 350.000	$ 560.000
Lucro Líquido			$ 840.000
Custeio Direto			
R. Vendas	(35.000 × 150)	$ 5.250.000	
(–) CPV:			
CP = CV =	(40.000 × 90) =	$ 3.600.000	
(–) EF	(5.000 × 90) =	$ 450.000	$ 3.150.000
(–) Despesas Variáveis Vendas (35.000 × 6)			$ 210.000
Margem de Contribuição			$ 1.890.000
(–) Custos fixos			$ (800.000)
(–) Despesas Fixas			$ 350.000
Lucro Líquido			$ 740.000

Exercícios de fixação

1. Em relação a custos, é correto afirmar que:

a. ( ) os custos fixos totais mantêm-se estáveis, independentemente do volume da atividade fabril;

b. ( ) os custos variáveis da produção crescem proporcionalmente à quantidade produzida, em razão inversa;

c. ( ) os custos fixos unitários decrescem na razão direta da quantidade produzida;

d. ( ) os custos variáveis unitários crescem ou decrescem, de conformidade com a quantidade produzida;

e. ( ) o custo industrial unitário, pela diluição dos custos fixos, tende a afastar-se do custo variável unitário, à medida que o volume da produção aumenta.

2. Uma empresa restringiu sua linha de produção a um único produto. Assim sendo, a energia elétrica gasta em sua fábrica será considerada:

   a. ( ) custo indireto variável;

   b. ( ) custo indireto fixo;

   c. ( ) custo fixo direto;

   d. ( ) custo direto variável;

   e. ( ) despesa operacional.

3. O aluguel do imóvel onde está instalada uma indústria sofre reajuste a cada três meses e o custo industrial é anual. Esse gasto representa um:

   a. ( ) custo variável;

   b. ( ) custo fixo;

   c. ( ) custo semifixo;

   d. ( ) custo semivariável;

   e. ( ) custo direto.

4. Uma companhia industrial apresentou $ 66.000 de custos fixos e $ 192.000 de custos variáveis, tendo produzido 2.400 unidades. Considerando que a margem de contribuição unitária é de $ 40, o preço de venda unitário e o ponto de equilíbrio são, respectivamente:

   a. ( ) $ 188 e 1.650 unidades;

   b. ( ) $ 115 e 822 unidades;

   c. ( ) $ 188 e 822 unidades;

d. ( ) $ 120 e 1.650 unidades;

e. ( ) $ 120 e 1.880 unidades.

5. Uma empresa industrial apresenta os seguintes Custos de Produção, para 1.300 unidades:

Custos Fixos Totais	$ 9.000
Custo Variável Unitário	$ 80
O preço unitário de venda é de	$ 100

A margem de contribuição unitária e o ponto de equilíbrio são, respectivamente:

a. ( ) $ 20 e 546 unidades;

b. ( ) $ 8 e 546 unidades;

c. ( ) $ 6 e 119 unidades;

d. ( ) $ 17 e 450 unidades;

e. ( ) $ 20 e 450 unidades.

6. Uma empresa industrial apresentou as seguintes informações em um período:

Receitas de Vendas	$ 900.000
Custos fixos	$ 240.000
Custos Variáveis	$ 330.000

A margem de contribuição é:

a. ( ) $ 570.000;

b. ( ) $ 660.000;

c. ( ) $ 330.000;

d. ( ) $ 330.000;

e. ( ) $ 620.000.

7. Uma empresa industrial que adota o método de custeio por absorção apresentou um estoque final de 600 unidades de produtos acabados, no valor total de $ 75.000. Se o custo variável unitário é de $ 90 e o preço de venda unitário é de $ 170, qual a parcela de custos fixos absorvida por unidade estocada?

a. ( ) $ 175;

b. ( ) $ 125;

c. ( ) $ 45;

d. ( ) $ 35;

e. ( ) $ 170.

8. Quando aumenta o custo fixo total:

a. ( ) o ponto de equilíbrio aumenta, em quantidade e valor, e o preço de venda se mantém constante;

b. ( ) o ponto de equilíbrio não se altera;

c. ( ) há um aumento do ponto de equilíbrio que não pode ser compensado com o aumento no preço de venda;

d. ( ) altera apenas a margem de contribuição;

e. ( ) o custo variável diminui.

9. São conhecidos os seguintes dados de uma empresa industrial:

Quantidade produzida e vendida: 80.000 unidades

Preço de venda unitário	$ 50
Custo variável Total	$ 3.200.000
Lucro do Exercício	$ 240.000

O ponto de equilíbrio e o índice de margem de segurança sobre vendas são, respectivamente:

a. ( ) 50.000 unidades e 75%;

b. ( ) 80.000 unidades e 25%;

c. ( ) 56.000 unidades e 30%;

d. ( ) 60.000 unidades e 33%;

e. ( ) 48.000 unidades e 40%.

10. O custo semivariável tem a seguinte característica:

a. ( ) necessita de critérios de rateios;

b. ( ) varia com o nível de atividade, mas não direta e proporcionalmente;

c. ( ) não varia com o nível de atividade;

d. ( ) independe da quantidade produzida;

e. ( ) varia com o nível de atividade, direta e proporcionalmente.

11. Os custos unitários se mantêm constantes e os custos unitários variam quando no total eles são:

    a. ( ) indiretos e diretos;

    b. ( ) diretos e indiretos;

    c. ( ) variáveis e fixos;

    d. ( ) fixos e variáveis;

    e. ( ) variáveis e diretos.

12. Qual dos itens seguintes não representa um custo fixo:

    a. ( ) energia elétrica;

    b. ( ) aluguel da fábrica;

    c. ( ) imposto predial da fábrica;

    d. ( ) salários de departamento de controle de qualidade;

    e. ( ) seguro da fábrica.

13. Uma empresa industrial tem $ 400.000 de custos fixos e $ 800.000 de custos variáveis. Sabendo que o preço de venda é de $ 120, qual é o ponto de equilíbrio em unidades?

    a. ( ) 11.000;

    b. ( ) 10.500;

    c. ( ) 9.500;

    d. ( ) 9.000;

    e. ( ) 10.000.

14. Uma empresa industrial apresenta os seguintes dados:

Produção	4.000 unidades
Custos fixos totais	$ 350.000
Custo variável unitário	$ 350
Preço unitário de venda	$ 600

A margem de contribuição unitária e o ponto de equilíbrio são, respectivamente:

    a. ( ) $ 300 e 1.400 unidades;

    b. ( ) $ 250 e 1.400 unidades;

    c. ( ) $ 350 e 1.600 unidades;

d. ( ) $ 320 e 1.400 unidades;

e. ( ) $ 250 e 1.600 unidades.

15. Uma empresa para produzir 150.000 unidades tem $ 2.400.000 de custos variáveis totais e $ 1.200.000 de custos fixos. Sabendo que o preço de venda é de $ 31 por unidade, qual é o ponto de equilíbrio em $?

    a. ( ) $ 3.720.000;

    b. ( ) $ 1.860.000;

    c. ( ) $ 2.480.000;

    d. ( ) $ 2.325.000;

    e. ( ) $ 4.650.000.

16. Dados de uma empresa industrial:

Custos fixos	$ 800.000
Custos variáveis	60% sobre as vendas

Qual o ponto de equilíbrio em $?

    a. ( ) $ 3.000.000;

    b. ( ) $ 2.500.000;

    c. ( ) $ 2.000.000;

    d. ( ) $ 3.500.000;

    e. ( ) $ 1.500.000.

17. Considerando a demonstração de resultado a seguir e sabendo que a empresa quer um lucro de 20% sobre as vendas, qual o volume de vendas necessário?

Vendas	$ 40.000
Custos variáveis	$ 24.000
Margem de contribuição	$ 16.000
Custos fixos	$ 6.000
Lucro operacional	$ 10.000

    a. ( ) $ 32.000;

    b. ( ) $ 30.000;

    c. ( ) $ 22.000;

d. (   ) $ 23.200;

e. (   ) $ 24.000.

18. Uma empresa industrial apresentou as seguintes informações:

Vendas totais	$ 900.000
Custos fixos	$ 150.000
Custos variáveis	$ 200.000
Despesas fixas	$ 120.000
Despesas variáveis	$ 60.000

A margem de contribuição total é de:

a. (   ) $ 700.000;

b. (   ) $ 640.000;

c. (   ) $ 550.000;

d. (   ) $ 750.000;

e. (   ) $ 620.000.

19. Com os dados abaixo, determinar as vendas médias em quantidades no ponto de equilíbrio:

Custo fixo total	$ 1.800.000/ano
Custo variável	$ 40/unidade
Preço de venda	$ 60/unidade

a. (   ) 6.500 unidades/mês;

b. (   ) 7.000 unidades/mês;

c. (   ) 8.500 unidades/mês;

d. (   ) 7.500 unidades/mês;

e. (   ) 8.000 unidades/mês.

20. Se uma empresa industrial tivesse seu custo variável nas seguintes proporções em relação às vendas:

Matéria-prima	30%
Mão de obra direta	15%
Custos indiretos variáveis	10%
Despesas variáveis	8%

Qual seria seu custo fixo, sabendo que a empresa precisa faturar $ 8.000.000/mês para atingir o ponto de equilíbrio?

a. ( ) $ 2.960.000;

b. ( ) $ 3.060.000;

c. ( ) $ 3.160.000;

d. ( ) $ 2.900.000;

e. ( ) $ 2.860.000.

21. A Indústria Capitólio S.A. apresentou, em um determinado mês, o seguinte quadro de custos e despesas variáveis e fixas, com valores em reais:

Custos Variáveis 50% do Preço de Venda	Custos Fixos 50% das Despesas Fixas
Despesas Variáveis 50% dos Custos Variáveis	Despesas Fixas 3.000.000,00/mês
Preço de Venda 6.000,00 por Unidade	Nível de Atividade 5.000 Unidades por mês

Com base exclusivamente nos dados acima, o ponto de equilíbrio contábil (operacional) da empresa, em unidades, é:

a. ( ) 3.000;

b. ( ) 2.500;

c. ( ) 2.000;

d. ( ) 1.500;

e. ( ) 2.000.

22. Uma empresa industrial apresentou os seguintes elementos de resultado, relativo a um período de produção e vendas:

Vendas totais	R$ 920.000,00
Custos Fixos totais	R$ 145.000,00
Custos Variáveis totais	R$ 345.000,00
Despesas Fixas totais	R$ 100.000,00
Despesas Variáveis totais	R$ 78.000,00

A margem de contribuição total é de:

a. ( ) R$ 430.000,00;

b. ( ) R$ 497.000,00;

c. ( ) R$ 352.000,00;

d. ( ) R$ 597.000,00;

e. ( ) R$ 235.000,00.

23. A empresa San Marino Indústria e Comércio Ltda. produz e vende sabonetes líquidos e apresentou os seguintes dados:

Vendas	220.000 unidades
Preço de venda	R$ 1,90/unidade
Custos variáveis	R$ 120.000,00
Despesas variáveis	R$ 70.000,00
Custos fixos	R$ 95.000,00

A margem de contribuição da empresa será de:

a. ( ) R$ 298.000,00;

b. ( ) R$ 228.000,00;

c. ( ) R$ 203.000,00;

d. ( ) R$ 133.000,00;

e. ( ) R$ 128.000,00.

24. Uma empresa que produz e vende determinado produto apresentou as seguintes informações:

Preço de venda	R$ 8,00/unidade
Custo variável	R$ 5,00/unidade
Custo fixo	R$ 150.000,00

Quantas unidades devem ser vendidas para que a empresa alcance seu ponto de equilíbrio?

a. ( ) 50.000;

b. ( ) 30.000;

c. ( ) 18.750;

d. ( ) 11.538;

e. ( ) 22.768.

25. Considere os seguintes dados:

Gasto Fixo Total: $ 1.000

Custo Variável Unitário: $ 5

Preço de Venda Unitário: $ 10

Gasto com Depreciação: $ 200
Custo de Oportunidade: $ 200

Os pontos de equilíbrio contábil, financeiro e econômico, considerando os dados acima, serão, respectivamente,

a. ( ) 160, 240 e 200 unidades;

b. ( ) 240, 200 e 160 unidades;

c. ( ) 180, 160 e 200 unidades;

d. ( ) 200, 160 e 240 unidades;

e. ( ) 220, 140 e 200 unidades.

26. A Indústria Xavante fabrica aparelhos celulares. Num determinado mês, sua estrutura de custos e despesas, em reais, foi a seguinte:

Valores em Reais

Custo Variável	30,00/unidade	Custo Fixo	3.000.000,00/mês
Despesa Variável	5,00/unidade	Despesa Fixa	5.000.000,00/mês
Preço de Venda	55,00/unidade	Nível de Atividade	450.000 unidades/mês

Sabe-se que:

- a empresa deseja um retorno mínimo mensal igual a 10% ao ano sobre seu Patrimônio Líquido de R$ 24.000.000,00;
- 10% dos seus custos e despesas fixos representam depreciações.

Fórmulas necessárias:

$$PEC = \frac{CDF}{MCU} \qquad PEE = \frac{CDF + LD}{MCU} \qquad PEF = \frac{CDF - DND}{MCU}$$

LD = Lucro Desejado

Com base nas informações acima, apresente o solicitado nos itens a seguir.

a) Calcule os pontos de equilíbrio contábil, econômico e financeiro dessa empresa.

b) Demonstre o lucro operacional da Indústria Xavante para cada um dos pontos de equilíbrio calculados.

c) Explique os resultados apurados.

27. A Empresa Congonhal Ltda. trabalha com um nível de atividade de 125.000 unidades. Sabendo que o total de custos e despesas fixos monta a R$ 4.500.000,00, e que

os custos e despesas variáveis representam 60% do preço de venda de R$ 100,00, qual a margem de segurança da empresa?

a. ( ) 10%;

b. ( ) 15%;

c. ( ) 20%;

d. ( ) 30%;

e. ( ) 40%.

28. A Indústria Careaçu Ltda. fabrica quatro tipos de produtos e obtém as margens de contribuição a seguir discriminadas:

Item	Produto 1	Produto 2	Produto 3	Produto 4
Preço de Venda	R$ 150,00	R$ 300,00	R$ 200,00	R$ 350,00
Custos Variáveis	R$ 80,00	R$ 180,00	R$ 170,00	R$ 290,00
Margem de Contribuição Unitária	R$ 70,00	R$ 120,00	R$ 30,00	R$ 60,00

Na fabricação dos quatro produtos, é utilizado um mesmo tipo de material secundário, nas seguintes quantidades:

Item	Produto 1	Produto 2	Produto 3	Produto 4
Quantidades de material secundário necessárias à fabricação de uma unidade de produto	2	5	1	3

No mês de julho, ocorreu uma escassez do material secundário no mercado. A indústria identificou que não dispõe, em seus estoques, de materiais em quantidade suficiente para fabricar os produtos e atender à demanda pelos quatro produtos.

Considerando as informações fornecidas e que o mercado absorve todas as unidades produzidas, é CORRETO afirmar que, diante da escassez de material secundário, a indústria deverá priorizar a fabricação do:

a. ( ) produto 1, pois é o que apresenta maior margem de contribuição por fator limitativo da produção;

b. ( ) produto 2, pois é o que apresenta menor margem de contribuição unitária;

c. ( ) produto 3, pois é o que apresenta menor quantidade de material secundário por unidade produzida;

d. ( ) produto 4, pois é o que apresenta maior preço de venda por produto.

29. A Indústria Pouso Alegre Ltda. apresenta aos seus analistas de custos as seguintes informações do mês de fevereiro:

Produtos	Quantidade produzida	Quantidade vendida	Custo Variável Total	Preço de Venda Unitário
A	1.200 unidades	1.100 unidades	R$ 20.160,00	R$ 40,00
B	750 unidades	500 unidades	R$ 33.000,00	R$ 70,00
C	5.200 unidades	5.200 unidades	R$ 33.280,00	R$ 13,00

- A empresa adota o custeio por absorção.
- Os custos fixos totais são de R$ 21.610,00 e foram rateados aos produtos com base nos custos variáveis totais.
- As despesas variáveis representam 5% do preço de vendas.
- As despesas fixas representam R$ 6.300,00.

A Margem de Contribuição Total dos produtos A, B e C são, respectivamente:

a. ( ) R$ 23.320,00; R$ 11.250,00; e R$ 30.940,00;

b. ( ) R$ 25.440,00; R$ 16.875,00; e R$ 30.940,00;

c. ( ) R$ 25.520,00; R$ 13.000,00; e R$ 34.320,00;

d. ( ) R$ 27.840,00; R$ 19.500,00; e R$ 34.320,00.

30. A Sociedade Empresária Itajubá Ltda. apresentou os seguintes dados:

Vendas	R$ 375.000,00
Custo Variável	R$ 200.000,00
Despesas Variáveis	R$ 45.000,00
Custos Fixos Totais	R$ 100.000,00

Com base nesses dados, a margem de contribuição Total é:

a. ( ) R$ 30.000,00;

b. ( ) R$ 130.000,00;

c. ( ) R$ 175.000,00;

d. ( ) R$ 230.000,00.

Gabarito

1. (a)
2. (d)
3. (b)
4. (d)

   Custo variável unitário = $ 192.000 ÷ 2.400 = $ 80

   $PV = \$\,80 + \$\,40 = \$\,120$

   $$PE = \frac{66.000}{\$\,40} = 1.650 \text{ unidades}$$

5. (e)

   $Mcu = PV - Cvu = \$\,100 - \$\,80 = \$\,20$

   $$Peq = \frac{9.000}{\$\,20} = 450 \text{ unidades}$$

6. (a)

   $ 900.000 – $ 330.000 = $ 570.000

7. (d)

   $ 75.000 / 600 = $ 125 – $ 90 = $ 35 custo fixo p/unidade

8. (a)
9. (c)

   $RT = CT + L$

   $80.000 \times \$\,50 = \$\,3.200.000 + CF + \$\,240.000$

   $CF = \$\,560.000$

   Custo Variável Unitário = $ 3.200.000 ÷ 80.000 = $ 40

   $$Peq = \frac{\$\,560.000}{\$\,50 - \$\,40} = 56.000 \text{ unidades}$$

$$\%\,MS = \frac{\%\text{ Lucro}}{\%\text{ Margem de Contribuição}} = \frac{6\%}{20\%} = 0{,}30 \rightarrow 60\%$$

$$\%\text{ Lucro} = \frac{\text{Lucro}}{\text{Vendas}} = \frac{\$\,240.000}{8.000\text{ u} \times \$\,50} = 6$$

$$\% MS = \frac{MC}{\text{Vendas}} = \frac{\$ \ 800.000}{\$ \ 4.000.000} = 20\%$$

10. (e)
11. (c)
12. (a)
13. (e)

$RT = CT$

$Pvu \times Q = \$ \ 400.000 + \$ \ 800.000$

$\$ \ 120 \times Q = \$ \ 1.200.000$

$$Q = \frac{\$ \ 1.200.000}{\$ \ 120}$$

$Q = 10.000$ unidades

14. (b)

$Mcu = Pvu - Cvu = \$ \ 600 - \$ \ 350 = \$ \ 250$

$$Peq = \frac{\$ \ 350.000}{\$ \ 250} = 1.400 \text{ unidades}$$

15. (c)

C. Variável unitário = $ 2.400.000 ÷ 150.000 = $ 16

$$Peq = \frac{\$ \ 1.200.000}{\$ \ 31 - \$ \ 16} = 80.000 \text{ unidades}$$

80.000 × $ 31 = $ 2.480.000

16. (c)

Se CV/vendas = 0,60

MC/vendas = 0,40

$$PE = \frac{\$ \ 800.000}{0{,}40} = \$ \ 2.000.000$$

17. (b)

Índice do $CV = CV \div RT = \$ \ 24.000 \div \$ \ 40.000 = 0{,}60$

$RT = CT + 0{,}20 \ RT$

$RT = 0{,}60 \ RT + \$ \ 6.000 + 0{,}20 \ RT$

$RT - 0{,}80\,RT = \$\ 6.000$

$0{,}20\,RT = \$\ 6.000$

$RT = \$\ 30.000$

18. (b)

Vendas	\$ 900.000
(–) *CV*	\$ 200.000
(–) *DV*	\$ 60.000
MC	\$ 640.000

19. (d)

$$Peq = \frac{\$\ 1.800.000}{\$\ 60 - \$\ 40} = 90.000 \text{ unidades/ano}$$

$90.000 \div 12 = 7.500$ unidades/mês

20. (a)

Matéria-prima	30%
MOD	15%
CIV	10%
DV	8%
Total CDV	63%

então:

PV	100%
CDV	63%
MC	37%

$$PE = \frac{CF}{\%\ MC}$$

$$\$\ 8.000.000 = \frac{CF}{0{,}37}$$

$CF = \$\ 8.000.000 \times 0{,}37$

$CF = \$\ 2.960.000$

21. (a)

Preço de Venda = \$ 6.000,00/unidade

CV = 50% do preço de venda

CV = 50% × $ 6.000,

CV = $ 3.000,00

DV = 50% do Custo Variável

DV = 50% × $ 3.000,00

DV = $ 1.500,00

CF = 50% × DF   DF = $ 3.000.000,00/mês

CF = 50% × $ 3.000.000,00

CF = $ 1.500.000,00

Pe = CDFT / Pu – CDVu

Pe = $ 3.000.000, + $ 1.500.000, / $ 6.000, – ($ 3.000, + $ 1.500,)

Pe = $ 4.500.000, / $ 1.500,

Pe = 3.000 unidades/mês.

22. (b)

MC = RV – (CV + DV)

MC = 920.000 – (345.000 + 78.000)

MC = 497.000

23. (b)

Vendas	220.000 unid. × $ 1,90, =	$ 418.000,
(–) Custos Variáveis		$ 120.000,
(–) Despesas Variáveis		$ 70.000,
Margem de Contribuição		$ 228.000,

24. (a)

$$PE = \frac{\text{Custo Fixo}}{\text{Preço de Venda} - \text{Custo Variável}} = 150.000 / \$ 8, - \$ 5, = 50.000 \text{ unidades}$$

Ou

CT = RT

CF + CV = RT

150.000 + P1 × Q = P2 × Q

150.000 + 5Q = 8 × Q

150.000 = 3Q

Q = 150.000 / 3

Q = 50.000 unidades

25. (d)

MC = PV – (CV + DV)

MC = 10 – (5 + 0)

MC = 5

PEC

PEC = CDF / MCu

PEC = 1.000 / 5

PEC = 200 unidades

PEF

PEF = CDF / MCu

PEF = 1.000 – 200 / 5

PEF = 160 unidades

PEE

PEE = CDF / MCu

PEE = 1.000 + 200 / 5

PEE = 240 unidades

26. Solução

a) Ponto de equilíbrio contábil, econômico e financeiro.

PEC = CDF / MCU	8.000.000 / 55 – (30 + 5) 8.000.000 / 55 – 35 8.000.000 / 20	400.000 unidades
PEE = CDF + LD / MCU	8.000.000 + (10% × $ 24.000.000) / 20 8.000.000 + 2.400.000 / 20 10.400.000 / 20	520.000 unidades
PEF = CDF – DND / MCU	8.000.000 – 800.000 / 20 7.200.000 / 20	360.000 unidades

b) Lucro Operacional para cada ponto de equilíbrio

PEF

Vendas 360.000 × 55		$ 19.800.000
Custo Despesas Variáveis	360.000 × 35	$ 12.600.000
Margem de Contribuição		$ 7.200.000
CDFT		$ 8.000.000
Prejuízo		($ 800.000)

PEC

Vendas 400.000 × 55		$ 22.000.000
Custos e Despesas Variáveis	400.000 × 35	$ 14.000.000
Margem de Contribuição		$ 8.000.000
CDFT		$ 8.000.000
Lucro / Prejuízo		Zero

PEE

Vendas 520.000 × 55		$ 28.600.000
Custos e Despesas Variáveis	520.000 × 35	$ 18.200.000
Margem de Contribuição		$ 10.400.000
CDFT		$ 8.000.000
Lucro		$ 2.400.000

c) Explicação

No ponto de equilíbrio contábil o resultado é nulo porque o que se deseja saber é exatamente o momento em que o lucro operacional é igual a zero.

O ponto de equilíbrio econômico contempla o retorno mínimo esperado pela empresa.

O ponto de equilíbrio financeiro apresenta um prejuízo contábil porque o valor da depreciação não representa saída de caixa da empresa.

27. (a)

A margem de segurança indica o percentual que as vendas podem cair sem haver prejuízo.

MS (%) = (Total de Vendas – Volume de vendas no ponto de equilíbrio) / Total de Vendas

Obs.: ambos os termos expressos monetariamente.

PE (Q) = CF / (P – CVu)

PE = 4500000 / (100 – 0,6 × 100)

PE = 112.500 unidades

MS(%) = (125.000 unidades × 100 – 112.500 unidades × 100) / 12.500.000

MS(%) = 0,1

28. (a)

Produto 1

MCu / Fator limitante = R$ 70,00 / 2 = R$ 35,00

Produto 2

MCu / Fator limitante = R$ 120,00 / 5 = R$ 24,00

Produto 3

MCu / Fator limitante = R$ 30,00 / 1 = R$ 30,00

Produto 4

MCu / Fator limitante = R$ 60,00 / 3 = R$ 20,00

Portanto, a empresa deverá priorizar o Produto 1 por possuir o maior valor do quociente da MCu pelo fator limitante.

29. (a)

MC para o produto A

MC = PV – CV (custos + despesas variáveis das mercadorias vendidas)

PV (total) = R$ 40,00 × 1.100 unidades = $ 44.000,00

CV = R$ 20.160,00 / 1.200 unidades × Quantidade vendida

CV = $ 16,80 × 1.100 unidades

CV = R$ 18.480,00

Despesas Variáveis = 5% × R$ 44.000,00 = $ 2.200,00

Logo,

MC = $ 44.000,00 – ($ 18.480,00 + $ 2.200,00) = R$ 23.320,00

MC para o produto B

MC = PV – CV (custos + despesas variáveis das mercadorias vendidas)

PV (total) = R$ 70,00 × 500 unidades = $ 35.000,00

CV = R$ 33.000,00 / 750 unidades × Quantidade vendida

CV = $ 44,00 × 500 unidades

CV = R$ 22.000,00

Despesas Variáveis = 5% × R$ 35.000,00 = $ 1.750,00

Logo,

MC = $ 35.000,00 – ($ 22.000,00 + $ 1.750,00) = R$ 11.250,00

MC para o produto C

MC = PV – CV (custos + despesas variáveis das mercadorias vendidas)

PV (total) = R$ 13,00 × 5.200 unidades = $ 67.600,00

CV = R$ 33.280,00 / 5.200 unidades x Quantidade vendida

CV = $ 6,40 × 5.200 unidades

CV = R$ 33.280,00

Despesas Variáveis = 5% × R$ 67.600,00 = $ 3.380,00

Logo,

MC = $ 67.600,00 – ($ 33.280,00 + $ 3.380,00) = R$ 30.940,00

30. (b)

MC = PV – CV

Logo,

MC = $ 375.000,00 – ($ 200.000,00 + $ 45.000,00)

MC = $ 375.000,00 – $ 245.000,00

MC = $ 130.000,00

Questões

1. A alavancagem financeira representa:
   a. ( ) a diferença entre a obtenção de recursos de terceiros a determinado custo e a aplicação desses recursos no ativo da empresa a determinada taxa;
   b. ( ) o efeito desproporcional entre a força efetuada numa ponta (em nível de atividade ou produção) e a força obtida ou resultante na outra (a do lucro);

c. ( ) a relação entre o rendimento obtido e o volume de vendas;

d. ( ) a capacidade financeira da empresa, para satisfazer a compromissos de pagamentos com terceiros;

e. ( ) a capacidade econômica da empresa, para satisfazer a compromissos de pagamentos a acionistas.

2. Qual é o método de custeio adotado por uma empresa industrial que, na apuração do custo de fabricação (ou custo de produção) de seus produtos, considera apenas os custos diretos, agregando os custos indiretos à apuração do resultado do exercício?

a. ( ) custeio por inventário permanente;

b. ( ) custeio por absorção;

c. ( ) custeio por inventário periódico;

d. ( ) custeio direto;

e. ( ) custeio por sazonalidade.

3. Uma empresa apresenta duas propostas de orçamento para o segundo semestre de 20X2.

	Orçamento 1	**%**	**Orçamento 2**	**%**
Vendas	$ 5.700.000,00	100	$ 7.200.000,00	100
Custos Variáveis	$ 3.500.000,00	61	$ 4.200.000,00	58
Margem de Contribuição	$ 2.200.000,00	39	$ 3.000.000,00	42
Custos Fixos	$ 1.000.000,00	18	$ 1.800.000,00	25
Lucro Líquido	$ 1.200.000,00	21	$ 1.200.000,00	17

Os pontos de equilíbrio dos respectivos orçamentos, em valores monetários, são:

a. ( ) $ 1.754.385,00 e $ 2.500.000,00;

b. ( ) $ 1.639.344,30 e $ 3.103.448,30;

c. ( ) $ 2.564.102,60 e $ 4.285.714,30;

d. ( ) $ 2.857.142,00 e $ 4.285.714,00;

e. ( ) $ 2.764.242,00 e $ 4.852.147,00.

4. Uma empresa apresentou em 31-12-20X1 as informações gerenciais para o ano de 20X2:

	Orçamento	**%**
Vendas	$ 9.800.000,00	100

Custos Variáveis	$ 5.096.000,00	52
Margem de Contribuição	$ 4.704.000,00	48
Custos e Despesas Fixas	$ 3.332.000,00	34
Lucro Líquido	$ 1.372.000,00	14

Considerando essas informações, indique o grau de alavancagem operacional, a margem de segurança e o percentual da margem de segurança da previsão feita pela empresa:

a. ( ) 3,43; $ 2.858.333,34; 29,17%;

b. ( ) 3,43; $ 6.941.666,66; 70,83%;

c. ( ) 4,80; $ 2.858.333,34; 48,00%;

d. ( ) 4,80; $ 6.941.666,66; 70,83%;

e. ( ) 4,80; $ 6.941.666,66; 48,00%.

5. Uma empresa apresenta uma proposta para manter o mesmo nível de estoque no início e no final do mês. Os custos fixos estimados para o mês são de $ 720.000,00 e os custos variáveis unitários estimados são de $ 35,00 a unidade. A empresa espera que 150.000 unidades sejam vendidas ao preço de $ 50,00 por unidade. A quantidade máxima de vendas, dentro do mês, é de 175.000 unidades.

O Índice de Margem de Contribuição e a Margem de Contribuição Unitária esperada são:

a. ( ) 18% e $ 10,89;

b. ( ) 18% e $ 15,00;

c. ( ) 30% e $ 10,20;

d. ( ) 30% e $ 15,00;

e. ( ) 30% e $ 10,89.

6. Uma empresa apresenta os seguintes dados no orçamento do 2º semestre de 20X2:

Preço de Venda Unitário	$	33,40
Custo Variável Unitário	$	28,80
Custos Fixos	$	384.000,00

Para gerar o lucro operacional de $ 30.000,00 são necessárias:

a. ( ) 45.000 unidades;

b. ( ) 76.957 unidades;

c. ( ) 83.478 unidades;

d. ( ) 90.000 unidades;

e. ( ) 80.000 unidades.

7. A Cia. Roupas de Festa coloca no mercado seu produto principal ao preço unitário de $ 86,75, isento de IPI, mas com ICMS de 17%. O custo variável nessa produção alcança $ 54,00.

A Cia. está conseguindo vender 1.200 peças mensais, mas com isso não tem obtido lucros, apenas tem alcançado o ponto de equilíbrio. A firma acaba de obter uma redução de $ 9,00 por unidade fabricada no custo da mão de obra direta, mas só conseguirá reduzir o preço de venda para $ 79,52.

Se essa empresa produzir e vender, no mesmo mês, 2.000 unidades de seu produto nas condições especificadas, podemos dizer que obterá um lucro bruto de:

a. ( ) $ 2.400,00;

b. ( ) $ 20.400,00;

c. ( ) $ 21.600,00;

d. ( ) $ 29.440,00;

e. ( ) $ 42.000,00.

8. A Pedroso Ltda. está realizando um estudo de viabilidade econômica para Aloha Surf Ltda., uma pequena fábrica de pranchas de *surf*. Para tal, determinou o custo fixo anual de operação da fábrica em $ 1.500.000,00 e um custo unitário variável de $ 100,00. A Aloha pretende vender suas pranchas a um preço unitário de $ 200,00. De quantas unidades deve ser o ponto de equilíbrio (produção em que a receita total é igual ao custo total) anual da fábrica?

a. ( ) 100.000;

b. ( ) 75.000;

c. ( ) 50.000;

d. ( ) 20.000;

e. ( ) 15.000.

9. A Companhia ABC S.A. fabrica três produtos diferentes, e todos utilizam a mesma matéria-prima. Alguns dados dos produtos são apresentados a seguir.

III. (em Reais)

Produtos	Custos Variáveis	Custo Fixo	Custo Total	Preço de Venda	Matéria--prima
B	400/un.	150/un.	550/un.	800/un.	4 kg/un.
J	495/un.	120/un.	615/un.	1.000/un.	5 kg/un.
S	300/un.	100/un.	400/un.	700/un.	4 kg/un.

Em determinado mês, a empresa está com falta de matéria-prima, restando no estoque apenas 180 kg. Sabendo que a demanda normal para esses produtos é de 20 unidades mensais e que a comissão paga sobre vendas é de 10% do preço, para obter o maior lucro possível, a quantidade de unidades de cada produto a ser fabricada nessa semana será:

a. ( ) B = 20; J = 20; e S = 20;

b. ( ) B = 20; J = 8; e S = 20;

c. ( ) B = 15; J = 10; e S = 10;

d. ( ) B = 10; J = 20; e S = 20;

e. ( ) B = 0; J = 20; e S = 20.

10. A Companhia Diadema S.A. fabrica biscoitos e doces, vendidos nas regiões Norte e Nordeste. Alguns dados extraídos das demonstrações financeiras da empresa são:

Exercício 20X1

Unidades Produzidas	4.000
Unidades Vendidas	2.000
Preço unitário de venda	$ 10,00
Custos e Despesas:	
Matéria-prima consumida	$ 2,00/un.
Mão de obra direta	$ 3,00/un.
Custo indireto variável	$ 1,00/un.
Custo indireto fixo	$ 12.000/ano
Despesas fixas	$ 2.000/ano

Os resultados apurados pelo custeio variável e pelo custeio por absorção, em Reais, são, respectivamente:

a. ( ) prejuízo de $ 6.000; ausência de lucro e prejuízo;

b. ( ) prejuízo de $ 6.000; prejuízo de $ 8.000;

c. ( ) prejuízo de $ 8.000; lucro de $ 2.000;
d. ( ) lucro de $ 1.000; lucro de $ 3.000;
e. ( ) lucro de $ 6.000; lucro de $ 4.000.

11. Os custos fixos, pelo fato de existirem mesmo que não haja produção, não são considerados custo de produção no sistema de custeio direto, mas como:
a. ( ) investimento;
b. ( ) despesas;
c. ( ) custos variáveis;
d. ( ) lucro líquido;
e. ( ) gastos variáveis.

12. Os custos e despesas variáveis são aqueles que variam diretamente com a produção. São exemplos:
a. ( ) mão de obra indireta, custos fixos e investimento;
b. ( ) matéria-prima, comissão de vendas e transporte;
c. ( ) capital, matéria-prima e mão de obra;
d. ( ) mão de obra direta, matéria-prima e comissão de vendas;
e. ( ) vendas, matéria-prima e despesas fixas.

13. Os custos e despesas fixas são aqueles que não variam diretamente com o volume de produção. São exemplos:
a. ( ) aluguel de fábrica, salários de gerentes, honorários da diretoria etc.;
b. ( ) mão de obra direta, salários de gerentes, comissão de vendas etc.;
c. ( ) aluguel de fábrica, salários de gerentes, comissão de vendas etc.;
d. ( ) matéria-prima, transporte, aluguel de fábrica etc.;
e. ( ) salários de gerentes, comissão de vendas, honorários da diretoria etc.

14. A margem de contribuição é um instrumento de extrema importância que os gerentes usam para a análise do:
a. ( ) custo fixo e variável;
b. ( ) custo e despesas variáveis;
c. ( ) custeio direto e para tomada de decisões gerenciais;
d. ( ) preço de vendas e para tomada de decisões gerenciais;
e. ( ) custeio variável e para tomada de decisões gerenciais.

15. A expressão *ponto de equilíbrio* indica que:
    a. ( ) o nível de venda é maior que o prejuízo;
    b. ( ) o nível de prejuízo é maior que as vendas;
    c. ( ) o nível de vendas em que não há lucro nem prejuízo;
    d. ( ) o nível de prejuízo é igual ao investimento;
    e. ( ) o nível de venda é menor que o investimento.

16. A margem de segurança é um indicador de risco que aponta:
    a. ( ) a quantidade que as vendas podem cair antes de se ter prejuízo;
    b. ( ) a quantidade que as vendas podem aumentar para não se ter prejuízo;
    c. ( ) o valor do lucro em relação às vendas;
    d. ( ) o valor do prejuízo com relação às vendas novas;
    e. ( ) o resultado entre despesa e lucros obtidos.

17. Marque a opção que demonstra um ponto de crítica do processo de custeio por absorção:
    a. ( ) não oferece informações suficientes para a tomada de decisões, já que muitas das decisões se baseiam em análise separada dos custos fixos e variáveis e não permitem análise do tipo relação custo/volume/lucro;
    b. ( ) os custos dos produtos sempre poderão ser comparados em bases unitárias quando houver alterações no volume de produção;
    c. ( ) não dificulta o controle orçamentário e a determinação de padrões;
    d. ( ) oferece informações suficientes para a tomada de decisões;
    e. ( ) não demonstra índices de liquidez mais reais.

18. Marque a opção que demonstra um ponto positivo do processo de custeio variável:
    a. ( ) os custos dos produtos podem ser comparados em bases unitárias, mas sempre dependendo do volume de produção;
    b. ( ) facilita o tempo e o trabalho despendidos, tornando mais prática a apuração e a apresentação de informações;
    c. ( ) melhor controle dos custos fixos por se apresentarem sempre junto aos demais nas demonstrações;
    d. ( ) são burocráticos a elaboração e o controle de orçamentos e a determinação e o controle de padrões;
    e. ( ) não fornece instrumentos de controle gerencial.

19. Marque a opção que demonstra uma crítica em relação ao custeio variável:
    a. ( ) não prejudica a análise por parte dos credores no que se refere aos índices de liquidez e capital circulante líquido;
    b. ( ) considera os custos fixos na determinação do preço de venda;
    c. ( ) os custos fixos são completamente fixos e os variáveis são completamente variáveis;
    d. ( ) no Brasil é aceito pelo Fisco;
    e. ( ) fere o princípio contábil da confrontação das receitas com os custos que contribuem para sua obtenção.

20. Assinale a opção que demonstra a principal vantagem do custeio variável:
    a. ( ) não considera os custos fixos na determinação do preço de venda;
    b. ( ) impede que aumentos de produção que não correspondam a aumentos de vendas distorçam o resultado;
    c. ( ) melhor controle dos custos fixos por se apresentarem separadamente nas determinações;
    d. ( ) fornece mais instrumentos de controle gerencial;
    e. ( ) no Brasil é aceito pelo Fisco.

21. Assinale a afirmativa correta:
    a. ( ) a margem de segurança está diretamente ligada ao ponto de equilíbrio contábil;
    b. ( ) a margem de segurança não está relacionada ao ponto de equilíbrio;
    c. ( ) a margem de segurança leva em conta somente o ponto de equilíbrio econômico;
    d. ( ) a margem de segurança não leva em consideração o ponto de equilíbrio financeiro se não existirem despesas desembolsáveis;
    e. ( ) a margem de segurança não guarda relação com ponto de equilíbrio, seja ele contábil, financeiro ou econômico.

22. Considerando a análise das relações entre custo, volume e lucro, assinale a opção correta:
    a. ( ) a quantidade de equilíbrio varia de forma diretamente proporcional ao custo unitário do produto;
    b. ( ) o ponto de equilíbrio determina o momento em que a receita bruta obtida com as vendas se iguala ao total dos custos variáveis de produção;

c. ( ) a margem de contribuição é obtida pela diferença entre a receita bruta e os custos fixos e variáveis;

d. ( ) as variações no lucro dependem sempre das variações nos preços dos produtos vendidos;

e. ( ) dada uma variação percentual no volume de vendas, a variação percentual esperada no lucro operacional da empresa deve ser calculada pela variação nas vendas dividida pelo índice de alavancagem.

23. No ano de 2015, a Cia. Cotia produziu 248 unidades do produto C a um custo total de $ 124.000. Considerando o custo unitário variável de $ 420 e o preço de venda unitário de $ 580, indique a quantidade do produto C que a empresa deve produzir e vender por ano, antes do Imposto de Renda e Contribuição Social, para que seja alcançado seu Ponto de Equilíbrio Contábil.

a. ( ) 108 unidades;

b. ( ) 116 unidades;

c. ( ) 136 unidades;

d. ( ) 124 unidades;

e. ( ) 135 unidades.

24. A Indústria Kinkilharias S.A. fabrica e vende cinco produtos diferentes. A seguir, é apresentado o quadro de valores unitários da empresa, em reais, considerando que são produzidas e vendidas 2.000 unidades de cada produto por mês.

Modelo	Matéria-prima	Mão de Obra Direta	Custos Indiretos Variáveis	Custos Indiretos Fixos	Soma de Todos os Custos	Preço de Venda Unitário	Lucro Unitário
ALFA	15,00	20,00	10,00	60,00	105,00	150,00	45,00
BETA	20,00	30,00	15,00	80,00	145,00	200,00	65,00
DELTA	13,00	16,00	16,00	80,00	125,00	160,00	35,00
ÉPSILON	19,00	28,00	18,00	100,00	165,00	190,00	25,00
GAMA	17,00	24,00	14,00	110,00	165,00	210,00	45,00

Com base nos dados acima, o produto que apresenta a maior margem de contribuição unitária é:

a. ( ) ALFA;

b. ( ) GAMA;
c. ( ) DELTA;
d. ( ) ÉPSILON;
e. ( ) BETA.

25. Em relação aos critérios de custeio por absorção e direto ou variável, afirma-se que o critério de custeio:
    a. ( ) por absorção exige que a avaliação dos estoques seja feita pelo método do custo médio ponderado;
    b. ( ) por absorção leva em conta, na apuração do custo de produção, todos os custos incorridos no período;
    c. ( ) por absorção não é aceito, para fins de apuração dos custos de produção, pela fiscalização no Brasil;
    d. ( ) variável agrega os custos fixos ao custo de produção pelo emprego do rateio recíproco;
    e. ( ) adotado é indiferente, para efeito de apuração de resultados industriais, pois ambos apresentam o mesmo custo unitário.

26. A Indústria Stamp fabrica três modelos de seu único produto. Em julho, ocorreu um defeito em uma das máquinas operadoras, reduzindo em 15% a sua capacidade máxima instalada de 81.000 horas/máquina. Num período produtivo normal, operando à plena capacidade instalada, foram anotados os seguintes dados da produção:

Modelo	Matéria-prima unitária	Mão de obra direta unitária	Custos Indiretos Variáveis Unitários	Horas/máquina por unidade	Volume de vendas	Preço de Venda unitário (reais)
A	120,00	100,00	70,00	1,5 h/m	14.000	410,00
B	130,00	80,00	60,00	2,5 h/m	12.000	400,00
C	140,00	90,00	80,00	3,0 h/m	10.000	480,00

Considere:

- os custos fixos que montam a R$ 3.300.000,00 por mês;
- o novo plano de produção decorrente da limitação existente;
- a redução do volume de horas/máquina disponível no processo produtivo;
- o conceito do fator limitante e da margem de contribuição.

Qual o modelo do produto a ser sacrificado, e quantas unidades dele devem ser produzidas, na limitação ocorrida?

a. ( ) A e 5.900;

b. ( ) B e 4.860;

c. ( ) B e 7.140;

d. ( ) C e 4.050;

e. ( ) C e 4.500.

27. No critério de custeio variável só são apropriados aos produtos os custos variáveis, ficando os custos fixos separados e:

a. ( ) considerados despesas do período;

b. ( ) alocados aos produtos por um critério de rateio;

c. ( ) alocados aos produtos por meio de rastreadores;

d. ( ) atribuídos aos produtos proporcionalmente;

e. ( ) atribuídos aos produtos por direcionadores.

28. A empresa Caruaru fabrica atualmente três produtos, de acordo com as informações apresentadas na tabela a seguir.

Produtos	Horas/máquina necessárias para uma unidade de produto	Margem de contribuição unitária	Margem de contribuição por horas/máquina
branco	6 horas	$ 36,00	$ 6,00
laranja	4 horas	$ 28,00	$ 7,00
verde	2 horas	$ 20,00	$ 10,00

A capacidade total de horas/máquina necessária e a produção máxima semanal para satisfazer a demanda estão explicitadas na tabela seguinte.

Produtos	Horas/máquina	Demanda máxima semanal
branco	900	150 un.
laranja	600	150 un.
verde	300	150 un.

Considerando que a capacidade das máquinas é limitada em 1.732 horas semanais e que o *mix* de produção é função da capacidade das máquinas e da demanda de mercado, o *mix* que maximiza os resultados, na sequência de classificação dos produtos, é:

a. ( ) branco 142 unidades; verde 150 unidades; laranja 150 unidades;

b. ( ) branco 142 unidades; laranja 150 unidades; verde 150 unidades;

c. ( ) laranja 150 unidades; branco 142 unidades; verde 150 unidades;

d. ( ) verde 150 unidades; laranja 150 unidades; branco 142 unidades;

e. ( ) branco 150 unidades; laranja 150 unidades; verde 142 unidades.

29. A Cia. de Camisas pretende elaborar a Demonstração de Resultado do Exercício pelo método do custeamento por absorção e pelo custeamento variável. Para isso, irá utilizar as informações a seguir.

Preço de venda	$ 20,00
Custos variáveis de produção	$ 6,00
Custos variáveis comerciais (variam conforme unidades vendidas)	$ 2,00
Custos fixos	$ 60.000,00/mês
Volume mensal de produção	30.000
Volume mensal de vendas	20.000

Diante do exposto, o lucro mensal da Cia. das Camisas pelo custeamento por absorção e pelo custeamento variável é igual a, respectivamente:

a. ( ) $ 200.000,00 e $ 180.000,00;

b. ( ) $ 216.000,00 e $ 236.000,00;

c. ( ) $ 240.000,00 e $ 180.000,00;

d. ( ) $ 240.000,00 e $ 220.000,00;

e. ( ) $ 344.000,00 e $ 234.000,00.

30. Suponha que determinada empresa atinge seu ponto de equilíbrio contábil (lucro zero) vendendo 250 unidades de seu produto, conforme discriminado na tabela abaixo.

Demonstração do lucro (no ponto de equilíbrio)		
Vendas: 250 unidades a $ 8,00	$ 2.000	100%
(–) Custos variáveis: 250 unidades a $ 2,00	$ 500	25%
(–) Despesas variáveis: 250 unidades a $ 0,80	$ 200	10%
= Lucro marginal	$ 1.300	65%
(–) Custos fixos	($ 1.300)	65%
= Lucro operacional	$ 0	0%

A empresa deseja avaliar o impacto de aumentar, simultaneamente, no próximo período, os custos fixos para $ 1.500, o preço de venda unitário para $ 10, o custo variável por unidade para $ 4 e as despesas variáveis para $ 1,00. Além disso, ela deseja alcançar lucro operacional de $ 500.

Considerando que essa empresa implemente todas as alterações projetadas para o próximo período, para atingir seu novo ponto de equilíbrio (econômico), ela deverá vender:

a. ( ) 260 unidades;

b. ( ) 300 unidades;

c. ( ) 360 unidades;

d. ( ) 400 unidades;

e. ( ) 600 unidades.

31. A empresa Uberlândia acumula vendas no valor de $ 1.000.000,00, obtendo um lucro bruto de $ 200.000,00. O preço de venda do único produto produzido pela empresa é de R$ 1.000,00 e o seu custo unitário variável é de $ 300,00.

Nessa situação, o grau de alavancagem operacional da empresa Uberlândia é igual a:

a. ( ) 5,5;

b. ( ) 5,0;

c. ( ) 4,5;

d. ( ) 4,0;

e. ( ) 3,5.

32. Uma empresa fabrica dois produtos. O produto X corresponde a 75% das vendas e o produto Y a 25% das vendas. O produto X é vendido por $ 40,00, tendo custos e despesas variáveis de $ 20,00 e custos e despesas fixas de $ 4,00. O produto Y é vendido por $ 30,00, tendo custos e despesas variáveis de $ 14,00 e custos e despesas fixas de $ 6,00.

    Sob essas condições, a margem de contribuição conjunta para os produtos X e Y será de:

    a. ( ) $ 14,50;
    b. ( ) $ 19,00;
    c. ( ) $ 23,00;
    d. ( ) $ 23,50;
    e. ( ) $ 37,50.

33. A Gráfica Paraguaçu pretende comercializar a Revista Contábil no mercado brasileiro. Os gestores da empresa estimam gastos variáveis de $ 1,50 por revista processada e gastos fixos na ordem de $ 100.000,00 por mês. Por outro lado, os gestores comerciais esperam obter $ 1,00 por revista comercializada, além de $ 130.000,00 mensais relativos à receita de publicidade.

    Permanecendo as demais condições constantes, para alcançar um lucro de $ 10.000,00 por mês, será necessário comercializar:

    a. ( ) 220.000 assinaturas;
    b. ( ) 80.000 assinaturas;
    c. ( ) 60.000 assinaturas;
    d. ( ) 40.000 assinaturas;
    e. ( ) 20.000 assinaturas.

34. A margem de contribuição pode ser conceituada como a(o):

    a. ( ) diferença: receita menos a soma de custos e despesas variáveis;
    b. ( ) alternativa não utilizada numa análise de projetos;
    c. ( ) divisão do lucro pela receita;
    d. ( ) soma de custos variáveis e despesas variáveis;
    e. ( ) resultado da expressão: receita – custos variáveis + custos fixos.

35. A Indústria Machado Ltda. fabrica 10.000 caixas de arruelas por mês. Por meio de uma pesquisa, verificou o seguinte: se vender a R$ 20,00 a caixa, conseguirá vender 80% da produção; se vender a R$ 19,00 a caixa, conseguirá vender 10% a mais; se vender a R$ 18,00, poderá vender 10% a mais do que o volume anterior; e, se vender a R$ 17,00, poderá vender toda a produção. Verificou, também, que, se vier a vender a caixa por R$ 15,00, poderá vender 2.000 unidades a mais do que produz hoje.

Sabendo que os custos e despesas variáveis somam R$ 10,00 por caixa e que os custos e despesas fixos totalizam R$ 50.000,00 por mês, o preço de venda que trará a maior lucratividade possível à empresa é, em reais, de:

a. ( ) 17,00;

b. ( ) 18,00;

c. ( ) 19,00;

d. ( ) 20,00;

e. ( ) 21,00.

36. Uma sociedade empresária produz um produto com preço de venda de R$ 10,00 por unidade. Os custos variáveis são R$ 8,00 por unidade e os custos fixos totalizam R$ 18.000,00 por ano, dos quais R$ 4.000,00 são relativos à depreciação. O patrimônio líquido da empresa é de R$ 50.000,00 e a sua taxa mínima de atratividade é de 10% ao ano.

Os pontos de equilíbrio contábil, econômico e financeiro são, respectivamente:

a. ( ) 9.000 unidades por ano, 11.500 unidades por ano e 7.000 unidades por ano;

b. ( ) 9.000 unidades por ano, 11.500 unidades por ano e 9.500 unidades por ano;

c. ( ) 9.000 unidades por ano, 7.000 unidades por ano e 9.500 unidades por ano;

d. ( ) 9.000 unidades por ano, 9.500 unidades por ano e 7.000 unidades por ano;

e. ( ) 9.000 unidades por ano, 8.500 unidades por ano e 8.000 unidades por ano.

37. No primeiro trimestre de 2014, uma Indústria concluiu a produção de 600 unidades de um produto, tendo vendido 400 unidades ao preço unitário de R$ 120,00. No mesmo período, foram coletadas as informações abaixo:

Custo Variável Unitário	R$ 20,00
Total de Custos Fixos	R$ 18.000,00
Despesas Variáveis de Vendas	R$ 2,00 por unidade
Estoque Inicial de Produtos Acabados	R$ 0,00

Com base nas informações anteriores, feitas as devidas apurações, o Custo dos Produtos Vendidos calculado, respectivamente, por meio do custeio por absorção e do custeio variável, alcançou os seguintes valores:

a. ( ) $ 18.000,00 e $ 8.000,00;

b. ( ) $ 18.000,00 e $ 8.800,00;

c. ( ) $ 20.000,00 e $ 8.000,00;

d. ( ) $ 20.000,00 e $ 8.800,00;

e. ( ) $ 21.000,00 e $ 9.000,00.

38. Uma sociedade empresária apresentou os seguintes dados:

Vendas	R$ 375.000,00
Custo Variável	R$ 200.000,00
Despesas Variáveis	R$ 45.000,00
Custos Fixos Totais	R$ 100.000,00

Com base nesses dados, a margem de contribuição total é:

a. ( ) $ 30.000,00;

b. ( ) $ 130.000,00;

c. ( ) $ 175.000,00;

d. ( ) $ 230.000,00;

e. ( ) $ 75.000,00.

39. Num determinado período de produção dos modelos de um de seus produtos, uma indústria apurou e apresentou as informações a seguir.

Elementos	Modelo Leve	Modelo Médio
Produção em unidades	50.000	40.000
Matéria-prima R$/unidade	20,00	25,00
Mão de obra direta R$/unidade	2,00	3,00
Custos indiretos R$/unidade atual	1,40	1,95

Informações adicionais da indústria:

Estimativa de aumento da produção: 40% do Modelo Leve e 30% do Modelo Médio.

Expectativa de unidades vendidas: 90% do Modelo Leve e 85% do Modelo Médio.

A indústria adota o método de custeio por absorção em toda a linha.

O estoque inicial de produtos acabados inexiste.

Considerando exclusivamente as informações recebidas, o custo do estoque de cada modelo, após o aumento da produção, é, em reais, respectivamente,

a. ( ) 163.800,00 e 233.610,00;

b. ( ) 161.000,00 e 233.610,00;

c. ( ) 161.000,00 e 230.100,00;

d. ( ) 154.000,00 e 218.400,00;

e. ( ) 151.000,00 e 223.000,00.

40. O custeio variável fundamenta-se na ideia de que custos e despesas apuráveis por esse método são aqueles identificados diretamente com a atividade produtiva e vendas que sejam variáveis em relação ao volume produzido e vendido. Custos fixos e despesas fixas, isto é, os que variam apenas em função do nível da capacidade instalada da empresa, são gastos incorridos e considerados apenas no Demonstrativo de Resultado Econômico (DRE) Gerencial.

Na preparação da DRE Gerencial, são variáveis os gastos com:

a. ( ) depreciações de equipamentos produtivos;

b. ( ) matérias-primas utilizadas na produção;

c. ( ) encargos sociais da mão de obra fixa;

d. ( ) honorários da diretoria da empresa;

e. ( ) aluguéis de imóveis.

41. O ponto de equilíbrio financeiro, um dos indicadores obtidos pela análise custo-volume-lucro, também chamada de análise do ponto de equilíbrio, é obtido em volume de unidades produzidas pela relação existente entre despesas e custos fixos totais desembolsáveis e a margem de contribuição unitária.

ASSAF NETO, A.; LIMA, F. G. *Fundamentos de administração financeira*. São Paulo: Atlas, 2010, p. 123 (adaptado).

Um fabricante vende seus produtos a R$ 20,00 a unidade. Seus custos fixos operacionais são de R$ 1 000,00 por mês, incluídos R$ 100,00 de depreciações. Ele amortiza, mensalmente, R$ 100,00 de financiamentos e sua empresa tem custo variável de R$ 10,00 por unidade produzida. Sob essas condições, o ponto de equilíbrio financeiro ocorrerá quando o nível de produção chegar a:

a. ( ) 120 unidades;

b. ( ) 110 unidades;

c. ( ) 100 unidades;

d. ( ) 90 unidades;

e. ( ) 80 unidades.

42. Após estudos realizados pelo departamento de custos de uma empresa, detectou-se que o ponto de equilíbrio de um produto é de 1.000 unidades vendidas por mês. A tabela apresentada a seguir evidencia tal resultado.

Demonstração do lucro pelo ponto de equilíbrio contábil	
CONTA	**TOTAL (R$)**
Vendas (1.000 unidades vendidas a R$ 8,00 cada uma)	8.000,00
(–) Custos Variáveis (1.000 unidades a R$ 2,00 cada uma)	2.000,00
(–) Despesas Variáveis (1.000 unidades a R$ 1,00 cada uma)	1.000,00
(=) Margem de Contribuição	5.000,00
(–) Custos e Despesas Fixas para o período	5.000,00
(=) Lucro Operacional	0

Diante da necessidade de alavancar seus resultados econômicos, a empresa pretende comprar um novo equipamento para melhorar a qualidade de fabricação do referido produto. Entretanto, a aquisição desse novo equipamento provocará aumento no preço de venda unitário para R$ 10,00; nos custos fixos, para R$ 7.000,00; nos custos variáveis por unidade, para R$ 2,50; nas despesas variáveis, para R$ 1.50; e ainda se deseja auferir um lucro de R$ 2.000,00.

A partir das alterações provocadas pela aquisição do novo equipamento, para atingir seu ponto de equilíbrio econômico a empresa deverá vender quantas unidades do produto?

a. ( ) 1.000;

b. ( ) 1.200;

c. ( ) 1.400;

d. ( ) 1.500;

e. ( ) 1.800.

43. A Empresa Três Corações Ltda., de comercialização de doces, pretende adotar um controle de custos. Sabe-se que o método de custeio por absorção e o método de custeio variável são os indicados para tais necessidades.

A tabela a seguir resume as informações necessárias para as decisões a serem tomadas.

Preço de Venda por unidade	R$ 10,00
Custos Variáveis de produção por unidade	R$ 2,00
Custos Fixos por mês	R$ 50.000,00
Despesas Variáveis por unidade vendida	R$ 2,00
Volume Mensal de Produção	50.000 unidades
Volume Mensal de Vendas	30.000 unidades

Nesse caso, o lucro mensal da empresa, calculado pelo método de custeio por absorção e pelo método de custeio variável, é igual, respectivamente, a:

a. ( ) R$ 100.000,00 e R$ 180.000,00;

b. ( ) R$ 150.000,00 e R$ 130.000,00;

c. ( ) R$ 210.000,00 e R$ 240.000,00;

d. ( ) R$ 240.000,00 e R$ 220.000,00;

e. ( ) R$ 244.000,00 e R$ 234.000,00.

44. A Empresa Três Pontas Ltda. fabrica dois tipos de produtos, A e B. O preço de venda do produto A é R$ 120,00 e o de B é R$ 100,00. A tabela a seguir apresenta a planilha da distribuição dos custos por rateio, por quantidade produzida no mês de julho, nessa empresa.

Tabela de Custos	Produto A	Produto B
Quantidade produzida	6.000	2.000
Custos Diretos		
Matéria-prima	R$ 300.000,00	R$ 80.000,00
Embalagem	R$ 60.000,00	R$ 40.000,00
Custos Indiretos	R$ 132.000,00	R$ 44.000,00
(=) Custo Total	R$ 492.000,00	R$ 164.000,00

Com base nessas informações, o gestor comercial da empresa emitiu um laudo técnico sobre cada produto. Avalie as conclusões do gestor comercial a seguir.

I. Os produtos A e B possuem o mesmo custo unitário.

II. O produto A tem margem de contribuição maior que o produto B.

III. O produto B, no rateio por quantidade, arca com 33% dos custos indiretos.

É correto o que se afirma em:

a. ( ) II apenas;
b. ( ) III apenas;
c. ( ) I e II, apenas;
d. ( ) I e III, apenas;
e. ( ) I, II e III.

45. A Empresa Simões Crepaldi vende seu produto ao preço de R$ 7,00 a unidade. Os relatórios financeiros apresentam Custo Variável Unitário de R$ 2,00 e Custo e Despesas Fixas de R$ 150.000,00, sendo a alíquota do Imposto de Renda igual a 30%. Nessa situação, para obter um lucro líquido de R$ 31.500,00, a empresa deverá vender o correspondente a:

a. ( ) R$ 273.000,00;
b. ( ) R$ 210.000,00;
c. ( ) R$ 195.000,00;
d. ( ) R$ 150.000,00;
e. ( ) R$ 78.000,00.

46. A análise do ponto de equilíbrio da empresa revela o nível de vendas necessário para cobrir as despesas ocupacionais. Nesse sentido, é possível avaliar a rentabilidade associada aos níveis de vendas da empresa.

O ponto de equilíbrio é calculado pela fórmula a seguir:

$$\text{ponto de equilíbrio} = \frac{\text{custo}}{\text{preço de venda unitário} - \text{custo variável unitário}}.$$

Utilizando essa fórmula, o gerente financeiro de uma empresa quer verificar qual será o efeito, sobre o ponto de equilíbrio, do aumento ou diminuição, separadamente, do custo operacional fixo, do preço do produto e do custo variável unitário, bem como de todas as variáveis ao mesmo tempo.

Considerando essa situação, avalie as afirmações a seguir.

I. Se apenas o custo operacional fixo aumentar, o ponto de equilíbrio da firma será reduzido, uma vez que o custo operacional fixo não afeta os meios de produção da empresa.

II. Se apenas o preço do produto da empresa aumentar, o ponto de equilíbrio da firma será reduzido, porque será possível vender quantidade menor de produtos para cobrir as despesas operacionais.

III. Se apenas o custo variável unitário da empresa aumentar, o ponto de equilíbrio da firma aumentará, dado que o gasto com insumos será maior na linha de produção.

IV. Se o custo operacional fixo, o preço do produto e o custo variável unitário da empresa aumentarem, simultaneamente, o ponto de equilíbrio da firma não será alterado.

É correto apenas o que se afirma em:

a. ( ) I;

b. ( ) II;

c. ( ) I e IV;

d. ( ) II e III;

e. ( ) III e IV.

47. A Indústria Xanxerê Ltda. produziu 50.000 unidades do produto X em setembro de 2009. No mesmo período, incorreu nos seguintes custos:

Matéria-prima	R$ 156.000,00
Mão de obra direta	R$ 112.000,00
Outros custos diretos	R$ 50.000,00
Custos fixos do mês	R$ 285.000,00

Sabendo que as vendas do mês montaram a 48.150 unidades do produto X, o saldo da conta Produtos Acabados da Indústria Xingu, pelo critério do custeio variável, em setembro, foi, em reais, de:

a. ( ) 22.311,00;

b. ( ) 18.000,00;

c. ( ) 11.868,00;

d. ( ) 11.766,00;

e. ( ) 10.545,00.

Gabarito

1. (a)	7. (b)	13. (a)	19. (e)	25. (b)	31. (e)	37. (c)	43. (b)
2. (d)	8. (e)	14. (e)	20. (b)	26. (c)	32. (b)	38. (c)	44. (c)
3. (c)	9. (e)	15. (c)	21. (a)	27. (a)	33. (d)	39. (c)	45. (a)
4. (a)	10. (a)	16. (a)	22. (a)	28. (d)	34. (a)	40. (b)	46. (d)
5. (d)	11. (b)	17. (a)	23. (d)	29. (a)	35. (d)	41. (c)	47. (d)
6. (d)	12. (d)	18. (b)	24. (b)	30. (d)	36. (a)	42. (d)	

Resolução de Questão Selecionada

47. Quantidade de produtos acabados em estoque ao final do mês de setembro = 50.000 – 48.150 = 1.850 unidades.

Saldo da conta Produtos Acabados = (1.850 / 50.000) × (156.000 + 112.000 + 50.000) = $11.766,00.

Observe que se devem excluir os custos fixos do mês na contabilização acima, pois trata-se de custeio variável.

Problemas

1. A Companhia de Tecidos Santos é dotada da seguinte estrutura de vendas, custos e despesas:

Preço de Venda:	$ 63,50/	metro
Custos e Despesas Variáveis:	$ 16,00/	metro
Custos e Despesas Fixas:	$ 38.000,00/	mensais

A capacidade de produção da empresa é de 15.000 metros/mês. O nível atual de operação é de 10.000 metros/mês.

Pede-se:

a. Calcular o PE em unidades e em valores monetários.

b. Elaborar o gráfico do Ponto de Equilíbrio.

c. Calcular a atual margem de segurança, identificando-a no gráfico.

d. Calcular o lucro operacional para a atual faixa de produção e vendas.

e. Um aumento de 2.000 metros na atual margem de segurança causará que efeito sobre o lucro?

f. Se conseguir uma redução de 20% sobre os custos e despesas fixas atuais, o que acontecerá com a margem de segurança em termos percentuais?

g. Caso a empresa deseje obter um lucro mensal de $ 21.850,00, quantos metros de tecido deverão ser produzidos e vendidos por mês para atingir esse montante?

h. Se a empresa desejar um aumento de 40% sobre seus lucros atuais, quanto deverá aumentar em quantidade de vendas? (Considerar para tanto que não haverá alteração dos atuais custos e despesas.)

i. Identificar o ponto de equilíbrio financeiro da Cia. Santos, sabendo que do total dos custos e despesas fixas mensais, $ 11.875,00 representam as depreciações dos equipamentos e instalações.

j. Caso a Cia. tivesse compromissos fixos mensais, por força de amortização de financiamentos anteriormente contratados, de $ 5.700,00, qual seria o ponto de equilíbrio financeiro nessa circunstância?

2. A Companhia Santa Helena S.A. é uma empresa líder no setor de produtos de cerâmica. No exercício encerrado em 31-12-20X1, apresentou os seguintes valores em sua demonstração de resultados:

Companhia Santa Helena S.A.

Exercício encerrado em 31-12-20X1

	(em Reais)
Vendas	16.268.000,00
(–) CPV	12.640.000,00
Resultado Bruto	3.628.000,00
(–) Desp. Vendas e Admin.	2.120.000,00
Resultado Operacional	1.508.000,00

Os custos fixos de fabricação da empresa correspondem a R$ 5.308.800,00 e as despesas fixas de vendas e administração representam $ 1.229.600,00.

A empresa havia produzido e vendido 83.000 unidades durante o ano, abaixo de sua capacidade total, que é de 100.000 unidades.

Em meados do segundo semestre, recebeu uma proposta para vender 15.000 unidades ao preço de $ 123,00 cada, para uma empresa do exterior. Todavia, o gerente de contabilidade da Companhia Santa Helena não apoiou o fechamento do negócio por entender que o preço do pedido não era suficiente para cobrir os custos de produção.

Sabendo que o custo variável unitário é de $ 88,33 e que a despesa variável unitária é de $10,73,

a. analise os motivos que levaram o gerente a não concordar com a proposta;
b. explique a abordagem mais adequada para subsidiar questões dessa natureza.

SOLUÇÃO:

Problema nº 2

a) A resposta do problema está no próprio enunciado da questão: "O gerente não apoiou o fechamento do negócio por entender que o preço do pedido não era suficiente para cobrir os custos de produção." Segundo seu entendimento, o preço não cobriria os custos de produção, gerando prejuízo para a empresa. Ele não deve ter levado em consideração que os custos e as despesas fixas não seriam alterados caso tivesse aceitado a oferta. Do mesmo modo, por se tratar de uma venda para o mercado externo, tal fato dificilmente ocasionaria uma insatisfação entre os clientes no mercado interno em virtude de a venda ter sido feita por um preço menor.

b) Quando existe capacidade ociosa, os custos e despesas fixas normalmente não variam quando uma empresa recebe um pedido que não necessite de um investimento adicional na capacidade instalada. Desse modo, a aceitação de um pedido como esse dependerá principalmente do preço que se pretende pagar, dos custos e das despesas variáveis. Caso o preço supere os custos e as despesas variáveis, a margem de contribuição unitária do pedido será positiva, o que determinará um aumento nos lucros.

Nessa questão temos:

Preço de venda unitário	123,00
(–) Custo variável unitário	(88,33)
(–) Despesa variável unitária	(10,73)
Margem de contribuição unitária	23,94

Margem de contribuição total = 23,94 × 15.000 = 359.100,00

Portanto, a aceitação do pedido geraria um aumento no lucro, na ordem de R$ 359.100,00.

3. A empresa Florianópolis produz cintos e bolsas. Os seguintes dados foram levantados em determinado período:

Itens	Cintos	Bolsas	Total
Preço de venda líquido por unidade	$ 15,00	$ 25,00	
Material direto por unidade	$ 12,00	$ 14,00	
Comissão sobre vendas por unidade	$ 1,00	$ 3,00	
Custos fixos identificados/mês	$ 50.000,00	$ 20.000,00	$ 70.000,00
Custos fixos comuns/mês			$ 100.000,00
Despesas administrativas/mês			$ 44.000,00
Volume mensal de produção e vendas	30.000 un.	20.000 un.	50.000 un.

Preocupados com o desempenho da empresa, seus gestores estão considerando a possibilidade de eliminar, de seu *mix*, o produto cinto. Para subsidiar a decisão dos gestores, foram solicitadas a você, na qualidade de contador de custos da empresa, algumas informações contábeis. Para atender à solicitação, responda:

a) Qual é o valor da Margem Bruta total de cada produto, sob a ótica do custeio por absorção, considerando que os custos fixos comuns são rateados aos produtos proporcionalmente à quantidade total produzida?

b) Qual é o valor da Margem Direta Total (2ª margem de contribuição) de cada modelo, sob a ótica do custeio direto?

c) Qual é o impacto da eliminação do produto cinto no resultado da empresa, tendo em vista que seus custos fixos identificados serão economizados?

Solução:

a) Margem Bruta Total

Itens	Cintos	Bolsas
Receita Líquida de Vendas	$ 450.000,00	$ 500.000,00
Custo dos Produtos Vendidos	($ 470.000,00)	($ 340.000,00)
Custo Variável Total	($ 360.000,00)	($ 280.000,00)
Custo Fixo Total	($ 110.000,00)	($ 60.000,00)
Margem Bruta Total	**($ 20.000,00)**	**$ 160.000,00**

b) Margem Direta Total (2ª margem de contribuição)

Itens	Cintos	Bolsas
Receita Líquida de Vendas	$ 450.000,00	$ 500.000,00
Custo Variável Total	($ 360.000,00)	($ 280.000,00)
Despesa Variável Total	($ 30.000,00)	($ 60.000,00)
Margem de Contribuição Total	$ 60.000,00	$ 160.000,00
Custos Fixos Identificados	($ 50.000,00)	($ 20.000,00)
Margem Direta Total	**$ 10.000,00**	**$ 140.000,00**

c) O impacto no resultado é uma redução do lucro da empresa no valor de R$ 10.000,00, correspondente ao valor da margem direta (2ª margem de contribuição) do produto cinto.

Custo-Padrão (*Standard*)

6

Objetivos

Os objetivos deste capítulo são:

» Fixar uma base de comparação entre o que ocorreu com o custo e o que deveria ter ocorrido.

» Mostrar e justificar que, se o custo-padrão for fixado considerando metas difíceis mas não impossíveis de serem alcançadas, acabará por funcionar como alvo e desafio realmente de todo pessoal, com mais ênfase ainda se tiver sido firmado com a participação dos responsáveis pela produção.

» Analisar as comparações e eliminar as divergências.

6.1 Custo-padrão

Os custos são apropriados à produção, não pelo seu valor efetivo (ou real), mas por uma estimativa do que deveriam ser (custo-padrão). Podem ser utilizados quer a empresa adote o custeio por absorção, quer o custeio variável.

As diferenças entre custo-padrão e custo real são objeto de análise da contabilidade de custos, com o objetivo de controle dos gastos e medida de eficiência. O custo-padrão diferencia-se do custo orçado porque este não procura determinar detalhes sobre componentes do custo total; o custo-padrão obedece a um processo criterioso de elaboração e análise, capaz de fornecer as informações necessárias.

6.2 Objetivos

Antes de estudarmos a sistemática a ser observada para a apuração e determinação do custo-padrão, devemos ter em mente que sua finalidade básica é proporcionar um instrumento de controle à administração da empresa. Nesse sentido, podemos dizer que controle significa tomar conhecimento de uma determinada realidade, compará-la com aquilo que deveria ser, em termos ideais, identificar oportunamente os desvios e tomar providência no sentido da correção de tais desvios. A maior utilidade do custo-padrão é servir como parâmetro para o controle dos custos reais e como instrumento para a empresa detectar suas ineficiências.

Analisando esse conceito de controle, podemos perceber que nenhum sistema de custo permite, por si só, controlar os custos de uma empresa. Isso ocorre porque a fase mais importante é a tomada de decisões com o objetivo de corrigir os desvios.

Assim, a contabilidade de custos é um instrumento que tem por objetivo proporcionar à administração informações oportunas que lhe possibilitem a tomada de decisões ótimas.

6.3 Conceito

Custo-padrão é um custo estabelecido pela empresa como meta para os produtos de sua linha de fabricação, levando em consideração as características tecnológicas do processo produtivo de cada um, a quantidade e os preços dos insumos necessários para a produção e o respectivo volume desta.

A determinação do custo-padrão é feita com base nos padrões reais de produção. O sistema de custo-padrão é utilizado principalmente para manter o controle dos custos reais. As variações obtidas são apropriadas ao resultado do exercício e estoques.

6.4 Fixação dos padrões

Há quatro tipos de padrões:

- **Básicos**. Não há mudanças de período a período. Elas formam a base com a qual o período posterior será comparado. Não se consideram, entretanto, as mudanças no meio ambiente, o que as torna uma base irrealista.
- **Eficiência máxima**. São os padrões perfeitos, que assumem as condições ideais. Realisticamente, podem ocorrer algumas ineficiências.
- **Atingível normalmente**. Baseiam-se em atividade eficiente. São objetivos viáveis, mas difíceis de atingir. Ocorrências normais, como defeitos previstos nos equipamentos, são consideradas no cálculo dos padrões atingíveis.
- **Esperados**. São números esperados, os quais devem ser muito próximos dos números reais.

Você deve basear os padrões na situação que estiver sendo apreciada. Eis alguns exemplos de como combinar os padrões com situações particulares:

Situação	***Padrão***
Redução de custo	justo
Política de preço	realista
Produtos de alta qualidade	perfeito

6.5 Tipos de custo-padrão

1. Ideal.
2. Estimado.
3. Corrente.

O ***Custo-padrão Ideal*** é um custo determinado da forma mais científica possível pela engenharia de produção da empresa, dentro de condições ideais de qualidade dos materiais, de eficiência da mão de obra, com o mínimo de desperdício de todos os insumos envolvidos. Pode ser considerado uma meta de longo prazo da empresa. Entretanto, a curto prazo, por existirem na prática deficiências no uso e na qualidade dos insumos, apresenta muita dificuldade de ser alcançado. Supõe a utilização com a máxima eficiência dos recursos produtivos (MD, MOD e CIF) e não leva em consideração desperdícios normais de MD, diminuições no ritmo de trabalho dos funcionários, possíveis quebras de equipamentos. Na prática, é difícil de ser atingido.

O ***Custo-padrão Estimado*** é aquele determinado simplesmente por meio de uma projeção, para o futuro, de uma média dos custos observados no passado, sem nenhuma preocupação em avaliar se ocorreram ineficiências na produção (por exemplo, se o nível de desperdício dos materiais poderia ser diminuído, se a produtividade da mão de obra poderia ser melhorada, se os preços pagos pelos insumos poderiam ser menores etc.).

O ***Custo-padrão Corrente*** situa-se entre o Ideal e o Estimado. Ao contrário deste último, para fixar o Corrente a empresa deve proceder a estudos para uma avaliação da eficiência da produção. Por outro lado, ao contrário do Ideal, leva em consideração as deficiências que reconhecidamente existem, mas que não podem ser sanadas pela empresa, pelo menos a curto e médio prazos, tais como as relativas a materiais comprados de terceiros, inexistência de mão de obra especializada e outras similares. Este tipo de Custo-padrão pode ser considerado um objetivo de curto e médio prazos da empresa e é o mais adequado para fins de controle. Leva em consideração um desempenho passível de ser alcançado, considerando perdas de MD, queda na produtividade dos funcionários, possíveis quebras nos equipamentos. Na prática, é usado o Custo-padrão Corrente.

O Custo Real é o custo efetivo incorrido pela empresa num determinado período de produção. Se o custo real for superior ao custo-padrão, a variação (diferença) aí ocorrida será considerada DESFAVORÁVEL, uma vez que o custo efetivo foi maior que o estabelecido como meta para a empresa. Se ocorrer o contrário, o custo real ser inferior ao custo-padrão, a variação será considerada FAVORÁVEL, uma vez que a empresa apresentou custo menor que o estabelecido como meta.

Como se pode perceber nessas definições, o custo-padrão é um instrumento muito poderoso para que a empresa tenha controle sobre seus custos, comparando os que deveriam ser (custo-padrão) com os que efetivamente ocorreram (custo real). Dessa comparação, a empresa, ao analisar as razões das diferenças entre os dois tipos de custo, pode descobrir se está utilizando um volume maior de materiais do que deveria, se pagou preço adequado por esses materiais, se está havendo um volume grande de estragos e perdas além do que se poderia esperar, se a produtividade da mão de obra está aumentando ou diminuindo etc. Além disso, o que é talvez mais importante, ao detectar as ineficiências, a empresa terá diante de si um quadro adequado para determinar de que forma poderá cortar custos e aumentar sua lucratividade.

6.6 Custeio-padrão

Pelo exposto no item precedente, ficou claro que a maior utilidade do custo-padrão é servir como parâmetro para o CONTROLE dos custos reais e como instrumento para a empresa detectar suas ineficiências.

Para atingir esse objetivo, não há necessidade de o custo-padrão servir de base para os lançamentos contábeis da empresa. A comparação entre o custo real e o padrão pode ser feita de forma extracontábil, por meio de relatórios especiais.

Entretanto, há empresas que preferem controlar as variações entre o custo real e o padrão na própria contabilidade. Existem várias maneiras de fazer isso, e essas formas de custeamento são denominadas custeio-padrão.

Uma das formas de custeio-padrão consiste em registrar todos os custos pelos seus valores-padrão nas contas referentes aos Produtos em Elaboração e controlar as variações entre o real e o padrão em contas especiais.

Custo-padrão ou custo *standard* é aquele determinado, *a priori*, como o custo normal de um produto.

O valor-padrão de custo é determinado a partir de padrões técnicos de produção, que são definidos mediante a quantificação do consumo de materiais, mão de obra e outros gastos necessários à fabricação de uma unidade de produto.

A quantificação do consumo de materiais engloba todos os materiais necessários, tais como a matéria-prima propriamente dita, materiais auxiliares que compõem o produto e ainda material de embalagem normal. É feita por meio de pesagem e/ou medição desses materiais para uma unidade de produto, levando em conta as quebras e perdas normais do processo.

Os padrões técnicos de mão de obra são quantificados por cronometragem de tempo das operações produtivas, segundo princípios estatísticos de amostragem, tendentes a conferir a esses tempos elevado grau de exatidão.

Em vista dos custos elevados que um setor de cronometragem acarreta em certas empresas, pode-se optar por tempos reais apontados em operações de produção no passado, tomando as médias desses tempos como padrões para o futuro, desde que esses tempos reais sejam cuidadosamente examinados quanto à sua representatividade.

Os padrões técnicos de produção devem ser revisados sempre que ocorrerem mudanças no processo de fabricação.

Os valores-padrão de custo são obtidos valorizando os padrões técnicos, isto é, multiplicando as quantidades pelos respectivos custos-padrão. Dependendo de fatores de política ou de disponibilidade de informação, as taxas aplicáveis aos padrões de materiais, para obtenção dos valores de custo-padrão respectivos, poderão ser os preços pagos nas últimas compras efetuadas de cada material, ou os preços em vigor no início do exercício.

As taxas horárias aplicáveis aos padrões técnicos de mão de obra baseiam-se na expectativa de horas-homem de trabalhos normais, ou de calendário, no exercício, levando, naturalmente, em conta uma margem para férias e absenteísmo, por centro de custo. Essas taxas horárias são de dois tipos:

a. taxa horária de mão de obra e encargos, geralmente por centro de custo produtivo;
b. taxa horária de custos indiretos de fabricação, geralmente também por centro de custo produtivo.

A primeira é calculada computando o custo normal de mão de obra e os respectivos encargos, por centro de custo, o que implica seu desdobramento em tantas taxas horárias quantos forem os centros de custo produtivos.

A segunda deriva do cômputo de custos indiretos de fabricação, tais como a depreciação do equipamento industrial, a manutenção normal desses equipamentos por centro de custo, bem como a parte proporcional, que cabe a cada centro, de gastos como a supervisão geral da fábrica, o custo de programação e controle de produção, o custo de centros auxiliares e depreciação de edifícios e instalações. Também se desdobra na quantidade dos centros de custo produtivos.

Todas as taxas de custo-padrão são atualizadas, em geral, no início de cada exercício. Em sua determinação é levada em conta, muitas vezes, a condição inflacionária da economia, definindo-se taxas-padrão correspondentes ao custo normal do meio do exercício. Essas taxas geram, então, um custo de produção mais alto do que o custo real do início do exercício e, portanto, diferenças (variações) favoráveis entre o custo real e o custo-padrão.

Apresenta-se, contudo, a tendência de gerar variações desfavoráveis (custo real mais alto do que o custo-padrão) no fim do exercício, compensando as variações negativas do primeiro semestre. Essa técnica pressupõe, naturalmente, um desenvolvimento linear da inflação.

O custo da produção, nesse sistema, desdobra-se em três componentes:

- padrão de materiais;
- padrão de mão de obra;
- padrão de custos indiretos de fabricação.

As variações entre o custo-padrão e o custo real da produção são estabelecidas também separadamente para esses três componentes:

- *variação de materiais* – entre o custo-padrão de materiais e o consumo real de materiais;
- *variação de mão de obra* – entre o custo-padrão de mão de obra e o custo real de mão de obra e encargos;
- *variação de custos indiretos de fabricação* – entre o custo-padrão e o custo real desses gastos.

O custo-padrão, o custo real e as variações são, em geral, apurados mensalmente.

6.7 Determinação do custo-padrão

Embora seja determinado, *a priori,* como o custo normal de um produto, o custo-padrão é apurado por meio de sistemática muito semelhante à de outros sistemas de apuração de custo industrial, incluindo, naturalmente, detalhes necessários ao cálculo de um custo antecipado.

Os passos da sistemática de apuração são:

- determinação dos tempos-padrão de fabricação, por produto, por centro de custo;
- determinação de quantidade-padrão e do valor dos materiais, na forma já indicada, por produto;
- orçamento de custos para o exercício, em totais separados para mão de obra e encargos e custos indiretos de fabricação;
- distribuição dos custos de mão de obra e encargos e de outros gastos de fabricação, separadamente, aos centros de custo tanto auxiliares como produtivos, mediante critérios racionais;
- apropriação dos custos dos centros auxiliares aos custos dos centros produtivos, ainda separadamente para os dois componentes citados;
- estimativa das horas-homem de força de trabalho no exercício, por centro de custo produtivo;
- determinação do custo-padrão por produto, mediante multiplicação dos tempos-padrão de cada produto, em cada centro de custo, pelas respectivas taxas, separadamente por componente, e soma dos custos assim calculados, de todos os centros, por componente.

Dessa forma, obtém-se o custo-padrão de cada produto, separado para cada um dos seus três componentes.

O custo-padrão de cada produto é lançado numa ficha de custo-padrão que é emitida para todos os produtos da empresa e compõe o livro de padrões.

A fim de determinar, nesse sistema, o custo real da produção e as variações dos três componentes, há necessidade de apurar:

- quantidades efetivamente produzidas;
- mão de obra e encargos;
- consumo real de materiais;
- gastos reais de fabricação, por natureza.

Multiplicadas as quantidades reais de fabricação de cada produto pelos respectivos custos-padrão, componente a componente, determina-se o custo-padrão da produção global acabada.

A produção em processo é também valorizada ao padrão para o componente materiais e para os demais componentes às taxas horárias dos centros de custos produtivos, segundo o estágio do processo em que se encontra. O procedimento descrito pressupõe, como regra geral, que a totalidade da matéria-prima seja requisitada no início da fabricação.

A soma do custo-padrão global de cada componente de produção acabada e da produção em processo é cotejada com o consumo real de materiais, a mão de obra e os encargos, bem como o total de outros gastos de fabricação do período. Dessa comparação são extraídas variações de materiais, de mão de obra e de outros gastos de fabricação.

A fim de determinar o custo real unitário de qualquer produto, é necessário nesse sistema apropriar, percentualmente, as variações sobre os respectivos componentes do custo-padrão, conforme exemplo seguinte.

Exemplo de Determinação de Custo Real pelo Sistema de Custo-Padrão

Produto *A*

Unidades acabadas		1.000
Padrão de materiais,	$ 10/unidade	$ 10.000
Padrão de mão de obra:		
• Centro de custo 1,	$ 1/unidade	
• Centro de custo 2,	$ 3/unidade	
	$ 4/unidade	$ 4.000

Padrão de outros gastos de fabricação:		
• Centro de custo 1,	$ 1/unidade	
• Centro de custo 2,	$ 2/unidade	
	$ 3/unidade	$ 3.000
Custo-padrão de produção do produto *A*		$ 17.000
Produto *A*		
Unidades em processo, no centro de custo 1		1.000
Padrão de materiais,	$ 10/unidade	$ 10.000
Padrão de mão de obra		
• Centro de custo 1,	$ 1/unidade	$ 1.000
Padrão de outros gastos de fabricação		
• Centro de custo 1,	$ 1/unidade	$ 1.000
	$ 12.000	

Resumo do custo-padrão da produção

Materiais	$
• Produto *A* acabado	10.000
• Produto *A* em processo	10.000
	20.000
Mão de obra	
• Produto *A* acabado	4.000
• Produto *A* em processo	1.000
	5.000
Outros gastos de fabricação	
• Produto *A* acabado	3.000
• Produto *A* em processo	1.000
	4.000

Pressupondo valores reais para os componentes, conforme a seguir, surgem as variações:

Materiais	$	
Consumo real	25.000	
Padrão de produção do período	20.000	
Variação	5.000	(+ 25% s/padrão)
Mão de obra		
• Real	6.750	
• Padrão de produção do período	5.000	
Variação	1.750	(+ 35% s/padrão)

Outros gastos de fabricação

• Real	3.600	
• Padrão da produção do período	4.000	
Variação	(400)	(– 10% s/padrão)

Cálculo do custo real unitário do produto *A*

Itens	% Custo--padrão (*a*)	% Variação (*b*)	Valor de variação (*c* = *b* × *a*)	Custo real (*a* + *c*)
Materiais	10	25%	2,5	12,5
Mão de obra	04	35%	1,4	5,4
Outros gastos de fabricação	03	(10%)	(0,3)	2,7
	17			20,6

6.8 Vantagens e desvantagens do custo-padrão

O sistema de custo-padrão é praticamente o único adequado em empresas que produzem, em série, centenas de artigos diferentes, especialmente se a matéria-prima for comum a todos eles.

Nessas empresas, a apuração de um custo real exigirá o controle de identificação da matéria-prima consumida em cada produto, bem como apontamentos de tempos de fabricação por centro de custo, por produto, tarefas essas por demais trabalhosas em face da diversidade da produção.

Por outro lado, esse sistema apresenta a desvantagem de imputar linearmente as variações a todos os produtos, quando as apropria em base percentual; todos os produtos, indistintamente, sofrem uma carga percentual das variações, já que o sistema não permite identificar os produtos em cuja fabricação ocorreram deficiências de aproveitamento de materiais e ineficiência de mão de obra sem um esforço muito grande. No tocante aos gastos gerais de fabricação, é possível uma comparação direta entre as despesas por natureza computadas na elaboração do custo-padrão e aquelas efetivamente incorridas durante o período.

Apesar disso, desde que o custo-padrão corresponda, realmente, a um custo normal, a possibilidade de extrair uma variação entre o custo-padrão (normal) e o custo real não deixa de ser uma vantagem desse sistema, pois permite uma análise.

Detalhes de formulação de sistemas de custo-padrão

Variação de custos de centros de custos: a fim de conhecer mais profundamente a origem das variações de mão de obra e de outros gastos de fabricação, é possível, geralmente sem um trabalho adicional exagerado, distribuir as despesas reais aos centros de custo pelos mesmos critérios utilizados na elaboração do custo-padrão. Essa distribuição, quando adotada, é feita, em geral, mensalmente.

Confrontando o volume do gasto real apropriado a cada centro de custo com seu correspondente adotado como normal no custo-padrão, é possível identificar as variações dos centros de custo não só de maneira global, mas também no que diz respeito a cada custo específico.

6.9 Análise das variações

A análise das razões das diferenças entre custo real e o padrão é a parte mais importante do uso do custeio-padrão para fins de CONTROLE.

Como já enfatizado, essa comparação é que vai permitir à empresa controlar seus custos e detectar eventuais ineficiências na produção.

Entretanto, por ser uma técnica mais própria da ciência da ADMINISTRAÇÃO do que da CONTABILIDADE, aqui será feita uma abordagem bem ligeira do assunto.

O objetivo principal do sistema de custo-padrão é o controle. Para um controle efetivo dos custos, é necessário conhecer as variações, identificar suas origens e tomar as providências para eliminar os possíveis desvios.

Variação (ou desvio) significa a diferença entre o custo real e o custo-padrão. Denominamos, apenas por convenção, variação favorável aquela que ocorre quando o custo real é inferior ao custo-padrão, e desfavorável quando ocorre o inverso.

A apuração do montante global da variação é facilmente efetuada pela comparação do custo real com o custo-padrão; já a determinação das suas origens ou causas exige um certo trabalho de cálculo. Vejamos como determinar as origens das variações.

Os componentes do custo de produção podem ser classificados em três grandes categorias:

a. materiais diretos;

b. mão de obra direta;

c. custos indiretos de fabricação.

A fim de tornar mais clara a determinação das origens das variações, desenvolveremos o assunto por meio de um exemplo prático.

A análise das variações de matéria-prima e mão de obra direta, em geral, compreende três alternativas:

a. variação de quantidade;

b. variação de preço;

c. variação mista.

Conforme veremos mais adiante, a variação mista é sempre pequena quando comparada às outras duas e, por isso, normalmente é incorporada à variação de preço.

Suponhamos que, para um determinado produto, os seguintes custos-padrão, por unidade, tenham sido estabelecidos.

		$
Matéria-prima	10 kg a $ 30	300
Mão de obra direta	20 h a $ 50	1.000
Custos indiretos de fabricação		200
Custo-padrão total		1.500

Ao final do período sob análise, os custos reais apurados foram:

		$
Matéria-prima	10 kg a $ 30	300
Mão de obra direta	25 h a $ 60	1.500
Custos indiretos de fabricação		250
Custo real total		2.050

A simples observação desses valores permite-nos extrair as seguintes conclusões:

a. o custo real foi superior ao padrão em $ 550,00 por unidade;

b. o maior aumento ocorreu no item mão de obra direta;

c. o consumo de matéria-prima e seu preço de aquisição não sofreram variações;

d. os custos indiretos da fabricação tiveram uma variação desfavorável de $ 50,00 por unidade de produto.

Essas informações são úteis, mas ainda insuficientes para a tomada de decisão. Assim, façamos uma análise mais detalhada dessas variações.

Vejamos, primeiramente, a análise da variação referente à mão de obra direta.

6.10 Variação de quantidade (ou de eficiência)

Sabemos que a variação total (desfavorável) da mão de obra direta soma $ 500,00. Assim, a soma da variação de quantidade com a de preço e a mista deverá ser igual a esse valor.

A variação devida à quantidade é igual ao produto da diferença entre a quantidade real e a padrão pelo preço-padrão. Dito de outra forma, é a variação que existiria caso o preço-padrão fosse igual ao real e apenas a quantidade de horas por unidade de produto variasse. A fórmula para sua apuração é a seguinte:

$$VQ = (\textit{Quantidade Real} - \textit{Quantidade-padrão}) \times \textit{Preço-padrão}$$

Em nosso exemplo, seria:

$VQ = (25\text{ h} - 20\text{ h}) \times \$\ 50$

$VQ = 5\text{ h} \times \$\ 50$

$VQ = \$\ 250$

6.11 Variação de preço

A variação de preço é resultante apenas do aumento do preço da hora de mão de obra. Isto é, aquela que teria ocorrido caso a quantidade real fosse igual à padrão, havendo apenas variações no custo da hora de mão de obra.

A fórmula para sua apuração é:

$$VP = (\textit{Preço Real} - \textit{Preço-padrão}) \times \textit{Quantidade-padrão}$$

Em nosso exemplo, teríamos:

$VP = (\$\ 60 - \$\ 50) \times 20\text{ h}$

$VP = \$\ 10 \times 20\text{ h}$

$VP = \$\ 200$

Por último, a variação mista é decorrente da variação do preço e de quantidade. A fórmula para sua apuração é a seguinte:

$$VM = (\textit{Quantidade Real} - \textit{Quantidade-padrão}) \times (\textit{Preço Real} - \textit{Preço-padrão})$$

Em nosso exemplo, seria:

$VM = (25\text{ h} - 20\text{ h}) \times (\$\ 60 - \$\ 50)$

$VM = 5\text{ h} \times \$\ 10$

$VM = \$\ 50$

Uma forma mais fácil de serem visualizadas essas variações é por meio de gráfico. Vejamos o mesmo exemplo apresentado no Gráfico 6.1.

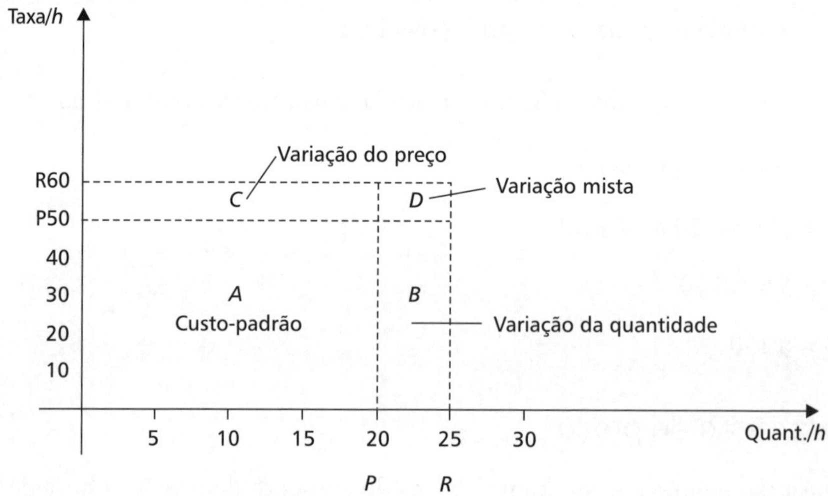

Gráfico 6.1 Variação de preço.

A área em *A* representa o padrão previamente estabelecido. No eixo horizontal, a quantidade de horas que deveria ser gasta por produto; na vertical, o preço de cada hora. É evidente que o produto dos dois valores (a área em *A*, no gráfico) representa o gasto total em reais de mão de obra direta (20 × \$ 50 = 1.000) em nível padrão.

A área em *B* mostra a variação de quantidade, isto é, a diferença entre a quantidade real e a quantidade-padrão multiplicada pelo preço-padrão:

(25 h – 20 h) × 50 = \$ 250.

A área C apresenta a variação de preço (\$ 60 – \$ 50) × 20 – \$ 200.

Finalmente, a variação mista é mostrada pela área *D* e é resultado da diferença de quantidade e de preço. Assim, é igual a (25 h – 20 h) × (\$ 60 – \$ 50) = \$ 50.

Os cálculos que acabamos de efetuar podem ser utilizados para a apuração das variações de mão de obra e de matéria-prima.

Até agora estudamos as variações de matéria-prima e de mão de obra direta. Agora veremos os procedimentos necessários para o cálculo das variações dos Custos Indiretos da Fabricação (CIF).

Em nosso exemplo, quando falamos de CIF por unidade, está implícito que a empresa em questão utiliza-se do custeio por absorção. Em função disso, dois tipos de variações podem ocorrer: a decorrente da diferença do volume de produção, que provoca alterações nos CIF unitários, e a decorrente da alteração dos custos indiretos propriamente ditos.

Suponhamos que os CIF por unidades tenham sido assim calculados:

Padrão de CIF variáveis		$ 80/unidade
Padrão de CIF fixos		$ 120.000
Volume de produção		1.000 unidades/mês
CIF padrão total	Variável $ 80 × 1.000 =	$ 80.000
	Fixo	120.000
		$ 200.000
CIF padrão/unidade	Fixo = $\frac{\$\ 200.000}{1.000\ \text{un.}}$	$ 200

Digamos que os CIF e o volume de produção para o período (mês) tenham sido os seguintes:

CIF totais	$ 225.000
Volume produzido	900 unidades

Desses dados, resultou um CIF/unidade de $ 250.

Assim, a variação total por unidade é igual a $ 50 ($ 250 – $ 200), desfavorável, no caso, pois o real foi superior ao padrão.

6.12 Variação do volume dos CIF

Quanto dessa variação, $ 50/unidade, é decorrente da redução do volume de 1.000 para 900 unidades/mês?

Para responder a essa questão, basta calcular quanto seriam os custos totais caso não houvesse variação nos custos propriamente ditos. O mecanismo de cálculo é o seguinte:

CIF fixos	= $ 120.000
CIF variáveis 900 × $ 80	= $ 72.000
	$ 192.000

O CIF/unidade seria $\dfrac{\$\ 192.000}{900} = \$\ 213,3$

Dessa forma, com uma simples redução do volume de 1.000 para 900 unidades/mês, o CIF/un. padrão passaria de $ 200 para $ 213,3, ou seja, a variação de volume seria de $ 13,3/unidade.

6.13 Variação do custo

Ocorre que os CIF/unidade foram de $ 250 e não de $ 213,3. Devemos, então, apurar a variação de custo propriamente dita. A razão da diferença se encontra no aumento dos CIF totais, que, ao nível de 900 un./mês, deveriam ser iguais a $ 192.000 e, na realidade, foram de $ 225.000, ou seja, houve um aumento de custos de $ 33.000, que, dividido pela quantidade real produzida, dá-nos a variação unitária, ou seja, $ 36,67.

Colocadas num quadro, essas variações ficam mais facilmente compreensíveis.

CIF padrão/unidade	$ 200
Variação de volume	(+) $ 13,3
Variação de custo	(+) $ 36,7
CIF real/unidade	$ 250

6.14 Comparação entre o real e o padrão

Para fornecer dados úteis à administração, em termos de controle, a contabilidade de custo acumula, registra e processa informação e, finalmente, compara o desempenho real com o esperado.

Os relatórios administrativos para controle objetivam indicar o caminho a seguir na tentativa de responder às seguintes questões:

Nossos custos estão sob controle? Caso contrário, onde o custo saiu do esperado e onde devemos concentrar nossa atenção? Quem é o responsável? O que podemos fazer para melhorar a situação?

Antes de comentarmos a respeito dos conteúdos dos relatórios, vejamos as principais características de um bom relatório de controle.

Em primeiro lugar, ele deve ser oportuno, isto é, deve chegar ao usuário no momento certo, quando ainda é possível tomar medidas corretivas.

Em segundo lugar, deve ser comparativo, mostrando os dados reais com o estimado e evidenciando as variações significativas sobre as quais a administração deverá concentrar suas atenções. Em linhas gerais, é uma aplicação do que se convencionou chamar "administração por exceção". Sempre que possível, deve conter as possíveis causas das variações.

Em terceiro lugar, o relatório deve ser pertinente, ou seja, deve incluir apenas as informações a partir das quais a administração possa tomar alguma decisão.

Finalmente, o relatório deve ser conciso. Deve apenas conter as informações relevantes, e os detalhes devem ser resumidos e combinados. Isso possibilita a economia de tempo de quem vai ler e, sobretudo, facilita a compreensão do conteúdo do relatório.

Os relatórios de custo objetivam satisfazer as necessidades de informações e, dessa forma, devem indicar a origem das variações para que se possa identificar as responsáveis. Já vimos que o custo dos materiais, por exemplo, é composto de dois fatores: preço e quantidade. Na maior parte dos casos, as negociações de preço de materiais são de responsabilidade de um departamento e as quantidades consumidas dizem respeito a outros. Em virtude desse fato, a análise das variações no nível dos departamentos consiste em identificar os aspectos de quantidade e de preço das variações e indicar de quem é a responsabilidade.

Em nosso exemplo, comecemos pela mão de obra. Percebemos que houve uma variação desfavorável total de $ 500 decorrente de alterações na quantidade e no preço da mão de obra.

As variações da quantidade, ou seja, utilização de maior número de horas por unidade produzida, são de responsabilidade do departamento de produção e podem ter, entre outras, as seguintes causas:

a. mão de obra ineficiente;

b. inexistência de pessoal adequado para substituir elementos em férias ou demitidos;

c. problemas com as máquinas e outros.

A variação decorrente de aumento do preço da hora de mão de obra direta pode ser causada por acréscimo de taxa determinado por:

- dissídio coletivo ou autorizado pela direção;
- problema de oferta e procura no mercado, fazendo com que a empresa tenha que contratar pessoal a um custo superior;
- encargos sociais adicionais instituídos no período;
- horas extras, que têm custo mais elevado para a empresa.

Por fim, o padrão pode estar muito rigoroso, válido apenas para pessoal muito bem treinado e não para a média dos empregados da empresa. Esse tipo de análise tem a característica de identificar qual a verdadeira causa das variações e, assim, indicar o setor responsável pelos desvios. Por exemplo, se a variação ocorreu somente na quantidade de horas de mão de obra, devemos dirigir nossa atenção para os setores de produção. Por outro lado, se a variação decorre somente de preço, fica claro que o problema não está no departamento de produção, e sim nos setores de relações industriais.

Pela simples análise das origens das variações, podemos perceber que sobre algumas causas a administração pode agir e sobre outras a administração não tem controle. Por exemplo, um aumento salarial decorrente de dissídio coletivo é algo a que a empresa deve, simplesmente, adaptar-se; por outro lado, a ineficiência da mão de obra pode ser reduzida por meio de um treinamento adequado ou pela implantação de um programa de incentivos visando elevar o moral do pessoal etc.

Não nos deteremos na análise da variação mista porque ela é normalmente agregada à de preço e, para efeitos práticos, pode ser desconsiderada.

Para incluir a variação mista na variação de preço, basta alterar a fórmula de cálculo da seguinte maneira:

$$VP_1 = (\textit{Preço Real} - \textit{Preço-padrão}) \times \textit{Quantidade-padrão}$$

$$+\ VM = (\textit{Preço Real} - \textit{Preço-padrão}) \times (\textit{Quantidade Real} - \textit{Quantidade-padrão})$$

$$VP_2 = (\textit{Preço Real} - \textit{Preço-padrão}) \times \textit{Quantidade Real}$$

Em nosso exemplo, seria:

$VP_2 = (\$\ 60 - \$\ 50) \times 25$

$VP_2 = \$\ 10 \times 25$

$VP = \$\ 250$

Como já dissemos, os cálculos para a apuração das variações de materiais diretos são exatamente os mesmos desenvolvidos para mão de obra direta.

A análise das causas que podem gerar variações na quantidade consumida de materiais engloba, entre outras:

1. qualidade de matéria-prima utilizada que, por ser inferior, provocou maior consumo;
2. baixa qualidade de mão de obra;
3. máquinas mal preparadas ou mal reguladas;
4. problemas de acondicionamento.

As responsabilidades sobre esses eventos podem caber ao setor de produção, ao setor de armazenagem ou mesmo ao departamento de compras.

Com relação às variações de preço desfavoráveis, as causas possíveis podem ser:

1. compra malfeita, por deficiência do setor de compras ou por deficiência da programação;
2. imposição do departamento de vendas que, para entrega rápida, obrigou a compras rápidas a qualquer preço;
3. mudanças de fornecedores;
4. alteração imposta pelo mercado etc.

Algumas vezes as causas são fáceis de ser determinadas, outras vezes há a necessidade de grande dispêndio de tempo para sua localização. Devido a esse fato, a administração pode fixar um montante abaixo do qual as variações não seriam analisadas.

Finalmente, as variações favoráveis também devem ser analisadas com o mesmo cuidado dedicado às desfavoráveis. Uma redução do preço da matéria-prima, por exemplo, pode tanto ser resultante de uma melhor política de compras quanto de materiais de qualidade inferior.

Uma redução de quantidade consumida pode significar que houve uma melhora na utilização ou, simplesmente, que o padrão está muito "folgado".

Em resumo, a análise das variações é a fase mais importante no trabalho e exige profundos conhecimentos de custos e da empresa como um todo.

O fundamental na análise é a localização da razão das diferenças e o seu estudo para a possível correção de erros.

6.14.1 Exemplo nº 1 de custo-padrão

Suponhamos que uma empresa tenha fixado o seguinte custo-padrão para a matéria-prima utilizada na fabricação de seu produto:

Preço previsto por unidade: $ 100

Quantidade de matéria-prima a ser utilizada para o nível de produção previsto: 1.000 unidades.

Custo-padrão da matéria-prima = $ 100 × 1.000 un. = $ 100.000

Encerrado o período de produção, a empresa apurou um custo real equivalente a $ 115.500, cuja decomposição mostrou que:

Preço efetivo pago por unidade: $ 105,00

Quantidade efetivamente utilizada para o nível de produção previsto: 1.100 unidades

A VARIAÇÃO TOTAL do custo real em relação ao padrão foi de:

$ 115.500 – $ 100.000 = $ 15.500 (desfavorável)

Uma parcela dessa variação total deve ser atribuída à VARIAÇÃO DO PREÇO. Caso não tenha havido variação das quantidades, a divergência entre o custo real e o padrão seria:

$ 5	(diferença de preço entre o preço real e o padrão)
× 1.000 unidades	(Quantidade-padrão = Quantidade real)
= $ 5.000	(VARIAÇÃO DO PREÇO)

Uma outra parcela deve ser atribuída à VARIAÇÃO DA QUANTIDADE. Caso não tivessem ocorrido variações nos preços, a divergência entre o real e o padrão seria:

100 unidades	(diferença entre qtde. real e padrão)
× $ 100	(Preço-padrão = Preço Real)
$ 10.000	(VARIAÇÃO DA QUANTIDADE)

Entretanto, a soma da VARIAÇÃO DO PREÇO ($ 5.000) com a VARIAÇÃO DA QUANTIDADE ($ 10.000) mostra a VARIAÇÃO TOTAL ($ 15.500).

Essa diferença de $ 500 : 090 é denominada VARIAÇÃO MISTA. Para compreender por que ela ocorre, veja o Gráfico 6.2:

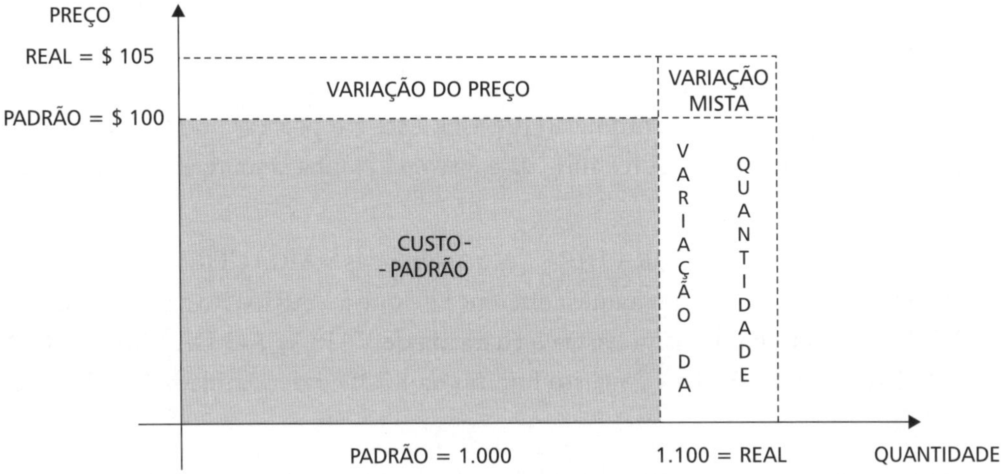

Gráfico 6.2 Comparação entre o custo real e orçado.

A área hachurada corresponde ao custo-padrão de $ 100.000. De fato, a área do retângulo hachurado corresponde à multiplicação do preço-padrão pela quantidade-padrão. A área do retângulo maior, ao custo real. A diferença entre os dois tipos de custo engloba a VARIAÇÃO DO PREÇO, a VARIAÇÃO DA QUANTIDADE e a VARIAÇÃO MISTA.

Esta última corresponde à multiplicação da diferença de preço ($ 5) pela diferença de quantidade (100 unidades).

Alguns contadores preferem não trabalhar com a VARIAÇÃO MISTA em virtude de não se poder eleger nenhum responsável por ela, já que o departamento de compras provavelmente só aceitará ser responsabilizado pela VARIAÇÃO DE PREÇO e o departamento de produção pela VARIAÇÃO DA QUANTIDADE. Nesse caso, por convenção, as VARIAÇÕES são assim definidas:

VARIAÇÃO DE PREÇO = Diferença de Preço × Quantidade Real

VARIAÇÃO DE QUANTIDADE = Diferença de Quantidade × Preço-padrão

No exemplo analisado, teríamos:

VARIAÇÃO DE PREÇO = $ 5 × 1.100	= $ 5.500
VARIAÇÃO DE QUANTIDADE: 100 × $ 100	= $ 10.000
VARIAÇÃO TOTAL	= $ 15.500

Filigranas matemáticas à parte, a verdadeira utilidade do CUSTO-PADRÃO vai se revelar no momento em que se começam a analisar as causas, tanto da VARIAÇÃO

DO PREÇO quanto da VARIAÇÃO DA QUANTIDADE. O departamento de compras terá que explicar por que comprou $ 5 mais caro do que o preço-padrão dos materiais; o departamento de produção, por que foram utilizadas 100 unidades a mais na matéria-prima para fabricar a produção prevista. Este é o processo de CONTROLE: fixar uma meta, verificar se ela foi atingida e, caso não tenha sido, quais as razões que justificam isso.

No caso da MÃO DE OBRA DIRETA, a análise das VARIAÇÕES é similar à dos MATERIAIS DIRETOS, com a única diferença de que a VARIAÇÃO DE QUANTIDADE das horas trabalhadas previstas é chamada de VARIAÇÃO DA EFICIÊNCIA e a VARIAÇÃO DE PREÇO do custo horário da MOD é denominada VARIAÇÃO DE TAXA.

Em relação aos CIF, a análise das VARIAÇÕES tem mais um complicador. Os CIF fixos por unidade têm que ser projetados dividindo os valores previstos dos CIF por um volume de produção esperado. Se a produção real for diferente da que serviu de base para calcular os CIF fixos por unidade, há uma outra causa de divergência entre o custo real e o padrão, que é denominada VARIAÇÃO DE VOLUME.

6.14.2 Exemplo nº 2 de custo-padrão

Custo-Padrão

a. Preço = R$ 2,50

b. Quantidade = 10.500 un.

c. Taxa = R$ 1,26 p/h

d. Horas = 11.250 h

e. CIF Orçado = R$ 18.000,00

f. Taxa de Absorção = R$ 1,20 p/MOD

g. Horas Orçadas = 15.000 h

Custo Real

h. Preço = R$ 2,55

i. Quantidade = 12.000 un.

j. Taxa = R$ 1,22 p/h

k. Horas = 12.700 h

l. CIF Real = R$ 15.000,00

Cálculo das Variações

Materiais:

Variação do preço = (PR – PP) QR = (2,55 – 2,50) 12.000 = R$ 600,00 D

Variação da eficiência = (QR – QP) PP = (12.000 – 10.500) 2,50 = R$ 3.750,00 D

Mão de obra:

Variação da taxa = (TR – TP) HR = (1,22 – 1,26) 12.700 = R$ 508,00 F

Variação da eficiência = (HR – HP) TP = (12.700 – 11.250) 1,26 = R$ 1.827,00 D

CIF:

Variação do orçamento = (CIF_R – CIF_0) = (15.000 – 18.000) = R$ 3.000,00 F

Variação da eficiência = (HR – HP) TL = (12.700 – 11.250) 1,20 = R$ 1.740,00 D

Variação da quantidade = (HO – HR) TL = (15.000 – 12.700) 1,20 = R$ 2.760,00 D

6.15 Caso prático

A Cia. Uniapa fabrica grampeadores e, para 19XA, os seguintes padrões, por unidade, foram estabelecidos:

Discriminação		$
Matéria-prima: 10 kg a $ 20/kg		200
Mão de obra: 10 h a $ 12/hora		120
Custos indiretos		
– variáveis ($ 6/hora de MOD)	60	
– fixos ($ 30.000/1.000 unidades*)	30	90
Custo unitário total		410

* Volume padrão de produção.

Durante o ano de 19XA, foram produzidos 800 grampeadores com os seguintes custos reais:

	$
Matéria-prima: 9.000 kg a $ 22/kg	198.000
Mão de obra: 7.600 horas a $ 15/h	114.000
Custos indiretos de fabricação	80.000
Custos totais	392.000

Pede-se:

a. Calcular as variações de quantidade, de preço e mista para matéria-prima e de eficiência, taxa e mista para a mão de obra.
b. Demonstrar, graficamente, tais variações.
c. Calcular a variação de volume e de custos dos custos indiretos de fabricação.
d. Fazer a contabilização de custo de produção ao padrão.
e. Calcular o custo real e fazer os ajustes contábeis necessários à eliminação das variações.

Solução

a. Cálculo das variações

Já temos o custo-padrão unitário. Precisamos calcular o custo real unitário.

	$
– Matéria-prima 11,25 kg × $ 22/kg	247,50
– Mão de obra direta 9,50 h × $ 15/h	142,50
– Custos indiretos	100,00
– Custo real unitário	490,00

a.1 Matéria-prima

Variação de Preço (*VP*)

VP = quantidade padrão × Diferença de preço

$VP = QP \times (PR - PP)$

$VP = 10\ kg \times (\$\ 22/kg - \$\ 20/kg)$

$VP = \$\ 20$ (desfavorável)

Variação de Quantidade (*VQ*)

VQ = Preço-padrão × Diferença de quantidade

$VQ = PP \times (QR - QP)$

$VQ = 20/kg \times (11{,}25\ kg - 10\ kg)$

$VQ = \$\ 25$ (desfavorável)

Variação Mista (*VM*)

VM = Diferença de preço × Diferença de quantidade

$VM = (PR - PP) \times (QR - QP)$

$VM = (\$\ 22/\text{kg} - \$\ 20/\text{kg}) \times (11{,}25\ \text{kg} - 10\ \text{kg})$

$VM = 2{,}5$ (desfavorável)

a.2 Mão de obra

Variação de Taxa (VT)

$VT = QP \times (TR - \text{TP})$

$VT = 10$ horas $(\$\ 15/\text{h} - \$\ 12/\text{h})$

$VT = \$\ 30$ (desfavorável)

Variação de Eficiência (VE)

$VE = PP \times (QR - QP)$

$VE = \$\ 12/\text{h} \times (9{,}5 - 10)$

$VE = \$\ 6$ (favorável)

Variação Mista (VM)

$VM = (PR - PP) \times (QR - QP)$

$VM = (\$\ 3/\text{h}) \times (0{,}5)$

$VM = 1{,}5$ (favorável)

b. Graficamente

b.1 Matéria-prima

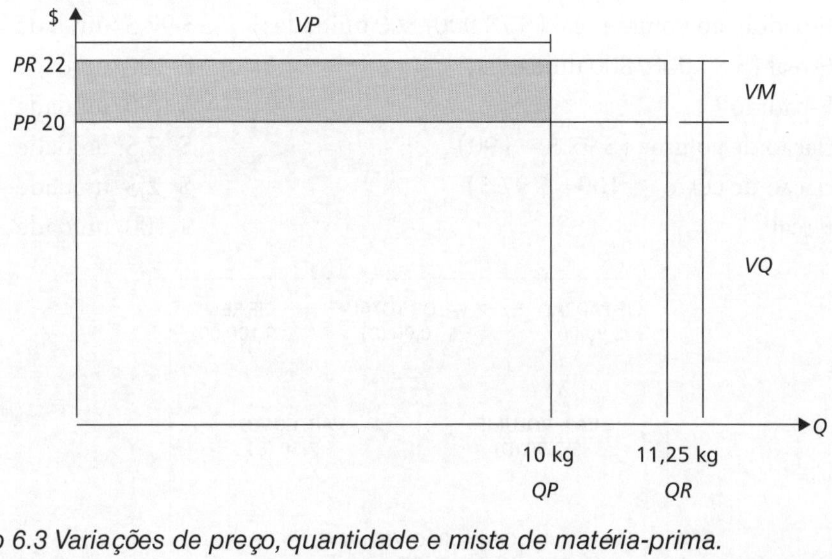

Gráfico 6.3 Variações de preço, quantidade e mista de matéria-prima.

b.2 Mão de obra

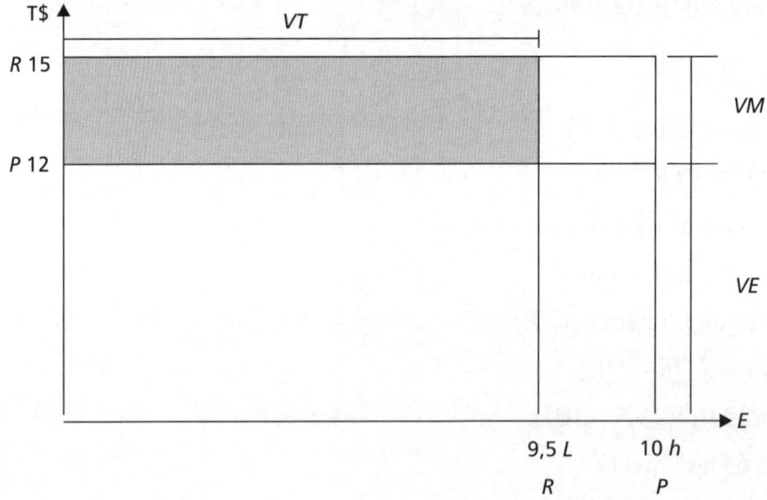

Gráfico 6.4 Variações de taxa, eficiência e mista da mão de obra.

c. Cálculo das variações dos CIF

Variação do volume	
CIF fixo-padrão	$ 30.000
CIF variável 800 × $ 60	$ 48.000
CIF-padrão – volume real	$ 78.000
Volume produzido	800
CIF-padrão ao volume real ($ 78.000/800 unidades)	$ 97,5/unidade
CIF-real ($ 80.000/800 unidades)	$ 100/unidade
CIF-padrão	$ 90/unidade
Variação de volume ($ 97,5 – $ 90)	$ 7,5/unidade
Variação de custo ($ 100 – $ 97,5)	$ 2,5/unidade
CIF real	$ 100/unidade

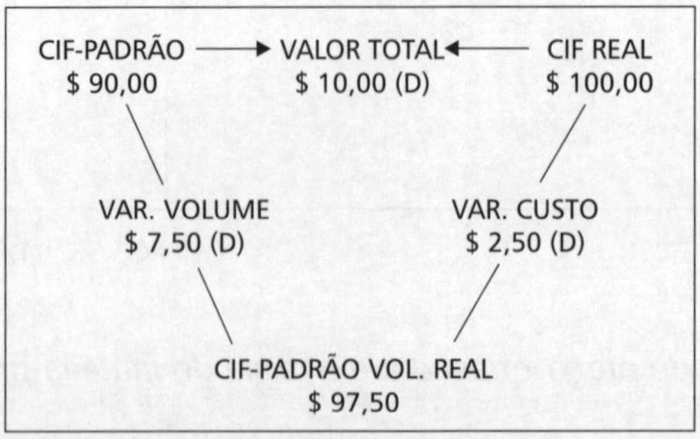

Figura 6.1 Valores de variações e custo real e orçado.

d. Contabilização

1. D – Produtos em Processo
   C – Variação MP
   (800 unidades × 200) padrão — $ 160.000
2. D – Produtos em Processo
   C – Variação MOD
   (800 unidades × 120) padrão — $ 96.000
3. D – Produtos em Processo
   C – Variação CIF
   (800 unidades × 90) padrão — $ 72.000
4. D – Produtos Acabados
   C – Produtos em processo
   (800 unidades × 410) padrão — $ 328.000
5. D – Variação MP
   C – Matéria-prima
   (800 unidades × 247,50) padrão — $ 198.000
6. D – Variação MOD
   C – MOD
   (800 unidades × 142,50) padrão — $ 114.000
7. D – Variação CIF
   C – CIF
   (800 unidades × 100,00) padrão — $ 80.000
8. D – Produtos Acabados
   C – Variação MP — $ 38.000
9. D – Produtos Acabados
   C – Variação MOD — $ 18.000
10. D – Produtos Acabados
    C – Variação CIF — $ 8.000

Variação MP

Débito	Crédito
(5) 198.000	160.000 (1)
	38.000 (8)
198.000	198.000

Variação MOD

Débito	Crédito
(6) 114.000	96.000 (2)
	18.000 (9)
114.000	114.000

Variação CIF

Débito	Crédito
(7) 80.000	72.000 (3)
	8.000 (10)
80.000	80.000

Produtos em Processo

Débito	Crédito
(1) 160.000	328.000 (4)
(2) 96.000	
(3) 72.000	
328.000	328.000

Matéria-prima

Débito	Crédito
xxxxxxxx	198.000 (5)

Produtos Acabados

Débito	Crédito
(4) 328.000	
(8) 38.000	
(9) 18.000	
(10) 8.000	
392.000	

MOD

Débito	Crédito
xxxxxxxx	114.000 (6)

CIF

Débito	Crédito
xxxxxxxx	80.000 (7)

e. Cálculo do custo real

Custo real por unidade ($ 392.000/800 unidades), isto é, $ 490/unidade. Esse valor deve ser igual à soma dos custos-padrão por unidade mais as variações.

– Custo-padrão	$ 410	
Matéria-prima		
VP	$ 20	
VQ	$ 25	
VM	$ 2,5	47,5
– Mão de obra		
VT	$ 30	
VE	$ 6	
VM	$ 1,5	22,5
– Custos indiretos de fabricação		
Variação de volume –	$ 7,5	
Variação de custo –	$ 2,5	10
Custo unitário real (CQP)	490	

Comentários

Muitas queixas sobre os sistemas tradicionais de contabilidade levaram as empresas a usar medidas não financeiras. Certas deficiências são inerentes ao uso de um sistema de custo-padrão para controlar uma organização, enquanto outras têm a ver com a implantação do sistema de custo-padrão.

Um dos principais pontos fracos de um sistema de custo-padrão era a percepção de que uma variança não é exequível no nível operacional. Os diversos departamentos de uma fábrica tinham dificuldade em interpretar uma variança e relacioná-la a um problema específico. Como uma variança desfavorável tem múltiplas causas, a causalidade é muito difícil de ser determinada. Por isso, as ações necessárias para controlar a variança não eram resolvidas com facilidade.

Outro ponto fraco do sistema era que os gerentes de produção raramente viam uma ligação direta entre as medidas que eles tomavam na fábrica e os números no relatório mensal de custo-padrão. Uma causa percebida desse problema era que os números eram resumidos em um nível tão agregado que se tornava difícil alocar a responsabilidade individual às variações.

Esse problema levava à frustração na fábrica quando os números eram controlados usando a metodologia da variança. Como observado por um chefe de produção:

"É preciso ser um contador para entender as variações de custo, e se você for um contador, provavelmente não está dentro da fábrica, onde pode fazer alguma coisa sobre as variações." Um dirigente afirmou: "Em mais de quarenta anos, jamais aprendi a lidar com os custos padrões."

A falta de exequibilidade em uma variança era um tema sempre presente em todas as empresas. Uma empresa calculava varianças de hora-máquina em uma base mensal. Contudo, era composta de diversas atividades que aconteciam ao longo do mês. Assim, embora o gerente soubesse segundo o sistema de custo-padrão, a causa ou solução direta era muito difícil, se não impossível, de ser determinada.

Esses problemas eram exacerbados quando o sistema de contabilidade de custos apoiava-se exclusivamente em regras de alocação típicas com base em volume (isto é, horas de mão de obra ou horas de máquina). Como o sistema tradicional de contabilidade enviava sinais falhos sobre as causas do custo, a confiança nessa informação resultava em atividades contraproducentes. Por exemplo, confiar em um sistema de contabilidade de custos que aloque os custos com base na mão de obra direta pode fazer com que os gerentes tomem decisões como se as despesas gerais fossem se reduzir com o decréscimo de mão de obra direta. Essa relação causal é falha, logicamente; as despesas gerais não decrescem no nível sugerido pelo sistema de contabilidade de custos.

Outro perigo é que a meta de maximizar uma variança favorável isolada pode levar a atividades contraproducentes no nível da empresa. A maximização de uma única variança, independentemente dos resultados da empresa, pode ser prejudicial à lucratividade global dela. Um exemplo de otimização contraproducente é a maximização da variança de preço positiva. A fim de maximizar uma variança de preço favorável, um departamento de compras pode comprar insumos baratos. Materiais de baixo nível, contudo, podem resultar em aumento de custos de fabricação devido a problemas de qualidade provocados por insumos de baixa qualidade. Outro exemplo ocorre quando os custos-padrão incluem alguns elementos de custos fixos. Os sistemas de custo-padrão mostram capacidade ociosa como variança negativa. Por isso, os gerentes podem fabricar produtos a fim de diminuir essa variança desfavorável de volume mesmo quando o produto não é necessário.

Como o estabelecimento de padrões é um passo muito difícil e importante para o bom funcionamento de um sistema de custo-padrão, essa área também destacou um ponto fraco do sistema. As empresas competem em um ambiente muito complexo, em mudança acelerada. Além disso, os gerentes argumentavam que os padrões entravam em conflito com a noção de melhoria contínua. Se os padrões não fossem cuidadosamente estabelecidos, teriam o efeito de estabelecer norma, em vez de motivar a melhoria. Os trabalhadores poderiam ficar hesitantes em ter um desempenho muito bom se percebessem que o padrão para os períodos futuros seria revisado para mais a partir dos atuais resultados. As observações da fábrica levavam à conclusão de que o processo de estabelecimento solidificava a ideia e não facilitava a melhoria contínua.

Finalmente, os sistemas de custo-padrão das empresas não dão respostas em tempo hábil. O típico sistema de custo-padrão calculava a variança em uma base mensal.

Exercícios Resolvidos

1. Com os dados a seguir, calcular a variação unitária, a variação da quantidade e de preço da matéria-prima.

Custo-padrão do material	preço/un. = $ 10/un.
	×
	quantidade = 5 kg/un.
	total-padrão = $ 50/peça
Custo real	preço/un. = $ 12/un.
	×
	quantidade = 6 kg/un.
	total real = $ 72/peça

Variação Total Unitária
Variação total = Custo real – Custo-padrão
Variação total = $ 72 – $ 50
Variação total = $ 22/peça D

Variação de Quantidade
Variação de quantidade = (Quantidade real – Quantidade-padrão) × preço-padrão
Variação de quantidade = (6 kg – 5 kg) × $ 10/kg
Variação de quantidade = $ 10/peça D

Variação de Preço
Variação de preço = (preço real – preço-padrão) × quantidade real
Variação de preço = ($ 12 – $ 10) × 6 kg
Variação de preço = $ 12/peça D

2. Com os dados a seguir, calcular a variação total unitária, a variação da taxa e da eficiência da MOD.

Custo-padrão da MOD taxa horária = $ 100/h
×
tempo-padrão = 6 h
total = $ 600/peça

Custo real ocorrido taxa horária = $ 150/h
×
tempo real = $ 8 h
total = $ 150/h × 8 h = $ 1.200/peça

Variação Total Unitária
Variação total = Custo real – Custo-padrão
Variação total = $ 1.200 – $ 600
Variação total = $ 600 D

Variação de Taxa (Salário)
Variação de taxa = (taxa real – taxa padrão) × tempo real
Variação de taxa – ($ 150 – 100 h) × 8
Variação de taxa = $ 400 D

Variação de Eficiência (tempo)
Variação de eficiência = (horas reais – horas-padrão) × taxa-padrão
Variação de eficiência = (8 h – 6 h) × $ 100/h
Variação de eficiência = $ 200 D

3. Com os dados a seguir, calcular a variação do CIF em volume e custo.

Dados-padrão:
Custos fixos = $ 600.000
Custo variável unitário = $ 60/un.
Produção = 5.000 un.
CIF-padrão = (5.000 × 60) + $ 600.000 = $ 900.000
Dados reais:
CIF real = $ 1.200.000
Produção = 5.200 un.

Variação no volume:
(5.200 × 60) + 600.000 × $ 912.000 = $ 12.000 D

Variação no custo:
$ 912.000 – $ 1.200.000 = $ 288.000 D

4. Com base nos dados do exercício anterior, calcular as variações unitárias do CIF.

Variação de volume:
CIF-padrão = $ 900.000 ÷ 5.000 = $ 180
CIF-padrão no nível real = $ 912.000 ÷ 5.200 = $ 175
Variação do volume = $ 180 – $ 175 = $ 5 F

Variação no custo
CIF real = $ 1.200.000 ÷ 5.200 = $ 231
Variação = $ 175 – $ 231 = $ 56 D

Exercícios de Fixação

1. Após a comparação dos custos-padrão com os custos reais apresentados a seguir:

	Custo-padrão	**Custo Real**
Matéria-prima	1.600.000	1.500.000
Mão de obra direta	740.000	850.000
Custos Indiretos de fabricação	440.000	400.000

a. ( ) não houve variação no custo total, portanto não há variações a analisar;
b. ( ) houve uma variação favorável de mão de obra direta;
c. ( ) houve uma variação desfavorável nos custos indiretos de fabricação;
d. ( ) a matéria-prima e os custos indiretos de fabricação apresentam variações favoráveis, e a mão de obra direta, uma variação desfavorável;
e. ( ) somente a matéria-prima apresentou uma variação favorável.

2. O custo-padrão tem por objetivo:

a. ( ) evitar variações nos CIFs;
b. ( ) controlar os custos e medir eficiências;
c. ( ) aumentar a produtividade da mão de obra;
d. ( ) ampliar a participação da empresa no mercado;
e. ( ) antecipar a apuração de custos.

3. A determinação do custo-padrão é feita:

a. ( ) com base nos padrões ideais de produção;
b. ( ) só após a elaboração do orçamento da empresa;
c. ( ) após uma pesquisa de mercado;
d. ( ) com base nos padrões reais de produção;
e. ( ) após a apreciação do custo real.

4. Assinale a alternativa correta:

   a. ( ) a variação existente entre o custo padrão e o custo histórico é um dado extracontábil;

   b. ( ) quando houver um gasto de matéria-prima maior do que o previsto, haverá uma variação desfavorável;

   c. ( ) custo-padrão é um sistema em que a empresa considera seus custos de produção fixos;

   d. ( ) o custo-padrão é um sistema de acumulação de custo;

   e. ( ) as variações entre o custo histórico e a contabilidade podem ser favoráveis ou desfavoráveis.

5. Uma empresa que utiliza o sistema de custo-padrão produziu 10.000 unidades de um produto. O tempo-padrão de MOD é de 5 horas por unidade. O total de horas efetivamente trabalhadas durante o ano foi de 54.000. A taxa-padrão de MOD é de $ 10,00; a taxa realmente paga foi de $ 9,00.

   Com base nos dados apresentados, podemos afirmar que há uma:

   a. ( ) variação favorável no tempo de MOD de $ 4;

   b. ( ) variação desfavorável na taxa de $ 5;

   c. ( ) variação desfavorável no tempo da MOD de $ 4;

   d. ( ) variação desfavorável na taxa de $ 6;

   e. ( ) variação favorável total de $ 2.

6. Numa empresa fabril que trabalha com custo-padrão, a variação do tempo da mão de obra direta, em certo período, foi de 100 horas acima do número previsto, que foi de 1.000 horas. No mesmo período, a variação do custo da mão de obra direta por unidade de tempo foi de $ 0,10 abaixo do valor orçado, que foi de $ 1 por hora.

   O valor da variação total entre o custo-padrão (CP) e o custo real (CR) foi de:

   a. ( ) CP > $ 110;

   b. ( ) CP < $ 110;

   c. ( ) CP < $ 10;

   d. ( ) CP > $ 10;

   e. ( ) CP > $ 100.

7. A taxa de CIF-padrão de uma empresa industrial é baseada numa capacidade normal para a produção de 9.000 unidades por mês. Os custos indiretos de fabricação-padrão são:

CIF variáveis	$ 20/un.
CIF fixos	$ 135,00/mês
Os dados reais acusaram:	
Produção	7.500 unidades
Custos indiretos reais	$ 330.000/mês

Quais as variações de volume e custo, respectivamente, por unidade:

a. ( ) 2,00 (D) e 7,00 (F);

b. ( ) 4,00 (D) e 6,00 (D);

c. ( ) 3 ,00 (D) e 6,00 (D);

d. ( ) 3,00 (D) e 7,00 (F);

e. ( ) 6,00 (D) e 3,00 (F).

8. No sistema de custo-padrão:

a. ( ) os custos são chamados de custos primários;

b. ( ) os custos são apurados só pelo padrão;

c. ( ) os custos são predeterminados antes da produção;

d. ( ) os custos são determinados em função da padronização dos produtos;

e. ( ) todos os custos são fixos.

9. Os custos são registrados quando ocorrem; porém, o cálculo do custo de produção tem que aguardar o encerramento do período. Nessa situação, temos:

a. ( ) estimado;

b. ( ) orçado;

c. ( ) padrão;

d. ( ) real;

e. ( ) predeterminado.

10. A variação de preço em um sistema de custo-padrão é obtida pela multiplicação de quantidade-padrão pela diferença entre:

a. ( ) preço-padrão e preço-orçado;

b. ( ) preço real e preço-padrão;

c. ( ) quantidade real e quantidade-padrão;
d. ( ) quantidade real e preço-padrão;
e. ( ) quantidade-padrão e quantidade real.

11. O custo de um produto determinado por um sistema de custo-padrão é um:
    a. ( ) custo direto;
    b. ( ) custo esperado;
    c. ( ) custo histórico;
    d. ( ) custo fixo;
    e. ( ) custo variável.

12. A estrutura de custos de uma empresa é a seguinte:

Material direto	$ 80/unidade
MOD	$ 40/unidade
CIF variável	$ 15/unidade
CIF fixo	$ 1.200.000/mês.

A empresa estima produzir 50.000 unidades. Determine o custo-padrão unitário:
    a. ( ) $ 168;
    b. ( ) $ 159;
    c. ( ) $ 161;
    d. ( ) $ 180;
    e. ( ) $ 178.

13. O sistema de custo-padrão é utilizado principalmente para:
    a. ( ) avaliar estoques finais;
    b. ( ) definir a responsabilidade sobre custos incorridos;
    c. ( ) apurar a margem de contribuição;
    d. ( ) manter o controle dos custos reais;
    e. ( ) definir critérios de rateio.

14. Uma empresa tem os seguintes custos-padrão:

	Preço	Quantidade	Custo
Matéria-prima	$ 30	2 kg	60
Mão de obra direta	$ 13	3 h	39
Custos indiretos	$ 10/hora de MO	3 h	30
Custos fixos	$ 210.000/mês		

A empresa estima a fabricação de 3.000 unidades por mês, consumindo um total de 9.000 horas de MOD. Os custos reais de um período para uma produção de 3.300 unidades e um consumo de 8.250 kg de matéria-prima e de 9.075 horas de MOD são:

Matéria-prima	$ 214.500
Mão de obra direta	$ 127.050
Custos indiretos	$ 297.000
Total	$ 638.550

Qual a variação da matéria-prima por unidade em preço, quantidade e mista, respectivamente?

a. ( ) $ 8,00 (F), $ 15,00 (D), $ 2,00 (F);

b. ( ) $ 15,00 (F), $ 8,00 (D), $ 2,00 (F);

c. ( ) $ 8,00 (D), $ 15,00 (F), $ 2,00 (D);

d. ( ) $ 15,00 (D), $ 8,00 (F), $ 2,00 (D);

e. ( ) $ 8,00 (F), $ 15,00 (F), $ 2,00 (F).

15. Qual a variação da mão de obra direta, por unidade, em tempo, taxa e mista, respectivamente?

a. ( ) $ 3,50 (D), $ 2,75 (F) e $ 0,25 (D);

b. ( ) $ 3,25 (D), $ 3,00 (F) e $ 0,25 (D);

c. ( ) $ 3,25 (F), $ 3,00 (D) e $ 0,25 (F);

d. ( ) $ 3,50 (F), $ 2,75 (D) e $ 0,25 (D);

e. ( ) $ 3,50 (D), $ 2,75 (F) e $ 0,25 (F).

16. Qual a variação dos custos indiretos, por unidade, em volume e custos respectivamente?

a. ( ) $ 1,14 (F) e $ 8,86 (D);

b. ( ) $ 8,86 (D) e $ 1,14 (D);

c. ( ) $ 1,14 (D) e $ 8,86 (F);

d. ( ) $ 8,86 (F) e $ 1,14 (D);

e. ( ) $ 8,86 (F) e $ 1,14 (F).

17. A variação de quantidade em um sistema de custo-padrão é obtida pela multiplicação de preço-padrão pela diferença entre:

a. ( ) preço-padrão e preço real;

b. ( ) preço real e preço orçado;

c. ( ) quantidade real e preço orçado;

d. ( ) quantidade real e preço-padrão;

e. ( ) quantidade-padrão e quantidade real.

18. As variações obtidas no sistema de custo-padrão:

a. ( ) são ativadas;

b. ( ) não são consideradas;

c. ( ) são apropriadas ao resultado do exercício e estoques;

d. ( ) são consideradas ativos diferidos;

e. ( ) não fazem parte dos relatórios contábeis.

19. A variação mista no sistema de custo-padrão é obtida pela multiplicação da diferença entre:

a. ( ) preço-padrão – preço real e quantidade-padrão – quantidade real;

b. ( ) preço-padrão – preço orçado e quantidade-padrão – quantidade real;

c. ( ) preço-padrão – preço real e quantidade-padrão – quantidade orçada;

d. ( ) preço-padrão – preço estimado e quantidade-padrão – quantidade estimada;

e. ( ) preço-padrão – preço ideal e quantidade-padrão – quantidade ideal.

20. A grande finalidade do custo-padrão é o planejamento e controle dos custos. A comparação entre custo-padrão e custo real gera variações que nos permitem analisar a *performance* da empresa.

Custos indiretos de produção	Padrão	Unidade de medida	Real
Custo Indireto Variável	R$ 20,00	unidade	
Produtividade	horas/máquina	1 h/máq	1
Custo Indireto Fixo	R$ 30.000,00	mês	
Volume em unidades/mês	1.000	unidades	800
Volume de horas/máquina total	1.000	h	800
Total dos CIP	R$ 50.000,00	mês	R$ 50.000,00
CIP por unidade			

Tomando como base o quadro de informações anterior, as variações de volume e custo são, respectivamente:

a. ( ) R$ 6,50 desfavorável, R$ 6,00 desfavorável;

b. ( ) R$ 5,00 desfavorável, R$ 7,50 desfavorável;

c. ( ) R$ 7,00 favorável, R$ 5,50 favorável;

d. ( ) R$ 7,50 desfavorável, R$ 5,00 desfavorável;

e. ( ) R$ 7,50 favorável, R$ 5,00 favorável.

Gabarito

1. (d) 2. (b) 3. (d) 4. (b)

5. (c)

Variação na taxa de MOD = Hp (Tp – TR) = 5 (10 – 9) = 5 F

Variação no tempo de MOD = Tp (Hp – Hr) = 10 (5 – 5,4) = 4 D

Variação no tempo e na taxa = (Tp – Tr) (Hp – Hr) = (10 – 9) (5 – 5,4) = 0,4 F

Variação total de MOD = = 1,4 F

6. (c)

Orçado = 1.000 h × $ 1 = $ 1.000

Real = 1.100 h × 0,90 = $ 900

Variação = $ 1.000 – $ 990 = $ 10 F

7. (c)

CIF-padrão = 9.000 × $ 20 = $ 180.000 + $ 135.000 = $ 315.000

CIF-padrão unitário = $ 315.000 + 9.000 u = $ 35/unidade

CIF-padrão à produção real = 7.500 × $ 20 = $ 150.000 + $ 135.000 = $ 285.000

CIF-padrão unitário = $ 285.000 ÷ 7.500 = $ 38

Variação no volume = $ 35 – $ 38 = $ 3 D

CIF real unitário = $ 330.000 ÷ 7.500 = $ 44

Variação no custo = $ 38 – $ 44 = $ 6 D

8. (d)

9. (d)

10. (b)

11. (b)
12. (b)

Custo-padrão

= $ 80 + $ 40 + $ 15 = $ 135 × 50.000 = 6.750.000 + 1.200.000 = $ 7.950.000

Custo-padrão unitário = $ 7.950.000 ÷ 50.000 un. = $ 159/unidades

13. (d)
14. (a)

Qp = 2,0 kg

Pp = $ 30,00

Qr = 8.250 kg ÷ 3.300 u = 2,5 kg

Pr = $ 214.500 ÷ 8.250 kg = $ 26,00

Variação preço = 2,0 ($ 30,00 – $ 26,00) = $ 8,00 F

Variação quantidade = $ 30 (2,00 – 2,5) = $ 15,00 D

Variação preço e quantidade = (30,00 – 26,00) (2,00 – 2,5) = $ 2,00 F

Variação total unitário = $ 5,00 D

15. (c)

Tp = 13,00/h

Hp = 3,00 h

Hr = 9.075 ÷ 3.300 = 2,75 h

Tr = 127.050 ÷ 9.075 h = $ 14/h

Variação taxa = 3,00 (13,00 – 14,00) = $ 3,00 D

Variação horas = $ 13,00 (3,00 h – 2,75 h) = $ 3,25 F

Variação taxa e horas = (13,00 – $ 14,00) (3,00 h – 2,75 h) = $ 0,25 F

Variação total unitária = $ 0,50 F

16. (e)

CIF-padrão = 9.000 × $ 10 = $ 90.000 + $ 210.000 = $ 300.000

CIF-padrão unitário = $ 300.000 ÷ 3.000 = $ 100

CIF-padrão à produção real

= 9.075 × $ 10 = $ 90.750 + $ 210.000 = $ 300.750

CIF-padrão unitário = $ 300.750 ÷ 3.300 = $ 91,14

Variação no volume = $ 100,00 – $ 91,14 = $ 8,86 F

CIF real unitário = $ 297.000 ÷ 3.300 = $ 90

Variação no custo = $ 91,14 – $ 90 = $ 1,14 F

17. (e)
18. (c)
19. (a)
20. (c)

Questões

1. O estoque inicial de produtos acabados e o estoque de produtos em elaboração, em unidades, eram zero. Foram produzidas 7.200 unidades e 60% foram vendidas.

   Considerando as informações a seguir, o Custo dos Produtos Vendidos e o Estoque Final de Produtos Acabados, de determinado período, são:

Custo-padrão por unidade de produto:	
Custos indiretos de fabricação	$ 2,50
Mão de obra direta	$ 2,80
Material direto	$ 3,70
Custo real apurado no final do período:	
Custos indiretos de fabricação	$ 18.000,00
Mão de obra direta	$ 22.600,00
Material direto	$ 28.800,00

   a. ( ) $ 38.880,00 e $ 25.920,00;

   b. ( ) $ 41.640,00 e $ 27.760,00;

   c. ( ) $ 32.360,00 e $ 37.040,00;

   d. ( ) $ 44.400,00 e $ 29.600,00;

   e. ( ) $ 44.640,00 e $ 37.760,00.

2. A empresa Ferraço S.A. fabrica canivetes e registra na contabilidade todos os custos por valores-padrão, controlando as variações do custo efetivo em contas específicas, encerradas ao fim de cada período mensal.

   Em outubro, o custo-padrão unitário foi estabelecido em:

Material direto	$ 50,00

Mão de obra direta	$ 40,00
Custos indiretos	$ 35,00

No mês de referência, foram produzidos 2.000 canivetes e vendidos 1.600 ao preço unitário de $ 160,00, com tributação de IPI a 10% e ICMS a 12%.

Em 31 de outubro foram apurados os seguintes custos realmente praticados no período:

Material direto	$ 102.000,00
Mão de obra direta	$ 77.500,00
Custos indiretos	$ 75.000,00

Assinale o lançamento que contabiliza corretamente o encerramento das variações entre o custo real e o custo-padrão, no mês de outubro, com base nos dados exemplificados (o histórico foi omitido).

a. ( ) Diversos

a Diversos

Custo do Produto Vendido	$ 3.600,00	
Produtos Acabados	$ 900,00	
Variação de Mão de Obra Direta	$ 2.500,00	$ 7.000,00
a Variação de Material Direto	$ 2.000,00	
a Variação de Custos Indiretos	$ 5.000,00	$ 7.000,00

b. ( ) Diversos

a Diversos

Variação de Material Direto	$ 2.000,00	
Variação de Custos Indiretos	$ 5.000,00	$ 7.000,00
a Custo do Produto Vendido	$ 3.600,00	
a Produtos Acabados	$ 900,00	
a Variação de Mão de Obra Direta	$ 2.500,00	$ 7.000,00

c. ( ) Diversos

a Diversos

Produtos Acabados	$ 4.500,00	
Variação de Mão de Obra Direta	$ 2.500,00	$ 7.000,00

a Variação de Material Direto	$ 2.000,00	
a Variação de Custos Indiretos	$ 5.000,00	$ 7.000,00

d. ( ) Diversos

a Diversos		
Custo do Produto Vendido	$ 4.500,00	
Variação de Mão de Obra Direta	$ 2.500,00	$ 7.000,00
a Variação de Material Direto	$ 2.000,00	
a Variação de Custos Indiretos	$ 5.000,00	$ 7.000,00

e. ( ) Diversos

a Diversos		
Custo do Produto Vendido	$ 5.100,00	
Produtos Acabados	$ 1.900,00	$ 7.000,00
a Variação de Mão de Obra Direta	$ 2.500,00	
a Variação de Material Direto	$ 2.000,00	
a Variação de Custos Indiretos	$ 2.500,00	$ 7.000,00

3. Qual a diferença entre custo-padrão e custo orçado?

   a. ( ) o custo-padrão não se diferencia do custo orçado, pois ambos representam custo futuro estimado;

   b. ( ) o custo orçado não procura determinar detalhes sobre os componentes do custo total; o custo-padrão obedece a um processo criterioso de elaboração e análise, capaz de fornecer as informações necessárias;

   c. ( ) o custo orçado procura determinar todos os detalhes sobre os componentes do custo total; já o custo-padrão preocupa-se somente em buscar os elementos padrões de custos;

   d. ( ) o custo orçado preocupa-se em determinar um custo industrial ao produto, enquanto o custo-padrão busca determinar um modelo único de custos para todos os produtos;

   e. ( ) o custo-padrão diferencia-se do custo orçado, pois ambos representam custo presente estimado.

4. Qual destes **não** corresponde a um tipo de padrão existente?

   a. ( ) básicos;

b. ( ) eficiência máxima;
c. ( ) atingível normalmente;
d. ( ) esperado;
e. ( ) intermediário.

5. O que é custo-padrão ideal?

a. ( ) é um custo determinado pelo departamento de marketing da empresa cujo objetivo é minimizar custos;
b. ( ) é aquele que facilita na contabilização, pois é ideal para qualquer empresa;
c. ( ) é um custo determinado da forma mais científica possível pela engenharia de produção da empresa, dentro de condições ideais de qualidade dos materiais, com o mínimo de desperdício de todos os insumos envolvidos;
d. ( ) é a diferença entre débito e crédito que se transforma em crédito para o mês seguinte;
e. ( ) é apurado quinzenalmente e varia seu prazo de recolhimento de acordo com o produto vendido.

6. Qual o objetivo do custo-padrão?

a. ( ) a maior utilidade do custo-padrão é servir como parâmetro para o controle dos custos reais e como instrumento para a empresa detectar suas ineficiências;
b. ( ) sua maior utilidade é na apuração de fatos contábeis;
c. ( ) é necessário para produtos sujeitos a impostos;
d. ( ) é útil no regime de competência para apurar a capacidade de gerar lucro;
e. ( ) serve para separar as contas do ativo circulante em dois grupos.

7. Como é determinado o valor-padrão de custo?

a. ( ) por meio da diferença entre ativo e passivo;
b. ( ) pelo grau de alavancagem operacional da empresa;
c. ( ) pela soma de todas as despesas da empresa menos os impostos;
d. ( ) a partir de padrões técnicos de produção, que são definidos mediante a quantificação de consumo de materiais, mão de obra e outros gastos necessários à fabricação de uma unidade de produto;
e. ( ) por meio do fluxo de caixa da organização.

8. Qual dos componentes abaixo faz parte do custo de produção no método do custo-padrão?

   a. ( ) padrão de materiais;

   b. ( ) padrão de caixa;

   c. ( ) ativo circulante;

   d. ( ) passivo;

   e. ( ) patrimônio líquido.

9. O que é necessário apurar no custo real da produção e nas variações dos três componentes?

   Marque a alternativa **incorreta:**

   a. ( ) quantidade efetivamente produzida;

   b. ( ) mão de obra e encargos;

   c. ( ) vendas totais projetadas;

   d. ( ) consumo real de materiais;

   e. ( ) gastos reais de fabricação, por natureza.

10. O que significa variação no sistema de custo-padrão?

    a. ( ) significa a diferença entre o custo real e o custo-padrão;

    b. ( ) é a soma do custo real com o custo-padrão;

    c. ( ) é a divisão do custo-padrão com o custo real;

    d. ( ) é somente o custo real;

    e. ( ) é somente o custo-padrão.

11. Por que é necessário que se analisem as variações ocorridas no sistema de custo-padrão?

    a. ( ) para que a empresa saiba o quanto está gastando com funcionários;

    b. ( ) a análise das razões das diferenças entre custo real e padrão é a parte mais importante do uso do custeio-padrão para fins de controle;

    c. ( ) para um balanço mais apurado da organização;

    d. ( ) para assegurar o equilíbrio financeiro da empresa;

    e. ( ) objetiva designar o grau de alavancagem operacional da empresa.

12. Qual a fórmula utilizada para apuração da variação de preço no custo-padrão?
    a. ( ) VP = (quantidade padrão – preço real);
    b. ( ) VP = (preço real + preço-padrão);
    c. ( ) VP = (preço-padrão + quantidade padrão);
    d. ( ) VP = (preço real × preço-padrão)/quantidade-padrão;
    e. ( ) VP = (preço real – preço-padrão) × quantidade-padrão.

13. No custo-padrão, a diferença entre a variação decorrente de aumento do preço da hora da mão de obra e a variação causada por acréscimo de taxa é determinada por, **exceto:**
    a. ( ) dissídio coletivo ou autorizado pela direção;
    b. ( ) problema de oferta e procura no mercado;
    c. ( ) maior quantidade de vendas do que o esperado;
    d. ( ) encargos sociais;
    e. ( ) horas extras, que têm custo mais elevado para a empresa.

14. Cite uma causa possível para as variações de preços desfavoráveis no cálculo de custo-padrão.
    a. ( ) compra malfeita, por deficiência do setor de compras ou deficiência da programação;
    b. ( ) vendas de mercadorias com lucros;
    c. ( ) entrada de dinheiro em caixa e saída de mercadoria;
    d. ( ) pagamento de duplicatas;
    e. ( ) contratação de funcionários.

15. O que significa uma redução de quantidade consumida para a empresa no custo-padrão?
    a. ( ) pode ser redução de preços ao consumidor;
    b. ( ) pode significar que houve uma melhora na utilização ou, simplesmente, que o padrão está muito "folgado";
    c. ( ) significa lucro para a empresa;
    d. ( ) houve compra de imobilizados;
    e. ( ) significa valores antecipados em pagamento ou crédito em formação.

16. Como é obtida a variação mista no sistema de custo-padrão?

a. ( ) VM = (quant. real – quant. padrão) × (preço real – preço-padrão);

b. ( ) VM = (quantidade padrão – preço real);

c. ( ) VM = (preço real × preço-padrão)/quantidade-padrão;

d. ( ) VM = (preço real – preço-padrão) × quantidade-padrão;

e. ( ) VM= (preço real + preço-padrão).

17. No custo-padrão, o que poderá gerar a baixa qualidade de mão de obra?

a. ( ) maior demanda;

b. ( ) aumento do capital social da empresa;

c. ( ) maior equilíbrio financeiro da organização;

d. ( ) variações na quantidade consumida de materiais;

e. ( ) redução de custos para a empresa, com melhoria dos produtos.

18. O custo de um produto determinado pelo sistema de custo-padrão é um:

a. ( ) custo indireto;

b. ( ) custo direto;

c. ( ) custo variável;

d. ( ) custo estimado e esperado;

e. ( ) custo histórico.

19. A Indústria de Pregos Ltda. apresentou o seguinte quadro comparativo entre custo-padrão e custo real, em março de 2016, com valores em reais:

Itens	Custo-Padrão	Custo-Real
Matéria-prima	1,10 kg a R$ 3,00 / kg = R$ 3,30	1,15 kg a R$ 2,90 / kg = R$ 3,335
Mão de obra	0,20 h a R$ 6,00 / h = R$ 1,20	0,25 h a R$ 6,10 / h = R$ 1,524
Materiais diretos	0,10 kg a R$ 1,00 / kg = R$ 0,10	0,12 kg a R$ 1,05 / kg = R$ 0,126

Considerando exclusivamente os dados acima, a variação desfavorável (D) ou favorável (F) de preço da matéria-prima, em reais, montou a:

a. ( ) 0,50 D;

b. ( ) 0,35 F;

c. ( ) 0,11 F;

d. ( ) 0,14 D;

e. ( ) 0,15 F.

20. A empresa Amparo produz e vende unicamente o produto B. A margem de contribuição unitária de B duplicou do primeiro para o segundo trimestre de 2016.

A causa correta para que esse fato tenha ocorrido é:

Obs.: Mantendo-se constantes todas as outras variáveis.

a. ( ) diminuição do salário do contador;

b. ( ) aumento do preço cobrado por B;

c. ( ) aumento do valor do aluguel da fábrica;

d. ( ) diminuição do valor do aluguel da fábrica;

e. ( ) diminuição do preço de venda de B.

21. Determinada indústria, que planeja e controla seus custos utilizando o custo-padrão, apresentou as seguintes informações referentes a um determinado período produtivo:

Elementos	Custo-padrão por unidade		Custo real por unidade	
Matéria-prima	12 kg	R$ 15,00	11 kg	R$ 17,00
Mão de obra direta	2 h	R$ 8,00	3 h	R$ 7,00
Embalagens	10 fl	R$ 1,20	9 fl	R$ 1,25

Considerando exclusivamente as informações recebidas e a boa técnica conceitual do custeio-padrão, constata-se que, pelo método das três variáveis, a variação de preço da matéria-prima foi, em reais, de:

a. ( ) 7,00 desfavoráveis;

b. ( ) 15,00 desfavoráveis;

c. ( ) 24,00 desfavoráveis;

d. ( ) 15,00 favoráveis;

e. ( ) 24,00 favoráveis.

22. Um dos critérios mais eficientes de controle de custos é o custo-padrão, em virtude do detalhamento com que é determinado e verificado após a apuração dos custos reais. Na fase de comparação entre padrão e real, a mão de obra direta deve ser analisada em relação a três variações. Essas variações são:

a. ( ) quantidade, preço e mista;

b. ( ) quantidade, eficiência e volume;

c. ( ) qualidade, preço e volume;

d. ( ) eficiência, taxa e mista;

e. ( ) volume, eficiência e custo.

23. O Departamento de Orçamento da Indústria de Bebidas Mineiro S.A., com base em seus custos reais do ano de 2014, estabeleceu padrões de custos de produção que formam os custos de seu único produto para o ano de 2015, conforme tabela a seguir.

Custo-Padrão		
Item	**Quantidade**	**Preço Unitário**
Matéria-prima	2 kg	$ 3,00
Material secundário	1 litro	$ 1,00
Mão de obra direta	2 horas	$ 5,00

No final de 2015, foram constatados os seguintes custos reais.

Custo Real		
Item	**Quantidade**	**Preço Unitário**
Matéria-prima	4 kg	$ 2,00
Material secundário	1,5 litro	$ 2,00
Mão de obra direta	1,5 hora	$ 6,00

Diante das informações acerca do custo real, percebe-se que ocorreu grande variação nos custos.

Nessa situação, as variações da matéria-prima em quantidade, em preço e em quantidade e preço (mista) foram, respectivamente:

a. ( ) $ 6 desfavorável, $ 2 favorável e $ 2 favorável;

b. ( ) $ 2 desfavorável, $ 2 desfavorável e $ 1 favorável;

c. ( ) $ 4 desfavorável, $ 4 favorável e $ 2 desfavorável;

d. ( ) $ 6 favorável, $ 8 desfavorável e $ 2 desfavorável;

e. ( ) $ 3 favorável, $ 0,50 desfavorável e $ 4,50 desfavorável.

24. Os produtos calça e camisa, fabricados pela Cia. Da Moda, são vendidos por $ 100,00 e $ 70,00, respectivamente. Os dados de seu processo de produção, envolvendo o material direto e o tempo unitário que os produtos demandam para ser confeccionados nos três departamentos produtivos, estão descritos na tabela:

Itens	Material	Tempo por Unidade (horas)		
		Corte	Costura	Acabamento
Calça	$ 64,00	0,10	0,30	0,10
Camisa	$ 40,00	0,20	0,20	0,10

Sabendo que o mercado está disposto a comprar, mensalmente, 500 unidades do produto Calça e 1.000 unidades do produto Camisa, e que a capacidade produtiva de cada departamento é de 320 horas/mês, identifique o *mix* de produção que proporciona o maior resultado possível:

a. ( ) 500 calças e 1.000 camisas;

b. ( ) 500 calças e 850 camisas;

c. ( ) 500 calças e 0 (zero) camisa;

d. ( ) 400 calças e 1.000 camisas;

e. ( ) 0 (zero) calça e 1.000 camisas.

25. Um analista de custos resolveu aplicar as técnicas de análise do Ponto de Equilíbrio Contábil para verificar o desempenho de uma determinada empresa. Sabia que a empresa vinha vendendo, nos últimos meses, 30.000 pacotes de produtos/mês, à base de R$ 35,00 por pacote. Seus custos e despesas fixas têm sido de R$ 472.500,00 ao mês e os custos e despesas variáveis, de R$ 15,00 por pacote.

A margem de segurança é de:

a. ( ) $ 223.125,00;

b. ( ) $ 270.000,00;

c. ( ) $ 826.875,00;

d. ( ) $ 1.050.000,00;

e. ( ) $ 333.775,00.

26. Uma indústria apresenta o custo-padrão necessário para comprar, cortar e beneficiar uma tora de madeira.

- Custos com materiais R$ 125.000,00.
- Custos de transformação R$ 55.000,00.

Do processo inicial, sairão dois produtos, partindo desses custos conjuntos: chapas de madeira e vigas de madeira. Os valores de venda estimados desses dois produtos são os seguintes:

- Chapas R$ 252.000,00.
- Vigas R$ 378.000,00.

Os custos adicionais para venda das chapas são estimados em R$ 50.000,00 e para venda das vigas em R$ 112.000,00.

Considerando o valor das vendas dos produtos finais como base de rateio e considerando os custos conjuntos das chapas de madeira e das vigas de madeira, as margens líquidas em percentual de cada produto são, respectivamente:

a. ( ) 40,00% e 60,00%;

b. ( ) 51,59% e 41,80%;

c. ( ) 71,43% e 71,43%;

d. ( ) 72,22% e 58,52%;

e. ( ) 61,39% e 51,58%.

27. Uma sociedade estabeleceu os seguintes padrões para sua principal matéria-prima e para a mão de obra direta:

	Consumo	Preço
Matéria-prima	2 kg por unidade	R$ 4,00/kg
Mão de obra	3 horas por unidade	R$ 2,00/hora

A produção do período foi de 5.000 unidades.

Foram utilizados 12.000 kg de matéria-prima e 15.500 horas de mão de obra direta.

O custo de mão obra direta foi de R$ 29.450,00.

No início do período não havia estoque de matéria-prima.

Durante o período, foram comprados 50.000 kg de matéria-prima ao custo total de R$ 205.000,00.

Considerando os dados e a apuração de custos, é CORRETO afirmar que, em relação à quantidade:

a. ( ) A variação da matéria-prima é R$ 1.200,00 negativa e a variação da mão de obra é R$ 1.550,00 positiva;

b. ( ) A variação da matéria-prima é R$ 8.000,00 negativa e a variação da mão de obra é R$ 1.000,00 negativa;

c. ( ) A variação da matéria-prima é R$ 8.000,00 positiva e a variação da mão de obra é R$ 1.000,00 positiva;

d. ( ) A variação da matéria-prima é R$ 9.200,00 negativa e a variação da mão de obra é R$ 550,00 positiva;

e. ( ) A variação da matéria-prima é R$ 7.200,00 positiva e a variação da mão de obra é R$ 2.000,00 positiva.

28. Quando se adota o custo-padrão, é necessário realizar a análise das variações dos materiais e da mão de obra direta. As variações de materiais têm nomenclatura diferente das variações da mão de obra direta.

A única variação que tem a mesma nomenclatura para os dois custos é a variação:

a. ( ) mista;

b. ( ) de eficiência;

c. ( ) de quantidade;

d. ( ) de taxa;

e. ( ) derivada.

29. A Indústria Itabirito S.A. planeja fabricar e vender 100.000 unidades de um único produto durante o exercício fiscal de 2005, com um custo variável de R$ 4,00 por unidade e um custo fixo de R$ 2,00 por unidade.

Se nesse mesmo período a empresa não alcançar o planejado e fabricar e vender somente 80.000 unidades, incorrendo em um custo total de R$ 515.000,00, qual será a variação de custo de manufatura nesse período?

a. ( ) R$ 85.000,00 favorável;

b. ( ) R$ 85.000,00 desfavorável;

c. ( ) R$ 80.000,00 desfavorável;

d. ( ) R$ 5.000,00 favorável;

e. ( ) $ 5.000,00 desfavorável.

Gabarito

1. (b)	7. (d)	13. (c)	19. (c)	25. (a)
2. (a)	8. (a)	14. (a)	20. (b)	26. (b)
3. (b)	9. (c)	15. (b)	21. (c)	27. (b)
4. (e)	10. (a)	16. (a)	22. (d)	28. (a)
5. (c)	11. (b)	17. (d)	23. (a)	29. (d)
6. (a)	12. (e)	18. (d)	24. (d)	

Resolução de Questões Selecionadas

Questão 25

Ponto de Equilíbrio em quantidades:

Custos e Despesas Fixas (Valor de venda unitário – Custos e Despesas Variáveis unitários)

Custos e Despesas Fixas	472.500,00;
Valor de venda unitário	35,00;
Custos e Despesas Variáveis por unidade	15,00.

P.E. = 472.500,00 ÷ (35,00 – 15,00) =

P.E. = 472.500,00 ÷ 20,00 =

P.E. = 23.625,00 (ponto de equilíbrio por unidade)

Margem de Segurança Operacional em quantidades:

30.000 unidades vendidas – 23.625 unidades no ponto de equilíbrio

6.375 unidades de margem de segurança operacional

6.375 × 35,00

223.125,00 Margem de Segurança Operacional em reais

Questão 26

O rateio é feito com base na proporcionalidade da receita de cada produto.

Receita com Chapas	252.000,00	40%
Receita com Vigas	378.000,00	60%
TOTAL DA RECEITA	630.000,00	100%

Rateio dos custos variáveis:

Total dos custos variáveis (materiais + transformação) = 180.000,00 × 40% (proporcionalidade da receita das chapas) = **72.000,00 = Custo variável das Chapas.**

Total dos custos variáveis (materiais + transformação) = 180.000,00 × 60% (proporcionalidade da receita das vigas) = **108.000,00 = Custo variável das Vigas.**

Com base nos custos e despesas variáveis por produto, vamos elaborar então o cálculo da margem de contribuição por produto:

	CHAPAS		VIGAS		TOTAL
VALOR DE VENDA	252.000,00	**40,00%**	378.000,00	**60,00%**	630.000,00
CUSTO PARA VENDA	– 50.000,00		–112.000,00		–162.000,00
CUSTO FABRICAÇÃO (materiais + elaboração)	– 72.000,00		–108.000,00		–180.000,00
MARGEM LÍQUIDA	**130.000,00**	51,59%	**158.000,00**	41,80%	**288.000,00**

Questão 27

Variação da matéria-prima:

O custo-padrão informa que cada unidade consome 2 kg de matéria-prima, e que o valor do kg da matéria-prima é de R$ 4,00.

Então, se foram produzidas 5.000 unidades, vamos calcular o custo-padrão para a quantidade real, a saber:

5.000 unidades × 2,00 kg (consumo unitário padrão) = 10.000 kg

10.000 kg (matéria-prima consumida padrão) × R$ 4,00 (preço-padrão da matéria-prima) = R$ 40.000,00

Considerando a quantidade real e consumo e preço de matéria-prima pelo padrão, teríamos um custo com matéria-prima no valor de R$ 40.000,00.

Temos agora a informação de que foram consumidos 12.000 kg de matéria-prima, ou seja, consumo real, vamos então comparar o custo de matéria-prima real, com o custo de matéria-prima padrão considerando apenas a quantidade de 5.000 unidades para ambos os cálculos:

12.000 kg (consumo real para 5.000 unidades) × R$ 4,00 (custo-padrão) = R$ 48.000,00

Considerando a quantidade produzida e consumo de matéria-prima reais, e preço de matéria-prima pelo padrão, teríamos um custo com matéria-prima no valor de R$ 48.000,00.

Neste quesito de matéria-prima, temos uma variação negativa de R$ 8.000,00. Negativa porque gastamos mais com o consumo real.

Variação da matéria-prima:

O custo-padrão informa que, para cada unidade, são gastas 3 h de mão de obra, e que o valor da hora é de R$ 2,00.

Então, se foram produzidas 5.000 unidades, vamos calcular o custo-padrão para a quantidade real, a saber:

5.000 unidades × 3,00 h (consumo unitário padrão) = 15.000 horas

15.000 h (mão de obra padrão gasta) × R$ 2,00 (custo-padrão da hora de mão de obra) = R$ 30.000,00

Considerando a quantidade real e consumo e valor da mão de obra pelo padrão, teríamos um custo com mão de obra no valor de R$ 30.000,00.

Temos agora a informação de que foram consumidas 15.500 h de mão de obra, ou seja, consumo real, vamos então comparar o custo de mão de obra real, com o custo de mão de obra padrão considerando apenas a quantidade de 5.000 unidades para ambos os cálculos:

15.500 h (consumo real para 5.000 unidades) × R$ 2,00 (custo-padrão) = R$ 31.000,00

Considerando a quantidade produzida e o consumo de mão de obra reais, e valor de mão de obra pelo padrão, teríamos um custo com mão de obra no valor de R$ 31.000,00.

Neste quesito de mão de obra, temos uma variação negativa de R$ 1.000,00. Negativa porque gastamos mais com o consumo real.

Custeio Baseado em Atividades – ABC (*Activity Based Costing*) e a ABM (*Activity Based Management*)

7

■ Objetivos

» Neste capítulo iremos comentar sobre outro método de custeio: o ABC. Trata-se de um sistema de custeio baseado na análise das atividades que são significativas para a empresa.

» Além disso, iremos determinar e justificar os direcionadores e atividades do sistema, bem como mostrar um comparativo entre o método de custeio tradicional e o ABC e propiciar uma visão conceitual e prática do Custeio Baseado em Atividades para que se tenha condições de alcançar a eficácia de custos em um ambiente cada vez mais competitivo.

7.1 Introdução

As mudanças e os novos desafios ambientais enfrentados pelas empresas têm exigido enorme esforço para atualização no âmbito da contabilidade no que diz respeito aos métodos de custeio.

Diante do crescente avanço tecnológico e metodológico dos últimos tempos e do consequente aumento da competitividade, surgiu a necessidade do aumento da qualidade, da economia do tempo e da redução dos custos por parte das empresas, a fim de evitarem a perda de espaço no mercado. Aliado a esse avanço, os custos indiretos aparecem como decorrência imediata daquele, a crescimento galopante. Foi em virtude desses problemas que nasceu um método que revolucionou o gerenciamento empresarial: o Custeio ABC (*Activity Based Costing*).

O método ABC é uma dessas atualizações que reúnem as características e fundamentação suficiente para marcar uma nova fase na história dos métodos para a gestão dos custos das organizações empresariais.

É um sistema de custeio baseado na análise das atividades significativas da empresa. Baseia-se na premissa de que são as atividades, e não os produtos, que provocam o consumo de recursos, e estas atividades, conforme são requeridas, é que formarão os custos dos produtos.

Esse método assemelha-se ao método de custeio por absorção. Naquele, porém, não há a utilização de critérios de rateio. Assim, o método ABC leva em consideração, no cálculo do gasto unitário dos produtos, tanto os custos diretos quanto os custos indiretos e, em alguns casos, as despesas. Para tanto, utilizam-se direcionadores, em vez da departamentalização usada no método por absorção, conforme a Figura 7.1.

7.2 Origem

A contabilidade de custos tradicionalmente adotada pelas empresas, empregando uma base conceitual em linha com os princípios fundamentais de contabilidade, em especial o custeio por absorção, foi duramente criticada na década de 1980 por inúmeros acadêmicos e pesquisadores. O sistema *Activity Based Costing*, desenvolvido nos Estados Unidos da América do Norte no final da década de 1980, surgiu como uma resposta alternativa à "velha" contabilidade de custos utilizada pelas empresas.

Foi pela ênfase dada ao estudo de um método analítico, sem uso de arbitramentos aleatórios, eficaz e de rápida promoção de decisões, que o Custeio ABC ganhou tanto mérito e repercussão no mundo. O Custeio Baseado em Atividades, conhecido como ABC (*Activity Based Costing*), é uma metodologia que nasceu nos Estados Unidos em meados da década de 1980 e foi desenvolvida e criada basicamente por Devlin, Cooper e Kaplan. Procura reduzir sensivelmente as distorções provocadas pelo rateio arbitrário dos custos indiretos.

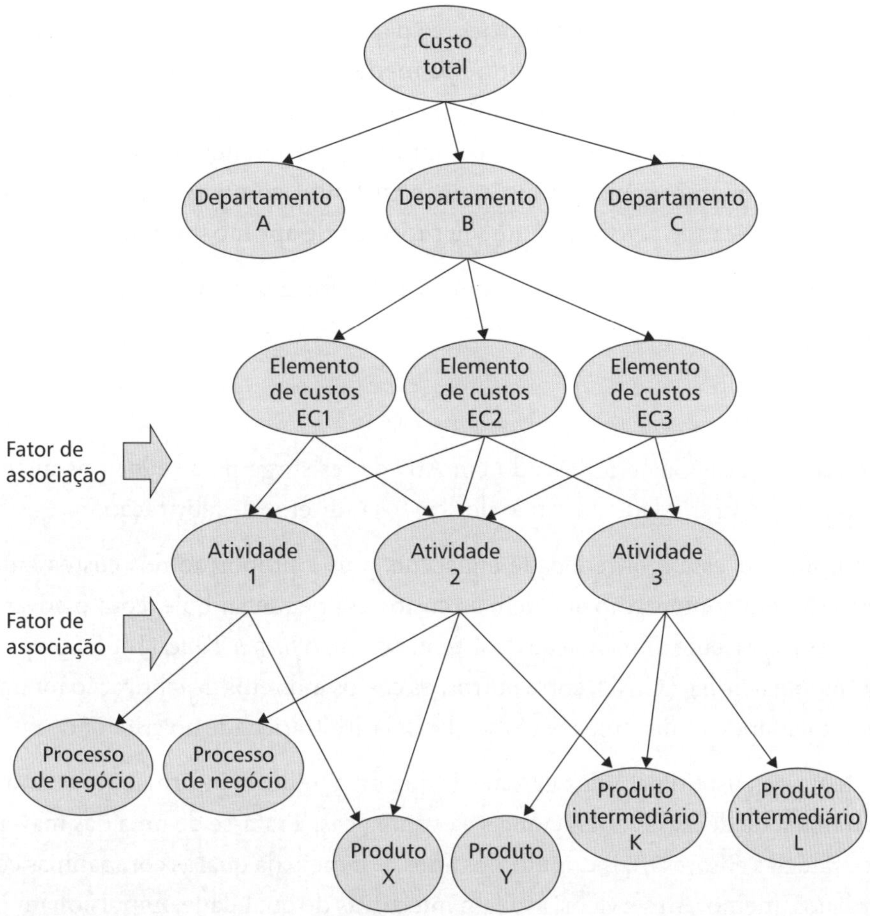

Figura 7.1 Visão geral das etapas de custeio.

O ABC pode ser aplicado, também, aos custos diretos, principalmente à mão de obra direta, e é recomendável que o seja; mas não haverá, nesse caso, diferenças significativas em relação aos chamados sistemas tradicionais: custeio por absorção e custeio variável. A diferença fundamental está no tratamento dado aos custos indiretos, conforme Mendes e Hildebrand (1997).

Informações sobre custos vêm sendo preferencialmente utilizadas como medida de desempenho organizacional e operacional, uma vez que sintetizam a *performance* de uma série de atividades, às vezes incomuns, por meio de uma única unidade (monetária), o que permite a comparação interna e externa e, se necessário, a tomada de medidas corretoras ou potencializadoras. Em decorrência, os custos são instrumentos ativos para a gestão.

As informações, determinadas pelos sistemas de custeio, disponíveis sobre custos de produtos e serviços não eram suficientes para apoiar, com eficácia, a gestão organizacional e a busca da excelência, principalmente, porque os sistemas de custeio foram, em sua maioria, concebidos e implantados quase exclusivamente para fins legais (contábeis), não estando aptos a produzir informações gerenciais. Essa situação levou as empresas a tomarem muitas decisões inconsistentes com suas necessidades e seus objetivos, prejudicando sensivelmente seu processo de aprimoramento.

Foi em resposta a essa situação que o ABC foi desenvolvido e adotado pelas empresas.

7.3 Conceitos

Esse sistema de Custeio Baseado em Atividades surge para reduzir as distorções causadas pela arbitrariedade do rateio dos custos indiretos de fabricação.

Antigamente, essa arbitrariedade era aceita, pois a proporção dos custos indiretos de fabricação em comparação aos demais custos era pequena; hoje, com o advento da tecnologia e a crescente implantação de sistemas como o *Just in Time*, (JIT), *Computer Integrated Manufacturing* (CIM), entre outros, os custos indiretos de fabricação foram crescendo, aumentando as distorções provocadas pela arbitrariedade no critério de rateio.

Sistema de custeio para fins gerenciais que disponibiliza informações econômicas para a tomada de decisões operacionais e estratégicas. Trata-se de uma das mais poderosas estratégias empresariais dos últimos anos, por meio da qual as companhias cortam desperdícios, melhoram serviços, avaliam iniciativas de qualidade, impulsionam para o melhoramento contínuo e calculam, com adequada precisão, os custos dos produtos.

É a apropriação de custos baseados na premissa de que os produtos ou serviços elaborados por uma organização requerem a realização de atividades; estas, por sua vez, requerem o consumo de recursos (custos).

No Sistema ABC, as atividades são o foco do processo de custeio. Os custos são investigados, relacionando-se as atividades aos produtos, com base na demanda por tais atividades pelo produto durante o processo de produção. Portanto, as bases de alocação usadas no custeio baseado na atividade são medições das atividades executadas que podem incluir horas do tempo de ajuste de máquina ou número de vezes em que isso foi feito.

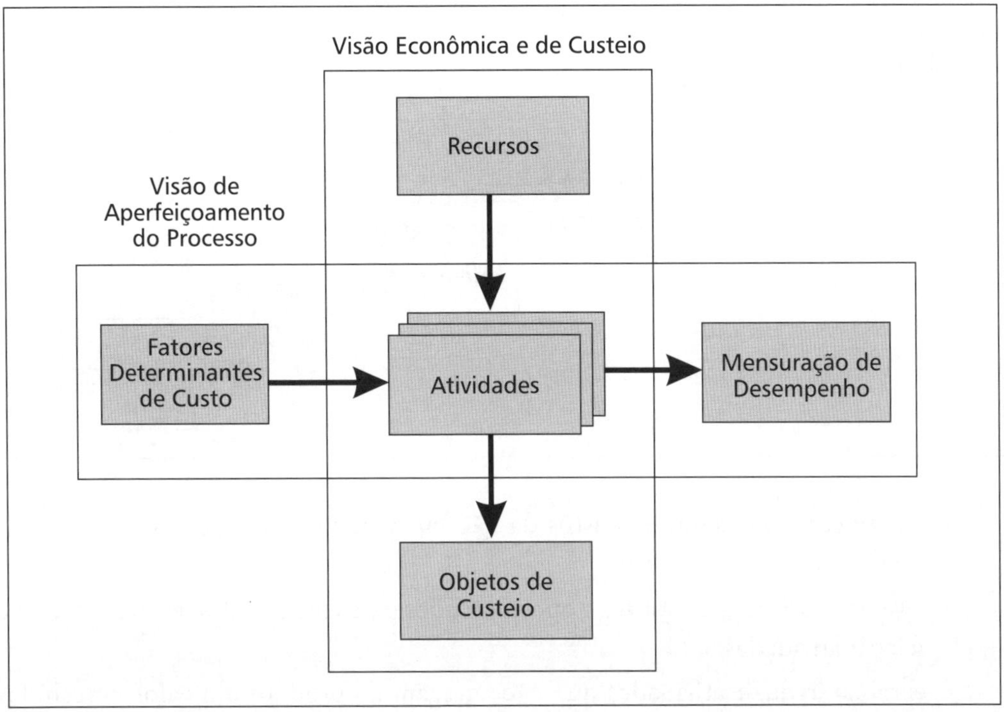

É o método que mede o custo e o desempenho de processos e produtos. Mais especificamente, que:

- atribui custos às atividades com base no consumo de recursos;
- atribui custos a produtos ou serviços com base no consumo de atividades;
- reconhece os fatores que determinam (explicam) os custos das atividades e o consumo destas pelos produtos ou outras atividades.

Permite que uma organização determine os custos associados a cada produto ou serviço elaborado, sem considerar a estrutura organizacional a partir da figura mostrada na página seguinte, segundo Mendes e Hildebrand (1997).

Os principais objetivos da implantação de um sistema de gerenciamento de custos com base nas atividades (ABC) estão relacionados à facilidade e precisão que a administração terá para:

- apurar e controlar seus custos reais de produção e, principalmente, os custos indiretos de fabricação (*overhead*);

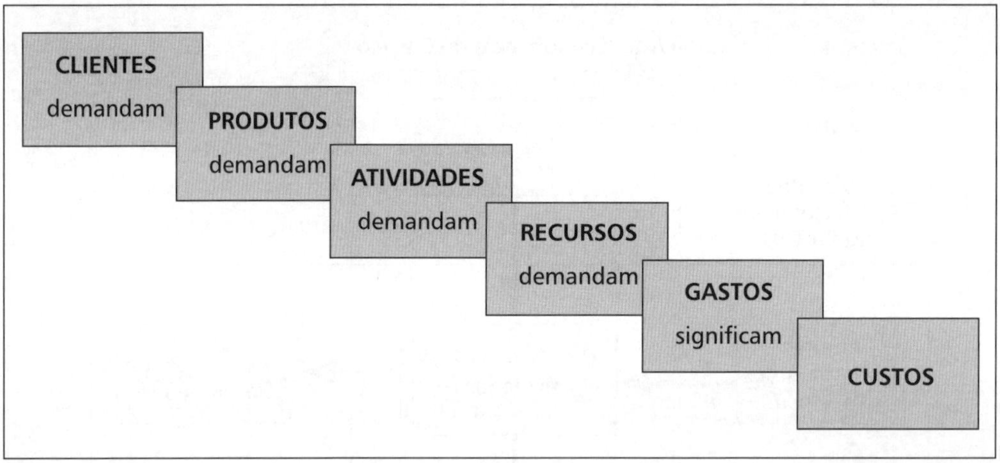

- identificar e mensurar os custos da não qualidade (falhas internas e externas, prevenção, avaliação etc.);
- levantar informações sobre as oportunidades para eliminar desperdícios e aperfeiçoar atividades;
- eliminar/reduzir atividades que não agregam ao produto um valor percebido pelo cliente;
- identificar os produtos e clientes mais lucrativos;
- subsidiar o redimensionamento da plataforma de vendas (distribuidores e revendedores);
- melhorar substancialmente sua base de informações para tomada de decisões;
- estabelecer um conjunto de indicadores de *performance* capaz de medir a eficiência e a eficácia empresarial sob os aspectos produtivo, comercial, financeiro e societário.

Todos os negócios podem ser desdobrados facilmente em uma série de atividades e tarefas realizadas por um ou mais funcionários. Hoje, despesas como telefone, suprimentos, salários, viagens são representadas por cada departamento e na verdade fica-se sem saber quantas dessas despesas seriam devidas às diversas atividades realizadas nos citados departamentos. Somente o custeio baseado em atividades (ABC) permite que se calcule o custo de cada processo, pois ele consegue captar todas as despesas que ocorrem na empresa, por atividades.

O Sistema ABC demonstra a relação entre recursos consumidos (o que foi gasto: água, luz, salários etc.), atividades executadas (onde foi gasto: produção, informática, vendas etc.) e objetos de custo/produtos ou serviços (para que foi gasto: produto A, produto B, atividade X etc.), como na figura a seguir:

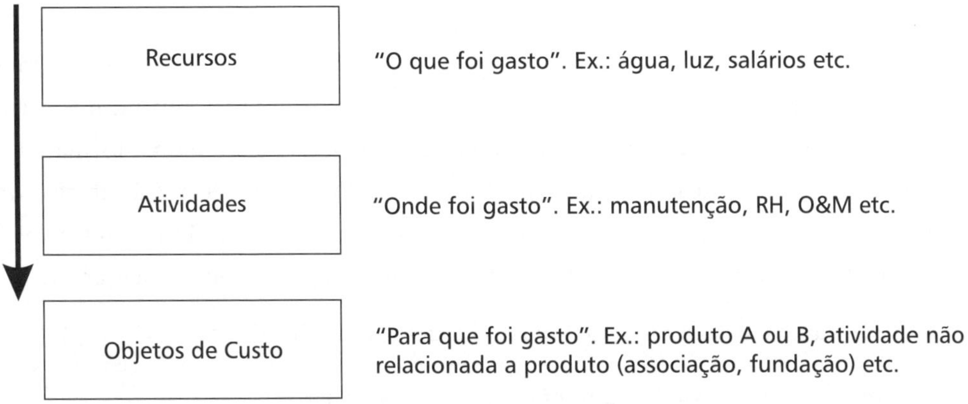

Seja qual for a vantagem competitiva que a empresa pretenda criar e sustentar, a gestão da cadeia de valor é fundamental, uma vez que permite identificar as atividades estrategicamente relevantes. Usando a cadeia de valor, não só se torna visível o peso dos custos de produção da empresa no valor final dos custos para o comprador, como se reconhece que as diversas atividades não são independentes, mas interdependentes.

É precisamente nesse sentido que os sistemas contabilísticos convencionais se mostram limitados e o ABC demonstra suas virtudes, ao imputar custos e proveitos a cada atividade. Ainda mais que o ABC permite uma extensão da contabilidade para fora das fronteiras físicas da empresa, integrando nela as relações com fornecedores e clientes.

O conhecimento dos direcionadores de custos tem levado as empresas a iniciar uma reengenharia de seus processos, com vistas à eliminação das diversas fontes de desperdícios, identificando atividades ou operações.

Um processo define-se como um conjunto de atividades que operam em conjunto para atingir determinado fim.

O redesenho dos processos requer uma análise do fluxograma das atividades que neles têm lugar, com o objetivo de diminuir os custos, melhorar a qualidade e aumentar a flexibilidade. A gestão dos custos dos processos apoia-se essencialmente na avaliação prevista do impacto dos indutores de custos na cadeia de valor e na análise dos recursos organizacionais necessários. Nesse sentido, o ABC fornece melhor conhecimento da relação causal que, a longo prazo, existe entre as unidades de atividade e o consumo dos recursos. Assim, essa é a perspectiva mais adequada para estudar as variações no consumo dos fatores derivadas de alterações nos produtos ou nos processos, segundo Martins (2015).

7.4 Objetivos

O objetivo do ABC é reduzir o custo pela eliminação dos desperdícios, por meio do corte nos geradores de custos que não agreguem valor, ou seja, nos fatores causadores do consumo de atividades evitáveis ou desnecessárias. Essa é uma forma eficaz de compressão dos custos, que difere da maneira tradicional de cortes aleatórios dos recursos. Dessa maneira, o gerenciamento consegue uma otimização nos retornos financeiros aliada a uma otimização do valor dos produtos para quem os demandar.

O Sistema de Custeio Baseado em Atividades (ABC) busca:

- diminuir o desperdício e aumentar a produtividade;
- tornar a empresa mais organizada;
- reduzir os custos sem queda na produção;
- implementar o programa de qualidade total sem impacto na linha operacional;
- implementar um sistema de pagamento por desempenho; e
- elaborar um orçamento baseado no desempenho.

7.5 Definição do *Activity Based Costing* (ABC)

O *Activity Based Costing* não é um sistema de acumulação de custos para fins contábeis, ou seja, não apura custos de produtos e serviços para a elaboração de balanços e demonstração de resultado. É um sistema de análise de custos que busca "rastrear" os gastos de uma empresa para analisar e monitorar as diversas rotas de consumo dos recursos "diretamente identificáveis" com suas atividades mais relevantes, e destas para os produtos ou serviços. Assim, é o sistema de informações sobre os produtos e atividades da empresa. Identifica as atividades realizadas, rastreia os custos para essas atividades, e estas para os produtos ou serviços elaborados.

O *Activity Based Costing* permite uma análise de custos por meio das atividades da empresa. Cada atividade descreve o que a empresa faz e quanto de recursos ela utiliza para fabricar seus produtos. A metodologia de custeio ABC identifica as atividades desenvolvidas em uma empresa e determina seu custo e desempenho.

7.6 Objetos de custeio

Os objetos de custeio representam a etapa final da alocação dos custos na metodologia ABC. Os objetos de custeio podem ser representados por produtos, família de produtos, clientes ou mesmo uma região.

Assim, a determinação dos objetos de custeio fica a cargo dos gerentes, que irão determinar o nível de profundidade a ser trabalhado pelo sistema ABC. A escolha dos objetos de custeio irá depender do escopo que pretende assumir o projeto ABC, bem como dos recursos disponíveis na empresa para implementação e manutenção do sistema, visto que, quanto mais detalhado, mais dispendioso ele fica.

7.7 Alocação dos recursos para as atividades e das atividades para os objetos de custos

A alocação dos recursos para as atividades e das atividades para os objetos de custos é feita por meio de *cost drivers* (geradores/direcionadores de custos).

Enquanto no método tradicional a alocação é feita por critérios de rateios limitados (geralmente quantidade produzida/vendida), no ABC existe uma multiplicidade de critérios (denominados geradores de custo ou *cost drivers*), cada qual específico à atividade (custo) a que se relaciona (por exemplo: número de notas fiscais emitidas, número de requisições de compras etc.).

Gerador de custos (*cost driver*) é o fator que causa mudança no desenvolvimento de uma atividade, mensurando os respectivos recursos exigidos por essa atividade, ou seja, é a causa do volume de recursos consumidos pela atividade.

Os recursos estão relacionados às atividades/subatividades, e estas aos objetos de custos. Para cada recurso ou atividade, os *drivers* podem ser diferenciados (e geralmente são).

Fases:

- tratamento de recursos;
- identificação de processos e atividades;
- alocação de custos a atividades;
- processamento de atividades;
- custeio de objetos de custos.

Vantagens:

- visão de processos e atividades;
- maior qualidade na informação;
- instrumentos acessórios;
- subsídios à gestão.

7.8 Direcionadores e atividades

O direcionador de custo é determinado fator que influencia a quantidade de trabalho da empresa. Ele pode estar relacionado ao volume de produção ou não. Os direcionadores de custos (*cost drivers*) foram uma inovação do ABC, visto que é por meio deles que os custos, provenientes do consumo de recursos, vão sendo agregados às suas respectivas atividades. Por vezes, surgirão ramificações das atividades que se disseminarão em outros departamentos. É o que se chama de atividades secundárias.

Os *cost drivers* são utilizados também para calcular o consumo das atividades por produto, chegando-se, então, ao fim do processo de apuração. Com isso, pode-se observar que esse critério estudado proporciona a visão transparente do quanto cada nível do processo contribui para uma ótima produtividade. A informatização desse custeio é de fundamental importância, uma vez que o número de informações é vultoso e, consequentemente, despenderia muito tempo para o processamento do método.

O ABC causou um *frisson* no mundo empresarial pelo fato de ter quebrado o vínculo com as tradicionais formas de custeamento. Nascia, então, um método baseado não mais na apropriação dos custos às unidades produtivas, mas nas atividades realizadas em um estabelecimento.

Para compreender melhor o ABC, é interessante frisarmos o que definem os termos *recurso* e *atividade.* O primeiro corresponde aos fatores produtivos que serão consumidos pelas atividades. O segundo é a forma de a empresa utilizar seu tempo e recurso para o alcance de seus objetivos.

Uma atividade é uma combinação de recursos humanos, materiais, tecnológicos e financeiros para se produzirem bens ou serviços. É composta por um conjunto de tarefas necessárias a seu desempenho. As atividades são necessárias para a concretização de um processo, que é uma cadeia de atividades correlatas, inter-relacionadas, conforme Martins (2015). Entretanto, as atividades são classificadas dentro de uma sistemática, como, por exemplo, unidade, lote, produto, suporte etc.

7.9 Etapas para aplicação do ABC

A partir do fluxograma de Mendes e Hildebrand (1997) a seguir, podem-se identificar as etapas do ABC:

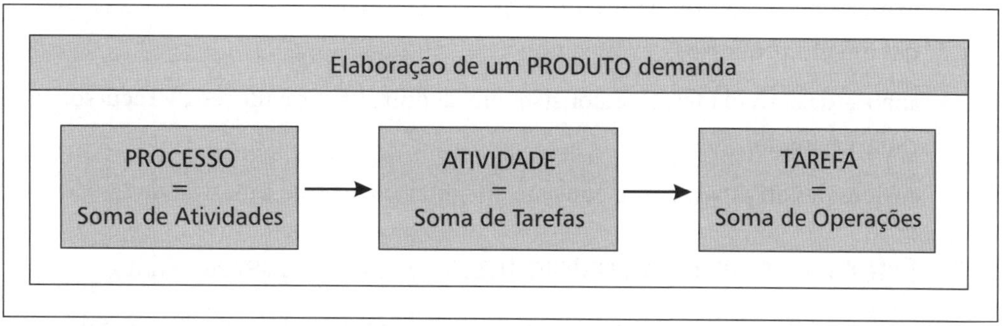

1. Identificação das atividades relevantes:

Num departamento, são executadas atividades homogêneas. Assim, o primeiro passo para o custeio ABC é identificar as atividades relevantes em cada departamento.

2. Atribuição de custos às atividades:

O custo de uma atividade compreende todos os sacrifícios de recursos necessários para desempenhá-la. Deve incluir salários com os respectivos encargos sociais, materiais, depreciação, energia, uso de instalações etc.

3. Identificação e seleção dos direcionadores de custos:

Direcionador de custos é o fator que determina a ocorrência de uma atividade. Como as atividades exigem recursos para serem realizadas, deduz-se que o direcionador é a verdadeira causa dos custos. Portanto, o direcionador de custos deve refletir a causa básica da atividade, consequentemente, da existência de seus custos.

4. Atribuindo custos às atividades:

Para custear as atividades, devemos alocar a elas parte de cada custo indireto dos departamentos, utilizando-nos dos "direcionadores de recursos", como aluguel, energia elétrica, salários, depreciação, entre outros.

5. Atribuição dos custos das atividades aos produtos:

Uma vez identificadas as atividades relevantes, seus direcionadores de recursos e respectivos custos, a próxima etapa é custear os produtos. Para tanto, é necessário o levantamento da qualidade e quantidade de ocorrência dos direcionadores de atividades por período e por produto.

O Modelo de Custeio Baseado em Atividades consta de três passos a serem seguidos:

- mapeamento das atividades, que consiste em mapear as atividades desenvolvidas em um processo;
- análise das atividades, que consiste em definir direcionadores de recursos para cada atividade;
- custeio das atividades, que consiste em gerar o custo de cada atividade.

7.10 Diferenças entre o custeio tradicional e o custeio ABC

As principais diferenças entre o custeio tradicional por absorção e o custeio ABC podem ser constatadas no quadro a seguir, segundo Facci, Rodrigues e Souza (1999):

	Custeio Tradicional por Absorção	Custeio ABC
Custos	Os produtos consomem os recursos, que são mensurados como custos.	As atividades consomem os recursos; os produtos consomem as atividades, que geram os custos.
Cost drivers	São atributos do produto. Exemplos: horas de mão de obra; horas--máquina; consumo de materiais.	São atributos das atividades. Exemplos: *setup* de máquinas; número de vezes em que ocorre a armazenagem.
Custo indireto	Rateado com base no volume produzido.	Apropriado às atividades, conforme determinamos *cost drivers*.
Atividades	Nem todas as atividades são relacionadas aos volumes produzidos. Exemplos: *setup* das máquinas; gastos com manutenção; recebimento de matérias-primas.	Separação entre as atividades que consomem recursos (adicionam valor ao produto) e as atividades que não consomem recursos (não adicionam valor ao produto).
Bases para rateio do custo indireto	Normalmente, horas de mão de obra direta.	Não há rateio; há apropriação de custos indiretos pelas atividades consumidas pelos produtos.

Essas diferenças estão baseadas também nas seguintes premissas do sistema ABC:

1. Diferença na forma de acumulação dos custos: os sistemas tradicionais acumulam por departamento e, depois, são direcionados para os produtos. Já o sistema ABC utiliza as atividades como foco de consumo dos custos, e, após a identificação de qual produto utiliza determinada atividade, os custos desta são atribuídos ao produto. Por exemplo: materiais diretos e mão de obra direta

são similares ao Sistema por Absorção e Variável; já nos custos indiretos de fabricação, incluídos nos *overhead*, busca-se alguma identificação direta com a atividade e, por consequência, para o produto.

2. Identificação do nível das atividades: as atividades podem ter a seguinte hierarquia: unidade, lote e produto, cliente e instalação.

Kaplan e Cooper (1998) ainda acrescentam que "a hierarquia de custos ABC, aplicável a despesas relativas a produção, marketing e pesquisa e desenvolvimento permite que todas as despesas organizacionais sejam mapeadas em um nível hierárquico e organizacional específico, no qual é possível estabelecer causa e efeito".

O estudo acerca das atividades poderá facilitar a identificação do nível de detalhamento que se busca na implantação do sistema ABC, pois desse gerenciamento é que serão definidos os seguintes aspectos do sistema: escopo, objetivos, produtos, equipe de implantação e os recursos que serão destinados aos processos do ABC. O escopo refere-se à abrangência da atuação do sistema, se apenas em um departamento, ou produto, ou em toda a empresa.

7.11 Caso prático

A empresa Assiste produz dois produtos: FF e GG. A produção, os preços de mercado e os custos, segundo o custeio tradicional (alocação em função da quantidade produzida), são mostrados a seguir:

Produto	Produção (unidades)	Preço Médio ($)	Custo ($)
FF	200	125	110
GG	800	18	20

Observando esses números, a gerência concluiu que o custo do produto GG, que está acima do preço de mercado, não é competitivo; deve, portanto, ser eliminado da linha de produção. Em relação ao produto FF, concluiu que sua alta competitividade está mantendo as operações.

Antes da decisão final, a equipe da gerência decidiu analisar o problema utilizando a metodologia proposta pelo ABC. Para isso, as seguintes informações foram coletadas:

Informações adicionais

a) Custos diretos

Produto	$/unidade
FF	100
GG	10

b) Custos indiretos

$ 10.000,00 por ano;

- medida de trabalho: 10.000 pedidos de compra;
- ordens de compra requeridas por unidade do produto FF – 30;
- ordens de compra requeridas por unidade do produto GG – 5.

c) Tabela de distribuição dos custos indiretos

Custeio tradicional: $ 10.000,00/1.000 unidades = $ 10,00/unidade.

Custeio ABC: $ 10.000,00/10.000 medidas de trabalho = $ 1,00/medida.

Produto	Ordens de Compra Requeridas	Custo por Ordem de Compra ($)	Custo Indireto por Unidade Produzida ($)
FF	30	1	30
GG	5	1	5

d) Custo total por unidade produzida

	Custo Direto	Custo Indireto		Custo Total		Preço
Produto	$/unidade	Tradicional	ABC	Tradicional	ABC	$
FF	100	10	30	110	130	125
GG	10	10	5	20	15	18

Quando a comparação dos dois conjuntos de informação foi apresentada para a gerência, a surpresa foi muito grande. Os resultados do ABC eram totalmente diferentes do sistema tradicional. Quando os custos foram rastreados para o total das atividades atualmente utilizadas, em vez de alocados com base na produção realizada, o produto FF mostrou-se mais caro ($ 125,00) do que originalmente ($ 110,00), tornando-se não competitivo no mercado. Já o produto GG mostrou-se competitivo, devendo ser mantido na produção.

Esse exemplo simplificado[1] demonstra que o método tradicional de custeio de aplicar os custos indiretos diretamente sobre a quantidade produzida pode super ou subestimar os custos verdadeiros.

Exemplo Prático

O Departamento de Custos de uma sociedade industrial apresentou os seguintes dados:

I) Referentes à produção do período:

Itens	Produto 1	Produto 2	Total
Produção (unidades)	10.000	200	10.200
Custo Direto (por unidade)	$ 15,00	$ 10,00	
Custo Direto Total	$ 150.000,00	$ 2.000,00	$ 152.000,00
Custo Indireto de Fabricação			$ 223.400,00
Número de lotes recebidos e produzidos	50	30	80
Quantidade de ordens de produção	16	4	20
Horas-máquina para operação do equipamento	900	400	1.300

II) Referentes à distribuição dos Custos Indiretos de Fabricação:

Gasto	Valor	Direcionador de custo
Recebimento e Movimentação de Material	$ 72.400,00	Número de lotes recebidos e produzidos
Planejamento e Controle de Produção	$ 47.000,00	Quantidade de ordens de produção
Operação do Equipamento	$ 104.000,00	Horas-máquina para operação do equipamento
Total	$ 223.400,00	

Considerando que a empresa adota o Custeio Baseado em Atividades, determine o custo de produção do produto 1.

---

[1] Extraído de Mendes e Hildebrand (1997).

SOLUÇÃO:

A questão apresenta dois produtos e pede o custo total de um deles. Os dados iniciais que são os custos diretos, a quantidade produzida e traz alguns aspectos relacionados às atividades, em que serão feitos os rateios dos custos indiretos. A primeira tabela traz a quantidade de cada item, o valor do custo direto unitário e o total.

Quantidade	Produto	Custo Direto	Total Custo Direto
10000	1	15,00	150.000,00
200	2	10,00	2.000,00
TOTAL			**152.000,00**

A questão fornece três bases para o rateio dos custos indiretos. Então, deve-se determinar como cada produto participa dessas bases. Fazemos o cálculo sempre dividindo a parte pelo todo. No exemplo abaixo, os lotes são 80 no total e o produto 1 foi utilizado 50; então, pegamos 50 dividido por 80 e chegamos a 0,63, ou seja, 63%.

Produto	Lotes	Rateio	Ordens	Rateio	Horas	Rateio
1	50	62,5%	16	80%	900	69%
2	30	37,5%	4	20%	400	31%
TOTAL	**80**	**100%**	**20**	**100%**	**1300**	**100%**

Agora que já sabemos as bases para rateio, basta aplicar os percentuais em cima dos custos indiretos dados na questão; são três custos relacionados às atividades que já definimos nos rateios acima.

Produto	Rateio Lotes	Custo Indireto 1
1	62,5%	45.250,00
2	37,5%	27.150,00
TOTAL	**100%**	**72.400,00**

Produto	Rateio Ordens	Custo Indireto 2
1	80%	37.600,00
2	20%	9.400,00
TOTAL	**100%**	**47.000,00**

Produto	Rateio Horas	Custo Indireto 3
1	69%	71.760,00
2	31%	32.240,00
TOTAL	100%	104.000,00

Produto	Total Custo Indireto
1	154.610,00
2	68.790,00
TOTAL	223.400,00

Depois de fazer todos os rateios e as apurações, somamos os custos indiretos relativos a cada produto e descobrimos quanto cada um terá de custo indireto no total. Depois disso, levamos para a primeira tabela e somamos o custo indireto ao custo direto. Assim, teremos o custo total dos produtos:

Produto	Total Custo Direto	Total Custo Indireto	Custo Total
1	150.000,00	154.610,00	304.610,00
2	2.000,00	68.790,00	70.790,00

7.12 Conclusões sobre o ABC

Os métodos tradicionais de custeio agrupam seus custos por departamento, para depois rateá-los aos produtos, utilizando sempre alguma base de rateio, que na grande maioria das vezes é mão de obra direta ou material direto; não considera, pois, as atividades e os processos das empresas porque estão presas às fronteiras departamentais.

O *Activity Based Costing* não está preso a essas fronteiras departamentais. Sua visão é muito mais ampla e cruza esses limites para analisar as atividades e os processos originados por essas atividades. Dessa forma, ela é considerada uma ferramenta gerencial, e sua metodologia permite produzir relatórios gerenciais. Os resultados neles impressos têm a participação de todos os funcionários e possibilitam aos gestores uma visão empresarial dos processos da empresa, entendendo melhor as causas geradoras de custos e mostrando ineficiências, tais como: processos desnecessários, trabalho duplicado etc., que são atividades que não agregam valor ao produto, além de analisar muito mais detalhadamente o produto que fabrica ou serviço que presta (Cadeia de Valor) do que os relatórios produzidos pela contabilidade baseada nos custeios tradicionais.

O custeamento por atividades (ABC) caracteriza-se por rastrear os custos, sejam eles fixos ou variáveis, no intuito de eliminar o máximo possível os custos indiretos por meio de procedimentos que identificam os recursos consumidos pelas atividades e que posteriormente são dirigidos aos produtos que são os consumidores das atividades. Devido às suas características fundamentais, o ABC proporciona inegáveis contribuições para o sistema de informações das empresas, que vão proporcionar decisões mais bem fundamentadas para a consecução dos objetivos delas.

Verifica-se que o ABC é um método de custeio que, em função dos recursos tecnológicos de que hoje dispomos, pode contribuir muito para o sistema empresarial. Evidentemente, estudos podem ser realizados, adequando estruturas em suas concepções, possibilitando tornar-se efetivamente um sistema de custeio.

Com um mercado mais estável, competitivo e globalizado, já não é possível aumentar os preços para cobrir custos. Portanto, é imprescindível para a sobrevivência das empresas a criação de estruturas de custos adequadas, buscando melhor qualidade com menor custo.

7.13 Gestão baseada em atividades (ABM)

É um processo administrativo que usa a informação fornecida por uma análise dos custos baseados em atividades para melhorar a lucratividade da empresa. Gestão baseada em atividades (ABM) inclui a execução mais eficiente das atividades, eliminando a necessidade de executar certas atividades que não adicionam valor para os clientes, melhorando o projeto e desenvolvendo melhores relações com clientes e fornecedores. A meta da ABM é atender às necessidades dos clientes, deixando-os satisfeitos, ao mesmo tempo que reduz a demanda por recursos organizacionais.

7.14 Metodologia ABM

ABM é uma metodologia baseada em duas visões básicas: (a) a visão do processo e (b) a visão da alocação de custos. Essas duas visões são suportadas pela identificação dos recursos utilizados pela organização (mão de obra, materiais, máquinas etc.) e sua alocação às atividades que consomem esses recursos mediante geradores de custos (ou direcionadores de custos) primários. Em seguida, mediante geradores de custos secundários identificaremos os relacionamentos entre as atividades e entre atividades e objetos de custo (cliente, produtos, serviços etc.). Dessa forma, pela consolidação dos objetos de custo dentro da ABM, implantamos a visão de alocação de custos e, pela consolidação das atividades por processos empresariais, obtemos a visão de processos.

Por exemplo, do somatório das atividades necessárias ao atendimento de uma ordem de compras obtemos a visão de alocação de custo e, portanto, o custo de uma ordem de compra. Por outro lado, a consolidação dos custos de todas as atividades relativas ao processo de suprimentos, como identificação da necessidade, compra, pagamento, recebimento etc., permite-nos ter uma visão do custo do processo.

Essas diferentes visões implicam diferentes formas de gestão, que deverão ser combinadas pelos executivos. A redução do custo do processo de suprimentos depende de um trabalho de revisão desse processo (reengenharia), em que podemos aceitar maiores custos em uma área, ou seja, devemos focalizar a redução do custo do processo como um todo. Também podemos focalizar a atividade em si, ou seja, buscar a redução dos recursos consumidos pela atividade ou melhorar o treinamento dos empregados para reduzir os índices de retrabalho etc.

7.15 Implantação da ABM

Implantado o ABC, pode-se praticar a ABM (*Activity Based Management* – Gestão Baseada em Atividades) pela classificação e análise das atividades:

1. Atividades que agregam valor para o negócio ou produto são as que o cliente paga efetivamente com algo mais que mereça ser destacado.
2. Atividades que não agregam valor são as que podemos eliminar ou reduzir substancialmente até 75% sem causar detrimento ao produto ou serviço final. Podem ser subdivididas em três níveis de influenciabilidade:
    a. alta influenciabilidade: relativamente fácil de ser eliminada/reduzida em um período de até 18 meses;
    b. média influenciabilidade: nível de dificuldade médio para ser reduzida/eliminada e num horizonte de tempo entre 18 e 36 meses;
    c. baixa influenciabilidade: alta dificuldade para efetivamente ser reduzida/eliminada e geralmente num período acima de 36 meses.

Exemplo: tomando por base o Almoxarifado, observamos que é uma atividade que não agrega valor, pois o estoque é um problema da empresa e o cliente não quer pagar mais por isso. Quanto ao nível de influenciabilidade, podemos classificá-la de baixa influenciabilidade, porque, para conseguir eliminá-la, requer-se:

- confiança nos fornecedores;

- muito tempo;
- investimento no desenvolvimento de fornecedores.

Pode ser esquematicamente representada conforme (MENDES e HILDEBRAND, 1997) a figura a seguir:

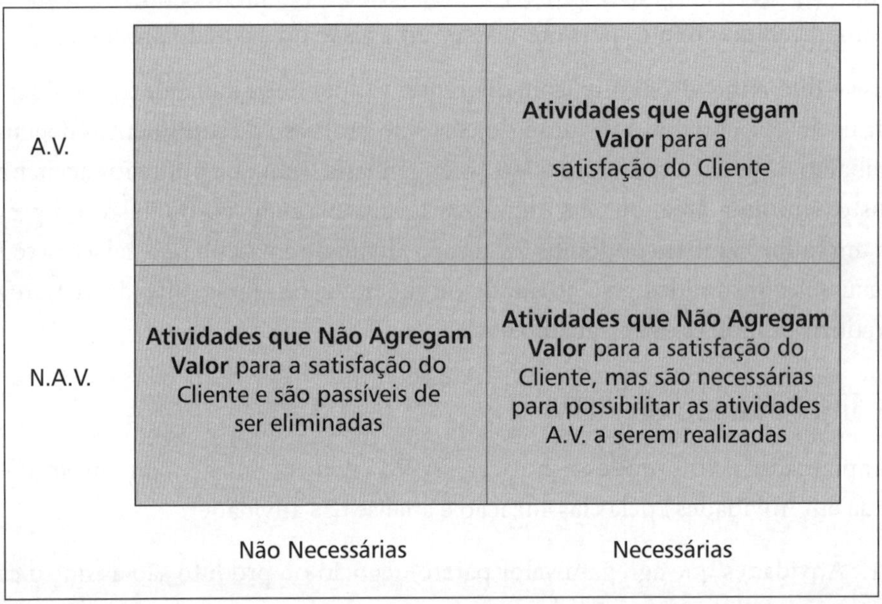

7.16 A ABM na manufatura

A informação que nos é fornecida pelos sistemas de custos tradicionais contém os custos por categoria de despesa, ou seja, gastos com mão de obra, gastos com materiais, gastos com depreciação etc. No entanto, o homem de produção gerencia e controla operacionalmente seu trabalho com base em informações das atividades executadas pela máquina ou pela mão de obra, como, por exemplo, tempo ocioso, tempo fazendo manutenção etc. Essa diferença de formato das informações constitui um dos mais importantes fatores inibidores dos processos de redução de custo, pois nem sempre a informação obtida dos sistemas de custos tradicionais reflete os ganhos de produtividade obtidos dentro da fábrica e, ao contrário, nem sempre os indicadores físicos da fábrica refletem adequadamente o desempenho financeiro da organização.

No método ABM, o primeiro passo é traduzir as informações de custo para a linguagem da produção, ou seja, uniformizar as linguagens entre áreas financeiras, comerciais e de produção, o que compreende apresentar os custos de cada uma das atividades de máquina e de seus estados, dentro dos formatos gerenciados na produção. O ABM na manufatura tem a finalidade de suportar a administração operacional da fábrica dentro do processo de produção e de seus subprocessos, quais sejam: (a) desenho de produtos e processos; (b) gestão de equipamentos; (c) gestão de produtos; (d) focalização fábrica-produto; e (e) linhas de acabamentos especiais.

O ABM foi inicialmente utilizado para fazer o controle dos gastos de *overhead*, aí incluídos os gastos indiretos de produção e as despesas administrativas e comerciais. No entanto, a ampliação da utilização do ABM para dentro das fábricas e sua compatibilização com algumas das técnicas de gestão fabril, como administração por células, linhas de produção e teoria das restrições, revelou-se extremamente válida, do ponto de vista da qualidade de informações para o suporte das operações industriais. Como veremos a seguir, uma das maiores inovações do ABM em relação à manufatura está no tratamento das atividades-máquina.

7.17 Tratamento das máquinas

Neste tópico, trataremos da administração operacional nos conjuntos dos subprocessos de gestão de equipamentos, gestão de produtos, focalização fábrica-produto e linhas de acabamentos especiais.

Quando o homem de produção analisa o desempenho de uma máquina, ele a vê sob as seguintes atividades: operação, *setup*, ociosidade e manutenção. A partir daí, cada uma dessas atividades pode ser analisada em seus estados, que são: (a) operação normal e operação com reprocesso; (b) *setup* da família, *setup* do gargalo e *setup* do produto; (c) manutenção preventiva (programada) e manutenção corretiva (não programada); e (d) ociosidade normal, ociosidade planejada e ociosidade decorrente do gargalo. As operações com reprocesso podem ainda ser classificadas pelos conceitos oriundos dos TQM, por motivos de não conformidade, como: falha da máquina, falha no desenho do produto, falha na operação da máquina etc. Além disso, uma máquina pode ser gerenciada quanto aos recursos que utiliza para execução de cada uma destas atividades (mão de obra, insumos, combustíveis e energia), sua capacidade de produção (em produtos e em tempo), o número de turnos em que trabalha e a eficiência (ou rendimento, que é a relação entre o tempo real de utilização e a capacidade de produção).

A maximização da eficiência na gerência de produção consiste em maximizar os tempos de operação normal da máquina, com menor custo de operação com reprocesso, reduzindo e maximizando os *setups* da família, do produto e do gargalo, com menor tempo de manutenção preventiva e eliminação dos tempos de manutenção corretiva, redução dos tempos ociosos, mantendo mínimo o nível de estoques. No entanto, não existe uma solução ótima e única que atenda a todas essas variáveis.

Graficamente, uma máquina poderia ser representada por:

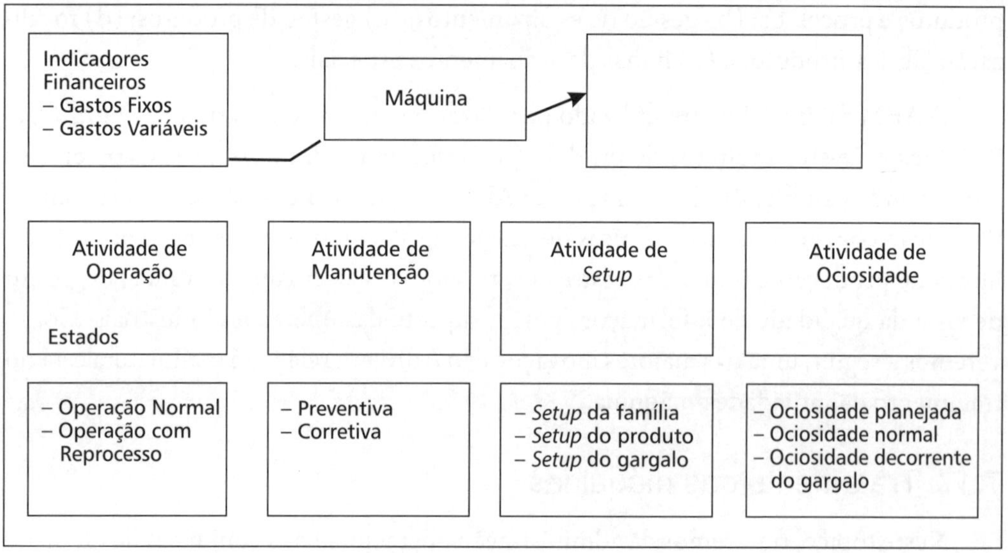

Os controles de produção na fábrica, em geral, já refletem essa representação gráfica, o que requer pouco tempo para a adaptação da informação necessária ao custeio ABM. Os controles de produção devem ser estabelecidos em alguns casos por máquina e em outros por linha de produção, dependendo basicamente do tipo de fluxo de produção. Geralmente, o fluxo de produção vertical pode ser gerido por meio de um único controle, uma vez que nesse tipo de fluxo existe somente uma máquina gargalo na linha. No fluxo horizontal, o controle depende da organização das máquinas, ou seja, do *layout* de produção. No caso de organização em células de produção, poderíamos controlar apenas uma máquina, uma vez que os pressupostos dessa organização estão na inexistência de estoques intermediários e no fluxo contínuo de produtos. No caso de fluxos horizontais com compartilhamento de máquinas (vários produtos usam as mesmas máquinas, com produção em paralelo, ao mesmo tempo), cada máquina deverá ser tratada individualmente.

No caso de fluxos horizontais dedicados a um único produto, constituindo uma linha de produção com especialização por produto, normalmente podemos dar o mesmo tratamento das células de produção. Um aspecto importante é que dentro de uma mesma fábrica podem conviver diferentes formas de organização da produção, e o sistema de controle e planejamento da produção deve refletir isso, de forma a nos permitir fazer o mesmo com o sistema de custo.

Para efeito dos custos, devemos adotar o seguinte esquema de alocação:

Atividades	Recursos			
	Mão de Obra	Demais Gastos Fixos	Gastos Variáveis de Máquina	Gastos Variáveis de Mão de obra
Máquina	Alocação Direta	Alocação Direta	NA	NA
Operação Normal e com Reprocesso	Não Aplicável (NA)	NA	Alocação por hora-máquina trabalhada	Alocação por hora-homem trabalhada
Manutenção	NA	NA	Alocação direta dos materiais de manutenção	NA
Setup	NA	NA	NA	NA
Ociosidade	NA	NA	NA	NA

Uma vez alocados os recursos às atividades por meio dos geradores de custo primário, passaremos à alocação dos custos das atividades para outras atividades por geradores de custos secundários, como demonstrado na tabela a seguir:

Tabela de Alocação de Recursos a Atividades			
Atividades que recebem custos	Atividades que enviam custos		
	Máquina	Manutenção	Manutenção do setor de manutenção
Operação normal	Hora-máquina	Hora-máquina	NA
Operação com reprocesso	Hora-máquina	Hora-máquina	NA
Manutenção preventiva	Hora parada de máquina	NA	Tempo de contrato de manutenção preventiva
Manutenção corretiva	Hora parada de máquina	NA	Tempo de manutenção corretiva, incluindo horas extras e serviços de terceiros por alocação direta
Setup do Gargalo, do Produto e da Família	Hora parada de máquina	NA	NA
Ociosidades	Hora parada de máquina	NA	NA

Como se pode observar, existe uma hierarquia entre as atividades, ou seja: a máquina envia custos para as atividades-máquina, estas recebem, além de seus custos próprios, custos de outras atividades não relacionadas diretamente à máquina e os repassam a outras atividades. A partir desse momento, estamos prontos a apontar os custos por produto, com base no consumo hora-máquina de cada produto individual, somado aos custos variáveis aplicados ao produto e aos custos de tempo de *setup* do produto multiplicado pelo número de *setups* executados.

Como se pode verificar, o custo de uma atividade de *down-time* (*setup*, manutenção e ociosidade) inclui tanto os custos aplicados na própria atividade quanto os custos fixos parados em função da execução daquela atividade. Por exemplo, se mantemos uma equipe de mão de obra para operar a máquina, no momento da atividade de *setup*, os custos dessa mão de obra parada serão agregados aos custos de preparação da máquina.

7.18 O custeio do gargalo

O gargalo é a máquina para a qual a demanda por tempo de produção é menor que a capacidade de produção, ajustada pelo número de turnos e pelo rendimento.

O custeio do gargalo dentro do processo produtivo consiste num dos diferenciadores da ABM em relação ao custeio-padrão. Para a ABM, existem dois estados de máquinas relacionados ao gargalo: o *setup* do gargalo e a ociosidade decorrente do gargalo.

O *setup* do gargalo é representado pelo tempo de preparação da máquina – gargalo para a produção do lote de determinado produto.

A ociosidade decorrente do gargalo acontece porque, quando preenchemos a capacidade de produção ajustada do gargalo, ou seja, o gargalo está trabalhando a plena carga, algumas máquinas na linha poderão não ter suas capacidades totais preenchidas, ou seja, estarão ociosas. Esse custo é importante para o homem de produção por muitas vezes inviabilizar um produto, pois, se o produto tem alto consumo do gargalo, sua rentabilidade deverá ser suficiente para pagar o custo de operação do gargalo mais o custo de ociosidade gerado pelo próprio gargalo dentro da linha.

Aí reside a diferença em relação ao custeio-padrão, pois, para o padrão, cada produto paga unitariamente com base no consumo (tempo) em cada máquina individual, desconsiderando o tempo ocioso decorrente do gargalo com um custo do produto que o consome. Para a ABM, o custo de um produto num fluxo com gargalo consiste na soma do tempo do produto na máquina, mais o custo do *setup* do gargalo, mais o custo de ociosidade gerado pela utilização do gargalo por cada produto.

Questões

1. Nas opções a seguir, assinale a afirmativa correta:

   a. ( ) o custeamento por ordem de produção ocorre quando a empresa programa sua atividade produtiva a partir de encomendas específicas, caracterizando uma produção contínua;

   b. ( ) a grande desvantagem da análise do ponto de equilíbrio está na sua complexidade. Dificulta os estudos de viabilidade econômica para avaliar empreendimentos potenciais;

   c. ( ) o custeio por absorção é um processo cujo objetivo é ratear todos os elementos variáveis do custo em cada fase de produção;

   d. ( ) custo-padrão é um custo estabelecido pela empresa como meta para os produtos de sua linha de fabricação e se divide nos tipos: estimado, convencional e corrente;

   e. ( ) o sistema ABC é um sistema de custeio baseado nas atividades que a empresa realiza no processo de fabricação, caracterizando uma forma analítica de ratear custos indiretos aos produtos.

2. No Sistema ABC, as atividades são o foco do processo de custeio. Os custos são investigados relacionando-se:

   a. ( ) à apropriação de custos baseado na premissa de que os produtos ou serviços não elaborados por uma organização requerem a realização de atividades;

   b. ( ) às atividades aos produtos, com base na demanda por tais atividades pelo produto durante o processo de produção;

   c. ( ) as bases de alocação não usadas no custeio baseado na atividade são medições das atividades executadas, que podem incluir horas do tempo de ajuste de máquina ou número de vezes em que isso foi feito;

   d. ( ) às horas do tempo de ajuste de máquina ou número de vezes em que isso não foi feito;

   e. ( ) à apropriação de custos baseado na premissa de que os produtos ou serviços elaborados por uma organização não requerem a realização de atividades.

3. O objetivo do ABC é reduzir o custo pela eliminação dos desperdícios, por meio do corte nos geradores de custos que não agreguem valor, ou seja, nos fatores

causadores do consumo de atividades evitáveis ou desnecessárias. Assim, pode-se afirmar que:

a. ( ) dessa maneira, o gerenciamento não consegue uma otimização nos retornos financeiros aliada a uma otimização do valor dos produtos para quem os demandar;

b. ( ) elaborar um orçamento baseado nas atividades;

c. ( ) essa é uma forma eficaz de compressão dos custos, que difere da maneira tradicional de cortes aleatórios dos recursos;

d. ( ) implementar um sistema de pagamento por custos;

e. ( ) reduzir os custos com queda na produção.

4. Identifique a alternativa **correta**:

a. ( ) o *Activity Based Costing* é um sistema de acumulação de custos para fins contábeis, ou seja, não apura custos de produtos e serviços para a elaboração de balanços e demonstração de resultado;

b. ( ) é um método de análise de custos que busca "compactar" os gastos de uma empresa para analisar e monitorar as diversas rotas de consumo dos recursos "diretamente identificáveis" com suas atividades mais relevantes, e destas para os produtos ou serviços;

c. ( ) é o sistema de informações sobre os produtos e atividades da empresa. Assim, não identifica as atividades realizadas, compacta os custos para essas atividades, e estas para os produtos ou serviços elaborados;

d. ( ) a metodologia de custeio ABC identifica as atividades desenvolvidas em uma empresa e determina seu custo e desempenho;

e. ( ) cada atividade descreve o que a empresa orça e quanto de atividades ela utiliza para produzir seus produtos.

5. Define-se direcionador de custos:

a. ( ) ele pode estar relacionado ao volume de produção;

b. ( ) os direcionadores de custos (*cost drivers*) foram uma inovação do ABC, visto que é por meio deles que os custos, provenientes do não consumo de recursos, vão sendo agregados a suas respectivas atividades;

c. ( ) os *cost drivers* não são utilizados também para calcular o consumo das atividades por produto, chegando-se, então, ao fim do processo de apuração;

d. ( ) a informatização desse custeio é de fundamental importância, uma vez que o número de informações é vultoso e, consequentemente, não despenderia muito tempo para o processamento do método;

e. ( ) o direcionador de custo é determinado fator que influencia a quantidade de trabalho da empresa.

6. O ABM é uma metodologia baseada em duas visões básicas: (a) a visão do processo e (b) a visão da alocação de custos. Assim, pode-se afirmar que:

a. ( ) estas duas visões são suportadas pela identificação dos recursos utilizados pela organização (mão de obra, materiais, máquinas etc.) e sua alocação às atividades que consomem esses recursos mediante geradores de custos (ou direcionadores de custos) primários;

b. ( ) essas diferentes visões não implicam diferentes formas de gestão, que deverão ser combinadas pelos executivos;

c. ( ) a redução do custo do processo de suprimentos não depende de um trabalho de revisão desse processo (reengenharia), em que podemos aceitar maiores custos em uma área;

d. ( ) busca a redução dos recursos consumidos pela atividade ou melhorar o treinamento dos empregados para não reduzir os índices de retrabalho;

e. ( ) atividades que não agregam valor para o negócio ou produto são aquelas que o cliente paga efetivamente com algo mais que mereça ser destacado.

7. São razões que auxiliaram o surgimento do custeio baseado em atividades, **EXCETO**:

a. ( ) aumento de competitividade;

b. ( ) aumento de qualidade;

c. ( ) economia de tempo;

d. ( ) redução de custos;

e. ( ) baixo custo indireto dos produtos.

8. O custeio ABC:

a. ( ) é um sistema de custeio em que os custos são apropriados à produção, não pelo seu valor efetivo (ou real), mas por uma estimativa do que deveriam ser;

b. ( ) é um sistema de custeio que tem por objetivos o controle dos gastos e medidas de eficiência;

c. ( ) é um sistema de custeio baseado na análise das atividades significativas da empresa. Baseia-se na premissa de que são as atividades e não os produtos que provocam o consumo de recursos, e essas atividades, conforme são requeridas, que formarão os custos dos produtos;

d. ( ) é um sistema de custeio que irá considerar custo de produção do período apenas os custos variáveis incorridos;

e. ( ) nesse sistema de custeio, os custos fixos não são considerados custo de produção, e sim despesas, sendo encerrados diretamente contra o resultado do período.

9. Leia com atenção as afirmativas abaixo:

   I. O custeio ABC assemelha-se ao custeio por absorção. O método ABC leva em consideração, no cálculo do gasto unitário dos produtos, tanto os custos indiretos como os custos diretos e, em alguns casos, as despesas.

   II. O custeio ABC procura reduzir sensivelmente as distorções provocadas pelo rateio arbitrário dos custos indiretos.

   III. O custeio ABC fundamenta-se na separação dos gastos em gastos variáveis e gastos fixos.

   IV. Este custeio consiste na apropriação de todos os custos (sejam eles fixos ou variáveis) à produção do período.

   Marque a alternativa correta:

   a. ( ) as afirmativas I e II são corretas;

   b. ( ) somente a afirmativa III é correta;

   c. ( ) as afirmativas II e IV são corretas;

   d. ( ) as afirmativas I e III são corretas;

   e. ( ) nenhuma afirmativa está correta.

10. Marque a alternativa **ERRADA**:

   a. ( ) o custeio ABC é um método que atribui custos às atividades com base no consumo de recursos;

   b. ( ) o custeio ABC atribui custos a produtos e serviços com base no consumo de atividades;

   c. ( ) o custeio ABC reconhece os fatores que determinam os custos das atividades e o consumo destas pelos produtos ou outras atividades;

d. ( ) o custeio ABC é um sistema de custeio estabelecido pela empresa como meta para os produtos de sua linha de fabricação, levando em consideração as características tecnológicas do processo produtivo de cada um, a quantidade produzida e os preços dos insumos necessários para a produção e o respectivo volume desta;

e. ( ) neste sistema de custeio, as atividades são o foco do processo de custeio. As bases de alocação usadas no ABC são medições das atividades executadas, que podem incluir horas do tempo de ajuste de máquina ou número de vezes em que isso foi feito.

11. São objetivos do custeio ABC:

a. ( ) diminuir desperdício e aumentar a produtividade;

b. ( ) tornar a empresa mais organizada;

c. ( ) implementar o programa de qualidade total sem impacto na linha operacional;

d. ( ) implementar um sistema de pagamento por desempenho;

e. ( ) todas a alternativas estão corretas.

12. São etapas da aplicação do ABC, **EXCETO**:

a. ( ) identificação de atividades relevantes;

b. ( ) atribuição de custos às atividades;

c. ( ) identificação e seleção dos direcionadores de custos;

d. ( ) identificação de despesas indiretas variáveis;

e. ( ) atribuição de custos das atividades aos produtos.

13. Assinale a alternativa **CORRETA**:

a. ( ) no custeio ABC, para custear as atividades, devemos alocar a elas parte de cada custo indireto dos departamentos, utilizando-nos dos direcionadores de recursos, como, por exemplo, aluguel, energia elétrica, salários, depreciação, entre outros;

b. ( ) a maior utilidade do custeio ABC é servir como **controle** dos custos reais e como instrumento para a empresa detectar suas ineficiências;

c. ( ) no custeio ABC a maioria dos rateios é feita por meio da utilização de fatores que, na realidade, não vinculam cada custo a cada produto;

d. ( ) no custeio baseado em atividades (*Activity Based Costing*) os custos dos produtos podem ser comparados em bases unitárias, independentemente do volume de produção;

e. ( ) este método de custeio não oferece informações suficientes para tomada de decisões, já que muitas dessas decisões se baseiam em análise separada dos custos fixos e variáveis.

14. Assinale a alternativa **CORRETA**:

a. ( ) no custeio tradicional por absorção, os produtos consomem os recursos, que são mensurados como custos, e no custeio ABC as atividades consomem os recursos e os produtos consomem as atividades, que geram os custos;

b. ( ) no custeio baseado em atividades, o custo fixo é rateado com base no volume produzido;

c. ( ) no custeio ABC, nem todas as atividades são relacionadas aos volumes produzidos;

d. ( ) o custeio ABC é um sistema de custeio que se baseia na apropriação de custos diretos e indiretos aos produtos;

e. ( ) neste sistema de custeio, o CPV é rateado entre os produtos.

15. Assinale a alternativa correta. A gestão baseada em atividades (ABM):

a. ( ) é uma forma de gestão que utiliza a informação gerada pelo custeio tradicional por absorção, a fim de tornar as decisões de custos das empresas mais consistentes;

b. ( ) é uma gestão que usa a informação fornecida pela análise dos custos baseados em atividades para melhorar a lucratividade da empresa;

c. ( ) é um método de custeio em que os custos são baseados nos recursos que a gestão da empresa consome;

d. ( ) é uma forma de gestão que utiliza informação gerada pelo custeio direto para reduzir o custo dos produtos vendidos;

e. ( ) todas as alternativas estão corretas.

16. Leia as afirmações abaixo e assinale a resposta **CORRETA**.

I. O sistema de custeio baseado em atividades (ABC) determina o custo dos produtos de forma mais científica possível pela engenharia de produção da empresa, dentro de condições ideais, de qualidade dos materiais, de eficiência da mão de obra, com o mínimo de desperdício de todos os insumos envolvidos.

II. Os direcionadores de custos (*cost drivers*) foram uma inovação do ABC, visto que é por meio deles que os custos, provenientes do consumo de recursos, vão sendo agregados às suas respectivas atividades.

III. O ABC causou um *frisson* no mundo empresarial pelo fato de ter quebrado o vínculo com as tradicionais formas de custeamento.

IV. Uma das formas de custeio baseado em atividades consiste em registrar todos os custos pelos seus valores-padrão nas contas referentes aos produtos em elaboração e controlar as variações entre o real e o padrão em contas especiais.

a. ( ) as afirmativas I e III estão corretas;
b. ( ) as afirmativas III e IV estão erradas;
c. ( ) as afirmativas II e IV estão erradas;
d. ( ) as afirmativas II e III estão corretas;
e. ( ) as afirmativas I e IV estão corretas.

17. São objetivos do custeio ABC, **EXCETO**:
a. ( ) diminuir desperdício;
b. ( ) aumentar produtividade;
c. ( ) elaborar um orçamento baseado no desempenho;
d. ( ) reduzir custos sem queda na produção;
e. ( ) verificar a viabilidade de terceirizar alguns processos de produção.

18. Sobre os objetos de custeio na metodologia ABC, é **CORRETO** afirmar:
a. ( ) a determinação dos objetos de custeio fica a cargo dos gerentes que irão determinar o nível de profundidade a ser trabalhado pelo sistema ABC;
b. ( ) os objetos de custeio representam a etapa final da alocação de custos na metodologia ABC;
c. ( ) os objetos de custeio podem ser representados por custos diretos e indiretos;
d. ( ) as alternativas "a" e "b" estão corretas;
e. ( ) neste método, os objetos de custeio são representados pelos custos fixos e variáveis.

19. O *Cost Driver* é:

a. ( ) o fator que causa mudança no desenvolvimento de uma atividade, mensurando os respectivos recursos exigidos por essa atividade, ou seja, é causa do volume de recursos consumidos pela atividade;

b. ( ) apenas classificado como custo direto na metodologia ABC;

c. ( ) um direcionador de custo utilizado para critérios de rateio;

d. ( ) aplicado tanto no custeio tradicional como no custeio ABC;

e. ( ) as alternativas "b" e "d" estão corretas.

20. Nas opções a seguir, assinale a alternativa **CORRETA**:

a. ( ) no custeio baseado em atividades (ABC) nem todas as atividades são relacionadas aos produtos. Ex.: *setup* de máquinas, gastos com manutenção, recebimento de materiais;

b. ( ) no custeio baseado em atividades o custo direto não é considerado;

c. ( ) no custeio ABC, os produtos consomem os CIF, que são mensurados como custos;

d. ( ) no *Activity Based Costing* não há rateio, há apropriação de custos indiretos pelas atividades consumidas pelos produtos;

e. ( ) as alternativas "a" e "d" são corretas.

21. Implantado o ABC, pode-se praticar a ABM (Administração Baseada em Atividades) pela classificação e análise das atividades. Qual alternativa que corresponde a essas atividades deverá ser analisada?

a. ( ) atividades que agregam valor ao negócio;

b. ( ) atividades que não agregam valor ao negócio;

c. ( ) atividades de alta influenciabilidade;

d. ( ) atividades de baixa influenciabilidade;

e. ( ) todas as alternativas estão corretas.

22. Baseado nas afirmativas a seguir, assinale a opção correta:

I. O custeio ABC atribui custos às atividades no consumo de recursos.

II. A utilização do custeio ABC permite eliminar atividades que não agregam ao produto valor percebido pelo cliente.

III. No ABC os custos indiretos são rateados aos produtos em função do gasto com mão de obra direta.

a. ( ) as afirmativas I e II estão corretas;

b. ( ) a afirmativa II está incorreta e a III está correta;

c. ( ) as três afirmativas estão corretas;

d. ( ) a afirmativa III está correta;

e. ( ) as três afirmativas estão incorretas.

23. Sobre a utilização do custeio ABC, podemos afirmar que:

a. ( ) sua utilização segue a utilização de um plano de contas básico da contabilidade financeira;

b. ( ) sua utilização facilita a elaboração do balanço e demais demonstrações contábeis;

c. ( ) facilita a tomada de decisão, uma vez que permite a visualização dos custos das atividades em relação aos produtos;

d. ( ) é de fácil implantação independentemente do tamanho da estrutura empresarial;

e. ( ) exige que a empresa trabalhe com a contabilidade de custos integrada à contabilidade financeira.

24. A Indústria SA descobriu que o setor de qualidade é o responsável pela elevação do custo de produção. Essa conclusão está ligada à metodologia de custeio utilizada, que é:

a. ( ) custeio direto;

b. ( ) custeio por absorção;

c. ( ) custeio ABC;

d. ( ) custeio direto ou absorção;

e. ( ) custeio RKW.

25. Sobre a metodologia de custeio ABC, é correto afirmar:

a. ( ) é um sistema de custeio utilizado pela contabilidade financeira que facilita a elaboração do balanço patrimonial;

b. ( ) é uma metodologia de custeio que identifica as atividades empresariais desenvolvidas determinando o seu custo e desempenho;

c. ( ) tem por objetivo identificar as despesas que serão rateadas aos produtos;

d. ( ) é um instrumento meramente contábil sem aplicação em termos gerenciais;

e. ( ) não traz benefícios em termos de análise gerencial, dada a complexidade de execução, bem como trabalha apenas com custo-padrão.

26. Na contabilidade de custos, a variável que mantém relação de causalidade com os custos totais, em razão de variações no volume ou nível de atividade, é denominada:

a. ( ) faixa relevante;

b. ( ) *proxy* de custo;

c. ( ) acumulador de custo;

d. ( ) direcionador de custo;

e. ( ) apropriador de custo.

27. O sistema de custeio baseado em atividade (ABC) é uma ferramenta que auxilia na tomada de decisões. Sobre o ABC, pode-se **afirmar** que:

a. ( ) é um sistema que estabelece a relação entre as atividades e produtos por meio de direcionadores de custos;

b. ( ) é um sistema de custeio que consiste em apropriar apenas os custos diretos, utilizando-se de direcionadores que procuram estabelecer a relação entre atividades e produtos;

c. ( ) é um sistema de custeamento em que os custos e as despesas indiretas são apropriados aos produtos com base em critérios predeterminados;

d. ( ) é um sistema que apropria os custos das atividades executadas diretamente aos produtos;

e. ( ) é um sistema que apropria os custos das atividades aos produtos por meio da utilização dos direcionadores.

28. Há diversos métodos de custeio industrial atualmente. De forma geral, pode-se afirmar que custo é o gasto relativo a bem ou serviço utilizado na produção de outros bens e serviços.

Na indústria, custos significa transformação de um bem. Na prestação de serviços, custos pode significar a mão de obra.

Enfim, a metodologia e o conceito de custo baseado em atividades, que procuram reduzir sensivelmente as distorções provocadas pelo rateio arbitrário dos custos indiretos, são:

a. ( ) custeio por absorção;

b. ( ) custeio direto;

c. ( ) custeio-padrão;

d. ( ) custeio RKW;

e. ( ) custeio ABC.

29. No sistema de custeio ABC – *Activity Based Costing* (custeio com base em atividades), a alocação de custos às atividades deve ser feita da forma mais criteriosa possível, de acordo com a seguinte ordem de prioridade:

a. ( ) plotagem, empoderamento e divisão proporcional;

b. ( ) alocação direta, rastreamento e rateio;

c. ( ) proporção, rateio simples e rateio misto;

d. ( ) confrontação, subordinação e distribuição;

e. ( ) plotagem, alocação direta e distribuição.

30. A finalidade primordial para a qual se utiliza o custeio ABC – *Activity Based Costing* (Custeio Baseado em Atividades) refere-se à(ao):

a. ( ) alocação da mão de obra aos produtos;

b. ( ) rastreamento dos custos diretos às atividades;

c. ( ) tratamento dado aos custos indiretos;

d. ( ) rateio dos custos fixos aos departamentos;

e. ( ) alocação de custos diretos aos produtos.

31. Determinada indústria possui três departamentos: X, Y e Z. Os gastos em cada um desses departamentos totalizam \$ 2.000, \$ 4.000 e \$ 6.000, respectivamente.

Sabe-se que, no Depto. X, são consumidos 70% das horas de trabalho em função do produto A e 30% em função do produto B.

O Depto. Y, responsável pela cotação de preços de matéria-prima, consome 30% de seu tempo em função do produto A e 70% em função do produto B, conforme constatado por meio do número de cotações feitas por produto.

O Depto. Z presta serviços aos Departamentos X e Y, e, com base nos serviços prestados a eles, constatou-se que o Depto. X recebeu 150 atendimentos, enquanto que o Depto. Y recebeu 100 atendimentos.

Assinale a alternativa que apresente os custos a serem alocados aos produtos A e B, respectivamente, empregando o critério ABC (para rateio de custos indiretos) e considerando apenas as informações acima.

a. ( ) $ 6.000 e $ 6.000;

b. ( ) $ 5.840 e $ 6.160;

c. ( ) $ 5.600 e $ 6.400;

d. ( ) $ 6.400 e $ 5.600;

e. ( ) $ 6.000 e $ 6.400.

32. As categorias de custos existentes para o custeio da atividade de atendimento ao contribuinte na Prefeitura de Varginha são energia, depreciação de computadores, folha de pagamento e custos diversos, de acordo com os dados a seguir.

Categorias	Direcionadores	Total do mês	Valor total $	Consumo na atividade por pessoa atendida
Energia	kW	100 kW	200,00	0,5 kW
Depreciação de Computadores	atendimentos	880 pessoas	880,00	1 atendimento
Folha de pagamento	minuto	10.000 minutos	1.800,00	5 minutos
Custos diversos	atendimentos	880 pessoas	1.760,00	1 atendimento

Com base nos dados acima, o valor do custo por pessoa para a atividade de atendimento na Prefeitura de Varginha é de:

a. ( ) $ 6,90;

b. ( ) $ 4,90;

c. ( ) $ 5,90;

d. ( ) $ 3,90;

e. ( ) $ 2,90.

33. As seguintes informações foram extraídas do departamento de escuderia de uma indústria, no mês de junho de 2016, que utiliza o Sistema de Custeio ABC:

Produto	Materiais diretos	Mão de obra direta	Pedidos de alterações de engenharia	Quilowatts-hora
A	R$ 22.000,00	R$ 8.000,00	15	7.000 kW
B	R$ 28.000,00	R$ 12.000,00	25	13.000 kW
Total	R$ 50.000,00	R$ 20.000,00	40	20.000 kW

Foram identificadas as seguintes atividades relevantes:

ATIVIDADE	DIRECIONADOR DE CUSTO
Realizar engenharia	Pedidos de alterações de engenharia
Energizar	Quilowatt-hora

Os custos indiretos de manufatura para o mês foram:

Realizar engenharia	R$ 84.000
Energizar	R$ 15.000
Total dos custos indiretos de manufatura	R$ 99.000

Com base nos dados apresentados, assinale a opção que apresenta o custo total do Produto "A" e do Produto "B", utilizando o método ABC, respectivamente:

a. ( ) $ 66.750,00 e $ 102.250,00;

b. ( ) $ 69.600,00 e $ 99.400,00;

c. ( ) $ 72.429,00 e $ 96.571,00;

d. ( ) $ 73.560,00 e $ 95.440,00;

e. ( ) $ 68.650,00 e $ 92.250,00.

34. O ponto de equilíbrio contábil, também chamado de ponto de ruptura ou *Break-even Point*, ocorrerá quando a:

a. ( ) margem de contribuição total igualar as despesas fixas totais;

b. ( ) margem de contribuição total igualar os custos fixos totais;

c. ( ) receita total igualar custos e despesas totais;

d. ( ) receita total superar os custos fixos totais, gerando o lucro desejado pelos proprietários;

e. ( ) receita marginal igualar o custo marginal.

35. O Custeio Baseado em Atividades (ABC) diferencia-se, significativamente, do custeio por absorção pela(o):

a. ( ) metodologia aplicada na alocação dos custos de transformação;

b. ( ) metodologia aplicada no reconhecimento dos custos dos materiais diretos aos produtos;

c. ( ) critério de alocação dos custos indiretos de fabricação;

d. ( ) tratamento dado aos estoques de produtos semiacabados;

e. ( ) forma de reconhecimento das receitas aos produtos e ao resultado do exercício.

36. Os produtos A, B e C são fabricados pela Companhia Luminárias em quantidades iguais, e consomem, em seus processos produtivos, quantidades idênticas do mesmo material (custo direto e variável), porém demandam diferentes esforços de produção (custos indiretos e fixos).

    A empresa utiliza, atualmente, o método de custeio por absorção e faz o rateio dos custos indiretos em função da quantidade de material. Sabendo que o Produto A é o maior consumidor dos esforços de produção, a implantação do Custeio Baseado em Atividades (ABC) fará com que seu lucro seja inferior àquele apurado atualmente.

    PORQUE

    No método de custeio anteriormente utilizado, o Produto A recebe, mediante rateio, menor parcela dos custos indiretos.

    Analisando essas frases, é CORRETO afirmar que:

    a. ( ) a primeira afirmação é falsa, e a segunda é verdadeira;
    b. ( ) a primeira afirmação é verdadeira, e a segunda é falsa;
    c. ( ) as duas afirmações são falsas;
    d. ( ) as duas afirmações são verdadeiras, e a segunda é uma justificativa correta da primeira;
    e. ( ) as duas afirmações são verdadeiras, mas a segunda não é uma justificativa correta da primeira.

Gabarito

1. (e)	8. (c)	15. (b)	22. (a)	29. (b)	36. (c)
2. (b)	9. (a)	16. (d)	23. (c)	30. (c)	
3. (c)	10. (d)	17. (e)	24. (c)	31. (c)	
4. (d)	11. (c)	18. (d)	25. (b)	32. (b)	
5. (e)	12. (d)	19. (a)	26. (d)	33. (a)	
6. (a)	13. (a)	20. (d)	27. (e)	34. (c)	
7. (e)	14. (a)	21. (e)	28. (e)	35. (c)	

Solução de Questão Selecionada

33.

Produto	Materiais Diretos – R$	Mão de Obra Direta – R$	CIF – Realizar Engenharia – R$	CIF – Energizar – R$	Custo Total – R$
A	22.000,00	8.000,00	31.500,00	5.250,00	66.750,00
B	28.000,00	12.000,00	52.500,00	9.750,00	102.250,00
Total	50.000,00	20.000,00	84.000,00	15.000,00	169.000,00

Problema

1. Considere os seguintes dados da produção da Confecção Varginha:

Produtos	Produção (unid.)	Preço ($)	Custos Diretos ($)
Camisetas	18.000	10,00	3,75
Vestidos	4.200	22,00	5,75
Calças	13.000	16,00	4,25

No período, a empresa incorreu em:

a) Custos indiretos:

Componentes	Custo ($)
Aluguel	24.000,00
Energia Elétrica	42.000,00
Salários da Supervisão	25.000,00
Mão de obra Indireta	35.000,00
Depreciação	32.000,00
Material de Consumo	12.000,00
Seguros	20.000,00
Total	**190.000,00**

b) Despesas:

Administrativas	$ 50.000,00
Vendas	$ 43.000,00
Comissões	$ 24.020,00
Total	**$ 117.020,00**

Pede-se: calcule o custo dos produtos fabricados pelo Custeio Baseado em Atividades.

Solução:

a) **Distribuição dos custos pelo Custeio Tradicional**

Mapa dos Custos Indiretos de Fabricação

Discriminação	Produção		Apoio			
	Corte e Costura	Acabamento	Administração da Produção	Almoxarifado	Compras	Total
Aluguel	6.000,	5.000,	4.200,	4.600,	4.200,	24.000,
Energia Elétrica	14.000,	11.000,	5.000,	5.500,	6.500,	42.000,
Salário dos Supervisores	7.000,	5.500,	5.250,	3.350,	3.900,	25.000,
Mão de obra	12.000,	7.900,	6.700,	3.400,	5.000,	35.000,
Depreciação	9.500,	9.100,	4.900,	4.500,	4.000,	32.000,
Material de consumo	4.200,	3.000,	1.800,	1.000,	2.000,	12.000,
Seguros	4.900,	4.700,	2.000,	6.000,	2.400,	20.000,
Subtotal	**57.600,**	**46.200,**	**29.850,**	**28.350,**	**28.000,**	**190.000,**
Rateio compras	9.500,	7.500,	5.000,	6.000,	(28.000,)	
Rateio Almoxarifado	11.950,	14.400,	8.000,	(34.350,)		
Rateio Administração da Produção	23.950,	18.900,	(42.850,)			
Total	**103.000,**	**87.000,**				**190.000,**
Horas produtivas	18.740	9.120				
Custo/hora	5,4963	9,5395				

Camisetas ($ 5,4963 × 0,3 h) + ($ 9,5395 × 0,15 h) = $ 3,08
Vestidos ($ 5,4963 × 0,7 h) + ($ 9,5395 × 0,6 h) = $ 9,57
Calças ($ 5,4963 × 0,8 h) + ($ 9,5395 × 0,3 h) = $ 7,26

Produtos	Custos Diretos ($)	Custos Indiretos ($)	Custo Unitário ($)	Preço ($)	Lucro Bruto ($)	Margem %
Camisetas	3,75	3,08	6,83	10,00	3,17	31,7
Vestidos	5,75	9,57	15,32	22,00	6,68	30,4
Calças	4,25	7,26	11,51	16,00	4,49	28,1

Demonstração de Resultados

Itens	Camisetas $	Vestidos $	Calças $	Total $
Vendas	180.000,00	92.400,00	208.000,00	480.400,00
Custo dos Produtos Vendidos	122.940,00	64.344,00	149.630,00	336.914,00
Lucro bruto	**57.060,00**	**28.056,00**	**58.370,00**	**143.486,00**
Despesas Administrativas				50.000,00
Despesas de Vendas				67.020,00
Lucro antes IR				**26.466,00**

b) Pelo sistema ABC

Identificação das atividades

Departamentos	Atividades
Compras	Comprar materiais
	Desenvolver fornecedores
Almoxarifado	Receber materiais
	Movimentar materiais
Administração da Produção	Programar produção
	Controlar produção
Corte e costura	Cortar
	Costurar
Acabamento	Acabar
	Despachar produtos

Direcionadores de custos de primeiro estágio (de recursos)

Custos Indiretos	Direcionador de recursos
Aluguel	Área utilizada pela atividade
Energia Elétrica	Medidores nos deptos. e hora-máquina
Salários Supervisão	Folha de pagto. registro de tempo e entrevista
Mão de obra indireta	Folha de pagto. registro de tempo e entrevista
Depreciação	Valor dos ativos depreciáveis usados pelas atividades
Material de consumo	Direto às atividades conforme requisições
Seguros	Valor dos bens segurados

Identificação das atividades e seus direcionadores de custos

Departamentos	Atividades	Custos ($)	Direcionadores
Compras	Comprar materiais	16.000,00	Número de pedidos
	Desenvolver fornecedores	12.000,00	Número de fornecedores
Almoxarifado	Receber materiais	12.350,00	Número de recebimentos
Administração da Produção	Movimentar materiais	16.000,00	Número de requisições
	Programar produção	16.000,00	Número de produtos
	Controlar produção	13.850,00	Número de lotes
Corte e Costura	Cortar	29.000,00	Tempo de corte
	Costurar	28.600,00	Tempo de costura
Acabamento	Acabar	14.000,00	Tempo de acabamento
	Despachar produtos	32.200,00	Tempo de despacho
Total		**190.000,00**	

Atribuição dos custos das atividades aos produtos

Direcionadores	Fatores de Consumo de Atividades			
	Camisetas	Vestidos	Calças	Total
Número de pedidos de compra	150	400	200	750
Número de fornecedores	2	6	3	11
Número de recebimentos	150	400	200	750
Número de requisições	400	1.500	800	2.700
Número de produtos	1	1	1	3
Número de lotes	10	40	20	70
Tempo de corte	2.160 h	882 h	2.600 h	5.642 h
Tempo de costura	3.240 h	2.058 h	7.800 h	13.098 h
Tempo de acabamento	2.700 h	2.520 h	3.900 h	9.120 h
Tempo de despacho	25 h	50 h	25 h	100 h

Custos das atividades

Atividades	Custo $	Custo por Direcionador $
Comprar materiais	16.000,00	21,33/pedido
Desenvolver fornecedores	12.000,00	1.090,00/fornecedor
Receber materiais	12.350,00	16,47/recebimento
Movimentar materiais	16.000,00	5,93/requisição
Programar produção	16.000,00	5.333,00/produto
Controlar produção	13.850,00	197,86/lote
Cortar	29.000,00	5,14/hora
Costurar	28.600,00	2,18/hora
Acabar	14.000,00	1,54/hora
Despachar produtos	32.200,00	322,00/hora
Total	**190.000,00**	

Referências bibliográficas

BRIMSON, James A. *Contabilidade por atividades*: uma abordagem de custeio baseado em atividades. Tradução de Antonio T. G. Carneiro. São Paulo: Atlas, 1996.

CHIANG, H. Y. *Gestão baseada em custeio por atividade*. São Paulo: Atlas, 1995.

COGAN, Samuel. *Activity Based Costing* (ABC): a poderosa estratégia empresarial. São Paulo: Pioneira, 1994.

FACCI, Nilton et al. O Sistema ABC e suas influências no estabelecimento do Custeio do Ciclo de Vida. *Revista de Contabilidade do CRC-SP*, nº 10, p. 22-33, dez. 1999.

KAPLAN, Robert S.; COOPER, Robin. *Custo e desempenho*: administre seus custos para ser mais competitivo. São Paulo: Futura, 1998.

MARTINS, E. *Contabilidade de custos*. 11. ed. São Paulo: Atlas, 2015.

MENDES, Jefferson B.; HILDEBRAND, Elisabeth. *Custos como medida de desempenho e instrumento de gestão*. Curitiba: Silviconsult Engenharia, 1997.

NAKAGAWA, Masayuki. *ABC* – Custeio Baseado em Atividades. São Paulo: Atlas, 1994.

Custos das atividades

Referências bibliográficas

Método de Custeamento RKW

8

Objetivos

» Identificar o Método de Custeio RKW ou Método dos Centros de Custos.

» Entender que o RKW busca uma melhor distribuição dos custos indiretos em determinados períodos da produção.

» Saber e justificar que a distribuição de custos indiretos nos departamentos permite melhor distribuição dos produtos fabricados, reduzindo a probabilidade de erros e a transferência indevida de custos indiretos de um produto para outro.

8.1 Introdução

Uma forma de alocação de custos e despesas é o RKW (*Reichskuratorium für Wirtschaftlichkeit*), sistema alemão de custeamento. Para melhor compreensão desse sistema de custeio industrial, é preciso conhecer o sistema de direcionadores de custo ABC, o qual consiste no rateio não só dos custos de produção, como também de todas as despesas da empresa, inclusive financeiras, a todos os produtos. Ou seja, tudo com base na alocação dos custos e despesas aos diversos departamentos da empresa para depois proceder às várias séries de rateio, de forma que, ao final, todos os custos e despesas estejam recaindo exclusivamente sobre os produtos.

Com esse rateio, chega-se ao valor de "produzir e vender" (incluindo administrar e financiar), que, fossem os rateios perfeitos, nos daria o gasto completo de todo o processo empresarial de obtenção de receita. Bastaria adicionar agora o lucro desejado (ou fixado governamentalmente, como na época em que nasceu essa metodologia na Alemanha) para ter o preço de venda final. Aliás, muitas vezes é exatamente isso o que se faz, e de outra forma: a empresa fixa o lucro desejado para o período como um valor global e procede então a seu rateio aos produtos em função de alguma base de alocação (custo, custo mais despesa etc.).

Para a fixação do preço, precisar-se-ia, primeiramente, não só fixar a base de distribuição dos custos, despesas e lucro, como também prefixar o volume de cada produto; caso contrário, não seria possível o cálculo.

O mercado é o grande responsável pela fixação dos preços, e não os custos de obtenção dos produtos. É muito mais provável que uma empresa analise seus custos e suas despesas para verificar se é viável trabalhar com um produto, cujo preço de mercado influencia marcantemente ou mesmo fixa, do que ela determinar o preço em função dos custos ou despesas.

O método de custeio integral é um sinônimo do método de custeio pleno. A propósito, muitos autores de contabilidade de custos confundem o método de custeio pleno com o método de custeio por absorção. O método de custeio pleno é aquele em que todos os custos e despesas de uma entidade são levados aos objetos de custeio, normalmente unidades de produtos e/ou ordens de serviço. Na ideia de *absorver* não está implícita a noção da *totalidade* dos custos do ciclo operacional; por conseguinte, a expressão correta é *integral*, cuja semântica está, precisamente, alicerçada na ideia da totalidade, seguindo, aliás, a expressão alemã original *Vollkostenrechnung* (total).

8.2 Origem

No Brasil, o método de custeio pleno é mais comumente conhecido pela sigla RKW, que representa as iniciais de um antigo instituto alemão de pesquisas aziendais

(*Reichskuratorium für Wirtschaftlichkeit*). Tal instituto impunha às empresas alemãs uma metodologia para o cálculo de todos os seus custos, numa época em que a economia era totalmente centralizada e até o lucro era fixado pelo governo. Por meio dessa técnica, alocavam-se aos produtos e serviços todos os custos e despesas, inclusive as financeiras, fornecendo dessa maneira o montante total gasto pela empresa no esforço completo de obter receitas. Bastava no final dos cálculos acrescentar a margem de lucro fixada pelo governo alemão para o produto/serviço em questão e estava fixado o preço de venda (NASCIMENTO, 1989, p. 30; MARTINS, 1998, p. 236; LUZ; DE ROCCHI, 1998, p. 22; SANTOS, R. V., 1998, p. 66). É digno de nota que o modelo original do RKW continha uma noção de custo de oportunidade, representado pela figura da remuneração do capital próprio.

Na história da economia norte-americana, a primeira aparição do método de custeio pleno pode ter-se dado nos anos 1880, época em que engenheiros mecânicos contemporâneos de Frederick W. Taylor, tido como um dos principais nomes da chamada *administração científica*, estavam preocupados em aperfeiçoar a eficiência dos processos de manufatura. Um desses homens era Alexander Hamilton Church, que "estava particularmente interessado no desenvolvimento de métodos gerenciais que assegurassem que partes eficientes se juntassem num todo rentável" (JOHNSON; KAPLAN, 1991, p. 52). Church acreditava que a informação acerca do custo do produto deveria revelar os reais recursos usados para fazer os produtos. Esses "reais recursos" utilizados para fabricar os produtos incluiriam "gastos de todas as classes" (JOHNSON; KAPLAN, 1991, p. 55).

8.3 Aplicações

As aplicações do método de custeio pleno são eminentemente gerenciais. Os primeiros usos observados desse tipo de informação de custos, na época em que engenheiros mecânicos desempenhavam o papel de contadores de custos – com grande destaque para Church e Norton –, consistiam na monitoração de eficiência de processos fabris e de produtos, e também na avaliação de rentabilidade deles, desde que a massa de custos indiretos e de despesas fosse cuidadosamente rastreada aos produtos (JOHNSON; KAPLAN, 1991, p. 58). Havia uma preocupação em se relacionarem os resultados globais da empresa com os resultados individuais de todos os produtos vendidos, o que se tornaria possível por meio de uma aplicação cabal do custeio pleno; dessa forma, o total da diferença entre o preço de venda (realmente praticado) de todos os produtos comercializados no período e seus custos plenos (que carregam uma parcela de todos os gastos da empresa) seria igual ao lucro líquido obtido no período, conforme o saldo final da conta "lucros e perdas" (JOHNSON; KAPLAN, 1991, p. 45-59).

8.4 Vantagens

Custeio RKW é a junção de todos os tipos de custos, despesas aos produtos a serem vendidos pela empresa, em que se define um número agregado médio para as unidades, minimizando os gastos totais da empresa, auxiliando a gerenciar esses números agregados.

O principal mérito do método de custeio pleno é o fato de serem levados em conta todos os gastos ocorridos em uma organização, sem exceções. Isso resulta numa informação de custos unitários completa e conservadora. Diz-se conservadora porque nessa opção de informação de custos teríamos o maior valor possível gasto por unidade! Poder-se-ia, inclusive, chamar essa informação de custo pleno como o pior custo possível, por consubstanciar-se no maior valor calculado de custos unitários quando comparado aos números provindos de outros métodos de custeio.

Por outro lado, tal informação de custos plenos pode ser bastante tranquilizadora para um gestor que, ao comparar o preço de venda que vem praticando para um produto específico com o custo pleno apurado para o mesmo produto, percebe que o preço de venda está cobrindo seu pior custo. Antes dos cálculos referentes ao custo pleno, ele poderia até crer que suas receitas cobrissem seus custos; agora, porém, ele sabe que está conseguindo ser lucrativo!

8.5 Desvantagens

No que tange à utilização dos custos plenos nas decisões de determinação de preços de venda, Backer e Jacobsen (1973, p. 216) discorrem sobre quatro grandes limitações:

- Primeira, ele não leva em consideração a elasticidade da procura. Admitidamente, a procura não pode ser calculada prontamente, mas um sistema de preços que depende inteiramente dos custos dificilmente pode ser realista para a maioria dos negócios. É provável que a maioria das empresas que declaram usar o método dos custos plenos faça, na realidade, ajustamentos em seus cálculos de preços, para levar em conta as condições do mercado.
- Segunda, ele deixa de levar em conta a concorrência. Uma empresa não pode operar no vácuo. Ela não deve presumir que suas funções estejam necessariamente sendo desempenhadas com eficiência máxima e que se pode fazer abstração dos preços mais baixos dos concorrentes. Isso resultaria na perpetuação das ineficiências existentes e em sua incorporação à estrutura dos preços da empresa. Ao contrário, uma empresa deve esforçar-se, constantemente, para reduzir

seus custos, de maneira que seus preços sejam iguais aos da concorrência ou menores, sem deixar de proporcionar um lucro satisfatório.

- Terceira, o método do custo pleno não distingue entre os custos fixos e os variáveis. Uma empresa que adota esse método tenderia a rejeitar as encomendas que não cubram, pelo menos, os custos totais do produto. Entretanto, a aceitação de tal encomenda poderia, em realidade, resultar em lucros acrescidos, bastando que fossem cobertos, no mínimo, os custos adicionais decorrentes da encomenda.
- Quarta, no método do custo pleno, aplica-se aos custos dos produtos uma percentagem uniforme, como provisão para os lucros. Isso deixa de reconhecer que nem todos os produtos podem auferir lucros a uma mesma taxa.

8.6 Conclusões

O método de custeio pleno é aquele em que todos os custos e despesas de uma entidade são levados aos objetos de custeio; portanto, não deve ser confundido com o método de custeio por absorção, que leva aos objetos de custeio apenas os custos. É muito conhecido no Brasil pela sigla RKW. Contém uma noção de custo de oportunidade, representado pela figura da remuneração do capital próprio.

Suas aplicações são eminentemente gerenciais. Dentre elas destacam-se: monitoração de eficiência de processos fabris e de produtos; avaliação da lucratividade de processos fabris e de produtos; mensuração do preço de transferência; análise e posterior avaliação de desempenho de áreas e de gestores; decisões envolvendo preços de venda.

O uso do Custeio Pleno para custeamento de estoques já não ocorre na atualidade.

Questões

1. Julgue os seguintes conceitos, aplicáveis à área de custos (certo ou errado).
   a. ( ) gasto é o sacrifício financeiro com que a entidade arca para a obtenção de um produto ou serviço qualquer, sacrifício esse representado por entrega ou promessa de entrega de ativos (normalmente dinheiro);
   b. ( ) custeio por absorção é o método que consiste na apropriação de todos os custos de produção aos bens elaborados, e somente os de produção;
   c. ( ) custo indireto de fabricação é o custo que não depende de critério de rateio ou outro estimativo para sua apropriação ao custo do produto;
   d. ( ) todos os custos diretos são custos primários;

e. ( ) o RKW é o método de alocação de custos aos produtos, o qual considera todos os custos, diretos e indiretos, e as despesas, exceto as de vendas e as financeiras.

Item a) O item apresenta-se **correto**.

Gasto – Sacrifício financeiro com que a entidade arca para obtenção de um produto ou serviço qualquer, sacrifício esse representado por entrega ou promessa de entrega de ativos (normalmente dinheiro).

Percebe-se que houve transcrição literal da conceituação do referido autor, não havendo o que acrescentar.

Item b) O item está **correto**.

Custeio por Absorção é o método derivado da aplicação dos princípios fundamentais de contabilidade, nascido da situação histórica mencionada. Consiste na apropriação de todos os custos de produção aos bens elaborados, e só os de produção; todos os gastos relativos ao esforço de fabricação são distribuídos para todos os produtos feitos.

Traduzindo o conceito em linguagem que nós, simples mortais, possamos entender, pode-se dizer que os produtos elaborados ou fabricados vão para estoques, tal qual ocorre com as mercadorias adquiridas para revenda nas empresas comerciais. Ora, no preço de aquisição de mercadorias já estão incluídos os gastos que a empresa produtora teve com matérias-primas, mão de obra e outros gastos gerais de fabricação.

Também se inclui no valor das mercadorias o custo do frete. Esse valor total irá para estoque, tornando-se despesa no momento da venda das mercadorias (Custo das Mercadorias Vendidas – CMV).

Na fabricação de produtos, o funcionamento ou sistemática não é diferente, ou seja, todos os gastos realizados à obtenção de um produto são a ele atribuídos, vale dizer, são ativados (vão para estoque – ativo), tornando-se despesa somente por ocasião da venda do produto. Esse procedimento atende perfeitamente aos princípios contábeis. Daí o nome Custeio por Absorção: o produto absorve todos os gastos com ele realizados, em sua produção.

Para que não paire dúvida alguma, convém conceituar despesa: Despesa representa o dispêndio efetuado para obtenção de receitas. O dispêndio pode ser tanto em bens quanto em serviços e, ainda, pode ser de forma direta ou indireta.

Item c) O item está **errado**.

Custos indiretos são os que não estão diretamente relacionados a determinado produto, quando é industrializado mais de um produto pela empresa.

Como exemplo de custo indireto podemos citar o aluguel da fábrica, que deve ser rateado entre os produtos produzidos. Como outros exemplos, há o salário do diretor de produção, energia elétrica do prédio etc.

Dessa forma, o item está **errado**, visto que os custos indiretos são exatamente os que rateamos. Por oportuno, salienta-se que, se a empresa produzir um único produto, todos os custos serão a ele atribuídos, vale dizer, são diretos. Mas, preste atenção, são somente os custos, pois as despesas administrativas são sempre despesas e não custos.

Item d) O item está **errado**.

Custos diretos são os que podem ser identificados com o departamento ou com o produto, isto é, são apropriáveis diretamente aos produtos. Representam esses custos os Materiais Diretos (MD) e a Mão de Obra Direta (MOD), entre outros.

Custo primário é o constituído de matérias-primas e mão de obra. Assim, pelo que já se afirmou, nem todos os custos diretos são custos primários, visto que, no caso de produção de um único produto, todos os custos são diretamente relacionados ao produto.

Frise-se que há autores que afirmam serem os custos diretos iguais aos custos primários, o que não pode ser aceito como verdade absoluta, conforme demonstramos.

Portanto, o item está **errado.**

Item e) O item está **errado**.

O RKW implica a apropriação dos custos e todas as despesas (administrativas, financeiras e de vendas). Não atende aos princípios de contabilidade e não é utilizado em parte nenhuma do mundo!

Portanto, o item está **errado.**

2. Assinale a alternativa correta sobre o RKW.

a. ( ) conhecido como método de custeio integral, muito utilizado por atender aos princípios contábeis;

b. ( ) método de custeio que apropria ao objeto de custeio somente os custos e as despesas da produção;

c. ( ) método de custeio que leva em conta a média dos custos observados no passado;

d. ( ) método de custeio, alemão, que apropria ao objeto de custeio todos os custos e despesas de uma entidade;

e. ( ) método de custeio, alemão, que apropria apenas os custos de uma entidade.

3. As opções abaixo indicam desvantagens do método de custeio RKW nas decisões para determinar preços de venda, **exceto** uma. Assinale-a:

a. ( ) não faz distinções entre custos fixos e variáveis;

b. ( ) aplica-se uma mesma porcentagem aos custos dos produtos, como provisão de vendas;

c. ( ) não considera a elasticidade da procura;

d. ( ) não leva em conta a concorrência;

e. ( ) leva em conta todos os gastos ocorridos em uma organização, sem exceções.

4. Aponte a alternativa que completa a sentença corretamente:

"O método de custeio ________ é sinônimo do método de custeio ________, e é aquele em que todas as ________ e ________ de uma organização são levados em conta."

a. ( ) pleno, absorção, despesas, custos;

b. ( ) integral, pleno, despesas, custos;

c. ( ) integral, absorção, receitas, despesas;

d. ( ) pleno, integral, receitas, lucros;

e. ( ) integral, pleno, receitas, lucros.

5. Assinale a alternativa **incorreta**:

a. ( ) RKW é um sistema alemão de custeamento, mais conhecido no Brasil por método de custeio pleno;

b. ( ) o principal mérito do RKW é o fato de serem levados em conta todos os gastos ocorridos em uma organização;

c. ( ) as aplicações do RKW são eminentemente gerenciais;

d. ( ) uma das principais desvantagens do método de custeio pleno é que ele não leva em consideração a elasticidade da procura;

e. ( ) o RKW tem como vantagem a não distinção entre custos fixos e variáveis.

6. O método de custeio RKW é também conhecido como:

a. ( ) método de custeio pleno;

b. ( ) método de custeio-padrão;

c. ( ) método de custeio por absorção;

d. ( ) método de custeio *Kaizen*;

e. ( ) método de custeio ABC.

7. No que diz respeito às aplicações do RKW, destacamos as alternativas abaixo, com exceção de uma. Assinale-a.

a. ( ) monitoração de eficiência de processos fabris;

b. ( ) mensuração do preço de transferência;

c. ( ) custeamento de estoque é o mais utilizado atualmente;

d. ( ) análise e posterior avaliação de desempenho de áreas e gestores;

e. ( ) decisões envolvendo preços de venda.

8. Marque a alternativa certa a respeito do método de custeamento RKW:

a. ( ) criado por japoneses com base na ideia americana de engenharia de valor;

b. ( ) nasceu nos Estados Unidos; é uma metodologia que procura reduzir distorções no rateio de custos indiretos;

c. ( ) método que mede o custo e desempenho de processos e produtos;

d. ( ) método de custeio alemão conhecido pela sigla RKW, que representa as iniciais de um instituto alemão de pesquisas;

e. ( ) desenvolvido por engenheiros da General Electric (GE), durante a 2ª Guerra Mundial.

9. Preencha as lacunas:

Na ideia de __________ não está implícita a noção da __________ dos custos do ciclo operacional; por conseguinte, expressão correta é __________, cuja semântica está, precisamente, alicerçada na ideia da totalidade, seguindo, aliás, a expressão alemã original *VOLLKOSTENRECHNUNG* (TOTAL).

a. ( ) fixação, igualdade, pleno;
b. ( ) lucro, distribuição, integral;
c. ( ) absorver, totalidade, integral;
d. ( ) absorver, distribuição, pleno;
e. ( ) lucro, totalidade, integral.

10. Na história da economia norte-americana, a primeira aparição do método de custeio pleno pode ter-se dado nos anos de 1880, época em que engenheiros mecânicos contemporâneos de ________, tido como um dos principais nomes da chamada administração científica, estavam preocupados em aperfeiçoar a eficiência dos processos de manufatura. Qual foi esse engenheiro?

a. ( ) Frederick W. Taylor;
b. ( ) Robert S. Kaplan;
c. ( ) Jefferson B. Mendes;
d. ( ) Nilton Facci;
e. ( ) James A. Brimson.

11. As aplicações do método de custeio pleno são:

a. ( ) eminentemente gerenciais;
b. ( ) eminentemente de rateio;
c. ( ) eminentemente de produtos;
d. ( ) eminentemente de mercado;
e. ( ) eminentemente de lucro.

12. É a primeira desvantagem do custeio pleno:

a. ( ) primeira, ele não leva em consideração a elasticidade da procura;
b. ( ) primeira, ele leva em consideração a elasticidade da procura;
c. ( ) primeira, ele deixa de levar em conta a concorrência;
d. ( ) primeira, ele não deixa de levar em conta a concorrência;
e. ( ) nenhuma das alternativas.

13. Assinale a alternativa correta:

a. ( ) segundo Backer e Jacobsen, custeio pleno não deixa de levar em conta a concorrência;

b. ( ) segundo Backer e Jacobsen, custeio pleno deixa de levar em conta a concorrência;

c. ( ) segundo Backer e Jacobsen, custeio pleno deixa de levar em conta as decisões;

d. ( ) segundo Backer e Jacobsen, custeio pleno deixa de levar em conta o preço;

e. ( ) segundo Backer e Jacobsen, custeio pleno deixa de levar em conta as aplicações.

14. Assinale a alternativa correta:

a. ( ) o uso do custeio pleno para custeamento de estoques ocorre na atualidade;

b. ( ) o uso do custeio pleno para custeamento de estoques já não ocorre na atualidade;

c. ( ) o uso do custeio pleno para custeamento de estoques e mão de obra ocorre até hoje;

d. ( ) o uso do custeio pleno para custeamento de estoques de produto e da indústria ocorre até hoje;

e. ( ) o uso do custeio pleno para custeamento de matéria-prima já não ocorre na atualidade.

15. A respeito do processo de custeio RKW, podemos afirmar:

a. ( ) o rateio do CIF é baseado na relação homem hora/hora máquina;

b. ( ) são rateados aos produtos todos os custos de produção e todas as despesas. Exceto as despesas financeiras;

c. ( ) são rateados aos produtos todos os custos e todas as despesas, inclusive as financeiras;

d. ( ) são rateadas aos produtos somente as despesas administrativas com mão de obra;

e. ( ) são rateadas aos produtos somente as despesas financeiras.

16. O sistema de custeio RKW difere dos métodos de custeio direto e absorção em função do tratamento dado a todos os gastos. Nesses termos, assinale a afirmativa correta.

a. ( ) no RKW os custos fixos são rateados ao produto em função da mão de obra utilizada;

b. ( ) no RKW as despesas são apropriadas aos produtos por rateio baseado no gasto com custos indiretos;

c. ( ) todos os gastos são apropriados aos produtos, sejam eles custos ou despesas, inclusive as financeiras;

d. ( ) os custos são rateados aos produtos em função das despesas financeiras;

e. ( ) o RKW só pode ser utilizado baseado no plano de contas contábil utilizado pela contabilidade financeira.

17. O método de custeio RKW leva em consideração os seguintes procedimentos:

    a. ( ) o rateio do CIF é baseado somente na relação homem hora/hora máquina;

    b. ( ) são rateados aos produtos todos os custos de produção e todas as despesas, exceto as despesas financeiras;

    c. ( ) são rateados aos produtos todos os custos e todas as despesas, inclusive as financeiras;

    d. ( ) são rateadas aos produtos somente as despesas administrativas com mão de obra;

    e. ( ) são rateadas aos produtos somente as despesas financeiras.

18. Para fixação do método RKW é necessário, **exceto**:

    a. ( ) fixação de base de distribuição de lucro;

    b. ( ) fixação de base de distribuição de custos;

    c. ( ) fixação de base de distribuição das despesas;

    d. ( ) prefixação do volume de cada produto;

    e. ( ) prefixação dos custos de obtenção dos produtos.

19. Qual a origem do RKW?

    a. ( ) brasileira;

    b. ( ) norte-americana;

    c. ( ) francesa;

    d. ( ) alemã;

    e. ( ) japonesa.

20. No que tange à utilização dos custeios plenos nas decisões de determinação de preço de venda, discorre-se sobre quatro grandes limitações, **exceto**:

    a. ( ) não leva em consideração a elasticidade da procura;

    b. ( ) deixa de levar em conta a concorrência;

    c. ( ) distingue entre os custos fixos e variáveis;

    d. ( ) aplica-se aos custos dos produtos uma ampla porcentagem uniforme, como provisão para os lucros;

    e. ( ) NDA.

21. Quem se destacou nos primeiros usos observados desse tipo de informação de custos (RKW) na época em que engenheiros mecânicos desempenharam o papel de contadores de custo?

    a. ( ) Silvio Crepaldi;

    b. ( ) Church e Norton;

    c. ( ) Johnson e Kaplan;

    d. ( ) Leoni e Martins;

    e. ( ) Joel Stern.

22. As aplicações do método RKW são eminentemente gerenciais, em que se destacam, exceto:

    a. ( ) monitoração de eficiência de processos fabris e de produtos;

    b. ( ) mensuração do preço de transferência;

    c. ( ) decisões envolvendo preço de venda;

    d. ( ) análise anterior à avaliação de desempenho diária e de gestores;

    e. ( ) avaliação da lucratividade dos processos fabris e de produtos.

23. O custeio RKW é confundido com outro sistema de custeio. Identifique-o.

    a. ( ) custeio *Kaizen*;

    b. ( ) custeio por absorção;

    c. ( ) custeio-alvo convencional;

    d. ( ) custeio ABC;

    e. ( ) custeio de gargalo.

24. Marque a alternativa correta:
   a. ( ) método de custeamento RKW é conhecido no Brasil como método de custeio-padrão;
   b. ( ) o RKW tem como vantagem a não distinção entre custo fixo e variável;
   c. ( ) as aplicações do RKW são eminentemente gerenciais;
   d. ( ) a expressão original do RKW é *Vollkostenrechnung*;
   e. ( ) NDA.

25. O método do custeio pleno para custeamento do estoque leva em consideração:
   a. ( ) custos e despesas;
   b. ( ) somente custos;
   c. ( ) fixação de preço;
   d. ( ) somente despesas;
   e. ( ) NDA.

26. O método de custeio por absorção, também chamado de custeio integral, foi derivado de um sistema desenvolvido na Alemanha no início do século XX, conhecido por RKW (*Reichskuratorium für Wirtschaftlichtkeit*). O método consiste na apuração dos custos totais, fixos e variáveis, por unidade de produto ou serviço prestado. Alguns desses custos são efetivamente desembolsáveis e outros são chamados de fictícios, não são desembolsáveis, porque não geram efetiva saída de caixa.

   Disponível em: <http://www.portaldecontabilidade.com.br/tematicas/custeioporabsorcao.htm>. Acesso em: 29 jun. 2012 (adaptado).

   Suponha que um fabricante produz e vende, mensalmente, 100 unidades de um único produto, cujo custo de matéria prima é de R$ 10,00 por unidade produzida. A empresa apresenta custos mensais de R$ 700,00 com mão de obra fixa, além de R$ 200,00/mês com depreciações de equipamentos. Nessa situação, o custo unitário efetivamente desembolsável do produto é de:
   a. ( ) R$ 19,00;
   b. ( ) R$ 17,00;
   c. ( ) R$ 12,00;
   d. ( ) R$ 10,00;
   e. ( ) R$ 9,00.

Gabarito

2. (d) 8. (d) 14. (b) 20. (c) 26. (b)
3. (e) 9. (c) 15. (c) 21. (b)
4. (b) 10. (a) 16. (c) 22. (a)
5. (e) 11. (a) 17. (c) 23. (b)
6. (a) 12. (a) 18. (e) 24. (c)
7. (c) 13. (b) 19. (d) 25. (a)

Referências bibliográficas

ATKINSON, A. A.; BANKER, R. D.; KAPLAN, R. S.; YOUNG, S. M. *Contabilidade gerencial*. São Paulo: Atlas, 2000.

BACKER, Morton; JACOBSEN, L. E. *Contabilidade de custos*: um enfoque para administração de empresas. Tradução de Pierre Louis Laporte. São Paulo: McGraw-Hill do Brasil, 1973. v. 2.

DE ROCCHI, Carlos Antonio. Comparação das atuais doutrinas e práticas operativas da contabilidade de custos. *Revista do Conselho Regional de Contabilidade do Rio Grande do Sul*, Porto Alegre, v. 27, nº 92, p. 10-18, jan./mar. 1998.

GUERREIRO, Reinaldo. *A meta da empresa*: seu alcance sem mistérios. São Paulo: Atlas, 1996.

JOHNSON, H. Thomas; KAPLAN, Robert S. *Relevance lost*: the rise and fall of management accounting. 2. ed. Boston: Harvard Business School Press, 1991.

LUZ, Odone Santos da; DE ROCCHI, Carlos Antonio. Estrutura e funcionamento dos sistemas de apuração e análise de custos. *Revista do Conselho Regional de Contabilidade do Rio Grande do Sul*, Porto Alegre, v. 27, nº 93, p. 21-30, abr./jun. 1998.

MARTINS, Eliseu. A hora e a vez da contabilidade de custos. *ANEFAC*, ano 7, nº 45, p. 4-6, jan. 1997.

______. *Contabilidade de custos*. 6. ed. São Paulo: Atlas, 1998.

NASCIMENTO, Diogo Toledo do. *Bases para a eficácia de sistema de custeio para gestão de preços*, 1989. Tese (Doutoramento em Controladoria e Contabilidade) – Departamento de Contabilidade e Atuária da Faculdade de Economia e Administração da Universidade de São Paulo, São Paulo.

SANTOS, Ariovaldo dos. Reconhecimento da inflação nas demonstrações contábeis: infelizmente uma lição ainda não apreendida por muitos. *Boletim do IBRACON*, nº 245, p. 2-6, out./nov. 1998.

SANTOS, Roberto Vatan dos. Modelagem de sistemas de custos. *Revista de Contabilidade do CRC-SP*, ano II, nº 4, p. 62-74, mar. 1998.

O Processo do *Target Costing* e o Custeio *Kaizen*

9

■ Objetivos

» Mostrar que o processo do *Target Costing* objetiva a obtenção do custo máximo admissível de um produto ou serviço para que, dado o preço de venda que o mercado oferece, consiga-se o mínimo de rentabilidade que se quer, antes do início da produção.

» Identificar que custo-alvo, também chamado de custo-meta ou *target costing*, é uma ferramenta da contabilidade gerencial que visa reduzir os custos da empresa por meio de uma estimativa, realizada pelo pessoal de marketing junto ao mercado consumidor, analisando características, funcionalidades e competitividade dos produtos.

» Conhecer e justificar que o custo *kaizen*, que quer dizer, em sua originalidade, melhoria contínua, tem a função de detectar em qual ponto o custo-alvo não foi alcançado e estabelece regulamentos dentro do processo em andamento, tendo a visão de diminuir e alcançar os custos variáveis determinados no planejamento do custo-alvo.

9.1 *Target costing*

9.1.1 Introdução

É uma abordagem sistemática para o estabelecimento do custo desejado de um produto, com base em fatores ditados pelo mercado.

O preço de venda, na maioria dos produtos, segue um comportamento padrão, ou seja, o custo adicionado de uma margem (*mark-up*) pretendida, nem sempre correspondendo ao valor percebido pelo consumidor. As causas desse desequilíbrio são as mais diversas: custos elevados de produção, sistema organizacional ineficiente, gerenciamento baseado em processo reativo, estratégias mal definidas, falta de visão do futuro, produto sem valor agregado, desconhecimento da cadeia de valor, além do custo invisível da disfunção burocrática. Com a internacionalização da economia, a estratégia na formação do preço passou a ser determinante na sobrevivência das empresas. É preciso, no entanto, compreender sua dimensão na realização dos negócios. O lucro sofre pressão para redução à medida que a renda dos consumidores se torna estagnada ou declina e suas expectativas de compras são reduzidas. Compram com mais cuidado e forçam os preços para baixo. Os varejistas, por sua vez, fazem pressão aos fabricantes para que reduzam os preços.

Uma questão persiste na mente dos empresários: Qual política adotar para manter a margem de ganho e atender ao apelo feito pelo mercado? A resposta está na composição e administração dos custos.

Num mercado altamente competitivo, a sobrevivência da empresa está diretamente relacionada ao preço de valor, ou seja, fixação de um preço justo para um composto de marketing que realmente proporcione o que os consumidores desejam.

Para atingir a satisfação dos clientes com novos produtos a custos baixos, desenvolveu-se a técnica *target costing*, que se baseia em análise de função, análise de valor e engenharia de valor. O *target cost*, cuja tradução que melhor exprime seu sentido é custo-alvo, é o maior custo que se pode incorrer em um produto ou serviço, considerando que o mercado oferece o preço de venda e os gestores determinam a margem de lucro, ou rentabilidade, esperada. O *target costing*, ou custeio-alvo, é o processo, ou sistema, utilizado para encontrar o custo-alvo.

9.1.2 Origem

O *target costing* foi criado pelos japoneses nos anos 1960 com base na ideia americana de Engenharia de Valor. Esta técnica, Engenharia de Valor, foi desenvolvida por engenheiros da *General Electric* (GE) durante a Segunda Guerra Mundial. O trabalho voltava-se, sobretudo, à pesquisa de novos materiais, com custos mais baixos e grande disponibilidade, que pudessem substituir outros mais raros e de custo mais elevado durante os anos da guerra. Terminada a guerra, quando os materiais voltaram a ser acessíveis, percebeu-se, porém, que as alterações criaram economias sem prejudicar o nível de satisfação do consumidor, tendo em algumas situações até melhorado. Os executivos da GE, analisando o sucesso da aplicação da Engenharia de Valor na substituição de materiais, propuseram em 1947 sistematizar essa técnica e desenvolver uma metodologia.

Os empresários japoneses, sempre agindo na vanguarda, sensíveis aos elementos de marketing, têm-se exercitado na busca da redução dos custos. Uma das novidades vindas do Oriente denomina-se *target costing*, ou custeio-alvo. Trata-se de uma técnica usada para administrar estrategicamente a margem de lucro pretendida pela organização, transformando o custo em um insumo no processo de desenvolvimento do produto, e não em seu resultado. A organização estabelece seu custo-alvo, estimando o preço de venda e subtraindo deste a margem de contribuição desejada.

O segredo, então, é projetar o produto de modo que satisfaça aos clientes e possa ser fabricado dentro de seu custo-alvo. Caso não seja possível enquadrar os custos do novo projeto dentro do custo-alvo, o projeto pode ser descartado por não atender ao preço-alvo que o mercado consumidor está disposto a pagar.

O custeio-alvo é dividido em três partes, abrangendo todo o processo de desenvolvimento e produção: custeio orientado pelo mercado, custeio-alvo do produto e custeio-alvo dos componentes. Lembrando que nas empresas que praticam o custeio-alvo – altamente disciplinadas – ele não é visto como um programa individual e sim como parte do processo de desenvolvimento do produto. Com esse objetivo são reunidos os engenheiros, pessoal do marketing, produção, serviços aos consumidores, compras e outros departamentos.

O pessoal do marketing estabelece um preço-alvo, e a administração determina uma margem-alvo de contribuição que o produto deve oferecer. Depois, a equipe determina qual será o custo; isso exige um trabalho conjunto e muita dedicação para atingir o custeio-alvo. A sensibilidade do consumidor sobre o correspondente preço/valor expresso nos números das etiquetas determinará o sucesso ou não da organização. O esforço deve-se concentrar, portanto, na cadeia de valor para trás, selecionando bem os fornecedores e recompensando os que encontram formas criativas de reduzir custos.

São muitas as diferenças conceituais entre a abordagem tradicional de custos e o *target costing*. Scarpin (2000) elaborou um estudo enfocando essas diferenças, tomando como base a literatura existente. Tal estudo está resumido no Quadro 9.1:

Quadro 9.1 Comparativo entre target costing e a abordagem tradicional de custos

Target costing	Abordagem tradicional de custos
O preço determina o custo.	O custo determina o preço.
Começa com um preço de mercado (ou preço-alvo de venda) e uma margem de lucro planejada para depois estabelecer um custo permissível (ou custo-alvo).	Estima um custo de produção, depois acrescenta uma margem de lucro desejada para então obter um preço de venda.
O planejamento de custos é guiado pelo mercado competitivo.	As considerações de mercado não são consideradas no planejamento de custos.
As reduções de custos são feitas antes que os custos cheguem a seu limite aceitável.	As reduções de custos são feitas depois que os custos são incorridos além do limite aceitável.
O projeto (de produtos e processos) é a chave para reduções de custos.	As perdas e ineficiências são o foco da redução de custos.
As reduções de custos são guiadas pelos desejos e anseios do consumidor.	As reduções de custos não são dirigidas aos clientes.
Os custos são gerenciados por equipes multifuncionais (toda a empresa).	Os custos são monitorados apenas pelos contadores.
Os fornecedores são envolvidos no conceito e no projeto.	Os fornecedores são envolvidos apenas na fase de produção (depois do projeto pronto).
Minimiza o custo de propriedade para o consumidor.	Minimiza apenas o preço pago pelo consumidor.
Envolve toda a cadeia de valor no planejamento de custos.	Pouco ou nenhum envolvimento da cadeia de valor no planejamento de custos.

Fonte: Monden e Lee (1993).

Ainda Scarpin (2000) destaca que existem diferenças quanto ao sistema de informações relacionado ao *target costing* e a abordagem tradicional. São elas:

- No que se refere ao relacionamento com o ambiente externo, o *target costing* interage com esse ambiente para responder às necessidades do mercado e do consumidor; a abordagem tradicional simplesmente ignora o ambiente externo, medindo internamente suas ineficiências.

- No tocante ao número de variáveis consideradas, o *target costing* considera os muitos relacionamentos complexos entre funções e por meio da cadeia de valor, enquanto a abordagem tradicional não considera esses relacionamentos.
- No que se relaciona à forma dos ajustes, o *target costing* ajusta os custos antes que eles ocorram, enquanto a abordagem tradicional ajusta seus custos após incorridos, baseando-se em informações de variabilidades.

Com relação aos objetivos de ajustes ou controle, o *target costing* quer a melhoria contínua do custo, tanto para os consumidores quanto para produtores em todo o ciclo de vida, diferentemente da abordagem tradicional, que mantém os custos em limites preestabelecidos por padrões ou orçamentos.

9.1.3 *Procedimentos para determinação do* target costing

A empresa identifica as necessidades dos clientes e calcula qual seria o preço de venda aceitável de um produto que satisfizesse tais necessidades. Com base nesse preço de venda aceitável, a empresa calcula o custo máximo que o produto deve ter para que gere um lucro desejado.

Temos, então:

Preço de venda desejado – margem de lucro desejada = custo desejado

Os procedimentos para determinação do *target costing* são aparentemente simples. O primeiro passo é calcular o preço máximo que o mercado aceita pagar pelo produto. O preço leva em conta tanto a quantidade de produtos que a empresa vai colocar no mercado quanto a qualidade do produto que vai ser oferecido, preço de produtos similares de concorrentes, poder aquisitivo do consumidor, produtos substitutos a preços inferiores etc. O preço de venda pode ser calculado mediante a seguinte fórmula, conforme mostra Scarpin (2000):

$$P^V = P^C + \frac{[(F_1 + F_2 + F_3 + ... + F_N) \times F'] + [(A_1 + A_2 + A_3 + ... + A_N) \times A'] + [(V_1 + V_2 + V_3 + ... + V_N) \times V']}{(F' + A' + V')}$$

P^V = Preço de venda do produto

P^C = Preço dos concorrentes

$(F_1 + F_2 + F_3 + ... + F_N)$ = novas funções agregadas ao produto

F' = fator de relevância das novas funções no produto final

$(A_1 + A_2 + A_3 + ... + A_N)$ = novos atributos físicos do produto

A' = fator de relevância dos novos atributos físicos no produto final

V' = fator de relevância dos outros valores adicionados percebidos pelos clientes no produto final

$(V_1 + V_2 + V_3 + ... + V_N)$ = outros valores adicionados percebidos pelos clientes, tais como imagem da empresa

Estabelecido o preço de venda, calcula-se o lucro desejado pelos gestores da empresa. O lucro, desejado ou esperado, tanto pode ser um percentual de Retorno sobre o Ativo (*Return on Assets* – ROA) ou sobre o Patrimônio Líquido (*Return on Equity* – ROE), uma taxa de retorno sobre as vendas (*Return on Sales* – ROS), o valor econômico agregado (*Economic Value Added* – EVA) ou ainda um valor estabelecido como objetivo a ser atingido. O lucro unitário desejado pode ser calculado mediante a seguinte fórmula, extraída de Scarpin (2000):

Indicador de desempenho = ROA, ROE ou custo de capital, no caso de utilização EVA

Parâmetro de cálculo do indicador = Ativo total, no caso de utilização do ROA; ou

Patrimônio líquido médio, no caso de utilização do ROE; ou

EVA + capital total, no caso de utilização do EVA.

Total esperado de vendas = Quantidade física de unidades a serem vendidas (previsão)

O cálculo do Retorno sobre Ativos e Retorno sobre Patrimônio Líquido é feito mediante a aplicação das seguintes fórmulas, conforme mostram Gitman (1997) e Ross (1995):

$$\text{Retorno sobre ativo (ROA)} = \frac{\text{Lucro líquido}}{\text{Ativo}}$$

$$\text{Retorno sobre patrimônio líquido (ROE)} = \frac{\text{Lucro líquido}}{\text{Patrimônio líquido médio}}$$

O cálculo do Valor Econômico Agregado é feito mediante a aplicação da seguinte fórmula, apresentada por Ehrbar (1999):

Valor econômico agregado (EVA) = NOPAT – C% (TC)

em que: NOPAT = Lucro líquido operacional depois dos impostos

C% = porcentagem do custo do capital

TC = capital total

Com o preço de venda já conhecido e a margem de lucro já determinada ou calculada, chega-se ao *target cost*, subtraindo do preço de venda o lucro desejado. A seguinte fórmula deve ser utilizada, conforme mostra Ansari et al. (1997):

$$C = P - L$$

em que: C = Custo-alvo (*target cost*)

P = Preço competitivo de mercado

L = Lucro-alvo

O custo-alvo será então comparado com o custo estimado. O custo estimado é calculado tendo como base o custo de produtos já em processo de fabricação, adaptando-se às diferenças específicas de modificações no produto a ser fabricado. O produto só será colocado em processo de fabricação quando o valor do custo estimado for igual ou inferior ao *target cost*. O processo de redução de custos utilizará técnicas de Engenharia de Valor e envolverá diversas áreas da empresa, num processo que compartilha profissionais de planejamento, engenharia, marketing, produção, finanças, compras e suprimentos.

O *target costing* é utilizado principalmente para novos produtos; por isso, geralmente não há dados históricos com base nos quais padrões possam ser estabelecidos. O *target costing* enfatiza a redução dos custos nas fases de pesquisa, desenvolvimento, desenho e fabricação do produto. O custo desejado na realidade funciona como uma meta, que o pessoal de pesquisa e desenvolvimento, de desenho e de produção – as três primeiras fases da cadeia de valor – procura atingir. Se o custo desejado não puder ser atingido, a administração repensa a viabilidade de lançamento de produto.

9.1.4 Solução num processo de quatro etapas

Tudo isso, segundo a *HSM Management* (nº 37, março-abril 2003) – a dinâmica de custos do resultado final –, explica por que o custeio-alvo em sua forma original não poderá obter os benefícios anunciados por seus proponentes. Não quero sugerir que o custeio-alvo seja uma proposta sem valor. Os potenciais benefícios exigem uma mudança de foco, distanciando-nos do custo do produto e concentrando-nos na capacidade total da organização e em sua lucratividade.

Para alcançar benefícios no resultado final a partir do custeio-alvo, as organizações devem usar um processo de quatro estágios que traduz as informações obtidas com o custeio-alvo em benefícios para o resultado final:

1. Perceber o que o custeio-alvo permite.
2. Compreender a dinâmica da capacidade.
3. Entender a dinâmica de custo associada a decisões sobre capacidade.
4. Agir em relação a oportunidades.

Etapa 1

O custeio-alvo permite duas ações:

1. Posicionar a companhia quanto à previsão do uso de capacidade quando novos produtos chegarem ao mercado.
2. Colocar o foco da organização em operações eficientes e em seus motivadores.

Quando os engenheiros de projeto e fabricação trabalham em conjunto visando um custo-alvo, o tempo visado de ciclo de máquinas é um objetivo central do exercício. De maneira análoga, os padrões de tempo e consumo de materiais são frequentemente utilizados para fins de custeio e operacionais. Nesses casos, o uso do custo-padrão é tipicamente a base de alocação utilizada. O que o esforço de custeio-alvo faz melhor, porém, é permitir que a capacidade receba a atenção principal. Se os funcionários das áreas de fabricação e planejamento compreenderem quanta capacidade será exigida pelo produto, eles entenderão implicitamente a capacidade disponível à organização para uso em outras áreas. As organizações devem procurar entender a exigência de capacidade o mais depressa possível, para que as operações e o planejamento de produção possam começar a concentrar sua atenção no uso desejável da capacidade. Essa informação pode servir de base até para desafios de otimização em relação ao tempo de fabricação ou ao *mix* de componentes dos produtos.

O custeio-alvo também faz com que os engenheiros se preocupem com operações eficientes e eficazes. Isso amplia a capacidade disponível, graças à minimização de desperdícios. Uma organização com 100 horas de capacidade ociosa tem mais opções que uma organização com apenas cinco horas. Embora os custos não caiam diretamente (resultado de ganhos de eficiência), a administração se torna capaz de tomar decisões que levem à redução de custos.

Etapa 2

Os engenheiros precisam compreender como as melhorias criadas com técnicas como engenharia de valor e projeto de manufatura podem influenciar a capacidade. As mudanças de *design* que venham a facilitar a fabricação de produtos não reduzirão seu custo de produção, mas podem posicionar a empresa para que reduza sua capacidade pelo aumento do tempo disponível para executar trabalho que agregue valor.

Em vez de enfocar apenas os aspectos de redução de custo de uma melhoria, os engenheiros devem também concentrar-se na compreensão da dinâmica relativa à capacidade dessas melhorias. Os engenheiros têm de criar a capacidade de prever as melhorias e comunicá-las à diretoria e aos grupos de planejamento dentro da organização. A administração precisa das informações, de forma que possa tomar decisões sobre o que fazer com a capacidade não utilizada. Será que o pessoal ou os espaços não utilizados deveriam ser reduzidos? Será que a empresa deveria buscar negócios adicionais ou mais lucrativos por meio de esforços de marketing ou fabricando para outras empresas que necessitam de maior capacidade? Será que a organização deveria aumentar a fabricação de seus próprios produtos?

Para um planejamento eficaz, os que são responsáveis pelo planejamento da capacidade e da produção devem ter conhecimento da capacidade da organização no que se refere à quantidade e às competências. A área de planejamento pode começar a desenhar cenários de "E se..." para aumentar, de antemão, seu conhecimento sobre os estoques, prazos prometidos e várias opções de programação. A compreensão da dinâmica da capacidade cria maior potencial de tomada de decisões, e esses processos influenciam a dinâmica de custos de toda a organização.

Etapa 3

Depois que as atividades de custeio-alvo tiverem identificado possíveis melhorias e efetuado as mudanças de capacidade, a organização tem três formas de aumentar a lucratividade:

1. Reduzir o número de funcionários ou o espaço em relação à capacidade e, portanto, reduzir custos.
2. Aumentar a fabricação de produtos em demanda e, portanto, aumentar a receita.
3. Vender capacidade disponível e, portanto, aumentar receita.

Para reduzir custos, o custo da capacidade ociosa deve ser completamente eliminado. Se, por exemplo, um departamento tem número excessivo de funcionários, equipamentos ou espaço, o que pode ser eliminado? E que impacto isso terá sobre o resultado final? Mudar pessoas e equipamentos de um lugar para outro não influirá automaticamente no resultado final – e o mesmo vale para a economia de espaço, a menos que tais economias possam traduzir-se em menores pagamentos de aluguel ou financiamento. A capacidade e os custos a ela relacionados precisam ser eliminados completamente da empresa para que os valores relacionados com custo possam ser alcançados. Senão, nada acontecerá com o resultado final, não importando o que o índice valor/unidade possa determinar.

Do ponto de vista da receita, a organização pode escolher entre vender a capacidade não utilizada e produzir mais com essa capacidade. O aumento interno da produção leva a mais custos variáveis de mão de obra, materiais e outros recursos e a um aumento no custo total dos artigos vendidos; é fácil enxergar os custos diretos. No entanto, ao analisar os custos indiretos de novos negócios, as organizações precisam pesar o custo e o benefício em relação ao esforço analítico necessário. Deve-se obter um equilíbrio entre a alocação de todos os aumentos de custos indiretos em todos os produtos usando uma fórmula simples (por exemplo, com base em custos de mão de obra por hora) e descobrir as relações de causa e efeito entre custos indiretos e os produtos que os utilizam. As mudanças em níveis de capacidade e em atividades que geram custos podem ter grande impacto na lucratividade do produto e da empresa. Ou seja, à medida que a receita proveniente de vendas adicionais cresce, aumentos significativos no custo dos produtos vendidos, impostos e todos os fatores que têm influência sobre a receita precisam ser incluídos, para determinar o verdadeiro impacto que tal decisão tem sobre o lucro.

Etapa 4

O último passo pode parecer óbvio, mas é o ponto em que muitas organizações encontram problemas com o custeio-alvo e gestão da capacidade. As técnicas de custeio-alvo e as extensões discutidas neste capítulo preparam as empresas para melhorias no desempenho operacional e financeiro.

As melhorias só acontecem se as organizações fizerem o acompanhamento completo da execução do processo. Muitas vezes, elas são identificadas e quantificadas e os planos de implementação traçados, mas os gestores não executam os passos finais para sua implementação. Outro fenômeno ruim e comum é que uma implementação-piloto (protótipo), mesmo bem-sucedida, não costuma ser levada a toda a organização. Nesses casos, os processos têm tendência a voltar à rotina anterior.

A interrupção da implementação do processo de melhoria – mesmo quando a proposição de valor e as oportunidades de melhoria tiverem sido identificadas – afetará a organização de duas formas:

- Primeiro, e mais evidentemente, impedirá a empresa de realizar toda a contribuição das melhorias.
- Segundo, se a capacidade de acomodar a melhoria já tiver sido adquirida, ela fará com que a organização tenha uma demanda de capacidade inflacionada e, portanto, uma capacidade ociosa cara.

Se os engenheiros estiverem procurando melhorias e os contadores tentarem quantificar o valor das que não estão sendo feitas, como isso poderá beneficiar a empresa no longo prazo? Se a organização for implementar o custeio-alvo, ela deve estar comprometida a gerenciar os resultados de maneira abrangente. De outra forma, ter excesso de capacidade resultará em custos finais mais altos, e não mais baixos.

9.1.5 *Esqueça o custeio-alvo convencional*

As organizações, ainda conforme a *HSM Management* (nº 37, março-abril 2003), que colocam em prática o custeio-alvo em sua forma convencional têm pouca probabilidade de alcançar o valor de negócios que esperam. Os dois componentes fundamentais do custeio-alvo – precificação de produto e melhoria de preços por meio da eficiência – causam interpretações e gestão errôneas da dinâmica de custos.

Para obter o valor que pode ser fornecido pelo custeio-alvo, os gestores precisam administrar a dinâmica da capacidade para criar oportunidades de eficiências operacionais, bem como administrar o desempenho financeiro melhorado que resulta dessas mudanças. Os gestores têm de agir com base nas melhorias de capacidade e operacional para alcançar valor em seu resultado final.

9.2 Custeio *kaizen*

Traduz-se *kaizen* como aprimoramento (de *kai*, que significa "mudança", e *zen*, que significa "bom", o qual é igual a "melhoramento"). Usado para descrever um processo de gestão e uma cultura de negócios, passou a significar aprimoramento contínuo e gradual – implementado por meio do envolvimento ativo e comprometido de todos os empregados da empresa no que ela faz e, mais precisamente, na maneira com que as coisas são feitas, segundo Wellington (1998). Para manter vantagem competitiva em preço e, dessa forma, administrar seu lucro, foi desenvolvida no Japão a técnica do *kaizen costing*, baseada na motivação e no trabalho em equipe, utilizando técnicas simples, mas sistematicamente monitorando custos e melhorando a qualidade dos produtos. É um método de redução de custo durante o ciclo de fabricação.

9.2.1 *Necessidade de custeio* kaizen

Enquanto o *target costing* exige a redução de custos nas fases de desenvolvimento e desenho de novos produtos, o *kaizen costing* (ou custeio *kaizen*) exige redução de custos na fase de fabricação de produtos existentes.

Conforme Johnson (1990), os fabricantes americanos ficaram surpresos com os produtos japoneses de alta qualidade e baixo preço no início da década de 1980. Os japoneses estavam fazendo coisas muito diferentes do que os americanos imaginavam.

O sistema de custo-padrão foi muito utilizado pelos americanos. Auxiliava na redução de custos e era a base para o orçamento flexível. Atualmente, com a rápida mudança da tecnologia de máquinas, equipamentos e processos que propiciaram a redução do ciclo de vida dos produtos e processos, a velocidade das mudanças aumenta a competição, torna o padrão instável, devido aos constantes melhoramentos nas características dos produtos e encurtamento dos processos de produção.

É nesse contexto que surge o processo de custeio *kaizen*. Na fase de desenvolvimento do produto, os japoneses utilizam o processo de custeio *target*. Na fase de produção, utilizam o custeio *kaizen*, antes e depois da fixação do padrão, com o objetivo de manter a lucratividade dos produtos por meio de contínuos melhoramentos nas atividades de toda a empresa.

9.2.2 *Conceito*

Kaizen é o termo japonês para trazer pequenas melhoras para um processo, por meio de montantes incrementais em vez de grandes inovações. A intenção do *kaizen* é razoável porque o produto já está em processo de fabricação. Por esse motivo, é difícil e caro fazer grandes mudanças para reduzir custos.

Segundo Monden (1999), custeio *kaizen* significa manter os níveis correntes de custo e trabalhar sistematicamente para reduzir os custos a valores desejados. O objetivo do custeio *kaizen* é buscar a redução de custos em todas as etapas da manufatura para ajudar a eliminar qualquer diferença entre os lucros-alvo (lucros orçados) e os lucros estimados.

Adicionalmente, é importante considerar a argumentação de Sakurai (1997) de que o custo *kaizen* é utilizado no processo de manufatura para inovação e manutenção da inovação (atividade de manter os padrões atualizados sobre tecnologia, negócios e operações), quando ocorrem mudanças drásticas, provocadas pela introdução de novas tecnologias e/ou por investimentos em novos equipamentos envolvendo custo de contínuos aperfeiçoamentos, bem como mudanças na estrutura gerencial.

O custo *kaizen* envolve redução de custos para cada produto e por período, necessitando de produtos e peças padronizadas e da aplicação de engenharia de valor, para aumentar a eficiência do uso do equipamento e a eficácia dos custos indiretos, priorizando os gargalos no fluxo de trabalho, tendo como resultado a redução de custos e de materiais diretos e de mão de obra direta.

É uma forma de reduzir o custo e melhorar o ciclo de vida de todo o produto.

9.2.3 *Princípios do custeio* kaizen

Os princípios clássicos do *kaizen,* conforme adotados em algumas empresas no Japão, apresentam traços bastante similares de estilo ou processos de gestão e são os relacionados a seguir (WELLINGTON, 1998):

- Dê ênfase aos clientes – é fundamental que todas as atividades levem a uma satisfação maior deles.
- Promova aprimoramentos contínuos – cada avanço será incorporado no processo de projeto, fabricação e gestão como um novo e formal padrão de desenvolvimento.
- Reconheça os problemas abertamente – por meio da sustentação de uma cultura apropriada de apoio, construtiva, não confrontante, não recriminatória, torna-se possível a qualquer equipe de trabalho revelar seus problemas. Desse modo, os problemas podem ser analisados por todas as pessoas da equipe, departamento ou empresa, e a solução formada por ideias vindas de todas as áreas.
- Promova a abertura – somente os executivos que ocupam cargos superiores possuem escritórios individuais para reforçar a visibilidade da liderança e a visibilidade da comunicação.
- Crie equipes de trabalho – todos os indivíduos de uma organização *kaizen* pertencem a uma equipe de trabalho, chefiada por um líder de equipe.

- Gerencie projetos por intermédio de equipes multifuncionais – nenhum indivíduo ou equipe de função única terá, necessariamente, todas as habilidades ou as melhores ideias para administrar um projeto com eficiência, mesmo que seja relacionado com sua própria disciplina.
- Nutra os processos de relacionamento correto – a ênfase deve ser no processo de gestão. As empresas preocupam-se e orientam-se para alcançar metas financeiras como qualquer uma.
- Desenvolva a autodisciplina – a filosofia *kaizen* exige dedicação à equipe de trabalho e comportamento autocontrolado, que são entendidos como parte da ordem natural, mas também porque o respeito por si mesmo e pela empresa indica força interior e integridade e uma capacidade de harmonizar-se com colegas e clientes.
- Informe a todos os empregados – todo pessoal deve estar informado sobre sua empresa, desde a integração e durante todo o período em que trabalhar como empregado.
- Capacite todos os empregados – a capacitação dá a habilidade e a oportunidade de aplicarem as informações fornecidas.

9.2.4 *Características importantes do custeio* kaizen

Segundo Kaplan e Cooper (1998), o foco do custeio *kaizen* é motivar a redução de custos do processo, e não calcular os custos de produtos com maior precisão. Os sistemas de custeio *kaizen* possuem várias características importantes:

- A redução de custos é uma responsabilidade da equipe, e não individual.
- Os custos reais de produção são calculados com frequência pelos funcionários da produção. Muitas vezes, a própria equipe, e não a equipe de contabilidade, reúne informações e prepara as informações sobre custos.
- As informações sobre custos usadas pelas equipes são adequadas a seu ambiente de produção, para que os esforços de aprendizado e melhoria se concentrem nas áreas de maiores oportunidades de redução de custos.
- Os "custos-padrão" são continuamente ajustados, a fim de refletir as reduções anteriores dos custos reais e melhorias almejadas dos custos futuros. Isso garante que as inovações comprovadas na melhoria dos processos sejam mantidas, além de definir novo patamar para as novas melhorias.

A meta é melhorar continuamente os processos críticos para que os custos possam ser reduzidos em linhas de produtos amadurecidas, altamente sensíveis em termos de preço e não propensas à inovação de produtos.

As informações de custos devem ser moldadas às necessidades das equipes quando atacam um item-alvo de redução de custos. Mais do que a acurácia do sistema de informação, deveria ser destacada a participação da pessoa de custos nas equipes de *kaizen*.

Entre os benefícios dessa participação, poderíamos destacar o processo de aprendizado e a melhoria do próprio sistema de informações para o custeio *kaizen*.

9.2.5 *Tipos de custeio* kaizen

Segundo Monden (1999), existem dois tipos de custeio *kaizen*:

1. Atividades de custeio *kaizen* específicas por departamento ou por fábrica, programadas para cada período de negócios.
2. Atividades de custeio *kaizen* específicas por modelo de produto, executadas como projetos especiais com ênfase na Análise de Valor.

O primeiro tipo de custeio *kaizen*, isto é, aquele estabelecido por período de negócio, são as atividades organizadas sob o sistema contábil da empresa, que fornece alvos de custo específicos por divisão, ou seja, as metas que ajudam a motivar as atividades *kaizen*. Assim, essa etapa pode ser mais bem entendida com a preparação do orçamento e determinação da redução de custo-alvo. Outra etapa são as atividades *kaizen* no local de trabalho (conhecidas como atividades de melhoria no chão de fábrica), que são atividades que procuram eliminar completamente as perdas da fábrica e outros locais de trabalho.

O esforço para eliminar a perda pode ser observado em até quatro níveis:

- Perda primária: eliminar excessos de mão de obra, estoques e equipamentos que causam custos desnecessários.
- Perda secundária: é a perda causada pela superprodução. Deve ser eliminada, pois é um dos piores tipos de perda.
- Perda terciária: é a perda por excesso de estoque, o que acarreta custos financeiros elevados, perdendo custos de oportunidade.
- Perda quaternária: perda pelos dispositivos de transportes, custos excessivos de administração, manutenção com excesso de qualidade.

Essas perdas acarretam aumento de custos indiretos.

9.2.6 *Etapas para executar atividades do custeio kaizen*

As etapas podem variar de uma empresa para outra; entretanto, as empresas automotivas, conforme pesquisas de Monden (1999), dividem-se em oito etapas:

1. Revisão do plano de negócios de médio prazo, anualmente.
2. Revisão do plano de lucros de médio prazo pelo departamento de custos.
3. Início do plano de produção de peças com o plano anual da montadora.
4. Revisão do plano do fabricante de peças e esboço do plano de produção.
5. Desenvolvimento da produção e estimativa de custos, assim como investimentos.
6. Coleta de todas as estimativas de custos e elaboração da demonstração de resultado provisória pelo departamento de custos. São comparadas com o lucro-alvo, e as diferenças servem de base para as atividades do custo *kaizen*.
7. Estabelecimento dos alvos do custo *kaizen* para materiais diretos e indiretos e custos de mão de obra direta (horas-homem).
8. Após a efetivação do novo orçamento, são feitos estudos para verificar se os alvos de redução de custos estão sendo atingidos.

Questões

1. Uma das técnicas de custeio que, de acordo com alguns autores, vão predominar no início do próximo século é a denominada *target costing* ou custeio por meta (por objetivo, por alvo), pois representa perfeitamente a interface entre marketing e finanças. Por que é feita tal afirmação?

   a. ( ) porque o preço de venda será uma função do custo;

   b. ( ) porque o custo máximo será uma função do preço de venda, ditado pelo mercado, e da margem necessária para a manutenção da substância patrimonial, ditada pela gestão;

   c. ( ) porque o preço de venda será uma função do mercado;

   d. ( ) porque a margem necessária para a manutenção da substância patrimonial será uma função do custo e do preço de venda;

   e. ( ) porque o preço de venda será uma função da produção.

2. A Técnica *Target Costing* baseia-se em:

   a. ( ) análise de função, análise de valor, engenharia de produção;

   b. ( ) análise de função, análise de valor, engenharia de valor;

c. ( ) análise da produção, análise de valor, engenharia de valor;
d. ( ) análise da produção, análise de função, análise de custo;
e. ( ) engenharia de produção, análise de custo, engenharia de valor.

3. *Target Costing* é um processo para encontrar o/a:
   a. ( ) redução de custos;
   b. ( ) preço de venda;
   c. ( ) custo-alvo;
   d. ( ) qualidade do produto;
   e. ( ) custo de produção.

4. O custeio-alvo é dividido em três partes, sendo:
   a. ( ) custeio orientado para o mercado, custo-alvo de produção, custo de mão de obra;
   b. ( ) custo-alvo do produto, custo-alvo de produção, custeio administrativo;
   c. ( ) custeio orientado pelo mercado, custeio-alvo do produto, custeio-alvo dos componentes;
   d. ( ) custo-alvo do produto, custeio orientado pelo mercado, custo de mão de obra;
   e. ( ) custeio administrativo, custo de mão de obra, custeio-alvo dos componentes.

5. São características do *Target Costing*, quanto ao sistema de informações, **exceto**:
   a. ( ) interação com ambiente externo para responder às necessidades do mercado e do consumidor;
   b. ( ) ajustam os custos antes que eles ocorram;
   c. ( ) quer a melhoria contínua do custo, tanto para os consumidores quanto para o produto;
   d. ( ) não considera relacionamentos complexos entre funções e por meio da cadeia de valor;
   e. ( ) considera relacionamentos complexos entre funções e por meio da cadeia de valor.

6. Quando se deu a origem do processo *Target Costing*?
   a. ( ) foi criado pelos americanos nos anos 1960;

b. ( ) foi criado pelos japoneses nos anos 1960;

c. ( ) foi criado pelos americanos nos anos 1950;

d. ( ) foi criado pelos japoneses nos anos 1950;

e. ( ) foi criado pelos alemães nos anos 1970.

7. As empresas que praticam o custeio-alvo são vistas como:

a. ( ) programa individual na produção;

b. ( ) parte do processo de desenvolvimento da mão de obra;

c. ( ) parte do processo de desenvolvimento do produto;

d. ( ) programa individual de desenvolvimento de projetos;

e. ( ) programa coletivo de planejamento.

8. Qual das afirmativas abaixo **não** faz parte do processo *Target Costing*:

a. ( ) planejamento de custos é guiado pelo mercado competitivo;

b. ( ) os fornecedores não se envolvem nos conceitos e nos projetos;

c. ( ) reduções de custos são feitas antes que os custos cheguem a seu limite aceitável;

d. ( ) fornecedores não se envolvem no conceito e no projeto;

e. ( ) envolve toda a cadeia de valor no planejamento de custos.

9. "A empresa identifica as necessidades dos clientes e calcula qual seria o preço de venda aceitável de um produto. Com base nesse preço de venda aceitável, a empresa então calcula o custo máximo que o produto deve ter, para que então gere um lucro desejado." Com base nessa afirmação, podemos dizer que são procedimentos para determinação:

a. ( ) RKW;

b. ( ) *Target Costing*;

c. ( ) *Kaizen*;

d. ( ) custeio por absorção;

e. ( ) custeio direto.

10. Assinale a alternativa correta:

a. ( ) *Target Costing* exige a redução de custos nas fases de desenvolvimento e desenho de novos produtos;

b. (   ) *Kaizen Costing* exige a redução de custos nas fases de desenvolvimento e desenho de novos produtos;

c. (   ) *Kaizen* é uma abordagem sistemática para estabelecimento do custo desejado de um produto;

d. (   ) *Target Costing* baseia-se na motivação e no trabalho em equipe;

e. (   ) ABC baseia-se na motivação e no trabalho em grupo.

11. Qual é o significado do Custeio *Kaizen*?

a. (   ) aprimoramento na gestão financeira;

b. (   ) aprimoramento na qualidade do produto;

c. (   ) aprimoramento contínuo e gradual;

d. (   ) aprimoramento na gestão de custos;

e. (   ) aprimoramento ético e moral.

12. A técnica do Custeio *Kaizen* é um método usado para identificar:

a. (   ) redução de custos antes de o produto ser fabricado;

b. (   ) redução de custos no armazenamento de produtos acabados;

c. (   ) redução de custos durante o ciclo de fabricação;

d. (   ) redução de custos diretos e indiretos;

e. (   ) redução de custos no planejamento.

13. O objetivo do Custeio *Kaizen* é:

a. (   ) buscar a redução de custos em todas as etapas da manufatura para ajudar a eliminar qualquer diferença entre os lucros-alvo e os lucros estimados;

b. (   ) pesquisar novos materiais, com custos mais baixos e grande disponibilidade para substituir outros mais raros;

c. (   ) minimizar apenas o preço pago pelo consumidor;

d. (   ) estimar o preço de produção, depois acrescentar uma margem de lucro desejada para então obter um preço de venda;

e. (   ) realizar a colocação e manutenção no mercado.

14. Qual a alternativa que não faz parte do princípio do Custeio *Kaizen*?

a. (   ) promove o aprimoramento contínuo;

b. ( ) reconhece os problemas abertamente;

c. ( ) elimina equipes de trabalho;

d. ( ) capacita todos os seus empregados;

e. ( ) cria equipes de trabalho.

15. Dentre os tipos de Custeio *Kaizen* podemos citar:

a. ( ) custeio específico por produto;

b. ( ) custeio específico pelo departamento de RH e Financeiro;

c. ( ) custeio específico por departamento ou por fábrica;

d. ( ) custeio específico de mão de obra;

e. ( ) custeio específico por encomenda.

16. A perda causada pela superprodução deve ser eliminada, pois é um dos piores tipos de perdas. Pode-se afirmar que essa perda ocorre em qual nível?

a. ( ) primário;

b. ( ) secundário;

c. ( ) terciário;

d. ( ) quaternário;

e. ( ) primário e secundário.

17. O conceito japonês *Kaizen* é a base filosófica para diversas técnicas atuais de qualidade na administração contemporânea. Sintetiza corretamente os princípios do *Kaizen*:

a. ( ) preocupação contínua com a elaboração de padrões de excelência para medir produtos, serviços ou processos com relação aos concorrentes mais fortes;

b. ( ) preocupação constante com a atribuição de mais poder e autonomia aos trabalhadores, visando partilhar responsabilidades com relação à produtividade da empresa;

c. ( ) abordagem sistêmica do processo de aprendizagem voltada ao aperfeiçoamento contínuo da inovação dentro da empresa;

d. ( ) preocupação contínua com o aperfeiçoamento tanto de produtos e serviços como dos procedimentos e hábitos de executivos e trabalhadores na empresa;

e. ( ) foco no cliente, suas necessidades e preferências, e a preocupação sistemática com a redução dos desperdícios e a agregação de valor aos produtos e serviços.

Gabarito

1. (b)	5. (d)	9. (b)	13. (a)	17. (d)
2. (b)	6. (b)	10. (a)	14. (c)	
3. (c)	7. (c)	11. (c)	15. (c)	
4. (c)	8. (b)	12. (c)	16. (b)	

Referências bibliográficas

COOPER, R.; KAPLAN, R. S. *The design of cost management systems:* text, cases and readings. Englewood Cliffs: Prentice Hall, 1991.

GITMAN, Lawrence J. *Princípios de administração financeira*. 7. ed. São Paulo: Harbra, 1997.

HSM Management, nº 37, mar./abr. 2003.

JOHNSON, H. T. Managing costs versus managing activities: which strategy works? *Financial Executive*, Morristown, p. 32-36, Jan./Feb. 1990.

KAPLAN, R. S.; COOPER, R. *Cost & effect*: using integrated cost systems to drive profitability and performance. Boston: Harvard Business School, 1998.

MONDEN, Y. *Sistemas de redução de custos*: custo-alvo e custo *kaizen*. Tradução de Eduardo D'Agord Schaan. Porto Alegre: Bookman, 1999. 270 p.

______; LEE, J. How a Japanese auto maker reduces costs. *Management Accounting*, v. 75, p. 22, Aug. 1993.

ROSS, Stephen A. et al. *Administração financeira*. São Paulo: Atlas, 1995.

SAKURAI, Michiaru. *Gerenciamento integrado de custos*. São Paulo: Atlas, 1997.

SCARPIN, Jorge Eduardo. *Target costing e sua utilização como mecanismo de formação de preço de venda para novos produtos*, 2000. Dissertação (Mestrado) – Universidade do Oeste do Paraná (UNOPAR), Londrina.

WELLINGTON, Patrícia. *Estratégias* kaizen *para atendimento ao cliente*: como criar um poderoso programa de atendimento ao cliente e fazê-lo funcionar. São Paulo: Educator, 1998.

O EVA e o MVA: Métodos de Avaliação da *Performance* das Empresas

10

Objetivos

» Identificar se as medidas utilizadas pelas empresas para avaliar o desempenho financeiro estão alinhadas à gestão baseada em valor.

» Saber quando as medidas utilizadas pelas empresas para avaliar o desempenho financeiro estão alinhadas ao objetivo de criar valor para os acionistas.

» Conhecer uma metodologia simplificada para o cálculo do *Economic Value Added* (EVA) a partir de dados obtidos nos relatórios financeiros.

10.1 Introdução

Por que em duas empresas que apresentam lucro líquido uma pode estar criando valor para seus acionistas, enquanto a outra, destruindo? Devem tais variações do lucro e do valor da empresa ser atribuídas às estratégias empresariais?

Sabe-se que muitas empresas têm criado riqueza, enquanto outras têm destruído. Desvendar os fatores econômicos que levam as empresas a criar ou destruir riqueza é um tema muito importante tanto para os administradores quanto para os investidores. As técnicas de gerenciamento de empresas estão-se tornando cada vez mais complexas e têm exigido um aperfeiçoamento contínuo dos métodos de avaliação de desempenho, na busca do aumento da eficiência, aliada à precisão e simplicidade de implantação deles.

Diversos métodos têm sido desenvolvidos, partindo dos já clássicos, como Análise do Valor Presente Líquido ou de Taxa Interna de Retorno de um projeto, e chegando aos métodos mais recentes de avaliação de gestão, como o *Economic Value Added* (EVA), que avalia a *performance* das empresas sob a ótica dos conceitos de criação de valor ao acionista; o *Market Value Added* (MVA), sistema de mensuração financeira que possibilita analisar o resultado, os recursos aplicados e a estrutura de capitais; e o *Balanced Scorecard*.

O método EVA foi criado por Joel Stern e G. Bennett Stewart III e patenteado por sua empresa, a Stern & Stewart Co., no início da década de 1990. Os princípios são os mesmos utilizados no *Value Based Management (VBM)*, que estão associados aos conceitos de VPL, que avalia os resultados da empresa descontado o custo capital. É uma medida de avaliação de *performance* financeira que tenta encontrar o verdadeiro resultado econômico gerado (ou valor econômico acrescentado) por uma empresa e que se encontra diretamente relacionado à criação de valor para o acionista. Assim, diz-se que uma empresa acrescenta valor econômico quando consegue gerar um resultado maior do que seu custeio de capital.

A verdadeira chave do valor se encontrava no comportamento da receita econômica e na proporcionalidade entre a taxa de retorno exigida e o risco do capital empregado. Da mesma forma, mostrou, como o fluxo de caixa descontado, como processo, e o valor presente líquido, como medida, poderiam auxiliar os gerentes na abordagem que deveria ser utilizada por eles se estivessem preocupados com o impacto de suas decisões no valor para o acionista.

Assim, os criadores do EVA procuraram traduzir aqueles aspectos conceituais teóricos em um sistema de fácil compreensão e aplicação prática, visando otimizar o direcionamento dos recursos de qualquer empresa, auxiliando no processo de tomada de decisões.

A grande diferença do EVA em relação aos outros métodos é sua facilidade de aplicação, por meio dos relatórios contábeis já existentes. O método ganhou notoriedade e aceitação depois de ser adotado e utilizado por grandes empresas.

Quando uma empresa incorpora o conceito do EVA, ela passa a avaliar a real necessidade de investimentos a serem realizados, de modo a evitar que gastos desnecessários aconteçam, elevando, assim, o retorno sobre o capital investido.

O MVA é também uma marca registrada da *Stern & Stewart* e tem como princípio aferir quanto a empresa irá gerar de riqueza para o acionista durante sua vida útil.

10.2 EVA

Há várias definições do que é o EVA, por exemplo:

- Al Ehbar: de uma forma simples, pode-se definir o EVA como "uma medida de desempenho empresarial que difere da maioria das demais ao incluir uma cobrança sobre o lucro pelo custo de todo o capital que uma empresa utiliza".
- G. B. Stewart III: "EVA é uma medida de lucro residual que subtrai o custo de capital do lucro operacional gerado no negócio."

O EVA é a medida do lucro econômico de uma empresa depois de descontado o custo de todo o capital empregado. Primeiro, toma-se a diferença entre a taxa de retorno sobre o capital investido e o custo desse capital. Essa diferença indica a qualidade ou eficiência com que o capital é utilizado. A seguir, multiplica-se esse valor pela quantidade de capital econômico utilizada no negócio.

Trata-se de uma forma de aferição do lucro econômico de uma empresa ao final de determinado período de tempo.

O EVA foi criado com a finalidade de avaliar se, a cada ano, a empresa está ganhando dinheiro suficiente para pagar o custo do capital que administra. Portanto, o conceito básico é o de calcular a remuneração mínima exigida pelos acionistas e abatê-la do lucro apurado pela empresa.

De forma direta, é o lucro líquido operacional depois dos impostos (*Net Operating Profit After Taxes – NOPAT*) deduzido do custo de capital de terceiros e do custo de capital próprio.

Se o EVA é negativo, a empresa, naquele ano, está destruindo o capital do acionista. Desse modo, o EVA consiste na diferença entre o lucro líquido operacional da empresa após o imposto de renda e o custo anual total do capital.

$$EVA = Resultado\ Operacional\ após\ imposto - (Capital \times Custo\ do\ Capital)$$

O EVA não é mais do que o resultado operacional após impostos, menos o custo de oportunidade de todo o capital investido na empresa. Visto de outra forma, o EVA é o montante remanescente entre o resultado verificado e a taxa de retorno mínima exigida pelos investidores, em face da alternativa de investimento em outros ativos de risco semelhante. O EVA é considerado por muitos a forma mais perfeita de medir a *performance* econômica em determinado período, traduzindo os resultados verificados numa ótica contábil numa realidade econômica.

$$EVA = (Rentabilidade\ do\ investimento - Custo\ do\ Capital) \times Capital\ investido$$

O EVA tem a grande vantagem de ser um indicador conceitualmente simples e fácil de compreender, pelo menos ligado a finanças, uma vez que se resume a uma relação entre o resultado operacional e o custo do capital investido. Para achar o resultado operacional depois dos impostos, haverá que efetuar alguns ajustamentos aos valores obtidos (esses ajustamentos podem variar de empresa para empresa) de forma a corrigir eventuais distorções contábeis. Para determinar o montante de capital, haverá que adicionar ao valor contábil do capital próprio todos os diferentes tipos de dívida, efetuando igualmente outros ajustamentos adicionais considerados relevantes. O passo seguinte é determinar o custo do capital e finalmente efetuar a subtração entre as duas rubricas apuradas.

10.2.1 Conceito de custo de capital

O custo do capital é o retorno exigido pelos fornecedores dele, refletindo desse modo não só o fator temporal do valor do dinheiro, mas também a compensação pelo risco assumindo, pelo que, quanto maior o risco, maior será o custo do capital. Estando o valor do EVA diretamente relacionado à utilização do capital, significa que os gestores têm de se preocupar não só com os ativos, mas também com os proveitos produzidos pelos ativos, o que os obriga a deter uma compreensão mais correta do *trade-off* entre os ativos.

Dessas considerações depreende-se que uma variável fundamental para chegar ao valor econômico adicionado é o Custo Médio Ponderado de Capital (CPMC), definido, segundo Assaf Neto (2005), como "o Custo de Capital que equivale aos retornos exigidos pelos credores de empresa (capital de terceiros, bônus e debenturistas) e por seus proprietários".

CPMC é expresso pela fórmula:

$$CPMC = CP/(CP + CT) \times Rcp + CT/(CP + CT) \times Rct \times (1 - IR)$$

Em que:

CP = Volume de Capital Próprio = Patrimônio Líquido

CT = Volume de Capital de Terceiros = Exigível a Longo Prazo

Rcp = Custo do Capital Próprio = nível de retorno do acionista

Rct = Custo do Capital de Terceiros

IR = Alíquota de Imposto de Renda da Empresa

Conceitualmente, o EVA apresenta uma vantagem sobre outras medidas de avaliação, pelo fato de reconhecer, nos resultados, o Custo do Capital Próprio (CCP), no qual estão considerados os riscos pertinentes ao negócio e o custo de oportunidade. Além do mais, efetivamente mede a produtividade de todos os setores que compõem as atividades operacionais. O foco nas variáveis que impulsionam os fatores econômicos subjacentes de um negócio, em vez de nos índices baseados em dados puramente contábeis, resulta numa maior eficiência na gestão e na análise financeira pelos administradores, propiciando, dessa forma, melhores resultados para os acionistas.

Dessa forma, a consideração do risco de retorno relacionado aos futuros fluxos de caixa e do custo do capital dos proprietários foi fundamental para que os criadores do EVA pudessem desenvolver uma metodologia aplicável à avaliação de mercado e gerenciamento financeiro das empresas.

10.2.2 Cálculo do EVA

Contabilmente: Uma das maneiras de calcular o EVA é a partir do Demonstrativo de Resultados padrão, conforme indicado a seguir:

Receita Operacional

(–) Custos e Despesas Operacionais

= Lucro Operacional

(–) Imposto de Renda

= Lucro Operacional após IR (NOPAT)

(–) Custo de Capital de Terceiros

= Lucro Líquido do Exercício

(–) Custo do Capital Próprio

= EVA

Financeiramente, pode-se calcular o EVA pela expressão matemática:

$$\textbf{EVA} = (\boldsymbol{R} - \boldsymbol{C}) \times \textbf{Capital Investido}$$

R = Taxa de Retorno Esperada

C = Custo de Capital (CPMC)

Ou

$$\textbf{EVA} = \textbf{ROI} \times \textbf{Investimento} - \textbf{CPMC} \times \textbf{Investimento}$$

O EVA, como indicador de *performance*, pode ser utilizado em toda a empresa para medida da *performance* geral, ou de uma unidade de negócio, departamento, divisão, projeto de investimento etc. Ele permite ainda cobrir vasta área no nível das decisões de gestão, que vai desde o planejamento estratégico à alocação de capital, preços de aquisição ou desinvestimentos etc. Uma das utilizações mais frequentes é para o estabelecimento de métodos de compensação de executivos.

Em síntese, o EVA tem ganhado crescente importância para as empresas como medida de avaliação de *performance* e de controle de gestão. Em face de ênfase colocada no capital e especialmente na correta alocação dos custos inerentes a ele a seus devidos utilizadores, o EVA tem-se revelado um excelente indicador. Importa, no entanto, ter presente que, para sua correta implementação, é necessário perceber não só os conceitos que lhe são subjacentes, mas também a situação específica de cada empresa ou unidade de negócio.

Visto não haver nenhuma evidência de que a utilização de um método garanta melhores resultados do que todos os outros, recomenda-se o uso simultâneo de vários métodos de avaliação, uma vez que a utilização de um só método de avaliação de *performance* financeira não garante que apuremos os valores mais corretos. Assim, será importante que o EVA passe a fazer parte das ferramentas de todas as empresas, uma vez que esse indicador lhes permitirá ver claramente a relação entre as decisões estratégicas de nível operacional e de investimento, bem como a avaliação retrospectiva da *performance* alcançada.

Conforme dito anteriormente, o EVA está diretamente relacionado com o valor de mercado de uma empresa. Se o resultado econômico for superior ao custo do capital, existirá criação de valor; para resultados inferiores, destruição de valor.

Muitas empresas usam o EVA para estabelecer ligações claras e justificáveis entre pensamento estratégico, investimento e planejamento de capital, decisões operacionais, medida de desempenho e criação de valor.

As ideias centrais da criação de valor e de sua mensuração são:

1. No mercado real, cria-se valor por meio da obtenção de retorno sobre o capital investido superior ao custo de oportunidade de capital.
2. Quanto mais se investe em retornos superiores ao custo de capital, mais valor se cria.
3. Devem-se escolher estratégias que maximizem o valor presente dos fluxos de caixa previstos ou o lucro econômico.
4. O valor das ações de uma empresa no mercado de capitais é igual ao valor intrínseco baseado nas expectativas que tem o mercado em relação ao desempenho futuro, mas essa estimativa do desempenho pode não ser imparcial.
5. Os retornos obtidos pelos acionistas dependem mais de mudanças quanto às expectativas do que do desempenho efetivo da companhia.

O EVA tem a capacidade de indicar onde algum valor adicional pode ser criado (ou está sendo destruído) para os acionistas, pela análise dos seus quatro pilares básicos (Figura 10.1), os *value drivers*. Cada um desses valores sugere uma forma de aumentar a eficiência das empresas no processo de criação de valor. São eles:

- Operacional – aumentar o retorno para a mesma base de capital por meio de corte de custos, aumento de lucros ou economia de impostos.
- Financeiro – reduzir o Custo de Capital.
- Investimento – investir capital adicional em projetos com valor presente líquido positivo.
- Racionalização – desinvestir (retirar) capital de projetos com valor presente líquido negativo.

$$EVA = \left(\frac{\text{Lucro Econômico}}{\text{Capital Econômico}} - \text{Custo de Capital} \right) \times \text{Capital Econômico}$$

Operacional | Financeiro | Investimento ou Racionalização

Figura 10.1 Os quatro pilares do EVA.

O EVA e seus quatro pilares ajudam a identificar os pontos a serem focados na estratégia de criação de valor, além de permitirem uma visão departamentalizada do processo de criação ou de destruição de valor na instituição.

É uma medida de criação de valor identificada no desempenho operacional da própria empresa, conforme retratado nos relatórios financeiros. O seu cálculo exige algumas adaptações nos demonstrativos de resultados, procurando, entre outras medidas, evidenciar sua parte operacional legítima, a segmentação do imposto de renda sobre os resultados da atividade e os benefícios fiscais provenientes do uso de capital de terceiros.

Indica se a empresa está criando ou destruindo valor por meio de um resultado definido como supranormal. A medida foi adotada por um número cada vez maior de empresas, recebendo diferentes denominações. Sua popularidade maior deu-se com a denominação EVA – marca registrada de propriedade da Stern & Stewart.

É uma linha invisível que divide boas e más *performances* de empresas, uma taxa limite que deve ser obtida com propósito de criar valor. Representa, em essência, o custo de oportunidade do capital aplicado por credores e acionistas como forma de compensar o risco assumido no negócio.

Por meio da análise de medidas financeiras tradicionais (lucro e rentabilidade), é impossível identificar se a empresa está criando ou destruindo valor. O EVA é importante porque, entre outras contribuições relevantes, associa o custo de oportunidade do capital ao investimento realizado, ressaltando a eficácia da administração da empresa. Empresas que convivem com uma gestão baseada no valor têm uma visão mais direcionada à concepção dos negócios, à continuidade do empreendimento e ao objetivo de maximização da riqueza de seus acionistas.

O EVA também é capaz de revelar inúmeras outras oportunidades de ganhos econômicos, como aquelas provenientes de uma melhor gestão do risco, escolha da melhor estrutura de capital, maior giro, entre outras não vislumbradas pela contabilidade tradicional.

Para Stewart III (1999), a estrutura EVA oferece uma nova lente através da qual gerentes veem uma empresa, uma lente que possibilita uma percepção mais clara dos dados econômicos que suportam um negócio e capacita qualquer gerente a tomar decisões melhores.

10.3 MVA

O MVA representa a diferença entre o preço atual das ações no mercado acionário e o valor investido pelos acionistas no negócio. Apura a diferença entre o valor total de mercado da empresa e o capital nela investido, ou seja, é a diferença entre o *cash-in* (o que foi investido, contemplando todas as formas de financiamento) e o *cash-out* (o que os investidores poderiam obter se vendessem a empresa atualmente).

O EVA é uma medida estática da *performance* passada; o MVA busca avaliar o valor econômico da empresa de acordo com o potencial de resultados futuros.

O MVA é também considerado uma medida do valor presente da empresa. Ainda segundo Al Ehbar, o MVA é o montante acumulado pelo qual a empresa valorizou ou desvalorizou a riqueza dos acionistas. Reflete como a empresa investiu capital no passado e como investirá novos capitais no futuro.

$$MVA = Valor\ Total\ de\ Mercado - Capital\ Investido$$

$$MVA = Valor\ de\ Mercado\ do\ Capital - Valor\ Contábil\ do\ Capital$$

Assumindo que o valor de mercado e contábil da dívida são equivalentes, então o MVA é a diferença entre os valores de mercado do capital da empresa. O MVA permite apurar o valor que foi adicionado ou subtraído do investimento efetuado pelos acionistas. O sucesso de uma empresa na criação de MVA depende da taxa de retorno dos investimentos quando comparada com seu custo de capital. O mesmo se passa com o EVA, pelo que EVA positivos implicam MVA positivos e vice-versa. Desse modo, podemos redefinir o MVA como o valor atual de todos os EVA futuros.

Por exemplo:

Item	19x1	19x2	Diferença
Valor Contábil do Capital	3.700	4.000	+ 300
Valor Contábil da Dívida	5.300	5.500	+ 200
Total do Capital Investido	9.000	9.500	+ 500
Valor de Mercado do Capital	12.000	15.000	+ 3.000
Valor de Mercado da Empresa	17.300	20.500	+ 3.200
Market Value Added	8.300	11.000	+ 2.700

Conforme se constata, a relação existente entre o EVA e o MVA tem implicações na avaliação da empresa. Rearranjando as equações mencionadas, permite-nos encontrar uma definição para o valor da empresa:

Valor de Mercado da Empresa = Valor do Capital Investido + Valor Atual do EVA de Projetos Atuais + Valor Atual do EVA de Projetos Futuros

Ou

Valor de Mercado do Capital = Valor Contábil do Capital + Valor Atual do EVA Futuro

Assim como o EVA, o MVA também é uma marca registrada de propriedade da Stern & Stewart e reflete a expressão monetária da riqueza gerada aos proprietários de capital determinada pela capacidade operacional da empresa em produzir resultados superiores ao seu custo de oportunidade. Reflete, dentro de outra visão, quanto a empresa vale adicionalmente ao que se gastaria para repor todos os seus ativos a preços de mercado.

Segundo Kassai et al. (2000), o MVA é interpretado como a diferença entre o valor da empresa menos o valor de seus investimentos, a preços de mercado. É aquela parcela adicional, aquele "algo mais", normalmente de difícil mensuração, e também conhecida como *goodwill.*

Para Stewart (1999), o MVA é a medida definitiva de criação de riqueza. Ganha de todas as outras medidas por ser a diferença entre entrada de caixa e saída de caixa – entre aquilo que investidores colocam na empresa como capital e o que poderiam receber vendendo pelo preço de mercado corrente.

O MVA é, também, a melhor medida externa de desempenho da gerência porque engloba a avaliação do mercado da eficácia com o qual os gerentes da empresa utilizaram os recursos escassos que tinham sob seu controle. O MVA também reflete o quão bem a gerência posicionou a empresa para o longo prazo, porque os valores de mercado incorporam o valor presente de resultados esperados de longo prazo.

10.3.1 Cálculo do MVA

A representação matemática do MVA é dada por:

$$MVA = \frac{EVA_1}{(1 + CMPC)} + \frac{EVA_2}{(1 + CMPC)^2} + ... + \frac{EVA_n}{(1 + CMPC)^n}$$

ou seja, é o desconto ao valor presente dos EVA futuros, à taxa de custo médio ponderado de capital da empresa.

10.4 Exemplo prático de aplicação de EVA e MVA

Para melhor compreensão dos conceitos de EVA e MVA, tomemos como exemplo uma empresa com os seguintes relatórios contábeis:

Balanço Patrimonial 31/12/20X0			
Ativo		**Passivo**	
Circulante	**50.000**	**Circulante**	**50.000**
Caixa	5.000	Financiamento	50.000
Estoque	45.000	**Patrimônio Líquido**	**100.000**
Permanente	**100.000**	Capital	100.000
Imobilizado	100.000		
Total	**150.000**	**Total**	**150.000**

DRE – 20X1	
Receita Bruta	**206.250**
CMV	(100.000)
Lucro Bruto	**106.250**
Desp. Comercial	(30.000)
Desp. Administrativa	(40.000)
Depreciação	(10.000)
Desp. Financeira	(1.250)
Lucro Operacional	**25.000**
IR (20%)	(5.000)
Lucro Líquido	**20.000**

Dessa forma,

Passivo Total = 150.000, sendo

Financiamento (capital de terceiros) = 50.000, representando 33,33%

Patrimônio Líquido (capital próprio) = 100.000, representando 66,66%

Supondo que o custo de cada fonte de financiamento seja:

Capital de terceiros = 2,5%

Capital próprio = 5,0%

Podemos, com essas informações, encontrar o *CMPC*, conforme segue:

CMPC = % Capital terc. × custo × (1 – IR) + % Capital próprio × custo

CMPC = 33,33% × 2,5% × (1 – 0,2) + 66,66% × 5,0%

CMPC = 0,6667% + 3,3333%

CMPC = 4,0%

Encontrado o CMPC, devemos encontrar o Retorno sobre Investimento (ROI) da empresa, segundo a fórmula abaixo:

ROI = (Lucro Operacional(*) – Impostos)/Investimento

(*) O Lucro Operacional, nesse caso, deve ser ajustado, não considerando a despesa financeira, pois esta é a remuneração do capital de terceiros, e esse índice avalia a capacidade de geração de resultado independentemente da forma de financiamento adotada.

Portanto,

ROI = ((25.000+1.250) × (1 – 0,2))/150.000

ROI = 14,0%

Com base nessas informações, podemos encontrar o EVA da empresa, como segue:

EVA = (Investimento × ROI) – (Investimento × CMPC)

EVA = (150.000 × 14%) – (150.000 × 4%)

EVA = 21.000 – 6.000

EVA = 15.000

Com isso, chegamos a um EVA para essa empresa de 15.000, podendo concluir que ela está criando valor para seus proprietários, ou seja, remunera-os além do retorno por eles esperado.

Mas, sem considerar o fato de estar remunerando os proprietários acima de suas expectativas, existem outros fatores importantes na adoção desse método de avaliação.

Uma empresa que utilize o conceito de EVA passa a adotar como filosofia e objetivo a obtenção dos maiores níveis possíveis de lucro, empregando o mínimo de capital. Isso acontece devido ao fato de que no momento em que os funcionários passam a ser remunerados, não pelos índices de lucro, mas pelo valor agregado em relação ao investimento realizado, eles passam a levar em conta o montante de investimento como fator determinante em sua premiação (o que não acontece com avaliações em que se considera apenas o lucro ou variações do seu montante).

Esse tipo de filosofia difundida entre funcionários de uma empresa é de fundamental importância para o acionista, pois ela é coincidente com seus interesses.

O que se pode esperar dos funcionários para os quais esse conceito esteja arraigado é que procurem racionalizar processos e que surja aversão a investimentos desnecessários ou que não tragam o retorno mínimo esperado.

Por fim, investidores passam a contar com um método de comparação entre diferentes negócios, pois seu cálculo já leva em consideração o risco; isso por meio do custo de cada fonte de capital. Nesse caso, uma empresa que apresente maior risco irá apresentar maiores taxas de captação e de custo de capital próprio, o que elevará o CMPC e assim diminuirá o EVA.

Apesar das vantagens do EVA, essa é uma medida dirigida ao passado, uma vez que tem como base de avaliação resultados já ocorridos.

Por esse motivo, o MVA aparece como fator importante para avaliação de empresas, pois é calculado por resultados esperados no futuro.

Graficamente, podemos visualizar o MVA da seguinte maneira:

MVA Positivo – A Empresa Agrega Valor

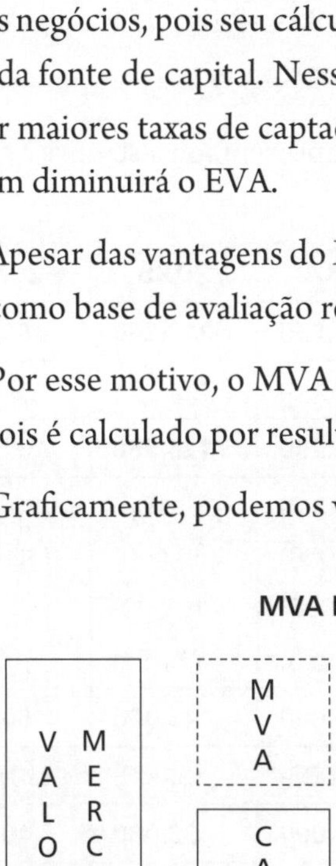

$$\frac{\text{EVA } 1}{(1 + CMPC)} + \frac{\text{EVA } 2}{(1 + CMPC)^2} + \ldots + \frac{\text{EVA } n}{(1 + CMPC)^n}$$

MVA Negativo – A Empresa Destrói Valor

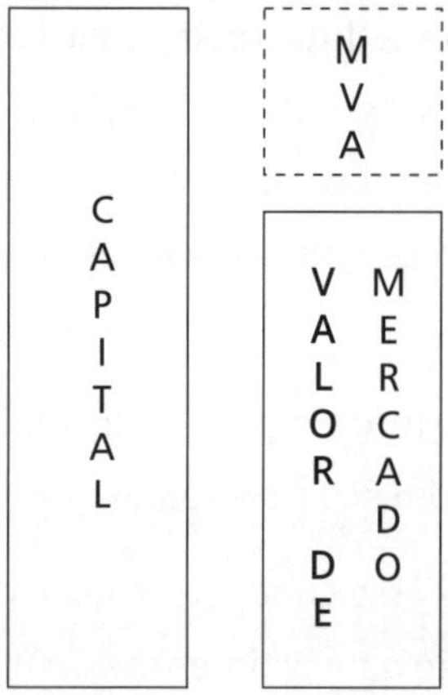

$$\frac{\text{EVA } 1}{(1 + CMPC)} + \frac{\text{EVA } 2}{(1 + CMPC)^2} + \ldots + \frac{\text{EVA } n}{(1 + CMPC)^n}$$

Utilizando-nos do exemplo anterior, vamos supor que a empresa tenha um tempo determinado de duração de cinco anos e que todo o resultado apurado em cada exercício seja distribuído, mantendo-se assim o investimento constante.

Além disso, sua projeção de resultados seria como a apresentada a seguir:

	20X2	**20X3**	**20X4**	**20X5**	**20X6**
Receita	**216.250**	**226.250**	**236.250**	**246.250**	**256.250**
CMV	(105.000)	(110.000)	(115.000)	(120.000)	(125.000)
Lucro Bruto	**111.250**	**116.250**	**121.250**	**126.250**	**131.250**
Desp. Comercial	(30.000)	(30.000)	(30.000)	(30.000)	(30.000)
Desp. Administrativa	(40.000)	(40.000)	(40.000)	(40.000)	(40.000)
Depreciação	(10.000)	(10.000)	(10.000)	(10.000)	(10.000)
Desp. Financeira	(1.250)	(1.250)	(1.250)	(1.250)	(1.250)
Lucro Operacional	**30.000**	**35.000**	**40.000**	**45.000**	**50.000**
IR (20%)	(6.000)	(7.000)	(8.000)	(9.000)	(10.000)
Lucro Líquido	**24.000**	**28.000**	**32.000**	**36.000**	**40.000**
Custo do Capital Próprio	**(5.000)**	**(5.000)**	**(5.000)**	**(5.000)**	**(5.000)**
EVA	**19.000**	**23.000**	**27.000**	**31.000**	**35.000**

Assim, podemos calcular o MVA dessa empresa, como:

$$MVA = \frac{EVA^1}{(1 + CMPC) \wedge 1} + \frac{EVA^2}{(1 + CMPC) \wedge 2} + \frac{EVA^3}{(1 + CMPC) \wedge 3} + \frac{EVA^4}{(1 + CMPC) \wedge 4} + \frac{EVA^5}{(1 + CMPC) \wedge 5}$$

$$MVA = \frac{19.000}{1{,}04 \wedge 1} + \frac{23.000}{1{,}04 \wedge 2} + \frac{27.000}{1{,}04 \wedge 3} + \frac{31.000}{1{,}04 \wedge 4} + \frac{35.000}{1{,}04 \wedge 5}$$

$$MVA = 18.269 + 21.265 + 24.003 + 26.499 + 28.767$$

MVA = 118.803

Portanto, pelo MVA, a empresa é totalmente viável, desde que as premissas adotadas aconteçam.

10.5 Comparação entre o MVA e o método do VPL

Conforme citado por Al Ehrbar, o método de MVA é conceitualmente idêntico ao tradicional cálculo do VPL.

> "A abordagem do EVA é matematicamente idêntica a fluxo de caixa descontado, mas a dinâmica da decisão, à qual dá margem, é radicalmente diferente. Sob o EVA, o procedimento para a avaliação de um projeto é prever o EVA que será gerado a cada ano e descontar isto a valor presente. Como o EVA já inclui o encargo sobre capital e para depreciação, não há necessidade de subtrair o investimento inicial dos EVAs futuros descontados. O resultado é exatamente o mesmo – até o último centavo – que o VPL resultante da utilização de fluxos de caixa descontados" (EHRBAR, 1999, p. 113).

Consideremos as seguintes premissas para avaliação do que foi afirmado:

a) investimento inicial: $ 10.000;

b) data do investimento inicial: ano 0;

c) vida útil: 5 anos (projeto finito);

d) valor residual: zero;

e) o investimento produzirá uma receita de $ 6.000,00 por ano;

f) o custo operacional anual será de 30% da receita;

g) a depreciação anual será: $ 10.000,00/5 anos >>> $ 2000,00;

h) todo projeto será financiado com o capital do acionista;

i) para efeitos de simplificação, não será considerado o Imposto de Renda;

j) custo de capital do acionista (CCA) de 18%.

Com base nesses dados, tem-se:

Projeção da DRE para o investimento:

Itens	Ano 0	Ano 1	Ano 2	Ano 3	Ano 4	Ano 5
Receita	0	6.000	6.000	6.000	6.000	6.000
(–) Custo Operacional	0	1.800	1.800	1.800	1.800	1.800
(–) Depreciação	0	2.000	2.000	2.000	2.000	2.000
(=) LUCRO (Prejuízo)	0	2.200	2.200	2.200	2.200	2.200
(–) CCA	0	1.800	1.440	1.080	720	360
(=) EVA	0	400	760	1.120	1.480	1.840

Cálculo do custo de capital do acionista:

Itens	Ano 0	Ano 1	Ano 2	Ano 3	Ano 4	Ano 5
Capital investido	10.000	10.000	10.000	10.000	10.000	10.000
(–) Depreciação acumulada	–	2.000	4.000	6.000	8.000	10.000
(=) Capital Líquido Investido	10.000	8.000	6.000	4.000	2.000	–
Custo de capital do acionista		1.800	1.440	1.080	720	360

Em seguida, constrói-se a Demonstração do Fluxo de Caixa, para cálculo do VPL do projeto:

Itens	Ano 0	Ano 1	Ano 2	Ano 3	Ano 4	Ano 5
(=) LUCRO (Prejuízo)	–	2.200	2.200	2.200	2.200	2.200
(+) Depreciação	–	2.000	2.000	2.000	2.000	2.000
(=) Fluxo de Caixa antes do valor residual	–	4.200	4.200	4.200	4.200	4.200
(–) Valor residual	–	–	–	–	–	–
(=) Fluxo de Caixa após valor residual	–	4.200	4.200	4.200	4.200	4.200
(–) Investimento	10.000	–	–	–	–	–
(=) Fluxo de Caixa Final	(10.000)	4.200	4.200	4.200	4.200	4.200

Montando o diagrama de fluxo de caixa do projeto:

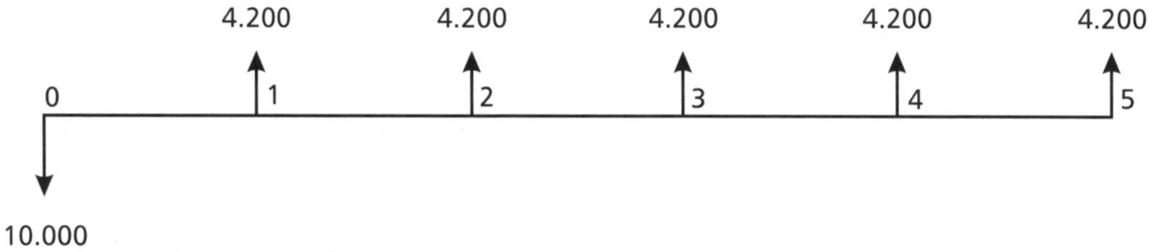

Assim, pode-se calcular o VPL do projeto:

$$VPL = \frac{4.200}{(1,18)^1} + \frac{4.200}{(1,18)^2} + \frac{4.200}{(1,18)^3} + \frac{4.200}{(1,18)^4} + \frac{4.200}{(1,18)^5} + 10.000$$

$$VPL = 13.134 - 10.000$$

$$\mathbf{VPL = 3.134}$$

Conforme o cálculo, o projeto apresenta um VPL de $ 3.134

Comparando com o MVA:

$$MVA = \frac{EVA_1 = 400}{(1,18)^1} + \frac{EVA_2 = 760}{(1,18)^2} + \frac{EVA_3 = 1.120}{(1,18)^3} + \frac{EVA_4 = 1.480}{(1,18)^4} + \frac{EVA_5 = 1.840}{(1,18)^5}$$

$$MVA = 339 + 546 + 682 + 763 + 804$$

$$\mathbf{MVA = 3.134}$$

Conforme podemos verificar, e partindo das premissas iniciais desta comparação, o cálculo do VPL de um projeto e o MVA, ou projeção dos EVAs futuros, resultam em mesmo valor.

O MVA nos diz quanto de riqueza a empresa irá gerar para o acionista ao longo de sua vida útil, portanto, somatório de todos os EVAs futuros trazidos a valor presente, utilizando-se do velho conceito de Valor Presente Líquido (VPL).

Observa-se, contudo, que muitas empresas podem estar em fase de expansão e apresentar EVA negativo com MVA positivo; ou podem estar saindo de uma fase de insucessos e ter MVA negativo e EVA positivo. Ao final, pode ser medido o resultado do que realmente interessa ao investidor: a empresa precisa estar utilizando o máximo de capitais (próprios e de terceiros), desde que esse capital renda mais do que custa. Desse modo, as empresas podem elevar seu EVA das seguintes maneiras:

- elevar o lucro sem utilizar mais capital, aumentando preços, aumentando vendas ou diminuindo custos;
- utilizar menos capital, diminuindo os estoques, diminuindo os investimentos em clientes ou diminuindo os investimentos em ativos fixos;
- utilizar melhor o capital, aumentando os investimentos de alto retorno.

10.6 Restrições ao conceito de EVA e uma possível solução – ICVA (Índice de Crescimento de Valor Agregado)

O EVA, apesar de ter uma série de pontos positivos, dá margem a alguns problemas para a empresa quanto à lucratividade futura, pois pode fazer com que os gestores evitem investimentos e percam oportunidades de lucro.

Esse aspecto do EVA não é de fácil identificação quando se utiliza seu conceito, pois, como explicado anteriormente, está voltado para o passado da empresa.

Por outro lado, o MVA representa o valor econômico da empresa em relação às suas expectativas de lucros futuros.

Tanto o EVA quanto o MVA são resultado das estratégias adotadas pela empresa. Como o EVA representa o passado e o MVA está voltado para o futuro, diferenças podem existir entre os dois, as quais refletem modificações nas estratégias adotadas.

Com o objetivo de identificar essas variações, desenvolveu-se um índice chamado Índice de Crescimento de Valor Agregado (ICVA), o qual relaciona os dois, da seguinte maneira:

$$ICVA = MVA/(EVA/CMPC)$$

Conforme citado por Kassai et al. (2000), tem-se as seguintes conclusões para o ICVA:

- **Igual a 1:** Significa que a empresa irá manter o atual nível de valor agregado, não havendo diferenças relevantes entre as estratégias.

- **Maior do que 1:** Significa um aumento do nível atual de valor agregado, resultante de estratégias diferentes, de aumento do volume de atividades, maior lucratividade etc. Quanto maior esse índice, melhor.
- **Menor do que 1:** Significa uma redução do nível atual de valor agregado. Quanto menor, pior.

Pela utilização desse índice, pode-se amenizar a tendência dos gestores de evitar riscos de novos investimentos, pois um excesso de conservadorismo poderá fazer com que haja uma diminuição no ICVA.

Dessa forma, esse índice é um método mais eficaz de avaliação e premiação do que simplesmente o EVA, ou o MVA separadamente, pois faz com que haja uma preocupação com a lucratividade da empresa no curto e no longo prazo.

10.7 Gerenciamento Baseado no Valor

O Gerenciamento Baseado no Valor (GBV) é uma mudança no comportamento dos executivos. Consiste em fazê-los pensar e agir como se fossem acionistas. É uma expressão que reúne um conjunto de ferramentas que auxiliam os administradores a operar uma empresa com foco na criação de valor para o acionista.

Os três principais métodos de avaliação que estão sendo utilizados no GBV são:

1. *Economic Value Added/Market Value Added* (EVA/MVA) é um método desenvolvido pela Stern Stewart & Co.
2. *Free Cash Flow* ou fluxo de caixa livre é um método proposto por empresas de consultoria, como McKinsey & Co. e LEK/Alçar.
3. *Cash Flow Return on Investment* (CFROI) é uma abordagem usada pelo Boston Consulting Group and Holt Value Associates.

Embora essas três metodologias sejam promovidas como "novidades", no fundo elas se reportam à mesma base teórica que está por trás do tradicional método do fluxo de caixa descontado, método utilizado com frequência para analisar novas oportunidades de investimento.

Um novo investimento deverá ser implementado caso seu fluxo de caixa líquido descontado projetado seja positivo. Nesse caso, indicará que a entrada de dinheiro é superior à saída de dinheiro.

A novidade do GBV é que se transfere para a análise dos investimentos em andamento a mesma metodologia utilizada na análise de novos investimentos.

10.8 O que leva as empresas ao GBV?

Nos EUA, o interesse crescente pelo GBV tem uma relação estreita com o crescimento da participação dos investidores institucionais no capital ordinário das empresas, conhecido como "a revolução dos acionistas".

Os investidores institucionais, notadamente fundos de pensão, pressionam as companhias a criar valor, condição que geralmente traz a reboque bons dividendos e boa valorização da companhia, tão necessários para fazer frente aos benefícios presentes e futuros de seus beneficiários.

Concomitantemente, empresas controladas por um ou alguns grupos de investidores apenas têm interesse na criação de valor, pois esta traz de carona maior competitividade, fundamental para a empresa crescer e se perpetuar no mercado.

Outro fator que "empurrou" as companhias para o GBV nos EUA foi a possibilidade das chamadas "aquisições hostis".

A aquisição hostil acontece quando investidores identificam empresas com baixo valor de mercado provocado por inexpressivos resultados, reflexos de uma gestão incompetente.

Para fugir do risco de uma aquisição hostil e da consequente perda do emprego, administradores reformularam os negócios de suas empresas, visando ao aumento expressivo no preço de suas ações.

Além disso, investidores individuais estão cada vez mais interessados em aplicar seu capital em negócios que ofereçam um retorno minimamente justo em função da abdicação do consumo presente mais um prêmio por correr risco num negócio de retorno incerto.

10.9 Conclusão

O EVA, em conjunto com o MVA, propicia uma avaliação de *performance* das empresas muito superior às técnicas tradicionais. Diz-se que uma empresa adiciona valor em um período quando a geração de lucro (*Net Operating After Taxes* – NOPAT) é superior ao custo do capital aplicado.

Em contraste com as medidas de cunho fundamentalmente econômico, os indicadores EVA e MVA são particularmente atrativos não só por refletirem os aspectos econômicos do projeto, mas também por levar em conta os aspectos financeiros, tais como a alavancagem financeira associada a dada estrutura de capital. Desse modo, esses métodos de avaliação destacam-se como importantes instrumentos auxiliares no planejamento baseado na criação de valor ao acionista.

Nesse conceito, abre-se a possibilidade de remunerar administradores e premiar funcionários, de acordo com o montante adicionado acima das expectativas. O que se pode entender dessa postura é que se está premiando aqueles que superam o considerado satisfatório, pois os outros ou não atingiram os resultados esperados, ou somente fizeram o mínimo para remunerar o investimento dos proprietários.

Surge assim a necessidade de relacionar a avaliação do passado (EVA) com as expectativas futuras da empresa (MVA), conceito que pode ser encontrado no ICVA, o qual pode ser considerado um dos melhores índices para avaliação de resultados empresariais.

Por fim, o conceito da Stern Stewart tem seu grande mérito em apresentar toda essa sistemática de forma coerente, de fácil compreensão e principalmente em relacionar a avaliação com os demonstrativos contábeis. Por outro lado, o que se tem nesses conceitos nada mais é que metodologias que já existiam, mas que eram colocadas de outra maneira, menos abrangente. Pode-se facilmente verificar que o EVA tem a mesma conceituação teórica do *Residual Income* (RI), e que o MVA nada mais é que o conceito do Valor Presente Líquido (VPL).[1]

10.10 Casos práticos

10.10.1 Brahma e Antarctica

Consideremos a Brahma e a Antarctica, empresas que despertaram grande interesse quando da divulgação da união de ambas, para criar a Companhia de Bebidas das Américas (AmBev). Vamos analisar a *performance* financeira dessas empresas com base na criação de valor, no período de 1992 a 1998, utilizando informações de mercado, dados disponíveis na CVM e as demonstrações financeiras.

É importante destacar que, em 1994, as empresas possuíam praticamente os mesmos valores de patrimônio líquido, ou seja, Brahma com R$ 1,4 bilhão e Antarctica com R$ 1,5 bilhão, assim como o valor de mercado era de R$ 2,2 bilhões para a Brahma e R$ 2,5 bilhões para a Antarctica. Já em 31 de dezembro de 1998, os valores eram muito diferentes. O valor de mercado da Brahma era de aproximadamente R$ 3,7 bilhões e o valor investido pelos acionistas era de R$ 1,9 bilhão (valor do PL). O resultado do

---

[1] Capítulo baseado em JERÔNIMO, L. R.; PINHO, L. A. T.; REIS, A. C. de R.; OSHIRO, R. *O EVA® e o MVA® como instrumentos de avaliação de negócios.*

MVA da Brahma no valor de R$ 1,8 bilhão representa, portanto, a diferença entre o investimento e o valor que poderá ser realizado, teoricamente, pela venda das ações, representando, assim, um incremento de riqueza aos acionistas. O mesmo não se pode dizer da Antarctica, que revela destruição de valor, na magnitude de R$ 1,4 bilhão, devido ao valor do mercado representar R$ 330 milhões e ser inferior ao valor do patrimônio líquido, que era de R$ 1,7 bilhão. Como resultado, os acionistas da Antarctica possuíam naquela data R$ 0,20 para cada R$ 1,00 investido, possuíam R$ 2,00.

Vejamos a seguir o que nos mostra o EVA, considerando o período de seis anos, de 1993 até 1998. Constata-se que a Brahma obteve comportamento praticamente crescente de criação de valor, acumulando R$ 700 milhões. Por outro lado, a Antarctica só apresentou EVA positivo no ano de 1993, acumulando R$ 680 milhões negativos no período.

Avaliando pela análise horizontal com base em 1994, podemos comparar o direcionamento e os resultados obtidos pelas empresas até 1998 nos itens vendas líquidas, capital aplicado e NOPAT. Na Brahma, os valores do NOPAT são crescentes. Observa-se que o resultado alcançado está diretamente relacionado à eficiência na gestão do capital aplicado e no crescimento das vendas. Na Antarctica, embora a empresa aumente o valor do capital aplicado, suas vendas decrescem no período e os valores do NOPAT diminuem expressivamente, demonstrando significativa perda de eficiência operacional.

Também avaliamos o resultado do EVA por ação. A Brahma apresenta crescimento a partir de 1994, num valor proporcionalmente maior que o lucro por ação, evoluindo em 489% até 1997, embora declinando para 246% em 1998. Na Antarctica, o comportamento é inverso: o valor aumenta negativamente ano a ano, atingindo o índice negativo de 1.016% em 1998.

Comparemos, agora, o comportamento entre as relações do EVA com o capital aplicado. A Brahma, embora haja oscilações no período, apresenta indicadores em torno de 7%, resultando na média de 5%. Podemos concluir que o resultado obtido define a Brahma como criadora de valor. Já o comportamento da Antarctica é positivo em 2% somente em 1993, apresentando nos anos seguintes resultados negativos e crescentes, chegando a 12% em 1998. Observa-se, portanto, a caracterização de destruição de valor aos acionistas nos últimos cinco anos.

Na análise do NOPAT em relação ao capital aplicado e em relação às vendas líquidas, usamos as demonstrações consolidadas porque esses indicadores retratam com maior fidelidade a *performance* de cada grupo empresarial. O NOPAT/capital aplicado da Brahma apresenta comportamento praticamente estável, com decréscimo só em 1998. Entretanto, manteve no período uma expressiva média de 17%. A Antarctica inicia o período com índice de 17%, mas o índice decresce sucessivamente até chegar a 3% em 1998.

Essa relação demonstra os resultados alcançados pelas empresas, no que diz respeito à qualidade e à eficiência na administração dos ativos, na estrutura operacional e na estratégia empresarial. Percebe-se que a Antarctica usa excessivo capital e vem apresentando decrescente capacidade na geração de NOPAT. Por outro lado, a Brahma demonstra eficiência na gestão do capital operacional e significativo crescimento nos indicadores de *performance* econômica. Nas relações NOPAT/vendas líquidas, a Brahma apresenta comportamento de melhora a cada ano, iniciando em 1993 com 6% e alcançando expressivo crescimento desse indicador, chegando a 18% em 1997. Na Antarctica, o comportamento é inverso, iniciando com 27% e declinando sucessivamente até 7% em 1998.

Observam-se, portanto, variações significativas no comportamento dos itens mencionados entre as empresas, tanto na controladora quanto no consolidado. A extrema variação e alteração no comportamento dos valores ao longo do tempo demonstra a utilização de diferentes estratégias empresariais.

É importante destacar que a Brahma iniciou a implantação da metodologia do EVA em 1995 (Relatório da Administração 03/1996) e pode-se comprovar que sua *performance* se transforma e revela benefícios tangíveis, bem como o potencial no uso gerencial e estratégico da metodologia de criação de valor ao acionista.

Podemos concluir ressaltando os benefícios proporcionados pela metodologia com foco na criação de valor, em especial quando há:

- perda ou erosão do valor econômico do negócio;
- mudanças na liderança da empresa e/ou da influência dos acionistas;
- necessidade de aprimorar a mensuração e melhorar a *performance* da empresa; e
- adaptação às novas realidades do mercado.

O entendimento da metodologia com foco na criação de valor possibilita analisar as alternativas de estrutura de capitais e dos recursos aplicados. A finalidade é aumentar as vantagens competitivas do negócio, buscando diferenciação e/ou segmentação que proporcione melhoria operacional e amplie a criação de valor por meio de:

1. tomada de decisões, tecnicamente orientadas, sobre como investir e utilizar os recursos que criem valor;
2. análise da estrutura dos ativos e de capital;
3. transformação da administração com visão de proprietário.

Portanto, a grande contribuição que a teoria de finanças apresenta aos investidores, analistas, empresários e à comunidade é que os resultados das estratégias podem ser avaliados de maneira mais eficaz, desde que analisados sob a ótica da criação de valor.[2]

10.10.2 Retorno sobre o Patrimônio Líquido

O Patrimônio Líquido pede uma associação com o Lucro Líquido. É o chamado Retorno sobre o Patrimônio Líquido (RPL).

$$RPL = \frac{\text{Lucro líquido}}{\text{Patrimônio líquido}}$$

Na maioria dos textos que abordam essa relação, o Patrimônio Líquido (PL) considerado é o do Balanço Patrimonial, ou seja, é o PL contábil. O PL contábil é ajustado, em algumas oportunidades, a reavaliações feitas no ativo permanente, principalmente quando o valor de mercado de um ativo está acima de seu valor contábil. Logo, seria o PL contábil a melhor base de cálculo para o Retorno sobre o Patrimônio Líquido (RPL)? Não. O correto é calcular o RPL com base no valor de mercado do PL. Percebe-se isso claramente quando se analisa uma empresa com ações negociadas em Bolsa. Vamos ver pelo exemplo:

Lucro líquido projetado para 2000: $ 1.000.

Uma ação está cotada em Bolsa em 31/12/1999 a $ 100.

O PL contábil desta empresa é $ 8.000.

O capital desta empresa é representado por 100 ações.

O valor patrimonial contábil é de $ 80 (PL contábil dividido pelo número de ações).

O retorno mínimo esperado pelos acionistas para este investimento é de 10% ao ano.

Se você tivesse 1 (uma) ação desta empresa em 31/12/1999 valendo $ 100 (podendo vendê-la a esse valor se quiser), desejaria um retorno de 10% ao ano sobre os

[2] MALVESSI, Oscar. Empresas criam ou destroem riquezas. Extraído do jornal *Gazeta Mercantil*, página A-3, seção de Comentários e Perspectivas de 26 out. 1999.

$ 100 ou sobre o valor patrimonial contábil de $ 80? Claro que você desejaria um retorno de 10% sobre o valor de mercado de $ 100. Ou seja, ao calcular o custo de capital próprio, a diretoria dessa empresa deverá considerar o valor de mercado do PL, e não seu valor contábil. O PL contábil da empresa do exemplo é de $ 8.000. O PL pelo valor de mercado é de $ 10.000 (100 ações ao valor de mercado de $ 100 cada). Portanto, a maneira mais adequada de calcular o RPL é:

$$RPL = \frac{\$\ 1.000}{\$\ 10.000} = 0{,}10$$

Observe que o PL considerado é o de mercado e que o custo de capital próprio é o retorno mínimo esperado pelos investidores, ou seja, 10% ao ano. Portanto, o lucro líquido mínimo esperado pelos acionistas é de $ 1.000, 10% do PL de mercado de $ 10.000 (100 ações ao preço de mercado de $ 100). Em suma, o RPL de 10% ao ano é igual ao custo de capital próprio de 10% ao ano. Significa dizer que o lucro líquido estimado para o ano 2000 de $ 1.000 é igual ao lucro líquido mínimo esperado pelos acionistas.

Selecionando uma opção de investimento – EVA e MVA

Considerar o PL pelo valor de mercado auxilia na identificação de oportunidades de investimento em Bolsa. Para tanto, vamos reciclar o sistema EVA/MVA.

MVA significa ***Market Value Added***. Ou seja, é o Valor de Mercado Adicionado, Valor de Mercado Criado ou Valor de Mercado Agregado. Adicionado, criado ou agregado em relação a quê? Ao capital investido. Fica-se mais rico quando se tem um ativo que vale mais que o capital investido. O MVA é um valor pontual, tem dia, mês e ano. Para determinação do MVA, o valor de mercado e o capital investido têm que estar calculados em uma mesma data.

Exemplo:

Em 31/12/1999, o valor de mercado de uma empresa é de $ 1.500. O valor contábil do PL nessa mesma data é de $ 1.000. Portanto, o MVA é de $ 500. A leitura é de que, em 31/12/1999, o acionista está mais rico em $ 500. Tem ações de uma empresa que valem $ 1.500 e seu capital investido no negócio é de $ 1.000. Porém, qual o fundamento para a criação de valor para o acionista? Perguntando com outras palavras, como fazer para ter MVA positivo? A empresa precisa operar sistematicamente com EVAs positivos também.

EVA é a abreviação de ***Economic Value Added***. Ou seja, Valor Econômico Adicionado, Valor Econômico Criado ou Valor Econômico Agregado. Adicionado, criado ou agregado em relação a quê? Ao capital investido. A expressão matemática do EVA é a seguinte:

$$EVA = (RIL - CC\%) \times Capital\ Investido$$

Em que:

RIL = Retorno sobre os Investimentos Líquidos

CC% = percentual do custo de capital

Vamos tomar como exemplo o balanço patrimonial em 31/12/1999.

Ativo		Passivo	
Investimento Líquido	$ 10.000	Capital de terceiros Capital Próprio	$ 5.000 $ 5.000
Total	$ 10.000	Total	$ 10.000

- Investimentos líquidos de $ 10.000 representados por capital circulante líquido e capital fixo.
- Capital de terceiros de $ 5.000 representados por financiamentos associados às decisões de investimento (recursos do BNDES, FINEP, debêntures etc.).
- O capital próprio é representado pelo dinheiro integralizado pelos acionistas mais lucros retidos.

O termo *capital* aplica-se ao somatório do capital de terceiros mais o capital próprio. Portanto, em 31/12/1999, o capital investido no negócio é de $ 10.000. O Custo de Capital de Terceiros (CCT) é de 8% ao ano. Para facilitar nossos cálculos, esse número já está ajustado à economia fiscal do imposto de renda incidente sobre os juros. Custo de capital de terceiros, juros ou despesas financeiras são a mesma coisa. Neste exemplo, o CCT é de $ 400 (0,08 × $ 5.000).

O Custo de Capital Próprio (CCP) é de 12% ao ano. Como o capital próprio e o capital de terceiros têm participações iguais no financiamento dos investimentos líquidos, o Custo de Capital (CC%) é de 10% ao ano, ou $ 1.000 (0,10 × $ 10.000). CCP representa o retorno mínimo que os acionistas esperam, ou $ 600 (0,12 × $ 5.000). Os $ 1.000 de CC evidentemente coincidem com o somatório do CCT de $ 400 mais o

CCP de $ 600. O CC% de 10% servirá para balizar o retorno sobre os investimentos líquidos. Vamos estimar os seguintes resultados para o ano 2000:

Lucro operacional líquido	$ 1.500
(–) CCT – Custo de Capital de Terceiros	($ 400)
(=) Lucro Líquido	$ 1.100
(–) CCP – Custo de Capital Próprio	($ 600)
(=) EVA	$ 500

Relembrando...

$$\begin{aligned} EVA &= (\text{RIL} - \text{CC\%}) \times \text{Capital Investido} \\ &= (0{,}15 - 0{,}10) \times \$\ 10.000 \\ &= 0{,}05 \times \$\ 10.000 \\ EVA &= \$\ 500 \end{aligned}$$

O EVA de $ 500 mostra que o capital investido de $ 10.000, que custou 10% ao ano, foi remunerado a 15% ao ano, gerando um excedente de retorno de 5%.

Agora, podemos apresentar o *Market Value Added (MVA)*. Primeiramente, iremos calculá-lo e assumir que o lucro líquido permanecerá constante e perpétuo. Para calcular o valor de mercado, poderemos aplicar a fórmula do valor presente de uma perpetuidade:

$$\begin{aligned} \text{MVA} &= \textit{Market Value} - \text{Capital Próprio} \\ &= \$\ 9.167 - \$\ 5.000 \\ \text{MVA} &= \$\ 4.167 \end{aligned}$$

O MVA é o valor presente do fluxo de EVAs. Portanto:

$$\text{MVA} = \frac{\text{EVA}}{\text{CCP}} = \frac{\$\ 500}{0{,}12} = \$\ 4.167$$

Selecionando uma opção de investimento – exemplo

Vamos permanecer com o exemplo anterior. O PL de $ 5.000 é representado por 1.000 ações, portanto, o valor patrimonial contábil é de $ 5 ($ 5.000/1.000). Vamos supor que essa ação esteja cotada na Bolsa a $ 5,50, o que é equivalente a 10% acima do valor patrimonial contábil. Consequentemente, o PL pelo valor de mercado das ações é de $ 5.500 (1.000 vezes $ 5,50). Qual seria o EVA e o MVA considerando o balanço patrimonial por seu valor de mercado? Vamos tomar como exemplo o balanço patrimonial em 31/12/1999.

Ativo		Passivo	
Investimentos Líquidos	$ 10.500	Capital de Terceiros	$ 5.000
		Capital Próprio	$ 5.500
Total	$ 10.500	Total	$ 10.500

O custo de capital próprio é de $ 660 (12% de $ 5.500). O CC% é de 10,0952% ao ano, ou $ 1.060 (0,100952 × $ 10.500). Os $ 1.060 evidentemente coincidem com a soma do CCT de $ 400 com o CCP de $ 660. O CC% de 10,0952% servirá para balizar o retorno sobre os investimentos líquidos. Vamos estimar os seguintes resultados para o ano 2000:

Lucro Operacional Líquido	$ 1.500
(–) CCT (Custo de Capital de Terceiros)	($ 400)
(=) Lucro Líquido	$ 1.100
(–) CCP (Custo de Capital Próprio)	($ 660)
(=) EVA	$ 440

Relembrando...

$$EVA = (\text{RIL} - \text{CC\%}) \times \text{Capital Investido}$$
$$= (0{,}142857 - 0{,}100952) \times \$\ 10.500$$
$$= 0{,}041905 \times \$\ 10.500$$
$$EVA = \$\ 440$$

O EVA de $ 440 mostra que o capital investido de $ 10.500 que custou 10,0952% ao ano foi remunerado a 14,2857% ao ano, gerando um excedente de retorno de 4,1905%. Agora, podemos apresentar o *Market Value Added (MVA)*. Primeiramente, iremos calculá-lo e assumir que o lucro líquido permanecerá constante e perpétuo. Para calcular o valor de mercado, poderemos aplicar a fórmula do valor presente de uma perpetuidade:

$$\text{MVA} = \textit{Market Value} - \text{Capital Próprio}$$
$$= \$\ 9.167 - \$\ 5.500$$
$$\text{MVA} = \$\ 3.667$$

O MVA é o valor presente do fluxo de EVAs. Portanto:

$$MVA = \frac{EVA}{CCP} = \frac{\$\,400}{0{,}12} = \$\,3.667$$

Conclusão

Apesar de o PL pelo valor de mercado ser superior ao PL pelo valor contábil, mesmo assim há estimativa de um EVA/MVA positivos. Significa que, em 31/12/1999, o valor justo para cada ação é de $ 9,17 ($ 9.167/1.000). O valor de $ 9.167 é o valor de mercado (*market value*). Como a ação está cotada a $ 5,50 em Bolsa, há a possibilidade de um ganho de capital de $ 3,67 (MVA de $ 3.667/1.000). Considerando o PL pelo valor de mercado, ajudamos a identificar boas opções de compra e venda de ações.

Limitações ao uso do PL pelo Valor de Mercado

Na teoria, devemos usar o PL por seu valor de mercado para qualquer tipo de avaliação financeira, e não o valor de livro ou valor contábil. Porém, aplicar na prática essa teoria não é fácil. Eis as limitações:

- O valor de mercado de uma ação está associado às expectativas de rendimentos futuros para os acionistas. Essa avaliação de expectativas é frequentemente mal estimada pelo mercado, para mais ou para menos, somente sendo percebida *a posteriori*.
- O mercado de ações é bastante sensível à entrada e saída de capitais voláteis. O preço de uma ação muitas vezes varia porque há excesso ou escassez de dinheiro no mercado de ações.
- Excessiva oscilação da taxa real de juros, que afeta o retorno exigido nos ativos de renda variável.
- Quando analisamos o ano 2000 contra o PL pelo valor de mercado em 31/12/1999, encontramos um valor de mercado fortemente impactado pelos resultados estimados de 2001 em diante, completamente diferentes do resultado estimado para o ano 2000.
- Num país emergente e em reorganização econômica como o Brasil, expectativas de resultado se alteram com grande frequência, para melhor ou para pior, o que afeta o valor de mercado dos ativos.

- No Brasil, a maioria das empresas é de capital fechado, sem ações negociadas em Bolsa. Portanto, as empresas teriam que projetar seus resultados futuros e estimar um valor teórico de mercado para seus ativos, convivendo com os mesmos problemas de uma empresa de capital aberto, com ações negociadas em Bolsa, e preços formados pela comunidade de investidores.

Todos esses motivos fazem com que, na prática, leve-se em consideração o valor contábil do patrimônio líquido para cálculo das medidas financeiras.

Questões

1. Não são poucas as vezes que profissionais se utilizam da expressão *Valor Agregado* para definir ou conceituar algo abstrato, para definir algo que exige alta inspiração e criatividade. Não é totalmente verdadeira esta afirmação, pois grande parte dos problemas de um negócio pode ser resolvida cientificamente, ou seja, por meio de métodos consagrados. São os casos do Custo-Valor ou do Valor Agregado de Gerenciamento, da Análise do Valor ou da Engenharia do Valor, do Valor de Mercado Agregado (MVA) e do Valor Econômico Agregado (EVA).

   Qual a finalidade e a utilidade maior da aplicação e do estudo do EVA?

   a. ( ) comparar o Retorno do Ativo Operacional Líquido com o Custo Médio Ponderado do Capital (CMPC);
   b. ( ) comparar o Retorno do Ativo Operacional Líquido com o Custo Médio Ponderado dos Capitais de Terceiros (CCT);
   c. ( ) comparar o Valor Patrimonial Corrente com o Valor de Mercado Corrente das ações da empresa;
   d. ( ) comparar o Valor Patrimonial Corrente, acrescido do potencial de lucro dos próximos exercícios, com o Valor de Mercado Corrente das ações da empresa;
   e. ( ) comparar o Valor Patrimonial Corrente, acrescido do potencial de risco dos próximos exercícios, com o Valor de Mercado Corrente das ações da empresa.

2. A decisão sobre dois projetos mutuamente exclusivos (somente um poderá ser implementado) deve ser tomada levando em consideração os resultados dos cálculos da Taxa Interna de Retorno (TIR) e do Valor Atual Líquido dos Fluxos Futuros (VAL). Esta afirmação está baseada em que:

a. ( ) a TIR deve ser calculada para comparar o resultado encontrado com os Custos de Captação, com os Custos de Oportunidade (Retorno Mínimo Desejado), e o VAL deve ser calculado para verificar se é positivo e se compensa o risco, tanto pelo aspecto mercadológico quanto pelo aspecto tecnológico;

b. ( ) a TIR deve ser calculada apenas para comparar o resultado encontrado com os Custos de Captação, e o VAL deve ser calculado apenas para verificar se é positivo;

c. ( ) porque a decisão somente será favorável quando a TIR for superior ao VAL;

d. ( ) porque a decisão somente será favorável quando o VAL for superior à TIR;

e. ( ) porque a decisão somente será favorável quando a TIR for igual ao VAL.

3. A Taxa Interna de Retorno é um método útil para a tomada de decisão em Análise de Investimentos. Seu cálculo, no entanto, apresenta **inconvenientes**, dentre os quais se destaca o de:

a. ( ) não ser aplicável a fluxos de caixa convencionais;

b. ( ) gerar apenas taxas de retorno positivas;

c. ( ) gerar inúmeras taxas, se houver inúmeras inversões no sinal do fluxo de caixa;

d. ( ) não ser aplicável a fluxos de caixa que apresentem retorno nulo;

e. ( ) não considerar as entradas de caixa posteriores à recuperação do investimento.

4. Dentre as alternativas abaixo, qual a que melhor define o EVA?

a. ( ) um método empresarial que inclui uma cobrança sobre as vendas pelo custo de gastos totais da empresa;

b. ( ) uma medida de desempenho empresarial que difere da maioria das demais ao incluir uma cobrança sobre o lucro pelo custo de todo o capital que uma empresa utiliza;

c. ( ) todo lucro que a empresa tem é tido como referência para cálculos de custos diretos e cobranças empresariais;

d. ( ) utilização do lucro como base de cálculo para planejamento de projetos e métodos de redução de custos;

e. ( ) uma medida de desempenho que eleva o lucro reduzindo o custo de todo o capital que uma empresa utiliza.

5. O EVA como indicador de *performance* pode ser utilizado em toda a empresa para a medida de *performance* geral, ou de uma de negócio, departamento, projeto de investimento etc.

   Qual é a utilização da medida de *performance* mais frequente?

   a. ( ) métodos de compensação de executivos;
   b. ( ) métodos de comparação financeira;
   c. ( ) métodos de alavancagem financeira;
   d. ( ) métodos de verificação contábil;
   e. ( ) métodos de compensação de contas.

6. Qual das fórmulas abaixo melhor representa o cálculo do MVA?

   a. ( ) $MVA = \dfrac{EVA_1}{(1 + CMPC)^1} + \dfrac{EVA_2}{(1 + CMPC)^2}$

   b. ( ) $MVA = \dfrac{EVA_1 + EVA_2}{(1 + CMPC)^2}$

   c. ( ) $MVA = (EVA_1 + EVA_2) = CMPC$

   d. ( ) $MVA = \dfrac{CMPC_1 + CMPC_2}{(EVA_1 + EVA_2)}$

   e. ( ) $MVA = (CMPC_1 + CMPC_2) = EVA$

7. Qual das alternativas abaixo melhor define a diferença entre EVA e MVA?

   a. ( ) o MVA é uma medida estatística da *performance* passada, já o EVA busca avaliar o valor econômico da empresa de acordo com o potencial de resultado futuro;
   b. ( ) o EVA busca avaliar valores de comparação financeira como base para cálculo de lucro; o MVA busca avaliar valores de comparação contábil como base para cálculo de lucro;
   c. ( ) o MVA é uma medida concreta de *performance* financeira, enquanto o EVA busca avaliar o valor econômico da empresa de acordo com o potencial de resultado futuro;
   d. ( ) o EVA é uma medida concreta de *performance* financeira, já o MVA é uma medida estatística de *performance* passada;

e. ( ) o EVA é uma medida estática da *performance* passada, já o MVA busca avaliar o valor econômico da empresa de acordo com o potencial de resultado futuro.

8. É correto afirmar sobre o MVA:

a. ( ) que representa o lucro obtido pelo preço das ações no mercado acionário e o custo de todo o capital que toda empresa utiliza;

b. ( ) que é uma medida de desempenho que eleva o lucro reduzindo o custo de todo o capital que uma empresa utiliza;

c. ( ) que representa a diferença entre o preço atual das ações no mercado acionário e o valor investido pelos acionistas no negócio, ou seja, diferença entre *CASH IN* e *CASH OUT*;

d. ( ) que é um método empresarial que inclui uma cobrança sobre as vendas pelo custo de gastos totais da empresa;

e. ( ) que é uma medida de desempenho empresarial que difere da maioria das demais ao incluir uma cobrança sobre o lucro pelo custo de todo o capital que uma empresa utiliza.

9. Qual das alternativas pode elevar o EVA de uma empresa?

a. ( ) elevar o lucro sem utilizar mais capital, aumentando preços, aumentando vendas ou diminuindo custos;

b. ( ) utilizar menos capital, diminuindo os estoques, diminuindo os investimentos em clientes ou diminuindo os investimentos em ativos fixos;

c. ( ) utilizar melhor o capital, aumentando os investimentos de alto retorno;

d. ( ) as alternativas "a", "b" e "c" estão corretas;

e. ( ) as alternativas "a", "b" e "c" estão incorretas.

10. Qual índice foi desenvolvido para identificar e relacionar as diferenças entre EVA e MVA?

a. ( ) DRE (Demonstração de Resultados do Exercício);

b. ( ) ICVA (Índice de Crescimento de Valor Agregado);

c. ( ) GBV (Gerenciamento Baseado no Valor);

d. ( ) IDCA (Índice Devedor Calculado Antecipadamente);

e. ( ) VPL (Valor Presente Líquido).

11. Das alternativas abaixo, qual a que melhor define o objetivo do GBV (Gerenciamento Baseado no Valor)?

a. ( ) avaliar se a empresa está ganhando dinheiro suficiente para pagar o custo do capital que administra;

b. ( ) utilizar o lucro como base de cálculo para planejamento de projetos e métodos de redução de custos;

c. ( ) mudança no comportamento dos executivos fazendo-os agir e pensar como acionistas;

d. ( ) representar o lucro obtido pelo preço das ações no mercado acionário e o custo de todo o capital que toda empresa utiliza;

e. ( ) um método empresarial que inclui uma cobrança sobre as vendas pelo custo de gastos totais da empresa.

12. Qual das alternativas abaixo destaca a novidade que o GBV (Gerenciamento Baseado no Valor) trouxe para as empresas?

a. ( ) a facilidade de aplicação, por meio de relatórios contábeis já existentes;

b. ( ) mudança no comportamento dos executivos fazendo-os agir e pensar como acionistas;

c. ( ) elevar o lucro sem utilizar mais capital, aumentando preços, aumentando vendas ou diminuindo custos;

d. ( ) os investimentos são analisados em andamento, como na análise de novos investimentos;

e. ( ) utilizar melhor o capital, aumentando os investimentos de alto retorno.

13. O que levou as empresas a adotar o GBV (Gerenciamento Baseado no Valor)?

a. ( ) elevar o lucro sem utilizar mais capital, aumentando preços, aumentando vendas ou diminuindo custos;

b. ( ) utilizar melhor o capital, aumentando os investimentos de alto retorno;

c. ( ) utilizar menos capital, diminuindo os estoques, diminuindo os investimentos em clientes ou diminuindo os investimentos em ativos fixos;

d. ( ) representar o lucro obtido pelo preço das ações no mercado acionário e o custo de todo o capital que toda empresa utiliza;

e. ( ) relação estreita com o crescimento da participação dos investidores institucionais no capital ordinário das empresas.

14. Da relação entre o EVA e o MVA, pode-se dizer que:
    a. ( ) MVA é o valor atual de todos os EVAs futuros;
    b. ( ) EVA é o valor atual de todos os MVAs futuros;
    c. ( ) MVA é o valor efetivo de todos os EVAs previstos;
    d. ( ) EVA é o valor efetivo de todos os MVAs previstos;
    e. ( ) EVA é a variação de todos os MVAs concretos.

15. Qual a finalidade do método EVA?
    a. ( ) elevar o lucro sem utilizar mais capital, aumentando preços, aumentando vendas ou diminuindo custos;
    b. ( ) mudar o comportamento dos executivos fazendo-os agir e pensar como acionistas;
    c. ( ) elevar o lucro utilizando menos capital, mantendo os preços estáveis, aumentando as vendas;
    d. ( ) avaliar se a empresa está ganhando dinheiro suficiente para pagar o custo do capital que administra;
    e. ( ) representar o lucro obtido pelo preço das ações no mercado acionário e o custo de todo o capital que toda empresa utiliza.

16. Qual das alternativas melhor conceitua o custo do capital?
    a. ( ) uma medida de desempenho que eleva o lucro reduzindo o custo de todo o capital que uma empresa utiliza;
    b. ( ) o retorno é exigido pelos fornecedores dele, refletindo, desse modo, não só o fator temporal do valor do dinheiro, mas também a compensação pelo risco assumido; quanto maior o risco, maior o custo do capital;
    c. ( ) um método empresarial que inclui uma cobrança sobre as vendas pelo custo de gastos totais da empresa;
    d. ( ) elevar o lucro sem utilizar mais capital, aumentando preços, aumentando vendas ou diminuindo custos;
    e. ( ) representar o lucro obtido pelo preço das ações no mercado acionário e o custo de todo o capital que toda empresa utiliza.

17. Qual é a grande diferença entre o EVA e os outros métodos de avaliação de *performance* financeiros?

a. ( ) a facilidade de aplicação, por meio de relatórios financeiros já existentes;

b. ( ) a facilidade de utilização de relatórios gerenciais já existentes;

c. ( ) a existência da utilização de relatórios sobre lucros alcançados em um período contábil;

d. ( ) a facilidade de aplicação, por meio de relatórios contábeis já existentes;

e. ( ) a existência de relatórios administrativos, referentes a lucros obtidos em um período contábil.

18. Qual a relação entre o EVA e o fluxo de caixa descontado?

a. ( ) o EVA é uma medida estatística da *performance* passada; já o fluxo de caixa descontado busca avaliar o valor econômico da empresa de acordo com o potencial de resultado futuro;

b. ( ) o EVA é uma medida concreta de *performance* financeira; já o fluxo de caixa descontado é uma medida estatística de *performance* passada;

c. ( ) a abordagem do EVA é matematicamente idêntica ao fluxo de caixa descontado, mas a dinâmica de decisão sobre a margem é radicalmente diferente;

d. ( ) o EVA busca avaliar valores de comparação financeira como base para cálculo de lucro; o fluxo de caixa descontado busca avaliar valores de comparação contábil como base para cálculo de lucro;

e. ( ) o EVA é uma medida abstrata de *performance* gerencial; já o fluxo de caixa descontado é uma medida concreta de *performance* gerencial.

19. O EVA é uma metodologia de avaliação empresarial. Seu cálculo implica a apuração do:

a. ( ) lucro operacional após o Imposto de Renda e Contribuição Social;

b. ( ) lucro após o Imposto de Renda deduzido do custo do capital de terceiros;

c. ( ) lucro deduzido do custo do capital próprio e capital de terceiros;

d. ( ) lucro atualizado monetariamente pela taxa SELIC;

e. ( ) lucro pelo valor histórico deduzido do custo do capital próprio.

20. O MVA é um método de avaliação empresarial. Para seu cálculo, é fundamental conhecermos previamente:

a. ( ) apenas o lucro líquido do exercício;

b. ( ) o valor do Imposto de Renda e a Contribuição Social Sobre o Lucro;

c. ( ) o EVA;

d. ( ) o custeio pelo método ABC;

e. ( ) o custeio apurado pelo método do custeio direto.

21. Dentre as diversas definições de EVA, qual alternativa abaixo está **incorreta**?

a. ( ) uma medida de desempenho empresarial que difere da maioria das demais ao incluir uma cobrança sobre o lucro pelo custo de todo o capital que uma empresa utiliza;

b. ( ) é uma medida de lucro residual que subtrai o custo do capital do lucro operacional gerado no negócio;

c. ( ) trata-se de uma forma de aferição do lucro econômico de uma empresa ao final de determinado período;

d. ( ) é mais do que o resultado operacional antes dos impostos, menos o custo de oportunidade de todo o capital investido na empresa;

e. ( ) o EVA não é mais do que o resultado operacional depois dos impostos, menos o custo de oportunidade de todo o capital investido na empresa.

22. É correto afirmar sobre o método EVA, **exceto**:

a. ( ) é uma medida dirigida ao passado, uma vez que tem como base de avaliação resultados já ocorridos;

b. ( ) eleva o lucro sem utilizar mais capital, aumentando preços, aumentando vendas ou diminuindo custos;

c. ( ) utiliza melhor o capital, aumentando os investimentos de custo de retorno;

d. ( ) representa a diferença entre o preço atual das ações no mercado acionário e o valor investido pelos acionistas no negócio, ou seja, diferença entre o *cash in* e *cash out*;

e. ( ) utiliza menos capital, diminuindo os estoques, diminuindo os investimentos em clientes ou diminuindo os investimentos em ativos fixos.

23. O MVA é um método de avaliação empresarial. O seu cálculo demonstra a seguinte relação:

a. ( ) capital investido atualizado × valor de mercado da empresa;

b. ( ) patrimônio líquido (dados de balanço) × valor de mercado da empresa;

c. ( ) capital de terceiros × valor de mercado da empresa;

d. ( ) ativo circulante × patrimônio líquido;

e. ( ) capital próprio + capital de terceiros × patrimônio líquido.

24. A avaliação de uma empresa pelo método MVA relaciona as seguintes informações:

a. ( ) patrimônio líquido atualizado pela taxa SELIC × EVA;

b. ( ) capital de terceiros × capital próprio;

c. ( ) patrimônio líquido × DOAR;

d. ( ) valor de mercado da empresa (valor das ações ou cotas) × valor investido no negócio pelos acionistas ou quotistas;

e. ( ) patrimônio líquido × endividamento.

25. O EVA é uma metodologia de avaliação empresarial. Seu cálculo implica a apuração do:

a. ( ) lucro operacional após o Imposto de Renda e Contribuição Social;

b. ( ) lucro após o Imposto de Renda deduzido do custo do capital de terceiros;

c. ( ) lucro deduzido do custo do capital próprio e capital de terceiros;

d. ( ) lucro atualizado monetariamente pela taxa SELIC;

e. ( ) lucro pelo valor histórico deduzido do custo do capital próprio.

Gabarito

1. (a)	7. (e)	13. (e)	19. (c)	25. (c)
2. (a)	8. (c)	14. (a)	20. (c)	
3. (c)	9. (d)	15. (d)	21. (d)	
4. (b)	10. (b)	16. (b)	22. (d)	
5. (a)	11. (c)	17. (d)	23. (a)	
6. (a)	12. (b)	18. (c)	24. (d)	

Referências bibliográficas

ASSAF NETO, A. *Finanças corporativas e valor*. São Paulo: Atlas, 2003.

______. *Estrutura e análise de balanço*. São Paulo: Atlas, 2000.

ATKINSON, Anthony A.; BANKER, Rajiv D.; KLAPAN, Robert S.; YOUNGS, S. Mark. *Contabilidade gerencial*. São Paulo: Atlas, 2000.

BREALEY, Richard A.; MYERS, Stewart C. *Princípios de finanças empresariais*. Portugal: McGraw-Hill, 1992.

EHRBAR, Al. *EVA – Valor Econômico Agregado*: a verdadeira chave para a criação de riqueza. Rio de Janeiro: Qualitymark, 1999.

GITMAN, Lawrence J. *Princípios de administração financeira*. São Paulo: Harbra, 1997.

HRLFERT, Erich A. *Técnicas de análise financeira*: um guia prático para medir o desempenho dos negócios. São Paulo: Atlas, 2000.

KASSAI, José Roberto; KASSAI, Silvia; SANTOS, Ariovaldo; ASSAF NETO, Alexandre. *Retorno de investimento*: abordagem matemática e contábil do lucro empresarial. São Paulo: Atlas, 2000.

STEWART III, G. Bennett. *The quest for value*. London: Harper Collins, 1999.

Balanced Scorecard: Sistema de Avaliação de Desempenho

11

Objetivos

» Mostrar que por meio da aplicação do conceito do *Balanced Scorecard* a gestão do desempenho estratégico torna-se mais fácil e precisa, contribuindo para o sucesso da organização.

» Identificar o *Balanced Scorecard* como um instrumento direcionado para o sistema de gestão estratégica, que utiliza indicadores de desempenho baseados em variáveis capazes de interferir direta e indiretamente nas ações das empresas.

» Ajudar na criação de indicadores ligados à estratégia e à verificação do gerenciamento em toda a organização, permitindo que ela seja direcionada a tomar decisões mais adequadas. Desse modo, a organização será capaz de capacitar e valorizar o aprendizado de seus funcionários para que atendam às necessidades dos clientes.

11.1 Introdução

No Brasil, organizações preocupadas com uma gestão estratégica que proporcione melhores resultados já adotam os conceitos de uma metodologia conhecida como *Balanced Scorecard* (BSC) a partir do questionamento de executivos quanto à segurança e adequação dos métodos existentes para mensuração do desempenho das corporações.

O que uma empresa define como indicador é o que ela vai obter como resultado; as medidas nas organizações afetam de maneira muito significativa o comportamento dos gerentes e empregados. Medidas tradicionais que têm sido utilizadas no mundo dos negócios, como retorno sobre investimento, produtividade por pessoa, todas focalizadas em controle, originadas da função financeira tradicional e referentes ao histórico empresarial, podem dar algum sinal relacionado à *performance* atual e ao crescimento pontual da empresa, mas não explicitam esforços e resultados orientados para essas áreas, como melhorias, inovações e investimentos voltados à aprendizagem organizacional. Os modelos tradicionais de *performance* financeira serviram bem à era industrial, mas já não são apropriados para direcionar e avaliar habilidades e competências que as empresas da era do conhecimento devem dominar.

Traduzindo a *visão* e a *estratégia empresarial* em um sistema que efetivamente comunica a intenção estratégica, e direcionando o desempenho para os objetivos estabelecidos, o modelo que aqui se apresenta parte de uma mesma premissa: há uma necessidade premente de aplicação de medidas de desempenho não mais baseadas no controle, como a maioria das empresas ainda usa, mas focadas na Visão e Estratégia, como parece já ser demandado pelas empresas que se ressentem da não capacidade de avaliar todos os seus esforços, de forma integrada.

O *Balanced Scorecard* tem-se mostrado altamente eficaz como um sistema que proporciona traduzir a visão em um conjunto claro de objetivos das diversas unidades ou áreas de uma mesma empresa. Dessa forma, transforma a Visão em Estratégias que se desdobram em Ações adequadas para sua realização, em termos de resultados.

O *Balanced Scorecard,* ou também conhecido como painel equilibrado de indicadores, é um conceito desenvolvido por Robert Kaplan, professor da Harvard Business School, e David Norton, presidente do *Renaissance WorldWide Strategy Group,* que constataram a incapacidade dos indicadores contábeis financeiros de medir as atividades criadoras de valor relacionadas principalmente aos ativos intangíveis como as habilidades, competências e tecnologia da informação. Kaplan tem visto que os focos exclusivamente financeiros dos diversos sistemas de gestão não espelham a real situação da empresa e normalmente apontam para os desempenhos passados, com o impacto no curto prazo, eminentemente operacional. A necessidade de ter um instrumento de gestão que permita integrar a visão de curto, médio e longo prazos e assim poder contemplar tanto a estratégia como os aspectos operacionais, é uma exigência das organizações da era da informação.

É um sistema de gestão estratégica para atingir propósitos de curto, médio e longo prazos, de forma a integrar as perspectivas empresariais relevantes. Seu principal foco é o alinhamento da organização, dos indivíduos e das iniciativas interdepartamentais de maneira tal que propiciem identificar novos processos para o cumprimento da missão de dada organização. A depender do modelo a ser utilizado, ações desempenhadas dentro da linha de responsabilidade social da empresa poderão também ser contempladas.

O *Balanced Scorecard* funciona como um painel de controle para a empresa. Com ele, a alta cúpula consegue visualizar a organização de várias perspectivas de uma só vez. Nesse painel, uma série de informações estratégicas são organizadas num conjunto de indicadores que permitem localizar problemas, definir rumos, prever turbulências e entender para onde vai a empresa.

O BSC atua nos diversos níveis de planejamento, conforme a Figura 11.1.

Figura 11.1 Níveis de planejamento: estratégico, tático e operacional.

11.2 Definição

Pode-se definir o *Balanced Scorecard* como um Sistema de Gestão Estratégica que permite a tradução da Visão, Missão e Aspiração Estratégica da empresa em objetivos tangíveis e mensuráveis. Seu princípio é mensurar indicadores ligados à satisfação dos clientes, aos processos internos e ao aprendizado e desenvolvimento dos funcionários, além – é claro – das finanças, e ligar tudo isso à estratégia. Trata-se de uma espécie de jogo de causa e efeito que só pode ser jogado se toda a organização entender onde precisa chegar e se mobilizar para cumprir os objetivos.

Idealizado por Robert Kaplan e David Norton, o *Balanced Scorecard* (BSC) constitui uma ferramenta administrativa que traduz a estratégia empresarial num conjunto de objetivos e indicadores de desempenho que envolvem perspectivas que devem ser integradas e balanceadas para promover sinergia.

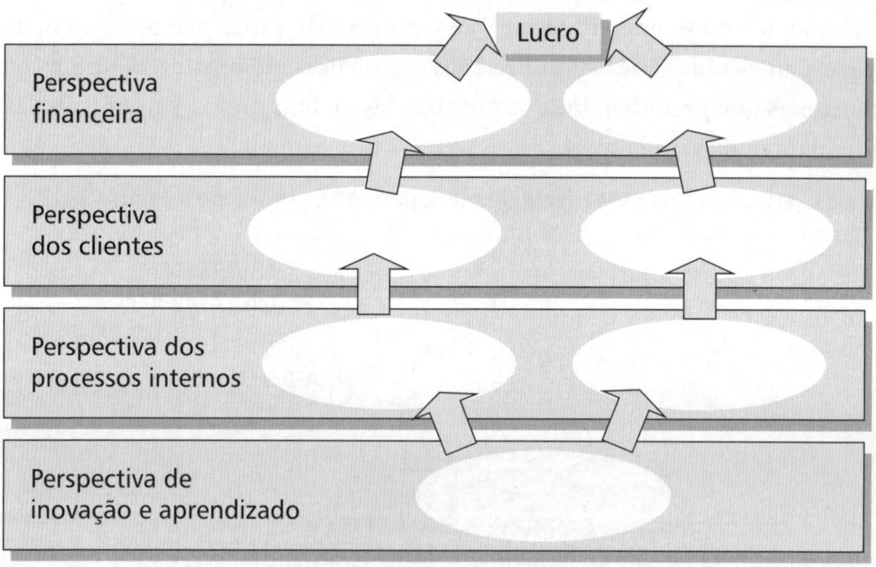

Figura 11.2 Balanced Scorecard*: o mapa da estratégia.*

Tal sistema integra medidas financeiras e não financeiras, e estas passam a ser parte do sistema de informações dos colaboradores, podendo ter uma noção mais clara da contribuição esperada nas diversas medidas e dos resultados obtidos. Fundamentado em quatro categorias básicas – finanças, clientes, processos internos e aprendizagem/crescimento empresarial –, o BSC pode ser entendido como um método de administração baseado no equilíbrio organizacional, pois ele garante que a empresa tenha níveis de comprometimento e, consequentemente, estratégias e ações equilibradas em todas as áreas que afetam todo o seu negócio. Além de uma poderosa ferramenta que permite a introdução de propósitos de longo prazo no sistema gerencial do presente, por meio de mecanismos de direcionamento e mensuração da *performance* da empresa, em vários e relevantes aspectos, o BSC pode-se desdobrar até o nível de metas por empregado, como já implementado em algumas empresas nacionais. Pode, ainda, revelar-se como uma efetiva ferramenta para a gestão do conhecimento, recolhendo e consolidando *feedbacks* da atuação gerencial e empresarial, mantendo sempre atualizada a estratégia organizacional.

Assim, o *Balanced Scorecard* é também um excelente instrumento de gestão da *performance* organizacional e individual. Equilibra os indicadores incluindo medidas de resultado do desempenho passado e as medidas que impulsionam ou nos fazem avançar em direção ao futuro. Tem a habilidade de ligar estratégias de longo prazo a ações de curto prazo.

Essas medidas ainda nos permitem monitorar o progresso na construção das competências de que a empresa e os indivíduos precisam dispor para continuar crescendo e se diferenciando no mercado.

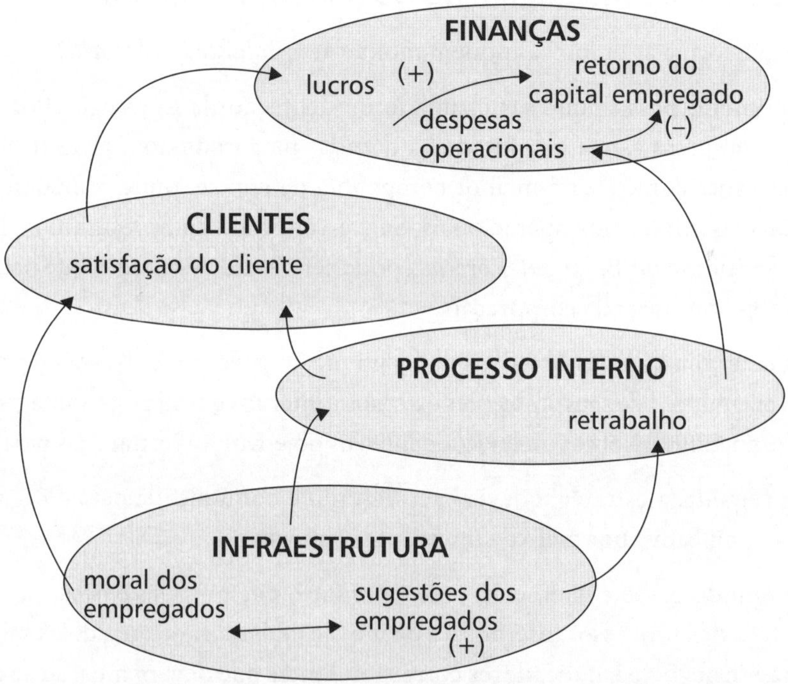

Figura 11.3 Como a empresa faz a ligação e a mensuração nas quatro perspectivas.

A decisão de adotar um novo sistema de gestão pressupõe a necessidade e/ou ambição de querer elevar os níveis de *performance*. Inova com a junção de medidores de desempenho futuro, focados estrategicamente nas perspectivas das Finanças Corporativas – resultado financeiro sob a ótica dos acionistas; dos Clientes – nossos produtos e serviços sob a ótica deles; dos Processos Internos – concentrar esforços nos processos que atendam aos acionistas e clientes; e Aprendizado e Crescimento – a capacidade de mudar e melhorar continuamente. A definição e integração dos objetivos e das iniciativas dessas quatro perspectivas constituem os pilares do sistema BSC.

O objetivo maior de toda organização é criar valor. Valor para o cliente, para os beneficiários do serviço, para os financiadores, para a comunidade, para os colaboradores, para os proprietários, para os consumidores. O meio mais utilizado para isso é a formulação de uma estratégia ligada à visão e à missão da organização.

Assim, para que uma estratégia seja implementada, todos os envolvidos com a organização devem estar alinhados e ligados à estratégia, além de ser fundamental que o processo de implementação seja contínuo e participativo. O sucesso somente virá quando a estratégia se transformar no trabalho do dia a dia e, consequentemente, em ação.

11.3 Etapas de montagem do *Balanced Scorecard*

De que forma as empresas podem montar um *Balanced Scorecard*?

O primeiro passo pode ser chamado de definição da estratégia. Por mais que a missão da empresa esteja pendurada há décadas na parede do saguão de entrada, declarações vagas como "ser a melhor companhia de não sei onde" dificilmente podem ser traduzidas em termos operacionais. Se a estratégia da empresa não é clara, todo o esforço de criação do *Balanced Scorecard* pode ser perdido em ações que nada têm a ver com os objetivos reais da corporação.

É a determinação dos objetivos de longo prazo da empresa. Nessa etapa, a empresa realiza o diagnóstico de seus ambientes externos e internos e avalia suas vantagens e desvantagens competitivas. Como resultado, define seus objetivos e as estratégias para atingi-los.

Em seguida, a estratégia deverá ser descrita e comunicada para a organização de maneira significativa por meio de um mapa estratégico.

O segundo passo é dado com base em quatro perspectivas básicas: a financeira, a do cliente, a dos processos internos e a da inovação. Para cada uma delas são selecionadas metas de negócio e indicadores correspondentes que devem mostrar se essas metas estão sendo atingidas ou não. O foco no produto é importante para a inovação? Então pode ser interessante observar quais produtos vêm sendo responsáveis pela maior parte das vendas. A geração de valor é uma das metas financeiras? Indicadores como o retorno sobre o patrimônio líquido podem ser fundamentais.

É a montagem do mapa da estratégia que significa desdobrar a estratégia nas perspectivas básicas (financeira, cliente, processos internos, inovação). O *Balanced*

Scorecard inclui Mapas Estratégicos, recurso gráfico para ajudar a comunicar uma visão unificada da estratégia. Eles ajudam as pessoas a entenderem a lógica e a inteligência da estratégia e como os diferentes objetivos se relacionam. Os mapas estratégicos fornecem a cada unidade e indivíduo uma visão de como seus objetivos, projetos e realizações contribuem para o sucesso da estratégia global da empresa.

O terceiro passo é a definição da periodicidade de acompanhamento de cada indicador. Alguns, ligados à produção, por exemplo, precisam ser verificados a cada dia. Outros, como a participação de mercado, podem ser avaliados de tempos em tempos. O fundamental, nesse momento, é garantir que a empresa possa levantar todos os dados de forma eficaz. Caso contrário, terá foco nas informações corretas, mas nunca chegará até elas.

É a montagem do BSC que traduz a estratégia em termos operacionais para que ela seja executada adequadamente. Nessa etapa, os objetivos estratégicos são desdobrados em objetivos e planos de ação ao longo da cadeia de comando da organização.

Depois de colocar o *BSC* em prática e de observar as relações de causa e efeito dos indicadores do negócio, as empresas procuram aprofundar o sistema de diversas formas. Em algumas delas, o sistema é utilizado em várias divisões de negócios, ainda que pequenas.

O processo de planejamento pode ser visualizado na Figura 11.4.

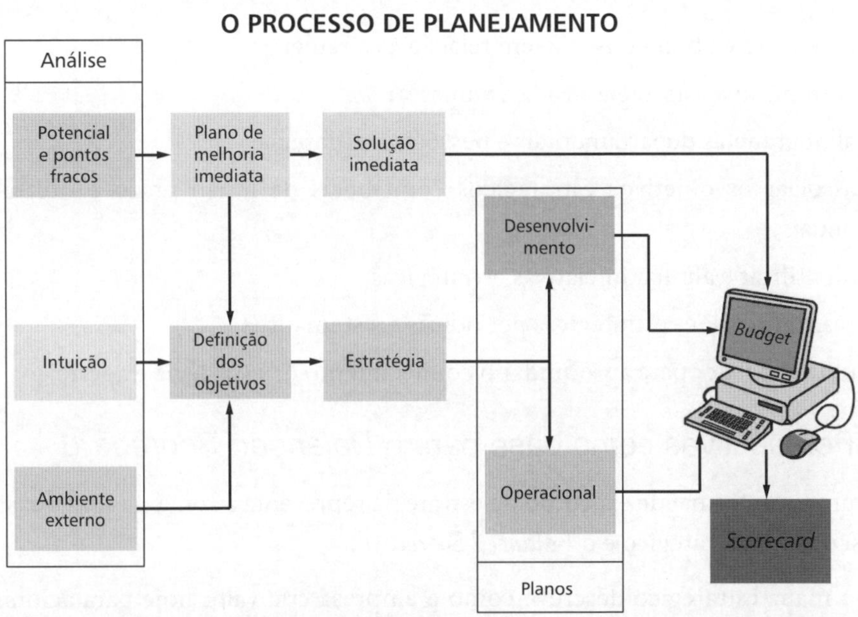

Figura 11.4 O processo de planejamento.

São aspectos essenciais no BSC:

- Fazer da estratégia a tarefa diária de cada pessoa; todos os funcionários precisam compreender a estratégia.
- Fazer da estratégia um processo contínuo da organização.
- Mobilizar a mudança por meio da liderança de executivos, que deverão motivar a organização a mudar e seguir os objetivos estratégicos.

11.4 Utilizações do *Balanced Scorecard*

Para que as empresas possam usar o *Balanced Scorecard* com todo o potencial que ele apresenta, elas precisam mudar de premissa ou modelo mental, e, em vez de interpretar o *Balanced Scorecard* como mais um sistema de controle gerencial ou um conjunto aperfeiçoado de indicadores de *performance*, ele deve ser aplicado como um sistema de gestão estratégica, uma forma de assegurar não só o desenvolvimento, como também a implementação da estratégia.

O que vemos acontecer em um grande número de empresas é a não integração entre visão, estratégia e orçamento. Normalmente, ficamos muito mais envolvidos no orçamento e acabamos esquecendo os cenários e as aspirações estratégicas e reforçamos mais uma vez a perspectiva financeira, não integrando nela as outras perspectivas com os seus indicadores.

Kaplan afirma que o *Balanced Scorecard* pode ser utilizado para:

- esclarecer e obter consenso em relação à estratégia;
- comunicar a estratégia a toda a empresa;
- alinhar metas departamentais e pessoais à estratégia;
- associar os objetivos estratégicos com metas de longo prazo e orçamentos anuais;
- identificar e alinhar iniciativas estratégicas;
- realizar revisões estratégicas periódicas e sistemáticas;
- obter *feedback* para aprofundar o conhecimento da estratégia e aperfeiçoá-la.

11.5 Perspectivas como base para o *Balanced Scorecard*

O processo formal de execução de estratégia representa a soma de suas duas ferramentas: o mapa estratégico e o *Balanced Scorecard*.

Um mapa estratégico descreve como a empresa cria valor hoje para acionistas e clientes e qual é o objetivo em determinado prazo.

O *Balanced Scorecard* de uma empresa é criado com base em quatro perspectivas básicas. Assim, os responsáveis pelo negócio levantam as metas de cada área e os principais indicadores que devem ser acompanhados para impulsionar o desempenho da companhia.

Perspectiva financeira

Enfoque – como a empresa é vista por seus acionistas ou proprietários.

Indicadores – devem mostrar se a implementação e a execução da estratégia da empresa estão contribuindo para a melhoria dos resultados. Exemplos: rentabilidade, fluxo de caixa, retorno sobre o capital.

Avalia a lucratividade da estratégia. Permite medir e avaliar resultados que o negócio proporciona e necessita para seu crescimento e desenvolvimento, assim como para satisfação dos seus acionistas. Entre os indicadores financeiros que podem ser considerados, consta o retorno sobre o investimento, o valor econômico agregado, a lucratividade, o aumento de receitas, a redução de custos e outros objetivos de cunho financeiro que estejam alinhados à estratégia.

Essa perspectiva visa verificar se a estratégia organizacional está contribuindo para os resultados. Exemplos: lucratividade, retorno sobre o investimento, entre outros.

Perspectiva dos clientes

Enfoque – como a empresa é vista pelo cliente e como ela pode atendê-lo da melhor forma.

Indicadores – devem mostrar se os serviços prestados estão de acordo com a missão da empresa. Exemplos: pontualidade na entrega, capacidade de desenvolver produtos inovadores.

Identifica os segmentos de mercado visados e as medidas do êxito da empresa nesse segmento. Identificar os fatores que são importantes na concepção dos clientes é uma exigência do BSC, e as preocupações destes em geral situam-se em torno de quatro categorias: tempo, qualidade, desempenho e serviço. Em termos de indicadores considerados essências nessa perspectiva, constam as participações de mercado, a aquisição de clientes, a retenção de clientes, a lucratividade dos clientes e o nível de satisfação dos consumidores.

Como a organização é vista pelo cliente e como atendê-lo da melhor maneira possível.

Participação de Mercado	Reflete a proporção de negócios num determinado mercado (em termos de clientes, valores gastos ou volume unitário vendido).
Captação de Clientes	Mede, em termos absolutos ou relativos, a intensidade com que uma unidade de negócios atrai ou conquista novos clientes ou negócios.
Retenção de Clientes	Controla, em termos absolutos ou relativos, a intensidade com que uma unidade de negócios retém ou mantém relacionamentos contínuos com seus clientes.
Satisfação dos Clientes	Mede o nível de satisfação dos clientes de acordo com critérios específicos de desempenho dentro da proposta de valor.
Lucratividade dos Clientes	Mede o lucro líquido de cliente ou segmentos, depois de deduzidas as despesas específicas necessárias para sustentar esses clientes.

Perspectiva interna da empresa

Enfoque – em quais processos de negócios a empresa precisa ter excelência.

Indicadores – devem mostrar se os processos e a operação estão alinhados e se geram valores. Exemplos: qualidade e produtividade.

É elaborada após a perspectiva financeira e dos clientes, pois esta fornece as diretrizes para seus objetivos. Os processos internos são as diversas atividades empreendidas dentro da organização, que possibilitam realizar desde a identificação das necessidades até a satisfação dos clientes. Abrange os processos de inovação (criação de produtos e serviços), operacional (produção e comercialização) e de serviços pós-venda (suporte ao consumidor após as vendas). A melhoria dos processos internos no presente é um indicador-chave do sucesso financeiro no futuro.

Busca identificar quais os processos de negócios em que a organização precisa ter excelência e se os processos e a operação estão alinhados. Exemplos: qualidade, inovação, produtividade, logística, comunicação interna.

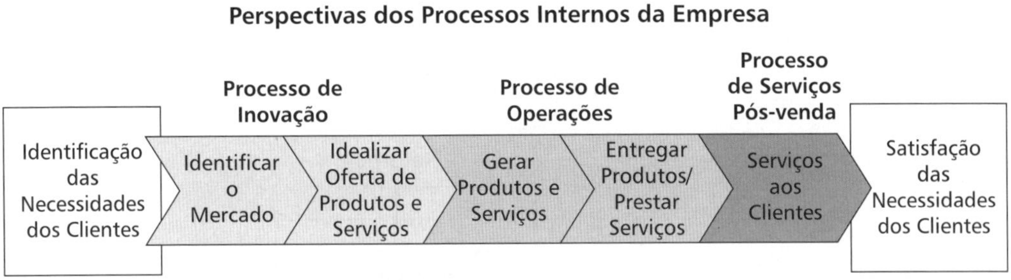

Perspectiva de inovação e aprendizado

Enfoque – capacidade de a empresa melhorar continuamente e se preparar para o futuro.

Indicadores – devem mostrar como a organização pode aprender e se desenvolver para garantir o crescimento. Exemplos: índices de renovação dos produtos, desenvolvimento de processos internos, avaliação de falhas no planejamento.

Oferece a base para a obtenção dos objetivos das outras perspectivas. Com isso, identifica-se a infraestrutura necessária para propiciar o crescimento e melhorias a longo prazo, a qual provém de três fontes principais: pessoas, sistemas e procedimentos organizacionais. Identifica também as capacidades de que a empresa deve dispor para conseguir processos internos capazes de criar valor para clientes e acionistas. Como indicadores importantes podem ser considerados: nível de satisfação dos funcionários, rotatividade dos funcionários, lucratividade por funcionário, capacitação e treinamento dos funcionários e participação dos funcionários com sugestões para redução de custos ou aumento de receitas.

Qual a capacidade da organização para a melhoria contínua, aprendendo e se desenvolvendo para garantir o crescimento. Considera as pessoas em termos de capacidades, competências, motivação, alinhamento e estrutura organizacional em termos de investimentos no seu futuro. Exemplos: índice de renovação de produtos, motivação das pessoas.

Quando integradas, essas quatro perspectivas proporcionam uma análise e uma visão ponderada da situação atual e futura da *performance* do negócio, produzindo um equilíbrio entre:

- objetivos de curto prazo × objetivos de longo prazo;
- indicadores financeiros × indicadores não financeiros;
- medições com foco externo (acionistas, clientes) × foco interno (processos internos de negócio, inovação, aprendizado);
- medições de resultado de esforços passado × impulsionadores de desempenho futuro.

A integração pode ser visualizada na figura a seguir.

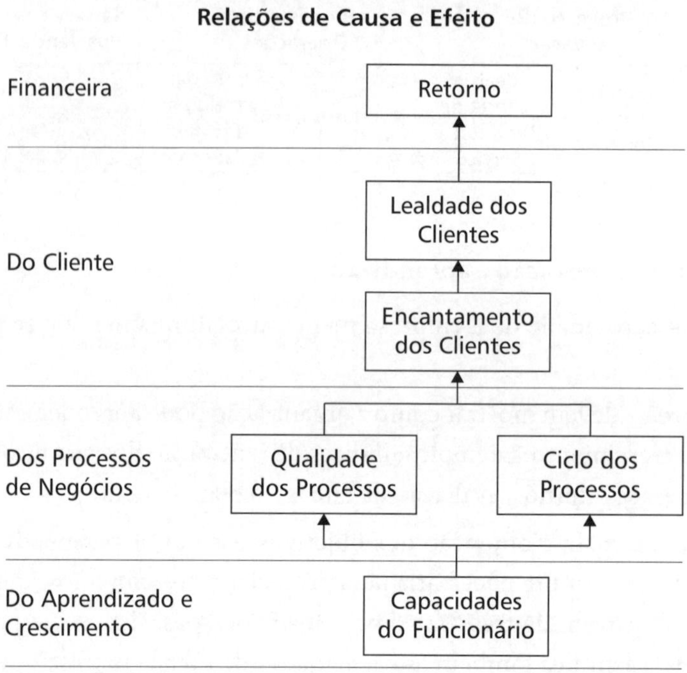

Exemplo de *Balanced Scorecard*

OBJETIVOS	MEDIDAS ESTRATÉGICAS	ATUAL	ANO 1	ANO 2	ANO 3	ANO 4
Financeiros						
F1 – Aumentar rentabilidade	Retorno s/o cap. Aplicado	12%	20$	22%	22%	22%
F2 – Ampliar fontes de Receita	Crescimento anual faturamento	30%	40%	35%	35%	35%
F3 – Reduzir estrutura Custos	Custo por acesso instalado	$ 1.000	$ 800	$ 600	$ 600	$ 600
Mercadológicos						
M1 – Melhorar satisfação usuário	Penetração do mercado	2%	4%	4,5%	5%	5,5%
M2 – Melhorar satisfação pós-venda	Retenção do usuário atual	90%	95%	90%	93%	95%

M3 – Aumentar intensidade de uso	*Air time*/usuário/mês	200 min.	230 min.	250 min.	260 min.	260 min.
M4 – Manter *Market Share*	*Market Share*	100%	90%	80%	70%	70%
M5 – Melhorar qualidade do serviço	Taxa de bloqueio	12%	6%	4%	2%	2%
M6 – Diversificar fontes de receita	Aumento receita de novos serviços	0%	20%	30%	30%	30%
Processos internos						
I1 – Conhecer melhor o mercado						
I2 – Desenvolver tecnologia digital	Participação de usuários digitais	0%	15%	20%	40%	50%
I3 – Criar pacotes tarifários p/ segmentos	Aumento receita pacotes	0%	10%	20%	25%	30%
I4 – Deslocar clientes para p/ novos canais	Aumento de novos canais	0%	50%	30%	20%	20%
I5 – Aumentar a área coberta	Aumento da área coberta	20%	30%	40%	40%	40%
I6 – Melhorar qualidade manutenção	Nº de pedidos de manutenção/mês	55 mil	40 mil	20 mil	15 mil	15 mil
I7 – Melhorar produtividade operacional	Receita operacional anual/funcionário	$ 50 mil	$ 70 mil	$ 80 mil	$ 90 mil	$ 90 mil
Infraestrutura						
E1 – Des. competências estratégicas	Taxa de pessoal treinado	20%	40%	60%	80%	90%
E2 – Des. Sistema Informações Estratégicas	Taxa de disp. de informações	20%	40%	50%	60%	70%
E3 – Alinhamento de objetivos pessoais	Lucro líquido anual/ empregado	$ 5 mil	$ 6 mil	$ 7 mil	$ 8 mil	$ 9 mil

Fonte: COSTA, E. P.; FERNANDES, P. A.; PAGIN, P. L. *Balanced Scorecard*. São Paulo: Ietec, 2000.

11.6 Inovações propostas pelo *Balanced Scorecard*

Na definição original do BSC foram denominadas "perspectivas" essas categorias, julgadas relevantes para a mensuração estratégica. A partir dessa consideração, Kaplan e Norton assumiram ainda que elas podem ser tantas quantas a empresa escolher, por considerar essenciais *vis-à-vis* com a natureza do seu negócio, seus propósitos, seu estilo de atuação na sociedade e outras relevantes. Por sua flexibilidade e potencialidade, o *Balanced Scorecard* ampliou-se e hoje inclusive é também útil para ajudar a relatar o "balanço social" de uma organização. A contribuição social mais sublime de um empreendedor é gerar empregos com perspectivas, que ofereçam poder aquisitivo suficiente para seus funcionários.

Dessa forma, as medidas financeiras essenciais podem-se destacar entre retorno sobre investimentos, valor agregado ao patrimônio, lucratividade e outras que a cultura organizacional adotar como relevantes para compor a chamada Perspectiva Finanças. Analisar o negócio pelo ponto de vista dos clientes – Perspectiva Clientes – por meio de indicadores tradicionais, como satisfação, participação no mercado, tendências, retenção e aquisição de clientes, e outros como valor agregado aos produtos/serviços, posicionamento no mercado, nível de serviços agregados à comunidade pelos quais os clientes indiretamente contribuem, motiva para que a organização mantenha-se o tempo todo focada em sua missão e na certeza de que estará desdobrando sua visão em estratégias adequadas a seus verdadeiros propósitos.

A Perspectiva Processos Internos garantirá a qualidade intrínseca aos produtos e processos, a inovação, a criatividade gerencial, a capacidade de produção, seu alinhamento às demandas, logística e otimização dos fluxos, assim como a qualidade das informações, da comunicação interna e das interfaces. Finalmente, a Perspectiva Aprendizagem e Crescimento, que direcionará a atenção da empresa ao que é básico para alcançar o futuro com sucesso, considerando as pessoas em termos de capacidades, competências, motivação, *empowerment*, alinhamento, e a estrutura da organização em termos investimentos no seu futuro. Gestão do conhecimento, mapeamento e gerenciamento de pessoas por competência, enfim, o desenvolvimento da verdadeira "organização de aprendizagem" dá suporte a outras perspectivas que, se desalinhadas desses aspectos, apresentarão resultados efêmeros. Essa perspectiva garante a solidez, valor fundamental para as empresas de futuro.

Assim, o *Balanced Scorecard* ajuda a apontar o diferencial competitivo da empresa, possibilitando que esforços sejam dirigidos para suas áreas de maior competência e ainda explicitando áreas com determinados graus de incompetência (o próprio sistema de avaliação facilita para que incompetências sejam detectadas e minimizadas), pois, eleitos os objetivos estratégicos a partir de dada visão, sua gestão é atribuída aos gerentes, que têm a responsabilidade desde a melhoria da satisfação do cliente, independentemente em que área esteja, à melhoria nos seus processos internos; da comunicação à manufatura ou sistema correlato, a depender da natureza do negócio.

O foco dos sistemas hoje existente, os tradicionais, tem sido o controle, pois, originados da função financeira, eles especificam as ações a serem tomadas e medem seus resultados para verificar o desempenho: esse sistema tenta controlar comportamentos. As medidas contempladas pelo BSC, de outra forma, estão direcionadas para a organização do futuro, colocando a Visão, a Estratégia e a Integração como seus focos, num sistema de contínua monitoração, em substituição ao controle.

11.7 Contribuições do *Balanced Scorecard*

A real contribuição proporcionada aos gestores estratégicos e a toda organização ocorre quando o *Balanced Scorecard* supera os sistemas de mensuração existentes dando *feedbacks*, por exemplo, quanto aos esclarecimentos e à obtenção de consenso em relação à estratégia adotada e sua divulgação ao grupo para que todos conheçam seus papéis e alinhem-se às metas estratégicas. Ao mesmo tempo, permite associação dos objetivos estratégicos com as metas de longo e curto prazo, com revisões periódicas e sistemáticas para sua adequação ao momento vivido.

Como resultado, a organização torna-se mais ágil e proativa, gerenciando com mais eficácia as transformações ocorridas no ambiente interno e externo altamente competitivo, em busca de maior e melhor criação de valores agregados.

A principal vantagem da metodologia, além de possibilitar a análise das estratégias e do consequente cumprimento da missão, sob várias perspectivas (financeira, do cliente, de processos e crescimento e aprendizagem), é o estabelecimento de causa e efeito entre os objetivos estratégicos. É essa relação de causa e efeito que permitirá verificar se os planos de ação estarão caminhando lado a lado com a estratégia estabelecida, na direção da visão. É uma ferramenta para medir até que ponto uma estratégia empresarial se transforma em resultado.

A importância dos conceitos do BSC na metodologia de gestão do desempenho é a ligação entre a estratégia e a ação. O modelo prevê o acompanhamento dos resultados por meio de indicadores e metas, permitindo que a organização reaja aos resultados em tempo hábil, corrigindo a rota e ajustando políticas para chegar aos resultados propostos.

Assim, a utilização do BSC como ferramenta de gestão estratégica possibilita às organizações vencerem os desafios a que estão sujeitas, além de tornarem-se mais transparentes, por meio da divulgação de seu desempenho, bem como o alcance da realização de sua missão.

11.8 *Balanced Scorecard* como sistema gerencial

O *Balanced Scorecard* transformou-se no sistema operacional de um novo processo gerencial estratégico, criando um novo tipo de organização, estruturada sob as exigências da estratégia, conforme Costa, Fernandes e Pagin (2000).

O sistema preserva a ênfase nos resultados financeiros ao associar as demais medidas a objetivos financeiros. Um *Balanced Scorecard* bem construído pode livrar a empresa da miopia gerencial e amenizar as distorções provenientes da perseguição de resultados financeiros de curto prazo.

Segundo Kaplan e Norton no livro *Estratégia em ação: balanced scorecard*, antes de iniciar o processo de criação e implantação do *scorecard*, a empresa deve tomar duas providências:

- obter o consenso na alta administração sobre os objetivos que estão levando a adoção dessa ferramenta;
- definir o arquiteto do processo, ou seja, a pessoa que o comandará, geralmente um alto executivo de apoio da organização.

Etapa I – Arquitetura do programa de medição:

Selecionar a unidade organizacional e identificar as limitações e oportunidades.

Etapa II – Definição dos objetivos estratégicos:

É elaborada pelos principais executivos uma relação preliminar de objetivos, dentre os quais serão selecionados três ou quatro de acordo com cada perspectiva.

Etapa III – Escolha dos indicadores estratégicos:

São realizadas várias reuniões que identificarão os indicadores que mais mostrarão a intenção que a empresa tem com o *scorecard* e, para cada indicador, descobrir as fontes de informações necessárias e como usá-las. Ao final, deve ser elaborado um documento que transmita as intenções e o conteúdo do BSC a todos os funcionários da unidade de negócio em questão.

Etapa IV – Elaboração do plano de implementação:

Desenvolve o plano com os líderes e finaliza a implantação, integrando o BSC ao sistema gerencial da organização.

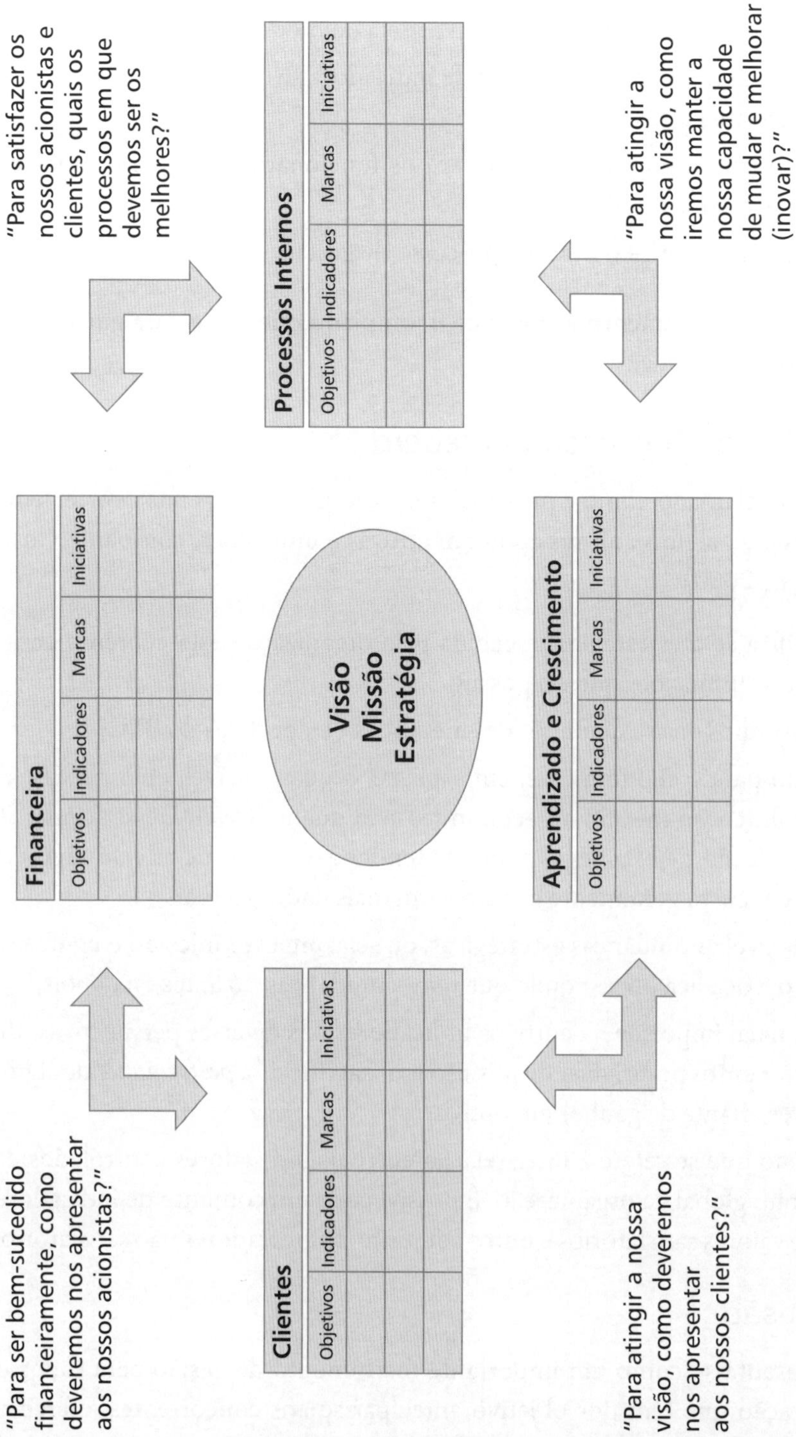
"Para ser bem-sucedido financeiramente, como deveremos nos apresentar aos nossos acionistas?"
Financeira
Objetivos
Indicadores
Marcas
Iniciativas
"Para satisfazer os nossos acionistas e clientes, quais os processos em que devemos ser os melhores?"
Clientes
Objetivos
Indicadores
Marcas
Iniciativas
Visão
Missão
Estratégia
Processos Internos
Objetivos
Indicadores
Marcas
Iniciativas
"Para atingir a nossa visão, como deveremos nos apresentar aos nossos clientes?"
Aprendizado e Crescimento
Objetivos
Indicadores
Marcas
Iniciativas
"Para atingir a nossa visão, como iremos manter a nossa capacidade de mudar e melhorar (inovar)?"

Principais barreiras a serem vencidas na implantação:

- os líderes da organização não compram a ideia do modelo;
- tomam o BSC como uma ferramenta de indicadores e não como um sistema de gestão da estratégia;
- comunicação ruim que não explica para os funcionários o que é o modelo e como ele deve ser utilizado;
- falta de integração entre o BSC e o processo de gestão.

O resultado do planejamento estratégico é um plano que serve para guiar a ação organizacional por longo prazo.

11.9 Limitações do *Balanced Scorecard*

Apesar de ser aclamado como a principal inovação nos últimos anos em sistemas de gestão empresarial, alguns autores apontam críticas e limitações, consoante Costa, Fernandes e Pagin (2000):

- não identifica se a estratégia concebida pela organização está coerente com a estrutura e as limitações que ela possui;
- falta de subsídios para a definição das metas das perspectivas do BSC;
- é orientado para o econômico e, em especial, o quantificável, em oposição ao social e político ou mesmo ao econômico não quantificável. Dessa forma, até mesmo a seleção de estratégia pode ser tendenciosa, porque as estratégias de liderança em custo geralmente contam com mais dados factuais;
- é pouco flexível às mudanças estratégicas, ou seja, uma vez iniciado o confronto estratégico, você fica preso àquilo que tem – mudanças, só antes ou depois;
- considera igual importância entre os indicadores nas diversas perspectivas. Em muitos momentos pode haver disposição em "sacrificar" a *performance* de alguns indicadores, diante de ganhos em outros;
- é carente no que se refere à inter-relação entre os indicadores controlados e o desempenho global da organização. É possível que um conjunto de indicadores apresente valores satisfatórios e outro conjunto de indicadores não satisfatórios.

11.10 Conclusão

O BSC apresenta-se como um importante instrumento de gestão para todos os tipos de organização que têm por objetivo antecipar-se aos concorrentes, oferecendo maior qualidade de serviços aos clientes e melhorando os aspectos internos da

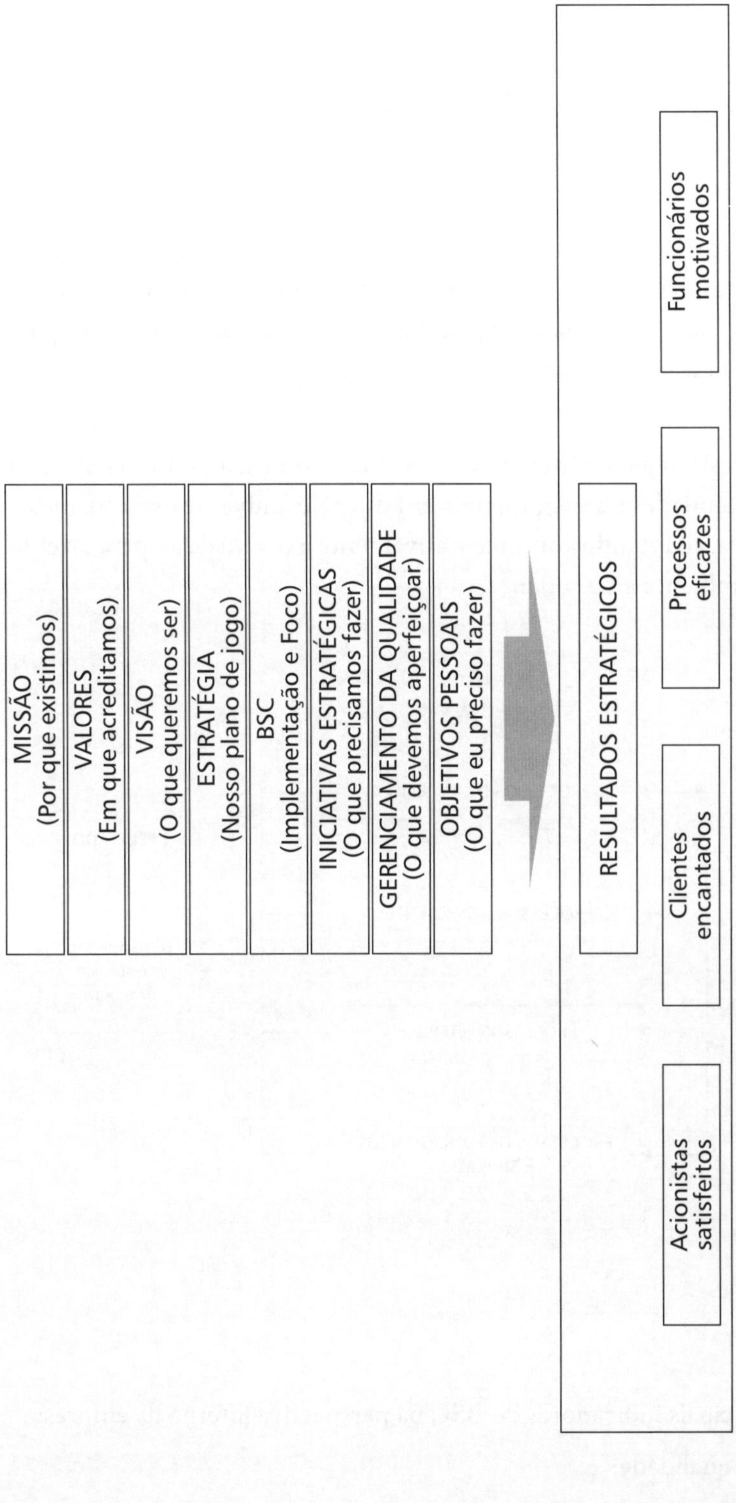
MISSÃO
(Por que existimos)
VALORES
(Em que acreditamos)
VISÃO
(O que queremos ser)
ESTRATÉGIA
(Nosso plano de jogo)
BSC
(Implementação e Foco)
INICIATIVAS ESTRATÉGICAS
(O que precisamos fazer)
GERENCIAMENTO DA QUALIDADE
(O que devemos aperfeiçoar)
OBJETIVOS PESSOAIS
(O que eu preciso fazer)
RESULTADOS ESTRATÉGICOS
Acionistas satisfeitos
Clientes encantados
Processos eficazes
Funcionários motivados

organização. Também, como um sistema de gerenciamento e de avaliação que vê o desempenho de uma unidade de negócios sob quatro perspectivas: financeira, do cliente, do processo empresarial interno e de aprendizagem e crescimento.

A verdadeira responsabilidade social do empresário é dar certo. Ser eficiente e dar lucro. Tudo isso dentro dos aspectos legais: pagando impostos, respeitando clientes, funcionários, fornecedores e a comunidade na qual está inserido.

Apresenta mais fatores positivos a implantação do modelo do que críticas ou limitações. Verifica-se também que é necessário um longo prazo e um alto custo para implantação, que podem ser minimizados pela expectativa de um retorno compensador. Ao final da implantação, a empresa terá constituído uma excelente ferramenta de gestão empresarial.

O planejamento estratégico não deve ser considerado instrumento passivo, simples resposta às oportunidades e ameaças apresentadas pelo ambiente externo, mas ferramenta gerencial ativa, adaptando contínua e ativamente a organização para fazer face às demandas de um ambiente em mudança.

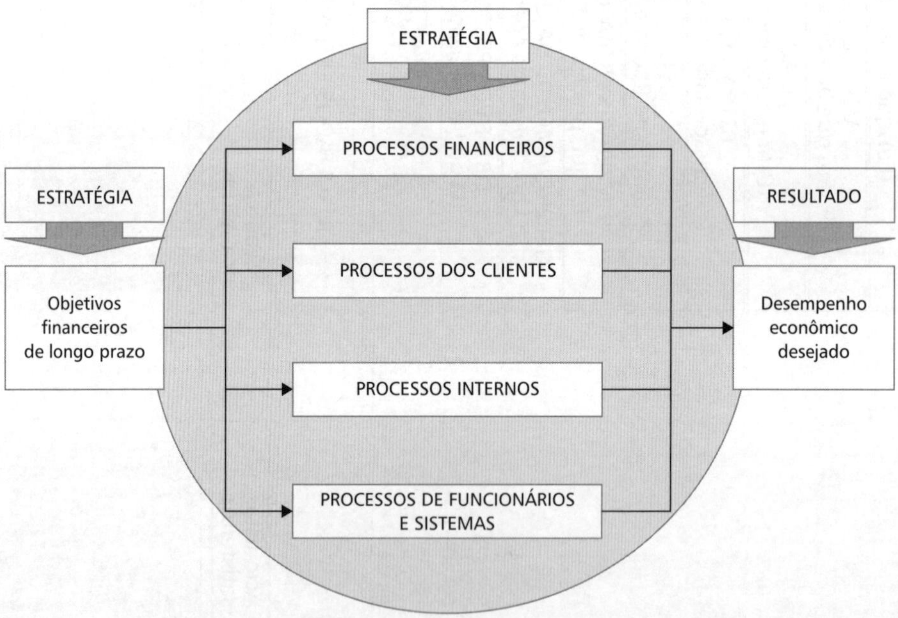

Questões

1. Quais são os principais indicadores do BSC na perspectiva interna da empresa?

   a. ( ) preço e qualidade;

b. ( ) pontualidade na entrega;

c. ( ) desenvolvimento de produção;

d. ( ) níveis de satisfação interna dos funcionários;

e. ( ) qualidade e produtividade.

2. Leia as informações abaixo:

   I. O BSC tem como princípio mensurar indicadores ligados à satisfação dos clientes, aos processos internos e ao aprendizado e desenvolvimento dos funcionários, além, é claro, das finanças.

   II. O BSC é um método de avaliação de gestão, que avalia a *performance* das empresas sob a ótica dos conceitos de criação de valor ao acionista.

   III. O BSC é um sistema de avaliação de gestão que avalia os resultados de uma empresa descontando o custo de capital.

   IV. O BSC é um método de avaliação de empresas que se assemelha bastante ao EVA.

   Diante dessas informações, assinale a alternativa correta:

   a. ( ) a alternativa I está correta;

   b. ( ) as alternativas II e III estão corretas;

   c. ( ) a alternativa IV está correta;

   d. ( ) as alternativas III e IV estão corretas;

   e. ( ) as alternativas I e II estão corretas.

3. Quais são os diferentes critérios utilizados para a definição do processo de venda no BSC?

   a. ( ) impostos e despesas de vendas;

   b. ( ) ofertas de clientes;

   c. ( ) custo de produção;

   d. ( ) qualidade;

   e. ( ) custo direto.

4. São perspectivas como base para o *Balanced Scorecard*, **exceto**:

   a. ( ) perspectiva financeira, ou seja, como a empresa é vista pelos acionistas e proprietários;

b. ( ) perspectiva do cliente, ou seja, como a empresa é vista pelo cliente e como ela pode atendê-lo da melhor forma;

c. ( ) perspectiva de produção, ou seja, como a produção visualiza a sua importância na organização;

d. ( ) perspectiva interna da empresa, ou seja, em quais processos de negócios a empresa precisa ter excelência;

e. ( ) perspectiva de inovação e aprendizado, ou seja, capacidade de a empresa melhorar continuamente e se preparar para o futuro.

5. Kaplan afirma que o BSC pode ser utilizado para, **exceto**:

a. ( ) realizar revisões estratégicas periódicas e sistemáticas;

b. ( ) alinhar metas de RH;

c. ( ) comunicar estratégia somente entre diretores;

d. ( ) esclarecer e obter consenso;

e. ( ) obter *feedback*.

6. São limitações do BSC, **exceto**:

a. ( ) não identifica se a estratégia concebida pela organização está coerente com a estrutura e as limitações que ela possui;

b. ( ) não há falta de subsídios para a definição das metas e das perspectivas do BSC;

c. ( ) é orientado para o econômico e, em especial, o quantificável, em oposição ao social e político ou mesmo ao econômico não quantificável;

d. ( ) é pouco flexível às mudanças estratégicas, ou seja, uma vez iniciado, o confronto estratégico fica preso àquilo que iniciou;

e. ( ) é coerente no que se refere à inter-relação entre os indicadores controlados e o desempenho global da organização.

7. São providências que a empresa deve tomar antes da implantação do BSC:

a. ( ) obter consenso na alta administração sobre os objetivos que estão levando a adoção dessa ferramenta;

b. ( ) definir o arquiteto do processo, ou seja, a pessoa que o comandará, geralmente um alto executivo de apoio da organização;

c. ( ) verificar quais atividades consomem mais recursos na empresa;

d. ( ) as alternativas "a" e "b" estão corretas;

e. ( ) elaborar a Demonstração de Origens de Capital.

8. Como sistema gerencial, o BSC considera as seguintes etapas, **exceto**:

a. ( ) identificação e alinhamento de iniciativas estratégicas;

b. ( ) arquitetura do programa de medição;

c. ( ) definição dos objetivos estratégicos;

d. ( ) escolha dos indicadores estratégicos;

e. ( ) elaboração do plano de implementação.

9. O enfoque utilizado na perspectiva do cliente é:

a. ( ) objetivo de curto prazo;

b. ( ) como a empresa é vista pelo cliente e como ela pode atendê-lo da melhor forma;

c. ( ) como a empresa é vista por seus acionistas ou proprietários;

d. ( ) em quais processos de negócios a empresa precisa ter excelência;

e. ( ) capacidade de a empresa melhorar continuamente e se preparar para o cliente;

10. Na perspectiva interna da empresa, os principais indicadores são:

a. ( ) rentabilidade;

b. ( ) pontualidade na entrega;

c. ( ) qualidade e produtividade;

d. ( ) desenvolvimento de produtos;

e. ( ) nível de satisfação dos funcionários.

11. Qual a definição correta para *Balanced Scorecard*?

a. ( ) painel de controle geral da empresa;

b. ( ) balanço dos patrimônios da empresa;

c. ( ) gestão estratégica que permite a tradução da visão, missão e aspiração estratégica;

d. ( ) visão de objetivos a serem atingidos durante o período;

e. ( ) atingir propósitos a longo prazo.

12. Dentre as utilizações do BSC, identifique a que melhor corresponde a elas:
    a. ( ) identificar segmentos de mercado e as medidas do êxito da empresa;
    b. ( ) definir objetivos a curto prazo;
    c. ( ) definir objetivos a longo prazo;
    d. ( ) ter como foco principal os clientes;
    e. ( ) obter consenso em relação à estratégia, alinhar metas departamentais e pessoais à estratégia e obter *feedback* aprofundando o conhecimento da estratégia e aperfeiçoá-la.

13. Dentro da perspectiva do cliente, quais seriam os seus indicadores?
    a. ( ) rentabilidade;
    b. ( ) retorno do capital aplicado;
    c. ( ) pontualidade de entrega e a capacidade de desenvolver produtos;
    d. ( ) desenvolvimento de processos internos e externos;
    e. ( ) avaliação de falhas.

14. O BSC é composto basicamente de quantas etapas?
    a. ( ) 2 (desenvolvimento e produto, financeira);
    b. ( ) 4 (financeira, clientes, processos internos e inovação);
    c. ( ) 5 (estabilidade, inovação, financeira, processos internos, recursos humanos);
    d. ( ) 3 (pontualidade na entrega, inovação, financeira);
    e. ( ) 1 (financeira).

15. Em relação ao *Balanced Scorecard*, podemos afirmar que:
    a. ( ) é um instrumento meramente contábil;
    b. ( ) é um instrumento gerencial de apuração da *performance* empresarial;
    c. ( ) é um sistema que não leva em consideração o cliente;
    d. ( ) é um sistema baseado no EVA e no MVA;
    e. ( ) só pode ser elaborado em empresas que adotam o custeio ABC.

16. *Balanced Scorecard* é:
    a. ( ) uma ferramenta da Administração de Qualidade descrita por Feigenbaum para descrever todos os estágios do ciclo industrial;

b. ( ) uma técnica que procura equilibrar quatro ênfases no processo de administrar as organizações e avaliar seu desempenho: interesse do cliente, interesse do acionista, inovação e aprendizagem e eficiência dos processos internos;

c. ( ) uma norma que trata da qualidade do produto ou serviço e sistema de qualidade (ISO 9000:2000);

d. ( ) um processo de aprendizagem que permite a aquisição de novas competências: aprendizagem com duplo reforço;

e. ( ) um processo de Administração de Custos descrito por Feigenbaum para descrever todos os estágios do ciclo industrial.

17. A empresa Crepaldi utiliza o *Balanced Scorecard* (BSC) como pedra angular de suas ações estratégicas. Diante da missão e visão definidas no Mapa Estratégico, a gestão da competência de seus colaboradores, como o desenvolvimento de conhecimentos, habilidades e atitudes, é um dos objetivos estratégicos alinhados à perspectiva:

a. ( ) dos processos externos;

b. ( ) financeira;

c. ( ) do cliente;

d. ( ) dos processos internos;

e. ( ) de aprendizado e crescimento.

18. O *Balanced Scorecard* (BSC) é uma estrutura que pode ser utilizada pelas empresas para verificar se elas dispõem de controles estratégicos e financeiros para avaliar seu desempenho.

Podem ser consideradas justificativas para a implantação do BSC numa organização:

I. Medidas de desempenho consolidadas, baseadas apenas em dados financeiros, estavam prejudicando a capacidade das empresas em criar valor econômico para o futuro.

II. Medir o potencial dos ativos intangíveis.

III. O equilíbrio adequado dos controles estratégicos e financeiros, em vez da ênfase em ambos, possibilita às empresas monitorar eficientemente seu desempenho.

IV. Mede a posição competitiva relativa da empresa em relação ao mercado e aos concorrentes.

a. ( ) apenas as assertivas I e II estão corretas;

b. ( ) apenas a assertiva III está correta;

c. ( ) todas as assertivas estão corretas;

d. ( ) apenas as assertivas I, II e III estão corretas;

e. ( ) apenas a assertiva IV está correta.

19. O *Balanced Scorecard* começou a ser implementado no Unibanco em 1999 e foi chamado de "Painel de Gestão". O primeiro passo foi listar os objetivos estratégicos de cada uma das divisões do banco – varejo, atacado, seguros e gestão de patrimônio.

    Com base neles, objetivos mais específicos deveriam ser estabelecidos e separados de acordo com as quatro perspectivas do BSC.

    Assinale a alternativa **CORRETA** quanto às quatro perspectivas do BSC.

    a. ( ) financeira; clientes; processos internos; e aprendizado e crescimento;

    b. ( ) financeira; clientes; estruturas internas; e aprendizado;

    c. ( ) financeira; clientes; fornecedores; e aprendizado e crescimento;

    d. ( ) financeira; clientes; processos internos; e aprendizado e clima organizacional;

    e. ( ) financeira; clientes; processos internos; e elementos estratégicos.

20. Julgue o item a seguir, a respeito de planejamento estratégico.

    O planejamento estratégico não deve ser considerado instrumento passivo, simples resposta às oportunidades e ameaças apresentadas pelo ambiente externo, mas ferramenta gerencial ativa, adaptando contínua e ativamente a organização para fazer face às demandas de um ambiente em mudança.

21. Em relação à definição de tecnologias gerenciais e organizacionais e sua utilização na gestão, julgue o item a seguir:

    O *Balanced Scorecard* (BSC) é um instrumento que enfoca quatro dimensões, a financeira, a de clientes, de processos internos e de aprendizado e crescimento, sendo útil para o fortalecimento de planejamentos estratégicos.

Gabarito

1. (e)	5. (b)	9. (b)	13. (c)	17. (e)	21. (certo)
2. (a)	6. (d)	10. (c)	14. (b)	18. (d)	
3. (a)	7. (a)	11. (c)	15. (b)	19. (a)	
4. (c)	8. (a)	12. (e)	16. (d)	20. (certo)	

Referências bibliográficas

ATKINSON, Anthony A.; BANKER, Rajiv D.; KLAPAN, Robert S.; YOUNG S., Mark. *Contabilidade gerencial*. São Paulo: Atlas, 2000.

COSTA, E. P.; FERNANDES, P. A.; PAGIN, P. L. *Balanced Scorecard*. São Paulo: Ietec, 2000.

KAPLAN, Robert S.; NORTON, David P. The Balanced Scorecard: measures that drives performance. *Harvard Business Review*, p. 71-79, Jan./Feb. 1992.

______. Using the balanced scorecard as a strategic management system. *Harvard Business Review*, Jan./Feb. 1996.

Formação de Preços 12

Objetivos

» O objetivo deste capítulo é fazer refletir sobre a importância de conhecer e identificar a formação de preço como um fator determinante para a sobrevivência da exploração da atividade da empresa.

» Falaremos também sobre a importância dos preços compatíveis com o mercado, além de aprender a calcular os custos reais da sua atividade, fazer a gestão estratégica da empresa e trabalhar na identificação de novas oportunidades de mercado e, consequentemente, aumentar a lucratividade.

12.1 Introdução

A formação do preço de venda de produtos é um trabalho técnico e também um fator determinante de sobrevivência da exploração da atividade. Alguns especialistas afirmam que ter os preços definidos exclusivamente pelo mercado é um risco. Ou seja, o mercado não é nem deve ser o único caminho para a definição de preços, mas é importante ter os preços compatíveis com ele.

Existem diferentes critérios para a definição do preço de venda dos produtos, entre eles as despesas com vendas, impostos etc. Nas vendas a prazo, deve-se tomar o máximo cuidado com os prazos concedidos e com a taxa de juros praticada no mercado. Cabe ao produtor a decisão de formar seus preços de venda. No entanto, se errar para maior, perde o mercado; se errar para menor, compromete o negócio. Portanto, o produtor deve aprender a calcular os custos reais de sua atividade, fazer a gestão estratégica dos custos e trabalhar identificando oportunidades de mercado e ganho.

O produtor precisa aprender a gerenciar com competência a contabilidade de custos de sua unidade e dominar sua demonstração financeira, pois é tendo o domínio dessas ferramentas que ele melhora a qualidade de suas decisões e torna sua atividade mais competitiva. Os números são meros detalhes, são sinais de vida da atividade. É importante acompanhá-los diária, semanal e mensalmente. O fruto desse trabalho será o domínio do negócio e confiança nas decisões a serem tomadas.

A gestão estratégica dos custos é um procedimento gerencial muito importante para os produtores atentos ao melhor desempenho financeiro de seu negócio. Para esses produtores, é imprescindível ter boas ferramentas que lhes permitam chegar a uma "contabilidade de custos estrategicamente útil". Na prática, é preciso entender bem sua cadeia de valores, procurar ao máximo compreender os custos de seu principal concorrente ou do líder de mercado e, em seguida, partir para o *benchmarking*. Os custos devem ser baseados no valor, ou seja, no quanto o cliente está disposto a pagar pelo produto. Calcular o custo de um produto para depois definir o preço é, muitas vezes, um erro. Para ele, não se deve mais determinar o valor partindo do custo, mas partir do preço para chegar ao custo.

Em alguns casos, a saída não é reduzir os custos, e sim aumentá-los, se for preciso, para agregar valor ao produto, ter produtos melhores, mais evoluídos, concorrer com qualidade. A gestão estratégica de custos é apenas uma resposta à ameaça representada pela economia globalizada, e a ideia principal é começar a entender a que o cliente dá valor e partir daí para trás. O que a gestão estratégica de custos quer mesmo saber é o que tem e o que não tem valor para o cliente. Ou seja, ver a empresa em sua totalidade, focando clientes, produtos, processos de fabricação e comercialização, seus sistemas, as pessoas, suas relações e a capacidade de agir e reagir.

A formação de preços é muito mais do que o simples processo de acumular custos e acrescentar uma margem de lucro. Com muita frequência, ela é tratada de forma simplista, sendo o maior cuidado não desconsiderar nenhum item do custo. Para que o preço calculado produza consequências satisfatórias no curto, médio e longo prazo, alguns princípios devem ser observados. É importante lembrar que erros no processo de formação de preços podem não ter efeitos negativos sobre a empresa apenas no curto prazo. A longo prazo, esses erros trarão consequências de alguma forma.

12.2 Métodos de determinação do preço de venda

Embora a fixação dos preços de venda dos produtos de fabricação da empresa seja uma tarefa bastante complexa, que leva em consideração vários fatores, tais como as características da demanda do produto, a existência ou não de concorrentes, haver ou não acordo entre os produtores, sem dúvida o CUSTO de Fabricação dos produtos é uma variável que desempenha um papel importante, principalmente pelo fato de que, a não ser em circunstâncias muito especiais, a empresa não pode vender por um preço abaixo do custo.

Há vários métodos utilizados para determinar o preço de venda baseado em considerações de custo. Aqui, discutiremos quatro deles:

1. com base no custo pleno (custo por absorção);
2. com base no custo de transformação;
3. com base no custo marginal (variável);
4. com base no rendimento sobre o capital empregado.

A formação de preços é assunto amplamente estudado pela teoria econômica. Para analisarmos a formação de preço de um produto ou serviço, é importante conhecermos o tipo de mercado em que a empresa atua.

Na teoria econômica, encontramos a conceituação dos principais tipos de mercados. Mercado de concorrência pura, monopólio, oligopólio, concorrência monopolística. Neles são estudados os comportamentos da oferta e da procura por bens e serviços, que levam à formação dos preços.

Numa economia capitalista, a alocação dos recursos às várias atividades se dá em função dos lucros esperados. Na busca do lucro, os empresários oferecem aos consumidores bens e serviços que atendam a seus desejos, a suas necessidades.

Ocorrerão lucros ou prejuízos à medida que os empresários façam previsões corretas dos desejos dos consumidores ou deixem de ler corretamente os símbolos do zodíaco econômico.

Mudanças nos gostos e nas preferências dos consumidores modificam a estrutura de preços.

Ainda na teoria econômica, encontramos os conceitos de elasticidade da procura e elasticidade da oferta. Aumentando ou diminuindo o preço de um produto, que reações teremos por parte dos empresários e consumidores às quantidades ofertadas e consumidas?

A teoria econômica é muito rica conceitualmente, mas encontramos grandes dificuldades para quantificar esses conceitos. Por esse motivo, as empresas habitualmente recorrem a enfoques práticos para estabelecer preços que lhes tragam o retorno desejado e testam esses "preços" desejados, à realidade do mercado, fazendo então os acréscimos ou as reduções de preços permitidos pelo mercado.

É esse enfoque prático que desenvolveremos aqui, dando ênfase a dois conceitos que consideramos muito importantes:

1. o da margem de contribuição;
2. o de valor presente.

Esses dois conceitos se tornam ainda mais úteis quando temos que conviver com altas taxas de inflação.

Vários fatores influenciam a formação de preço de um produto ou serviço, e o grau de influência de cada fator oscila ao longo do tempo.

Os objetivos pretendidos pela empresa constituem, provavelmente, o primeiro e o mais importante fator na estruturação do preço de venda de um produto, mercadoria de retornos, pela venda deles, em determinados períodos de tempo. A consequência natural é a adoção de diferentes procedimentos com relação aos preços para o atendimento dos objetivos fixados. Sua fixação ocorre, normalmente, já no início do ciclo de vida desses bens e serviços.

Quando o objetivo for, por exemplo, a conquista de parcela significativa de mercado e o estabelecimento de uma imagem forte, preços mais competitivos podem ser utilizados, com menores índices de resultado e uma expectativa de retorno num prazo mais longo. O contrário deve ocorrer, provavelmente, quando se tratar de bens com um ciclo de vida curto (produto de moda, por exemplo).

Independentemente da condição específica de um produto, mercadoria ou serviço, em determinado momento de tempo, quatro objetivos básicos estarão, de alguma forma, sempre presentes com relação à gestão dos preços. São eles:

- adequado retorno sobre o investimento;
- determinada participação no mercado;
- capacidade de enfrentar a concorrência;
- obtenção de uma lucratividade global compatível.

CONCORRÊNCIA – Nos mercados em que há várias empresas oferecendo produtos semelhantes, o preço tenderá a ser menor do que aquele praticado se não houvesse competidores.

À posição competitiva da empresa cabe uma análise quanto ao posicionamento da concorrência, por ocasião do estabelecimento de preço. Essa análise é processada, normalmente, em dois níveis:

- tipo de comportamento competitivo no setor de atuação na empresa;
- posição específica da empresa dentro do seu tipo de comportamento competitivo.

12.3 Tipo de comportamento competitivo

Existem inúmeros tipos de comportamento competitivo, cada qual com suas características peculiares, sendo que todas as empresas necessariamente se enquadram em um deles.

Embora sejam várias essas características diferenciadoras, duas delas merecem especial destaque, como definitivas em termos de identificação do comportamento competitivo, a saber:

- número e tamanho das empresas que operam no mercado;
- número e tamanho dos consumidores.

Em função das combinações entre esses elementos, surgem os inúmeros tipos de comportamento competitivo, cujos extremos estão estabelecidos, de um lado, pela concorrência perfeita e, de outro, pelo monopólio absoluto.

A identificação do tipo de comportamento competitivo dentro do qual a empresa atua é, pois, muito importante por ocasião do estabelecimento do preço de um produto, mercadoria ou serviço.

12.4 Posição da empresa dentro do comportamento competitivo

Uma vez identificado o tipo de comportamento competitivo, cabe à empresa avaliar seu posicionamento dentro dele. Autores abordam essa avaliação, alertando que, ao julgar a posição competitiva de uma unidade de negócios, os administradores devem considerar onde ela se situa relativamente aos seus concorrentes, em termos de todas as dimensões. Esse posicionamento determinará sua estratégia em termos de preço.

CLIENTES – Ao estabelecer ou alterar preço, as empresas se preocupam com as reações de seus clientes. Estes podem diminuir o consumo ou até mesmo deixar de consumir o produto; podem passar a fabricar o produto ou adquirir um produto substituto.

A demanda dos produtos, mercadorias e serviços mantém um comportamento diferenciado em termos de elasticidade, dependendo da sua natureza e dos segmentos de mercado a serem por eles atingidos.

Assim, os diversos produtos, mercadorias e serviços, pelas suas características, têm diferentes graus de reação das quantidades vendidas às variações de preços. Porém, não somente as características do produto, mercadorias ou serviço influenciam as diferentes relações de quantidades *versus* preços, mas também as variações na renda dos consumidores têm diferentes reflexos sobre a demanda deles.

Além disso, a variação na demanda de um produto, mercadoria e serviço mantém vínculo não só com a variação de seu próprio preço, mas também com as variações nos preços dos bens substitutos.

Os efeitos da relação preço *versus* quantidade não podem ser, no entanto, analisados exclusivamente sob o ângulo racional clássico do enfoque econômico.

Há, na realidade, ao lado desses aspectos, outros fatores, de ordem subjetiva, que, muitas vezes, assumem função de primordial relevância. Esses fatores estão particularmente relacionados a aspectos de natureza psicológica, como *status*, moda etc. Nesses casos, muitas vezes, uma elevação do preço pode até significar um aumento da demanda do produto, mercadoria ou serviço.

CUSTOS – Para produzir um produto, as empresas incorrem em uma série de gastos. O que o empresário espera é recuperar todos os gastos que efetuou e ainda obter algum lucro.

A estrutura de custos existente constitui um fator decisivo na formação do preço de venda de um produto, mercadoria e serviço. Normalmente, o custo tende a funcionar como o parâmetro que estabelece o limite inferior do preço de venda.

O cálculo está fundamentado tradicionalmente em dois sistemas de custeio: o custeio por absorção e o custeio direto. Cada sistema apresenta estruturas específicas de apuração dos custos, com características próprias, conduzindo, em consequência, a valores diferentes. Independentemente, porém, do sistema utilizado, cabe enfatizar que ele constitui não o único, mas um dos componentes essenciais da gestão dos preços.

Frisa-se bem o papel do sistema como auxiliar econômico-financeiro das decisões de preços, na medida em que tais decisões, como já visto, dependem de orientação geral que mescle, de maneira ideal, abordagens de dentro para fora da empresa (econômico-financeiras), com abordagens de fora para dentro (mercadológicas).

GOVERNO – Pode ter uma influência muito forte na formação dos preços dos produtos e serviços ou mesmo determinar o preço do produto. São muitas as formas de que dispõe o governo para influir nos preços: subsídios, incentivos fiscais à produção, à exportação, restrições ou estímulos à importação, criação ou ampliação de tributos etc.

A ação do governo constitui elemento influenciador da formação do preço de venda de um produto, mercadoria ou serviço.

No Brasil, especificamente nestas últimas três décadas, esse elemento revestiu-se de uma grande importância, através de diversas formas de ação governamental, como aprovação prévia dos preços por parte de órgãos oficiais (CIP, SUNAB etc.); de congelamentos de preços (planos de estabilização econômica, por exemplo); da emissão dos vários "pacotes econômicos", ou, então, mais recentemente, do "Plano Real".

Conforme já referido, a concentração principal da bibliografia que aborda o assunto gira em torno dos fatores mencionados. Os principais fatores influenciadores da formação do preço de venda são os seguintes:

- características do produto (aspectos de elasticidade, sazonalidade, moda, ciclo de vida);
- situação econômico-financeira da empresa (nível de estoque, grau de endividamento etc.);
- metas mercadológicas (crescimento, penetração, imagem);
- situação macroeconômica (recessão, excesso de oferta, excesso de demanda etc.);
- estrutura de custos da empresa.

Esses diversos fatores devem ser levados em conta na fixação do preço de venda. Embora os fatores considerados tenham, em muitos aspectos, características semelhantes às já mencionadas, outros são acrescidos. São fatores importantes:

- as necessidades do comprador;
- sua disposição para pagar;
- as reações da concorrência e a possibilidade do aparecimento de novos competidores;
- as expectativas de preços dos insumos e as restrições de fornecimento;
- o grau de utilização da capacidade instalada;
- os níveis de estoque;
- a situação financeira da empresa; e
- as restrições governamentais.

Igualmente importante, e diretamente ligada à sobrevivência da empresa no longo prazo, é a remuneração e conservação do capital empatado em giro e em imobilizações.

Sabemos que são inúmeras as variáveis que afetam os preços e sabemos também da dificuldade que temos de quantificar a influência de cada uma dessas variáveis.

O que expomos até o momento não nos permite estabelecer preços. Eles podem variar de zero a mais infinito. Vamos, inicialmente, diminuir um pouco esse espaço.

12.5 Preço de venda em mercados competitivos

Os conceitos de margem de contribuição do produto e de resultado do produto, ou, em outros termos, os conceitos de custeio direto e de custeio por absorção constituem dois dos confrontos mais clássicos na bibliografia sobre custos. O assunto é abordado por diversos autores, cada um com posicionamento próprio, baseado em argumentações específicas.

12.6 Funções de custos

A forma mais tradicional de apuração de custos consiste na agregação de todos os seus fatores com vistas à obtenção de um custo total do produto, mercadoria ou serviço. O estabelecimento do preço de venda, nesse caso, consiste na simples adição de um *mark-up* ao custo apropriado. Desde logo se verifica que o procedimento adotado vincula diretamente a questão do estabelecimento do preço de venda à função do custo. É uma ótica mais acentuadamente voltada à área de produção, e data de uma época em que o peso maior dos custos estava concentrado nos materiais diretos e na mão de obra direta.

Os custos fixos, devido à sua pequena representatividade na época, eram facilmente atribuíveis aos produtos por meio de determinados critérios de apropriação simples e genéricos. Com o passar do tempo, o peso desses fatores foi se alterando. Grande parte das empresas, no entanto, continuou e continua a utilizar o processo tradicional como instrumento de controle dos custos, estabelecimento da rentabilidade e formação do preço de venda. As empresas brasileiras, em sua grande maioria, também seguem essa linha de procedimento. Sob o prisma contábil, o procedimento está adequado, uma vez que se enquadra nos princípios contábeis geralmente aceitos.

Em função desses princípios, o conceito de resultado é preferencialmente aceito. Segundo ele, contadores, auditores e legislação fiscal não admitem a utilização do custeio direto e, em consequência, do conceito da margem de contribuição. Com efeito, o modelo de estruturação dos custos, para fins da sua comprovação e obtenção de aumentos de preços, esteve sempre condicionado ao custeio por absorção e resultado líquido. Como consequência, oficializou-se, praticamente, no país o preço de venda como uma função especificamente atrelada ao custo. Criou-se uma mentalidade que redundou na concepção: preço = custo total + resultado.

O problema preço passou a ser regido por uma regra muito simples:

$$\Delta custo + mark\text{-}up = \Delta Preço \text{ (aprovado pelo governo).}$$

Uma vez comprovados os acréscimos nos custos, estes eram automaticamente incorporados ao preço com a devida aprovação oficial. Os sucessivos pacotes econômicos também colaboraram no sentido de introduzir distorções nas leis de mercado. Os preços passaram a ter uma conotação legal antes que econômico-mercadológica. Naturalmente, tal postura constitui motivo de certa acomodação por parte das empresas em termos de uma administração mais racional dos seus custos. Efetivamente, nessa conjuntura, a preocupação com melhor qualidade, maior produtividade, menor desperdício etc. passa a ser secundária, na medida em que uma simples comprovação de aumento de custo é motivo suficiente e único para justificar maiores preços. A realidade histórica das últimas décadas comprova que o empresariado brasileiro, em sua absoluta maioria, habituou-se a raciocinar e agir rigorosamente dentro desse esquema.

Constata-se, no entanto, que essa postura unilateral de preço, como função direta do custo, merece contestações por parte de diversos autores. Adicionalmente ao motivo do lucro, dentro da política de preços, devem ser considerados também o comportamento do mercado, a interação entre o gestor econômico-financeiro de preços e o gestor mercadológico de preços.

O sistema que está voltado para a gestão de preços deve estar calcado em princípios de agilidade (importante para a área mercadológica) e confiabilidade (importante para a área econômico-financeira).

Existem afirmações de que, se o produto consegue ser vendido e o caixa é positivo, os outros problemas gerenciais são relativamente fáceis de ser resolvidos.

Há também os que fazem restrições à formação dos preços a partir dos custos totais incorridos, afirmando que esse procedimento tem uma série de desvantagens, entre elas a completa ignorância da demanda e das condições competitivas nos segmentos de mercado.

Efetivamente, para sobreviver no mercado atual, é necessário obter essas vantagens, na medida em que geram inflexibilidade no processo de tomada de decisões e distorções na apuração do preço dos produtos.

12.7 Função do mercado

O comportamento do mercado com relação ao preço passa a ser cada vez mais importante em um cenário competitivo.

Nessa circunstância, a margem de contribuição passa a ser o instrumento mais adequado de mensuração de desempenho. Entende-se como margem de contribuição o diferencial existente entre o preço de venda estabelecido e os custos de produção e distribuição incorridos num determinado bem ou serviço.

Existem nesse contexto autores com posicionamentos bastante extremados, que consideram o preço um fator exclusivamente decorrente do mercado, em situações altamente competitivas.

Afirmam que, quanto mais competitivo o mercado, tanto mais se deve considerar o preço dado por esse mercado.

Por sua vez, colocam o preço como uma responsabilidade vital do setor de marketing, pois, segundo eles, as decisões relativas a esse assunto causam grande impacto sobre a receita e a lucratividade. Para eles, a realidade é que são os clientes, e não as empresas, que geralmente determinam o preço.

A grande maioria dos autores coloca-se, no entanto, em posição intermediária, reconhecendo ser o preço, simultaneamente, uma função de custo e de mercado. Porém, entre eles há divergências de posicionamentos no que se refere às características do custo a ser considerado.

Existem autores que se posicionam contra os métodos tradicionais de apuração de custos. Afirmam que, na moderna conjuntura industrial, em que a característica predominante é a automação e, em consequência, o incremento de custos fixos, os métodos tradicionais estão completamente desajustados. Esse é o caso, por exemplo, de vários autores que defendem a necessidade imperiosa de um ajuste dos métodos de cálculo à atual realidade empresarial.

Os gerentes mercadológicos sabem quando os produtos não são competitivos. É um bom momento para testar a atualidade do sistema de custos, especialmente no que concerne às distorções de apropriação, decorrentes da maior participação dos custos indiretos na estrutura do custo total.

Observa-se, de um modo geral, certa tendência por parte dos autores em preferir a utilização do conceito da margem de contribuição para efeitos de política de preços, sob o enfoque de custos.

O primeiro objetivo na formulação do preço de um produto é cobrir todos os custos variáveis incorridos em sua fabricação e venda. O segundo é obter a maior margem possível a fim de que possam ser cobertos os custos fixos e seja obtido lucro.

Outra tendência observada em vários autores é o reconhecimento da utilização diferenciada do custo para finalidades distintas, a saber:

- custo para efeitos contábeis, externos, legais;
- custo para efeitos administrativos, internos, gerenciais.

Sob esse enfoque, admite-se uma estruturação diferenciada dos custos para o atendimento dessas finalidades.

No Brasil atual, essa diferenciação é absolutamente importante, mormente pela presença, ainda, da variável inflação e, sobretudo, pela política financeira vigente.

Admitimos a existência de objetivos diferenciados para o custo na empresa, mas, mesmo assim, recomendamos a utilização do custeio por absorção, pelo menos como ponto de referência inicial, e para ajustar sucessivamente o preço a outros fatores externos dentro do conceito da margem de contribuição.

Essa é a postura a ser adotada nas empresas em uma situação de livre mercado e de aumento de competitividade.

A fórmula tradicional de custo e preço deve ser invertida para:

Preço de venda (ajustado ao mercado para ser competitivo) – Custo (a ser administrado e minimizado) = Margem de Contribuição (suficiente para remunerar o custo fixo e propiciar um retorno adequado).

Observa-se que, no atual contexto brasileiro, o empresariado tem, de modo geral, encontrado dificuldade em ajustar-se a esse conceito. Há, no entanto, sinais evidentes de um encaminhamento nesse sentido.

12.8 Custo para efeitos contábeis e para efeitos gerenciais

A constatação efetuada no trabalho de campo revela que a maioria das empresas distingue claramente o custo de um bem ou serviço apurado para efeitos contábeis daquele apurado para fins de formação do preço de venda.

Existe, assim, uma nítida diferença entre o cálculo de custos para atendimento às exigências legais e a apuração dele para efeitos decisórios gerenciais. A postura adotada é compreensível e até necessária em uma conjuntura inflacionária.

Com efeito, para as finalidades contábeis, os custos são predominantemente nominais, históricos, ao passo que, para fins de formação do preço de venda, esses custos devem ser reais, atuais ou até prospectivos.

No Brasil, nos últimos anos, é crescente a preocupação, em nível contábil, com a correção monetária integral dos valores contábeis, visando revesti-los também de maior atualidade, traduzindo-os em bases correntes.

Assim, embora a legislação oficial, até o momento da elaboração deste livro, ainda não tenha posicionamento definitivo quanto ao assunto, a Comissão de Valores Mobiliários (CVM) já exige das empresas de capital aberto a publicação de seus demonstrativos a valor atual.

Julgamos oportuno tecer algumas considerações em torno do assunto, iniciando por um aspecto conceitual terminológico.

A expressão "valor presente" sob enfoque contábil da correção monetária integral é aparentemente diferente do conceito do "valor presente" apresentado nesta obra. Contabilmente, segundo se depreende, o valor presente de uma conta representa a correção do seu valor nominal histórico, por meio de um determinado índice oficial, para o momento atual. Essa expressão se aproxima do que no presente livro é denominado valor atual ou de reposição.

Ressalta-se a superioridade do "custo corrente" como elemento de avaliação contábil para os inventários. Esses "custos correntes" são preços atuais, com base em pesquisa de mercado, ou pesquisa de registros internos na empresa, ou índice de preços publicados.

Valor presente, no enfoque desta obra, representa o valor atual, traduzido em termos de momento de ocorrência como fluxo de caixa.

De qualquer forma, independentemente dessa diferença conceitual, o fato em si de traduzir os valores históricos nominais dos demonstrativos contábeis para valores atuais é altamente meritório. Ao lado de outros desdobramentos, visualizam-se especificamente sob o enfoque desta obra os seguintes aspectos positivos nesse procedimento:

- aproximação dos números contábeis com os números decisoriais, gerenciais;
- possibilidade de maior critério de uniformidade no tratamento dos dados contábeis e dados para formação do preço de venda;
- possibilidade de uso das mesmas fontes e arquivos para ambas as finalidades.

Um aspecto que eventualmente pode vir a se constituir em fator restritivo é o fato de serem os dados contábeis corrigidos por um único índice oficial. Sob um enfoque estritamente contábil e oficial, não poderia ser outro o procedimento, devido à necessidade de um critério de uniformidade de procedimentos.

Já do ponto de vista gerencial, esse índice único oficial poderá não expressar a variação monetária efetiva específica para determinada empresa ou produto.

Na realidade atual, porém, de tratamento contábil e gerencial predominantemente diferenciado, o procedimento mais comum nas empresas brasileiras, com relação à formação do preço de venda (constatado no trabalho de campo), consiste em projetar os custos para determinado período futuro de vigência de determinada lista de preços.

A partir dessa projeção e com os devidos ajustes processados pela área decisorial sobre os preços, são elaboradas as respectivas listas. Em um contexto de inflação, como era o caso brasileiro por considerável espaço de tempo, tal procedimento pode ser perigoso, tanto em termos de competitividade como de manutenção da substância patrimonial.

O risco de uma inflação está em poder gerar eventuais expectativas exageradas de acréscimos de custos. Tal exagero de expectativas poderá projetar preços excessivamente elevados com consequentes dificuldades nos volumes de venda e na capacidade competitiva, embora num momento seguinte ocorram os naturais ajustes de mercado.

Sob o enfoque da manutenção da substância patrimonial, o período de alta inflacionária exige a projeção adequada de valores que assegurem os recursos necessários em termos de entrada de caixa, a fim de possibilitar a reposição dos insumos havidos no processo.

Assim, a transformação de uma matéria-prima ou a prestação de um serviço devem gerar recursos que no mínimo possibilitem à empresa reiniciar o ciclo com a mesma capacidade existente no ciclo anterior.

12.9 Ótica financeira do lucro

No ciclo operacional da empresa, o preço de venda constitui o valor do objetivo ou serviço que deve propiciar a integral reposição dos insumos.

O correto estabelecimento do preço de venda é, pois, essencial para a manutenção da substância patrimonial, e esta, por sua vez, fundamental para a própria sobrevivência da empresa.

Uma primeira providência nesse sentido, em um contexto inflacionário, é trabalhar com valores atuais de mercado e até com valores projetados futuros, em vez de valores históricos.

O regime de concorrência não pode sobreviver num ambiente econômico em que o administrador incorra em erros fundamentais por deixar-se levar pela ilusão de lucros inflacionários, quando na realidade pode estar vendendo abaixo de seus custos reais.

No Brasil, a prática da utilização dos custos de mercado ou de reposição é relativamente difundida entre as empresas, especialmente nas últimas décadas.

Autores de outros países, mesmo os com baixas taxas de inflação, também se preocupam com a utilização dos valores.

Ressalta-se que o problema central da contabilidade em empresas de negócios, foco das maiores controvérsias, é a mensuração do resultado. Salientamos também que a inflação dificulta essa mensuração e que existe uma relação direta entre a entrada financeira em termos de fluxo capital e para mantê-lo em termos reais, financeiros, de poder de compra. Um lucro real é aquele que excede o custo do poder de compra.

12.10 Formação de preços

Uma metodologia baseada em gastos mais uma margem de lucro

Vamos considerar uma empresa já estabelecida no mercado e que, portanto, já fez os investimentos necessários em terrenos, fábricas, máquinas, veículos, móveis, computadores e, além disso, já tem sua equipe montada para produzir e vender seus produtos.

Da totalidade dos gastos em que a empresa incorre, interessa-nos classificá-los em FIXOS e VARIÁVEIS.

Gastos Fixos – São os que, em seu total, não se alteram com o volume de produção e/ou vendas. Exemplos de gastos fixos: depreciações de máquinas industriais, de veículos, de móveis, de computadores; salários e encargos dos diretores, dos gerentes, dos funcionários administrativos; aluguéis.

Gastos Variáveis – São os que, em seu total, variam proporcionalmente ao volume de produção e/ou vendas. Exemplos: os materiais utilizados na fabricação do produto; o valor dos salários e encargos da mão de obra direta da fábrica; as comissões de vendas, os tributos indiretos, as despesas financeiras.

É importante aqui ressaltar dois pontos:

- O objetivo do empresário é o lucro e, portanto, ele deseja recuperar todos os gastos, sejam eles fixos ou variáveis.
- Quanto maior for o volume de produção/vendas, menor será o gasto fixo por unidade. Se os gastos fixos mensais são de $ 100 e o volume mensal é de 20 unidades, o gasto fixo unitário será de $ 5 ($ 100 ÷ 20). Se o volume mensal for de 40 unidades, o gasto fixo unitário será de $ 2,50 ($ 100 ÷ 40).

Nesse momento, podemos quantificar o limite inferior de preço para o produto ou serviço:

> O preço mínimo, no curto prazo, será igual, e de preferência maior, que os gastos variáveis incorridos para produzir e vender uma unidade do produto.

Se os gastos variáveis são de $ 50 por unidade, abaixo desse valor não teremos um preço, e sim uma tentativa de realizar negócio, que não se concretizou.

Preços acima dos gastos variáveis estarão gerando uma margem de contribuição que inicialmente irá cobrir os gastos fixos e em seguida gerar o lucro da empresa.

Quanto ao preço máximo, não vamos quantificá-lo, mas simplesmente dizer que será estabelecido pela demanda do consumidor.

Para estabelecermos regras práticas que permitam calcular preços no dia a dia das empresas, vamos assumir que:

> A empresa já elaborou seu orçamento anual e estabeleceu o lucro desejado. Este lucro projetado pode ser relacionado com as vendas projetadas, o que nos dá a

margem de lucro sobre vendas; ou podemos relacioná-lo com o patrimônio líquido, para obtermos o retorno esperado sobre o patrimônio líquido da empresa.

No dia a dia, não nos preocuparemos com o retorno sobre o capital investido, mas trabalharemos com a margem de lucro sobre vendas, com o objetivo de alcançar o montante de lucro projetado.

Apresentamos a seguir a demonstração de resultado projetado para o ano, de nossa empresa hipotética, para um volume de produção estimado de 1.000 unidades.

Vendas	$	%
1.000 un. × $ 270.000	270.000	100,00
Custo dos Produtos Vendidos (CPV) 1.000 un. × $ 144,00	144.000	53,33
Lucro Bruto	126.000	46,67
Despesas Operacionais (DO) 1.000 un. × $ 72,00	72.000	26,67
Lucro Líquido Projetado	54.000	20,00

Caso prático 1 – Formação de preço para fornecimento de mão de obra

Método: margem de lucro sobre o preço de venda

A empresa Caldas Ltda. é fornecedora de mão de obra terceirizada. Ela recebeu um pedido para fazer a cotação para o fornecimento de oito assistentes administrativos pelo período de 12 meses.

Os dados dessa empresa para prestação dos serviços são:

1. **Carga tributária**

- Está enquadrada no regime tributário de lucro presumido, sendo a base de cálculo para o imposto de renda e a contribuição social sobre o lucro igual a 32%. As alíquotas são de 25% para o imposto de renda e 9% para a contribuição social sobre o lucro.
- COFINS: 3%.
- PIS: 0,65%
- ISS: 5%

2. **Custos diretos da prestação do serviço**
   - Salário médio dos assistentes: R$ 1.800,00
   - Percentual de encargos sociais: 53,38%
   - Benefício médio: R$ 624,44
3. **Outros dados**
   - Custo mensal de administração da Empresa Caldas Ltda.: R$ 68.903,67
   - O custo total dos oito assistentes representa 11,4286% do custo de pessoal que a empresa tem para terceirização.
   - A política de preços da Empresa Caldas Ltda. tem uma meta de lucratividade de 9,78% da receita bruta.

Cálculo do preço a ser cobrado por cada assistente:

Custo direto unitário:

($ 1.800,00 × 0,5338) + $ 624,44 = $ 3.385,28

Custo indireto dos oito assistentes (rateio com base no custo de pessoal usado para terceirização):

11,4286% x $ 68.903,67 = $ 7.874,71

Custo indireto unitário = 7.874,71/8 = 984,34

Custo unitário total: $ 3.385,28 + $ 984,34 = $ 4.369,62

Carga tributária sobre vendas:

(0,32 × 0,25) + (0,32 × 0,09) + 0,03 + 0,0065 + 0,05 = 0,1953 ou 19,53%

Percentagem de encargos totais sobre vendas (impostos e margem): 19,53% + 9,78% = 29,31%

Preço ideal: $ 4.369,62 / (100% – 29,31%) = R$ 6.181,38

12.11 Fixação do preço com base no custo por absorção (custo pleno)

Nesse caso, os preços de venda são iguais ao custo total da produção (determinado pelo custeio por absorção) mais um acréscimo porcentual para cobrir as despesas operacionais e proporcionar uma margem desejada de lucro.

Suponhamos uma companhia que elabore um produto *X*, cujos custos unitários de fabricação são:

Material direto	\$ 100
Mão de obra direta	\$ 70
Custos indiretos de fabricação	\$ 80
Custo unitário total	\$ 250

Os custos indiretos de fabricação foram estimados com base no volume normal de produção e venda da companhia e rateados para o produto *X* com base em critérios considerados adequados.

A experiência prévia da companhia é de que as despesas operacionais representam cerca de 40% dos custos e ela deseja obter um lucro, antes dos impostos, de 30% sobre o total de custos e despesas.

A fixação do preço de venda de *X* será:

Custo unitário total	\$ 250
(+) Despesas operacionais (40% dos custos)	\$ 100
(=) Custo + Despesas Operacionais	\$ 350
(+) Margem de lucro (30% de custos + despesas)	\$ 105
(=) Preço de venda	\$ 455

12.12 Fixação do preço com base no custo de transformação

Os proponentes deste método argumentam que, como os produtos que têm maior custo de transformação representam um esforço produtivo mais intenso da empresa, a margem de lucro deve ser calculada sobre o custo de transformação, e não sobre o custo pleno.

Suponhamos que, no exemplo anterior do produto *X*, a empresa fabrica o produto *Y*, cuja composição de custo é a seguinte:

Material direto	\$ 60
Mão de obra direta	\$ 80
Custo indireto de fabricação	\$ 100
Custo unitário total	\$ 240

e a companhia utilize o critério do custo pleno para fixação de seu preço de venda:

Custo unitário total	\$ 240

(+) Despesas operacionais
(40% dos custos) $ 96
(=) Custo + Despesa $ 336
(+) Margem de lucro
(30% de custo + despesas) $ 100,80
(=) Preço de venda $ 436,80

Comparando as estruturas percentuais dos preços dos dois produtos, temos:

Itens	Produto *X*		Produto *Y*	
	$	% Preço Venda	$	% Preço Venda
Material direto	100,00	22,00	60,00	13,70
Custo de transformação				
(MOD + CIF)	150,00	33,00	180,00	41,30
Custo de produção	250,00	55,00	240,00	55,00
Despesas operacionais	100,00	22,00	96,00	22,00
Custo de produção e venda	350,00	77,00	336,00	77,00
Margem de lucro	105,00	23,00	100,80	23,00
Preço de venda	455,00	100,00	436,80	100,00

Percebe-se que ambos os produtos apresentam idêntico lucro sobre venda (23%). Entretanto, o produto *Y* foi mais difícil de ser produzido pela companhia que o produto *X*, uma vez que seu custo de transformação é maior que o de *X*. Tendo em vista que a margem de lucro é igual, mas o tempo de fabricação de *X* é menor, isso poderia levar a empresa a concentrar seu esforço produtivo em *X* em detrimento de *Y*.

Para corrigir essa distorção, basta que se calcule a margem de lucro sobre o custo de transformação. Por exemplo, no caso do produto *X*, essa margem representa 70% de custo de transformação ($ 105 é igual a 70% de $ 150). Para que o produto *Y* apresente a mesma margem em relação ao respectivo custo de transformação, esta deverá ser 70% de $ 180, ou seja, $ 126, e seu preço de venda passará a ser:

(=) Custo de produção e venda 336
(+) Margem de lucro
(70% do custo de transformação) 126
(=) Preço de venda 462

12.13 Fixação do preço com base no custo variável

Neste método, a margem de lucro é calculada sobre a soma dos custos com as despesas variáveis, e não sobre a soma do total de custos com o total das despesas, como ocorre no custo pleno.

A vantagem de fixar preços com base no custeio variável já foi analisada. É um método muito mais flexível que o baseado no custeio por absorção, uma vez que permite aceitar pedidos de clientes mesmo que os preços propostos de compra sejam inferiores ao custo unitário total de produção. Basta que o preço seja superior à soma dos custos e despesas variáveis por unidade para que a margem de contribuição unitária seja positiva e passe a amortizar os custos e despesas fixos e a dar lucro para empresa.

12.14 Fixação do preço com base no rendimento sobre o capital empregado

Trata-se de uma variante do método com base no custo pleno, no qual, em vez de fixar uma margem de lucro sobre as vendas, essa margem é determinada como percentagem do capital empregado pela empresa.

Assim, se numa determinada empresa são dados:

Custo total de produção e vendas	$ 1.000.000
Capital empregado	$ 5.000.000
Margem de lucro desejada sobre o investimento (30%)	$ 150.000
Produção e vendas estimadas	1.000 unidades
Preço de venda: $ 1.150	

A Demonstração de Resultado, se todos os produtos forem efetivamente vendidos, ficaria assim:

Vendas (1.000 × $ 1.150)	$	1.150.000
(–) Custo Total de Produção e Vendas	$	(1.000.000)
(=) Lucro Líquido	$	150.000

12.15 Formação de preços de produtos-padrão

A formação de preços dos produtos-padrão requer considerações de longo prazo. A ideia é reconhecer que o preço de venda estabelecido deve ser suficiente para que a longo prazo cubra os custos de administração, produção e venda, tanto os fixos como os variáveis, bem como possibilite um retorno adequado para futuras expansões. Há duas maneiras principais de formar os preços dos produtos que são vendidos comumente no mercado, e ambas usam algum tipo de fórmula baseada nos custos:

1. A que aborda o *custo total* define o custo básico como o custo total da unidade produtiva. Os custos administrativos e de venda são adicionados ao custo básico.
2. A que aborda a *contribuição* define o custo unitário variável como custo básico. Os custos fixos são somados a essa base.

Exemplo:

Você colhe os seguintes dados sobre o custo do produto regular da sua empresa:

	Por unidade	Total
Matéria-prima	6	
Mão de obra direta	4	
Despesas gerais variáveis	4	
Despesas gerais fixas (com base em 20.000 unidades)	6	120.000
Despesas variáveis administrativas e de vendas	1	
Despesas fixas administrativas e de vendas (com base em 20.000 unidades)	2	40.000

Suponha que, para obter o preço de venda desejado, a firma tem a política geral de acrescentar 50% ao custo total por unidade ou 100% ao custo unitário variável.

Pela abordagem do custo total, o preço de venda será:

Matéria-prima	6
Mão de obra direta	4
Despesas gerais de produção (fixas e variáveis)	10
Custo total por unidade	20
Acréscimo para cobrir despesas administrativas e de vendas e o lucro desejado (50% do custo total da unidade)	10
Preço de venda desejado	30

Pela abordagem da contribuição, o preço de venda é determinado assim:

Matéria-prima	6
Mão de obra direta	4
Custos variáveis (despesas gerais, despesas administrativas e de vendas)	5
Custo variável por unidade	15

Acréscimo para cobrir os custos fixos e o lucro desejado	
100% do custo variável da unidade	15
Preço de venda desejado	30

Ao determinar o acréscimo, as companhias usam a taxa de retorno desejado como base.

12.16 Abordagem RKW

A abordagem RKW (*Reichskuratorium für Wirtschaftlichkeit*), para determinar e comparar preços, foi muito utilizada na Alemanha no início do século passado. Consiste em alocar todos os gastos à unidade do produto, prevendo um determinado volume de atividades.

A equação que nos permite calcular o preço para o produto é apresentada a seguir.

$$P = CPV + DO + 0{,}20\,P$$

$$P - 0{,}20\,P = CPV + DO$$

$$0{,}80\,P = \$\ 144{,}00 + \$\ 72{,}00$$

$$P = \frac{\$\ 216{,}00}{0{,}80}$$

$$P = \$\ 270{,}00 \text{ por unidade}$$

As dificuldades práticas e limitações conceituais para o uso deste método são muitas:

- como encontrar o custo unitário do produto (CPV) no dia a dia, já que ele contém uma parcela do custo fixo total;
- como encontrar as despesas operacionais por unidade no dia a dia;
- as oscilações no volume de produção e seus efeitos no custo fixo unitário não são considerados;
- os vários rateios necessários para alocar os custos fixos aos departamentos e destes aos produtos trazem consigo muitas distorções.

12.17 Abordagem do custeio por absorção

Voltando à nossa demonstração de resultado projetada, podemos constatar que, além de termos o percentual de 20% de lucro líquido sobre vendas, também temos o percentual de 46,6% de lucro bruto sobre vendas.

Na abordagem do custeio por absorção para determinar preço, partimos do custo de fabricar o produto (CPV) e a ele adicionamos a margem de lucro bruto sobre vendas, o que nos leva a encontrar o mesmo preço que na abordagem anterior.

$$P = CPV + 0{,}4667\,P$$

$$P - 0{,}4667\,P = CPV$$

$$P = \$\ 270{,}00\ \textit{por unidade}$$

As dificuldades práticas e limitações conceituais ainda persistem, mas agora em menor grau, já que as despesas operacionais não são envolvidas no cálculo do preço.

12.18 Conceito de margem de contribuição

A margem de contribuição é o principal indicador de desempenho na ótica do sistema de custeio direto. Essa margem, quando relacionada ao volume físico, proporciona no confronto com os custos fixos (ou estruturais) a geração de um resultado:

> positivo	(lucro)
= nulo	(ponto de equilíbrio)
< negativo	(prejuízo)

Dessa forma, para produtos e serviços:

	Preço de venda unitário
(–)	Custo de produção
(–)	Despesa de distribuição
=	Margem de contribuição unitária para mercadorias:

Preço de venda unitário

(–)	Custo da mercadoria
(–)	Despesas de distribuição
=	Margem de contribuição unitária

Num nível imediato e agregado, pode-se ter:

	Receita de negócio
(–)	Custos e despesas diretas do negócio
=	Margem de contribuição do negócio

↓

Adição ao montante de contribuição da empresa

A margem de contribuição expressa, em última instância, o potencial de cada elemento em gerar recursos para fazer face ao custo estrutural da empresa.

A partir dessas colocações, podem ser observados vários elementos:

- o preço de venda validado pelo mercado deve ser suficiente para cobrir pelo menos os custos e as despesas diretas dos produtos, mercadorias, serviços ou negócios;
- a margem de contribuição positiva indica uma "sobra" que, quanto maior, em tese, é melhor, e mais facilmente ajuda a cobrir os custos fixos;
- a margem de contribuição unitária, individual, isolada de cada produto, mercadoria, serviço ou negócio não é a solução da equação de resultados. Ela deve ser associada ao volume de negócios, gerando a contribuição total;
- toda adição positiva de margem de contribuição é, em princípio, bem recebida. Se o mercado permitir e dentro do esforço e oportunidade que se vislumbrar, cada empresa deve otimizar esse indicador de desempenho;
- a visualização exclusiva e isolada da contribuição total da empresa é insuficiente como tal. Ela deve ser confrontada com os custos fixos estruturais da empresa para verificar o nível de cobertura deles;
- somente após cobertos integralmente os custos fixos estruturais, a margem de contribuição passa a traduzir-se em resultado positivo para a empresa.

12.19 Abordagem da margem de contribuição

Por considerarmos esta abordagem superior às anteriores, vamos estudá-la mais detalhadamente.

Inicialmente, vamos reescrever a demonstração de resultado projetada.

	$	%
Vendas (1.000 un. × $ 270,00)	270.000	100,00
Custos variáveis (1.000 un. × $ 96,00)	96.000	
Despesas variáveis (1.000 un. × $ 24,00)	24.000	
Margem de contribuição (1.000 un. × $ 150,00)	150.000	55,56
Custos fixos	48.000	
Despesas fixas	48.000	
Lucro líquido projetado	54.000	20,00

Observe que são os mesmos números da demonstração anterior, reorganizados. Os gastos (custos e despesas) com comportamento VARIÁVEL são mantidos separados dos gastos fixos. Do confronto entre vendas e gastos variáveis, obtemos a Margem de Contribuição.

A equação para calcular o preço para o produto é assim escrita:

$$\textit{Preços} = \textit{Gastos Variáveis} + \%\ \textit{Margem de Contribuição}$$

$$P = GV + \%\,MC$$

$$P = \$\ 120 + 0{,}5556\,P$$

$$0{,}4444\,P = \$\ 120$$

$$P = \$\ 270\ \textit{por unidade}$$

12.19.1 Vantagens deste método

- a empresa pode facilmente obter os gastos variáveis por unidades do produto;
- não foi necessário efetuar nenhuma tipo de rateio, evitando com isso o trabalho burocrático e as distorções que os rateios podem trazer;
- com base nos gastos variáveis, calculamos rapidamente o preço normal de venda que assegura a meta de 20% de lucro líquido sobre vendas;
- conhecendo o preço normal e os gastos variáveis, podemos analisar preços especiais para situações também especiais, como promoção para desova de estoque ou venda para o mercado externo.

Em nosso exemplo, teríamos:

Preço normal	$ 270,00	
Gastos variáveis	$ 120,00	
Margem de contribuição	$ 150,00	por unidade

Situações especiais a um preço de $ 200,00 por unidade seriam vistas como algo positivo, de $ 50,00 por unidade.

Preço especial	$ 200,00	
Gastos variáveis	$ 120,00	
Margem de contribuição	$ 80,00	por unidade.

A aceitação ou não do preço de $ 200,00 por unidade depende de outros fatores, como a existência ou não de capacidade ociosa.

Essa mesma situação, na abordagem RKW, seria vista como algo negativo.

Preço	$ 200,00		
(–) CPV	$ 144,00		
(–) Despesas operacionais	$ 72,00	(–)	$ 216,00
Prejuízo líquido			$ 16,00

12.20 Custo financeiro: o valor do dinheiro no tempo

É princípio básico da matemática financeira a consideração do valor do dinheiro no tempo. Embora as aplicações mais comuns, nos livros que abordam o assunto, estejam direcionadas aos ativos imobilizados e financeiros, encontram também conveniente aplicabilidade no cálculo do custo de produtos, mercadorias e serviços. Essa aplicabilidade adquire especial importância no contexto inflacionário, pelas razões já citadas.

Cabe, pois, por meio da tradicional fórmula da capitalização:

$$VF = VA \times (1 + i)^n$$

projetar todos os valores de custo para um determinado momento de tempo.

VF = Valor Futuro

VA = Valor Atual

i = taxa diária da variação do custo, ou da taxa de juros no mercado.

n = número de dias entre o momento atual e o momento de tempo futuro, projetado em termos de custos.

Para os ciclos desfavoráveis, deve a empresa considerar ou a taxa para a captação dos recursos durante esse prazo, ou, talvez, a própria taxa de variação desses custos durante esse período.

Nessa última hipótese, convém considerar que os diversos componentes de custos possuem variações em diferentes intensidades, havendo, pois, necessidade de considerar diferentes taxas para os vários elementos individuais ou grupos destes, quando da avaliação do preço e/ou margem de contribuição.

É especialmente importante a consideração desses aspectos, determinando uma espécie de índice de inflação próprio para cada empresa e para cada produto, em função da sua composição.

O procedimento usual é, em grande parte das empresas, segundo a experiência de campo, o de projetar os custos para um certo período de vigência de determinados preços de venda.

A projeção, no entanto, na absoluta maioria das vezes, ocorre de forma estática do ponto de vista monetário para esse determinado período, sem considerar os efeitos da ocorrência desses ciclos operacionais diferenciados.

Em outras palavras, a partir de determinados níveis de vendas e de produção, projetam-se os correspondentes custos variáveis e também os custos fixos, considerando, porém, que monetariamente permaneçam constantes durante o período de vigência da lista de preços ou equivalente. Não se considera nesse caso que, individualmente, os produtos tenham diferentes ciclos operacionais e, portanto, diferentes incidências e efeitos desses mesmos valores monetários.

Dada a relevância dos custos financeiros e do valor do dinheiro no tempo, notadamente em períodos de inflação, torna-se imperioso passar a considerar esses valores em termos de fluxo de caixa. Tal procedimento é essencial, também, em termos de avaliação de uma lucratividade efetiva, com vistas à manutenção da substância patrimonial da empresa.

Alerta-se que retornos de caixa podem ser mais importantes que lucros anunciados.

Enfatiza-se que, independentemente do sistema de custeio utilizado, uma condição essencial em uma conjuntura inflacionária é manter as margens operacionais reais.

As empresas que não souberem administrar o valor do seu dinheiro no tempo terão dificuldades em sobreviver em um cenário em que o administrador se oriente em função de resultados nominais, quando efetivamente poderá estar operando até abaixo dos seus custos reais.

Com efeito, uma lucratividade de 3% pode ser excelente para uma empresa que recebe à vista e paga seus compromissos em um prazo médio de trinta dias, em uma suposta inflação mensal de 5%. Já a mesma lucratividade é muito ruim para uma empresa que paga à vista e recebe em trinta dias na mesma taxa de inflação referida.

Assim, a introdução dos princípios de matemática financeira no cálculo do custo do produto permite considerar a variável dinheiro no tempo. Essa consideração é revelada por vários autores.

Em primeiro lugar, para preparar a estimativa do lucro, existe o problema de casar, em relação ao tempo, as despesas e as receitas apropriadas.

Da mesma forma que existe o ciclo operacional dos produtos e a necessidade de considerá-lo de maneira adequada no cálculo (notadamente em um contexto inflacionário), existe também o fenômeno inverso para os prazos favoráveis à empresa.

Com efeito, quando a ocorrência do desembolso dos custos, em termos de fluxos de caixa, não é necessariamente realizada toda à vista (e normalmente não o é), passa a existir um tempo para se dispor do dinheiro.

Os relatórios financeiros, para efeitos gerenciais, devem expressar os valores contábeis em termos de fluxo de caixa. Isso implica, segundo eles, que os usuários desses relatórios devem dispor de valores econômicos traduzidos a valor presente a partir de informações contábeis.

Utiliza-se a denominação "a dinâmica do custo", mencionando inclusive que ela pode representar uma vantagem competitiva, com o que se está integralmente de acordo.

A aplicação desse princípio ao cálculo de custo envolve algumas considerações em nível de tempo e de taxas.

Em nível de tempo, cabe o estabelecimento de um prazo médio de possibilidade de aplicação do recurso, entre o momento do surgimento do custo ou despesa, no seu período de competência, e o momento da sua ocorrência efetiva, como desembolso, em termos de fluxo de caixa.

A taxa mais adequada parece ser a da aplicação desse recurso no mercado, durante o prazo médio, entre os dois momentos mencionados.

Uma vez estabelecidos o prazo e a taxa, cabe a aplicação da fórmula tradicional da matemática financeira para o cálculo do valor atual.

$$VA = \frac{VF}{(1+i)^n}$$

em que: VA = Valor Atual;

VF = Valor Futuro (valor efetivo do período de competência);
i = taxa diária da alternativa de aplicação do recurso não pago à vista;
n = número de dias do prazo médio de ocorrência.

Exemplo Prático

Se o pagamento da mão de obra ocorre no último dia do mês, a empresa dispõe na realidade de recursos durante um prazo médio de quinze dias, uma vez que utiliza a força de trabalho desde o dia primeiro até o último do mês para produzir e fazer circular produtos e mercadorias.

O mesmo princípio é extensivo a outros itens de custos, cabendo identificar para cada um seu correspondente prazo médio de ocorrência. Após a consideração dos diversos prazos para uma mesma base presente, um procedimento bastante comum é sua conversão para uma moeda estável – notadamente em períodos de inflação de intensidade média para elevada. Essa conversão, no entanto, torna-se, em particular, crítica em períodos de defasagem cambial ou mesmo de uma estabilidade nas taxas.

A consideração desses aspectos dentro do cálculo reveste-o de particular dinamicidade, sobretudo em períodos inflacionários, conferindo normalmente (segundo a experiência no trabalho de campo) à empresa uma vantagem competitiva.

Exemplo Ilustrativo

$$VA = \frac{VFM}{(1+i)^{nm}} + \frac{VFD}{(1+i)^{nd}} \ (-) \ \frac{VFT}{(1+i)^{nt}}$$

em que: VA = Valor Atual do material X;

VFM = Valor Futuro (de mercado) do material X;
VFD = Valor Futuro de Despesas acessórias (frete etc.);
VFT = Valor Futuro dos Tributos (quando recuperáveis);
i = taxa diária de juros de aplicação;
nm = prazo de financiamento do material X;
nd = prazo de financiamento das despesas acessórias;
nt = prazo de financiamento dos tributos.

Supõe-se uma taxa de juros de 10% ao mês, correspondendo a 0,318% ao dia.

Supõe-se ainda:

VFM = \$ 1.000,00 *nm* de 60 dias
VFD = \$ 40,00 *nd* de 30 dias
VFT = \$ 170,00 *nt* de 24 dias

$$VA = 826,44 + 36,36 - 157,52 = 705,28$$

Em períodos de altas taxas de inflação, o custo financeiro de uma operação passa a ser uma das variáveis mais importantes na formação do preço. As negociações se voltam mais para os prazos de pagamento e recebimento. As empresas buscam reduzir os prazos de recebimento e dilatar os prazos de pagamento. Os cálculos de custos e preços passam a ser diários e exigem rapidez e eficiência.

Vamos utilizar um exemplo simples de uma empresa comercial que compra uma unidade de mercadoria por $ 100,00 e vende por $ 130,00. Numa economia com moeda estável, podemos dizer que o lucro foi de $ 30,00, sem entrarmos em maiores considerações sobre os prazos de compra e venda.

Preço	$ 130,00 – 100%
Custo de mercadoria vendida	$ 100,00 – 77%
Lucro bruto	$ 30,00 – 23%

No entanto, se a inflação for de 1% em média por dia, o que representa 34,78% ao mês $(1{,}01)^{30} - 1$, é fundamental considerarmos os prazos de pagamento das compras e recebimento das vendas.

Numa primeira situação (*A*), vamos considerar prazo de 15 dias para pagamento das compras e venda à vista, conforme segue:

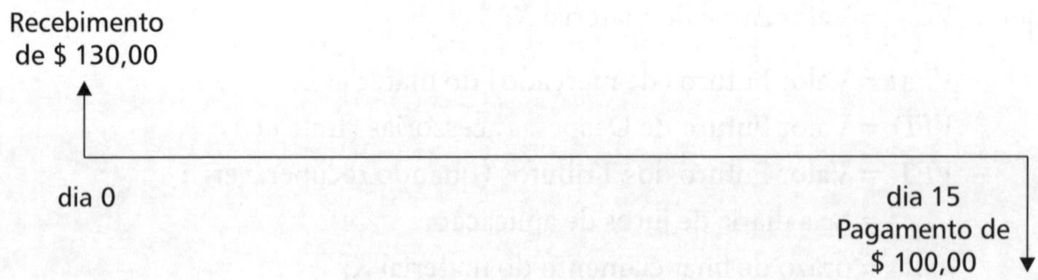

Para que a comparação entre os dois valores tenha significado, precisamos compará-los na mesma data. Vamos optar por trazer os $ 100,00 do dia 15 para a mesma data do recebimento, dia 0 (zero).

Assim, teremos no dia 0 (zero):

Preço	$ 130,00	– 100%
CMV		
$ 100,00 : 1,1610	$ 86,13	– 66%
Lucro bruto	$ 43,87	– 34%

Numa segunda situação (B), vamos considerar prazo de venda de 15 dias e compra à vista, conforme segue:

Qualquer alteração nos prazos irá alterar o valor REAL.

Podemos agora voltar à nossa equação para estabelecer o preço.

$$Preço = gastos\ variáveis\ (+)\ \%\ margem\ de\ contribuição$$

$$P = GV + \%\ gastos\ fixos + \%\ Lucro$$

$$P = GV + \%\ MC$$

$$P = 114{,}97 + 0{,}0258\ P + 0{,}5556\ P$$

$$0{,}4186\ \mathrm{P} = \$\ 114{,}97$$

$$P = \$\ 274{,}65\ (\grave{a}\ vista)$$

Comprovação dos cálculos

Preço			\$ 274,65 – 100,00%
Gastos variáveis		(–)	\$ 114,97
Comissões	(2,58%)	(–)	\$ 7,09
Margem de contribuição		\$	\$ 152,59 – 55,56%

Para vendas a prazo, temos que adicionar a inflação esperada para aquele prazo.

Exemplo:

Preço à vista \$ 274,65
Venda a prazo (15 dias) com uma inflação projetada de 1,5% ao dia.
Preço à vista (×) $(1{,}015)^{15}$
\$ 274,65 (×) 1,2502 =
\$ 343,37 – Preço de venda com prazo de 15 dias

12.21 Gastos fixos e inflação

Quando introduzimos a abordagem de margem de contribuição para calcular preços, dissemos que essa margem de contribuição se destina a cobrir os gastos fixos e formar o lucro projetado para a empresa, de 20% sobre as vendas. Com isso, evitamos todos os rateios dos gastos fixos totais e as distorções que eles podem trazer na tomada de decisões.

Mesmo que não houvesse inflação, nada nos garante que os valores orçados de gastos fixos não venham a apresentar variações positivas ou negativas. O controle dessas variações deve existir.

Da mesma forma, os efeitos positivos ou negativos da inflação nos gastos fixos também devem ser controlados, em períodos mensais ou trimestrais. E essas alterações podem vir a ser repassadas aos preços.

Entretanto, isso não seria feito diária ou semanalmente, mas em períodos maiores. Essas alterações seriam refletidas no percentual de margem de contribuição.

$$P = GV\ (+)\ \%\ MC$$

$$P = \$\ 200{,}00 + 0{,}5556\ P$$

ou

$$P = GV\ (+)\ \%\ Gastos\ fixos\ (+)\ \%\ Lucro$$

$$P = \$\ 200{,}00 + 0{,}3556\ P + 0{,}20\ P$$

Vendas	270.000
(–) Custos Fixos	48.000
(–) Despesas Fixas	48.000
	96.000

$$x = \frac{96.000 \times 100}{270.000} = 0{,}3556$$

Se no controle orçamentário os gastos fixos passam a representar 37,00% do preço e não mais 35,56%, e a empresa deseja alcançar o seu lucro projetado de 20% do preço, esse acréscimo de 1,44% será adicionado ao percentual de margem de contribuição.

$$MC = \%\ Gastos\ Fixos\ (+)\ \%\ Lucro$$

$$MC = 37{,}00\% + 20{,}00\%$$

$$MC = 57\%$$

Resta saber a reação do mercado a esse novo preço.

Como já sabemos, a abordagem de custos mais margem de lucro não resolve todos os problemas de preço, mas nos coloca em melhores condições de enfrentá-los.

12.22 Caso prático nº 1

A empresa Bom Preço utiliza a abordagem de margem de contribuição para estabelecer o preço de venda do seu produto. O orçamento anual elaborado em moeda constante é apresentado abaixo em milhares de $.

Receita líquida (exclui ICMS e IPI)	100
Gastos variáveis	49
Margem de contribuição	51
Gastos fixos	25
Lucro projetado	26

Estamos na primeira semana de abril e a inflação projetada para o mês é de 34,78%.

A administração da empresa está novamente refazendo os cálculos para estabelecer os novos preços de venda. Apresentamos a seguir os gastos variáveis para fabricar e vender uma unidade do produto.

- Matéria-prima \$ 120,00 com prazo de pagamento de 20 dias. Esse preço exclui ICMS e IPI. Valor com ICMS, \$ 144,58. Valor com ICMS e IPI, \$ 166,27.
- Mão de obra direta \$ 80,00. Os pagamentos são feitos 50% no dia 15 e 50% no dia 30 de cada mês.
- Outras despesas variáveis \$ 20,00 com prazo de 15 dias para pagamento.
- As comissões de vendas são de 5% e são pagas no final de cada mês. A base de cálculo exclui o IPI.
- O PIS e a COFINS representam 1,5% do preço, excluindo da base de cálculo o IPI. O recolhimento desses tributos é efetuado no dia 10 do mês subsequente ao da venda.
- Na venda do produto, incidem ICMS de 17% e IPI de 15%, que são recolhidos no dia 10 do mês subsequente ao da venda.

Observação: Os prazos e as alíquotas dos tributos estão sendo usados para fins ilustrativos.

Pede-se:

1. Calcular o novo preço de venda à vista, sem ICMS e IPI, sem considerar os efeitos da inflação.
2. Calcular o novo preço de venda à vista, com ICMS e IPI, sem considerar os efeitos da inflação.
3. Calcular o preço de venda à vista, considerando a inflação.
4. Calcular o preço de venda a prazo (20 dias), considerando a inflação.

Solução

1.

	$	%
– matéria-prima	120,00	
– mão de obra direta	80,00	
– outras despesas variáveis	20,00	
	220,00	
– comissões		5,00
– PIS/COFINS		1,50
		6,50

Preço = Gastos Variáveis + % Margem Contribuição

$P = GV + \%\,MC + [(\%\text{ comissões} + \%\text{ PIS e COFINS} \times \text{ICMS contido})]$

$P = \$\ 220{,}00 + 0{,}51P + 0{,}05P + 0{,}015P \times (1{,}20482)$

$P = \$\ 220{,}00 + 0{,}51P + 0{,}065P \times (1{,}20482)^*$

$P = \$\ 220{,}00 + 0{,}51P + 0{,}07831P$

$P - 0{,}58831P = \$\ 220{,}00$

$0{,}41169\,P = \$\ 220{,}00$

$P = 534{,}38$

* A base de cálculo do ICMS contém o próprio ICMS, que no nosso exemplo é de 17%. O percentual a ser aplicado ao preço líquido é de 20,482%, para obtermos o preço com ICMS, que é a base de cálculo das comissões, PIS e COFINS.

2. Conforme calculado em 1, o preço de venda à vista sem ICMS e IPI é de $ 534,38.
   - preço com ICMS = $ 534,38 × 1,20482 = $ 643,83*
   - preço com IPI = $ 643,83 × 1,15 = $ 740,40

* Base de cálculo utilizada para o IPI. Essa base de cálculo contém os valores de PIS, COFINS e ICMS. Em nosso entender, a base de cálculo desses tributos poderia ser única, e dela estariam excluídos todos esses tributos.

Comprovação dos cálculos

	$	%
– preço final	740,40	
(–) IPI (0,15 × $ 643,83)	96,57	
(–) ICMS (0,17 × $ 643,83)	109,45	
– preço líquido	534,38	100
(–) gastos variáveis	220,00	
(–) PIS/COFINS/comissões		
(0,015 + 0,05) × 1,20482		
0,07831 × $ 534,38	41,85	
– margem de contribuição	272,53	51

3.a. Inicialmente, vamos considerar os prazos de pagamento de todos os gastos, menos os prazos de ICMS e IPI, cujos cálculos são mais complexos.

Item	Valor nominal (*a*)	Fator valor presente (*b*)	Valor presente (real) (*c* = *a* : *b*)
1. matéria-prima (20 dias)	120,00	1,2202	98,35
2. mão de obra direta (prazo 15 dias)	40,00	1,1610	34,45
(prazo 30 dias)	40,00	1,3478	29,68
3. outras despesas variáveis (15 dias)	20,00	1,1610	17,23
Subtotal	220,00		179,71
4. comissões (15 dias)	5,0%	1,1610	4,31%
5. PIS/COFINS (25 dias)	1,5%	1,2824	1,17%
Subtotal	6,5%		5,48%

Inflação/dia:

1. $(1{,}01)^{20} = 1{,}2202$

   $MP = (1{,}01)^{20} = 1{,}2202$
   PIS/COFINS = $(1{,}01)^{25} = 1{,}2824$
   Comissões = $(1{,}01)^{15} = 1{,}1610$
   MOD = $(1{,}01)^{30} = 1{,}3478$
   $MP = MP/(1 + \%\text{INF}/100)$ prazo MP/30
   $MP = \$\ 120/(1 + 34{,}78/100)\ 20/30$
   $MP = \$\ 98{,}35$

2. $(1{,}01)^{15} = 1{,}1610$

   $(1{,}01)^{30} = 1{,}3478$
   $MO = MO/(1 + \%\text{INF}/100)$ prazo $MO/30$
   $MO = \$\ 40/(1 + 34{,}768/100)\ 15/30$
   $MO = \$\ 64{,}13$

3. $(1{,}01)^{15} = 1{,}1610$

   $DV = DV/(1 + \%\text{INF}/100)$ prazo $DV/30$
   $DV = \$\ 20/(1 + 34{,}78/100)\ 15/30$
   $DV = \$\ 17{,}23$

4. $(1{,}01)^{15} = 1{,}1610$ (prazo médio de 15 dias)

5. $(1{,}01)^{25} = 1{,}2824$ (prazo médio de 25 dias)

Para calcularmos o preço líquido (exclui ICMS e IPI), vamos tomar por base \$ 179,71 e 5,48%, e não mais \$ 220,00 e 6,5%.

$$P = GV\,(+)\,\%\,\text{PIS/COFINS (ICMS)} + \%\text{MC}$$

$$P = \$\,179{,}71\,(+)\,0{,}0548P\,(1{,}20482)\,(+)\,0{,}51P$$

$$P = \$\,179{,}71\,(+)\,0{,}066P\,(+)\,0{,}51P$$

$$P = 0{,}5760P = \$\,179{,}71$$

$$P = \frac{\$\,179{,}71}{0{,}4240}$$

$P = \$\,423{,}84$ – (preço líquido à vista)

– preço com ICMS	= \$ 423,84 × 1,20482	= \$ 510,65
– preço com IPI	= \$ 510,65 × 1,15	= \$ 587,25

Comprovação de cálculos

	\$	%
– preço final	587,25	
(–) IPI (0,15 × \$ 510,65)	76,60	
(–) ICMS (0,17 × \$ 510,65)	86,81	
– preço líquido	423,84	100
(–) gastos variáveis	179,71	
(–) PIS/COFINS/comissões 0,0660 × \$ 423,84	27,98	
– margem de contribuição	216,15	51

3.b. Vamos refazer os cálculos considerando os prazos de pagamento, recebimento e recolhimento do ICMS e IPI.

ICMS

	Valor nominal	Prazo	Fator valor presente	Valor presente
Na venda	(+) 86,81	–	1,0000	86,81
Na compra	(–) 24,58	20 dias	1,2202	20,14
No recolhimento	(–) 62,23	25 dias	1,2824	48,52
	–	–	Ganho	\$ 18,15

IPI

	Valor nominal	Prazo	Fator valor presente	Valor presente
Na venda	(+) 76,60	–	1,0000	76,60
Na compra	(–) 21,69	20 dias	1,2202	17,78
No recolhimento	(–) 54,91	25 dias	1,2824	42,82
	–	–	Ganho	$ 16,00

$$\frac{\text{Ganho com ICMS/IPI}}{\text{Preço líquido}} = \frac{\$\ 18{,}15\ (+)\ \$\ 16{,}00}{\$\ 423{,}84} = 0{,}0806$$

Portanto, as diferenças de prazo de pagamento, recebimento e recolhimento do ICMS e IPI trazem um ganho para a empresa de 8,06% do preço de venda líquido.

Podemos agora calcular o preço de venda à vista, considerando todos os ganhos e perdas com a inflação.

Preço = Gastos Variáveis (+) % margem de contribuição

Preço = $ 179,71 (+) 0,51P (+) 0,066P (–) 0,0806

$$\text{Preço} = \frac{\$\ 179{,}71}{0{,}5046}$$

Preço = $ 356,14 (preço líquido à vista)

Estamos introduzindo esse ganho com IPI e ICMS como um gasto variável negativo, o que nos permitirá trabalhar com as alíquotas habituais do ICMS e IPI.

- preço com ICMS = $ 356,14 × 1,20482 = $ 429,08
- preço com IPI = $ 429,08 × 1,15 = $ 493,45

Comprovação dos cálculos

	$	%
– preço	493,45	
(–) IPI (0,15 × $ 429,08)	64,37	
(–) ICMS (0,17 × $ 429,08)	72,94	
– preço líquido	356,14	100
(–) gastos variáveis	179,71	

(–) PIS/COFINS/comissões		
0,0660 × $ 356,14	23,51	
(+) ganhos com ICMS e IPI		
0,0806 × $ 356,14	28,70	
– margem de contribuição	181,62	51
	À vista	***Com 20 dias de prazo***
– preço final	534,38	652,05
– preço líquido	356,14	434,56

Fator aplicado (1,01)20 = 1,2202

12.23 Caso prático nº 2

Formação do preço de venda à vista

Suponha a seguinte composição:

Custo	$ 1.500,00	} 79,35%
Despesas	$ 500,00	
Lucro (bruto)	$ 3.000,00	

Impostos			
ICMS	$ 1.134,00	=	18,00%
PIS	40,00	=	0,65%
Finsocial	$ 126,00	=	2,00%
Preço de venda	$ 6.300,00	=	100,00%
IPI	$ 630,00	=	10,00%
Preço Total	6.930,00	=	110,00%

Observação: Do valor do lucro ($ 3.000,00), 40% representa receita da União (Imposto de Renda e Contribuição Social) = $ 1.200,00.

Conclusão: Os Impostos participam com 45,16% de presença no faturamento!

ICMS	$ 1.134,00
PIS	$ 40,00
Finsocial	$ 126,00
IPI	$ 630,00
	$ 1.930,00
IR e Contrib.	
Social	$ 1.200,00
	$ 3.130,00

Percentagem:

$ 3.130 – *x*

$ 6.930 – 100%

x = 45,16%

12.24 Caso prático nº 3

Formação do preço de venda a prazo

Custo do dinheiro, ao mês: 15%

Custo	$ 1.500,00	62,85%
Despesas	$ 500,00	
Lucro (bruto)	$ 3.000,00	

Impostos

ICMS	$ 1.433,00	=	18,00%
PIS	$ 53,00	=	0,65%
Finsocial	$ 160,00	=	2,00%
Despesas Financeiras	$ 1.314,00	=	16,50%
Preço de venda	$ 7.960,00	=	100,00%
IPI	$ 796,00	=	10,00%
Preço Total	$ 8.756,00	=	110,00%

Observação: Despesas Financeiras

$$DF = 15\% \times 110\% = 16{,}5\%$$

Conclusão: O preço de venda a prazo (30 dias) aumentou o preço de venda à vista em 26,35%.

$ 6.930,00 – 100%

$ 8.756,00 – *x*

x = 26,35%

12.25 Caso prático nº 4

Resultado (Lucro) caso a empresa adote o repasse simples dos encargos financeiros ao preço total

Considerando:

Preço de venda à vista:	$ 6.930,00		
Acréscimo de 15%:	$ 7.970,00		
= Preço de venda total	$ 7.970,00	=	110,00%
– IPI	$ 725,00	=	10,00%
= Preço de venda	$ 7.245,00	=	100,00%
– Custo	$ 1.500,00		
– Despesas	$ 500,00		
– ICMS	$ 1.304,00	=	18,00%
– PIS	$ 47,00	=	0,65%
– Finsocial	$ 145,00	=	2,00%
– Despesas Financeiras	$ 1.196,00	=	15,00%*
– Lucro	$ 2.553,00		

* Despesas financeiras calculadas sobre o preço de venda total (c/IPI).

Conclusão: O lucro bruto da empresa, unitário, reduziu-se em 14,90%.

$ 2.553,00 – *x*

$ 3.000,00 – 100%

x = 14,90%

12.26 Caso prático nº 5

Cálculo do Preço de Custo e Preço de Venda

Considera-se custo de uma mercadoria o valor resultante da operação a seguir:

Fatores utilizados no cálculo	Valores
Valor da Mercadoria	100,00
(+) Valor do IPI (exemplo 10%)	10,00
(+) Valor proporcional do frete em relação ao total da Nota Fiscal (exemplo 5% de 110,00)	5,50
(–) Valor de crédito a título de ICMS no Frete	-0-
(+) Substituição Tributária	-0-
(–) Valor de crédito a título de ICMS (exemplo 12%)	(–) 12,00
(–) Desconto proporcional	
Custo da Mercadoria	103,50

Para efetivarmos o cálculo do custo médio, efetue o seguinte cálculo:

$$[(QtdExi \times CusAnt) + (QtdEnt \times CusAtu)]/(QtdExi + QtdEnt)$$

QtdExi = Quantidade existente

CusAnt = Custo médio anterior

QtdEnt = Quantidade de entrada

CusAtu = Custo Atual

Para efetivarmos o cálculo do Preço de Venda de uma mercadoria, além de seu custo devemos considerar os seguintes fatores:

Fatores utilizados no cálculo	Percentuais
Custo fixo em relação ao total do faturamento mensal	5,00
PIS e COFINS	2,65
ICMS de Venda	17,00
Índice para cálculo do preço mínimo (1 – (24,65/100)) = **0,7535**	24,65
Margem de lucro na mercadoria (exemplo 10%)	10,00
Índice para cálculo do preço de venda (1 – (34,65/100)) = **0,6535**	34,65

Observar que, quando temos pagamento de comissão a vendedores ou representantes, deverá ser acrescido no Custo Fixo o percentual de comissão e as leis sociais. Normalmente, as leis sociais correspondem ao mesmo valor das comissões.

Cálculo dos índices para os dois tipos de Preços de Venda:

Preço de Venda mínimo (margem de lucro zero) 103,50/0,7535	137,36
Preço de Venda (margem de lucro bruto sobre a mercadoria 10%) 103,50/0,6535	158,38

Desmembramento do Preço de Venda:

Fatores	Valores
Preço de Venda	158,38
Valor pago ao fornecedor	(–) 110,00
Valor pago à transportadora	(–) 5,50
Valor do ICMS (17%) 26,92 – 12,00 (Crédito Recebido na Entrada)	(–) 14,92
PIS/COFINS (2,65%)	(–) 4,19
Custo Fixo da empresa (5%)	(–) 7,92
Lucro Bruto sobre a mercadoria (que corresponde a 10% do preço de venda)	15,85

Formação do Preço de Venda à Vista na Indústria

Para uma decisão acertada quanto ao preço de venda, você tem que considerar vários fatores, e os principais são os custos que incorrem sobre a fabricação e venda dos produtos e uma análise apurada dos preços praticados pelos seus concorrentes.

Quanto ao primeiro fator a ser considerado, toda e qualquer empresa incorre em um conjunto de custos, que são os valores monetários por ela despendidos, para utilização dos elementos indispensáveis às atividades de produção e venda de seus produtos. Para uma correta apuração e apropriação dos custos, é necessário saber identificá-los e classificá-los.

Para tanto, explicitaremos algumas definições com relação à classificação dos custos.

Custos Variáveis de Produção (CVP) são todos aqueles que estão diretamente ligados à produção. Variam proporcionalmente à quantidade produzida e podem ser chamados também de Custos com Material Direto (CMD).

Custos Fixos (CF) são todos aqueles que independem, até certo limite, do volume de produção e venda dos produtos. Melhor dizendo, são os custos despendidos pela empresa para manutenção de sua estrutura operacional.

Custos Variáveis de Vendas (CVV) são todos aqueles que incidem sobre o preço de venda dos produtos. Variam de acordo com a quantidade vendida e são representados em % (percentual) sobre as vendas.

Outro componente do preço de venda é a margem de lucro que toda empresa almeja, pois é ela que remunera o capital investido (aplicado).

Para facilitar seu entendimento, ordenamos os seguintes passos:

1º Passo:

Verificar os preços nas notas fiscais de compras de materiais diretos e embalagens, retirando o ICMS que vem embutido. Somar os valores correspondentes a embalagem, seguro e frete. Quanto ao IPI, quando houver incidência dele na aquisição do material direto e não incidência na venda, ele deverá ser somado ao preço de aquisição; caso contrário, deverá ser retirado. Feito isso, colocar os valores devidos na tabela do Quadro 12.1 (coluna Preço unit.).

2º Passo:

Levantar as quantidades gastas com materiais diretos e embalagens para fabricação dos produtos e colocá-los no Quadro 12.1 (coluna Quant.).

3º Passo:

Estimar a quantidade de peças a serem produzidas no mês.

4º Passo:

Levantar todos os custos fixos que a empresa teve no mês da apuração e dividir pela quantidade total das peças produzidas nesse mesmo mês. A resultante é o Custo Fixo Unitário (CFU), que deverá ser somado ao custo unitário de material direto. Existem várias formas de rateio dos custos fixos, e essa é uma delas.

5º Passo:

Levantar todos os Custos Variáveis de Vendas (CVV).

6º Passo:

Verificar a margem de lucro pretendida.

Exemplo: Uma indústria de Confecção de Roupas de Cama, que fabrica basicamente lençóis de solteiro, acompanhado de fronha e lençóis de casal, com duas fronhas.

Cálculo do Preço de Custo e Preço de Venda

Quadro 12.1 Demonstração do levantamento dos custos.

Materiais Diretos						
Discriminação	**Unidade**	**Preço unit.**	**Quant.**	**Valor**	**Quant.**	**Valor**
Tecido			**Lençóis Solteiro**		**Lençóis Casal**	
Poliéster	M	5,30	1,90	10,07	2,5	13,25
Linha	–	–	–	0,07	–	0,10
Etiqueta	Un.	0,15	1,00	0,15	1,00	0,15
Embalagem	Un.	0,18	1,00	0,18	1,00	0,18
Total (CVP)				**10,47**		**13,68**

Quadro 12.2 Custos fixos.

Item	Discriminação	Valores
1	Salários + Encargos Sociais	940,00
2	Pró-Labore + Encargos Sociais	1.500,00
3	Honorários Contábeis	200,00
4	Água e Energia	40,00
5	Combustível e Lubrificantes	100,00
6	Lanche	70,00
7	Material de Limpeza e Escritório	40,00
8	Telefone	50,00
9	Depreciações	45,00
Total		**2.985,00**

Considerando que essa empresa fabricará 2.000 peças por mês, temos:

Custo de Produção (CP) = Custo com Material Direto (CMD) + Custo Fixo Unitário (CFU)

a) Lençol de Solteiro:

CP = $ 10,47 + $ 1,49; CP = $ 11,96

b) Lençol de Casal:

CP = $ 13,68 + $ 1,49; CP = $ 15,17

CUSTOS VARIÁVEIS DE VENDAS (CVV)	
ICMS	17% (alíquota hipotética)
PIS	0,65%
COFINS	3%
CSLL	1,08%
Imposto de Renda	1,2%
Comissão sobre Vendas	5% (a critério de cada empresa)
TOTAL	**27,93% de incidência sobre o preço de venda**

Lucro desejado por essa empresa: 10%

Observações:

a) a alíquota de ICMS é variável de acordo com o produto e a região;

b) para as empresas optantes pelo SIMPLES, deve-se observar as regras a elas aplicadas;

c) os valores utilizados são fictícios, não correspondendo a nenhuma moeda específica.

FORMAÇÃO DO PREÇO DE VENDAS

Fórmula básica:

$$\text{Preço de Venda (PV)} = \frac{\text{Custo de Produção (CP)}}{100\% - (\%\ \text{CVV} + \%\ \text{Lucro})}$$

a) Lençol de Solteiro:

$$PV = \frac{\$\ 11{,}96}{100\% - (27{,}93 + 10\%)}$$

$$PV = \frac{\$\ 11{,}96}{100\% - 37{,}93\%}$$

$$PV = \frac{\$\ 11{,}96}{62{,}07\%}$$

$$PV = 19{,}27$$

Portanto, o Preço de Venda (PV) do Lençol de Solteiro é $ 19,27.

b) Lençol de Casal:

$$PV = \frac{\$\ 15,17}{100\% - (27,93 + 10\%)}$$

$$PV = \frac{\$\ 15,17}{100\% - 37,93\%}$$

$$PV = \frac{\$\ 15,17}{62,07\%}$$

$$PV = 24,44$$

Portanto, o Preço de Venda (PV) do Lençol de Casal é $ 24,44.

APURAÇÃO DO PREÇO TOTAL DE VENDA

a) Lençol de Solteiro:

DESCRIÇÃO	VALOR	(%)	
Preço de Venda (PV)	$ 19,27		100,00
(–) Custo de Material	$ 10,47		54,33
(–) CVV × PV (27,93% × 19,27)	$ 5,38		27,92
(–) Custo Fixo Unitário (CFU)	$ 1,49		7,73
= Lucro Unitário	**$ 1,93**		**10,00**

b) Lençol de Casal:

DESCRIÇÃO	VALOR	(%)	
Preço de Venda (PV)	$ 24,44		100,00
(–) Custo de Material	$ 13,68		55,97
(–) CVV × PV (27,93% × 24,44)	$ 6,83		27,95
(–) Custo Fixo Unitário (CFU)	$ 1,49		6,10
= Lucro Unitário	**$ 2,44**		**10,00**

A par dos preços de venda dos produtos, deve-se analisar o segundo fator, que é de suma importância para a tomada de decisão quanto ao preço de venda ideal do produto. Analise os preços praticados por seus concorrentes e compare-os com os seus. Caso eles estejam abaixo dos seus, a melhor política é baixar o lucro, pois mais vale um produto girando que um produto parado.

Exemplo:

A Sociedade Empresária Alterosa Ltda. apresenta os seguintes dados:

- Custo de Aquisição dos produtos R$ 10,00
- ICMS sobre a venda 18,00%
- PIS sobre a venda 0,65%
- COFINS sobre a venda 3,00%
- Comissão sobre as vendas 5,00%
- Margem líquida desejada 40,00%

Com base nos dados informados, determine o preço de venda mínimo do produto.

Solução:

ML = PV – CP – Despesas sobre Venda
ML = 40,00% × PV

Logo,

$40\% \times PV = PV - R\$10{,}00 - (18\% + 0{,}65\% + 3\% + 5\%)\,PV$
$0{,}4 \times PV = PV - 10 - 0{,}2665 \times PV$
$10 = PV - 0{,}4 \times PV - 0{,}2665 \times PV$

Isolando o PV.

$10 = PV\,(1 - 0{,}4 - 0{,}2665)$
$PV = 10/\,(1 - 0{,}6665) = 29{,}985$
Preço de Venda = R$ 29,99

Caso Prático:

Considere para a Empresa Simões Crepaldi o custo de produção de cadeira = $ 50,42 e mesa = $ 82,55. Determine o Preço de Venda à Vista e o Preço de venda a Prazo, com acréscimo de 10%.

Preço de venda à Vista (PVV)	= 100,00%
(–) Impostos e taxas	= 20,65%
(–) Despesas Administrativas	= 15,00%

(–) Margem de lucro = 20,00%

44,45%

(=) *Mark-up* multiplicador

(100% : 44,35%) = 2,2548

PREÇO DE VENDA À VISTA

PVV (Cadeira) = 50,42 × 2,2548 = 113,69 = $ **114,00**

PVV (Mesa) = 82,55 × 2,2548 = 186,13 = $ **186,00**

PREÇO DE VENDA A PRAZO

PVP (Cadeira) = PVV (1 + i)

PVP (Cadeira) = 113,69 (1 + 0,10)

PVP (Cadeira) = 125,06 = $ **125,00**

PVP (Mesa) = PVV (1 + i)

PVP (Mesa) = 186,13 (1 + 0,10)

PVP (Mesa) = 204,74 = $ **205,00**

FORMAÇÃO DE PREÇO DE ALUGUEL DE EQUIPAMENTO

Método: retorno sobre o investimento

A empresa Cambuquira Ltda. é prestadora de serviço de locação de equipamentos de informática. Ela precisa calcular o preço da diária de locação de um tipo de projetor sem qualquer outro equipamento adicional. Para o projetor locado com outros equipamentos, será usada outra tabela de preços.

1. Dados para cálculo do preço

1.1 Custo direto

- Custo médio de entrega e retirada por projetor: R$ 67,00
- Custo do projetor (inclui custo estimado de reposição da lâmpada, considerando o lote de 60 projetores existentes): R$ 2.700,00
- Vida útil do projetor: 3 anos.
- Valor residual do projetor (10%): R$ 270,00.

- Meta de retorno do investimento em equipamentos: 15% ao ano (1,17% ao mês).

1.2 Carga tributária

- A empresa está no regime tributário de lucro presumido. A base de cálculo para o imposto de renda e a contribuição social sobre o lucro é 32%. As alíquotas são de 25% para o IRPJ e 9% para a CSLL.
- COFINS: 3%
- PIS: 0,65%
- ISS: 5%

1.3 Outros dados

- A empresa tem 60 projetores para locação.
- Média de diárias locadas de cada projetor por mês: 17
- Custo de manutenção do projetor: 0,7% ao mês sobre o valor de aquisição
- Custo mensal de administração da empresa Cambuquira Ltda.: R$ 42.435,34
- Percentual de rateio do custo de administração da empresa aplicável aos projetores: 13,2%

2. Cálculo do preço da diária do projetor

2.1 Custo direto

Custo de entrega e retirada por projetor (média) = R$ 67,00
Custo de manutenção mensal por projetor: 0,7% × R$ 2.700,00 = R$ 18,90
Custo de manutenção por diária do projetor = R$ 18,90/17 = R$ 1,11
Valor residual do projetor (10%) = 0,1 × R$ 2.700,00 = R$ 270,00

Valor presente do valor residual (FV = 270, i = 15% ao ano e n =3): R$ 177,53
Investimento líquido = R$ 2.700,00 – R$ 177,53 = R$ 2.522,47
Depreciação econômica mensal (FV = R$ 2.522,47, i = 1,17% ao mês, e n = 36 meses): R$ 56,75
Depreciação econômica por diária: R$ 56,75/17 = R$ 3,34
Remuneração mensal do investimento: 1,17% × R$ 2.522,47 = R$ 29,51
Remuneração do investimento por diária: R$ 29,51/17 = R$ 1,74
Total do custo direto: R$ 67,00 + R$ 1,11 + R$ 3,34 + R$ 1,74 = R$ 73,19

2.2 Custo indireto

Custo administrativo mensal da empresa: R$ 42.435,34

Custo administrativo mensal alocado aos 60 projetores:

$$13{,}2\% \times R\$\ 42.435{,}34 = R\$\ 5.601{,}46$$

Custo administrativo mensal por projetor: R$ 5.601,46/60 = R$ 93,36
Custo administrativo por diária do projetor: R$ 93,36/17 = R$ 5,49

2.3 Custo unitário total: R$ 73,19 + R$ 5,49 = R$ 78,68

2.4 Preço da diária

Carga tributária sobre vendas:

$$(0{,}32 \times 0{,}25) + (0{,}32 \times 0{,}09) + 0{,}03 + 0{,}0065 + 0{,}05 = 0{,}1953 \text{ ou } 19{,}53\%$$

Preço ideal: R$ 78,68 / (100% – 29.31%) = R$ 87,47

12.27 Considerações finais

O processo de formação de preços é naturalmente abrangente e complexo e, por isso, bastante desafiador. A não aceitação desse fato conduz habitualmente a decisões erradas. Em muitos casos, as consequências de decisões erradas de preço não se fazem sentir de imediato. É exatamente nesse ponto que a precificação incorreta pode ser mais danosa para a empresa.

Toda decisão de preço é vital para a empresa, pois afeta seu mercado, a rentabilidade do capital investido e sua própria sobrevivência. Apesar disso, encontra-se com frequência o método de tentativa e erro na formação de preços, centrado na experimentação de margens de lucro sobre o custo ou preço, cujos resultados, na maioria das vezes, são insatisfatórios. Embora todos os aspectos devam ser considerados no processo de formação de preços, alguns têm maior impacto sobre o grau de acerto das decisões de preço.

Principais pontos que não podem ser negligenciados no processo de formação ou análise de preços:

a) Retorno sobre o investimento é o objetivo final do preço – Margem de lucro sobre o custo ou sobre o preço são indicadores simplificados, mas dominantes na formação de preços de empresas, comerciais, industriais e de serviços. Deve ser destacado que o parâmetro final de avaliação do desempenho econômico empresarial é o retorno sobre o capital investido ou, dependendo do caso, sobre o valor de mercado da empresa. Assim, caso seja escolhido um determinado percentual de margem de lucro sobre o custo ou preço, é fundamental que seja monitorado o retorno sobre o investimento ou sobre o valor da empresa.

Muitas vezes as empresas usam percentuais tradicionais em seu setor – como é o caso do tradicional 30% sobre o custo, mas com resultados ruins sobre o mercado ou o retorno do investimento. O uso do retorno sobre o investimento como balizador final das decisões de preços também permite a adoção de margens de lucro diferenciadas por produtos ou serviços, gerando maior flexibilidade nas decisões de preço.

b) O rateio do custo indireto não deve ser rígido – Ao fazer alocação do custo indireto pela carteira de produtos ou serviços, a empresa não deve ficar refém de regras rígidas. Em primeiro lugar porque não existe, rigorosamente, um método preciso e indiscutível para fazer o rateio. Qualquer método sempre conterá alguma dose de subjetividade. Depois, não pode se perder de vista que o objetivo final do rateio é obter a cobertura dos custos indiretos com a venda dos produtos ou serviços. Desde que essa cobertura seja atingida, a forma como ela acontece não tem toda essa importância que geralmente lhe é atribuída.

c) A quantidade de produção ou operação potencial é a base para cálculo do custo unitário – os custos totais (diretos e indiretos) de um produto ou serviço são divididos por certa quantidade para fornecer o respectivo custo unitário. Essa quantidade é aquela que a empresa pode vender (capacidade instalada), e não aquela que ela vende (capacidade utilizada). A quantidade vendida (ou produzida) é usada pela contabilidade para fins de apuração de resultados. Usar a quantidade vendida para fins de formação de preços é tentar repassar ao cliente eventuais ineficiências de mercado da empresa.

d) Toda estratégia de preço deve ter um fundamento econômico – Qualquer estratégia de preço precisar estar ancorada em uma base econômica, que é, essencialmente, retorno sobre o investimento. Desde decisões simples, como fazer uma eventual promoção, como decisões mais complexas, como a definição das metas de preço e nicho de mercado, precisam observar o retorno sobre o investimento. São conhecidas algumas estratégias desastrosas, inclusive praticadas por grandes empresas brasileiras e internacionais, de praticar preços que lhe permitissem manter ou conquistar mercado. Muitas dessas empresas conseguiram o mercado pretendido, mas, entre elas, também muitas pagaram um preço alto: quebraram ou foram absorvidas pelos concorrentes.

e) Método correto de depreciação – Para fins de formação de preço, deve ser usada a depreciação econômica, que não é aquela empregada na contabilidade, pois esta usa a depreciação linear. Quando se usa a depreciação linear, sempre haverá aumento injustificável do aumento de custo e, consequentemente, de preço. Para processos que têm uso intensivo de equipamentos, o preço pode ficar desnecessariamente elevado em mais de 10%. A maioria das empresas emprega a depreciação linear. Esse fato pode permitir à empresa atenta praticar um preço menor, usando o método de depreciação econômica.

f) Evitar uso de margem de segurança na apuração dos custos – Uma prática frequente na apuração de custos é o uso de um percentual de margem de segurança para compensar possíveis falhas no cálculo. É preferível fazer uma apuração mais rigorosa dos custos, ainda que demorada, evitando o uso da margem de segurança. Em alguns casos, a aplicação da margem de segurança pode tirar a competitividade do produto ou serviço e, em outros, pode não ser suficiente para refletir seu real custo, não permitindo que a empresa tenha conhecimento da inadequação do preço formado.

g) Lucros excessivos são sempre temporários – Lucros excessivos existem eventualmente em todos os segmentos empresariais. Entretanto, nenhum lucro excessivo se mantém com o passar do tempo. No mercado competitivo, a entrada e saída de empresas é livre, e, por isso, no longo prazo, todo lucro econômico (lucro acima do custo de oportunidade) é nulo. A observação desse princípio permite à empresa que se encontra numa situação de lucro excessivo se preparar para a normalização do lucro.

Problemas

1. A Industrial Fundão necessita determinar o preço de venda de seu produto para comercialização dentro do Estado de Minas Gerais. Solicita seus préstimos para tanto, informando que:
   a. a Industrial Fundão está instalada no município de Ponte Nova;
   b. a empresa paga por quilo de matéria-prima adquirida o valor de $ 2.200,00, estando computados nesse valor o IPI de 10% e o ICMS de 12%;
   c. cada unidade produzida consome 2 kg de matéria-prima;
   d. os demais custos por unidade fabricada (MOD e CIF) são de $ 500,00;
   e. as despesas mensais são da ordem de $ 600.000,00 e a produção comercializada mensalmente, de 500 unidades;
   f. os impostos incidentes sobre vendas são: TONS, PIS, COFINS e o IPI de 5%;
   g. a empresa declara Imposto de Renda sobre o lucro real, a alíquota de 30%, mais Contribuição Social de 10%;
   h. a empresa deseja obter um lucro (antes do IR/CS) de 30% sobre o preço de fábrica, nas vendas estaduais;

i. o produto comercializado pela Industrial Brejo Alto não tem controle de preços pelo governo;

j. a empresa paga comissão de 5% sobre o preço de fábrica.

Pede-se obter o preço de venda final, nas vendas estaduais, à vista.

2. Caso a Industrial Fundão desejasse obter um lucro líquido (após o IR/CS) de 20% sobre o preço praticado, qual deveria ser este para atender ao retorno citado?

3. Por ocasião da apresentação dos preços de venda calculados conforme Questões 1 e 2, os sócios pedem-lhe que faça novamente os cálculos, na condição de um lucro calculado na forma de retorno sobre os investimentos fabris, da ordem de 100% sobre os custos incorridos por unidade. Tal retorno seria líquido do IR/CS.

4. Se a Industrial Fundão tencionasse vender para fora do Estado o produto, manteria o mesmo preço praticado nas vendas locais? Analise.

5. Se, por qualquer motivo, a empresa não conseguisse concretizar vendas à vista com os preços citados, qual o preço de venda a prazo (para pagamento com 30 dias) que deveria ser definido na condição de um lucro igual ao solicitado no Problema 2?

Considerar 25% de encargos financeiros ao mês.

Questões

1. A formação de preços é baseada em uma metodologia de:

a. ( ) gastos + margem de lucro;
b. ( ) margem de lucro + custos fixos;
c. ( ) margem de lucro + custos variáveis;
d. ( ) custos variáveis + custos fixos;
e. ( ) lucro bruto + custos fixos.

2. Na fixação do preço com base no custo por absorção (custo pleno):

a. ( ) o preço de venda é igual ao custo fixo + margem de lucro;
b. ( ) o preço de venda é igual ao custo variável + margem de lucro;
c. ( ) o preço de venda é igual ao custo total de produção (determinado pelo custeio por absorção) + o acréscimo percentual para proporcionar a margem de lucro;

d. ( ) o preço de venda é igual a gastos variáveis + gastos fixos;

e. ( ) o preço de vendas é igual a lucro bruto + gastos.

3. O método no qual a margem de lucro é calculada sobre a soma dos custos com as despesas variáveis, e não sobre a soma total de custos com o total das despesas como ocorre no custo pleno, é:

   a. ( ) fixação do preço com base no rendimento sobre o capital empregado;

   b. ( ) formação de preços de produtos padrão;

   c. ( ) fixação do preço com base no custo variável;

   d. ( ) fixação do preço com base no custo de transformação;

   e. ( ) fixação do preço com base no custo por absorção.

4. Varia(m) proporcionalmente ao volume de produção e/ou vendas:

   a. ( ) gastos fixos;

   b. ( ) lucros fixos;

   c. ( ) custo pleno;

   d. ( ) gastos variáveis;

   e. ( ) custos fixos.

5. Os principais fatores influenciadores no preço de vendas são:

   a. ( ) características do produto, situação econômico-financeira da empresa, preço de matéria;

   b. ( ) situação macroeconômica, estrutura de custos da empresa, características do produto;

   c. ( ) fornecedores-clientes, situação macroeconômica, estrutura de custos;

   d. ( ) custos fixos, governo, ponto e clientes;

   e. ( ) estruturas de custos da empresa, situação macroeconômica, metas mercadológicas, situação econômico-financeira da empresa, características do produto.

6. Método de formação de preço em que as despesas operacionais não são envolvidas no cálculo do preço:

   a. ( ) abordagem por margem de lucro;

   b. ( ) abordagem do custeio por absorção;

c. ( ) absorção RKW;

d. ( ) abordagem do custo variável;

e. ( ) abordagem de custeio por transformação.

7. Na formação de preço por meio do custo financeiro, usa-se a fórmula (que é baseada na matemática financeira):

a. ( ) $VA = VF\,(1 + i)^n$;

b. ( ) $VF = VA + (1 + i)^n$;

c. ( ) $VF = n\,(1 + i)^{VA}$;

d. ( ) $VF = VA\,(1 + i)^n$;

e. ( ) $VF = VA\,(1 + n)^e$.

8. A fórmula para encontrar o ponto de equilíbrio é de grande importância na formação de preço e consiste em:

a. ( ) PE = custo fixo/margem de contribuição;

b. ( ) PE = lucro bruto × preço de venda;

c. ( ) PE = despesas financeiras/lucro bruto

d. ( ) PE = custo fixo × margem de contribuição;

e. ( ) PE = margem de contribuição × preço variável.

9. O primeiro objetivo na formulação do preço de um produto é cobrir todos os custos variáveis incorridos em sua fabricação e venda.

O segundo objetivo é:

a. ( ) em nível contábil;

b. ( ) a utilização do custeio por absorção;

c. ( ) utilizar o conceito da margem de contribuição;

d. ( ) obter a maior margem possível a fim de que possam ser cobertos os custos fixos e seja obtido lucro;

e. ( ) obter capital aberto à publicação de seus demonstrativos a valor atual.

10. Dos custos em que a empresa incorre, podemos classificá-los em fixos e variáveis. Os custos fixos:

a. ( ) são os que, em seu total, não se alteram com o volume de produção ou com vendas;

b. ( ) variam proporcionalmente ao volume de produção ou com vendas;

c. ( ) são orçamentos anuais e lucro desejado;

d. ( ) são o patrimônio líquido da empresa;

e. ( ) são iguais ao total do ativo.

11. O que é margem de contribuição?

a. ( ) é dar lucro para a empresa;

b. ( ) é encontrar despesas operacionais;

c. ( ) é o principal indicador de desempenho dentro da ótica do sistema de custeio direto;

d. ( ) é determinação e comparação de preços;

e. ( ) é amortizar os custos e as despesas fixas.

12. Por meio do ponto de equilíbrio, pode-se definir a quantidade mínima necessária para iniciar a obtenção de lucro, através da fórmula:

a. ( ) margem de contribuição/ponto de equilíbrio;

b. ( ) despesas financeiras/despesas administrativas;

c. ( ) custos fixos/custos variáveis;

d. ( ) custos variáveis/ponto de equilíbrio;

e. ( ) despesas fixas/ponto de equilíbrio.

13. Para uma simplificação dos métodos na formação de preços, devemos classificar os gastos em:

a. ( ) médios e altos;

b. ( ) fixos e variáveis;

c. ( ) secundários e terciários;

d. ( ) primários e secundários;

e. ( ) variáveis e retornáveis.

14. Na formação de preços de venda, as empresas devem se basear:

a. ( ) somente na contabilidade de custos;

b. ( ) na contabilidade de custos e no custo-padrão;

c. ( ) na contabilidade de custos, no tipo de mercado consumidor e na concorrência;

d. ( ) somente na concorrência;

e. ( ) somente no tipo de mercado.

15. Sobre a formação do preço de venda de um produto, podemos afirmar corretamente que:

a. ( ) só pode ser formado somando ao custo o valor dos impostos, despesas e lucro;

b. ( ) só pode ser formado somando ao custo apenas os impostos sobre vendas;

c. ( ) deve ser formado pelo custo apurado levando em consideração o tipo de mercado e a concorrência;

d. ( ) só pode ser formado pelo custeio direto acrescido do lucro;

e. ( ) só pode ser formado pelo custeio ABC acrescido do lucro desejado, independentemente do tipo de produto e mercado.

16. A Indústria Paraguaçu Ltda. fabrica produtos de alta precisão. Sabe-se que os gestores dessa empresa acrescentam o valor percentual de 20% sobre o custo de produção de seus produtos para formar o seu preço de venda (antes de serem considerados os impostos). Recentemente, essa empresa desenvolveu um novo produto, cujo custo de produção equivale a R$ 10 mil.

Com base nessas informações, considerando os percentuais de 18% de ICMS e 10% de IPI, o valor total da nota fiscal de venda de uma unidade desse novo produto seria de:

a. ( ) $ 14.800,00;

b. ( ) $ 15.360,00;

c. ( ) $ 16.097,56;

d. ( ) $ 30.518,29;

e. ( ) $ 25.260,00.

17. A Empresa Varginha Ltda. obteve as seguintes informações em seu departamento de custos:

Custo variável unitário	R$ 30,00
Perdas financeiras	3%
Despesas administrativas	20%
Impostos	6%
Comissões	3%

Para que a empresa tenha uma margem de lucro líquida de 20%, seu preço de venda pelo *mark-up* será de:

a. ( ) R$ 37,50;

b. ( ) R$ 50,00;

c. ( ) R$ 57,69;

d. ( ) R$ 58,82;

e. ( ) R$ 62,50.

18. É muito importante que o empreendedor conheça o próprio negócio, para não deixar nas mãos de terceiros cuidados essenciais, como a boa gestão de custos. O conhecimento do assunto auxilia o proprietário do negócio a ter uma boa gestão financeira: administrar e controlar os custos gerados na produção e comercialização de serviços ou produtos. O preço final de um serviço prestado ou produto vendido depende do quanto é investido para que ele exista. Caso a gestão de custos não seja eficaz, corre-se o risco de a empresa cobrar valores que não condizem com a realidade, o que pode afetar as margens de lucro, o volume de vendas ou o andamento geral do negócio.

Considerando essas informações, avalie as asserções a seguir e a relação proposta entre elas.

I. Quando o preço de venda de um produto ou serviço é determinado pelo mercado, a empresa só ampliará sua margem de lucro por meio da redução de custos e aumento da produtividade.

PORQUE

II. Praticar preços acima do mercado, quando os produtos ou serviços não agregam valores que os diferenciem de outros produtos similares disponíveis, provocará queda da demanda esperada, uma vez que os consumidores tentarão a comprar dos concorrentes.

A respeito dessas asserções, assinale a opção correta.

a. ( ) as asserções I e II são proposições verdadeiras, e a II é uma justificativa correta da I;

b. ( ) as asserções I e II são proposições verdadeiras, mas a II é uma justificativa correta da I;

c. ( ) a asserção I é uma proposição verdadeira, e a II é uma proposição falsa;

d. ( ) a asserção I é uma proposição falsa, e a II é uma proposição verdadeira;

e. ( ) as asserções I e II são proposições falsas.

19. A Empresa Campanha Ltda. coletou, para formação do preço de venda de seu único produto, as seguintes informações:

Custo por unidade produzida	R$ 120,00
Tributos incidentes sobre as vendas (ICMS, PIS, COFINS, IPI)	29,65%
Despesas com vendas	3,00%
Despesas administrativas	2,35%
Margem de lucro desejado	25,00%

A partir das informações apresentadas, conclui-se que o preço de venda à vista a ser praticado pela empresa deve ser de:

a. ( ) R$ 200,00;

b. ( ) R$ 300,00;

c. ( ) R$ 320,00;

d. ( ) R$ 340,00;

e. ( ) R$ 360,00.

20. A Sociedade Empresária Simões Crepaldi apresenta os seguintes dados:

Custo de aquisição dos produtos	R$ 10,00
ICMS sobre Vendas	18%
PIS sobre a Venda	0,65%
COFINS sobre a Venda	3,00%
Comissão sobre as Vendas	5,00%
Margem Líquida desejada	40%

Com base nos dados informados, o preço de venda mínimo do produto deve ser de, aproximadamente:

a. ( ) R$ 13,63;

b. ( ) R$ 18,18;

c. ( ) R$ 26,08;

d. ( ) R$ 29,99.

21. A Empresa Ipiranga Ltda., produzindo e vendendo 50.000 unidades do produto X, apresentou os custos abaixo.

Custos fixos totais	R$ 1.100.000,00.
Custos variáveis totais	R$ 5.000.000,00.
Ponto de equilíbrio contábil	20%.

Com base nesses dados, o preço de venda do produto X, em reais, é de:

a. ( ) 210,00;
b. ( ) 200,00;
c. ( ) 180,00;
d. ( ) 175,00;
e. ( ) 150,00.

Gabarito

1. (a)	6. (b)	11. (c)	16. (b)	21. (a)
2. (c)	7. (d)	12. (e)	17. (e)	
3. (c)	8. (a)	13. (b)	18. (a)	
4. (d)	9. (d)	14. (c)	19. (b)	
5. (e)	10. (a)	15. (c)	20. (d)	

Resolução de Questões Selecionadas

20.
100% PV = 10,00 + 66,65%
100% – 66,65% = 10 PV
10PV = 33,35

PV = 10/33,35
PV = 0,2998 × 100
PV = R$ 29,99

21.
Custos fixos totais = R$ 1.100.000,00
Custos variáveis totais = R$ 5.000.000,00
Quantidade = 50.000
Ponto de equilíbrio contábil = 20%
PV = Preço de Venda

Ponto de Equilíbrio Contábil = 20% ⇒ para atingir o ponto de equilíbrio contábil, para o Preço de Venda (PV) adotado, basta produzir 20% × 50.000 unidades, isto é, 10.000 unidades.

Custos Variáveis Unitários = R$ 5.000.000,00/50.000 unidades = R$ 100,00 por unidade

Ponto de Equilíbrio Contábil

Preço de Venda × Quantidade = Custos Fixos + Custos Variáveis
PV × 10.000 unidades = R$ 1.100.000,00 + 100 × 10.000 unidades

PV = 110 + 100 = R$ 210,00

Gestão e Análise de Orçamentos 13

■ Objetivos

» Mostrar como os recursos podem ser obtidos e gastos na realização das atividades da empresa.

» Identificar, otimizar os resultados ou detectar possíveis distorções geradas por premissas e objetivos empresariais.

» Avaliar a situação econômico-financeira da empresa, sua filosofia operacional e as decisões relacionadas aos investimentos em ativos permanentes.

13.1 Introdução

O orçamento, segundo Sardinha (2008), é uma ferramenta que:

- comunica a estratégia em todos os níveis gerenciais, pormenorizando os planos de cada centro de responsabilidade;
- coordena as várias atividades da organização, evitando duplicidade de trabalhos;
- define responsabilidade, autoriza limites de gastos e informa o desempenho que se espera;
- é um instrumento de avaliação, isto é, um contrato ou acordo com os gestores visando aos planos servirem como base para avaliação da *performance* desses e da empresa.

O processo de análise do orçamento não acontece num só instante, mas sim ao longo de todo o desenvolvimento do orçamento. Quando é estabelecido o cronograma (plano de datas) de elaboração do orçamento, especificando as datas definitivas, o departamento de orçamento analisa a viabilidade e exequibilidade. Uma vez fixadas as datas, o departamento de orçamento verifica se as áreas estão respeitando os *deadlines* (datas limites de entrega) e, quando não, toma as providências cabíveis.

Concluída a elaboração do orçamento, os valores apresentados pela demonstração de resultados e pelo balanço projetado devem ser objeto de análise que vise otimizar os resultados ou detectar possíveis distorções geradas por premissas e objetivos considerados em sua elaboração.

Essas análises críticas são feitas pelo uso de técnicas de análise econômico-financeira. Entre elas, particular importância assume a análise do ponto de equilíbrio ou da relação custo-volume-resultado e a análise da taxa de retorno sobre o investimento.

No processo de análise crítica dos resultados financeiros, os instrumentos citados são fundamentais para avaliar a situação econômico-financeira da empresa, sua filosofia operacional e as decisões relacionadas com os investimentos em ativos permanentes. Permite, também, avaliar a estrutura de capitais e, consequentemente, otimizá-la.

O orçamento de financiamento identifica as necessidades de recursos de terceiros para fazer face aos novos investimentos ou à reformulação da estrutura de capital.

O orçamento geral é um resumo dos planos de uma empresa, no qual são fixadas metas específicas de atividades de venda, produção, distribuição e financiamento, e que, regra geral, culmina na elaboração do orçamento do resultado e fluxo de caixa projetado.

13.2 Como analisar um orçamento

Ainda não existe formalizada uma metodologia para análise de orçamentos. O que encontramos em empresas que possuem sistema de orçamentos amadurecido são métodos próprios e específicos conforme o estilo e a habilidade conceitual de sua administração.

Quando a área de orçamentos recebe as premissas, estas são analisadas e confrontadas com os objetivos da direção e confrontadas com as do ano anterior. As premissas são utilizadas na elaboração de simulações. A direção escolherá aquela alternativa que melhor expresse os objetivos da empresa. Normalmente, são feitos três tipos de simulações:

- simulação otimista;
- simulação realista;
- simulação pessimista.

A análise dos orçamentos será baseada nos seguintes aspectos:

- ponto de equilíbrio;
- análise financeira de balanços, que envolve a análise de índices e indicadores econômico-financeiros (liquidez, endividamento, lucratividade, rentabilidade);
- análise de variações com o ano anterior ou com o orçamento anterior do mesmo período;
- análise conjunta com os representantes dos centros de responsabilidade.

Após a adoção de um orçamento, este será confrontado com os resultados reais. A área de orçamentos investigará as variações buscando as causas nas áreas de responsabilidade.

A seguir, apresentaremos esquema de análise de orçamentos:

- ponto de equilíbrio;
- margem de segurança;
- análise financeira de orçamentos;
- análise de variações para controle orçamentário;
- análise de variações por produto.

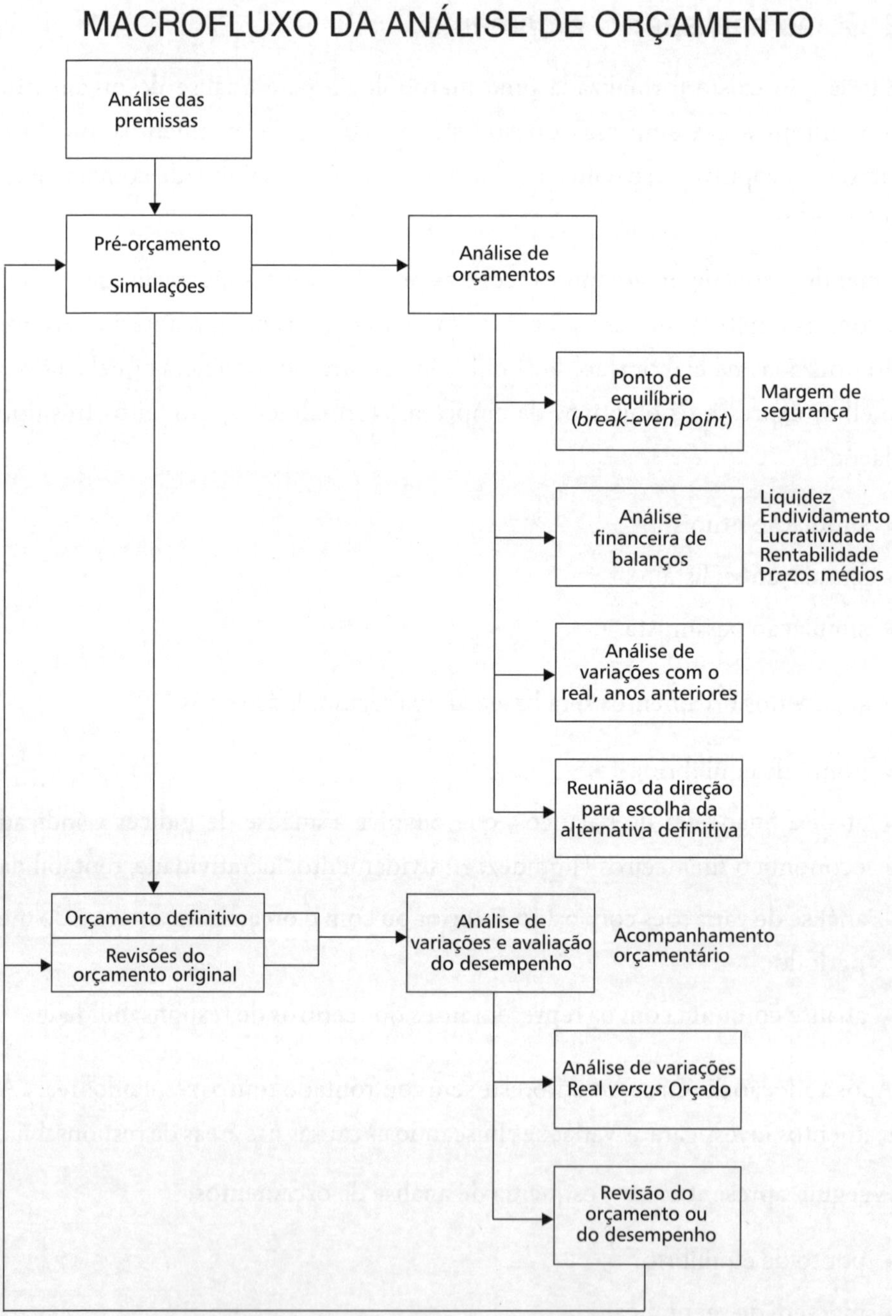

13.3 Ponto de equilíbrio

A análise do ponto de equilíbrio ou ponto de ruptura baseia-se na relação Custo-Volume-Resultado. Embora essas análises possam ser aplicadas a dados históricos, sua utilização mais importante está ligada às estimativas futuras. Se forem usados orçamentos variáveis, os dados básicos para essas análises já estarão disponíveis. É importante reconhecer que as análises do ponto de equilíbrio dependem de uma identificação válida da variabilidade dos custos, em relação ao volume de atividade, ou seja, de uma identificação dos componentes fixo e variável de qualquer item de custo. O ponto de equilíbrio (*break-even point*) é definido como o volume de vendas em que a receita total é exatamente igual ao custo total.

Essa análise preocupa-se diretamente com o efeito sobre os resultados de:

- alterações de custos fixos;
- alterações de custos variáveis;
- alterações do volume físico de vendas;
- alterações de preços de vendas;
- alterações da distribuição relativa de linhas de produtos vendidos (*mix*).

Uma análise que pode fornecer informações à direção, sobre esses efeitos e outras inter-relações, logicamente possui valor considerável em muitas áreas de decisões.

Exemplo:

Uma empresa industrial vendeu, em determinado período, 5.000 unidades ao preço unitário de $ 10,00. O custo variável unitário era de $ 5,00, e os custos fixos totalizaram $ 15.000.

Demonstração Simplificada do Resultado Operacional

Componentes	**$**	**%**
1. Vendas líquidas (5.000 unidades × $ 10,00)	50.000	100
2. Custos variáveis (5.000 unidades × $ 5,00)	25.000	50
3. Margem bruta	25.000	50
4. Custos fixos	15.000	30
5. Lucro operacional	10.000	20

Determinação do Ponto Crítico

$$\text{Ponto de Equilíbrio} = \frac{\$\ 15{,}00}{1 - \dfrac{\$\ 5{,}00}{\$\ 10{,}00}}$$

$$PE_{total} = \$\ 30.000$$

$$PE_{unidades} = \frac{\$\ 30{,}00}{10{,}00} = 3.000 \text{ unidades}$$

Determinação do Ponto de Equilíbrio

$$PE_{total} = \frac{\text{Custos fixos}}{1 - \dfrac{\text{Custo variável unitário}}{\text{Preço de venda unitário}}}$$

ou

$$PE_{unidade} = \frac{\text{PE total}}{\text{Preço unitário}}$$

Verificação do Ponto de Equilíbrio

		$
1. Vendas no nível do Ponto de Equilíbrio		
3.000 unidades × $ 10,00	=	30.000
2. Custos variáveis no nível do Ponto de Equilíbrio		
3.000 unidades × $ 5,00	=	15.000
3. Margem bruta	=	15.000
4. Custos fixos	=	15.000
5. Resultado		nulo

13.4 Margem de segurança

O conceito de margem de segurança está diretamente relacionado ao ponto de equilíbrio e mede a distância entre o valor das vendas correspondentes a esse ponto com o valor efetivo ou planejado de vendas. Quanto mais o valor das vendas efetivas ou planejadas for superior ao das vendas no ponto de equilíbrio, maior será a margem de segurança, ou seja, mais segura do risco operacional estará a empresa. Em outras palavras, mede a resistência da empresa à redução do volume de operações.

$$MS = \frac{\text{Quantidade vendida acima do ponto de equilíbrio}}{\text{Quantidade vendida no ponto de equilíbrio}} \times 100$$

ou então:

$$MS = \frac{\text{Receita efetiva} - \text{Receita no ponto de equilíbrio ou planejada}}{\text{Receita no ponto de equilíbrio}} \times 100$$

No exemplo anterior tínhamos:

$$MS = \frac{\text{Quantidade vendida acima do ponto de equíbrio}}{\text{Quantidade vendida no ponto de equíbrio}} \times 100 \quad \frac{5.000 - 3.000}{3.000} \times 100 = 66{,}67\%$$

ou

$$MS = \frac{\text{Receita efetiva} - \text{Receita no ponto de equilíbrio ou planejada}}{\text{Receita no ponto de equilíbrio}} \times 100 \quad \frac{5.000 - 3.000}{3.000} \times 100 = 66{,}67\%$$

13.5 Análise financeira de orçamentos

A análise do orçamento é feita principalmente com o auxílio da análise de balanços. Todas as técnicas empregadas na análise de balanços deverão ser empregadas para avaliar as alternativas de orçamentos.

Basicamente, a análise financeira do orçamento será composta pelas seguintes técnicas:

Técnica	Objetivo
Análise por meio de índices	Permitir um diagnóstico geral da situação econômico-financeira da empresa.
Análise Vertical/Horizontal	Possibilitar a descrição de detalhamento da situação econômico-financeira que escapa à abrangência dos índices.
Modelos de Análise de Rentabilidade	Dar ampla e profunda visão sobre os fatores que interferem na rentabilidade de uma empresa.

Podemos utilizar os conceitos de alavancagem financeira, alavancagem operacional e confronto dos índices encontrados com índices-padrões no ramo ou setor em que a empresa se encontra ou índices-padrões dados pela administração.

13.6 Análise de variações para controle orçamentário

O confronto entre resultados reais e objetivos orçados é denominado análise de variações. A análise de variações permite a avaliação do desempenho e a indicação das variações. Isso permitirá que a administração atue nas execuções.

Um aspecto importante de uma variação, caso ela seja significativa, é o fato de poder levar a uma cuidadosa análise pela administração, com o objetivo de apontar as causas e as medidas corretivas/preventivas apropriadas.

Ao investigar dada variação, devemos considerar as seguintes probabilidades:

- relevância da variação: devemos avaliar o grau de importância da variação;
- erros de informação: tanto os dados de orçamento quanto os dados reais devem ser examinados para ter-se a certeza de que não há erros de informação;
- a variação deve-se a uma decisão: muitas vezes, a administração tomará decisões causadoras de variações, com o intuito de aumentar a eficiência ou atender a certas exigências. Pode-se, por exemplo, realizar um projeto publicitário especial e não planejado previamente;
- variações não controláveis: muitas variações são explicáveis em termos do efeito de fatores não controláveis, por exemplo, inflação;
- variações cuja causa não é conhecida: essas variações devem constituir motivo central de preocupação e devem ser cuidadosamente analisadas. Essas são as exceções que geralmente requerem a tomada de medidas corretivas.

Exemplo:

ANÁLISE DE VARIAÇÕES POR PRODUTO
RELATÓRIO COMPARATIVO DOS RESULTADOS – ANO 8

Discriminação	$			%
	Orçado	Real	Favorável/ (Desfavorável)	
Vendas	10.000	9.200	(800)	8,0
Custo Produtos Vendidos	6.000	6.100	(100)	1,0
Margem Bruta	4.000	3.100	(900)	22,5
Promoção e Propaganda	1.500	1.400	100	6,7
Margem de Contribuição do Produto	2.500	1.700	(800)	32,0

13.7 Caso prático

EMPRESA CADEIRAS FORTES LTDA.

Calcular o "Ponto de Equilíbrio" em quantidade (Peq).

Calcular o "Ponto de Equilíbrio" em valor (Pe$).

Calcular a Margem de Segurança.

Considere as seguintes informações:

Discriminação	$ Cadeiras	
	Luxo	*Standard*
Preço líquido de vendas	553,33	276,67
Custos variáveis unitários	244,00	192,00
Custos fixos diretos	35.000,00	
Custos fixos indiretos	16.000,00	
Despesas fixas administrativas/comerciais	20.000,00	

Fórmulas

PEq = custos fixos ÷ Margem de contribuição unitário

PE$ = PEq × Preço de Venda líquido unitário

Solução

Fórmulas

PEq = Custos fixos ÷ Margem de contribuição unitária

PEq × Preço de venda

PE$ = líquido unitário

ou

PE$ = Custos fixos ÷ [1 – (Custos variáveis unitários ÷ Preço de venda líquido unitário)]

PEq para cadeiras de luxo

PEq do setor (Unidade de negócio)

$ 35.000,00 ÷ 309,33 = 113 cadeiras

Interpretação

A partir da 114ª cadeira vendida, o setor de cadeiras de luxo estará contribuindo para absorver os custos e despesas de estrutura (comuns) e gerar lucro.

Peq geral

($ 35.000,00 + $ 16.000,00 +

$ 20.000,00) ÷ $ 309,33 =

$ 71.000,00 ÷ $ 309,33 = 230 cadeiras

Interpretação

A partir da 231ª cadeira de luxo vendida, o setor estará gerando lucro para a empresa.

PE$ para cadeiras de luxo

PE$ do setor = 113 cadeiras × $ 553,33 = $ 62.526,29

PE$ geral = 230 cadeiras × $ 553,33 = $ 127.265,90

PEq para cadeiras *standard*

Peq do setor (unidades de negócio) = <u>zero</u>

Interpretação

Em razão de não haver custos fixos diretos no setor, qualquer cadeira vendida, o setor de cadeiras *standard* estará contribuindo para absorver os custos e despesas de estrutura (comuns) e gerar lucro.

Peq geral

($ 16.000,00 + $ 20.000,00) ÷ $ 84,67 = <u>425 cadeiras</u>

Interpretação

Idem cadeiras de luxo

PE$ para cadeiras *standard*

PE$ geral = 425 cadeiras × 276,67 = 117.584,75

Observação:

Em períodos de inflação relevante, o custo do "Ciclo de Caixa" deve ser considerado no cálculo do "Ponto de Equilíbrio".

Por exemplo, se:

a. o "Ciclo de Caixa" do setor de cadeiras de luxo for de 20 dias, ou seja, o prazo de pagamento de custos e despesas, menos o prazo de recebimento de clientes, for de 20 dias;
b. a inflação do setor (indústria de móveis) for de 10% a.m.;
c. a comissão sobre vendas for paga somente no recebimento das vendas.

Portanto:

Custo do "Ciclo de Caixa" dos custos variáveis de cadeiras de luxo

$ 230,00 × (0,1 ÷ 30 dias × 20 dias) = $ 15,33.

Custo do "Ciclo de Caixa" dos custos e despesas fixas

Diretos do setor = \$ 35.000,00 × (0,1 ÷ 30 dias × 20 dias) = \$ 2.333,33

Indiretos do setor = <u>\$ 36.000,00</u> × (0,1 ÷ 30 dias × 20 dias) = <u>\$ 2.400,00</u>

Total \$ 71.000,00 \$ 4.733,33

PEq do setor = (\$ 35.000,00 + \$ 2.333,33) ÷ (\$ 309,33 – \$ 15,33) = \$ 37.333,33 ÷ \$ 294,00 = <u>127 cadeiras</u>

PEq geral = (\$ 71.000,00 + \$ 4.733,33) ÷ (\$ 309,33 - \$ 15,33) = \$ 75.733.33 ÷ \$ 294,00 = <u>258 cadeiras</u>

13.8 Orçamento Base Zero

No **Orçamento Base Zero**, devem-se orçar as despesas com base em cada processo, projeto e atividade necessários para atingir as metas e os objetivos definidos pela empresa, e cada despesa deve ser discutida e justificada pelos gestores. Dessa maneira, garantem-se somente as despesas essenciais para o ano seguinte. Questionam-se as bases. O OBZ desenvolve orçamentos sem usar as indicações dos números do ano anterior. Toda a atividade é constituída do zero (base zero). Isso ajuda os gerentes a pensar criativamente sobre suas atividades e, assim, reduzir as folgas dentro da organização. A desvantagem óbvia do OBZ é o processo longo e intricado que se faz necessário.

Na maioria das organizações, portanto, o OBZ é usado infrequentemente. Se for implementado frequentemente como técnica orçamentária, os gerentes irão muitas vezes recorrer às mesmas explicações do ano anterior, tacitamente tomando o OBZ em orçamento incremental.

Por esse modelo de orçamento não levar em consideração os dados históricos para realizar o orçamento, ele acaba tomando muito mais tempo, pois todos os gastos da empresa deverão ser discutidos e justificados, porém tem como vantagem a eliminação de processos e projetos que não estejam alinhados com os objetivos da empresa.

Pelas características do Orçamento Base Zero, sua utilização é indicada principalmente quando se deseja realizar uma reestruturação na empresa.

13.9 EBITDA

Outro método de análise organizacional é o *Earnings Before Interest, Taxes, Depreciation and Amortization (EBITDA)* (lucro antes dos juros, impostos sobre o lucro, depreciação e amortização), o qual, usado isoladamente e sem critério, não é suficiente para analisar uma empresa. Em termos bastante simples, essa questão resume a principal discussão que está ocorrendo neste momento em que os balanços têm sua validade contestada e os investidores relutam em comprar ações. Qual é o melhor método de análise de uma organização? Contadores e investidores vêm debatendo se avaliar apenas o resultado operacional de uma organização é suficiente para determinar a qualidade do negócio. Mais especificamente, o que os especialistas analisam é a capacidade do indicador EBITDA, caixa gerado pelos ativos utilizados na operação, de antecipar, sozinho, se uma organização vai bater a concorrência ou se vai falir.

Desde o começo dos anos 1990, o EBITDA vem sendo cada vez mais utilizado na hora de analisar uma organização. O EBITDA mostra o potencial de geração de caixa de um negócio, pois indica quanto dinheiro é gerado pelos ativos operacionais. O que se discute é até que ponto ele é suficiente como regra de decisão sobre o futuro de uma companhia.

O EBITDA não considera os gastos financeiros, indica quanto dinheiro os ativos operacionais de uma organização produzem. Há um grande espaço para interpretações entre o resultado operacional e o lucro líquido.

A estratégia de internacionalização das organizações, via aquisições no exterior, tornou a situação ainda mais complexa. As formas de contabilizar depreciação, dívidas e impostos só são comparáveis dentro de um mesmo país. Quando a economia se globaliza, os mesmos números passam a mostrar informações muito diferentes. No Brasil, a depreciação dos ativos pode ser contabilizada em até dez anos, ao passo que nos Estados Unidos esse prazo é muito menor.

O EBITDA não é afetado por variáveis específicas de cada país, como taxas de juro, regras de depreciação e, principalmente, as complexas diferenças entre as leis tributárias. Tudo isso torna muito mais difícil fazer qualquer projeção sobre os resultados futuros da organização. O EBITDA é uma variável operacional e muda pouco de ano para ano e de país para país. Por isso, ele é uma ferramenta muito útil quando uma organização resolve comparar-se com um concorrente ou globalizar suas operações.

Permite usar o passado para estimar o futuro, o que é algo difícil na contabilidade. É possível conciliar as estimativas futuras de fluxo de caixa com o resultado obtido em exercícios passados. É por causa desse poder de análise que o EBITDA ganhou tanta relevância nos últimos anos.

Entretanto, se há tantas vantagens, por que as críticas ao EBITDA? As organizações têm de voltar a indicadores mais básicos, como entrada e saída de dinheiro do caixa. A ênfase excessiva na geração de caixa levou a alguns maus negócios dos anos 1990. As pessoas começaram a usar o EBITDA como se fosse uma medida exata de valor de organizações, mas ele é um instrumento que mostra, quando muito, se o negócio deve ou não ser analisado a fundo. Além disso, não considera o endividamento. Isso não é um problema quando o capital é abundante e barato, pois a ideia é que é possível rolar qualquer dívida a um preço menor se a organização for comprada por uma concorrente maior ou mais lucrativa. Só que tudo muda quando o crédito está mais apertado, como agora. Ainda, o EBITDA não interessa tanto assim a um investidor minoritário de longo prazo, que está preocupado mesmo com a política de dividendos da organização.

Não dá para seguir adiante em uma negociação de compra ou em uma análise de investimento sem considerar outros fatores como o endividamento e a estrutura de capital da organização.

Questões

1. A peça orçamentária que identifica as necessidades de recursos de terceiros para fazer face aos novos investimentos ou à reformulação da estrutura de capital da companhia é denominada:

   a. ( ) Orçamento de Investimentos;

   b. ( ) Orçamento de Financiamentos;

   c. ( ) Orçamento de Caixa;

   d. ( ) Orçamento de Despesas Financeiras;

   e. ( ) Ponto de Equilíbrio Projetado.

2. A Salinas Potiguar Ltda. deseja avaliar o risco, pela medida estatística da amplitude, de cada um dos cinco projetos que está analisando. Os administradores da empresa fizeram estimativas pessimistas, mais prováveis e otimistas dos retornos anuais, como apresentado a seguir.

Estimativa	Taxas Anuais de Retorno (%)				
	Projeto A	Projeto B	Projeto C	Projeto D	Projeto E
Pessimista	14	6	10	11	12
Mais provável	16	16	16	16	16
Otimista	18	22	25	19	22

   Com base nas informações anteriores, o projeto de maior risco é o:

   a. ( ) A;

   b. ( ) B;

c. ( ) C;

d. ( ) D;

e. ( ) E.

3. O *Earnings Before Interest, Taxes Depreciation and Amortization* (EBITDA) é um indicador financeiro. Considerando o EBITDA da empresa DELTA, temos:

- *EBITDA referente ao exercício de 2005 – R$ 300.000,00.*
- *EBITDA referente ao exercício de 2006 – R$ 20.000,00.*

Esses resultados indicam que:

a. ( ) as operações da empresa estão gerando caixa, apesar de o indicador ser negativo em 2006;

b. ( ) as operações da empresa estão gerando caixa, sendo o indicador em 2006 negativo, significando uma situação de equilíbrio;

c. ( ) em 2005, a empresa Delta gerou caixa, porém, em 2006, as operações da empresa consumiram caixa;

d. ( ) em 2005, a empresa Delta gerou caixa, porém, em 2006, as operações da empresa consumiram caixa, sendo, ainda assim, suficiente para pagar juros e os impostos;

e. ( ) N.R.A.

4. Após a apuração da Demonstração do Resultado do Exercício, determinada sociedade de economia mista federal apresentou os seguintes valores contábeis:

Considerando-se os dados apresentados, o EBITDA corresponde, em reais, ao valor de:

DRE	Valor – R$
Receita Bruta de Vendas	350.000,00
Impostos	(80.000,00)
Receita Líquida	270.000,00
CMV – Custo das Mercadorias Vendidas	65.000,00
Lucro Bruto	**205.000,00**
Despesas Comerciais	(25.000,00)
Despesas Administrativas	(15.000,00)

Despesas Financeiras	(10.000,00)
Depreciação e Amortização	(5.000,00)
Lucro Operacional	**150.000,00**
Lucro antes do IR e da CSLL	150.000,00
IR e CSLL	(51.000,00)
Lucro Líquido	99.000,00

a. ( ) $ 140.000,00;

b. ( ) $ 155.000,00;

c. ( ) $ 160.000,00;

d. ( ) $ 165.000,00.

5. Dentre os itens abaixo, identifique o que pode ser classificado como um item de controle orçamentário.

a. ( ) mensurar e avaliar o realizado *versus* o orçado;

b. ( ) identificar os objetivos organizacionais e as metas de curto prazo;

c. ( ) identificar os recursos de longo prazo que resultam em custos fixos;

d. ( ) desenvolver o orçamento-mestre.

6. A Cia. Varginha S.A. costuma realizar orçamentos trimestrais. Tradicionalmente, a empresa tem um aumento de vendas no último trimestre do ano. As vendas, no trimestre julho/agosto/setembro de 2011, mês a mês, em reais, foram:

Julho	Agosto	Setembro
$ 390.000,00	$ 425.000,00	$ 415.000,00

A expectativa da empresa para as vendas do próximo trimestre são as seguintes:

- outubro: 10% maiores do que a média do trimestre anterior;
- novembro: crescimento de 10%;
- dezembro: crescimento de outros 10%.

Considerando os dados acima, e que a política de vendas da empresa é 60% a prazo, e 40% à vista, qual o valor, em reais, das vendas a prazo previstas para dezembro de 2011?

a. ( ) $ 198.440,00;

b. ( ) $ 218.284,00;

c. ( ) $ 270.660,00;

d. ( ) $ 327.426,00.

7. O orçamento geral é um resumo dos planos de uma empresa, no qual são fixadas metas específicas de atividades de venda, produção, distribuição e financiamento, e que, regra geral, culmina na elaboração das seguintes peças:

   a. ( ) orçamento contínuo, fluxo de caixa projetado e orçamento de receitas e despesas;

   b. ( ) orçamento de vendas, orçamento de custos e despesas e balanço projetado;

   c. ( ) orçamento de caixa, projeção de resultados e balanço projetado;

   d. ( ) orçamento do resultado e fluxo de caixa projetado.

8. Uma empresa apresenta duas propostas de orçamento para o segundo semestre de 2017.

Discriminação	Orçamento 1	%	Orçamento 2	%
Vendas	R$ 8.550.000,00	100	R$ 14.400.000,00	100
Custos Variáveis	R$ 5.130.000,00	60	R$ 5.760.000,00	40
Margem de Contribuição	R$ 3.420.000,00	40	R$ 8.640.000,00	60
Custos Fixos	R$ 1.795.500,00	21	R$ 4.752.000,00	33
Lucro Líquido	R$ 1.624.500,00	19	R$ 3.888.000,00	27

Os pontos de equilíbrio contábil dos Orçamentos 1 e 2, em valores monetários, são, respectivamente:

   a. ( ) $ 9.450.000,00 e $ 17.600.000,00;

   b. ( ) $ 7.735.714,29 e $ 11.781.818,18;

   c. ( ) $ 4.488.750,00 e $ 7.920.000,00;

   d. ( ) $ 4.061.250,00 e $ 6.480.000,00;

   e. ( ) $ 3.488.250,00 e $ 6.920.000,00.

9. Uma empresa apresenta seu orçamento de produção estimado para 2013, com um total de vendas de 1.485.000 unidades; um estoque estimado no início do ano de 412.500 unidades; e um estoque desejado no final do ano de 294.000 unidades. A produção anual total indicada no orçamento de produção em unidades será de:

a. ( ) 778.500 unidades;

b. ( ) 1.366.500 unidades;

c. ( ) 1.603.500 unidades;

d. ( ) 2.191.500 unidades;

e. ( ) 1.191.000 unidades.

10. Uma indústria no mês de março de 2013 produziu 20.000 unidades do produto "X", com um custo fixo de R$ 65.000,00; vendeu o produto por R$ 12,00 a unidade, alcançando um ponto de equilíbrio de 13.000 unidades.

No mês de abril de 2013 produziu 22.000 unidades, com um custo fixo de R$ 77.000,00, mas mantendo o preço de venda anterior.

Considerando apenas as informações acima, o ponto de equilíbrio alcançado pela indústria em abril de 2013, em unidades, é:

a. ( ) 15.400;

b. ( ) 15.000;

c. ( ) 14.800;

d. ( ) 14.500;

e. ( ) 13.000.

11. A Empresa Cambuquira Ltda. tem a seguinte movimentação no mês de abril: venda de R$ 440.000,00, custo de mercadorias de R$ 220.000,00 e despesas gerais de R$ 100.000,00.

Para maio, essa empresa tem a seguinte proposta de orçamento: custo de mercadorias de R$ 240.000,00 e despesas gerais de R$ 110.000,00.

A empresa possui: saldo de caixa inicial no valor de R$ 15.000,00 em abril; recebimentos de vendas de 30% à vista, 40% para 30 dias e 30% para 60 dias; pagamentos de compras de mercadorias de 20% à vista, 40% para 30 dias e 40% para 60 dias.

As despesas da empresa são pagas à vista.

Com base nessa situação-problema, conclui-se que, se a empresa desejar ter, ao final do mês de maio de 2016, saldo de caixa de R$ 83.000,00, suas vendas no mesmo mês terão de ser no valor de

a. ( ) R$ 300.000,00;

b. ( ) R$ 350.000,00;

c. ( ) R$ 400.000,00;

d. ( ) R$ 450.000,00;

e. ( ) R$ 500.000,00.

12. A Empresa Lambari Ltda. fez sua projeção de vendas para janeiro, fevereiro e março do próximo ano, conforme tabela a seguir.

Orçamento de Vendas			
Discriminação	**Janeiro**	**Fevereiro**	**Março**
Demanda esperada (quantidade)	10.000	12.000	15.000
Preço de venda (R$)	2,00	2,00	2,00
Vendas Brutas (R$)	20.000,00	24.000,00	30.000,00

Suponha que todas as vendas dessa empresa sejam parceladas da seguinte forma:

- 1ª parcela (à vista), correspondente a 30% da venda;
- 2ª parcela (prazo de 30 dias), correspondente a 30% da venda;
- 3ª parcela (prazo de 60 dias), correspondente a 40% da venda.

Considerando a política de recebimento e os dados apresentados, verifica-se que a empresa espera receber, no mês de março, o montante de

a. ( ) R$ 8.000,00;

b. ( ) R$ 22.200,00;

c. ( ) R$ 24.200,00;

d. ( ) R$ 29.600,00;

e. ( ) R$ 30.000,00.

13. Combater desperdícios, alocar recursos adequadamente e conseguir associar objetivos e resultados a seus determinantes são alguns dos benefícios gerados pela decisão de iniciar um orçamento base zero.

Considerando o exposto, avalie as asserções a seguir e a relação proposta entre elas.

I. O orçamento base zero rompe com o passado, nunca partindo da observação de dados anteriores, uma vez que estes podem conter ineficiência que o orçamento de tendência poderá perpetuar.

PORQUE

II. A proposta do orçamento base zero está em discutir a empresa como um todo, toda vez que for elaborado o orçamento.

A respeito dessas asserções, assinale a opção correta.

a. ( ) as asserções I e II são proposições verdadeiras, e a II é uma justificativa correta da I;

b. ( ) as asserções I e II são proposições verdadeiras, mas a II não é uma justificativa correta da I;

c. ( ) a asserção I é uma proposição verdadeira, e a II é uma proposição falsa;

d. ( ) a asserção I é uma proposição falsa, e a II é uma proposição verdadeira.

e. ( ) as asserções I e II são proposições falsas.

14. O planejamento orçamentário é fundamental para os gestores em suas funções de planejamento e controle, auxiliando na alocação de recursos e na coordenação das atividades.

PORQUE

O planejamento orçamentário determina o modelo de gestão, conjunto de princípios orientadores que decorrem da visão, da missão e dos valores da empresa.

Considerando-se essas assertivas, é CORRETO afirmar que:

a. ( ) a primeira é falsa, e a segunda é verdadeira;

b. ( ) a primeira é verdadeira, e a segunda é falsa;

c. ( ) as duas são falsas;

d. ( ) as duas são verdadeiras, e a segunda justifica a primeira;

e. ( ) as duas são verdadeiras, e a segunda não justifica a primeira.

15. A Indústria Caconde Ltda. estimou que no ano de 2017 irá comercializar 200.000 unidades de um único tipo de produto e, para fins de Planejamento Estratégico, necessita elaborar seu Orçamento de Vendas.

A área de Controladoria precisou apresentar, em 14/10/2016, o Orçamento de Vendas para o 1º trimestre de 2017 e determinou as seguintes estimativas:

Mês	Previsão de Vendas
Janeiro	10% do volume anual
Fevereiro	5% do volume anual
Março	20% do volume anual

Para efeitos de projeção do Orçamento de Vendas, a área de Controladoria considerou as seguintes informações adicionais:

- Preço de venda unitário: R$ 30,00
- Tributos incidentes sobre as vendas: 20%
- Previsão de devolução de vendas: 5% ao mês
- Os tributos serão calculados sobre as vendas e devoluções de vendas

Considerando apenas os dados apresentados e de acordo com o Orçamento de Vendas, a Receita Líquida prevista para o 1º trimestre de 2017 é de:

a. ( ) R$ 2.100.000,00;

b. ( ) R$ 1.680.000,00;

c. ( ) R$ 1.596.000,00;

d. ( ) R$ 1.575.000,00.

Gabarito

1. (b)	4. (d)	7. (d)	10. (a)	13. (a)
2. (b)	5. (a)	8. (c)	11. (e)	14. (e)
3. (c)	6. (d)	9. (b)	12. (c)	15. (c)

Resolução de Questão Selecionada

9.

CPV = Ei + C – Ef

Adaptando tal fórmula, ter-se-á,

Vendas = Ei + Produção – Ef

Isolando o termo "Produção", ter-se-á,

Produção = Vendas – Ei + Ef

Basta, agora, resolvermos a equação.

Produção = 1.485.000 – 412.500 + 294.000

Produção = 1.366.500 unidades.

Estudo de Caso

Empresa Bronson

O *controller* da Empresa Bronson declarou que a empresa "estava usando orçamentos há três anos". O autor ficou a par de determinada sequência de acontecimentos relacionados ao atual período orçamentário. Em meados de outubro do ano passado, o presidente da empresa telefonou ao *controller* e perguntou: "Não é época de começar a pensar no orçamento do próximo ano?" Embora houvesse muitos problemas imediatos a serem resolvidos pelo *controller*, este concordou com o presidente. Depois de desligar o telefone, o *controller* pensou: "eu gostaria de achar uma forma de livrar-me deste trabalho de previsão". Numa segunda-feira, 5 de novembro, o *controller* reuniu seus principais assessores para discutir os orçamentos para o ano seguinte, esperando um telefonema do presidente por volta de 1º de dezembro. Como previra, o presidente telefonou no dia 3 de dezembro e pediu ao *controller* para apresentar-lhe "os quadros orçamentários resumidos, bem como as suas recomendações". No dia seguinte o *controller* passou toda a manhã discutindo com o presidente as demonstrações projetadas (uma demonstração de resultados detalhada por trimestre, um balanço patrimonial para o fim do exercício orçamentário e uma análise trimestral de caixa). Em resposta a uma pergunta do presidente, o *controller* afirmou: "estas previsões são uma compilação dos melhores julgamentos feitos pelos meus assessores quanto às projeções de tendências dos resultados reais do ano passado". O presidente expressou algumas ideias sobre a elevação de vendas que gostaria de conseguir, um aumento dos lucros e o ambiente econômico em geral. Além disso, indicou que, embora as negociações com o sindicato provavelmente provocassem um aumento de alguns custos de mão de obra, os custos deveriam em geral ser previstos "com menos liberalidade do que no ano passado". Durante o almoço, o presidente e o *controller* discutiram esses problemas com os vice-presidentes de vendas e produção. Com base nessas discussões, o *controller* dispunha de dados para fazer algumas modificações para "coincidir com as decisões preliminares do presidente". O presidente indicou ao *controller* que gostaria de "reunir-se novamente com ele no dia 15 de dezembro para um exame final do orçamento para o ano seguinte".

O *controller* deveria então ter o orçamento reajustado disponível para uma discussão com o presidente e os dois vice-presidentes durante um almoço. Como estava previsto pelo *controller*, essa reunião resultou na aprovação dos objetivos do orçamento sem nenhuma alteração. Cópias dele foram entregues aos vice-presidentes durante a última semana de dezembro.

A Bronson é uma pequena empresa com um volume de vendas de aproximadamente seis milhões de dólares e possui cerca de 250 empregados. A empresa vende seus produtos numa área de três Estados.

PEDE-SE:

Faça uma avaliação crítica, mas construtiva, da abordagem ao planejamento e controle orçamentário nessa empresa. Inclua suas recomendações para alterações.

Questão Discursiva

1. Uma empresa desenvolve seu planejamento estratégico para períodos de três anos e utiliza o orçamento anual como ferramenta de planejamento e controle financeiro. A empresa estabeleceu que um órgão de Controladoria em sua estrutura organizacional seria responsável pelo processo orçamentário e de acompanhamento do desempenho empresarial por meio de indicadores econômico-financeiros.

   Considerando essa situação hipotética, redija um texto dissertativo sobre a importância do orçamento empresarial para a Controladoria. Em sua abordagem, deverão ser contemplados os seguintes aspectos:

   a. o planejamento orçamentário e sua relação com o planejamento estratégico;
   b. a Controladoria e seu papel orçamentário;
   c. o orçamento como instrumento para gerar informações financeiras para a tomada de decisão.

Gestão do Capital de Giro 14

Objetivos

» Definir e representar graficamente o ciclo operacional ou econômico e financeiro de empresas por meio da formulação de cálculos dos prazos médios de renovação dos estoques e prazo médio de recebimento de vendas.

» Mostrar o ciclo financeiro ou de caixa: ciclo operacional e prazo médio de pagamento de compras. Administração dos componentes do capital de giro: caixa, contas a receber e estoques.

» Analisar a necessidade de investimento em capital de giro e o dilema do risco-retorno na composição dos seus financiamentos.

» Conceituar e compreender os mecanismos de administração do capital de giro.

14.1 Capital de giro

O **capital de giro** é um valor monetário que a empresa deve manter em seu caixa para poder "girar" no mercado que atua durante determinado período, que normalmente é de um mês. Esse valor financeiro a empresa deve manter disponível para financiar seu ciclo operacional, que é a aquisição de matéria-prima, garantindo assim seu fluxo produtivo, que, junto aos outros elementos, mantêm a empresa competitiva no mercado.

Capital de giro é a soma de recursos financeiros aplicados no caixa, banco, estoques e valores a receber dos clientes. Ou seja, tudo aquilo que tem liquidez, que pode virar dinheiro com certa rapidez e que financia as atividades operacionais.

Como calcular o capital de giro

Um dos setores mais importantes de um negócio é o financeiro. Com certeza, sem dinheiro, fatalmente uma empresa não consegue sobreviver por muito tempo. Para que isso não aconteça, é importante fazer um levantamento de todos os custos necessários para a operação do negócio e também a previsão de receita, para assim definir como calcular o capital de giro necessário para manter as operações do dia a dia do negócio, bem como decidir como calcular o capital de giro inicial de um novo empreendimento.

O capital de giro pode ser definido como o valor que a empresa tem para custear/manter suas despesas operacionais, sejam elas fixas ou os gastos necessários para produção, comercialização ou prestação do serviço. A empresa precisa de caixa para efetuar suas atividades.

14.1.1 *Contas a receber, o estoque, o caixa e a conta-corrente bancária influenciam no cálculo do capital de giro?*

As contas a receber são o resultado das vendas a prazo – aquelas em que o consumidor leva o seu produto e paga depois. Quanto maiores forem, tanto o prazo que você oferecer ao seu cliente quanto o número de pagamentos feitos dessa forma, mais recursos sua empresa precisará ter para bancar as contas a receber enquanto esse dinheiro não cair no faturamento.

Quanto ao estoque, ele precisa de modificações de acordo com as necessidades do mercado consumidor da sua empresa. Por isso, ele sofre mudanças de investimento constantes, tanto nos tipos quanto no número de itens disponíveis. Naturalmente, essa necessidade de se investir nas modificações do estoque demanda muitos recursos financeiros do seu negócio.

Já o caixa e a conta-corrente bancária são importantes no cálculo, pois é neles que se concentram os recursos financeiros que, de fato, estão disponíveis para a empresa. É a eles que o empresário recorrerá a qualquer momento para honrar seus compromissos e dívidas.

Portanto, o Capital de Giro Líquido (CGL) é influenciado por todos esses recursos, em maior ou menor grau: prazos médios de estocagem, volume e custo das vendas, compras e pagamento de compras.

É grande a variação dessas ocorrências; portanto, recomenda-se que o capital de giro seja monitorado com frequência para que o empresário não seja pego de surpresa e não tenha resultados negativos que afetem o negócio. Lembre-se de que o fluxo de caixa está diretamente ligado a esses fatores.

Percebe-se que administrar o capital de giro do seu negócio significa avaliar o atual momento, as faltas e as sobras de recursos financeiros e os reflexos gerados por tomadas de decisões em relação a compras, vendas e à administração do caixa.

Esteja sempre atento a esses fatores, pois uma administração ineficiente do capital de giro afeta drasticamente o fluxo de caixa da empresa.

O CGL é influenciado pelo volume de vendas, compras, custo das vendas, prazos médios de estocagem e pagamento de compras. Essas ocorrências podem variar bastante. Por isso, ele precisa ser monitorado com frequência para que surpresas desagradáveis não afetem o negócio. O CGL e o fluxo de caixa estão diretamente ligados.

É simples a fórmula do Capital de Giro Líquido:

$$CGL = AC - PC$$

em que:

AC: Ativo Circulante (caixa, bancos, aplicações financeiras, contas a receber etc.);
PC: Passivo Circulante (fornecedores, contas a pagar, empréstimos etc.).

14.1.2 *Capital de giro e liquidez da empresa*

A determinação do volume dessa reserva financeira deve levar em conta o grau de proteção que se deseja para o capital de giro. Também uma análise do tipo "o que aconteceria ao capital de giro se..." poderia ser bastante útil para formular a estimativa do volume da reserva financeira.

Para prevenir a insuficiência do capital de giro, deve-se manter o controle da inadimplência, renegociar dívidas para o longo prazo e adotar uma política para reduzir custos e despesas. Existe uma prática de colocar, em média, de 30% a 40% do total dos ativos de uma empresa em um capital de giro. Mas isso varia muito de negócio a negócio.

Dúvidas do tipo "Como calcular o capital de giro inicial da minha empresa?" ou Passo a passo para calcular o capital de giro:

1) É necessário ter um fluxo de caixa detalhado para conhecer a fundo a empresa. O fluxo de caixa é a base para conhecer suas despesas, já que de lá você conseguirá tirar suas informações essenciais.
2) É saber o quanto de recursos estão entrando na empresa, o seu lucro. Com isso, você poderá enxergar como o seu capital de giro é alimentado, tanto em termos de tempo como de quantidade.
3) É necessário definir quanto tempo que esse recurso deve durar para que seja suficientemente reposto constantemente.

Conforme Fábio Alves (2012), os elementos que compõem o capital de giro são:

1. Devedores por vendas (os clientes)

É o valor correspondente ao que foi vendido ao cliente no caso de uma venda a prazo. Ou seja, a empresa acaba financiando o produto ao seu cliente. Geralmente comercializa seus produtos de 30, 60 ou 90 dias.

Se uma empresa comercializa seus produtos com prazo de 45 dias, isso significa que irá receber somente depois de 45 dias da data da venda. Sendo assim, o valor correspondente a Devedores por Vendas será o faturamento multiplicado pelo índice em dias de 45/30.

Exemplo:

Sua empresa vende cimento e o total faturado é de R$ 500.000,00. Se sua política de vendas é de 45 dias, o valor correspondente a Devedores por Vendas é de R$ 750.000,00.

Temos: 45 dias/30 dias × R$ 500.000,00 = R$ 750.000,00.

2. Estoques de material direto

É o valor monetário dos materiais diretos que a empresa mantém em estoque para não sofrer paradas na produção. O estoque proporciona à empresa uma produção constante, evitando prejuízos por falta de produtos acabados.

A empresa deverá utilizar outras ferramentas para analisar corretamente a quantidade de material que deverá ser mantida no seu estoque, levando em consideração prazos de entrega, durabilidade e preço.

Sendo assim, se uma empresa necessita manter um estoque de material durante 10 dias, o montante correspondente desse estoque será o valor da compra deste multiplicado pela razão de 10/30.

Exemplo:

Se sua empresa compra neste mês R$ 200.000,00 em madeira (material direto) e decide manter sete dias de estoque desse material, o valor do estoque de madeira será de R$ 46.666,00.

Temos: 7 dias/30 dias × R$ 200.000,00 = R$ 46.666,00.

3. Estoques de produtos acabados

É o valor monetário correspondente aos produtos acabados que sua empresa deve manter em estoque para atender a seus clientes. Esses produtos em estoque garantem o atendimento contínuo aos pedidos, e sua empresa não corre o risco de perder vendas e gerar insatisfação do cliente.

Esses estoques também deverão ser mantidos com base em outras ferramentas, respeitando sua durabilidade e também a sazonalidade.

Sendo assim, se sua empresa precisa manter um estoque para atender à demanda de seus clientes por um período de sete dias, o valor desse estoque será o custo total multiplicado pela razão de 7/30.

Exemplo:

Sua empresa apresentou em certo mês um custo total de R$ 300.000,00. Você definiu que precisa manter um estoque de 10 dias de produtos acabados para não faltarem produtos e perder vendas. Calculando, chegamos ao resultado de que o valor correspondente do seu estoque de produtos acabados será de R$ 100.000,00.

Temos: 10 dias/30 dias × R$ 300.000,00 = R$ 100.000,00.

4. Fornecedores

É o valor que os fornecedores de materiais diretos financiam a empresa que os adquire para pagamento a prazo. Esse financiamento decorre da função de pagar pelos materiais com um prazo para pagamento, que poderá ser de 30, 60 ou 90 dias.

Sendo assim, se sua empresa realiza uma compra para efetuar os pagamentos em um prazo de 45 dias, o valor correspondente a fornecedores será o resultado do montante da compra multiplicado pela razão 45/30.

Exemplo:

Em um determinado mês, sua empresa comprou R$ 200.000,00 em materiais diretos. Sua condição consiste em pagar os seus fornecedores em 45 dias da data da compra. Calculando, chegamos ao valor de R$ 300.000,00.

Temos: 45 dias/30 dias × R$ 200.000,00 = R$ 300.000,00.

Chegamos então à conclusão que os fornecedores de sua empresa estão lhe financiando em um valor de R$ 300.000,00.

Podemos observar, conforme o próprio nome indica, que o capital de giro está relacionado a todas as contas financeiras que giram ou movimentam o dia a dia da empresa, como se fosse o sistema circulatório no corpo humano.

Se o capital de giro está relacionado às contas financeiras que giram ou movimentam o dia a dia da empresa, pode-se concluir que:

Toda empresa que vende a prazo	precisa de recursos para financiar seus clientes.
Toda empresa que mantém estoque de matéria-prima ou de mercadorias	precisa de recursos para financiar estoques.
Quando a empresa compra a prazo (matéria-prima ou mercadorias),	significa que os fornecedores financiam parte ou a totalidade do estoque.
Quando a empresa tem prazos para pagar as despesas (impostos, energia, salários e outros gastos),	significa que parte ou a totalidade dessas despesas é financiada pelos fornecedores de serviços.

A interpretação das situações acima nos leva a determinar em quais contas a empresa precisa aplicar recursos e de que contas a empresa obtém recursos para financiar o capital de giro.

Aplicação em capital de giro – I	Financiamento de capital de giro – II
Contas a receber de clientes. Estoques (matéria-prima, estoque de produtos acabados e estoque de mercadorias).	Fornecedores de matéria-prima e de mercadorias. Impostos a pagar. Despesas a pagar (energia, salários, telefone etc.).
Soma do item I	**Soma do item II**

14.1.3 Cálculo do capital de giro

Para calcular o capital de giro teremos que identificar:

Elementos negativos = disponibilidade financeiras suficientes para o período de 30 dias.

Elementos positivos = são as fontes de crédito para a empresa.

Considerando as informações fornecidas, vamos calcular o capital de giro necessário para o negócio por 30 dias.

Capital Circulante Líquido é a diferença positiva entre o Ativo Circulante e o Passivo Circulante.

CCL = AC – PC

Elementos negativos

+ Devedores por Vendas (1)	R$ 750.000,00
+ Estoques de Materiais Diretos (2)	R$ 46.666,00
+ Estoques de Produtos Acabados (3)	R$ 100.00,00
Total de Fatores Negativos	R$ 896.666,00

Elementos positivos

– Fornecedores (4)	R$ 300.000,00
Total dos elementos positivos	R$ 300.000,00

Necessidade de Capital de Giro = R$ 896.666,00 – R$ 300.000,00 = R$ 596.666,00

Chega-se então a um valor de **R$ 596.666,00** (R$ 896.666,00 – R$ 300.000,00), que é o capital de giro necessário para que sua empresa mantenha seu ciclo operacional por 30 dias.

Portanto, tenha em mente que a boa administração do seu capital de giro é um dos pontos-chaves para garantir o sucesso do seu negócio, aproveitando as oportunidades sem prejudicar a saúde financeira da empresa.

O capital circulante e o capital circulante líquido:

- Representa o valor total dos recursos demandados pela empresa para financiar seu ciclo operacional.
- O fluxo do ativo circulante ocorre de maneira ininterrupta na atividade operacional de uma empresa.
- Uma importante característica do capital de giro é seu grau de volatilidade, explicado pela curta duração de seus elementos e constante mutação dos itens circulantes.

14.1.3.1 Capital de Giro Próprio (CGP)

É interpretado como o volume de recursos próprios que a empresa tem aplicado em seu ativo circulante:

Patrimônio Líquido	xxx
(–) Aplicações Permanentes:	
Ativo Permanente	(xxx)
Realizável a Longo Prazo	(xxx)
Capital de Giro Próprio	XXX

O capital circulante próprio reflete mais adequadamente recursos do passivo de longo prazo alocados em itens ativos não permanentes.

CGP: ATIVO CIRCULANTE – PASSIVO CIRCULANTE

Exemplo:

CAPITAL DE GIRO BRUTO: (Ativo Circulante) R$ 6.911.945,00

CAPITAL DE GIRO PRÓPRIO:

Ativo Circulante	R$ 6.911.945,00
Passivo Circulante	(R$ 3.446.209,00)
(CCL) CAPITAL CIRCULANTE LÍQUIDO	R$ 3.465.736,00

Pela visão tradicional, os componentes do capital de giro são todas as contas do ativo circulante e do passivo circulante:

- disponibilidades (caixa, bancos e aplicações financeiras);
- contas a receber de clientes (duplicatas a receber);
- estoques (materiais, processo e acabado);
- contas a pagar a fornecedores;
- outras contas a pagar (provisões);
- salários e encargos a pagar;
- impostos a recolher sobre mercadorias.

O capital de giro líquido inclui os ativos circulantes de uma empresa, que se compõem de caixa e títulos negociáveis, além de contas a receber e estoques. Também consiste em passivos circulantes, incluindo contas a pagar, empréstimos bancários e despesas a pagar. É definido como o total de ativos circulantes menos o total de passivos circulantes.

14.1.3.2 Importância do Capital Circulante e Capital Circulante Líquido

Representa o valor total dos recursos demandados pela empresa para financiar seu ciclo operacional.

O fluxo do ativo circulante ocorre de maneira ininterrupta na atividade operacional de uma empresa. Uma importante característica do capital de giro é seu grau de volatilidade, explicado pela curta duração de seus elementos e constante mutação dos itens circulantes.

Importância

O nível de importância do capital de giro varia, evidentemente, em função das características de atuação de cada empresa, do desempenho, da conjuntura econômica e da relação de risco (liquidez) e rentabilidade desejada.

Alguns fatores que influenciam na geração ou necessidade do capital de giro:

- volume de vendas;
- sazonalidade;
- fatos cíclicos da economia;
- tecnologia;
- políticas de negócios etc.

Investimento em capital de giro

- A manutenção de recursos aplicado em giro visa à sustentação da atividade operacional da empresa.
- O capital de giro é composto por valores depreciáveis perante a inflação e constitui-se no grupo patrimonial menos rentável.
- Assim, o ativo circulante deve conter valores mínimos ou exatamente iguais às necessidades operacionais da empresa.

Dilema risco-retorno

Baixos níveis de ativo circulante determinam aumento de rentabilidade e elevação nos riscos de solvência da empresa.

- Conservadora: A empresa diminui seu risco mediante aplicações em capital de giro maiores para um mesmo nível de produção e vendas.
- Média e agressiva: Preveem progressivas reduções no circulante, o que eleva o risco e também incrementa sua rentabilidade por adotar menor participação relativa de itens menos rentáveis.

Visão circular do processo operacional de geração de lucros:

- Compras, estoques, produzir, vender e receber, voltar a comprar estoques, produzir e vender/receber.
- Em termos contábeis, o giro é representado pelo total do ativo circulante, também denominado CAPITAL DE GIRO BRUTO.
- Estoques, clientes e fornecedores formam a espinha dorsal do conceito de CAPITAL DE GIRO PRÓPRIO.

14.1.3.3 Capital Circulante Líquido e a Liquidez Corrente

O Capital Circulante Líquido (CCL) e a Liquidez Correntes (LC) são dois índices que comparam o Ativo Circulante com o Passivo Circulante.

Esses índices evidenciam se há, nesse momento, recursos a curto prazo (ativo circulante) para cobrir as obrigações com terceiros a curto prazo (passivo circulante), caso fossem agora exigidos.

A diferença entre os dois é que, enquanto com o CCL teremos um valor monetário resultando dessa comparação, na LC teremos um índice proporcional.

Quando o AC for maior do que o PC, o CCL será maior do que R$ 0,00 e o LC maior do que 1,00. Sendo assim, serão denominados "positivos".

Quando o PC for maior do que o AC, o CCL será menor do que R$ 0,00 e o LC menor do que 1,00. Sendo assim, serão denominados "negativos".

14.1.4 Ciclo operacional

O **ciclo operacional** de uma empresa é representado pelas atividades executadas em um determinado período. Tem início com a aquisição da matéria-prima, estocagem, pagamento de fornecedores, produção e armazenagem da produção acabada até a venda dos produtos e seu recebimento.

É o período médio de tempo que vai da data de compra até o recebimento pela venda. Se você já souber o ciclo econômico, basta somar o PMR para descobrir qual o ciclo operacional.

Quanto menor for seu ciclo operacional, menor será a dependência de sua empresa em utilizar seu capital de giro para financiar suas atividades.

Ciclo Operacional: é o período da data da compra até a data do recebimento da venda do produto (recebimento do cliente do valor da venda). Ou seja, compreende o tempo de estocagem, de industrialização (caso seja uma indústria) e o prazo de recebimento.

Ciclo Operacional (CO) = Prazo Médio de Renovação de Estoques (PMRE) + Prazo Médio de Recebimento de Vendas (PMRV)

Precisaremos lembrar dos índices de rotação que indicam a velocidade com que os elementos patrimoniais se renovam durante um certo período de tempo. Tais índices são, geralmente, expressos em dias ou meses. Expressam relacionamentos dinâmicos, que acabam influindo bastante na posição de liquidez e rentabilidade.

Normalmente, envolvem itens do balanço e da DRE, simultaneamente.

O índice Rotação de Estoque (RE) é dado por:

RE = Custo das Mercadorias Vendidas (CMV) / Estoque Médio*

*Estoque Médio = Estoque Inicial (**EI**) + Estoque Final (**EF**)

Tal índice indica quantas vezes o estoque se renovou por causa das vendas.

O Prazo Médio de Rotação do Estoque (PMRE) é dado por:

PMRE = 360/RE

Pode-se dizer que, quanto maior a rotação, ou seja, quanto menor o prazo médio de renovação do estoque, melhor. Mas os índices de rotação devem ser analisados em conjunto com os outros indicadores da empresa.

Um estoque muito pequeno (que aumentaria a rotação) pode levar a empresa a perder vendas, por exemplo.

- **Observação 1:** devemos sempre considerar o ano com 360 dias, a não ser que a questão informe expressamente número de dias diferente (365 ou 366).
- **Observação 2:** se não for informado o estoque médio, podemos usar o estoque final para o cálculo da RE.

Já o índice Rotação de Duplicatas a Receber (RDR ou de Clientes, ou de Contas a Receber) é dado por:

RDR = Vendas a Prazo/Média de Duplicatas a Receber

O Prazo Médio de Rotação de Duplicatas a Receber (PMRDR) é expresso por:

PMRDR = 360/RDR

Conta-se tal prazo desde a aquisição dos produtos até o ato da venda, não considerando o prazo de recebimento das mesmas (encaixe).

É dado por:

Ciclo Econômico (CE) = Prazo Médio de Estocagem (PME)

O ciclo operacional é o período que a empresa leva para comprar o estoque, estocando-o, vendê-lo e receber. Normalmente, o ciclo operacional é menor nas empresas comerciais que nas empresas industriais.

O cálculo do Ciclo Operacional (COp) pode ser efetuado pela soma do Ciclo Econômico (CE) com o PMRDR.

COp = CE + PMRDR

Para abordar o ciclo financeiro, faz-se necessário lembrarmos de alguns índices.

Façamo-lo, portanto.

O índice Rotação de Fornecedores (RF ou Duplicatas a Pagar) é dado por:

RF = Compras a Prazo/Média de Fornecedores

Esse índice indica que a empresa girou a conta de fornecedores, em média, tantas vezes.

Vale repetir a mesma observação anterior, caso a questão mencione apenas o saldo final de fornecedores, o cálculo pode ser efetuado com este valor.

O índice Prazo Médio de Rotação de Fornecedores (PMRF) é dado por:

PMRF = 360/RF

O ciclo financeiro da empresa inicia-se no momento do pagamento da matéria-prima e termina com o recebimento das vendas, ou seja, é o *Ciclo Operacional* da empresa (–) o PMP, Prazo Médio de Pagamento da empresa.

É o período que vai desde o pagamento aos fornecedores até o recebimento de seus clientes. Observe que ele não comporta o ciclo econômico, pois aqui conta somente a data do pagamento ao fornecedor e a data de recebimento dos clientes.

- Quanto maior for o prazo dado por seus fornecedores e menor o período que seus clientes precisam para pagar, mais dinheiro disponível em caixa sua empresa terá e menor será a dependência de financiamentos ou de pagamento de juros bancários, por exemplo.
- Quanto menor for o prazo dado pelos fornecedores e maior o prazo de pagamento de seus clientes, maior será a necessidade de sua empresa usar seu capital de giro ou seu caixa para financiar suas atividades.

O ciclo financeiro tem início com o desembolso de numerários para a aquisição da mercadoria que será revendida pela empresa e encerra-se com o recebimento relativo à venda dela. Este é o ciclo de caixa. O reflexo do ciclo econômico se dará neste ciclo. Se o giro do estoque é lento, primeiro a empresa pagará para após receber.

Para ajustar (reduzir) o ciclo financeiro e, com isso, reduzir a sua necessidade de capital de giro, uma empresa pode:

- reduzir o tempo de estocagem por meio de processos produtivos mais eficazes;
- reduzir a quantidade das vendas que são feitas a prazo (dando incentivos a compras à vista);
- negociar melhores contratos com fornecedores para ampliar o prazo de pagamento.

> **Ciclo Financeiro:** também conhecido como Ciclo de Caixa, mostra em quanto tempo o dinheiro investido nas compras retorna. Ou seja, é o tempo entre pagar os fornecedores (pelas compras de produtos e/ou matérias-primas da empresa) e receber dos clientes (pelas vendas de produtos). O cálculo é feito considerando o Ciclo Operacional – o prazo médio de pagamento aos fornecedores.
>
> **Ciclo Financeiro** = Prazo Médio de Renovação de Estoques + Prazo Médio de Recebimento de Vendas – Prazo Médio de Pagamento de Compras

O ideal é que você procure ter o menor ciclo econômico possível, reduzindo os gastos com estoque, e um menor ciclo financeiro, o que diminuirá a necessidade de uso do capital de sua empresa ou de terceiros para financiar suas atividades.

		ATIVO	PASSIVO		
CIRCULANTE	Financeiro	Caixa e bancos Aplicações financeiras	Empréstimos bancários Financiamentos Duplicatas descontadas Dividendos e IR	Financeiro	CIRCULANTE
CIRCULANTE	Operacional	Duplicatas a receber Estoques Adiantamentos e despesas de competência do exercício seguinte	Fornecedores Salários e encargos Impostos e taxas Adiantamento de clientes	Operacional	CIRCULANTE
PERMANENTE		Realizável a longo prazo Investimento fixo	Exigível a longo prazo Patrimônio líquido		PERMANENTE

Ciclo financeiro, também chamado de ciclo de caixa, é o tempo decorrido do momento em que a empresa efetua o pagamento das compras de mercadorias aos seus fornecedores até o momento em que ela recebe o valor das vendas efetuadas aos seus clientes.

Pode ser definido, ainda, como o prazo médio desde a aquisição da mercadoria até a venda aos clientes, chamado Prazo Médio de Renovação de Estoques (**PMRE**), mais o Prazo Médio concedido aos clientes para Recebimento das Vendas (**PMRV**), menos o Prazo Médio recebido do Fornecedor para Pagamento das Compras (**PMPF**):

$$CF = PMRE + PMRV - PMPF$$

Ou...

$$\text{Ciclo Financeiro (CF)} = COp - PMRF$$

O ciclo financeiro decorre da data de pagamento ao fornecedor até o recebimento dos créditos gerados pela venda ao cliente final, ou seja:

- 20 dias de estocagem;
- 30 dias de prazo ao cliente.

Totalizando, assim, 50 dias.

Durante esses 50 dias, a empresa deverá possuir recursos do seu capital de giro para manter as suas condições operacionais. Muitas empresas, não possuindo os recursos de capital de giro necessários para operacionalização de seu ciclo financeiro, buscam em outras fontes, elevando substancialmente seus custos operacionais e financeiros, transferindo boa parte de seus resultados aos seus financiadores, bancos ou empresas de fomento mercantil, mais conhecidas por *factorings*.

É fundamental que toda empresa, seja qual for o seu ramo de negócio, indústria, comércio ou prestação de serviços, procure ajustar o seu ciclo operacional e financeiro para que suas necessidades de recursos sejam cobertas com um menor custo possível.

São alternativas que proporcionam para as empresas menores dependências de recursos: a redução dos prazos de financiamentos aos clientes e o aumento do prazo para pagamento aos fornecedores.

Realizar a implantação de um negócio próprio é o sonho de muitos, porém, de forma segura e apropriada, deverá ser efetuada uma análise prévia dos investimentos a serem efetuados, os custos operacionais e o ponto de equilíbrio, analisando assim a viabilidade do negócio e trazendo uma maior segurança quanto à lucratividade e à rentabilidade desejada.

Um bom exemplo da gestão do ciclo de capital de giro pode ser: ganhar prazo para o pagamento dos seus fornecedores e antecipar os recebimentos dos seus clientes.

Um exemplo de uma gestão que requer atenção no ciclo de capital de giro pode ser: vender muito a prazo e ter que pagar os fornecedores antes de receber dos seus clientes.

Isso faria com que a empresa precisasse de dinheiro para financiar parte do período do ciclo de capital de giro. Esse período é chamado de "período de conversão em caixa".

O grande ponto da gestão do capital de giro é não deixar que falte capital para o fechamento do ciclo e, quando preciso, manter a menor necessidade de capital de giro possível.

A grande dica de gestão é: receber dos seus clientes antes de pagar os seus fornecedores.

O que são prazos médios de pagamento e recebimento

- Prazos médios de pagamento: é o tempo entre a realização da aquisição da matéria-prima e o seu pagamento.
- Prazos médios de recebimento: é o tempo que ocorre entre a venda de produtos acabados e o seu recebimento.

14.1.5 Como administrar a Necessidade de Capital de Giro

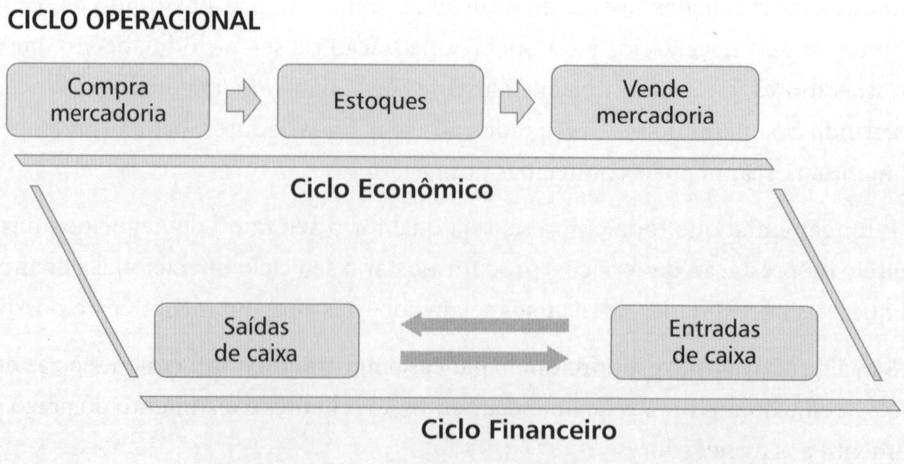

Caso prático

Considere a Empresa Andradas Ltda., em que as mercadorias permaneçam 42 dias em estoque, com uma média de recebimento de clientes igual a 60 dias, sendo o pagamento a fornecedores em 30 dias.

Teremos os seguintes valores para o cálculo dos ciclos como exemplo:

Prazo Médio de Estocagem (PME) = 42 dias
Prazo Médio de Contas a Receber (PMCR) = 60 dias
Prazo Médio de Pagamento a Fornecedores (PMPF) = 30 dias

Ciclo econômico

O ciclo econômico é o tempo em que a mercadoria permanece em estoque. Vai desde a aquisição dos produtos até o ato da venda, não levando em consideração o recebimento das vendas (encaixe).

Fórmula:

Ciclo Econômico = Prazo Médio de Estocagem (PME)

Exemplo:

Ciclo Econômico = 42 dias

Ciclo operacional

Compreende o período entre a data da compra até o recebimento de cliente. Caso a empresa trabalhe somente com vendas à vista, o ciclo operacional terá o mesmo valor do ciclo econômico.

Fórmula:

Ciclo Operacional = Ciclo Econômico + Prazo Médio de Contas a Receber (PMCR)

Exemplo:

Ciclo Operacional = 42 dias + 60 dias
Ciclo Operacional = 102 dias

Ciclo financeiro

Também conhecido como ciclo de caixa, é o tempo entre o pagamento a fornecedores e o recebimento das vendas. Quanto maior o poder de negociação da empresa com fornecedores, menor o ciclo financeiro.

Fórmula:

Ciclo Financeiro = Ciclo Operacional – Prazo Médio de Pagamento a Fornecedores (PMPF)

Exemplo:

Ciclo Financeiro = 102 dias – 30 dias

Ciclo Financeiro = 72 dias

14.1.6 Necessidade de Capital de Giro

A Necessidade de Capital de Giro (NCG) é a base para a administração financeira de uma empresa. É não só um conceito fundamental para a análise da empresa do ponto de vista financeiro, ou seja, análise de caixa, mas também de estratégias de financiamento, crescimento e lucratividade.

Nenhuma análise econômico-financeira de empresa produtiva pode prescindir de abordar a NCG, tamanha a sua importância.

Quando uma nova empresa inicia suas atividades, geralmente recebe dois tipos de investimentos. Uma parte desse montante é considerada seu **Ativo Fixo** e será utilizada para a aquisição das máquinas, equipamentos, móveis, prédios e todos os demais bens que a empresa precisa para iniciar e manter sua operação.

Já a outra parte desse investimento inicial vai compor uma reserva de recursos para ser utilizada conforme as necessidades financeiras da empresa ao longo do tempo. Esse é valor do capital de giro.

O correto dimensionamento da necessidade de capital de giro é um dos maiores desafios do administrador financeiro. Elevado volume de capital de giro irá desviar recursos financeiros que poderiam ser aplicados nos ativos permanentes da empresa. Todavia, capital de giro muito reduzido restringirá a capacidade de operação e de vendas da empresa. A NCG pode ser estimada de dois modos:

- com base no ciclo financeiro; ou
- com utilização dos demonstrativos contábeis (balanço patrimonial).

A NCG da sua empresa pode variar dependendo da quantidade de vendas e das mudanças nos prazos de pagamento dos seus fornecedores; por isso, é preciso acompanhar sempre de perto o ciclo de capital de giro.

Saber trabalhar com o ciclo do capital de giro pode ser uma grande jogada da sua empresa. Já o contrário pode arruinar boas oportunidades de negócio.

Toda empresa, para realizar a atividade a que se propôs, precisará de recursos financeiros para constituir o seu capital de giro. As necessidades de recursos estarão diretamente atreladas ao seu ciclo operacional e financeiro. Uma perfeita adequação desses dois ciclos possibilitará um perfeito gerenciamento do seu capital de giro.

Necessidade de Capital de Giro representa a quantidade de recursos necessários para manter a operação da empresa.

É basicamente a diferença entre as aplicações de recursos nas atividades operacionais e as fontes de recursos, que podem ser de longo prazo, de curto prazo ou de uma combinação dessas duas opções.

14.1.6.1 Determinação da Necessidade de Capital de Giro (NCG)

Ativo Circulante Operacional (ACO) são investimentos que decorrem automaticamente das atividades de compra, produção, estoque e venda.

Passivo Circulante Operacional (PCO) é o financiamento que decorre automaticamente dessas atividades.

A diferença entre esses investimentos (ACO) e financiamentos (PCO) é quanto a empresa necessita de capital para financiar o giro, ou seja, a NCG.

Portanto:

$$NCG = ACO - PCO$$

As situações básicas que ocorrem numa empresa com relação ao ACO/PCO podem ser assim resumidas:

$$ACO > PCO$$

É a situação normal na maioria das empresas. Há uma NCG para a qual a empresa deve encontrar fontes adequadas de financiamento.

$$ACO = PCO$$

Nesse caso, a NCG é igual a zero, e, portanto, a empresa não tem necessidade de financiamento para o giro.

ACO < PCO

A empresa tem mais financiamentos operacionais do que investimentos operacionais. Sobram recursos das atividades operacionais, os quais poderão ser usados para aplicação no mercado financeiro ou para expansão da planta fixa.

A NCG busca demonstrar a efetiva quantidade de capital de giro que a operação (excluindo ativos e passivos financeiros) consome. Seu valor depende em grande medida do tamanho da empresa e da estrutura da operação, isto é, dos prazos de recebimento, pagamento e estocagem.

Levantamento da Necessidade de Capital de Giro	
Conta de Capital de Giro	**Situação levantada – R$**
1 – Aplicações em Capital de Giro	
1.1 – Contas a Receber de Clientes	105.000,00
1.2 – Estoque de Matéria-prima	15.000,00
1.3 – Estoque de Produtos Acabados	39.000,00
1.4 – Estoque de Mercadorias	–
Soma (1)	**159.000,00**
2 – Fontes de Financiamento de Capital de Giro	
2.1 – Fornecedores a Pagar	42.000,00
2.2 – Impostos a Pagar	6.000,00
2.3 – Custos e Despesas a Pagar	10.500,00
Soma (2)	**58.500,00**
3 – Necessidade de Capital de Giro	**100.500,00**

14.1.6.2 Fontes de financiamentos da NCG

Para financiar as necessidades de capital de giro, a empresa pode contar normalmente com três tipos de financiamentos:

- capital circulante próprio;
- empréstimos e financiamentos bancários de longo prazo;
- empréstimos bancários de curto prazo e duplicatas descontadas.

14.1.6.3 Como calcular a NCG

A necessidade de capital de giro representa o valor necessário à empresa para utilizar no seu ciclo operacional e mantê-la em operação.

Como calcular a necessidade do capital de giro?

A NCG da empresa é calculada das seguintes formas:

1. **Pelo saldo das contas no balanço patrimonial:**

NCG = Valor das Contas a Receber + Valor em Estoque – Valor das Contas a Pagar

Exemplo:

Contas a Receber: R$ 25.000,00 + Estoques R$ 40.000,00 – Contas a Pagar R$ 35.000,00 = "Necessidade" Capital de Giro: R$ 30.000,00.

2. **Pelo ciclo financeiro (Prazo Médio de Estoques + Prazo Médio de Recebimentos + Prazo Médio de Pagamentos)**

NCG = Ciclo Financeiro × Valor das Vendas por Dia PM Recebimentos 30 dias + PM Estoques 45 dias – PM Pagamentos 35 dias = Ciclo Financeiro: 40 dias

Vendas por dia: R$ 750,00 = "Necessidade" Capital de Giro: R$ 30.000,00 (R$ 750,00 × 40 dias).

A escolha por um dos métodos depende das necessidades do momento. O cálculo pelo ciclo financeiro possibilita mais facilmente prever a necessidade de capital de giro em função de uma alteração nas políticas de prazos médios ou no volume de vendas.

Em primeiro lugar, o empresário precisa definir quais são os custos fixos de sua empresa, como folha de pagamento, impostos, transporte e aluguel. O segundo passo é definir quantas vendas irão gerar uma receita que possa cobrir todas essas despesas e gerar lucro condizente com a qualidade e a quantidade do serviço realizado.

Nesse caso, o estoque precisa de uma atenção especial, pois muitas vezes se torna um capital imobilizado dentro da empresa. O capital de giro ideal seria aquele que suportasse seis meses de despesas fixas e de estoque até o negócio gerar lucro.

Basicamente, a NCG corresponde à seguinte fórmula:

Valor das Contas a Receber + Valor em Estoque – Valor das Contas a Pagar

Por exemplo, se as suas contas a receber somam o valor de R$ 50.000,00 e seus estoques geram uma despesa de R$ 20.000,00, você deve tomar os dois resultados e subtrair o valor das contas a pagar, que pode ser de R$ 15.000,00.

Ou seja, a NCG do seu negócio é de R$ 55.000,00 por mês!

A fórmula de cálculo da NCG é:

NCG = Ativo Operacional – Passivo Operacional

O Capital de Giro Líquido (CGL) calculado com base nessa reclassificação de contas será:

CGL = Passivo Permanente – ATIVO Permanente

O resultado será o mesmo se for usada a fórmula:

CGL = Ativo Circulante – Passivo Circulante

Denomina-se Efeito Tesoura (ET) o valor do capital de giro líquido que excede a necessidade de capital de giro calculada na forma acima. Tal valor corresponde ainda à diferença entre o Ativo Flutuante (AF) e o Passivo Flutuante (PF). Assim, têm-se as seguintes fórmulas para seu cálculo:

CGL = Ativo Circulante – Passivo Circulante

EFEITO TESOURA = CGL – NCG

OU

EFEITO TESOURA = Ativo Flutuante – Passivo Flutuante

Financiamento do capital de giro permanente

Necessidade de financiamento do Capital de Giro

Necessidade de financiamento para os ativos permanentes (fixos), mais a parcela permanente dos ativos circulantes; essas necessidades permanecem inalteradas ao longo do ano.

Sazonal

Necessidade de financiamento para os ativos circulantes temporários, as quais variam ao longo do ano.

Necessidades de recursos projetadas

	Ativo Permanente	Ativo Circulante	Ativos Totais	Necessidade Permanente	Necessidade Sazonal
JAN.	20.000,00	5.000,00	25.000,00	22.000,00	3.000,00
FEV.	20.000,00	4.500	24.500,00	22.000,00	2.500,00
MAR.	20.000,00	4.500,00	22.500,00	22.000,00	500,00
ABR.	20.000,00	2.000,00	22.000,00	22.000,00	0
MAIO	20.000,00	2.500,00	22.500,00	22.000,00	500,00
JUN.	20.000,00	4.000,00	24.000,00	22.000,00	2.000,00
JUL.	20.000,00	5.500,00	25.500,00	22.000,00	3.500,00
AGO.	20.000,00	6.500,00	26.500,00	22.000,00	4.500,00
SET.	20.000,00	7.000,00	27.000,00	22.000,00	5.000,00
OUT.	20.000,00	6.500,00	26.500,00	22.000,00	4.500,00
NOV.	20.000,00	6.000,00	26.000,00	22.000,00	4.000,00
DEZ.	20.000,00	5.500,00	25.500,00	22.000,00	3.500,00
MÉDIA	**20.000,00**	**4.792,00**	**24.792,00**	**22.000,00**	**2.792,00**

Alternativas para o financiamento do Capital de Giro

1. Estratégia agressiva

   As necessidades permanentes são financiadas em parte com recursos de longo prazo, e as necessidades sazonais e uma parcela significativa das aplicações permanentes são financiadas com recursos de curto prazo.

   Estratégia de maior risco e com aumento de rentabilidade.

   Exemplo: CCL da alternativa agressiva = R$ 2.000,00.

2. Estratégia conservadora

   É aplicada pela utilização de recursos de longo prazo não só para o financiamento da parcela permanente do capital de giro, mas também de parte significativa das aplicações de natureza temporária.

   Estratégia de risco mínimo e prejudicando a rentabilidade.

   Exemplo: CCL da alternativa conservadora = R$ 7.000,00.

3. Estratégia moderada

   As necessidades permanentes são financiadas com recursos de longo prazo; as necessidades sazonais, com recursos de curto prazo não espontâneos.

   Procura realizar o equilíbrio entre a liquidez e a rentabilidade.

   Exemplo: CCL da alternativa moderada = R$ 4.500,00.

   Exemplo: Considerando as seguintes taxas reais de juros:

   - Recursos de longo prazo: 15% a.a.
   - Recursos de curto prazo: 6% a.a.

   Custos financeiros anuais de cada alternativa:

Médias	Estratégia agressiva	Estratégia conservadora	Estratégia moderada
Necessidade Permanente	22.000,00	27.000,00	24.500,00
Necessidade Sazonal	2.792,00	0	875,00
Necessidade Total	24.792,00	27.000,00	25.375,00
Ativos Totais	24.792,00	24.792,00	24.792,00

Médias	Estratégia agressiva	Estratégia conservadora	Estratégia moderada
Sobras	0	583	2.208,00
CCL	2.000,00	7.000,00	4.500,00
Custos			
Financiamento de Longo Prazo	3.300,00	4.050,00	3.675,00
Financiamento de Curto Prazo	168,00	0	53,00
Custo Total	**3.468,00**	**4.050,00**	**3.728,00**

Considerações:

- Quanto à rentabilidade, quanto menor for o CCL, menores serão os custos financeiros, consequentemente maior a rentabilidade, e vice-versa.
- Quanto à liquidez da empresa, a situação se inverte: quanto menor for o CCL, maior será o risco de insolvência, e vice-versa.

Diante dessa situação, é importante que se busque o equilíbrio entre a maior segurança proporcionada pelas políticas mais conservadoras e a necessidade de remunerar adequadamente os capitais investidos pelos proprietários.

14.2 Efeito tesoura – alavancagem financeira de uma empresa

Segundo Fleuriet, Kehdy e Blanc (1978), o empresário, em geral, é bastante intuitivo com relação aos riscos envolvendo seu negócio. Em todas as suas decisões há sempre, em algum grau, considerações sobre as probabilidades de acerto ou de erro de seus resultados. Logicamente, os resultados esperados são traduzidos pelo lucro das operações em cada período medido, que, em última análise, representa o autofinanciamento da sobrevivência de sua empresa.

A relação do lucro com os investimentos realizados dá a medida do retorno pelo qual o empresário assumiu tantos riscos. Tanto em termos absolutos quanto relativos, o retorno guarda relação direta com os riscos assumidos. No sentido mais amplo, risco pode ser definido como a possibilidade de perda financeira. Toda decisão, portanto, exige do empresário considerações sobre o risco esperado para um retorno esperado. O risco do negócio pode ser definido como a incapacidade para cobrir os custos operacionais. Corre-se o risco financeiro quando o lucro não é suficiente para cobrir os custos financeiros. A alavancagem combinada pode ser considerada o impacto total dos custos fixos na estrutura operacional e financeira da empresa. Nesse sentido, toda a empresa é alavancada em algum grau e disso dependem os níveis de risco e retorno para seus proprietários.

É interessante notar que muitos empresários que se declaram avessos ao risco e que são caracteristicamente conservadores e defensivos em suas decisões conduzem os seus negócios pela constituição e manutenção de pesadas estruturas organizacionais, com elevada incidência de custos fixos. Sua aversão é, na verdade, apenas ao risco financeiro. Isso é explicado porque esses mesmos empresários costumam compensar quedas de vendas com uma substancial redução de custos fixos, principalmente com expressivos cortes de pessoal. E muitas vezes chamam isso de *downsizing*.

Estamos particularmente interessados no grau de aversão ao risco financeiro, isto é, no grau de alavancagem que o empresário está disposto e preparado para imprimir ao seu negócio pela obtenção de fontes de financiamento de curto e longo prazos a terceiros. Não há dúvida de que o risco financeiro é o mais temido, sob várias alegações: altos juros nominais, distorções do sistema financeiro, exploração dos bancos, entre outras.

Uma das armadilhas mais intrigantes atende pelo nome de "efeito tesoura" e teve seu conceito desenvolvido por Michel Fleuriet e equipe, publicado no livro: *A dinâmica financeira das empresas*, em coedição da Consultoria Editorial Ltda. e da Fundação Dom Cabral, Belo Horizonte, 1978. O conceito de "efeito tesoura" traz em seu bojo outros conceitos revolucionários para uma adequada sistematização da alavancagem financeira de uma empresa, principalmente levando em conta os empréstimos de curto prazo.

Fleuriet acrescentou ao clássico conceito de Capital de Giro Líquido (CGL) os conceitos de Necessidade de Capital de Giro (NCG) e Saldo de Tesouraria (T). Para tanto reclassificou os grupos de contas do passivo (fontes) e do ativo (aplicações) conforme a realidade dinâmica das empresas, em que as contas se relacionam ao mesmo tempo, o que lhes confere estado de permanente movimentação.

Algumas contas, quando analisadas isoladamente ou em relação ao conjunto de outras contas, apresentam movimentação tão lenta que podem ser consideradas "permanentes ou não cíclicas". Outras, em contrapartida, apresentam movimento "contínuo e cíclico", bem de acordo com o ciclo operacional da empresa. Existem outras, finalmente, que apresentam movimento "descontínuo ou errático", em nada ou quase nada se relacionando com o ciclo operacional.

No sentido financeiro clássico, o Capital de Giro Líquido (CGL) define-se como: CGL = ativo circulante – passivo circulante. Já a Necessidade de Capital de Giro (NCG) é definida pela expressão: NCG = ativo cíclico – passivo cíclico.

Na maioria das empresas, as saídas de caixa ocorrem antes das entradas de caixa. Essa situação cria uma necessidade de aplicação permanente de fundos, que se evidencia no balanço por uma diferença positiva entre o valor das contas cíclicas do ativo e das contas do passivo. Essa diferença entre as contas cíclicas é que se denomina NCG.

Importante ressaltar que a NCG depende, basicamente, da natureza e do nível de atividades dos negócios da empresa e, portanto, é muito sensível às modificações que ocorrem no ambiente econômico. A natureza dos negócios da empresa determina seu ciclo financeiro, enquanto o nível de atividade é função das vendas.

Em alguns raros casos, é possível que a NCG seja negativa. As saídas de caixa, nessas situações, ocorrem depois das entradas de caixa. O passivo cíclico é maior do que o ativo cíclico, tornando-se uma fonte de fundos para a empresa. Esse, pelo menos, era o caso de muitos supermercados, que recebiam o valor de suas vendas antes de ter que pagar a seus fornecedores de mercadorias.

O Saldo de Tesouraria (T) é definido como a diferença entre o ativo e o passivo erráticos, conforme expressão a seguir: T = ativo errático – passivo errático.

Se o capital de giro for insuficiente para financiar a NCG, o Saldo de Tesouraria será negativo, com o passivo errático maior do que o ativo errático. Essa condição indica que a empresa está financiando parte de sua NCG e/ou ativo permanente com fundos de curto prazo, aumentando, portanto, seu risco de insolvência. Por outro lado, quando T é positivo, a empresa dispõe de fundos de curto prazo que poderão ser aplicados em títulos de liquidez imediata. No entanto, um Saldo de Tesouraria positivo em níveis elevados não significa, necessariamente, uma condição desejável para a empresa. Na verdade, isso pode significar que seus dirigentes não estão aproveitando as oportunidades de investimento propiciadas por sua estrutura financeira, sinal de que a empresa ainda não tem uma estratégia dinâmica de investimentos.

É de suma importância acompanhar a evolução do Saldo de Tesouraria, a fim de evitar que permaneça constantemente negativo e crescente. Caso o autofinanciamento (lucros) de uma empresa não seja suficiente para financiar o aumento de sua NCG, seus dirigentes serão forçados a recorrer a fundos externos, que podem ser empréstimos de curto ou longo prazos e/ou aumento de capital social em dinheiro. Caso esses fundos não possam ser obtidos, essa empresa terá sua própria sobrevivência ameaçada.

A NCG, como já vimos, é função do nível de atividade de uma empresa. Seu aumento tanto pode ocorrer em períodos de rápido crescimento como também em períodos de queda nas vendas. O Saldo de Tesouraria se tornará cada vez mais negativo com o crescimento das vendas, caso a empresa não consiga que seu autofinanciamento cresça nas mesmas proporções do seu crescimento da NCG. Esse crescimento negativo do Saldo de Tesouraria é que Fleuriet denominou "efeito tesoura".

O "efeito tesoura" ocorre quando a empresa financia a maior parte da NCG por meio de créditos de curto prazo. Nesse caso, o Saldo de Tesouraria (T) se apresenta negativo e crescendo, em valor absoluto, proporcionalmente mais do que a NCG.

O efeito tesoura acontece quando uma empresa apresenta Necessidade de Capital de Giro (NCG) maior que o seu volume atual de capital de giro (CGL) [Efeito tesoura = NCG – CGL].

Nesses casos, há um cenário evidente de que a empresa está a consumir recursos financeiros para financiar a operação, isto é, está tomando empréstimos para financiar o crescimento. Não é necessariamente ruim, contudo exige cuidados para que ela consiga arcar com os custos financeiros (juros).

A empresa está se desenvolvendo num "efeito tesoura" quando esse índice se eleva com o passar do tempo. O acompanhamento cuidadoso do Saldo de Tesouraria, observado sob o prisma do grau de alavancagem operacional e financeira, dará ao empresário uma medida adequada de como e quanto se endividar. Nem sempre o crescimento das vendas é um movimento sadio, nem sempre a queda nas vendas é um movimento pernicioso. Tudo depende da relação entre a variação da NCG sobre as vendas, bem como do autofinanciamento sobre as vendas.

14.2.1 O Modelo Fleuriet

No final da década de 1970, com o intuito de desenvolver métodos e sistemas gerenciais apropriados ao ambiente brasileiro, a Fundação Dom Cabral trouxe para o Brasil o Professor Michel Fleuriet, criando um convênio de parceira com o Centre d'Enseignement Supérieur des Affaires (CESA – França).

Fleuriet conduziu um grupo de trabalho para desenvolvimento de um método de análise da dinâmica financeira das empresas, mais coerente com a realidade operacional brasileira, cuja abordagem permitiria, segundo o autor, uma tomada rápida de decisões com a mudança do enfoque da análise contábil tradicional, privilegiando uma visão menos estática da empresa, conhecida como Modelo Fleuriet.

O modelo propõe uma nova classificação gerencial para as contas de ativo e passivo circulante, segundo sua natureza financeira ou operacional, sendo essa segregação essencial para o processo de avaliação das necessidades de capital de giro.

Segundo Fleuriet, certas contas apresentam uma movimentação tão lenta quando analisadas isoladamente ou em relação ao conjunto de outras contas que, numa análise de curto prazo, podem ser consideradas permanentes ou não cíclicas, enquanto outras apresentam um movimento contínuo e cíclico, ou mesmo descontínuo e errático.

Para a operacionalização do modelo Fleuriet, torna-se necessário reclassificar o balanço patrimonial:

Balanço Patrimonial			
		Ativo	Passivo
Contas circulantes	Cíclicas	**Circulante operacional (cíclico) – ACO** Contas a receber Estoques Adiantamentos a fornecedores Outras contas a receber (operacionais) Despesas antecipadas	**Circulante operacional (cíclico) – PCO** Fornecedores a pagar Salários e Encargos a pagar Impostos incidentes s/ Vendas a pagar
Contas circulantes	Erráticas	**Circulante financeiro (errático) – ACF** Caixa Bancos Aplicações financeiras (até 90 dias) Outras contas (financeiras)	**Circulante financeiro (errático) – PCF** Empréstimos e financiamentos a pagar Duplicatas e Títulos descontados Imposto de Renda e CSLL a recolher Dividendos a pagar
Contas não circulantes		**Ativo não circulante ou Ativo Permanente** Ativo realizável em longo prazo – ARLP Ativo permanente – AP	**Passivo não circulante ou Passivo Permanente** Exigível em longo prazo – PELP Resultado de Exercício Futuro – REF Patrimônio Líquido – PL

Segundo a doutrina, para fins de análise do capital de giro, as contas do ativo e do passivo podem ser divididas em financeiras, cíclicas e permanentes:

- **Cíclicas:** relacionadas ao nível de atividade da empresa; caso esta produza mais ou menos, essa variação terá impacto direto nessas contas, tipicamente operacionais.
- **Permanentes (não cíclicas):** são as contas de longo prazo voltadas à estratégia da empresa. Nesse sentido, o nível de produção atual pode não ter vínculo algum com essas contas.
- **Contas financeiras (erráticas):** são as contas ligadas a decisões financeiras, as quais não guardam relação com a estratégia ou nível de atividade da empresa.

Por meio dessa divisão e pela análise dos elementos patrimoniais da empresa, são identificados os prazos operacionais, o volume de recursos permanentes (longo prazo) que financia o giro e as necessidades de investimento operacional.

A partir da reclassificação do balanço patrimonial é possível estabelecer as variáveis empresariais que compõem o modelo Fleuriet, conforme segue:

Variáveis empresariais dinâmicas	Fórmula	Significado
NCG – Necessidade de Capital de Giro	NCG = ACO – PCO	Operacional (cíclica)
T – Tesouraria	T = ACF – PCF	Financeira (errática)
CDG – Capital de Giro	CDG = AC – PC	Recursos para giro

Com base nos saldos obtidos nos cálculos das três variáveis – NCG, CDG e T – Fleuriet, Kehdy e Blanc (1978) estabelecem um quadro comparativo de quatro situações possíveis a serem vividas pela empresa, que posteriormente foi aperfeiçoado por Marques & Braga (1995), conforme se pode visualizar abaixo:

Tipo / Item	CDG	NCG	T	Situação
I	+	–	+	Excelente
II	+	+	+	Sólida
III	+	+	–	Insatisfatória
IV	–	–	+	Alto risco
V	–	–	–	Muito ruim
VI	–	+	–	Péssima

Nota: (+) indica valor positivo e (–) indica valor negativo.

O conceito de Necessidade de Capital de Giro, segundo Fleuriet, decorre da necessidade de caixa, no momento em que, no ciclo financeiro, as saídas de caixa ocorrem antes das entradas.

Capital Circulante Líquido (CCL) representa a diferença entre o Ativo Circulante e o Passivo Circulante, também denominado Capital de Giro, constituindo-se em uma medida estática da folga financeira de que a empresa dispõe para liquidar seus compromissos de curto prazo.

14.2.2 Cálculo do Saldo de Tesouraria

A diferença entre o Ativo Circulante Financeiro (ACF) e Passivo Circulante Financeiro (PCF) é denominada Saldo de Tesouraria (T ou ST).

Esse saldo representa "uma reserva financeira da empresa para fazer frente a eventuais expansões da necessidade de investimento operacional em giro, principalmente aquelas de natureza sazonal". A condição fundamental para que a empresa esteja em equilíbrio financeiro é que seu saldo de tesouraria seja positivo.

$$T = ACF - PCF$$

ou ainda pode ser representado pelo valor residual decorrente da diferença entre o Capital de Giro e a Necessidade de Capital de Giro, conforme a expressão abaixo:

$$T = CDG - NCG$$

14.2.3 Efeito tesoura

O acompanhamento da evolução da NCG e do CCL é fundamental para a realização de uma adequada avaliação da saúde financeira de uma empresa. É comum ocorrer o desempenho desequilibrado desses indicadores, ocasionando assim um crescimento da atividade empresarial acima de sua capacidade de financiamento.

Esse descompasso decorre da expansão dos negócios com uma elevada aplicação de recursos no capital de giro, ultrapassando o nível do CCL, que pode simplesmente ser apurado por meio do que denominamos Saldo de Tesouraria. T = CDG – NCG.

Quando o Saldo de Tesouraria apurado for menor do que zero (NEGATIVO), significará que a empresa possui dívidas vencíveis no curto prazo, contraídas normalmente junto a instituições financeiras para financiar suas atividades de capital de giro.

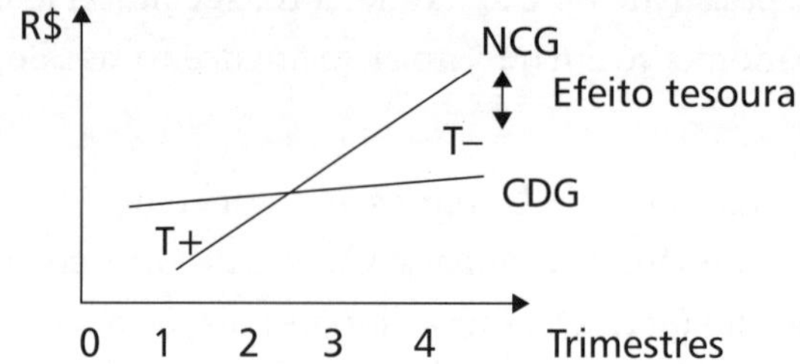

Ocorrendo por sucessivos exercícios um crescimento da NCG superior ao do CCL, dizemos que ela convive com o que se convencionou chamar de "efeito tesoura".

À medida que as necessidades de giro são financiadas por dívidas de curto prazo, há um aumento na diferença entre a NCG e o CCL.

Em uma situação de efeito tesoura, a empresa é incapaz de financiar adequadamente seus investimentos operacionais em giro, operando com recursos de maturidade incompatível com suas efetivas necessidades financeiras.

Esse comportamento é um forte indicativo de que a empresa está trilhando o caminho para sua insolvência, o que exige dos gestores uma rápida intervenção nos prazos operacionais, bem como a renegociação do perfil de vencimento da dívida.

O efeito tesoura pode ocorrer por várias razões, destacando-se:

- crescimento elevado do nível de atividade empresarial (*overtrade*) ou tendência do ciclo operacional deficitário;
- decisões de imobilizações sem que haja recursos próprios ou recursos de longo prazo disponíveis;
- desvio de recursos do giro para imobilizações;
- sucessivos prejuízos, levando a empresa a captar recursos de curto prazo para financiar suas atividades;
- inflação etc.

Exemplo – Cálculo do Efeito Tesoura

Calcular a necessidade de capital de giro, o capital de giro líquido e o efeito tesoura com base no balanço patrimonial da Empresa Simões Crepaldi abaixo.

Valores em Milhares de Reais

ATIVO	R$	PASSIVO	R$
Caixa	100,00	Fornecedores	1.000,00
Bancos	900,00	Salários a Pagar	2.000,00
Aplicações Financeiras	2.000,00	Encargos a Pagar	1.000,00
Contas a Receber	3.000,00	Impostos e Taxas	1.000,00
Estoques	3.900,00	Empréstimos	2.000,00
Outros Valores a Receber	100,00	Exigível a Longo Prazo	4.000,00
Realizável a Longo Prazo	2.000,00	Capital	7.500,00
Investimentos	2.000,00	Reservas	1.000,00
Imobilizado	5.500,00	Lucros Acumulados	500,00
Diferido	500,00		
TOTAL DO ATIVO	**20.000,00**	**TOTAL DO PASSIVO**	**20.000,00**

Reclassificando o balanço, tem-se:

ATIVO	R$	PASSIVO	R$
Caixa	100,00	Fornecedores	1.000,00
Bancos	900,00	Salários a Pagar	2.000,00
Aplicações Financeiras	2.000,00	Encargos a Pagar	1.000,00
Ativo Flutuante	**3.000,00**	Impostos e Taxas	1.000,00
		Passivo Operacional	**5.000,00**
Contas a Receber	3.000,00		
Estoques	3.900,00	Empréstimos	2.000,00
Outros Valores a Receber	100,00	Passivo Flutuante	**2.000,00**
Ativo Operacional	**7.000,00**		
		Exigível a Longo Prazo	4.000,00
Realizável a Longo Prazo	2.000,00	Capital	7.500,00
Investimentos	2.000,00	Reservas	1.000,00
Imobilizado	5.500,00	Lucros Acumulados	500,00
Diferido	500,00	**Passivo Permanente**	**13.000,00**
Ativo Permanente	**10.000,00**		
TOTAL DO ATIVO	**20.000,00**	**TOTAL DO PASSIVO**	**20.000,00**

a) Cálculo da Necessidade de Capital de Giro (NCG)

NCG = Ativo Operacional – Passivo Operacional
NCG = R$ 7.000,00 – R$ 5.000,00

NCG = R$ 2.000,00

b) Cálculo do Capital de Giro Líquido (CGL)

CGL = Passivo Permanente – Ativo Permanente
CGL = R$ 13.000,00 – R$ 10.000,00

CGL = R$ 3.000,00

OU

CGL = Ativo Circulante – Passivo Circulante
CGL = (Ativo Flutuante + Ativo Operacional) – (Passivo Flutuante + Passivo Operacional)
CGL = R$ 10.000,00 – R$ 7.000,00

CGL = R$ 3.000,00

c) Cálculo do Efeito Tesoura (ET)

ET = Capital de Giro Líquido – Necessidade de Capital de Giro
ET = R$ 3.000,00 – R$ 2.000,00

ET = R$ 1.000,00

OU

ET = Ativo Flutuante – Passivo Flutuante
ET = R$ 3.000,00 – R$ 2.000,00

ET = R$ 1.000,00

Exemplos típicos de fontes cíclicas (operacionais) são os fornecedores (duplicatas a pagar) e os empregados (salários a pagar), pois durante certo período fornecem recursos à empresa para recebimento em um momento posterior. São aplicações cíclicas típicas os estoques e clientes.

Portanto, a **NCG** representa o montante das aplicações cíclicas que não está sendo financiado pelas fontes cíclicas. Assim:

NGC = AC – PC

Ou

NGC = ACO – PCO

Com base nessa equação, também se chega às seguintes definições:

ACO > PCO a empresa não tem fontes de financiamento suficientes e, para isso, deverá utilizar o PCF, o PNC ou o Capital de Giro Próprio (CGP).

ACO < PCO há excesso de fontes de financiamento operacionais sobre investimentos operacionais. Logo, os recursos excedentes podem ser utilizados nas disponibilidades ou em investimentos.

Caso de necessidade de capital de giro

O exemplo típico de aplicação cíclica são os clientes e os estoques. A Necessidade de Capital de Giro (NCG) é a diferença entre as Aplicações Cíclicas (AC) e as Fontes Cíclicas (FC):

NCG = AC – FC

Aplicações e fontes cíclicas típicas:

- AC: Clientes, Estoques e Despesas Antecipadas (AC Operacional)
- FC: Fornecedores, Salários a Pagar; Impostos e Taxas a Pagar (PC Operacional)

A NCG indica o montante de recursos necessários para manter o giro dos negócios, devido à insuficiência das fontes operacionais. Havendo insuficiência de FC, em relação às AC, a empresa terá que buscar novas fontes de financiamento para continuar operando. Essas novas fontes serão as fontes do sistema financeiro, como veremos à frente.

Embora incomum, é possível termos AC = FC ou mesmo AC < FC. Nesses casos, não haverá necessidade de a empresa buscar novas fontes de financiamento para suas operações.

A NCG pode ser calculada pela utilização dos saldos das contas cíclicas, constantes do balanço patrimonial, conforme a definição acima.

Exemplo prático:

Considere os seguintes dados:

Contas a Receber:	R$ 25.000,00
Estoques:	R$ 40.000,00
Fornecedores:	R$ 30.000,00
Impostos a Pagar:	R$ 5.000,00

NCG: R$ 25.000,00 + R$ 40.000,00 – R$ 30.000,00 – R$ 5.000,00 = R$ 30.000,00

Pode haver distorções normais entre recebíveis e pagamentos no dia a dia da empresa. Por exemplo, a empresa recebe dos clientes em qualquer dia (à vista) e paga os fornecedores todo dia 10. A empresa compra a mercadoria, vende, recebe e ainda pode ter alguns dias para pagar o fornecedor. Esse dinheiro faz parte do seu capital de giro.

Em outra situação, os clientes compram com cartão ou vale e a empresa só recebe no dia 05 de cada mês, mas paga os fornecedores à vista, toda semana. Nesse caso, ela não dispõe de recursos do fornecedor para financiar seus clientes e precisa ter outra fonte de crédito.

Se a empresa não tem dinheiro guardado em banco para isso, precisará contratar um empréstimo para esse descasamento. O empréstimo, muitas vezes denominado giro ou rotativo, tem o intuito de baratear esse recurso à empresa, que, na sua falta, deixaria a conta no negativo, correndo juros altíssimos. Assim, toda vez que a empresa precisa dar prazo para receber do cliente e necessita investir em estoque (insumos ou bens), exige um capital de giro, ou seja, será necessário comprar e gastar para vender antes de receber.

Isso poderá ser financiado pelos fornecedores (que podem dar prazo suficiente para esse ciclo), por outros credores que têm vencimento fixo (impostos, folha), por reservas em caixas e aplicações e/ou por empréstimos bancários. A comparação entre os prazos médios de recebimento, de estocagem e de pagamentos, bem como os montantes de cada, dará a dimensão da necessidade.

14.3 Gestão do capital de giro

Quando se trabalha com capital de giro baixo, os riscos operacionais aumentam, deixando a empresa com mais chances de ficar sem dinheiro para pagar sua operação.

O modelo ideal para obter o máximo de resultados do capital de giro é analisar individualmente todas as partes do processo de geração de lucros da empresa, ou seja, seu ciclo operacional.

O primeiro passo para começar a gestão de capital de giro é a definição de indicadores de custos.

Nessa etapa, devem ser definidos indicadores ideais, que você acredita que a sua empresa deve alcançar. Com os indicadores ideais em mãos, você deve passar alguns dias analisando e medindo esses indicadores e compará-los com os indicadores verdadeiros.

"Capital de giro" é uma expressão usada para se referir àquela parte dos recursos financeiros que está disponível para usos diversos no curto prazo. Esses recursos incluem contas a receber de clientes, estoques de bens a serem vendidos, estoques de insumos que serão transformados em produtos e vendidos no curto prazo, além do dinheiro aplicado em fundos e títulos que podem ser sacados de imediato.

Também se inclui nessa conta todo o dinheiro de fornecedores e outros credores que concedem prazo para pagamento. O saldo líquido do que está em caixa e do que ainda vai se transformar em caixa (entradas e saídas) é o que a empresa possui para tocar seu negócio no período.

As políticas de gestão de capital de giro relacionam-se sempre a um volume preestabelecido de venda e objetivam definir:

- o volume de investimentos necessários no total do capital circulante;
- a distribuição desses investimentos nas contas do ativo circulante: caixa, valores a receber e estoques;
- como serão financiados esses investimentos.

O fluxo de caixa é um dos instrumentos mais eficientes para gestão do capital de giro. Quando projetamos um fluxo de caixa para um período de quatro a seis meses, significa que, no momento da projeção, já podemos visualizar a situação de caixa para períodos futuros e tomar decisões para modificar a situação encontrada, principalmente nos períodos de apertos financeiros.

Capital de giro significa capital de trabalho, ou seja, o capital necessário para financiar a continuidade das operações da empresa, como recursos para financiamento aos clientes (nas vendas a prazo), recursos para manter estoques e recursos para pagamento aos fornecedores (compras de matéria-prima ou mercadorias de revenda), pagamento de impostos, salários e demais custos e despesas operacionais.

Um conceito importante para entendimento do capital de giro está relacionado à necessidade desse dinheiro. Essa necessidade indica o montante de recursos que a empresa precisa para financiar suas operações, ou seja, o valor dos recursos que a empresa precisa para que seus compromissos sejam pagos nos prazos de vencimento.

A necessidade de capital de giro representa a diferença entre o montante de recursos aplicados (I) e o total dos recursos que a empresa consegue para financiar o capital de giro (II).

Aplicação em capital de giro (I):

- conta a receber de clientes;
- estoques (matéria-prima, estoque de produtos acabados e estoque de mercadorias).

Financiamento de capital de giro (II):

- fornecedores de matéria-prima e de mercadorias;
- impostos a pagar;
- despesas a pagar (energia, salários, telefone etc.).

Fatores que levam à diminuição do capital de giro

- redução de vendas;
- crescimento da inadimplência;
- aumento das despesas financeiras;
- aumento de custos.

Como o capital de giro deve ser utilizado?

Além de calcular corretamente o capital de giro da empresa, é necessário saber utilizar esse recurso de forma assertiva. Para isso, é importante reforçar que o capital de giro é o valor que a empresa possui para pagar as despesas operacionais do dia a dia, sejam elas despesas fixas, sejam gastos necessários à manutenção da operação.

Entendendo os valores da necessidade de capital de giro e qual é a dinâmica do ciclo operacional da empresa, é possível fazer uma ótima gestão.

14.3.1 Importância da gestão do capital de giro

A gestão de capital de giro envolve basicamente as decisões de compra e venda tomadas pela empresa, assim como suas mais diversas atividades operacionais e financeiras. Nessa abrangência, coloca-se de forma nítida que a administração do capital de giro deve garantir a uma empresa a adequada consecução de sua política de estocagem, compra de materiais, produção, venda de produtos e mercadorias e prazo de recebimento.

A importância da gestão do capital de giro para as empresas tem-se acentuado bastante nos últimos tempos, em razão, principalmente, das elevadas taxas de juros praticadas no mercado, do acirramento da concorrência determinado pela abertura de mercado e das políticas de expansão adotadas pelas empresas.

Como resultado da maior preocupação com a administração do capital de giro, foram aprimoradas as técnicas de controle e gerenciamento dos valores circulantes, tornando esse segmento de estudo mais especializado.

Falhas na gestão do capital de giro e das finanças da empresa fazem com que o empresário tenha que captar recursos adicionais, o que normalmente acontece por meio de empréstimos bancários (que trabalham com altas taxas de juros!). Porém, essa situação é de risco, já que o capital de giro deve cobrir despesas rotineiras e, exatamente por isso, deve ser suprido com os próprios recursos da empresa. Não é adequado aumentar o nível de endividamento para financiar a operação. Empréstimos devem ser tomados para outras finalidades, como para investimentos em novos projetos, expansão e crescimento do negócio.

Existem aspectos que influenciam diretamente esse cálculo, como a redução das vendas, o crescimento da inadimplência, o aumento de custos e desperdícios. A adoção de alguns controles rigorosos pode colaborar para uma gestão otimizada e prevenir a insuficiência do capital de giro. É crucial ter uma administração clara sobre os inadimplentes, renegociar dívidas, estabelecer processos financeiros para a empresa, conhecer profundamente fluxo de caixa, os prazos de pagamento, a circulação dos estoques, além de manter uma política de redução de custos e despesas.

Elaborar relatórios contábeis periódicos vai ajudar a fazer um monitoramento constante do capital de giro, e adotando medidas de correção é possível realizar uma gestão mais efetiva, garantindo a saúde financeira da empresa e ampliando as chances de sucesso do negócio.

A gestão do capital de giro envolve basicamente as decisões de compra e venda tomadas pela empresa, assim como suas atividades operacionais e financeiras. Deve garantir a adequada consecução da política de estocagem, compra de materiais, produção, venda de produtos e mercadorias e prazo de recebimento. A importância do capital de giro varia em função das características da empresa, do desempenho da economia e da relação risco/rentabilidade desejada.

O comportamento do capital de giro é extremamente dinâmico, exigindo modelos eficientes e rápidos de avaliação da situação financeira da empresa. Uma necessidade de investimento em giro mal dimensionada é certamente uma fonte de comprometimento da solvência da empresa, com reflexos sobre sua posição econômica de rentabilidade.

14.4 Fluxo de caixa

No caso das empresas de pequeno porte, a projeção do fluxo de caixa para um período de quatro a seis meses é tempo suficiente para a gestão do capital de giro. Ressaltamos que, quando falamos num período de quatro a seis meses, significa que, ao final de cada mês, projetam-se novamente os períodos seguintes, de modo que sempre teremos informações para um horizonte de quatro a seis meses.

É o conjunto de ingressos e desembolsos de numerário ao longo de um período determinado. Consiste na representação dinâmica da situação financeira de uma empresa, considerando todas as fontes de recursos e todas as aplicações em itens do ativo.

É o instrumento de programação financeira, que corresponde às estimativas de entradas e saídas de caixa em certo período de tempo projetado.

O principal objetivo do fluxo de caixa é dar uma visão das atividades desenvolvidas, bem como das operações financeiras que são realizadas diariamente, no grupo do ativo circulante, dentro das disponibilidades, e que representam o grau de liquidez da empresa.

Consiste nas informações ocorridas ou projetadas das entradas e saídas de recursos financeiros num determinado período.

Visa conhecer a posição de caixa para o período projetado, para que a empresa possa administrar com antecedência os períodos que necessitam captar recursos ou aplicar excedentes de caixa.

FLUXOGRAMA DAS INFORMAÇÕES

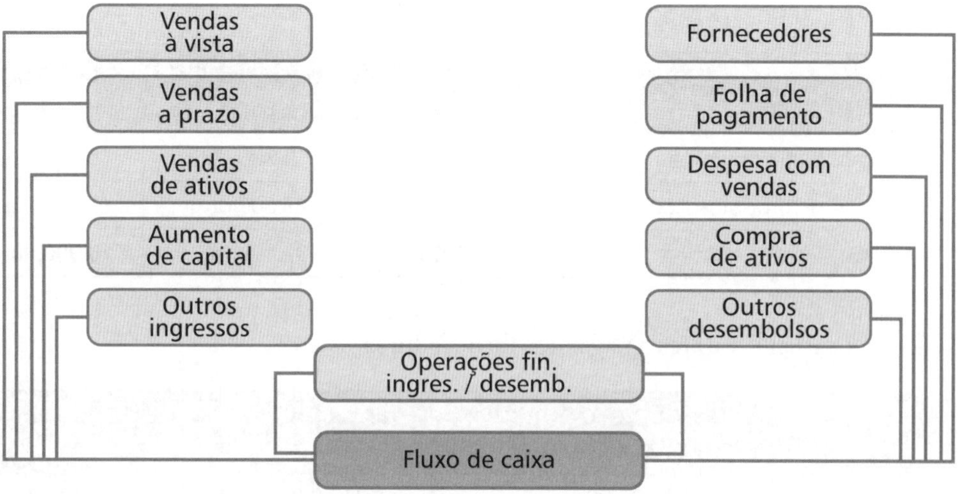

Dados:

Levantamento da Necessidade de Capital de Giro	
Conta de Capital de Giro	**Situação levantada – R$**
1 – Aplicações em Capital de Giro	
1.1 – Contas a Receber de Clientes	105.000,00
1.2 – Estoque de Matéria-prima	15.000,00
1.3 – Estoque de Produtos Acabados	39.000,00
1.4 – Estoque de Mercadorias	–
Soma (1)	**159.000,00**
2 – Fontes de Financiamento de Capital de Giro	
2.1 – Fornecedores a Pagar	42.000,00
2.2 – Impostos a Pagar	6.000,00
2.3 – Custos e Despesas a Pagar	10.500,00
Soma (2)	**58.500,00**
3 – Necessidade de Capital de Giro	**100.500,00**

Para melhorar a gestão de estoques, em primeiro lugar analise os seguintes dados:

a) Situação real dos estoques × situação desejada

CONTAS DE ESTOQUE	SITUAÇÃO REAL – R$	SITUAÇÃO IDEAL PROJETADA – R$	VARIAÇÃO – R$
Estoque Matérias-Primas	15.000,00	9.800,00	5.200,00
Estoque de Produtos Acabados	39.000,00	27.300,00	11.700,00
TOTAL	**54.000,00**	**37.100,00**	**16.900,00**

b) Estoque atual × valores a pagar aos fornecedores

MÊS	VALOR DOS ESTOQUES – SITUAÇÃO ATUAL R$	TOTAL A PAGAR FORNECEDORES – R$	DIFERENÇA – R$
1	54.000,00	42.000,00	12.000,00
2	**	**	**
3	**	**	**
4	**	**	**

Os dados de estoques indicam:

- que a empresa tem estoque excedente no valor de R$ 16.900,00;
- R$ 12.000,00 de estoques são financiados com recursos próprios ou empréstimos bancários (R$ 54.000,00 – R$ 42.000,00), comparando o valor total do estoque e os valores a pagar aos fornecedores.

Verifica-se que o valor do estoque excedente foi de R$ 12.000,00 (R$ 54.000,00 – R$ 42.000,00), conforme calculado anteriormente. De modo geral, as empresas do comércio varejista trabalham com grande variedade de produtos. Essa variedade torna a gestão de estoques bastante complexa e invariavelmente provoca estoque excedente. O valor do estoque excedente representa a principal causa de estrangulamento financeiro, ou seja, aperto de caixa.

O custo econômico dos estoques excedentes indica quanto a empresa deixa de ganhar ao manter estoques acima dos níveis desejados. O cálculo anual desse custo, representado a seguir, é relativamente simples. Para fazê-lo, precisamos estimar uma taxa de juros que a empresa conseguiria aplicar em seu negócio.

Um exemplo seria usar a taxa de desconto que você conseguiria junto aos fornecedores pelas compras à vista.

Questões discursivas, múltipla escolha e marcar Certo ou Errado

1. O que é capital de giro e por que esse conceito existe?

2. O que mensura o capital circulante líquido e como é seu cálculo?

3. Quais são as principais fontes financeiras de capital de giro?

4. Como se calcula o ciclo financeiro?

5. Quais as principais formas que uma empresa possui para ajustar seu ciclo financeiro?

6. O ciclo decorrido a partir do momento em que a empresa paga o fornecedor e o momento em que recebe a venda efetuada é chamado de:

   a. ( ) ciclo econômico;
   b. ( ) ciclo operacional;
   c. ( ) ciclo de vendas;
   d. ( ) ciclo de vida útil do produto;
   e. ( ) ciclo financeiro.

7. Admita que a Empresa Lavras Ltda. gira seus estoques quatro vezes no ano (360 dias). O seu período médio de pagamentos é de 30 dias, e o período médio de cobrança é de 60 dias.

   Pode-se dizer o ciclo operacional e o ciclo de caixa dessa empresa são, respectivamente:

   a. ( ) 120 dias; 150 dias;
   b. ( ) 150 dias; 120 dias;
   c. ( ) 90 dias; 120 dias;
   d. ( ) 120 dias; 90 dias;
   e. ( ) 120 dias; 120 dias.

8. A parcela de capital aplicado pela empresa em seu ciclo operacional, caracteristicamente de curto prazo, a qual assume diferentes formas ao longo de seu processo produtivo e de vendas, corresponde ao:

   a. ( ) rotação de valores a receber;
   b. ( ) capital próprio;
   c. ( ) fluxo de caixa;

d. ( ) ciclo de caixa;

e. ( ) capital de giro.

9. O ciclo operacional da empresa pode ser definido como as suas fases de funcionamento, que vão desde a aquisição de materiais para a produção até o recebimento das vendas efetuadas. Quanto mais longo se apresentar o ciclo operacional, menor será a necessidade de investimento em giro.

10. Defina necessidade de capital de giro e quais são as principais variáveis que a influenciam.

11. Defina efeito tesoura, como se mensura e quais seus impactos.

12. Para fins de análise do capital de giro, as contas do ativo e do passivo podem ser divididas em financeiras, cíclicas e permanentes. Por meio dessa divisão e pela análise dos elementos patrimoniais da empresa, são identificados os prazos operacionais, o volume de recursos permanentes (longo prazo) que financia o giro e as necessidades de investimento operacional.

13. Quando uma empresa apresenta, por vários exercícios seguidos, crescimento da necessidade de investimento em giro superior ao do capital circulante líquido, ela convive com o denominado efeito tesoura, que é identificado por um crescente saldo de disponível negativo. Esse efeito pode ocorrer por várias razões, como *overtrade*, desvio de recursos do giro para imobilizações e inflação.

Gabarito

1. A compreensão do capital de giro passa pela compreensão do funcionamento de uma empresa. Empresas "normais" apresentam fluxos de pagamento e fluxos de recebimento, isto é, elas recebem dos seus clientes e precisam pagar funcionários, fornecedores, bancos etc. O capital de giro surge quando a empresa precisa pagar algo em períodos diferentes dos recebimentos, seja pagando antes, seja pagando depois. Isto é, em muitas situações a empresa precisa contratar funcionários, pagar aluguéis, comprar matéria-prima para produzir algo e então vender esse produto. Assim, normalmente a empresa realiza diversos dispêndios antes de conseguir vender algo. Esse dispêndio em função da diferença temporal entre pagamentos e recebimentos, ou seja, o volume de recursos necessários para que a operação da empresa funcione, é o que se define como capital de giro. Por esse motivo, quanto

mais tempo levar para uma empresa receber dos seus clientes (reaver o que foi investido), maior será a sua necessidade de capital de giro.

2. O capital circulante líquido mensura de forma genérica todos os recursos da empresa que estão no giro, ou seja, mensura o capital circulante líquido sem se preocupar em diferenciar o que é giro financeiro e o que é giro operacional. O seu cálculo é feito pela diferença entre Ativo Circulante e Passivo Circulante (CGL = AC – PC).

3. *Hotmoney*, cheque especial, desconto de duplicatas, vender, empréstimos e *factoring*.

4. O ciclo financeiro de uma empresa é medido por:

$$CF = PMR + PME - PMP$$

Em que:
PMR = Prazo Médio de Recebimento das Vendas
PME = Prazo Médio de Estocagem
PMP = Prazo Médio de Pagamento das Compras

5. Para ajustar (reduzir) o ciclo financeiro e, com isso, reduzir a sua necessidade de capital de giro, uma empresa pode:
   - reduzir o tempo de estocagem por meio de processos produtivos mais eficazes;
   - reduzir a quantidade das vendas que são feitas a prazo (dando incentivos a compras à vista);
   - negociar melhores contratos com fornecedores para ampliar o prazo de pagamento.

6. Justificativa: o ciclo financeiro tem início com o desembolso de numerários para a aquisição da mercadoria que será revendida pela empresa e encerra-se com o recebimento relativo à venda dela. Esse é o ciclo de caixa. O reflexo do ciclo econômico se dará nesse ciclo. Se o giro do estoque é lento, primeiro a empresa pagará para após receber.

7. (C)

8.
   a. É uma rotação de valores a receber? **Não**, porque é um capital aplicado em seu ciclo para financiar seus recursos.
   b. Capital próprio? **Não**, porque capital próprio são os recursos financiados pelos sócios e acionistas, e não um capital aplicado pela empresa.

c. Fluxo de caixa? **Não**, porque fluxo de caixa é um instrumento que controla e informa todas as informações financeiras da empresa, e não uma parcela de capital aplicado.

d. Ciclo de caixa? **Não**, porque ciclo de caixa é o tempo entre o pagamento a fornecedores e o recebimento das vendas.

e. Capital de giro? **Sim.** Porque capital de giro é o capital necessário para financiar a continuidade das operações da empresa. Recursos para financiamento ao cliente (vendas a prazo), fornecedores (compra de mercadorias e matéria-prima), pagamento de impostos, salários e demais despesas operacionais da empresa. Ele está relacionado a todas as contas financeiras que giram e movimentam o dia a dia da empresa.

Logo, a parcela de capital aplicado pela empresa em seu ciclo operacional é, sim, capital de giro.

9. Resposta: Errado.

Segundo Assaf Neto, o ciclo operacional de uma empresa é equivalente ao tempo empregado para a aquisição de matérias-primas ou de mercadorias até o momento do recebimento da venda. Assim, essas variáveis configuram-se como **fases operacionais** da empresa que perfazem desde o momento da aquisição de insumos para o processo produtivo, sua produção de fato até o recebimento das vendas auferidas.

Logo, quanto maior esse período, **maior** será a necessidade de recursos para financiar o giro da empresa.

10. A necessidade de capital de giro busca demonstrar a efetiva quantidade de capital de giro que a operação (excluindo ativos e passivos financeiros) consome. Seu valor depende em grande medida do tamanho da empresa e da estrutura da operação, isto é, dos prazos de recebimento, pagamento e estocagem.

11. O efeito tesoura acontece quando uma empresa apresenta Necessidade de Capital de Giro (NCG) maior que o seu volume atual de capital de giro (CGL) [Efeito tesoura = NCG – CGL]. Nesses casos, há um cenário evidente em que a empresa está a consumir recursos financeiros para financiar a operação, isto é, está tomando empréstimos para financiar o crescimento. Não é necessariamente ruim, contudo exige cuidados para que a empresa consiga arcar com os custos financeiros (juros).

12. Resposta: Certo

13. Resposta: Certo.

Exercícios

1. Em 31 de dezembro de 2015, a Companhia Três Pontas Ltda. publicou a seguinte demonstração contábil:

Companhia Três Pontas Ltda.

Balanço Patrimonial (em R$)

	2015	2016		2015	2016
ATIVO	**88.400**	**107.000**	**PASSIVO E PL**	**88.400**	**107.000**
Ativo Circulante	**57.400**	**61.800**	**Passivo Circulante**	**36.600**	**43.400**
Disponível	1.400	6.600	Fornecedores	22.000	28.000
Clientes	24.000	27.200	Contas a Pagar	5.600	9.400
Estoques	32.000	28.000	Empréstimos	9.000	6.000
Ativo Não Circulante	**31.000**	**45.200**	**Passivo Não Circulante**	**21.800**	**30.000**
Realizável a Longo Prazo	12.000	18.000	Empréstimos	21.800	30.000
Imobilizado	19.000	27.200	**Patrimônio Líquido**	**30.000**	**33.600**
			Capital	30.000	33.600

Com relação ao Balanço Patrimonial acima, assinale a opção **CORRETA**:

a. ( ) o Capital Circulante Líquido foi ampliado em R$ 2.400,00 e o Quociente de Liquidez Corrente foi reduzido em 0,15;

b. ( ) o Capital Circulante Líquido foi ampliado em R$ 4.600,00 e o Quociente de Liquidez Corrente foi reduzido em 0,10;

c. ( ) o Capital Circulante Líquido foi reduzido em R$ 2.400,00 e o Quociente de Liquidez Corrente foi reduzido em 0,15;

d. ( ) o Capital Circulante Líquido foi reduzido em R$ 4.600,00 e o Quociente de Liquidez Corrente foi reduzido em 0,10.

2. A Empresa Santana da Vargem Ltda. possui as seguintes informações extraídas de seu Balancete de Verificação em 30 de junho de 2016, em milhões de reais:

Grupos de Contas	1º/1/2016	30/6/2016
Ativo Circulante	R$ 17.500.000,00	R$ 39.625.000,00
Passivo Circulante	R$ 9.500.000,00	R$ 20.500.000,00

Em relação à variação do Capital Circulante Líquido da empresa, no primeiro semestre de 2016, assinale a opção **CORRETA**.

a. ( ) a empresa teve uma variação negativa no Capital Circulante Líquido no montante de R$ 11.125.000,00;

b. ( ) a empresa teve uma variação positiva no Capital Circulante Líquido no montante de R$ 11.125,000,00;

c. ( ) a empresa teve uma variação negativa no Capital Circulante Líquido no montante de R$ 19.125.000,00;

d. ( ) a empresa teve uma variação positiva no Capital Circulante Líquido no montante de R$ 19.125.000,00.

3. A Sociedade Empresária Boa Esperança Ltda. apresentou os seguintes dados do Balanço Patrimonial, em 31/12/2015:

Boa Esperança Ltda.

Balanço Patrimonial – R$

Em 31 de dezembro de 2016

ATIVO		PASSIVO	
Ativo Circulante	96.800,00	Passivo Circulante	67.000,00
Ativo Não Circulante	99.200,00	Passivo Não Circulante	82.000,00
Realizável a Longo Prazo	35.000,00	Patrimônio Líquido	47.000,00
Investimentos	4.300,00		
Imobilizado	59.100,00		
Intangível	800,00		
TOTAL DO ATIVO	**196.000,00**	**TOTAL DO PASSIVO E PL**	**196.000,00**

Considerando os dados do Balanço Patrimonial acima, o valor do Capital Circulante Líquido – CCL da empresa, em 31/12/2016:

a. ( ) corresponde a R$ 17.200,00 decorrente da diferença entre o Ativo Não Circulante e o Passivo Não Circulante;

b. ( ) corresponde a R$ 29.800,00 decorrente da diferença entre o Ativo Circulante e o Passivo Circulante;

c. ( ) corresponde a R$ 47.000,00, pois CCL corresponde aos Recursos Próprios do Patrimônio Líquido;

d. ( ) corresponde a R$ 96.800,00, pois CCL é disponível no Ativo Circulante.

4. Suponha as seguintes informações financeiras da Empresa Simões Crepaldi:

Itens	R$
Caixa	1.500,00
Contas a Receber	19.000,00
Contas a Pagar	3.000,00
Estoques	2.500,00

Considerando os valores acima, conclui-se que o capital de giro líquido, em reais, é de:

a. ( ) R$ 5.000,00;

b. ( ) R$ 8.000,00;

c. ( ) R$ 13.000,00;

d. ( ) R$ 14.500,00;

e. ( ) R$ 20.000,00.

5. A Empresa Comercial Batista Ltda. apresentou os seguintes indicadores para os anos de 2015 e 2016:

Indicador	2015	2016
Prazo Médio de Pagamento de Compras	45 dias	25 dias
Prazo Médio de Renovação de Estoques	30 dias	20 dias
Prazo Médio de Recebimento de Vendas	60 dias	50 dias

Com base nos indicadores fornecidos, é **CORRETO** afirmar que:

a. ( ) a redução no prazo médio de pagamento de compras foi responsável pela redução do ciclo operacional em 20 dias em 2016, em relação ao ano anterior;

b. ( ) a redução no prazo médio de pagamento de compras foi responsável pelo aumento do ciclo financeiro em 20 dias em 2016, em relação ao ano anterior;

c. ( ) apesar de o ciclo operacional ter aumentado em 20 dias de 2015 para 2016, o ciclo financeiro permaneceu o mesmo, em razão da redução do prazo médio de pagamento de compras;

d. ( ) apesar de o ciclo operacional ter diminuído em 20 dias de 2015 para 2016, o ciclo financeiro permaneceu o mesmo, em razão da redução do prazo médio de pagamento de compras.

6. A Empresa Poços de Caldas Ltda. fez uma aquisição de mercadorias. Após a aquisição, estas foram comercializadas depois de oito dias em estoque.

- A empresa concedeu ao cliente um prazo para pagamento de 23 dias.
- O fornecedor concedeu à empresa um prazo de 15 dias para pagamento, contados a partir do momento do pedido.

Considerando os dados, é CORRETO afirmar que:

a. ( ) o ciclo operacional é de 43 dias;

b. ( ) o ciclo operacional é de 23 dias;

c. ( ) o ciclo financeiro é de 16 dias;

d. ( ) o ciclo financeiro é de 11 dias.

7. A Indústria Uberlândia Ltda. compra matéria-prima a prazo. Após o recebimento da matéria-prima, a indústria a armazena, em média, por sete dias, antes de encaminhá-la para a área de produção, onde ficará quatro dias em processo.

Após a conclusão da manufatura, a indústria mantém o produto acabado em estoque por um tempo médio de 21 dias, antes de vendê-lo.

As vendas são efetuadas com prazo médio de recebimento de 35 dias.

O pagamento ao fornecedor se dá em 17 dias após a compra da matéria-prima.

Acerca da situação acima, o ciclo operacional total **é de:**

a. ( ) 39 dias;

b. ( ) 46 dias;

c. ( ) 60 dias;

d. ( ) 67 dias.

8. A Indústria Bom Jesus Ltda. compra matéria-prima a prazo. Após o recebimento da matéria-prima, a indústria a armazena, em média, por sete dias, antes de encaminhá-la para a área de produção, onde ficará 4 (quatro) dias em processo.

   Após a conclusão da manufatura, a indústria mantém o produto acabado em estoque por um tempo médio de 21 dias, antes de vendê-lo.

   As vendas são efetuadas com prazo médio de recebimento de 35 dias.

   O pagamento ao fornecedor se dá em 17 dias após a compra da matéria-prima.

   Acerca da situação acima, o ciclo financeiro **é de:**

   a. ( ) 17 dias;

   b. ( ) 29 dias;

   c. ( ) 50 dias;

   d. ( ) 56 dias.

9. A Sociedade Comercial Rio Verde Ltda. informa que o seu ciclo operacional é, em média, de 50 dias; o prazo médio de rotação de estoque é de 20 dias; o prazo médio de recebimento é de 30 dias; e o prazo médio de pagamento dos fornecedores é de 15 dias.

   Com base nos dados apresentados, assinale a opção CORRETA.

   a. ( ) como o ciclo operacional da empresa é, em média, de 50 dias, e o prazo médio de recebimento é de 30 dias, a empresa permanece, em média, 20 dias sem cobertura de fontes operacionais;

   b. ( ) como o ciclo operacional da empresa é, em média, de 50 dias, o prazo médio de recebimento é de 30 dias, e o prazo de pagamento de fornecedores é de 15 dias, a empresa permanece, em média, 5 dias sem cobertura de fontes operacionais;

   c. ( ) como o prazo de rotação de estoque conjugado com o de recebimento das vendas ocorrerá, em média, 35 dias depois do prazo médio de pagamento dos fornecedores, a empresa permanece, em média, 35 dias sem cobertura de fontes operacionais;

d. ( ) como o prazo de rotação de estoque conjugado com o de recebimento das vendas ocorrerá, em média, em 30 dias, e o prazo médio de pagamento de fornecedores é de 15 dias, a empresa permanece, em média, 15 dias sem cobertura de fontes operacionais.

10. A partir das informações contidas na tabela abaixo, que se referem à empresa Paraíso Ltda., é correto afirmar que o valor da necessidade de capital de giro dessa empresa, em reais, é igual a:

Conta	Saldo R$
Caixa	100,00
Outros valores a receber	300,00
Intangível	500,00
Prejuízos acumulados	500,00
Aplicações financeiras	800,00
Contas a pagar	1.000,00
Energia a pagar	1.000,00
Impostos e taxas a pagar	1.000,00
Reservas	1.000,00
Clientes	1.200,00
Investimentos	2.000,00
Salários e encargos a pagar	2.000,00
Empréstimos	2.000,00
Mercadorias para revenda	2.100,00
Exigível a longo prazo	4.000,00
Veículos	5.500,00
Realizável a longo prazo	7.500,00
Capital	7.500,00

a. ( ) R$ 900,00;

b. ( ) R$ 1.050,00;

c. ( ) R$ 1.100,00;

d. ( ) R$ 1.400,00;

e. ( ) R$ 2.500,00.

Gabarito

1. Envolve o Capital Circulante Líquido (CCL) e a Liquidez Corrente (LC), fazendo uma comparação dos resultados desses dois índices em dois anos subsequentes.

   É resolvida com as fórmulas destes índices, que utilizam apenas os valores do Ativo Circulante (AC) e do Passivo Circulante (PC):
   CCL= AC – PC e LC = AC / PC

   Em 2015:
   AC = R$ 57.400,00 e PC = R$ 36.600,00
   CCL = R$ 20.800,00

   LC = R$ 57.400,00 / R$ 36.600,00
   LC = 1,57

   Em 2016:
   AC = R$ 61.800,00 e PC = R$ 43.400,00
   CCL = R$ 61.800,00 – R$ 43.400,00
   CCL = R$ 18.400,00

   LC = R$ 61.800,00 / R$ 43.400,00
   LC = 1,42

   Comparando 2015 com 2016 temos:

CCL = R$ 18.400,00 – R$ 20.800,00	LC = 1,42 – 1,57
CCL = – R$ 2.400,00	LC = – 0,15

2. A questão pede a variação do CCL entre 1º/1/2016 a 30/6/2016

Cálculo CCL	1º/1/2016	30/6/2016
Ativo Circulante	R$ 17.500.000,00	R$ 39.625.000,00
Passivo Circulante	(R$ 9.500.000,00)	(R$ 20.500.000,00)
CCL = AC – PC	R$ 8.000.000,00	R$ 19.125.000,00

   Variação do CCL de 1º/1/2016 a 30/6/2016

CCL 30/6/2016	R$ 19.125.000,00
CCL 1º/1/2016	(R$ 8.000.000,00)
Variação	R$ 11.125.000,00

   Portanto, a empresa teve uma variação positiva no Capital Circulante Líquido no montante de R$ 11.125.000,00.

3. O Capital Circulante Líquido é a diferença entre o Ativo Circulante e o Passivo Circulante.

   Cálculo do CCL:
   Ativo Circulante R$ 96.800,00
   Passivo Circulante (R$ 67.00,00)
   CCL R$ 29.800,00

4. Capital de Giro Líquido (CGL) = Ativo Circulante (AC) – Passivo Circulante (PC)

   O conhecimento necessário para resolver o exercício é saber quais contas citadas acima representam contas do Ativo Circulante e quais são do Passivo Circulante.

   A única conta que representa um Passivo das citadas acima é "Contas a Pagar". Todas as outras fazem parte do Ativo.

   Além disso, todas as contas citadas acima se referem ao curto prazo do Balanço Patrimonial, logo são classificadas como "Circulante".
   CGL = (Caixa + Contas a Receber + Estoques) – Contas a Pagar
   CGL = (R$ 1.500,00 + R$ 19.000,00 + R$ 2.500,00) – R$ 3.000,00
   CGL = R$ 20.000,00

5. Ciclo Operacional = Prazo Médio de Renovação de Estoques + Prazo Médio de Recebimento de Vendas

   Ciclo Operacional em 2015 = 30 + 60 = 90 dias
   Ciclo Operacional em 2016 = 20 + 50 = 70 dias
   Ciclo Financeiro = Prazo Médio de Renovação de Estoques + Prazo Médio de Recebimento de Vendas – Prazo Médio de Pagamento de Compras
   Ciclo Financeiro em 2015 = 30 + 60 – 45 = 45 dias
   Ciclo Financeiro em 2016 = 20 + 50 – 25 = 45 dias

   A alternativa **a** está **incorreta**, pois, no cálculo do Ciclo Operacional, o **prazo médio de pagamento de compras não entra**.

   A alternativa **b** está **incorreta**, pois o ciclo financeiro **permaneceu em 45 dias**. Ou seja, não aumentou nem diminuiu. Ficou com o mesmo prazo.

   A alternativa **c** está **incorreta**, pois o ciclo operacional não aumentou, mas sim **diminuiu 20 dias**, já que, em 2016, foi de 70 dias e, em 2015, de 90 dias.

   A alternativa **d** está **correta**, pois, apesar de o ciclo operacional ter diminuído em 20 dias de 2015 para 2016, o ciclo financeiro permaneceu o mesmo, em razão da redução do prazo médio de pagamento de compras.

6. **Ciclo Operacional (CO)** = Prazo Médio de Renovação de Estoques (PMRE) + Prazo Médio de Recebimento de Vendas (PMRV)

   Prazo Médio de Renovação de Estoques (PMRE) = 8 dias
   Prazo Médio de Recebimento de Vendas (PMRV) = 23 dias
   Prazo Médio de Pagamento de Compras (PMPC) = 15 dias
   CO = PMRE + PMRV
   CO = 8 + 23 = **31 dias**

   As alternativas a e b estão incorretas, pois o ciclo operacional é de 31 dias e as alternativas apresentam ciclo operacional de 43 e 23 dias, respectivamente.

   Ciclo financeiro (CF) = Prazo Médio de Renovação de Estoques (PMRE) + Prazo Médio de Recebimento de Vendas (PMRV) – Prazo Médio de Pagamento de Compras (PMPC)
   Prazo Médio de Renovação de Estoques (PMRE) = 8 dias
   Prazo Médio de Recebimento de Vendas (PMRV) = 23 dias
   Prazo Médio de Pagamento de Compras (PMPC) = 15 dias
   CF = PMRE + PMRV – PMPC
   CF = 8 + 23 – 15 = **16 dias**

   A alternativa d está incorreta, pois o ciclo financeiro é de 16.

7.

   Dados fornecidos:
   - Prazo Médio de Estocagem **(PME)**= 7 dias (MP) + 4 dias (processo) + 21 dias (Estocagem do prod.) = 32 dias
   - Prazo Médio de Recebimento **(PMRDR)** = 35 dias
   - Prazo Médio de Pagamento **(PMRF)** = 17 dias

   Pede-se o ciclo operacional
   COp = CE* + PMRDR
   *CE = PME = 7 + 4 + 21 = 32 dias
   COp = CE + PMRDR = 32 + 35 = 67 dias

8.

   Dados fornecidos:
   - Prazo Médio de Estocagem **(PME)** = 7 dias (MP) + 4 dias (processo) + 21 dias (Estocagem do prod.) = 32 dias
   - Prazo Médio de Recebimento **(PMRDR)** = 35 dias

- Prazo Médio de Pagamento (**PMRF**) = 17 dias

Pede-se o ciclo financeiro
Ciclo Financeiro (CF) = COp* – PMRF
Cálculo do Ciclo Operacional (COp).
***COp = CE** + PMRDR**
**CE = PME = 7 + 4 + 21 = 32 dias
***COp = CE + PMRDR = 32 + 35 = 67 dias**

Logo,
Ciclo Financeiro (CF) = COp* – PMRF
CF = COp – PMRF = 67 – 17 = 50 dias

9.

Dados fornecidos:

- Ciclo Operacional = 50 dias
- Prazo Médio de Rotação de Estoque (**PMRE**) = 20 dias
- Prazo Médio de Recebimento (**PMRV**) = 30 dias
- Prazo Médio de Pagamento (**PMPF**) = 15 dias

Pede-se o ciclo financeiro (período sem cobertura de fontes operacionais).
CF = COp – PMPF
CF = 50 dias – 15 dias = 35 dias

10.

Devem-se calcular os valores para o Ativo Circulante Operacional e para o Passivo Circulante Operacional:

Ativo Circulante Operacional	R$
Aplicações Cíclicas	
Outros valores a receber	300
Clientes	1.200
Mercadorias para revenda	2.100
Total do Ativo Circulante Operacional	**3.600**

Passivo Circulante Operacional	R$
Fontes Cíclicas	
Contas a pagar	1.000
Energia a pagar	1.000
Impostos e taxas a pagar	1.000
Salários e encargos a pagar	2.000
Total do Passivo Circulante Operacional	**5.000**

A Necessidade de Capital de Giro será, então:

NGC = R$ 3.600,00 – R$ 5.000,00 = -R$ 1.400,00

O resultado é negativo porque ACO < PCO. Isto é, todas as aplicações cíclicas da empresa estão sendo financiadas pelas suas fontes cíclicas e, por isso, não há necessidade de financiamento adicional do capital de giro.

Dessa forma, não há alternativa de resposta a ser marcada. Mas o gabarito definitivo foi letra d. É difícil fazer prova, assim!

Problemas e questões de múltipla escolha propostos

1. Quando uma empresa está analisando a necessidade de investimento em capital de giro, deve fazer sua classificação em capital de giro permanente (fixo) e sazonal (variável).

Companhia Nepomuceno Ltda.

Balanço Patrimonial

Em reais

ATIVO		PASSIVO E PL	
Ativo Circulante	**47.000**	**Passivo Circulante**	**30.000**
Caixa	5.000	Fornecedores	20.000
Duplicatas a Receber	30.000	Salários a Pagar	10.000
Estoque	12.000	**Passivo não Circulante**	**30.000**
Ativo não Circulante	**63.000**	**Patrimônio Líquido**	**50.000**
Total do Ativo	**110.000**	**Total do Passivo e PL**	**110.000**

Informações adicionais relativas ao mesmo exercício social:

- volume de vendas R$ 40.000,00, sendo R$ 30.000,00 a prazo e o restante à vista;
- prazo médio de recebimento: 26 dias;
- estoque mínimo para manter a empresa em operação normal: 15 dias de vendas (a preço de custo);
- percentagem do custo de produção em relação ao preço de venda: 60%;
- volume mínimo de caixa exigido pelas atividades da empresa (para períodos de 10 dias de desembolsos): R$ 3.500,00.

Considerando exclusivamente as informações acima, adotando o ano comercial nos cálculos, o montante de capital de giro sazonal apurado, em reais, é:

a. ( ) R$ 1.500,00;
b. ( ) R$ 4.000,00;
c. ( ) R$ 5.500,00;
d. ( ) R$ 38.000,00;
e. ( ) R$ 41.500,00.

2. A Cia. Varginha S.A. apresentou as informações a seguir.

Elementos / Anos	2015	2016
Ativo Circulante	R$ 187.563,00	R$ 235.671,00
Passivo Circulante	R$ 164.128,00	R$ 202.459,00

Considerando exclusivamente as informações acima, a variação do Capital Circulante Líquido (CCL) em 2015, em relação a 2016, é:

a. ( ) R$ 8.108,00;
b. ( ) R$ 8.331,00;
c. ( ) R$ 9.777,00;
d. ( ) R$ 23.435,00;
e. ( ) R$ 33.212,0.

3. O capital de giro, de forma geral, representa o valor total dos recursos demandados pelas empresas para financiar suas atividades. Sobre a relação entre capital de giro e o valor das empresas, analise as afirmações abaixo, assinalando (V) para Verdadeiro ou (F) para Falso.

( ) Todos os recursos que as companhias utilizam, advindos de seus credores e proprietários, possuem custo, por isso a gestão do capital de giro é importante.

( ) Qualquer redução na necessidade de capital de giro implica aumento no fluxo de caixa livre.

( ) Gerenciando a necessidade de capital de giro de forma eficiente, o administrador financeiro consegue minimizar o valor da firma.

( ) O aumento da capacidade produtiva impacta a necessidade de capital de giro da empresa.

Assinale a alternativa que apresenta a sequência **CORRETA**:

a. ( ) V V F V;

b. ( ) V V V F;

c. ( ) V F V F;

d. ( ) F V V V;

e. ( ) V F F V.

4. A parcela de capital aplicado pela empresa em seu ciclo operacional, caracteristicamente de curto prazo, a qual assume diferentes formas ao longo de seu processo produtivo e de vendas, corresponde ao:

a. ( ) rotação de valores a receber;

b. ( ) capital próprio;

c. ( ) fluxo de caixa;

d. ( ) ciclo de caixa;

e. ( ) capital de giro.

5. A Empresa Ponte Nova Ltda. apresenta um Patrimônio Líquido de R$ 50.000,00.

Considerando que o Capital Circulante Líquido foi de R$ 120.000,00, o Ativo Circulante foi de R$ 200.000,00 e o Ativo Total foi de R$ 300.000,00.

Qual o Índice de Participação do Capital de Terceiros, em relação ao Capital Próprio?

a. ( ) 500%;

b. ( ) 160%;

c. ( ) 75%;

d. ( ) 60%;

e. ( ) 47%.

6. Considere os balanços patrimoniais da Empresa Paraguaçu Ltda. e determine a Necessidade de Capital de Giro (NCG) da empresa nos dois exercícios (2015 e 2016):

ATIVO	2015	2016
CIRCULANTE	3.800,00	4.230,00
Caixa	70,00	80,00
Clientes	2.200,00	2.400,00
Estoques	1.530,00	1.750,00
NÃO CIRCULANTE	4.878,00	5.116,00
Realizável a Longo Prazo	2.300,00	300,00
Investimentos	580,00	930,00
Imobilizado	1.198,00	3.086,00
Intangível	800,00	800,00
TOTAL	**8.678,00**	**9.346,00**
PASSIVO	**2015**	**2016**
CIRCULANTE	2.580,00	4.484,00
Fornecedores	530,00	570,00
Empréstimos	2.050,00	3.914,00
NÃO CIRCULANTE	1.200,00	1.000,00
Empréstimos Longo Prazo	1.200,00	1.000,00
PATRIMÔNIO LÍQUIDO	4.898,00	3.862,00
Capital Social	4.000,00	4.000,00
Reserva de Lucros	898,00	0
Prejuízos Acumulados	0	(138,00)
TOTAL	**8.678,00**	**9.346,00**

7. Com base nos dados abaixo, da Companhia Elói Mendes Ltda., calcule:

- o ciclo operacional e o ciclo financeiro;
- o capital de giro necessário; e
- o capital de giro líquido.

Companhia Elói Mendes Ltda.

Itens	Valor – R$	Itens	Unidade
CPV anual	2.286.160,00	Prazo Médio dos Estoques	30 dias
Compras anuais	1.570.250,00	Prazo Médio de Recebimento	45 dias
Vendas anuais	2.776.670,00	Prazo Médio de Pagamento	60 dias

8. Com base nos dados da Cia. Alfenas Ltda., calcule:

- o ciclo operacional e o ciclo financeiro;
- o Capital de Giro Necessário (NCG); e
- o Capital de Giro Líquido.

Companhia Alfenas Ltda.

Itens	Valor – R$	Itens	Unidade
CPV anual	2.286.160,00	Prazo Médio dos Estoques	15 dias
Compras anuais	1.500.250,00	Prazo Médio de Recebimento	30 dias
Vendas anuais	2.776.670,00	Prazo Médio de Pagamento	30 dias

9. Dados do balanço abaixo da Companhia Bandeira do Sul Ltda.:

Companhia Bandeira do Sul Ltda.

Balanço Patrimonial

ATIVO	VALOR R$ MIL	PASSIVO	VALOR R$ MIL
Caixa	1.300	Fornecedores	8.100
Estoques	10.100	Duplicatas Descontadas	3.900
Duplicatas a Receber	8.300	Ordens a Pagar	2.700
Despesas Antecipadas	800	Impostos a Pagar	1.700
Aplicações Financeiras	1.700	Provisão de IRPJ	700
Imóveis	11.600	Capital	16.300
Equipamentos	4.300	Lucros Acumulados	4.700
TOTAL	**38.100**	**TOTAL**	**38.100**

Após os ajustes necessários, calcular:

a. aplicações cíclicas;
b. fontes cíclicas;
c. Necessidade de Capital de Giro (NCG);
d. Capital de Giro (CDG).

10. Com base nos dados abaixo da Companhia Campestre Ltda., e após os ajustes necessários, calcular:

    a. aplicações cíclicas;
    b. fontes cíclicas;
    c. NCG;
    d. CDG.

Companhia Campestre Ltda.

Balanço Patrimonial

Em R$

ATIVO	
Disponibilidades	70,00
Clientes	1.200,00
Clientes – Grupo Empresarial	22,00
Títulos Descontados	(15,00)
Provisão para Devedores Duvidosos	(36,00)
Empréstimos Diretores	140,00
Títulos e Aplicações Financeiras	70,00
Estoques	900,00
Máquinas e Equipamentos	300,00
Imóveis	600,00
TOTAL	**3.251,00**
PASSIVO	
Fornecedores	1.000,00
Fornecedores – Grupo Empresarial	8,00
Empréstimos Capital de Giro	1.200,00

Obrigações Trabalhistas	60,00
Adiantamento de Clientes	6,00
Impostos a Pagar	160,00
Capital Social	700,00
Lucros Acumulados	97,00
Provisão para Imposto de Renda	20,00
TOTAL	**3.251,00**

Gabarito

1.

Capital de giro permanente:
Caixa: R$ 3.500,00 (para 10 dias)
Duplicatas a Receber: R$ 30.000,00 × 26 dias / 30 dias = R$ 26.000,00
Estoque: (R$ 40.000,00 x 60%) × 15 dias / 30 dias = R$ 12.000,00

Capital permanente = R$ 3.500,00 + R$ 26.000,00 + R$ 12.000,00 = R$ 41.500,00
Capital de giro sazonal = Ativo circulante – Capital permanente
Capital de giro sazonal = R$ 47.000,00 – R$ 41.500,00 = R$ 5.500,00

2.

Capital de Giro em 2015 = R$ 187.563,00 – R$ 164.128,00
Capital de Giro em 2015 = R$ 23.435,00
Capital de Giro em 2016 = R$ 235.671,00,00 – R$ 202.459,00
Capital de Giro em 2016 = R$ 33.212,00

Capital de giro em 2015 – R$ 23.435,00
Capital de giro em 2016 – R$ 33.212,00
Variação – R$ 9.777,00

3. c e d

4.

a. É uma rotação de valores a receber?
Não, porque é um capital aplicado em seu ciclo para financiar seus recursos.

b. Capital próprio?
Não, porque capital próprio são os recursos financiados pelos sócios e acionistas, e não um capital aplicado pela empresa.

c. Fluxo de caixa?

Não, porque fluxo de caixa é um instrumento que controla e informa todas as informações financeiras da empresa, e não uma parcela de capital aplicado.

d. Ciclo de caixa?

Não, porque ciclo de caixa é o tempo entre o pagamento a fornecedores e o recebimento das vendas.

e. Capital de giro?

Sim. Porque capital de giro é o capital necessário para financiar a continuidade das operações da empresa. Recursos para financiamento ao cliente (vendas a prazo), fornecedores (compra de mercadorias e matéria-prima), pagamento de impostos, salários e demais despesas operacionais da empresa. Ele está relacionado a todas as contas financeiras que giram e movimentam o dia a dia da empresa.

Logo, a parcela de capital aplicado pela empresa em seu ciclo operacional é, sim, capital de giro.

5.

Ativo Circulante	200.000,00	Passivo Circulante	80.000,00
Ativo Total	300.000,00	Passivo Não Circulante	170.000,00
		Patrimônio Líquido	50.000,00
		Passivo Total	300.000,00

Índice de Participação do Capital de Terceiros = R$ 250.000,00/R$ 50.000,00

Índice de Participação do Capital de Terceiros = 5 vezes ou 500%

6. R$ 3.270,00 e R$ 3.660,00

7.

CO = PMRE + PMR = 30 dias + 45 dias = 75 dias
CF = CO – PMPF = 75 dias – 60 dias = 15 dias
B) CAPITAL DE GIRO NECESSÁRIO = CICLO FINANCEIRO = 15 DIAS
C) ATIVO OPERACIONAL
VENDAS ANUAIS = R$ 2.776.670,00
PASSIVO OPERACIONAL
COMPRAS ANUAIS = R$ 1.570.250,00
LUCRO ACUMULADO = Vendas anuais – CPV anual = R$ 2.776.670,00 – R$ 2.286.160,00 = R$ 490.510,00
25% de R$ 490.510,00 = R$ 122.627,50 o Capital de Giro Líquido.

8.

Ciclo Operacional
Fórmula = PMRE + PMRC

CO = 15 dias + 30 dias
CO = 45 dias

Ciclo Financeiro
Fórmula = CO – PMPF
CF = 45 dias – 30 dias
CF = 15 dias

Capital de Giro Necessário (NCG)
NCG = ACO – PCO
NCG = R$ 490.510,00

Capital de giro líquido. 25% R$ 122.627,50

Questões para Avaliação

1. Sobre os conceitos relacionados ao capital de giro, analise as afirmativas a seguir, assinalando (V) para Verdadeiro ou (F) para Falso:

   ( ) A gestão do capital de giro envolve ativos e passivos de curto e médio prazos.

   ( ) A gestão do capital de giro envolve apenas ativos e passivos de médio prazo.

   ( ) O ciclo financeiro é o período de tempo entre o pagamento de caixa ao fornecedor pela compra dos estoques e a venda do produto elaborado a partir do estoque comprado.

   ( ) Assim como o ciclo financeiro, o ciclo operacional se encerra com o recebimento das vendas efetuadas.

   Assinale a alternativa que apresenta a sequência **CORRETA**:

   a. ( ) V F F V;

   b. ( ) F V F F;

   c. ( ) F F F V;

   d. ( ) F F V F;

   e. ( ) F V F V.

2. Observe os dados abaixo, em reais, da Companhia Mineiros Ltda., referentes ao exercício de 2015.

Itens	R$
Caixa e Bancos	125.000,00
Custo das Mercadorias Vendidas	1.307.550,00
Duplicatas a Receber	324.000,00
Estoques	278.000,00
Passivo Circulante	515.000,00
Vendas do Período	2.111.000,00

Considerando exclusivamente as informações acima, o Prazo Médio de Recebimento de Vendas (PMRV) referente somente a este exercício social, em dias, sem arredondamento e desprezando todas as casas decimais, será:

(Dado: considerar nos cálculos o ano comercial.)

a. ( ) 24 dias;

b. ( ) 34 dias;

c. ( ) 45 dias;

d. ( ) 55 dias;

e. ( ) 76 dias.

3. Calcule o Capital de Giro e o Capital de Giro Líquido da Empresa Tocantins Ltda. com base nos pressupostos abaixo:

Itens	Valor – R$	Itens	Unidade
Vendas anuais	4.860,00	Prazo de Pagamento	73 dias
Compras anuais	50% das Vendas	Giro dos Estoques	60 dias
CMV	50% das Vendas	Prazo de Recebimento	45 dias

4. Considerando os dados da questão anterior, calcule o impacto sobre o Capital de Giro e sobre o Capital de Giro Líquido, se ocorrer uma das seguintes situações:

(elabore os cálculos sempre a partir da situação original – q. 1.)

- Se a empresa aumentar as vendas em 20%, dilatando o prazo de recebimento de vendas para 60 dias, mantendo os demais prazos constantes.

- Se a empresa aumentar as vendas em 20% e reduzir o giro dos estoques para 30 dias, mantendo os demais prazos constantes.
- Se a empresa aumentar o prazo de recebimento de vendas para 60 dias e reduzir o giro de estoques para 30 dias, mantendo o PMPC constante.

Observe as contas a seguir da Empresa Botelhos Ltda. e responda às questões 05, 06 e 07.

Contas	Valor – R$	Contas	Valor – R$
Clientes	40.000,00	Receita Líquida	50.000,00
Estoque Inicial	10.000,00	Custo de Venda	30.000,00
Estoque Final	20.000,00	Caixa	10.000,00
Fornecedores	30.000,00	Capital Social	20.000,00

5. O prazo médio de recebimento das vendas é de:
   a. ( ) 144 dias;
   b. ( ) 216 dias;
   c. ( ) 288 dias;
   d. ( ) 432 dias;
   e. ( ) 576 dias.
6. O ciclo operacional é de:
   a. ( ) 408 dias;
   b. ( ) 450 dias;
   c. ( ) 468 dias;
   d. ( ) 510 dias;
   e. ( ) 550 dias.
7. O prazo médio de compras ou pagamentos é de:
   a. ( ) 180 dias;
   b. ( ) 270 dias;
   c. ( ) 360 dias;
   d. ( ) 540 dias;
   e. ( ) 1.080 dias.

Bibliografia

ALVES, Fabio. O que é e como calcular o capital de giro. Disponível em: <industriahoje.com.br/o-que-e-e-como-calcular-o-capital-de-giro>. Acesso em: 21 fev. 2017.

ANSARI et al. Interdependence of yield and its components in the hybrids of Triticum aestivum L. *Pak. J. Agric.*, Agril. Engg., Vet. Sci. v. 13(2), p. 19-20, 1997.

ASSAF NETO, A.; LIMA, F. G. *Fundamentos de administração financeira*. 2. ed. São Paulo: Atlas, 2014.

CAMPOS, V. Falconi. *Gerência da qualidade total*. Rio de Janeiro: Bloch, 1989.

CATELLI, Armando. *Controladoria*: uma abordagem da gestão econômica – GECON. São Paulo: Atlas, 2003.

CONSELHO REGIONAL DE CONTABILIDADE DE SÃO PAULO. *Curso de contabilidade de custos*. São Paulo: Atlas, 1992.

________. *Curso de contabilidade gerencial*. São Paulo: Atlas, 1993.

________. *Custo como ferramenta gerencial*. São Paulo: Atlas, 1995.

CREPALDI, Silvio Aparecido. Auditoria contábil: teoria e prática. 10. ed. São Paulo: Atlas, 2016.

________. *Curso básico de contabilidade*. 7. ed. São Paulo: Atlas, 2013.

________. *Curso básico de contabilidade de custos*. 5. ed. 5. reimpr. São Paulo: Atlas, 2010.

________; CREPALDI, Guilherme Simões. *Direito tributário*: teoria e prática. 3. ed. Rio de Janeiro: Forense, 2011.

________; ________. *Direito empresarial*: teoria e prática. 3. ed. Curitiba: Juruá, 2012.

FERRONATO, Airto. *Contabilidade de custos para concursos*. 2. ed. Porto Alegre: Sagra, 1987.

FLEURIET, Michel; KEHDY, Ricardo; BLANC, Georges. *A dinâmica financeira das empresas*: um novo método de análise, orçamento e planejamento financeiro. Belo Horizonte: Fundação Dom Cabral, 1978.

HORNGREN, Charles T. *Contabilidade de custos*: um enfoque administrativo. São Paulo: Atlas, 1978.

IUDÍCIBUS, Sérgio de. *Contabilidade gerencial*. 5. ed. São Paulo: Atlas, 1995.

JACINTHO, Roque. *Contabilidade de custos*: custo simplificado. São Paulo: IOB, 1980.

________. *Contabilidade industrial*. São Paulo: IOB, 1980.

JOHNSON, H. Thomas; KAPLAN, R. S. *A relevância da contabilidade de custos*. Rio de Janeiro: Campus, 1994.

________. *Contabilidade gerencial*: restauração da relevância perdida. Rio de Janeiro: Campus, 1993.

LAWRENCE, William B. *Contabilidade de custos*. 4. ed. São Paulo: Ibrasa, Brasília: INL, 1975.

LEONE, George S. G. *Curso de contabilidade de custos*. São Paulo: Atlas, 1995.

________. *Custos*: planejamento, implantação e controle. São Paulo: Atlas, 1981.

MARQUES, J. A. V. C.; BRAGA, R. Análise dinâmica do capital de giro: o modelo Fleuriet. *Revista de Administração de Empresas*, São Paulo, v. 35, nº 3, p. 49-63, maio/jun. 1995.

MARTINS, E. *Contabilidade de custos*. 11. ed. São Paulo: Atlas, 2015.

NAKAGAWA, Masayuki. *ABC*: custeio em atividades. São Paulo: Atlas, 1993.

OLIVEIRA, D. P. R. *Sistemas de Informações Gerenciais*: estratégicas, táticas e operacionais. 8. ed. São Paulo: Atlas, 2002.

ROCHA, W.; BORINELLI, M. L. *Responsabilidade social das empresas*: a contribuição das universidades. v. 7. São Paulo: Editora Peirópolis, 2006.

SAKURAI, Michiaru. *Gerenciamento integrado de custos*. São Paulo: Atlas, 1997.

SARDINHA, José Carlos. *Orçamento e controle*. 2. ed. Rio de Janeiro: FGV, 2008.